Adolf Beer

Der Staatshaushalt Österreich-Ungarns seit 1868

Adolf Beer

Der Staatshaushalt Österreich-Ungarns seit 1868

ISBN/EAN: 9783743329126

Hergestellt in Europa, USA, Kanada, Australien, Japan

Cover: Foto ©ninafisch / pixelio.de

Manufactured and distributed by brebook publishing software
(www.brebook.com)

Adolf Beer

Der Staatshaushalt Österreich-Ungarns seit 1868

DER

STAATSHAUSHALT

OESTERREICH-UNGARNS

SEIT 1868.

VON

ADOLF BEER.

PRAG 1881.

VERLAG VON F. TEMPSKY.

VORREDE.

Schon bei Veröffentlichung meines im Jahre 1877 erschienenen Buches: „Die Finanzen Oesterreichs im 19. Jahrhunderte" hatte ich die Absicht, den Staatshaushalt Oesterreich-Ungarns darzulegen und jene Veränderungen hervorzuheben, die in Folge der dualistischen Gestaltung des Reiches eingetreten sind. Zum Theil war der Umfang meiner Arbeit für mich bestimmend, die hierauf bezüglichen Abschnitte zurückzustellen, noch mehr aber die Erwägung, dass zwei Fragen in dem Vordergrunde der parlamentarischen Verhandlungen standen, deren Lösung ich abwarten wollte: die Steuerreform und die Ausgleichsverhandlungen mit Ungarn.

Nur die letzteren sind seitdem zu einem Abschlusse gediehen und die für die Finanzen nicht unwichtigen Ergebnisse haben in dem betreffenden Capitel Berücksichtigung gefunden. Eine eingehende Geschichte des Ausgleiches, welche auf die Gesammtheit der inneren und auswärtigen Verhältnisse des Staates hätte Rücksicht nehmen müssen, lag nicht in dem Rahmen meiner Arbeit, würde auch, um auch nur übersichtlich die Strömungen jener Verhandlungsmonate zu schildern, jedenfalls viel mehr Raum beanspruchen, als mir zur Verfügung stand.

Die Steuerreform ist nicht vollendet worden. Die darauf gerichteten Bestrebungen haben insoferne einen Abschluss gefunden, als durch den eingetretenen Minister-

wechsel wahrscheinlich die bisher festgehaltenen Gesichtspunkte über Bord geworfen werden dürften, ohne dass
bisher ersichtlich ist, in welcher Richtung sich die Entwürfe der neuen Regierung bewegen werden. Und da
schien es mir angezeigt, den Gang, welchen die Steuerreform bisher genommen, in den Hauptmomenten zu-
sammenzufassen.

Das Capitel: „zur Geschichte der directen Steuern"
kann als Einleitung angesehen werden. Wir besitzen über
die directen Steuern Oesterreichs eine Anzahl von Werken,
die jedoch nicht durchwegs auf die Motive der Gesetzgeber
Rücksicht nehmen; durch Benützung handschriftlichen
Materials habe ich versucht diese Lücke zum Theil zu
ergänzen, ohne eine vollständige Geschichte der directen
und indirecten Steuern liefern zu wollen. Zur Lösung
dieser Aufgabe bedürfte es eines umfassenden grösseren
Werkes, und für jüngere Gelehrte liegt hier ein reicher,
zum Theil noch unbehobener Stoff.

Wien, Juli 1880.

Adolf Beer.

INHALTS-VERZEICHNISS.

Erstes Capitel.

Zur Geschichte der directen Steuern.

———

Ueber dem directen Steuersystem Oesterreichs waltet ein eigener Unstern. Seit Joseph II. an eine Regelung desselben Hand anlegte, ist nahezu ein Jahrhundert verflossen, ohne dass der grossartige Gedanke, der den Bestrebungen des Kaisers zu Grunde lag, eine gleichmässige Vertheilung der Staatslasten herbeizuführen, verwirklicht worden wäre, obgleich die Nothwendigkeit einer Reform der Steuergesetzgebung erkannt und von Zeit zu Zeit auch angestrebt wurde; aber noch sind wir von dem Ziele weit entfernt.

Die Mannigfaltigkeit der österreichischen Grundsteuern hat, während in allen Gebieten der Verwaltung durchgreifende Aenderungen sich vollzogen, sich bis auf die Gegenwart erhalten.

Joseph huldigte zum Theil physiokratischen Grundsätzen und liess sich von denselben bei der geplanten Grundsteuerreform leiten.

„Der Grund und Boden," heisst es in den Grundsätzen des Kaisers, welche er durch Handbillet vom 24. November 1783 herabsendete, „den die Natur zu des Menschen Unterhalt angewiesen hat, ist die einzige Quelle, aus welcher Alles kömmt und wohin Alles zurückfliesst, und dessen Existenz trotz allen Zeitläuften beständig verbleibt. Daraus ergebe sich die untrügliche Wahrheit, dass der Grund allein die Bedürfnisse des Staates ertragen und nach der natürlichen Billigkeit kein Unterschied zwischen den Besitzern, von was immer für einer Gattung, gemacht werden könne. Die Nothwendigkeit stelle sich heraus, ein neues Contributionssystem einzuführen, wodurch alle Gründe ohne Unterschied des Besitzers gleich belegt und in das allgemeine Mitleiden gezogen werden." Einige Monate später, 24. Mai 1784, kam die Weisung herab, ein Patent zu verfassen, worin Jedermann begreiflich zu machen sei, „dass hier keine Plusmacherei, keine wahre Beschwerniss oder Belegung des einen Grundes gegen den anderen statt haben würde, sondern unterthänige sowie obrigkeitliche Gründe, es möge sie bauen wer da wolle, ohne Unterschied und auf ganz gleiche Art sollen in das Mitleid gezogen werden".

Die Leitung der Geschäfte, behufs Einführung eines allgemeinen Steuerfusses, übertrug der Kaiser durch Handbillet vom 27. Juli 1784 dem Grafen Zinzendorf, stellte ihm Wahl und Anzahl der erforderlichen Hilfskräfte ganz frei, bat nur, mit Anstrengung aller Kräfte zu arbeiten, um alle Verschleppung so heilsamer Absichten zu vermeiden. „Ich brauche Ihnen nicht zu sagen," schrieb Joseph, „wie sehr mir dieses Geschäft am Herzen liegt." Zinzendorf machte Vorstellungen, der Kaiser ging nicht darauf ein. „Sie können dem Staate keinen wichtigeren Dienst leisten," schrieb Joseph am 14. August 1784, „als zur Simplificirung der Abgaben und zur Einführung eines allgemeinen Steuerfusses beizutragen." Zinzendorf, damals Hofrechenkammer-Präsident, fügte sich. Eine Commission wurde niedergesetzt, für jedes Kronland ein Mitglied. Der Kaiser erwartete mit Ungeduld den Beginn der Arbeiten, und war eifrigst bemüht alle Hindernisse zu beseitigen. Bewunderungswürdig bleibt die Sorgfalt, die er selbst kleinlichen Fragen widmete, so dem Stile des Patents. Erst als der „quoad stilum rectificirte Patentsentwurf" von Sonnenfels durch-

gesehen und verbessert worden war, unterzeichnete der
Kaiser.[1])
„Jede Provinz, jede Gemeinde, jeder einzelne Grundbesitzer sollte", wie es im Eingange des Patents vom 20.
April 1785 heisst, „nach Verhältniss des Nutzens von seinen inne-
habenden Gründen, das Seinige in einem gleichen Masse
zur Bedeckung der Staatserfordernisse beibringen".
Den Grundsätzen des Patents zu Folge sollte der Bruttoertrag
ermittelt und der Steueranlage unterzogen werden, und die
verschiedenen Benutzungsarten bei dem Erhebungsprocent
Berücksichtigung finden. Bei der Vermessung des Grundes
und Bodens hatte die Bevölkerung mitzuwirken; die Erhebung der Erträgnisse geschah auf Grund von Bekenntnissen, welche jeder Grundbesitzer ohne Rücksicht auf die
Urbarialschuldigkeiten und den Cultursaufwand abzugeben
hatte. Bei dem grossen Besitze — dem sogenannten Dominicalbesitze — sollten die Wirthschaftsrechnungen die
Basis für die Ermittlung bilden, bei dem unterthänigen
Besitze der fatirte Ertrag mit den Zehntregistern und
obrigkeitlichen Kostenrechnungen, sowie mit dem Durch-
schnittsertrage der nächst gelegenen Dominicalgründe
verglichen, die mittlere Erträgnissfähigkeit eines jeden
Grundes ausgemittelt und durch Commissionen geprüft
werden. Bei Berechnung des Geldwerthes des Durch-
schnittsertrages sollte an jedem Orte, wo Handel mit Erd-
früchten getrieben wird, für die Jahre 1772 bis 1782 der
Durchschnittspreis berechnet und dieser für den Kreis angenommen werden. Die Angaben der Eigenthümer sollten
veröffentlicht, von den Beamten geprüft und nach Beendigung der Operationen von den Kreisen und Ländern

---

[1]) Die Steuerregulirungs-Commission bestand aus Kreuzberg für Galizien, Herrmann für Böhmen, Freiherrn von Tauber für Mähren, Dornfeld
für Oesterreich ob der Enns, Graf Auersberg für Oesterreich unter der Enns,
Graf von Griesegg für Innerösterreich, von Morelli für Görz und Gradiska,
Strobl für Tirol.

einer Controle unterzogen werden. Die gesammten Operationen wurden binnen fünf Jahren auf einem 4400 Quadratmeilen umfassenden Gebiete vollendet. Hievon wurden 3603 Quadratmeilen als benutzbar, beinahe der fünfte Theil, 785 Quadratmeilen, als unproductiv ausgewiesen. Tirol war nicht in die Vermessung einbezogen.[1)]
Der Kaiser beabsichtigte gleichzeitig mit der Steuerausschreibung die Forderungen der Dominien an ihre Unterthanen zu regeln. „Mit der bevorstehenden neuen Regulirung des Steuerfusses,“ heisst es in einem Handschreiben vom 28. Februar 1788, „und der hiedurch zu erzielenden proportionirten allgemeinen Ausgleichung der Lasten im Verhältnisse des erhobenen und zu Geld berechneten Grundertrages, steht die Herstellung eines billigen Ebenmasses in dem Urbarialwesen in einem unzertrennlichen Zusammenhange. Die neue Steuerausgleichung kann daher ohne Abänderung des Urbarialwesens nicht erfolgen. Beides muss vereinbart und gleichzeitig ausgeführt werden. Da die Grundbesitzer von dem Grundertrage den Cultursaufwand, die landesfürstliche Steuer, die Urbarialgiebigkeiten zu bestreiten haben, nebstdem aber

---

1) Die Naturalproduction wurde mit 7.744 Mill. Metzen Weizen, 29.573 Mill. Metzen Korn, 18.828 Mill. Metzen Gerste und 34.316 Mill. Metzen Hafer ausgewiesen, mithin im Ganzen 90.462 Mill. österr. Metzen Kernfruchtgattungen; es entfielen daher im Durchschnitte 6 Metzen auf ein niederösterr. Joch. Die Geringfügigkeit des Ergebnisses erweckte Zweifel in die Richtigkeit. Wird erwogen, heisst es in einem Schriftstücke, dass in jenen 6 Metzen die Aussaat und der Cultursaufwand inbegriffen ist, dass man auf die erstere im Durchschnitte 3 Metzen per Joch annehmen kann, dass der etwaige Aufwand an Arbeit und baarer Geldauslage der Aussaat wenigstens gleich gehalten wird, so kömmt man zu dem Resultate, dass die Benutzung der Grundstücke dem Eigenthümer gar keinen reinen Ertrag abwerfe. Beim Weine ergab der Durchschnitt 13½ Eimer per Joch, womit kein Winzer im Stande wäre, den Weingarten zu cultiviren. Bei Wiesen kamen auf das Joch im Durchschnitte 10 Centner, während bei den schlechtesten 20 Centner an Heu und 10 Centner an Grummet wirklich erzielt wurden. Protocoll vom 6. April 1816.

anderen Neben- und Consumtionsauflagen unterliegen und
dann erst an den Unterhalt der Familie denken können,
so habe als Richtschnur zu dienen, dass alle auf dem
Grunde haftenden landesfürstlichen Steuern, alle Urbarialgiebigkeiten, alle Gemeindelasten, dann die zur Hervor-
bringung des Grundertrages erforderlichen Erzeugungskosten die Halbscheid des jährlichen Einkommens von dem
ganzen Bruttoertrage von Grund und Boden, mithin die
Summe von 5o Procent nicht überschreiten dürfen."

Von vielen Seiten wurden Anstände erhoben; die Regu-
lirungs-Commission, der alle einlaufenden Stücke zugewiesen wurden, kam zu keinem eigentlichen Ergebnisse. Das
dem Kaiser vorgelegte Protocoll über die im Schoosse der
Commission zu Tage getretenen Differenzen der Ansichten
machte auf den Kaiser einen deprimirenden Eindruck.
Einflussreiche Mitglieder der Hofkanzlei stemmten sich
namentlich gegen die von dem Kaiser in Verbindung gebrachte Festsetzung der Urbarialschuldigkeiten ; auch der
Präsident der Steuerregulirungs - Commission machte Anstände und zeigte sich in vielen Punkten nicht einverstanden.

Am 2. Mai 1788 erfloss folgende Resolution: „Aus
einem sechswöchentlichen Umtriebe dieses Geschäfts, ehe
noch die erste Zusammentretung geschehen ist, aus diesem
ganzen Protocoll ersieht man, dass die Meinungen so
unterschieden als nach eines Jeden persönlichem Interesse
und Convenienz abgemessen sind, welche letztere sum-
malex ist, und dass das allgemeine Beste, nämlich jenes
des grossen Haufens nur dem Namen nach und als ein
Kleister, um das vorige zu verhehlen, angeführt wird. Der
Güterbesitzer beurtheilt das Ganze vom Geschäfte nur
nach seiner einzelnen Besitzung, der Unbegüterte handelt
und redet nur nach dem Zweck, vorzurücken und seiñen
Gehalt zu vermehren; daraus entsteht, dass eine sehr geringe Anzahl Menschen ist, die zweckmässig rathet und

ebenso zweckmässig thätig ist als uneigennützig handelt,
darum sind auch verschiedene Meinungen und werden
ängstlich alle Anstände hervorgesucht, die Sache zu verhindern oder zu überschnellen, wenn es nicht in ihren
Kram passt. Ich muss also meiner ganz gewiss von beiden Theilen sehr entfernten, uneigennützigen und gewiss
unparteiischen Meinung allein folgen. Dass Ungleichheiten
in der Bearbeitung der Steuerregulirung in den verschiedenen Provinzen vorgegangen sind, thut mir leid, was
Kleinigkeiten anbetrifft, diese waren unvermeidlich, weil
ein solches Geschäft unmöglich zu einer geometrischen
Richtigkeit gebracht werden kann, und dass contradic-
torische Entschliessungen von der Steuerregulirungs-Commission erflossen sind, ist sehr unrecht; dieses war aber
aus den verschiedenen Gesinnungen der Ländercommis-
sarien, sowie aus der felsenartigen Stützigkeit des Vor-
stehers der Commission Grafen Zinzendorf in seiner einmal
vorgefassten Meinung leicht vorzusehen."

Am 11. Januar 1789 gab der Kaiser den ihm vorgelegten Grundsätzen des Steuer- und Urbarialregulirungs-
Patents seine Zustimmung, liess Sonnenfels „quoad stilum"
mit der Rectificirung betrauen und sprach den Wunsch
aus, das Patent so rasch als möglich der Oeffentlichkeit
übergeben zu sehen. Zugleich ordnete er eine Erhebung
der Naturalabgaben in den verschiedenen Ländern an, um
eine verhältnissmässige Gleichheit herstellen und mit Beginn des neuen Steuersystems auch gleichzeitig alle Nebenabgaben beseitigen zu können. Abermals erhob die Hofkanzlei ihre Stimme, um den Monarchen von der Regelung
der Urbarialschuldigkeiten abzuhalten. „Der neue Massstab aller Urbarialschuldigkeiten," heisst es in dem Vortrage vom 29. Juni 1789, „wird ausnahmslos allen Dominien
der deutschen Erblande beträchtliche Verluste bringen und
die ganze Lage der Dinge umgestalten, die Masse des Natio-
nalreichthums verringern." Die Hofkanzlei bemühte sich, den

Kaiser von seinem Machtspruche abzubringen, „durch welchen alle Verhältnisse und Schuldigkeiten zwischen Grundherrn und Unterthan ohne Rücksicht, ob sich dieselben
auf undenkliches Herkommen, auf rechtmässige Verträge,
auf landesherrliche oder richterliche Aussprüche gründen,
nach einem einzigen und allgemeinen Massstab festgesetzt
und in Geld verwandelt werden, und sich mit dem Schutze,
welchen der Staat dem Eigenthumsrecht eines jeden Bür-
gers schuldig ist, nicht vereinbaren lasse". Joseph beach-
tete diese Vorstellungen nicht. Der Kaiser ging in seiner
Entschliessung in eine Widerlegung der vorgebrachten
Gründe ein und endigte mit den Worten: Die ganze so
schreckbar angezeigte Revolution werde nur wohlthätig
sein, indem Jeder im Staate künftig gleiche Lasten tragen
werde, der nicht unbillig über seine Kräfte bedrückte
Unterthan bei seinen Giebigkeiten gegen seinen Herrn
verbleiben, und so auch der Herr bei seinen Einkünften,
wenn sie nicht übermässig waren, und nur der von Seite
des Staates und seines Herrn über seine Kräfte belegte
Unterthan eine Erleichterung haben, und die Masse des
Reichthums im Staate nicht vermindert, sondern vermehrt
werden. Das Patent vom 10. Februar 1789 bestimmte,
um die Urbarialforderungen der Dominien auf ein billiges
Maass zurückzuführen, dass jedem Unterthan zur Bestreitung der Culturskosten, der Gemeindeabgaben und der
Leistungen an den Seelsorger und Schullehrer, endlich für
seinen und seiner Familie Lebensunterhalt von je 100 fl.
Bruttoertrag seiner Grundstücke wenigstens 70 fl. frei
bleiben müssen, und nur der Rest von 30 fl. zur Bedeckung der landesfürstlichen Steuer und der sonstigen
aus dem Unterthanenverhältniss sich ergebenden Leistungen an den Gutsherrn in Anspruch genommen werden
dürfe. Die ganze unter dem Namen „Contribution" gezahlte Steuer sollte in Hinkunft auf dem Grund und Boden
ruhen und bei Vertheilung dieser Last eine vollständige

Gleichheit ohne Rücksicht auf die Person der Besitzer beobachtet werden. Die Urbarialeinkünfte der Obrigkeiten, sowie die Gewerbe wurden von der Steuer befreit. Auf je 100 fl. Rohertrag entfielen 12 fl. 13½ kr. und mit Hinzurechnung der Erhebungskosten 13 fl. als Steuer. Da die Steuer vom Bruttoertrage zu entrichten war und eine Berücksichtigung der Culturkosten Platz zu greifen hatte, so stellte sich das Ergebniss derart, dass dort, wo die Culturkosten am höchsten waren, die Steuer am niedrigsten war. Bei Aeckern und Weingärten kamen daher auf 100 fl. Rohertrag 10 fl. 37 kr., bei Wiesen und Gärten 17 fl. 55 kr., bei Hutweiden, Gestrüppe und Waldungen 21 fl. 15 kr. als Steuer. Für Galizien wurde die Steuer um ein Dritttheil niedriger bemessen. Da von je 100 fl. Bruttoertrag eines unterthänigen Grundstückes blos 17 fl. 46⅔ kr. übrig blieben, so bestimmte das Patent, dass die sämmtlichen Frohnden, Grundzinse und die sonstigen, aus der Unterthänigkeit sich ergebenden Leistungen in Geld umgewandelt werden sollen und nirgends die erwähnte Summe überschreiten dürfen. Beiden Theilen bleibe es freigestellt, den ermittelten Geldbetrag durch gegenseitige Uebereinkunft in Naturalgiebigkeiten und Arbeitsleistungen umzuwandeln. Die Erhebung der Steuer nach diesen Grundsätzen sollte am 1. November 1789 beginnen.

Die Hofkanzlei liess sich nicht abhalten, auch nach Veröffentlichung des Patents Vorstellungen zu erheben. Am 30. Juli 1789 übermittelte sie dem Kaiser Tabellen und Auseinandersetzungen, wie die Steuer- und Urbarialregelung auf die Obrigkeiten in den verschiedenen Ländern wirke. Der Kaiser erwiederte, er begreife nicht, wie man sich mit derlei Dingen beschäftigen könne. Dieses sei blosses Geschwätz und Zeitverlust, zu nichts nütze, als Schreckbilder in die Luft zu werfen, um die Leute irre und missvergnügt zu machen und das Werk aufzuhalten: 17⅔ Procent seien das Höchste, was ein Unterthan seiner Obrigkeit leisten könne. Diese Grundsätze haben als lex und prophetae zu gelten.

Diese Verbindung der Grundsteuerregulirung mit der Regelung der Urbarialforderungen schuf dem grossen Werke des edlen Monarchen viele Gegner. In fast allen Ländern wurden Klagen laut, die in den Regierungskreisen ihr Echo fanden. Der grosse Adel wurde durch die Massregeln des Kaisers verbittert und gab seiner Unzufriedenheit Ausdruck; am lautesten ging es in Böhmen und Galizien her. Dazu kam, dass die politische Gährung in Ungarn durch die Steuerregulirung neue Nahrung erhielt. Joseph hatte nämlich im Jahre 1786 durch ein Handschreiben an Palfy die Vornahme der Steuerregulirung auch in Ungarn angeordnet. „Die Vorrechte und Freiheiten einer Adelschaft oder einer Nation," schrieb er ihm, „bestehen in allen Ländern und Republiken der Welt nicht darin, dass sie zu den öffentlichen Lasten nichts beitragen, vielmehr sei ihre Belegung, wie z. B. in England und Holland, stärker als irgendwo, sondern sie bestehen einzig darin, sich selbst die für den Staat und das Allgemeine erforderlichen Lasten aufzuerlegen und nur durch ihre Verwilligung mit Erhöhung und Vermehrung der Auflagen vorzugehen." Die Vorarbeiten gingen in Ungarn zum Missvergnügen des Monarchen nur langsam von Statten und das ihm am Herzen liegende „Ausmessungs- und Rectificationsgeschäft wurde durch so viel Zeit in den hungarischen Landen herumgetrieben, ohne zu Ende zu gelangen", und da er „diesem Unwesen weiter zuzusehen nicht Willens war", erging am 2. März 1789 an Palfy der Auftrag, bis Ende September fertig zu werden. Die Missstimmung stieg und verbitterte dem Kaiser seine letzten Stunden.

Als er am 20. Februar 1790 die Augen geschlossen, schöpften die Gegner der Josephinischen Steuerregulirung neue Hoffnungen, und der aus Florenz kurz nach dem Tode

seines Bruders eingelangte Nachfolger wurde mit Bitten
und Klagen überschüttet. Die allgemeine Hofkanzlei machte sich zur Wortführerin derselben und legte einige Wochen nach dem
Tode Josephs dem neuen Monarchen ein Commissionsprotocoll vor, in welchem sie hervorhob, dass sie dem verstor-
benen Gebieter zu wiederholten Malen fruchtlose Vorstellungen gemacht habe. Der Umsturz aller erworbenen
Rechte erregte gar bald allgemeines Missvergnügen, in
Galizien habe man sogar einen gefährlichen Ausbruch allgemeiner Unzufriedenheit besorgt. Die Urbarialschuldigkeiten gründen sich, so argumentirten die Mitglieder der
Commission durch ihren Referenten, den Grafen O'Donel,
auf einen Vertrag und „können nur im Falle der Collision
mit der Erhaltung des Staates ex jure eminenti beschränkt
werden, diese Collision müsse jedoch erwiesen werden".
Der angenommene Massstab, dass der Unterthan höchstens 17 Procent seines Bruttoertrages seinem Grundherrn
zu entrichten habe, sei falsch und willkürlich, da nicht
behauptet werden könne, dass der Unterthan 70 Procent
frei behalten müsse ohne Rücksicht auf die Localumstände
eines jeden Landes. Bei der Fatirung sei auf die Neben-
nutzungen gar nicht Rücksicht genommen worden, noch
auf die Verzinsung des obrigkeitlichen Vorschusscapitals.
Der Massstab setze auch die Unmöglichkeit einer künftigen
Erhöhung der Grundsteuer voraus, worauf der Staat nicht
eingehen könne. Die festgesetzten 17 Procent seien zu
niedrig gegriffen, auch nicht gleichförmig wegen der geringen Fatirung, und 17 Procent bedeuten in einigen Provinzen 12, in andern 10 oder gar 8 Procent. „Die Schäd-
lichkeit der Auflösung des Urbarialmassstabes in eine
Geldabgabe sei wegen ihrer Unveränderlichkeit evident;
dieselbe würde wenigstens die Nachkommen der jetzigen
Gutsbesitzer nach und nach aufreiben, denn die Preise der
Dinge steigen und der Werth des Geldes falle in dem-

selben Verhältniss. Ein noch grösseres Uebel sei die auf-
gehobene Verbindlichkeit des Unterthanen zu Natural-
diensten. In Galizien haben die Obrigkeiten berechnet,
dass sie 80.000 Ochsen sich verschaffen und 40.000 Knechte
sich halten müssten. Zur Zeit der Heumat und der Ernte
werde immer der Eigensinn und die Bereitwilligkeit des
Unterthans, seine Faulheit oder sein Streben nach Lohn
entscheiden, ob die obrigkeitliche Fechsung eingebracht
oder auf dem Felde dem Verderben preisgegeben werden
soll. Die Cultur des Unterthans steige nicht in dem Verhältnisse, als die obrigkeitliche falle, die Cultur des Unterthans könne niemals einen Ersatz bieten für den Ver-
fall der obrigkeitlichen. Der Bauer sehne sich mehr nach
Ruhe als nach Genuss, je wohler sein Zustand sei, desto
weniger kenne er den Werth der Zeit. In Galizien, wo der
Zustand des Bauern am elendesten sei, haben die vielen
Erleichterungen in den Schuldigkeiten, die dem Bauer seit
der Revindication zu Statten gekommen sind, seine Lage
nicht gebessert." [1]

Im April fanden unter Vorsitz des Kronprinzen Franz
commissionelle Berathungen Platz, deren Ergebniss in den
bald darauf erlassenen Patenten Ausdruck fand, wonach der
Josephinische Grundsteuerkataster beseitigt und das The-
resianische Steuersystem wieder eingeführt wurde.

Die Francisceische Regierung hat später an den Gedanken Josephs wieder angeknüpft. In den ersten vierzehn
Jahren schuf man für die gewaltigen Bedürfnisse des
Staates neue Steuern oder erhöhte die alten. Erst die Cabi-
netsbefehle des Kaisers vom 2. August und 28. October
1806 wiesen die Vereinigte Hofkanzlei an, ein gleichför-
miges System der Grundsteuer in Bearbeitung zu nehmen.

[1] Commissionsprotocoll vom 17. März 1790. Gegenwärtig: der oberste
Kanzler Kollowrat, der böhmische Hofkanzler Kresel, der Hofvicekanzler
Ugarte, die Hofräthe von Koller, Friedenthal, Weidmannsdorff, Mayern,
Summerer, und der Referent Graf O'Donel.

Eine zu diesem Behufe eingesetzte Steuerregulirungs-Hof-
commission beschäftigte sich mit den Vorarbeiten. Dieselben nahmen viel Zeit und Kraft in Anspruch und
schritten schon aus dem Grunde nur langsam vorwärts,
weil die Ansichten über die Grundsätze der Steuerreform
sehr getheilt waren. Die Berathungen wurden mit grossem
Eifer gepflogen; den Länderstellen und den ständischen
Collegien wurden Auszüge aus den Protocollen mitgetheilt,
Bereisungen in den verschiedenen Ländern vorgenommen.
Die Vorschläge der Commission wurden in mehreren Mini-
sterialconferenzen erörtert, sodann in einer engeren Mini-
sterialconferenz unter dem Vorsitze des Kaisers geprüft
und die kaiserliche Entschliessung endlich ertheilt.

Die wichtigsten Grundsätze der Reform waren folgende. Der Grundsteuer sollten unterliegen die eigentlichen
Grund-, Urbarial- und Hausnutzungen. Unter Urbarial-
nutzung verstand man: alle Gaben und Leistungen, welche
der unterthänige Grundbesitzer seiner Grund-, Berg-, Forst-
oder Zehentherrschaft im baaren Gelde, an Naturalien
oder an Arbeit verfassungsmässig und aus dem Bande der
Grundunterthänigkeit zu entrichten schuldig ist.

Als Nutzungen von Häusern wurden angesehen die
Zinsungen, die sie wirklich oder präsumtiv in Haupt-
städten abwerfen, und die Nutzungen, welche die Ober-
fläche (area) im Wege der Urproduction dem Eigenthümer
einbringen könnte. Zur Ermittlung der Grundnutzungen
sollten die Ergebnisse der Josephinischen Grundsteuerregulirung herangezogen und dieselben berichtigt werden,
und nur die Waldungen innerhalb eines Zeitraumes von
zehn Jahren neu vermessen werden. Die Erträgnisse aller
Objecte der Grundsteuer sollten in Geld ausgemittelt und
in diesem ausgesprochen, alle Naturalien nach den zur Zeit
der Josephinischen Steuerregulirung angenommenen Preisen
veranschlagt werden. Sei einmal das Object der Grundsteuer „im ausgedehnten Verstande" ausgemittelt und im

Gelde veranschlagt, so werde die Summe, die als Grundsteuer erhoben werden soll, mit Rücksicht auf die Bedürfnisse des Staates und auf die Zulässigkeit des Grundvermögens ausgesprochen. Alle Nebenabgaben, die unter verschiedenen Titeln und Benennungen auf den Grundbesitzern haften, seien in die Grundsteuersumme einzubeziehen; nur wenn ausserordentliche Beiträge erforderlich wären, sollten auch diese als Extraordinarium in einer Summe bestimmt werden. Für die Communal- und Provinzialauslagen sollten bestimmte Procente aus der Grundsteuer-Hauptsumme ausgeschieden werden. „Auf die ausgemittelten und im Gelde ausgesprochenen Objecte wird die festgesetzte Contribution durch den Ausspruch des bestimmten Procentes unter Anwendung der Regel de tri umgelegt, und zwar der Art, dass auf jedes dieser Objecte das nämliche Procent im Ganzen entfällt.“

Wie schon erwähnt, wurden auch die Gebäudenutzungen in die Grundsteuer einbezogen. Die Grundsätze, nach welchen diese ermittelt werden sollten, verdienen Erwähnung, weil dieselben für die spätere Gebäudesteuer in vielfacher Beziehung massgebend wurden. Die Area der Häuser sollte vermessen und der präsumtive Grundertrag derselben ausgemittelt werden. Die wirklichen Zinserträgnisse, welche die eigene Wohnung des Hauseigenthümers abwerfen könnte, werden fatirt und die Fassionen dadurch controlirt, dass die Miethparteien dieselben zu unterzeichnen haben; die Einsicht sei Jedermann zu gestatten und für Denunciationen falscher Angaben sollen angemessene Belohnungen gewährt werden. Von dem Zinsertrage der Häuser sollte ein 15procentiger Abschlag als Compensation der Unterhaltskosten und des allmälig zu Grunde gehenden Capitals gestattet werden. Die Fatirung des Zinsertrages sollte alljährlich erfolgen.

Die Vorbereitungen zur Durchführung der Grundsteuerreform wurden mit grossem Eifer getroffen. Im Juli

1813 sollte das Patent und die Instructionen erlassen werden: da brach der Krieg aus und unterbrach die Arbeit. Nach Herstellung des Friedens wurde dieselbe wieder aufgenommen, die neu erworbenen Provinzen wurden bereist. Der Feldzug des Jahres 1815 brachte eine zweite Störung. Am 19. November 1815 erfloss eine kaiserliche Entschliessung, welche die stockenden Arbeiten wieder in Fluss brachte. „Da es in der Gerechtigkeit gegen alle Unterthanen des nämlichen Staates liegt," so lautet dieselbe, „dass eine und die nämliche Besteuerungsart die ganze Monarchie treffe, daher der Grundertrag in allen Meinen Staaten nach gleichen Grundsätzen und Modalitäten erhoben und jeder Unterthan nach einem und dem nämlichen Quotienten besteuert werde, so entstehen die Fragen, ob die verschiedenen Besteuerungsgrundsätze in Italien, Illyrien und den deutschen Staaten der österreichischen Monarchie, ohne jene Gerechtigkeit zu verletzen, neben einander bestehen können, und wenn nicht, ob sodann die Grundsteuer der ganzen Monarchie entweder nach dem Mailänder Censimento oder nach den Josephinischen Grundsätzen oder wie sonst eingeleitet werden möchte."

Die „Grundsteuerregulirungs-Hofcommission" beschäftigte sich eingehend mit der Frage in der Sitzung vom 6. April 1816.[1]) Als Referent fungirte Hofrath Freiherr von Knorr, eine mit den Steuerfragen vertraute Persönlichkeit, die eine Arbeit lieferte, die gegenwärtig noch nicht ohne Interesse gelesen werden dürfte. Die Grundsteuerformen waren damals in den verschiedenen Theilen der Monarchie höchst mannigfaltige; sie stammten aus „den mannigfachsten Epochen, bei einigen selbst aus dem Mittel-

1) Gegenwärtig waren am 6. April: Graf von Wurmser, Vorsitzender. Die Hofräthe: Osswalder, Pulpan, Eyberg, Rinna, Hauer, Roschmann, Widmann, Zweigelt, Graf Ugarte, Referent Freiherr von Knorr.

alter, beruhten auf ganz verschiedenen Principien und
geriethen durch den Verlauf der Zeit in ein Chaos, aus
dem sich nicht einmal die mit der correcten Führung des
Geschäftes durch lange Jahre Beschäftigten zu finden vermögen." Zwischen den verschiedenen Provinzen bestand
in Folge dessen ein grosses Missverhältniss, „einige derselben", bemerkt Knorr, „drohen unter der Last zu erlie-
gen, während andere den Druck kaum empfinden". Erhebungen ergaben, dass die ordentliche Contribution einiger Grundbesitzer in Steiermark $^1/_4$ Procent, anderer 30
Procent vom Bruttoertrage betrug. In Kärnten schwankte
die Steuer zwischen 2.₁ und 20.₂₅ Procent, in Oesterreich
unter der Enns zwischen 1.₅ und 28.₁; in Oesterreich ob der
Enns steuerten einige $^1/_3$, andere 165²·₃ Procent, in Galizien 1.₇₅ und 6.₀₃ Procent des Bruttoertrages.

Eine einfache Rückkehr zu den früher festgestellten
Grundsätzen schien nicht räthlich, da in den neu erworbenen Ländern zum Theil unter der französischen Herrschaft das italienische Grundsteuersystem sich eingebürgert
hatte und die Josephinischen Grundsteueroperate gänzlich
in Verlust gerathen waren. Auch wähnte man nach der
dauernden Herstellung der Ruhe nun Zeit und Musse zu
haben, um die Steuerreform auf richtigeren Grundlagen
durchzuführen, als es mit Benützung der Ergebnisse der
Josephinischen Arbeiten der Fall hätte sein können. Die
Vorstellungen von dem Nutzen der Grundsteuer waren
ausserordentlich, und man war der Ansicht, dass Grundsteuersysteme, auf heterogenen Principien fussend, zwar mit
vieler Mühe und langwierigen Nachbesserungen dahin gebracht werden könnten, um die Contribution der verschiedenen Provinzen in ein ebenmässigeres Verhältniss zu
einander zu setzen, aber die Unterschiede würden noch
immer grell und sehr empfindlich bleiben. Gleichheit der
Besteuerung könne nur durch Gleichheit der Grundsätze
bewerkstelligt werden.

Die Frage des Monarchen, ob die bestehenden Steuersysteme aufrecht erhalten werden können, wurde von dem
Referenten und sämmtlichen Commissionsmitgliedern verneint. Nur fügten Baron Doblhoff, von Hauer und Graf
Ugarte hinzu: sie müssten sich gegen die Gleichförmigkeit in den Modalitäten der Ausführung erklären, weil
die grosse Verschiedenheit der Localverhältnisse, wenn
ihre Berücksichtigung ausser Acht gelassen wird, eben
durch Anwendung ganz gleicher Modalitäten bei der Ausführung zur Störung der beabsichtigten Gleichstellung
führen müssen. Hauer's Ansicht, des genauen Kenners der
Finanzen Oesterreichs, der bei allen organisatorischen Fragen damaliger Tage mitwirkte, verdient besondere Erwähnung. Schon in dem ersten Grundsatze des Systems, setzte
er auseinander, nach welchem die Grundsteuer auf dem
Grunde und Boden ohne Rücksicht auf den Besitzer haf-
tend erklärt wird, liege der Keim der Ungleichheit in der
Besteuerung. Der Grundsatz selbst beruhe auf einer blossen Fiction, denn nicht das Grundstück, sondern der Besitzer desselben zahle die Abgabe an den Staat. Aus den
häuslichen und Familienverhältnissen des Besitzers, aus
den persönlichen und ungleichen Lasten, denen er unterliege, gingen eben so vielfältige Verschiedenheiten zwischen den Besitzern hervor, dass auch bei vorausgesetzter
vollkommenster Gleichheit zweier Grundstücke im Ertrage,
dennoch die Besitzer in der Zahlungsfähigkeit von einander sehr abweichen werden, wenn in der Besteuerung
keine Rücksicht auf die Verhältnisse der Besitzer genommen wird, noch auch genommen werden kann. Mindestens
müsse man den möglichst mässigen Ansatz der Grundsteuer in Aussicht nehmen.

Hofrath von Knorr befürwortete in ungemein eifriger,
ausführlicher Weise die Adoptirung des in der Lombardei
zum Theile bereits durchgeführten Systems des stabilen Katasters für die übrigen Theile der Monarchie, und unterzog

das auf dem Bruttoertrage beruhende System der Josephinischen Grundsteuerregulirung einer einschneidenden
Kritik. Auf dieser Grundlage, legte er dar, kann nie
ein gleichmässiges Verhältniss zwischen den Contribuenten
hervorgehen. Denn steuern kann und soll nur das Einkommen; Ausgaben sind keine Objecte der Besteuerung.
Und doch werden sie es, sobald man sich an den Bruttoertrag hält. „Ein emsiger Landwirth in Kärnten, Krain.
in dem Districte von Castua bringt das Erdreich mühe-
voll auf den Felsgrund, schützt es durch Dämme vor dem
Wegschwemmen der Regengüsse, trägt den Dünger auf
seinem Rücken hinan und lässt sich mit der Ernte vom
steilen Abhange an Stricken herab, und das kärgliche
Product dieser ungeheuren Kraftanstrengung soll ohne
alle Rücksicht auf dieselbe gleich jenem besteuert werden,
das ein sorgloser galizischer Landmann fast ausschliesslich
der Ueppigkeit des Bodens verdankt. Die Nuancirungen
im nothwendigen Cultursaufwande sind es eben, welche so
grosse Missverhältnisse zwischen den verschiedenen Contribuenten zur Folge haben.“ Nur das reine Erträgniss
könne als Basis dienen.

Doch fand auch der Bruttoertrag seine Verfechter.
Derselbe, wurde behauptet, führe am raschesten zum Ziele.
Die Erhebungen seien einfach, überall gleich und können
von jedem Oeconomen mit Verlässlichkeit vorgenommen
werden. Die Ausmittlung des Nettoertrages erheische einen
grossen Aufwand von Zeit und Kosten, sei ungemein com-
plicirt und verwickelt. fordere von Ort zu Ort und fast
von Besitzer zu Besitzer die Anwendung anderer Grundsätze und Erfahrungen. Der Grundbesitzer könne sich
selbst keine verlässliche Rechenschaft über den reinen
Nutzen von seinen Grundstücken geben; es müsse daher
für eine zu diesem Zwecke aufgestellte Erhebungscommis-
sion beinahe zur Unmöglichkeit werden, den Nettoertrag
für jeden Besitzer verlässlich auszumitteln. Auch sei die

Erhebung des Bruttoertrages weniger Fehlern unterworfen
als die des Nettoeinkommens. Man könne höchstens darin
irren, dass der Bruttoertrag zu gering angeschlagen werde.
„Bei Ausmittlung des reinen Erträgnisses müsse jedenfalls
auch erst der Bruttoertrag bekannt sein, ehe man davon
Abzüge auf Cultursauslagen macht; man sei der Gefahr
ausgesetzt, bei dem Ansatze derselben, beim Saatkorn,
Arbeitslohn, Unterhalt des Zugviehes, bei Berechnung
der Kosten des Düngers in neue Fehler zu verfallen. Die
Fehler bei Veranschlagung des Bruttoertrages seien leicht
zu entdecken und zu berichtigen, jeder Nachbar wisse
ziemlich verlässlich, was die anrainenden Grundstücke ertragen; dagegen würde es selbst dem denkenden Landwirthe schwer, den reinen Ertrag seiner eigenen Grundstücke zu bestimmen, dem Bauer geradezu unmöglich, ein
Urtheil hierüber in Bezug auf seine Nachbarn zu fällen.“
Auch sei zu befürchten, dass bei einer Zugrundelegung
des Nettoertrages das Steuerobject sehr unbedeutend ausfallen werde, da sich herausstellen werde, dass ein beträchtlicher Theil der Grundstücke der Besteuerung entgehe,
weil für dieselben kein reiner Nutzen entfällt. [1])
    Die Einführung des stabilen Katasters wurde von der
Commission beschlossen. Die grossen Schwierigkeiten, die
sich der Vollendung eines solch colossalen Werkes ent-

---

1) Diese Ansicht vertraten die Hofräthe Osswalder und Pulpan. Hauer
verfocht den Standpunkt, dass zwar die Principien der Besteuerung in allen
Provinzen dieselben sein, in der Ausführung jedoch Abweichungen eintreten
müssten. So werde die geometrische Vermessung nur in jenen Provinzen, die
einen hohen Grad der Agricultur erreicht haben, an ihrem Platze sein; dort
aber, wo die landwirthschaftliche Betriebsamkeit noch schlummere und der
Boden einen geringen Ertrag abwerfe, werde von einer genauen Vermessung,
deren Kosten die Provinz nicht tragen könnte, abgesehen werden müssen.
Gleiche Bewandtniss habe es mit dem Brutto- oder Nettoertrage, wobei man
sich ebenfalls nach den eigenthümlichen Verhältnissen und Umständen der
Provinzen zu richten genöthigt sehen werde. Ohnehin komme es nur darauf
an, das Procent verschieden auszusprechen, je nachdem die eine oder die
andere Art des Ertrages zur Grundlage der Besteuerung genommen worden ist.

gegenstellten, wurden wohl ins Auge gefasst, aber man
hielt dafür, dass die Vortheile dieses Systems doch zu beträchtlich wären, um sich beirren zu lassen. Auch der
Kostenpunkt konnte nicht in die Wagschale fallen. Nicht
ohne Interesse ist es, dass der Referent die für die Vermessung erforderliche Summe auf 10 bis 11 Mill. Papiergulden
veranschlagte, welche sich auf einen Zeitraum von zwanzig
Jahren vertheilen würde. Die Staatskasse blieb ohnehin
aus dem Spiele, da man in diesem Stadium der Berathung
die Kosten des Operats von den einzelnen Provinzen getragen wissen wollte. Die Behauptung, dass es schwierig
sei, den reinen Ertrag zu ermitteln, suchte der Referent mit
der Gegenbemerkung zu widerlegen: „Nicht der wahre
wirkliche Ertrag, wie er sich in dem Augenblicke der Erhebung und individuell bei jedem Grundbesitzer darstellt,
könne und solle ausgemittelt werden; ein solcher Versuch
müsste misslingen, und gelänge er wirklich, so wäre der
Zweck verfehlt, denn die Resultate würden beständigen
Aenderungen unterworfen sein, die ausserordentliche Cultur würde besteuert und die Trägheit begünstigt. Nur um
die Eruirung der mittleren Ertragsfähigkeit bei Anwendung des gewöhnlichen Fleisses handle es sich. Nicht die
Grundbesitzer, sondern die Grundstücke werden besteuert."
Die Mehrheit der Commission sprach sich für das mai-
ländische Steuersystem und für dessen allgemeine, gleichförmige Einführung in dem ganzen Umfange der Monarchie aus.[1]

[1] Dagegen stimmte Osswalder, Pulpan, Hauer und Roschmann. Die
beiden erstgenannten Hofräthe bezweifelten die Möglichkeit, ein gleichför-
miges Steuersystem durchzuführen; ausser den Bedenken gegen die Erhebung
des Nettoertrages wiesen sie auf die Langwierigkeit der Operation hin, wodurch grosse Ungleichheiten entstehen würden. Denn bei dem Fortschritte der
Cultur, bei den wandelbaren Preisen der Naturalien werde dasjenige, was im
zwanzigsten Jahre der Operationen erhoben wird, gegen die Erhebungen und
Veranschlagungen der ersten Jahre ungemein weit abstehen, so dass Missverhältnisse zwischen den Contribuenten entstehen müssten. Hauer begründete seine

2*

Die Durchführung der Grundsteuerregulirung erforderte Zeit, während die Finanzverwaltung eine baldige Steigerung der Einnahmen sehnsüchtig erwartete. Auf Grund der bestehenden Steuerverfassungen waren diese aber schwer erzielbar. Dazu kamen die vielfachen bestehenden Steuertitel, die unregelmässige Behebung, „Kraftlosigkeit in der Eintreibung der Rückstände, die Eingriffe städtischer und ständischer Communitäten in die Steuerverfassung und die unordentliche Gebahrung mit bedeutenden Summen". Zu diesem Behufe plante man eine provisorische Steuerregulirung, wobei naturgemäss auf Gleichförmigkeit Verzicht geleistet werden musste. In Böhmen, Mähren, Schlesien, Ober- und Niederösterreich, Steiermark, Kärnten. Görz sollte hiezu die Josephinische Steuerregulirung benutzt werden. In Krain und im Villacher Kreise, sowie in den anderen neuerworbenen Provinzen mussten mit Benutzung der vorhandenen Daten die erforderlichen Verfügungen getroffen werden.

Die am 6. April gefassten Beschlüsse wurden in Folge kaiserlicher Verordnung am 10. Mai den Präsidien der allgemeinen Hofkanzlei und des Finanzministeriums, sowie dem Präsidenten der Central-Organisirungs-Hofcommission mitgetheilt.

In einer Sitzung vom 30. September 1816, an welcher Mitglieder dieser Centralstellen beiwohnten, wurde der Gegenstand nochmals erörtert. Die Anwesenden sprachen sich ebenfalls für radicale Reform aus und für die Unanwendbarkeit der Josephinischen Operate behufs Durchführung eines allgemein gleichförmigen und gerechten Grundsteuersystems, und man einigte sich über die Wahl des Mailänder Censimento als einzig annehmbar für den beabsich-

---

abweichende Ansicht durch den Hinweis, dass nicht alle Provinzen für ein so grosses Werk reif und empfänglich seien, auch der erforderliche Aufwand bis zur gänzlichen Beendigung des Katasters zu gross sei. Der letzte Gesichtspunkt wurde auch von Roschmann betont.

tigten Zweck, auch aus dem Grunde, da sich wohl kein anderer den Grundsätzen der Theorie mehr entsprechender Weg zur Erreichung der allerhöchsten Absichten ausmitteln lasse.[1]) Nur gegen den Antrag, dass die Vermessungskosten aus einem eigens dazu bestimmten Fonde bestritten werden sollen, erklärte sich die Mehrheit der Mitglieder; es genüge, wenn die Finanzbehörde der Grundsteuerregulirungs-Commission einen für ihren jährlichen Bedarf berechneten Credit eröffne: ohnehin werde nur auf „mässige Fortschritte für das stabile Kataster angetragen". Die Frage über die Ertragsschätzungen gab zu einigen Bemerkungen Anlass. Abermals wurde von Seite des Referenten betont, dass es sich nicht um die Erhebung des wirklichen reinen Ertrags jedes Grundbesitzers, noch seiner individuellen Verhältnisse handle, auch sei nicht der mögliche Ertrag eines jeden Grundstückes nach seiner natürlichen Beschaffenheit zu ermitteln. In beiden Fällen würde man sich in ein Labyrinth von Untersuchungen und Hypothesen verlieren, aus welchem kein Ausweg zu finden wäre und die schliesslich Ungerechtigkeiten nach sich ziehen würden. Die Frage sei nur: welchen Ertrag werfe ein bestimmtes Flächenmaass in einer bestimmten Classe von Grundstücken und cultivirt auf die den meisten Grundbesitzern in der Gemeinde übliche Art im Durchschnitte ab? Ein mit dem Gegenstande vertrauter Mann, der überdies die Gemeindemitglieder zu Rathe ziehen könne, werde bei seinem Ausspruche, den er überdies mit Käufen und Verkäufen, Pachtungen und anderen Arten der Veräusserung controliren könne, der Wahrheit ziemlich nahe kommen. In einem Punkte hob der Referent

---

[1]) Am 30. September führte Ugarte den Vorsitz. Gegenwärtig waren von Seite der Hofkanzlei: Vicekanzler Freiherr v. Geisslern; Hofräthe: Baron Doblhoff, Roschmann, Widmann, Zweigelt, Schulz; von Seite der Central-Organisations-Hofcommission: Hofkanzler Lazansky, Hofrath Baron Metzburg; von Seite des Finanzministeriums die Hofräthe Kübeck und Pillersdorf.

den Unterschied mit dem lombardischen Kataster hervor:
in diesem würden ausser den die Cultur betreffenden Ab-
zügen auch Abschläge zur Vergütung der Elementarun-
fälle zugestanden, wogegen er sich auf das entschiedenste
aussprach, aber es sollte darauf Rücksicht genommen werden, den Steuerträgern, welche von derartigen Elementar-
unfällen getroffen werden, eine momentane Steuererleichterung zu gewähren. Präsident Lazansky war für die Beibehaltung der Grundsätze des mailändischen Katasters. Die
Grundsteuerregulirungs-Commission war der Ansicht gewesen, in allen Provinzen zugleich zu beginnen, wogegen
der Finanzminister Bedenken erhob; man entschloss sich
daher, die Ausführung provinzweise vorzunehmen und zu
beendigen. Die Revision des Katasters sollte nach Beendigung desselben gleichzeitig in Angriff genommen werden. Der Referent bezeichnete einen Zeitraum von zwanzig
Jahren für erforderlich; Graf Ugarte war der Ansicht, dieser
Zeitraum wäre zu ausgedehnt, eine kürzere Periode würde
genügen.

Die kaiserliche Entschliessung erfolgte am 3. October
1817 aus den Herkulesbädern: in allen deutschen und italienischen Ländern sollte hienach eine gleichförmige stabile Grundsteuerverfassung eingeführt, dabei das lombar-
dische Steuerkataster zum Muster genommen werden. Damit
dieses System, sowie dessen wohlthätiger Einfluss auf die
Contribuenten zur allgemeinen Kenntniss gelange, dessen
Ausführung erleichtert und vorbereitet werde, wurde die
Hofsteuerregulirungs-Commission angewiesen, die Schrift
des Conte Carli über den Mailänder Consimento übersetzen
zu lassen, erläuternde Anmerkungen hinzuzufügen und sodann dem Drucke zu übergeben. Der Kaiser ertheilte „dem
aufgestellten Begriff des reinen Grundertrags" seine Genehmigung. Bei der Schätzung sollten für Elementarbe-
schädigungen keine Abzüge gemacht werden; zwischen
Dominical- und Rusticalgründen sei bei der Schätzung kein

Unterschied zu machen. „Auf die allenfällige Besteuerung der Urbarial- und Zehentschuldigkeiten hat die Grund-steuerregulirungs-Commission als auf einen in den Wir-kungskreis der politischen administrirenden Behörden ge-hörigen Gegenstand auf keine Weise einen Einfluss zu nehmen." Die Einführung des stabilen Katasters habe länderweise zu geschehen; der Anfang sei mit dem Küsten-lande zu machen, sodann auf Tirol, Illyrien und Dalmatien überzugehen. Sobald in einer Provinz die Vermessung und Schätzung vollendet werde, sei in derselben, falls dort die Metallmünze als einzige Valuta bestehe, wie es ohnehin bei den genannten Provinzen der Fall sei, zur Geldveranschla-gung zu schreiten, und dann auch gleich die gegenwärtig auf der Provinz liegende Grundsteuersumme nach den Re-sultaten der neuen Erhebungen umzulegen, wobei jedoch ausdrücklich zu erklären sei, dass diese Umlage noch kei-neswegs bleibend sei, sondern dass dieselbe nur einst-weilen und in der Absicht geschehe, um die wohlthätige Wirkung des neuen Systems nicht so lange aufzuhalten, bis die nach diesem System für bleibend auf die Provinz entfallende Grundsteuerquote ausgemittelt sein werde, was erst nach völliger Beendigung der Vorbereitungsarbeiten im ganzen Umfange der Monarchie geschehen könne. Der Kaiser ordnete an, die Ausführung mit aller Anstrengung zu beschleunigen, da ihm daran gelegen sei, „dass die Vortheile des neuen Systems allen Unterthanen so schnell als möglich zugewendet werden".

Wie erwähnt, hatte die Commission für die Zeit bis zur Beendigung der Katastraloperationen die Einführung eines Provisoriums auf Grund der Ergebnisse der Jose-phinischen Steuerregulirung beantragt. Hierauf ging der Kaiser nicht ein, theils weil die Unverlässlichkeit der Jo-sephinischen Angaben über Flächenmaass, Erträgniss und Ertragswerth allgemein anerkannt sei und sich durch die seitdem eingetretenen Geldverhältnisse noch vermehrt habe, sodann weil das Josephinum auf der Besteuerung des Bruttoertrages, sonach auf einem entgegengesetzten Principe als der stabile Kataster beruhe. Die in der kaiserlichen Entschliessung ausgesprochenen Grundsätze wurden später zum Theil verlassen. Das Patent vom 23. December 1817 verfügte die Einführung des stabilen Katasters in allen nicht ungarischen Provinzen auf einer Fläche von 5607 österreichischen Quadratmeilen. Wie aus den Berathungen hervorgeht, hoffte man binnen wenigen Jahren mit der Beschaffung der neuen Grundlagen für die Ausschreibung der Steuern fertig zu werden. Allein die Durchführung erforderte doch, wie man sich bald überzeugte, einen längeren Zeitaufwand, als man in Aussicht genommen hatte, und man sah sich genöthigt, bis zur vollständigen Beendigung der Arbeit durch allerhöchste Entschliessung vom 8. Februar 1819 ein Grundsteuerprovisorium einzuführen.

Was die Grundsteuersumme anbelangt, so betrug im Jahre 1818 in den altösterreichischen Provinzen Böhmen, Mähren, Schlesien, Ober- und Niederösterreich, Steiermark, Kärnten, Galizien und Bukowina die Ausschreibung nach dem alten Rectificatorium 10.$_{655}$ Mill., an Zuschlägen 18.$_{905}$, zusammen 29.$_{56}$ Mill. W. W., ferner an Militärbeiträgen, für Militärquartierzinse, Schlafkreuzer, Kasernenzinse, Recrutirungs-, Reengagirungs- und ähnliche Auslagen, dann Beschäldepartementskosten zur Hebung der Pferdezucht 3 Mill., endlich an Naturallieferungsrelution 38 Mill., zusammen daher 70.$_{86}$ Mill. W. W., oder in C.-M. 28.$_{224}$ Mill. Für 1819 wurde unter Auflassung der Militärbeiträge und der Relution für die Naturallieferung an Weizen, Korn und Hafer, das Postulat mit 28 Mill., und zwar 21 Mill. als ordentliche und 7 Mill. als ausserordentliche Quote ausgesprochen. Die Vertheilung dieser Summe auf die einzelnen Provinzen mit Ausnahme der Bukowina erfolgte nach dem Verhältnisse der Josephinischen Steuergrundlage. In der Bukowina wurden die alten, aus den Zeiten der moldauischen Fürsten stammenden Steuern sammt den im Jahre 1818 bestandenen Zuschlägen und Beiträgen beibehalten und auf 240.000 fl. C.-M. abgerundet und der Drittelzuschuss hinzugefügt. Eine Ermässigung der Grundsteuerquote erfolgte im Jahre 1820 mit Rücksicht auf die neue Gebäudebesteuerung von 28 auf 24 Mill.; in gleicher Weise erfolgte eine Herabsetzung der Steuer in der Bukowina von 320.000 auf 274.285 fl., für Galizien wurde wegen dem besonderen Verhältnisse dieser Provinz anstatt 5.$_{81}$ blos 3.$_{873}$ Mill. vorgeschrieben. In den Jahren 1821 bis 1825 betrug die ganze Ausschreibung 22.$_3$ Mill., und zwar 16.$_{725}$ als Ordinarium und der Drittelzuschuss 5.$_{575}$ Mill. Von 1826 bis 1834 wurde das Ordinarium in demselben Ausmasse erhoben, bezüglich des Drittelzuschusses trat eine Herabsetzung auf 1.$_{575}$ Mill., daher um 71$^3/_1$ Procent ein, das Gesammtpostulat betrug daher blos 18.$_3$ Mill. fl. C.-M.

Im Jahre 1835 wurde in Niederösterreich die Grundsteuer nach den Ergebnissen des stabilen Katasters umgelegt, und zwar 2.$_{398}$ Mill. (anstatt der bisherigen 2.$_{404}$ Mill.) als ordentliche Quote zu 16 fl. 55$^3/_1$ kr. von 100 fl. des Katastralreinertrages, wozu noch vom Dominicalbesitze die Urbarial- und Zehentsteuer kam. Beim Rusticalbesitze, der mit Urbarialgiebigkeiten und Zehent belastet war, wurden 3 fl. 42 kr. abgezogen und die Steuer daher blos mit 13 fl. 13$^1/_2$ kr. vom Katastralreinertrage bemessen. Für alle übrigen Provinzen betrug das Gesammtpostulat von 1840 angefangen an Ordinarium 16.$_{025}$ Mill., Zuschuss 1.$_{077}$ Mill., daher im Ganzen 18.$_{002}$ Mill. fl. C.-M. und blieb bis 1843 fast unverändert. Hiebei waren jedoch die neuacquirirten Provinzen nicht inbegriffen, in welchen bis zur Errichtung des stabilen Katasters theils die daselbst bestandenen Steuersysteme, theils besondere Provisorien in Anwendung standen.

Die Einführung des stabilen Katasters in Steiermark, Kärnten, Krain und dem Küstenlande erfolgte im Jahre 1844

und die Steuer wurde mit 17 fl. 47 kr. für 100 fl. Katastralreinertrag erhoben; ein Jahr darauf erfolgte die Einführung in Oberösterreich und Salzburg, und in Folge der
Umlegung der Steuersumme das Vorjahres auf den Katastralreinertrag betrug die Steuer im ersteren Lande 20 fl.
27^1 $_2$ kr., im letzteren 7 fl. 55$^3/_4$ kr.

Das Jahr 1849 brachte wichtige Aenderungen. Die
Urbarial- und Zehentsteuer fiel hinweg und damit alle Unterschiede zwischen Dominical- und Rusticalbesitz, zwischen belastetem und unbelastetem Grundbesitzthum, daher
hatte die Umlegung der Steuerquoten gleichmässig zu geschehen. Ferner erfloss das Patent vom 29. October, wonach die Grundsteuer in Oesterreich ob und unter der Enns,
Salzburg, Steiermark, Kärnten, Krain und dem illyrischen
Küstenlande zur Beseitigung der bei der Erhebung der
Procente zwischen denselben bestehenden Verschiedenheit
mit einem gleichen Procentsatze, und zwar mit 16 fl. von
100 fl. Reinertrag umgelegt werden solle. Für Salzburg
wurde als Uebergang die Einhebung von 12 Procent für
ein Jahr zugestanden. Gleichzeitig wurde aber die Einkommensteuer vom Arealbesitze mit einem Drittel des
Steuerordinariums eingeführt. In Folge dieser Bestimmungen belief sich die Grundsteuer in den genannten Ländern
auf 6.$_{136}$ Mill. fl., während sie bisher 6.$_{931}$ Mill. fl. betragen
hatte, wodurch sich für alle Länder ein Nachlass, der grösste
für Niederösterreich, und nur für Salzburg ein Mehr von
44.764 fl. ergab. Allein dazu kam nun das die Einkommensteuer vertretende Drittel im Betrage von 2,045.627 fl.
Bringt man die Ermässigung im Ordinarium in Anschlag, so
wurde in den genannten Ländern ein Mehr von 1,248.151 fl.
gefordert.

Die Katastralarbeiten wurden in den nächsten Jahren
fortgesetzt. in Mähren und den Enclaven 1850, in Schlesien,
Dalmatien und Krakau ein Jahr später, in Böhmen 1854
vollendet und überall mit dem darauffolgenden Jahre als

Grundlage für die Steuereinhebung benutzt. Die Ausschreibung erfolgte ohne Rücksicht auf die frühere Grundsteuerquote mit 16 Procent als Ordinarium und 5 1/3 Procent
als Einkommensteuerzuschuss. Hierin liegt die Erklärung,
dass namentlich jene Länder, in denen die Katastralarbeiten
am spätesten vollendet wurden, auch am schärfsten belastet
sind, so namentlich Böhmen, Schlesien und zum Theil auch
Mähren.[1)]

Auf vollständig anderen Grundlagen wird die Grundsteuer bemessen in Galizien, Tirol, Vorarlberg und in der
Bukowina.

Zwei Jahre nach der Erwerbung Galiziens wurde zur
Erhebung der „obrigkeitlichen Einkünfte·· geschritten und
zu diesem Behufe von den Dominien Fassionen abverlangt,
welche entweder den Werth der Frohnden und Urbarial-
abgaben sammt allen Zinsungen und Nebeneinkünften, oder
aber den Werth der Naturalfechsungen und der Urbarial-
abgaben zu enthalten hätten. Von dem erhobenen Geld-
werthe wurden sodann nach Abzug der mit 5, 10 und 20 Procent zugestandenen Kosten 12 Procent als Dominicalsteuer
vorgeschrieben. Waldungen, Wiesen und Gärten wurden
nicht besteuert. Bei dem unterthänigen Grundbesitze wurde
im Jahre 1773 die Aussaat und der Wieswachs entweder
blos nach der Aussage der Unterthanen oder nach dem
Augenmasse der Commissionsmitglieder erhoben, die ackerbaren Grundstücke nach Abschlag des dritten Theiles der
Aussaat für Rechnung der Brache mit 20 kr. von jedem

[1)] Folgende Tabelle dient zur Veranschaulichung des Gesagten. Es betrug die Grundsteuer in Mill. fl. vor und nach Einführung des stabilen Katasters

	Im Jahre vor der Einführung			Im Jahre nach der Einführung		
	Ordinarium	1/3 Zuschuss	Summe	Ordinarium 16 Procent	1/3 Zuschuss	Summe
Mähren	3.203	1.067	4.271	3.213	1.071	4.284
Dalmatien	0.330	—	0.330	0.209	0.073	0.292
Schlesien	0.548	0.183	0.731	0.585	0.195	0.780
Böhmen	0.583	1.927	2.710	8.466	2.823	11.289

Koretz wirklicher Aussaat der Besteuerung unterzogen,
wonach sich die Rusticalsteuer eigentlich mit 13½ kr. von
jedem Koretz möglicher Aussaat bezifferte. Von jeder
Fuhre Heu war eine Steuer von 3 kr. zu entrichten.
Im Jahre 1790 wurde in Galizien das Josephinische
Grundsteuersystem eingeführt. Die Grundsteuer betrug
hiernach von 100 fl. des Grundertrages: bei Aeckern und
Drischfeldern 7 fl. 5 kr., bei Wiesen, Gärten und Teichen
12 fl. 5 kr., bei Hutweiden, Gestrüpp und Waldungen 14 fl.
10 kr. Die kaiserliche Verfügung ging ausdrücklich dahin,
dass die Grundsteuer im Verhältnisse zu den deutschen
Provinzen um den dritten Theil geringer zu besteuern sei,
damit Cultur und Industrie um so leichter in Galizien Eingang finden.

Wie schon oben erwähnt, erregte die Josephinische
Steuerreform gerade in Galizien ungemein die Gemüther
und der polnische Adel war nach dem Ableben des Monarchen sehr rührig, die Beseitigung herbeizuführen. In
der That wurde die frühere Besteuerung wieder eingeführt und die herrschaftlichen Wälder, Wiesen und Gärten
blieben von jeder Steuer befreit.

Wir übergehen jene Aenderungen, die im ersten Jahrzehnt unseres Jahrhunderts mit Rücksicht auf die Valuta
in dem Steuerausmaasse vorgenommen worden sind.
Durch das Patent vom 8. Februar 1810 wurde ein
neues Grundsteuerprovisorium eingeführt. Die Belehrung
vom 1. Mai 1819 für die Steuerbezirksobrigkeiten bestimmte, dass jene Grundstücke, welche im Vergleiche zu
der Josephinischen Erhebung einen geringern Ertrag abwarfen, mit diesem geringern Ertrage, jene, deren Ertrag
durch Uebergang in eine bessere Culturgattung gehoben
worden sei, mit diesem höhern Ertrage eingeschätzt und
der Besteuerung unterzogen werden sollen. Die praktische
Durchführung lag in den Händen der Dominien, und diese
machten von dem Zugeständnisse der Ermässigung den

ausgedehntesten Gebrauch, ohne auf die Meliorationen
Rücksicht zu nehmen. Die Folge war, dass der Geld-
bruttoertrag sich geringer herausstellte als nach dem Josephinum, und nicht selten die geringere Ertragsfähigkeit
höher besteuert wurde als Gründe mit der höchsten Ertragsfähigkeit.

Die Regierung hat seit dem Jahre 1820 Galizien mit
der grössten Schonung behandelt und die Landesquote in
dem Zeitraum vor 1843 von Zeit zu Zeit ermässigt, wie
aus der nachfolgenden Uebersicht der Grundsteueraus-
hebung für Galizien ohne Krakauer Gebiet hervorgeht.
Es betrugen die Postulatsummen: 1821—1825 3.₈. 1826—1835
3.₁₄. 1836—1848 2.₈ Mill. fl. Bei Beurtheilung dieser Ziffern
muss jedoch im Auge behalten werden, dass die Erhebung
des Geldbruttoertrages äusserst oberflächlich, fehlerhaft
und ungleichmässig vollzogen wurde und mit dem That-
bestande nicht übereinstimmte, und auf diese Weise kommt
es, dass ein grosser Theil der Grundbesitzer Gründe versteuert, die er nicht besitzt oder die gar nicht vorhanden
sind, wie die Grundbesitzer in den Kreisen Sanok, Stryj,
Stanislau und Kolomea, während andererseits Flächen
von mehr als einer Million Joch ganz steuerfrei sind.

Die Einführung des stabilen Katasters stellte sich
daher in Galizien schon vom Standpunkt des Reiches als
eine Nothwendigkeit heraus. Aber erst im Jahre 1848
wurde im Krakauer Gebiete die Detailvermessung und im
Jahre 1850 die Grundertragsschätzung vorgenommen, am
Schlusse des folgenden Jahres beendet und seit 1852 die
Steuer auf Grundlage dieser Ergebnisse umgelegt.

In Tirol steht noch das mit dem Patente vom 6. August
1774 angeordnete, aber erst 1784 eingeführte Peräquations-
system in Anwendung, wonach der Capitalswerth der
Grundstücke die Steuergrundlage bildet. Als Normaljahre
wurden die Jahre 1760—1780 festgesetzt und mussten alle
Grundstücke bürdenfrei geschätzt und die Dominical-

lasten der Kaufsumme zugeschlagen werden, weil dieselben bei dem Käufer selbst in Abzug gebracht wurden. Das Schätzungspatent vom 26. März 1747 bestimmte, dass nur die Hälfte des Schätzungswerthes in den Kataster zu übertragen sei, allein man ging weiter und erklärte später nur ³⁄₄ desselben als zu besteuerndes Capital, nachdem sich herausgestellt hatte, dass der Currentwerth in den Normaljahren 1760—1780 aus zufälligen Ursachen auf eine beträchtliche, vorhin unbekannte Höhe gestiegen war. Den Städten und Gerichten wurde überdies noch ein weiterer Abschlag, die sogenannte Detaxation, zugestanden, weil der Grundbesitz in vielen Bezirken schon in der Vorzeit sehr zerstückelt war und dieser einen höheren Kaufwerth hatte. Die grösste Detaxation wurde bei einer Kaufsumme von 100 fl. gewährt, dann von 500 zu 500 steigend bis 3500 fl. immer geringer zugestanden, von da aufwärts aber nicht gestattet.

Das Provisorium in Vorarlberg gründet sich auf die königlich bayerische Verordnung vom 13. Mai 1808. Behufs Erhebung der Capitalswerthe wurden von den Grundbesitzern schriftliche Fassionen ihres Besitzthums eingeholt, die Kaufschillinge aus den Jahren 1788—1808 zur Bestimmung des Werthes der Realitäten gesammelt, die eidlichen Schätzungen durch Fachmänner, jedoch nur in ganzen Complexen der Güter vorgenommen und bestimmte Procente des ermittelten Capitals als Grundsteuer ausgeschrieben, und zwar von 100 fl. R.-W. Steuercapital für die Rusticalgründe fünf Simpeln, für die Häuser zwei Simpeln, jedes Simplum zu 7²⁄₁ Kreuzer. für die Dominicalrenten zwei Simpeln, jedes zu 15 Kreuzer R.-W. Die Steuerumlage nach diesem Provisorium erfolgte 1811. In der Bukowina wurde das Grundsteuerprovisorium im Jahre 1835 eingeführt, nach welchem die Vertheilung der Grundsteuer unter die einzelnen Dominicalcontribuenten nach Verhältniss ihres Einkommens aus den Urbarial- und

Zehentbezügen und dem Grundertrage, unter die Rustical-
besitzer aber nach Verhältniss ihres Concretalbesitzthums
in jeder Gemeinde stattzufinden hatte. Das Einkommen
aus den Urbarial- und Zehentbezügen musste fatirt werden, der reine Ertrag von Grund und Boden dagegen
wurde durch öconomische Schätzungscommissäre erhoben.
Im Jahre 1838 wurde auf dieser Basis die ordentliche
Steuer mit 21 fl. 27 $^1/_5$ kr. Conventionsmünze von 100 fl.
des Reinertrages aufgetheilt: $^5/_{15}$ der ganzen Summe wurden
auf das Dominicale und $^7/_{15}$ auf das Rusticale gelegt. Die
Vertheilung der Rusticalsteuer, welche für jede Gemeinde
nach ihrem Concretalertrage festgesetzt wurde, wird von
dem Gemeindevorstand mit Zuziehung der Gemeindeälte-
sten alljährlich vorgenommen, wobei der Grundbesitz, der
Viehstand, die Vermögensverhältnisse und andere veränder-
liche Umstände zum Anhaltspunkte dienen. Hiernach ergeben sich in der Steuerschuldigkeit einzelner Contribuenten
oft bedeutende Unterschiede von einem Jahre zum andern. —
Auch die Häusersteuer beruht auf verschiedenen
Grundlagen.

Die Gebäudesteuer erscheint in Oesterreich wie
bei allen ackerbautreibenden Völkern mit der Grundsteuer
innig verknüpft, und der erste Versuch einer selbstständigen Steuergattung wurde bei der Inangriffnahme einer
durchgreifenden Steuerregulirung gemacht. Das Josephinische Steuerpatent vom 1. September 1788 nahm hierzu
den ersten Anlauf; allein schon nach einem halben Jahre
wurde das Patent aufgehoben und das alte Steuersystem
wieder hergestellt.[1]) Bei Einführung des allgemeinen Grund-

<hr/>

[1]) Von welchen Gesichtspunkten man sich leiten liess, geht am klarsten aus einem Votum Zinzendorfs vom 20. Mai 1787 hervor. „Die Häusersteuer," heisst es daselbst, „ist eine indirecte Auflage, eine Gattung von directer Consumtionsauflage, dahingegen die proportionelle, durchgängig gleiche
Belegung des reinen Ertrages aller fruchtbringenden Gründe, die einzig directe Auflage auf die Reproduction ist. Der Wohnungszins wird meisten-
theils, wenn man einige Häuser von Capitalisten zu Wien ausnimmt, aus dem

steuerprovisoriums stellte sich die Nothwendigkeit besonderer Bestimmungen für die Gebäudesteuer heraus, und
durch die Allerhöchste Entschliessung vom 23. Februar
1820 wurden jene Normen über die Gebäudesteuer sanctionirt, die mit einigen Abänderungen vornehmlich bezüglich
der Höhe der Steuerschuldigkeit bis auf die Gegenwart
in Kraft blieben.

Die Gebäude werden entweder nach dem wirklichen
oder nach dem möglichen Zinsertrage, oder, im Wege der
Classification nach äusseren Merkmalen und zwar nach
der Anzahl der Wohnräume und Stockwerke der Besteuerung unterzogen. Bezüglich der Hauszinssteuer unterscheidet man eine „ursprüngliche" und eine „ausgedehnte".
Die Landeshauptstädte der einzelnen Königreiche und Länder und einige andere Orte, die unmittelbar nach Erlass
des Patentes vom Februar 1820 oder später durch besondere Allerhöchste Entschliessungen namhaft gemacht wurden, unterliegen der ursprünglichen Hauszinssteuer. Das
Ausmass der Steuer betrug früher nach einem Abzug von
15 Procent für Erhaltungskosten 18 Procent von dem Reste
des Miethzinses. In den dalmatinischen Orten, wo die
Steuer erst 1830 eingeführt wurde, gestattete man einen
Abzug von 33⅓ Procent und setzte das Steuerausmass
auf 15.25 Procent fest. In Salzburg, wo die Steuer durch
Allerhöchste Entschliessung vom 25. Juni 1844 zur Erhebung kam, wurde das Steuerausmass mit 12 Procent des

reinen Ertrag der Erde, mithin aus einem Fonds, der schon belegt worden,
gezahlt, und wenn auf diese Einnahme eine Steuer gelegt wird, so ist es
eine zweite Steuer auf den nämlichen Ertrag Diese hat aber die Häusersteuer mit allen und jeden indirecten Steuern gemein. Aus dieser Ursache
kann man die Häusersteuer blos unter dem Vorwand entschuldigen, um den
der Bevölkerung des flachen Landes nachtheiligen allzu grossen Zulauf in
die Hauptstädte in etwas zu schwächen und dem entgegen zu arbeiten. Da
der Geist der Regierung gegenwärtig offenbar der zu sein scheint, die indirecten Auflagen so viel möglich zu vermindern, so würde die beschwer-
liche Ausbeutung der Häusersteuer sonderlich auf dem Lande mit dieser
Gesinnung nicht übereinstimmen.

Bruttoertrages, jedoch ohne Gestattung eines Abzuges für Erhaltungskosten, bemessen.

Das Patent vom 10. October 1849 setzte das Steuerausmass von 18 auf 16 Procent des Miethzinsertrages herab, dehnte diese Steuer auf alle Gebäude des flachen Landes aus, die in Ortschaften gelegen sind, in denen sämmtliche Gebäude oder doch wenigstens die Hälfte derselben einen Zinsertrag durch Vermiethung abwerfen, oder welche ausser diesen Orten gelegen, durch Vermiethung benützt werden (ausgedehnte Hauszinssteuer). Das Ausmass für die Gebäudesteuer auf dem flachen Lande wurde auf 12 Procent normirt, für Erhaltungskosten ein Abzug von 30 Procent gestattet. Die Hausclassensteuer und die Grundsteuer von der Bauarea dieser Gebäude verbleiben in Vorschreibung und wird der Gesammtbetrag dieser beiden Steuern von der nach dem Zinsertrage entfallenden Hauszinssteuer abgerechnet. Ist bei einem Gebäude die Summe der Hausclassensteuer und der Grundsteuer von der Bauarea höher als die nach dem Zinsertrage sich berechnende Hauszinssteuer, so sind die beiden ersten Steuern zu entrichten.

Bei der Hausclassensteuer werden die Gebäude nach zwölf Classen gereiht, und für jede Classe ist ein fixer Steuerbetrag bestimmt. Die ursprünglichen Steuersätze in Conventions-Münze waren:

Classe I. II. III. IV. V. VI. VII.
30 fl. 25 fl. 20 fl. 16 fl. 12 fl. 8 fl. 6 fl.
VIII. IX. X. XI. XII.
4 fl. 3 fl. 2 fl. 1 fl. 20 kr.

Die Steuer sollte den Entgang ersetzen, der durch Ermässigung der Grundsteuer eingetreten war. Allein der Erfolg rechtfertigte nicht die gehegten Erwartungen und es ergab sich ein Ausfall. Um diesen zu decken, half man sich einfach durch Verdoppelung des Steuersatzes, und in diesem Ausmasse wurde die Steuer seit 1822 eingehoben.

Die Schöpfer der Hausclassensteuer täuschten sich
über die Mangelhaftigkeit, weil Aeusserlichkeit des ganzen
Systemes, nicht, und die aus einzelnen Ländern laut gewordenen Stimmen ergossen bei verschiedenen Anlässen
Klagen über dieselbe. Bei der Berathung des Patentes
über die Regelung der Hausclassensteuer beabsichtigte
man den Nutzungswerth ins Auge zu fassen. Jedes Gebäude, heisst es im Berathungsprotocolle, bildet ein schick-
liches Object der Besteuerung, wenn erwogen wird, dass
es durch die Area, auf welcher es aufgeführt wird, der
Production einen Flächenraum entzieht, welcher der Besteuerung unterläge, wenn er landwirthschäftlich benützt
würde, dass er aber ausserdem seinem Eigenthümer einen
ungleich grösseren Nutzen als Befriedigungsmittel der
wesentlichen Bedürfnisse der Wohnung sichert. Auch war
man sich über den Massstab ganz klar, um „den Nutzen
der Gebäude" verhältnissmässig der Besteuerung zu unterziehen. Folgerichtig, heisst es in einem Vortrage an den
Monarchen, sollte es der Zins sein, welchen ein Gebäude
wirklich einbringt oder einbringen würde, wenn es vermiethet werden könnte. Und wenn man damals Abstand
nahm, diesen ganz richtigen Gedanken zu verwerthen und
praktisch zu verwirklichen, so lag die Ursache einestheils
ausschliesslich darin, weil man so rasch als möglich eine
Einnahmsquelle flüssig machen wollte und mit Grund annahm, „dass eine allgemeine Zinsermittlung eine Operation
erfordern würde, die, wenn sie dem Zwecke einigermassen
zusagen sollte,. erst in mehreren Jahren zu Stande gebracht
werden könnte", weshalb man sich dazu entschloss, die
Zahl der Wohnbestandtheile bei der Classification zu
Grunde zu legen. Allein die Verfasser des Patentes gaben
bereitwillig zu, dass dem Principe der vollsten Gerechtigkeit durch diese Veranlagungsmethode nicht vollständig
entsprochen sei, da „die genaueste Beachtung der unend-
lichen Nuancirungen, die dabei eintreten können, nicht

möglich, und einige Willkür sowohl in der Anzahl der Classen, in die man die Gebäude reihet, als in den Steuerbeträgen unvermeidlich sei". Es mag nicht unerwähnt bleiben, dass die Mitglieder der Commission, welche mit der Berathung der gesetzlichen Normen sich beschäftigten, auch nach anderen Classificationsmerkmalen suchten, und Anträge gestellt wurden, auf die Bevölkerungsziffer, auf das Material und die Grösse der Wohnbestandtheile Rücksicht zu nehmen.

Es dauerte gleichfalls fast dreissig Jahre, ehe die Gebäudesteuer in allen westösterreichischen Ländern durchgeführt wurde. Eine vollständige Gleichmässigkeit bezüglich der Veranlagung in allen Königreichen und Ländern besteht nicht. In Tirol und Vorarlberg ist die Gebäudesteuer noch nicht eingeführt. Dalmatien, Bukowina, Galizien und Salzburg erfreuen sich einiger Erleichterungen.

Auch gegenwärtig wird die Hausclassensteuer nicht mit einem gleichen Ausmasse in der ganzen Monarchie erhoben. In Galizien und in der Bukowina besteht in der zwölften Classe neben dem Tarifsatze von 70 Kreuzern noch der Satz von 35 Kreuzer für die ärmlichen Hütten. In Dalmatien kommt blos der einfache Tarifsatz zur Erhebung; die Steuer beträgt daher die Hälfte des in den anderen Ländern erhobenen Satzes; in der zwölften Classe bestehen drei Sätze mit 52½ Kreuzer, 35 und 17 Kreuzer, von denen der letztere bei Morlakenhütten in Anwendung kommt. In Salzburg bleiben die Stockwerke bei allen Gebäuden ausser Beachtung und es ist die Hausclassensteuer nur in der untersten Classe nach dem doppelten Tarife, in den übrigen Classen aber nach dem einfachen Tarife festgesetzt.

Dass Dalmatien und Salzburg sich dieser Begünstigung erfreuen, haben sie wohl in erster Linie der energischen Fürsprache der Länderchefs zu verdanken. Es ist nicht ohne Interesse, die hierüber, sowie über die Einfüh-

3*

rung der Gebäudesteuer in Triest stattgefundenen Verhandlungen zu verfolgen und die grossen Schwierigkeiten, welche die allerdings eigenartige Verwaltung zu überwinden hatte, kennen zu lernen. Am 25. Mai 1829 erfolgte nämlich die kaiserliche Entschliessung, die Gebäudesteuer auch in jenen Provinzen durchzuführen, wo sie gar nicht oder in anderen Formen besteht, nur sollten die Länderchefs über die Zweckmässigkeit und die Modalität der Ausführung einvernommen werden. Der Gouverneur von Dalmatien betonte in seinem Gutachten die Unzweckmässigkeit der bestehenden Haussteuer, welche nur in zwei Kreisen, Zara und Spalato, und in neunzehn Ortschaften eingehoben werde, indem von zehn zu zehn Jahren die Verzeichnisse über die Hauszinse verfasst, von dem mittleren Erträgnisse 33$\frac{1}{3}$ Procent als Erhaltungskosten in Abzug gebracht, der Rest mit 15$\frac{5}{12}$ besteuert würde. Sein Antrag ging dahin, die Hauszinssteuer in Zara, Spalato, Ragusa und Cattaro einzuführen, 33 Procent Abzug zu gestatten, da sowohl das Baumaterial als der Taglohn in Dalmatien in bedeutend hohem Preise stehen.[1]) Die Allerhöchste Entschliessung genehmigte die Anträge und verfügte, die Hausclassensteuer blos mit dem einfachen Tarife einzuführen, Bauernhäuser mit einem Stockwerk, die aber im Erdgeschosse keine Wohnungsbestandtheile enthalten, bei der Classification als Gebäude ohne Stockwerk zu behandeln. Die Steuerbemessung sollte von fünf zu fünf Jahren, nicht, wie in den anderen Ländern, alljährlich vorgenommen werden.

Das Grundsteuerprovisorium, welches in den übrigen Theilen der Provinz Oesterreich ob der Enns im Jahre 1819/20 ausgeführt wurde, war auf den Salzburger Kreis nicht ausgedehnt worden, sondern es wurde daselbst die Häuserbesteuerung nach dem bairischen Provisorium belassen. Erst seit Ende der Zwanziger Jahre wurde die

[1]) Vortrag vom 20. Juli 1830, erledigt 16. April 1830.

Einführung der Gebäudesteuer in Salzburg in Erwägung gezogen. Die Ansichten der Behörden gingen auseinander. Die Provinzial-Staatsbuchhaltung meinte, die Einführung der Hauszinssteuer und der Gebäudeclassification im Salzburger Kreise unterliege keinem Anstande. Der Kreishauptmann, Graf Walsperg, war entgegengesetzter Anschauung. „Da die Wirthschaftsgebäude bereits mit den Wirthschaftscomplexen besteuert seien", so lauteten seine Auseinandersetzungen, „würde eine doppelte Besteuerung desselben Objectes eintreten, auch sei der Salzburger Kreis ohnehin schon sehr mit Steuern belastet, eine Vermehrung derselben sei daher nicht zweckmässig. Die Einführung der Gebäudesteuer wäre bis zur Durchführung des stabilen Katasters zu verschieben". Die Landesregierung sah keine Schwierigkeit zur Einführung der Hauszinssteuer: „die Stadt zähle 12.000 Einwohner, sei der Sitz eines Erzbischofs und eines Lyceums, habe eine bedeutende Garnison und stehe in industrieller Beziehung Linz nicht weit nach. Von einer Ueberbürdung könne nicht die Rede sein." [1])

Der Regierungspräsident Graf Ugarte war abweichender Ansicht. Die Gleichstellung Salzburgs mit Oberösterreich sei allerdings wünschenswerth, werde auch nach Einführung des stabilen Katasters keinem Anstande unterliegen, vorläufig sei Alles beim Alten zu belassen.

Die kaiserliche Entschliessung vom 19. April 1830 erfolgte nach dem Vorschlage der vereinigten Hofkanzlei, dass im Salzburger Kreise bei Vermessung desselben zum Behufe des stabilen Katasters die Vorerhebungen für die etwaige Einführung der Zins- und Classensteuer eingeleitet

— ·· ---

und deren Resultate mit dem Gutachten, ob, wann und unter welchen Bedingungen mit der wirklichen Einführung dieser Besteuerung vorzugehen sein dürfte, vorgelegt werden sollen. Seitdem ruhte die Angelegenheit mehrere Jahre. Erst in der Sitzung der vereinigten Hofkanzlei vom 3. August 1841 kam dieselbe wieder in Berathung.[1] Die Stadt Salzburg hatte sich an den Kaiser gewendet, eine günstigere Behandlung erbittend; sie begründete ihre Bitte mit dem Hinweise, dass durch politische und andere Verhältnisse die Stadt in ihrem Verkehre sehr herabgekommen sei, dass die Industrie und dadurch der Wohlstand immer mehr schwinden, viele Pensionisten in Salzburg sich niederlassen, die Fremden die Stadt häufig besuchen, was der Stadt einen Nutzen gewähre, den sie durch die Steuererhöhung wahrscheinlich verlieren würde. Das Kreisamt bestätigte die Richtigkeit der Angaben und war der Meinung, anstatt 18 Procent blos 12 Procent nach Abschlag von 15 Procent Erhaltungskosten zu erheben. Was die Hausclassensteuer

---

[1] Die oberösterreichische Regierung hatte ein Votum abgegeben, welches die Grundlage bildete. Die Steuerbezirks-Obrigkeit sprach sich rücksichtlich der ausserhalb der Städte gelegenen Orte gegen die Einführung der Gebäudeclassensteuer aus, weil das Haus auf dem Lande nur zum Oeconomiebetriebe bestimmt sei, die Kosten der Erhaltung des Hauses im baulichen Zustande seien eine Last. Die Area, worauf das Haus stehe, werde ohnehin besteuert. Nur wo die Häuser factisch Zinsungen abwerfen, daher ein Ertrag, also ein Object der Besteuerung vorhanden sei, wäre eine Zinssteuer abzunehmen; sollte aber die Einführung der Hausclassensteuer nach dem in den anderen Ländern bestehenden gesetzlichen Tarif beschlossen werden, so wäre wenigstens die Erleichterung zu gestatten, dass die Stockwerke nicht beachtet und die Steuer nur mit dem halben Betrag der Tarifsätze eingehoben würde. Aehnlich äusserte sich das Kreisamt. Für die Hauszinssteuer sei nur Salzburg mit seinen 913 Häusern geeignet, wovon 698 vermiethet sind. Im Ganzen bestehen dort 8171 Zimmer, 4927 Kammern, zusammen daher 13.098 Wohnbestandtheile. Factisch vermiethet wären 4926, von dem Eigenthümer bewohnt 5263, vermiethbar 2909. Der erhobene Miethzins betrage 147.182 fl., wofür 22.519 fl. an Zinssteuer entfallen würden, während gegenwärtig nach dem bayrischen Grundsteuerprovisorum von der Stadt Salzburg nur 8868 fl. an Hausstener entrichtet werden.

anbelangt, so stehe sie im Missverhältnisse zum Capitalswerthe des steuerbaren Objectes, respective zu dessen Ertrag, weil die Steuer gerade die ärmsten Bewohner treffe.
Der Grundbesitzer sei durchgehends mit sehr bedeutenden
Naturalleistungen belastet, zu denen in späterer Zeit die
Abgaben im Gelde kamen. Die grössere Bauart der Gebäude beruhe auf einem geschichtlichen Grunde. Die geist-
liche Regierung habe die Existenz des Landmannes durch
wohlfeile und unentgeltliche Holzabgabe zu erleichtern gesucht; bei der Wohlfeilheit des Materials seien grössere
Häuser entstanden, und da ein eigenes Sittlichkeitsgesetz
vom Jahre 1736 und 1756 die Absonderung des Dienstge-
sindes und der Kinder nach Geschlechtern anordnete, seien
die vielen Abtheilungen der Räume im Innern (Kammern
u. s. w.) entstanden. Die Ausdehnung der Wirthschaften
mit Beigabe von Weideland und Alpen erfordere aber ein
grösseres Dienstgesinde, und da nach der Auswanderung
der protestantischen Familien den zurückgebliebenen Wirth-
schaftsbesitzern die verlassenen Realitäten aufgedrungen
worden waren, haben die meisten derselben noch Zulehen,
d. i. zweite Häuser, welche selten bewohnt sind, aber im
Baustande erhalten werden müssen. Dem strengen Klima,
besonders dem starken Schneefalle im Winter sei aber die
Bauart mit Stockwerken zuzuschreiben, und als eine Nothwendigkeit, nicht als ein Zeichen des Wohlstandes oder
grösserer Bequemlichkeit zu betrachten.

Die Ansichten der obderennsischen Regierung fanden
an dem Referenten in der vereinigten Hofkanzlei einen
warmen Vertreter. Zwar waren aus den übrigen Ländern,
wo die Hausclassensteuer bereits eingeführt war, keine
Klagen eingelaufen, auch wies diese Steuergattung keine
Rückstände auf, aber seiner Meinung nach könnte nicht
in Abrede gestellt werden, dass das Princip, auf welchem
sie beruht, angefochten werden könne und schwer zu vertheidigen sei.

Während die Grund- und Hauszinssteuer, lautete seine
Argumentation, ein faktisches Natural- oder Gutserträgniss
oder den Ersatz desselben als Grundlage der Bemessung
haben, würde bei der Hausclassensteuer ein negativer Ertrag, oder eigentlich die Ersparung einer Auslage, welche
der Landwirth durch die Miethe einer Wohnung machen
müsste, besteuert, und da der Besitz einer Wohnung zum
Betriebe seiner Landwirthschaft und somit zur Erzeugung
der mit der Grundsteuer belegten Producte unentbehrlich
und mit Auslagen verbunden sei, so stelle sich die Besteuerung der zur Unterkunft der Urproducenten bestimmten Gebäude eigentlich als eine Besteuerung des Culturs-
aufwandes und somit als eine Anomalie dar.

Die Gründe des Referenten machten auf die Mitglieder der Hofkanzlei einen solchen Eindruck, dass sein Antrag, die Hausclassensteuer in jenen Provinzen, wo das
stabile Kataster bereits eingeführt wurde, aufzulassen, die
Majorität erhielt; nur die Hauszinssteuer sollte überall bei
der ganzen oder theilweisen Vermiethung eines Hauses zur
Erhebung kommen, wodurch man einen theilweisen Ersatz
für die Auflassung der Hausclassensteuer erhielte. Ferner
sollte eine Erhöhung der Arealbesteuerung der Gebäude,
welche mit Rücksicht auf die Hausclassensteuer zu gering
veranschlagt sei, auf das Doppelte eintreten. Der hiernach
unbedeckt bleibende Rest wäre auf die Erträgnisse des
Grundes und Bodens zu übernehmen. [1]

Die allgemeine Hofkammer, welche um ihre Wahr-
meinung befragt wurde, ging in ihrer Zuschrift von der

---

[1] Die Hausclassensteuer warf damals 617.000 fl. ab, wovon 200.000 fl.
durch Ausdehnung der Hauszinssteuer hereingebracht werden konnten; eine
Verdoppelung des Arealertrages der Gebäude ergab 62.800 fl., wodurch sich
der Abfall auf 354.200 fl. verminderte, welche Summe durch eine entsprechende Erhöhung der Grundsteuer füglich zu erzielen war. Bei der Hauszinssteuer sollte in den Landeshauptstädten ein Abzug von 15 Procent, in
allen übrigen Orten von 3 Procent gestattet sein und der Rest mit 18 Procent der Besteuerung unterzogen werden.

Ansicht aus, dass besonders bei einer Realsteuer, wo jede
Veränderung einen entscheidenden Einfluss auf den Werth
der damit belasteten Güter ausübe, die Beibehaltung eines
stetigen Systems dringend geboten sei und ohne zurei-
chende Gründe davon nicht abgegangen werden sollte. Die
Auflassung der Hausclassensteuer sei durch kein Bedürfniss geboten. Sie berechnete den Ausfall auf 1.85 Mill. fl.
Wohl aber könnten solche Modificationen für Salzburg bewilligt werden, die ohne wesentliche Abweichung von dem
Systeme eine billige Berücksichtigung der Verhältnisse in
Salzburg Platz greifen lassen, indem bei Classificirung der
Gebäude im Salzburgischen auf Stockwerke keine Rücksicht
genommen und die Anwendung des ursprünglichen ein-
fachen Tarifs ausnahmsweise zugestanden würde.

Die vereinigte Hofkanzlei bekämpfte in ihrem Vortrage vom 9. November 1841 die von der Hofkammer dar-
gelegten Ansichten. Dass die Besteuerung der Gebäude,
welche dem Landwirthe zur Bewohnung dienen und keinen
directen Ertrag abwerfen, ein Mangel des gegenwärtigen
Systemes der Realbesteuerung sei, dass sie dem Principe
der Grundbesteuerung, wie es im Patente vom 23. December 1817 ausgesprochen wurde, nämlich den ausgemittelten
reinen Ertrag zur Grundlage zu nehmen, widerspreche, den
kleinen Grundbesitzer bedrücke, den grossen begünstige,
hemmend der Verbesserung des Baustandes auf dem Lande
entgegentrete, mit einem Worte principlos sei. Die Hausclassensteuer passe nicht in das mit dem Patente vom
23. December 1817 aufgestellte System der Grundbesteuerung, welches nur die Nutzungen, nicht aber den fingirten
Ertrag der Besteuerung unterzogen wissen will, ja es wider-
streite demselben.[1]) Die Hofkanzlei sprach sich in erster
Linie für die Auflassung der Hausclassensteuer aus; im

---

[1]) §. 13 dieses Patents lautete: Die Gebäude werden durch Parification der Area und durch die Ausmittlung des Zinsertrages nach der individuellen Beschaffenheit eines jeden in die Besteuerung genommen.

Falle der Beibehaltung jedoch gegen jede Begünstigung des Salzburger Kreises, da sich ein stichhaltiger Grund dafür nicht finden liesse. Dass dieser Kreis bisher weniger gezahlt hat, sei ohnehin ein Vortheil gewesen. Nur der Kanzler Pillersdorf äusserte sich mit ungemeiner Wärme für eine Begünstigung des Salzburger Kreises. '
Durch die Allerhöchste Entschliessung vom 25. Juni 1844 wurde die Hausclassensteuer in Salzburg eingeführt, und zwar ohne Berücksichtigung der in den anderen Ländern festgehaltenen Eintheilung in Häuser mit und ohne Stockwerke und mit einem wesentlich ermässigten Tarife. Die Hauszinssteuer wurde mit 12 Procent des Brutoertrages bemessen, jedoch für Erhaltungskosten kein Abzug gestattet.

In Triest und in 23 Gemeinden des Territoriums ist die Gebäudesteuer nicht eingeführt, sondern dieselben entrichten eine Aversalsumme, deren Beseitigung schon vor Jahrzehnten in Aussicht genommen war. Vor der Besitznahme Triests durch die Franzosen war die Stadt von jeder directen Steuer befreit; nebst dem Tabak-, Stempel-, Salz-, Lotto- und Postgefälle bestanden nur Verzehrungssteuer-Aufschläge (dazio consumo), und aus dem Ertrage dieser Aufschläge entrichtete die Stadt aus ihrer Casse ein Aversum und trug alle öffentlichen Auslagen, die in anderen Ländern aus der Staatscasse bestritten wurden. Nachdem Triest unter österreichische Herrschaft rückgekehrt war, wurden die unter der französischen Verwaltung eingeführten directen Steuern wieder beseitigt. Bis 1829 steuerte Triest im Ganzen 180.000 fl., im Jahre 1829 kam das Aversum für die in diesem Jahre in den übrigen Theilen der Monarchie eingeführte Verzehrungssteuer im Betrage von 350.000 fl. hinzu. Die Landesstelle trug zumeist dazu bei, dass Triest von jeder directen Steuer verschont blieb. In dem Gutachten vom Jahre 1815 betonte sie, dass die indirecten Abgaben eine hohe Summe, nämlich 22 fl. per

Kopf, daher einen höheren Betrag als in einer andern
Provinz erweisen; nur unter der Freiheit von jeder directen
Steuer habe sich Triest emporgeschwungen; „der Handel
in einem Freihafen dulde keinen Zwang weder an der Person, noch an der Sache, jede directe Steuer taxire entweder das Individuum oder das Vermögen; Vermögens-
prüfungen stehen im Widerspruche mit der Speculation
und der nöthigen freien Bewegung im Handel".

Der Gouverneur von Triest, Graf Stadion, befürwortete gleichfalls in warmer Weise, Triest mit keiner Haussteuer zu belegen; im Falle man jedoch mit Rücksicht
auf die Finanzen nicht verzichten könnte, sich mit einer
Aversalsumme zu begnügen, in ähnlicher Weise, wie dies
bei der Verzehrungssteuer geschehen sei. Er bemühte sich
den Beweis zu erbringen, welch' schädlichen Einfluss die
Einführung der Häusersteuer auf die Stadt und den Handel
übe. Reiche Bürger und Grundbesitzer existiren in Triest
nicht; die Häuser befinden sich daher in den Händen der
Kaufleute, welche nothgedrungen auf den Bau oder Kauf
von Häusern und Magazinen einen Theil ihres Handels-
capitals verwenden, und um dieses wieder zu ersetzen, die
Realitäten mit Hypotheken belasten müssen. Es sei somit
erklärlich, dass die Einführung der Gebäudesteuer, die
einen beträchtlichen Theil der Renten verschlinge, den
Capitalswerth der Häuser bedeutend vermindern müsse,
und dass schon die Ankündigung, dass diese Steuer eingeführt werden solle, auf den Handelsverkehr und somit
auf ganz Triest eine nachtheilige Wirkung hervorgebracht
habe. Der von der Regierung gewählte Termin sei zu
unbestimmt, der Beurtheilung der Privaten ganz entrückt,
daher zur Berechnung des Verkaufswerthes eines Hauses
nicht dienlich, da die ganze Last der Steuer mit allen ihren
Folgen ganz allein auf dem gegenwärtigen Besitzer ruhe,
während durch die Bestimmung eines andern Zeitpunktes
dem Uebel theilweise vorgebeugt und die Schwere der

Massregel gemildert werden könnte. Für einen solchen Zeitpunkt halte er jenen, wenn die Eisenbahn vollendet sein werde, welche bei den unverkennbaren Vortheilen, die sie für den Handel in Triest verspreche, voraussichtlich einen höchst bedeutenden Einfluss auf den Werth der Realitäten üben werde.

Der Gouverneur stellte nicht in Abrede, dass eine wohlgeordnete Häusersteuer mit dem Freihafensystem vereinbarlich sei und dass das von Triest gezahlte Aversum in keinem Verhältnisse zu jenen Summen stehe, welche in anderen Städten von der Staatsverwaltung vom Zinsertrag in Anspruch genommen werden; er glaube aber mit Zuversicht erklären zu müssen, „dass der dermalige Moment einer hochgesteigerten Bausucht nicht der geeignete sein dürfte, an die Regulirung dieses Zweiges des öffentlichen Einkommens Hand anzulegen, da bei der immer mehr sich aufregenden Speculation in diesem Zweige eine Massregel, die eine nahe Einführung der Häusersteuer ahnen liesse, die schädlichste Rückwirkung äussern würde". Die Hofkammer legte diesen Gründen keine Bedeutung bei. Sie wies darauf hin, dass Triest im Jahre 1839 keine höhere Steuer zahle als 1814, obgleich es nach Erlöschen der französischen Herrschaft nur 30.000, jetzt aber über 75.000 Seelen zähle und der Zinsertrag sich einer ungefähren Schätzung nach auf 2 1/2 Mill. fl. belaufe, auch fortwährend im Steigen begriffen sei und im letzten Jahre um 20 bis 30 Procent zugenommen habe. Hofkammer und Hofkanzlei waren der gleichen Ansicht, dass mit der Einführung des stabilen Katasters in Istrien auch die Gebäudesteuer in gleichem Ausmasse wie in den anderen Ländern zur Erhebung gelangen solle.

Der Vortrag vom 9. Juli 1839 gelangte erst am 13. März 1841 mit der Allerhöchsten Entschliessung herab, „dass die dermal kundzumachende Belegung der Gebäude in der Stadt Triest und ihrem Gebiete mit der im Allgemeinen vorgeschriebenen Hauszins- und Hausclassensteuer erst in dem der Einführung des stabilen Katasters im Küstenlande folgenden Verwaltungsjahre Platz greife".

Die Mittheilung dieser allerhöchsten Willensmeinung an den Magistrat der Stadt Triest erfolgte und rief eine grosse Bestürzung hervor, „Alle waren wie vom Schlag gerührt", Niedergeschlagenheit, Schrecken und Entsetzen zeigten sich auf allen Gesichtern und einstimmig wurde beschlossen, gegen die beabsichtigte Einführung der Gebäudesteuer Vorstellungen bei dem Monarchen zu machen. Die Furcht war eine allgemeine, „dass der Werth der Besitzungen ungemein sinken würde, dass Niemand mehr seine Capitalien auf selbe herleihen würde, die schon elocirten zurückgezogen würden, dass die hausbesitzenden Handelsleute, welche eben dieses freien Besitzes wegen im In- und Auslande Credit genossen, dieser Hilfsquelle, welche die Hauptgrundfeste und die Seele des Handels sei, verlieren würden." Triest würde im Nachtheile sein gegen Livorno, Genua, Marseille, der Handel des Platzes werde verfallen, viele werden den Platz verlassen und übersiedeln, wenn die Meinung Platz greife, dass der Freihafen seine Erleichterungen und Begünstigungen verliere. Es müsse Alles möglichst vermieden werden, was den Handel von Triest noch mehr belaste; dies liege nicht blos im Interesse der Stadt, sondern auch in jenem Oesterreichs. Die Stadt bezahle ohnehin an Aversalsummen für Grund-, Häuser-, Personal-, Gewerbe- und Verzehrungssteuer den nicht unbedeutenden Betrag von 490.625 fl. Der Flor des Handels und der Schifffahrt von Triest gebe der Bevölkerung des Küstenlandes, Dalmatiens und Albaniens, des Karstes, Friauls, Kärntens, Krains, Steiermarks und selbst der Provinz Oesterreich Erwerb, ein Vorzug, den keine Stadt der Monarchie geltend machen könne. Jede Stadt bedürfe zu ihrem Fortbestande eines Grund und Bodens. der sie nähre und auf dem sie sich mit Nutzen und Vortheil bewegen

könne. Triest habe keinen Grund und Boden, der seine
Bewohner nähren könne. Die erste Bedingung einer jeden
Steuer sei ein reines Einkommen, das besteuerbar ist. In
Triest, wo die Gebäude Gegenstand des Handels seien,
wo sie mit fremdem Gelde aufgeführt seien, um Pfänder
für den Handel zu haben, müsste man bei Einführung der
Gebäudesteuer entweder Gerechtigkeit üben, alle intabu-
lirten und zu Bauten verwendeten Capitalien abschlagen,
oder man würde, wenn man das ganze Erträgniss besteuern wollte, den Handel auf eine sonderbare Weise
besteuern, nämlich durch jene Objecte, die den Credit
des Handels aufrecht erhalten sollen.

Stadtgemeinde und Börsendeputation beriefen sich
auch auf die Geschichte. Joseph II., der mit dem Patente
vom 1. Februar 1789 ein allgemeines Grundsteuersystem
für die Monarchie festgesetzt hat, habe Triest frei gelassen, wohl erwägend, dass eine solche Auflage sich mit der
Lage und der Bestimmung Triests nicht vereinbaren lasse.

Die Hofkanzlei erörterte abermals den Sachverhalt in
ihrem Vortrage vom 12. April 1842. Sie widerlegte die
Behauptung, dass die Besteuerung des Realbesitzes das
Steigen des Wohlstandes eines Handelsplatzes hindere,
seine Existenz gefährde, davon gebe auch Triest ein Beispiel, indem die von ihm seit 1815 entrichtete jährliche Aver-
sualsumme von 87.000 fl. bei einer um ein Drittel geringeren Bevölkerung eine gewiss stärkere Belastung war als
die jetzt angesonnene stärkere Besteuerung des reinen
Zinsertrages. Auch dürfte von allen Freihäfen des Mittel-
meeres keiner aufzufinden sein, in welchem der Realbesitz
steuerfrei gelassen werde. Die Behauptung, dass die Bau-
lust in Triest so bedeutend zunehme, um sich durch Er-
bauung von Häusern eine Quelle des Credits für Handelsunternehmungen zu eröffnen, klinge wohl etwas sonderbar,
denn schwerlich dürfte es für die Klugheit eines Kauf-
mannes zeugen, wenn er sein bereits disponibles Vermögen

zu dem Bau eines Hauses verwenden und sich mit verhältnissmässig geringeren und ungewissen Zinsen deshalb begnügen wollte, um dann auf dem erbauten Hause Capital
aufnehmen und seine Speculationen ausdehnen zu können.
In Venedig wurde die Besteuerung der Häuser ohne Ein-
spruch erhoben.

Die Hofkammer befürwortete das Gesuch von Triest
und beantragte die Verschiebung der Einführung der Gebäudesteuer bis 1848. Dagegen bemerkte die Hofkanzlei:
Es liege kein Grund vor, die Stadt zu begünstigen; die
Erhebung der Steuer mit 13 Procent, was dem Grundsteuer-
procentsatz in Istrien mit 12 Procent gleich komme, könne
erfolgen. Die Hauszins- und Hausclassensteuer für die Stadt
Triest und deren Gebiet hat mit dem Jahre 1842 in Wirksamkeit zu treten, lautet die kaiserliche Entschliessung
vom 1. October 1842, und ist die Frage behufs Bestimmung der Steuerprocente in Verhandlung zu nehmen. Trotzdem kam es dazu nicht. Am 8. September 1844 erfloss
ein Allerhöchstes Cabinetsschreiben, worin für die Stadt
Triest statt der auf Grundlage periodischer Ertragsbekennt-
nisse einzuhebenden Hauszinssteuer eine jährliche Ablö-
sungssumme von 160.000 fl. C.-M. vom 1. November 1845
angefangen bestimmt wurde. Diese Summe sei bis 1855
unverändert zu belassen. Die neuerbauten Häuser seien
jedoch in jene Summe nicht einzubeziehen, sondern mit
einer Steuer zu belegen. Auch diese Besteuerung gelangte
nicht zur Verwirklichung.

Als mit dem Patente vom 10. October 1849 in allen übrigen Theilen des Reiches die Hauszinssteuer mit 16 Procent festgesetzt und das Einkommensteuerdrittel hinzugefügt wurde, erhöhte sich auch dem entsprechend das Aversum für Triest.

Am 7. November 1854 erfolgte ein neues Gesuch des
Stadtrathes um Beibehaltung des Aversums auf weitere
zehn Jahre; „die Realisirung der Hoffnungen", heisst es

darin, „welche 1844 für das Aufblühen Triests in naher Aussicht standen, darunter insbesondere die Vollendung der Schienenwege, diese Lebensfrage für die Zukunft Triests, sei noch nicht eingetreten. Die Stadt befinde sich in einem noch ungünstigeren Verhältnisse, bedürfe um so mehr einer Berücksichtigung von Seite der Staatsverwaltung, als die ausländischen Häfen, welche durch Eisenbahnen und feste Valuta - Verhältnisse begünstigt seien, auf den Handel Triests den nachtheiligsten Einfluss üben". Bruck befürwortete in einem Vortrage vom 16. Mai 1858 die Bitte des Stadtrathes; die kaiserliche Entschliessung vom 7. Juni setzte die Aversalsumme mit 300.000 fl. fest; so viel hatte die Stadt angeboten, während die Besteuerung nach dem Zinsertrage 647.000 fl. erbracht haben würde. Seitdem wurde die Aversalsumme beibehalten, indem immer nach Ablauf der Frist erneuerte Bittgesuche vor den Thron gebracht wurden und die endgiltige Regelung und Gleichstellung Triests mit den übrigen Landeshauptstädten bei der bevorstehenden Steuerreform in Aussicht genommen wurde.[1])

Während des achtzehnten Jahrhunderts wurden verschiedene Versuche gemacht, das Einkommen aus dem beweglichen Vermögen der Besteuerung zu unterziehen.[2])

Die im Jahre 1799 eingeführte Classensteuer, welche dazu bestimmt war, die ausserordentlichen, für den Krieg erforderlichen Beiträge „dergestalt zu vertheilen, dass Jedermann im Staate ohne Ausnahme zu den allgemeinen Staatsbedürfnissen nach dem Verhältnisse seines jährlichen Einkommens oder Erwerbes leiste", hätte in ihrer weiteren Ausbildung den Ausgangspunkt einer entsprechenden Besteuerung für das bewegliche Vermögen bilden können, wenn sie nach Beendigung des Krieges einige Ab-

---

[1]) Die ganze Darstellung beruht auf actenmässigem Material.
[2]) Vergl. Hauer, Beiträge zur Geschichte der österreichischen Finanzen, S. 50.

änderungen erfahren hätte. Sie betrug bei einem Einkommen von 100 bis 300 fl. 2½ Procent und stieg bis auf 20 Procent bei 150.001 fl. und darüber, jedenfalls eine starke Progression. „Jeder, wes Standes und Würden und Wesens er sei, hatte jährlich seine reinen Einkünfte zu fatiren, und zwar der Adel sub fide nobili, die Geistlichkeit sub fide sacerdotali, alle Uebrigen sub clausula juratoria." Die landesfürstlichen Steuern, die Interessen der Passivcapitalien und andere Lasten konnten in Abzug gebracht werden. „Die Kosten des Unterhalts für sich und die Familie, den auf irgend eine Weise erforderlichen Aufwand, als Hauszins, Unterhaltung der Dienerschaft, durfte sich Niemand anmassen, abzuziehen." Stiften und Klöstern wurde gestattet, die Religionsfondssteuer und für einen jeden im Kloster lebenden Geistlichen 200 fl. abzuziehen. Die Bezüge der Militärpersonen blieben von der Steuer frei, mit nichten aber ihre übrigen Einkünfte. Die Strafen für nicht überreichte oder unrichtige Fassionen waren ziemlich hart. Die „mehreren Classen der Menschen, welche in dem Staate vorgefunden werden, deren Nahrungserwerb unsicher und zweifelhaft ist und überhaupt nicht mit Sicherheit auf einen gewissen reinen jährlichen Ertrag sich ausmitteln lasse, als kleine Kaufleute, Krämer, bürgerliche Professionisten und andere Gewerbsleute, Dienstboten und Taglöhner, bei welcher Classe von Menschen die Lage des Wohnorts und verschiedene andere Zufälle eine mehrere Leichtigkeit oder Beschwerniss in dem Nahrungserwerb gebe, welche nicht anders als durch eine zweckmässige Classification in ein gehöriges Verhältniss gebracht werden können", unterlagen der eigentlichen Classensteuer. Die Classen stiegen von 10 bis 30 fl. in Wien, von 5 bis 20 fl. in den grösseren Provinzialstädten und von 3 bis 10 fl. auf dem flachen Lande für die „einträglichen", in geringeren Beträgen für die anderen Gewerbe. Auch jene Dienstboten, welche nebst der Kost für einen geringeren Lohn

als 100 fl. dienen. wurden gleichfalls in verschiedene Classen
getheilt. Knechte entrichteten 3o kr., Mägde 15 kr.; „lediglich durch Almosen sich nährende Leute, welche sich auf
irgend eine Art etwas zu verdienen ausser Stande sind",
Patentalinvaliden und Witwen von Unterofficieren und Gemeinen, die vor dem Feinde gestorben, waren frei.

Das Patent vom 20. August 1806 brachte einige Aenderungen. Die Classen waren mehr abgestuft, der Steuersatz stieg von $2\frac{1}{2}$ bis 20 Procent in ähnlicher Weise wie
nach den Bestimmungen des Jahres 1799. Die Fassionen
fielen weg. „Im Vertrauen auf die Redlichkeit", lautet der
sechste Paragraph. „und aufrechte Vaterlandsliebe Unserer
getreuen Unterthanen sollen die einzelnen Contribuenten
der für sie in mancherlei Rücksichten lästigen Einreichung
specificirter Vermögensfassionen enthoben und anstatt derselben eines jeden Contribuenten eigenen Redlichkeit überlassen bleiben. nach den für die Ausmessung der Steuer
bestimmten Directionsregeln die Steuerschuldigkeit selbst
zu berechnen und anzuzeigen."

Die Erträgnisse dieser Steuergattung waren winzige.

Die Besteuerung der Gewerbe hat in den meisten
Staaten Europas erst im Laufe unseres Jahrhunderts platzgegriffen. Frankreich lieferte das Vorbild. Gleichzeitig mit
der Aufhebung der Zünfte und mit der Beseitigung aller
gewerblichen Privilegien durch das Gesetz vom Jahre 1791
erfolgte die Einführung einer Abgabe, die Jeder bei der
Anmeldung des Gewerbes. worüber ihm ein Patent ertheilt wurde. zu entrichten hatte. Die Steuer wurde nach
der Wohnungsmiethe bemessen. Das Gesetz vom 27. März
1793 hob dasselbe auf. aber die steigenden Bedürfnisse
des Staatsschatzes erzwangen allmählich die Wiedereinführung. In England hat eine allgemeine Besteuerung der
Gewerbe im Jahre 1798 zum ersten Male in Folge der
damals eingeführten Einkommensteuer begonnen. die bekanntlich später beseitigt und erst 1842 erneuert wurde.

In Oesterreich beschäftigte man sich bereits im Jahre 1806 mit dem Gedanken einer Besteuerung der Gewerbe und man entschied sich für eine Art indirecter Besteuerung, indem man bei jeder Waare eine Stempelung derselben plante. Beschwerden von Seite der Industriellen bestimmten den Monarchen, darauf Verzicht zu leisten. Im Jahre 1809 wurde eine Patentsteuer nach französischem Vorbilde in Aussicht genommen; der Krieg unterbrach die darauf gerichteten Vorarbeiten, und als im Jahre 1811 ein Entwurf der kaiserlichen Genehmigung unterbreitet wurde, erfloss die kaiserliche Entschliessung vom 21. Februar 1811, davon keinen Gebrauch zu machen. Indess das finanzielle Bedürfniss war gross und die Besteuerung der Gewerbe bildete während der nächsten Monate den Gegenstand sorgfältiger Studien, die namentlich von dem Referenten Dörfeld, einem mit wirthschaftlichen Fragen innig vertrauten Manne, in ausgedehnter Weise angestellt wurden. Nach seinem frühzeitig erfolgten Tode beschäftigten sich Pillersdorf und mehrere andere mit dem Gegenstande und am 25. Juli 1812 wurden die Anträge vor den Kaiser gebracht. Der Vortrag, worin die Nothwendigkeit und Gerechtigkeit, diese neue Besteuerungsart zu schaffen, begründet wird, gehört zu den besten Arbeiten und macht dem österreichischen Beamtenstande alle Ehre. Die wichtigsten Fragen der Finanzwissenschaft werden darin berührt, und man findet sich Ansichten gegenüber, die erst in der jüngsten Zeit Gemeingut der Finanzwissenschaft geworden sind. „Die erste der Fragen", heisst es darin, „wie viel muss der Staat fordern, um sein Bedürfniss zu bedecken, wie viel kann er einheben, ohne die Fähigkeit zu lähmen, Besitzthümer zu erhalten und zu reproduciren. Zwei Ansichten stehen einander gegenüber. Nach der einen sei das Bedürfniss des Staates allein der Mássstab für die Steueranforderung; der Staat sei nicht wie ein Privathaushalt anzusehen, in dem die Ausgabe sich

4*

nach der Einnahme richten müsse und bei dem das Eben-
mass beider Zweck sei. Im Staate sei die Erhaltung der
Macht, es koste was es wolle, der Hauptzweck. Andere
seien wieder der Ansicht, die Einnahme müsse sich nach
der Steuerfähigkeit richten. Die Wahrheit sei: man schaffe
nicht Bedürfnisse, die nicht nothwendig seien, aber der
durch die Natur der Sache und die Verhältnisse der Zeit
nothwendige Aufwand müsse, selbst wenn es Opfer
kostet, bedecket werden." Durch eine einzige Steuer könne
keine gleichmässige Heranziehung aller Classen der Bevölkerung herbeigeführt werden, es müsse zu einem System
von Steuern gegriffen werden; als solche Besteuerungs-
arten, die alle Classen der Bevölkerung umfassen, werden
bezeichnet: die Grundsteuer, Gewerbesteuer, Vermögenssteuer, Erwerbsteuer und endlich die Verzehrungssteuer.
Der Bestand der Classensteuer bildete bei Vielen einen
Anstoss, sich mit der Einführung der Gewerbesteuer zu
befreunden; die Anhänger der letzteren wiesen jedoch
darauf hin, dass eine grosse Differenz zwischen beiden
Steuern bestehe. Die Classensteuer bezeichneten sie ganz
richtig als eine Einkommensteuer, während bei der Erwerbsteuer die Erwerbsfähigkeit als Massstab diene,
in ähnlicher Weise, wie bei dem Grund und Boden nicht
das wirkliche Einkommen, sondern die Ertragsfähigkeit
die Grundlage der Besteuerung bilde. Die theoretische
Construction, auf welche damals ein grosses Gewicht gelegt wurde, ist nicht uninteressant. „Eigentlich", heisst es
in dem Vortrage, „sei überall nur die lebendige Kraft
des Menschen mit Rücksicht auf die Hilfsmittel, die ihre
Anwendung zur Production begründen, besteuert. Jede
Steuer sei nämlich im Grunde nichts anderes, als ein indirecter Zwang entweder zur höheren Sparsamkeit oder vermehrten Thätigkeit, je nachdem der Steuerpflichtige entweder schon im Besitze der geforderten Güter ist oder
sich solche erst erwerben muss."

Gemäss der damaligen Gepflogenheit verkündete das Patent vom 31. December 1812 im Eingange, aus welchem Grunde die neue Steuer eingeführt werde; es sei nothwendig, „dass ein Theil der öffentlichen Abgaben, welche bisher nur von den Grundbesitzern oder im indirecten Wege von den Capitalsbesitzern und der verzehrenden Classe eingehoben wurden, auf jene Staatsbürger gelegt werde, welche sich den Gewerben, Fabriken und Handlungsunternehmungen oder anderen gewinnbringenden Beschäftigungen widmen."

Ganze Schichten der gewerbetreibenden Bevölkerung blieben jedoch von der Erwerbsteuer frei: die landwirthschaftlichen Gewerbe, insofern sie sich auf die Erzeugung roher Producte und deren Verkauf beschränken, Hilfsarbeiter, Taglöhner, Staatsdiener, Schriftsteller, Aerzte, Wundärzte, Hebammen, und alle Beschäftigungen, deren Zweck auf den Unterricht gerichtet ist in Orten von weniger als 4000 Seelen. Die Schöpfer des Erwerbsteuerpatents rechtfertigten in ihrer Darlegung an den Monarchen diese Befreiung mit dem Hinweise, „dass Taglöhner und andere Arbeiter für Lohn vom Staate kein besonderes Recht geniessen; ihnen sei nur die von der Natur zugestandene Befugniss vorbehalten, ihre Bedürfnisse durch Anwendung und Anstrengung ihrer physischen Kräfte zu befriedigen".

„Die Staatsbeamten weihen bereits der bürgerlichen Gesellschaft ihre Kräfte und was die Gelehrten und Künstler anbelangt, so erhöhen und veredeln ihre Erzeugnisse das gemeine Leben, sie erwecken und nähren den Sinn für das Schöne und Gute; ihre Production sei ein Gemeingut, das der ganzen Gesellschaft angehört."[1])

Die Steuerbeträge richteten sich nach der Grösse der Ortschaft, in welcher das Gewerbe ausgeübt wurde. „Je grösser die Gesellschaft sei", lautete die Begründung, „in der das Individuum sein Talent und seine Fähigkeiten ausübt,

---

1) Vortrag vom 25. Juli 1812.

um so erfolgreicher sei in der Regel die Verwendung". Jedoch sollten auch noch andere Classificationsmerkmale berücksichtigt werden. „Im Allgemeinen", heisst es in den Erläuterungen über die Ausführung des Erwerbsteuerpatentes, „weiset in jedem Orte die Reichhaltigkeit der dem einzelnen Gewerbsmanne zu Gebote stehenden Hilfsmittel zur Production die Classe an, nach welcher derselbe in seiner von dem Gesetze bestimmten Kategorie zu belegen ist. Insbesondere werde gesehen werden: auf die Art der Beschäftigung oder des Gewerbes, auf den Standpunkt, wo es im Orte betrieben wird, auf die Zahl der Hilfsarbeiter oder Werkstühle und auf das Betriebscapital." Wien sammt einem Umkreise von zwei Meilen bildete eine besondere Classe, die Steuer betrug je nach dem Umfange oder je nach der Gattung der Unternehmung 5 fl. bis 1500 fl. Die Provinzialhauptstädte Prag, Lemberg, Brünn, Graz und Linz bildeten eine zweite Gruppe von Orten, und die Steuer schwankte zwischen 3 bis 1000 fl. Alle übrigen Orte wurden in drei Classen getheilt: solche, deren Bevölkerung die Zahl von 4000 Menschen erreicht oder übersteigt, mit einer Steuer von 2 bis 1000 fl., solche mit einer Bevölkerung von über 1000 Seelen bis 4000, endlich Orte mit weniger als 1000 Seelen. In Wien und in den Provinzialhauptstädten musste für jede Gattung des Erwerbes eine besondere Steuer entrichtet werden, wenn der Unternehmer zwei oder mehrere Erwerbsunternehmungen vereinigte. In allen übrigen Städten und Orten jedoch wurde die Steuer, wenn dieselbe Person verschiedenartige Gewerbe betreibt, nur für jenes Gewerbe entrichtet, welches in der gesetzlichen Classificirung am höchsten belegt war.

Auch bei der Erwerbsteuer dauerte es Jahrzehnte, ehe die Einführung in allen Ländern vollendet war. In Oesterreich ob und unter der Enns, in Böhmen, Mähren, Schlesien, Galizien, in der Bukowina, in Steiermark und

Kärnten, den Villacher Kreis ausgeschlossen, kam dieselbe auf Grund des Allerhöchsten Patentes vom 31. December 1812 zur Erhebung, drei Jahre später durch Patent vom 16. December 1818 in Krain, in dem Villacher Kreise und im Küstenlande; in Tirol und Vorarlberg durch Patent vom 20. Juni 1814: im Jahre 1824 durch Patent vom 22. Januar in Salzburg und in dem Innkreise; im Grossherzogthume Krakau mit Allerhöchstem Patente vom 7. October 1851, in Dalmatien endlich durch die kaiserliche Verordnung vom 9. December 1851. Triest entrichtet noch gegenwärtig keine Erwerbsteuer: das Einkommen aus den Gewerben und Beschäftigungen wird dort lediglich durch die Einkommensteuer getroffen.

Im Wesentlichen wurde an den Grundsätzen des Patents vom 31. December 1812 in der Folge nichts geändert, und nur einige Einzelnheiten erfuhren im Laufe der Zeit eine Modification. Die noch heute giltigen Tarifsätze traten in Folge Allerhöchster Entschliessung vom 5. September 1822 in Kraft. Die Gewerbe gliedern sich in vier Gruppen: Fabriken, Handelsunternehmungen, Künste und Gewerbe, Dienstleistungen zum Unterrichte, zu Geschäftsvermittlungen, zur Beförderung von Personen und Sachen.

Bei Fabriken beträgt der Steuersatz je nach dem Umfange derselben ohne Unterschied des Standortes 42, 84, 105, 315, 525, 735, 1050 und 1575 fl. ö. W., in gleicher Weise bei den Grosshandlungen 315, 525, 735, 1050 und 1575 fl., dagegen beträgt der Steuersatz bei Handelsunternehmungen in ähnlichen Abstufungen in Wien zwischen 105 und 1050 fl., in Orten von 4000 Seelen und darüber 42, 84 und 105 fl., in Orten von 1000 bis 4000 Seelen 31.5, 63, 84 fl., unter 1000 Seelen 2.1, 4.2, 8.4, 10.8 fl.; einfache Gewerbe, Krämer, Standhändler und Hausierer steuern in Wien 5.25, 10.5, 21, 31.5, 42, 52.5, 63, 73.8, 84, 105, 210, 315 fl.; in Orten über 4000 Einwohner 3.15, 8.4, 15.75, 31.5, 42, 52.5 fl.; in Orten zwischen 1000 bis 4000 Seelen

$2._{62}$, $5._{25}$, $10._5$, 21, $31._5$ fl., in Orten unter 1000 Einwohnern $2._1$, $4._2$, $8._4$, $16._8$ fl. Bei den Dienstleistungen wird ein
Unterschied zwischen Unterricht, Geschäftsvermittlung,
Beförderung von Personen und Sachen gemacht. Bei dem
Unterricht (wobei nur der Privatunterricht gemeint ist)
beträgt die Steuer in den Landeshauptstädten $2._1$ und
$4._2$ fl.. in Wien $5._{25}$, $10._5$ und 21 fl. Bei Geschäftsvermittlungen ist der niedrigste Steuersatz auf $5._{25}$, der höchste
auf 315 normirt, bei Transportunternehmungen schwankt
der Steuersatz zwischen $2._1$ und 105 fl. in den schon erwähnten Abstufungen.

In Tirol ist insoferne eine Erleichterung gewährt, als
mit Ausnahme der Fabriken und Grosshandlungen für
alle übrigen steuerpflichtigen Unternehmungen und Beschäftigungen noch ein Steuersatz mit der Hälfte des in
andern Ländern erhobenen geringsten Betrages festgesetzt ist.

Die Bemessung der Steuer ist den Finanzbehörden
und ihren Organen zugewiesen, sie haben sich jedoch hiebei des Beirathes der Gemeinden und der Gewerbsver-
treter zu bedienen. In den ersten drei Jahrzehnten seit
Erlass des Steuergesetzes galt die bemessene Steuer für
drei Jahre, „um den Steuerpflichtigen die Früchte einer
höher getriebenen Industrie einige Zeit hindurch ohne allen
Anspruch auf grössere Beiträge für den Staat geniessen
zu lassen"; in Folge der kaiserlichen Entschliessung vom
4. Februar 1832 wurde die Triennalbemessung aufgehoben
und die einmal bemessene Steuergebühr hat insolange
aufrecht zu bleiben, als nicht in Folge geänderter Be-
triebsverhältnisse Minderungen oder Erhöhungen der Gebühr einzutreten haben.

Ausserdem gestattete die Finanzverwaltung. da sich
die normirten Steuersätze als unzureichend erwiesen, in
einigen Ländern die Anwendung von Zwischensätzen, die
jedoch vor Kurzem wieder beseitigt wurden.

Andere Aenderungen sind nicht eingetreten und mühselig genug rangen sich die Behörden durch, um nach
ganz äusserlichen Merkmalen die Steuer für jeden Gewerbetreibenden zu bestimmen. Ein schärferes Urtheil als die
Regierung über die Erwerbsteuer fällte, ist wohl nicht·
möglich, und die Unhaltbarkeit der gesetzlichen Bestimmungen ist seit Jahrzehnten eine feststehende Thatsache.
Die strengen Unterschiede zwischen Landesfabrik, ein-
facher Fabrik, Grosshandel, Handel und Krämerei, zwischen einfachen Gewerben, Meisterrechten und freien Gewerben, Bestimmungen, die früher zum Theil als Basis
der Steuerveranlagung benutzt wurden, sind hinfällig geworden, und während von der Benennung eines Gewerbs-
rechtes, dessen Ausdehnung und folgerichtig auch die
Grösse des Gewerbes abhängig und darnach der Steuer-
tarif entworfen und angepasst war, hat die Besteuerung
seit der Einführung der Gewerbefreiheit jede gesetzliche
Grundlage verloren. An Stelle der Benennung des Gewerbes, früher ein Anhaltspunkt für die Steuer, wurde
nun der Umfang und die Ertragsfähigkeit desselben für
die Bestimmung der Steuersätze massgebend. Dem Ermessen der Steuerbehörden ist freie Hand gelassen, den
Steuersatz zu fixiren. „Indem nun die früheren gesetzlichen Grundlagen mangeln", heisst es in dem Motivenberichte der Regierung zu den Steuerreformvorlagen vom
Jahre 1864, „ist die Anwendung der Erwerbsteuerclassen
dem Ermessen der Steuerbehörden überlassen, welche hiebei ungleichmässig vorgehen und so folgerichtig auch eine
ungleichartige Besteuerung herbeiführen können. Die im
Erwerbsteuergesetze aufgestellten Steuersätze sind für die
jetzigen Verhältnisse ganz und gar unzureichend, indem sie
nur wenige Abstufungen bilden, die in einer so ungleich-
artigen Progression sich bewegen, dass die Steigerung
von einem Satze zum andern oft 100, auch 200 Procent
beträgt, während andere Sätze nur um 14, 16 oder 20

Procent steigen. Bei den wenigen Zwischenstufen zwischen dem niedrigsten und höchsten Satze und bei den grossen Sprüngen derselben ist die Steuerbemessung sehr beengt und von der individuellen Beurtheilung der unteren Bemessungsorgane der Erfolg derselben abhängig gemacht." „Es werde", heisst es weiter, „eine jede Steuerbehörde Anstand nehmen, einen Gewerbsmann, welcher bereits 31 fl. 50 Kreuzer an Erwerbsteuer zu leisten hat, in die nächste höhere Classe von 63 fl. zu weisen, wenn auch vorliegt, dass sein Gewerbe seit der letzten Besteuerung sich gebessert hat; und ebenso wird umgekehrt, wegen einer nicht ausreichend grossen, wenn auch nicht unerheblichen Geschäftsverminderung dieselbe Steuerbehörde die Genehmigung zur Herabsetzung der Steuer von 63 fl. auf 31 fl. 50 Kreuzer nicht leicht gewähren, zumal die Differenz zwischen beiden Steuern eine namhafte ist."

Zu diesen Steuergattungen kam im Jahre 1849 die Einkommensteuer hinzu. Als Vorläufer ist der Erlass des Finanzministeriums vom 18. Juni 1848 anzusehen, wodurch die Besteuerung der Bezüge der Beamten, pensionirten Officiere, geistlichen Würdenträger u. s. w. festgesetzt wurde; ferner das kaiserliche Patent vom 10. October 1849, wonach die Grund- und Gebäudesteuerträger ein Drittel als „Zuschuss" vom Jahre 1850 angefangen entrichten, jedoch berechtigt sein sollen, bei Auszahlung der Zinsen von den auf ihrem Besitzthume haftenden Capitalien und den auf demselben versicherten Renten 5 Procent dem Bezugsberechtigten als Zahlung in Anrechnung zu bringen.

Die allgemeine Einführung der Einkommensteuer erfolgte erst durch das Patent vom 29. October 1849, mit Ausnahme von Krakau und Dalmatien, für welche Länder erst zwei Jahre später die gesetzlichen Bestimmungen in Anwendung kamen. [1]) Als Grundsatz wird aufgestellt:

---

1) Für Krakau durch Patent vom 7. October, für Dalmatien durch Verordnung vom 9. December 1851.

Gegenstand der Einkommensteuer ist jedes reine Einkommen, welches die Bewohner der österreichischen Länder von ihrem persönlichen Erwerbe oder von ihrem in diesen Ländern verwendeten Vermögen beziehen. Die österreichische Einkommensteuer theilt die derselben unterliegenden Einkommen in drei Classen. In die erste Classe gehört das Einkommen von den der Erwerbsteuer unterliegenden Erwerbsgattungen, vom Berg- und Hüttenbetrieb, ferner der Gewinn, den der Pächter von Pachtungen bezieht. Das Patent setzte den Steuersatz auf 5 Procent fest. Dieser Grundsatz erleidet jedoch grosse Ausnahmen. Einmal sind viele erwerbsteuerpflichtige Personen, wenn sie in die niedrigste Erwerbsteuerclasse eingereiht sind, von der Entrichtung der Einkommensteuer befreit; ferner Pächter von Grundstücken, wenn sie das Grundstück selbst bearbeiten und der Gegenstand der Pachtung von so geringem Umfange ist, und der Pächter kein anderes der Einkommensteuer unterliegendes Einkommen bezieht. Geradezu verhängnissvoll wurde die Bestimmung, dass die Einkommensteuer erster Classe nie mit einem niedrigeren Betrage als mit einem Drittel der zu entrichtenden Erwerbsteuer bemessen werden darf. Die Erwerbsteuer wird in die Einkommensteuer eingerechnet und die letztere nur mit demjenigen Betrage, um den sie höher ist als die bisher vorgeschriebene Erwerbsteuer, abgesondert bemessen und eingehoben. Auf diese Weise entwickelte sich der Usus, dass der dritte Theil der Erwerbsteuer als Einkommensteuer die Regel und die fünfprocentige Bemessung des Einkommens der Erwerbsteuerpflichtigen die Ausnahme wurde, und erst in den letzten Jahren ging die Thätigkeit der Steuerorgane vielfach dahin, als Einkommensteuer eine grössere Beitragsleistung als den dritten Theil der Erwerbsteuer vorzuschreiben. Da die Ermittlung des Einkommens auf Grund der einzurechnenden Bekenntnisse ganz in den Händen der Steuerbehörden liegt, so entspinnt sich alljährlich ein Kampf zwischen den Steuerträgern und Steuerorganen über die Steuerbemessung, der natürlich in der Regel zu Gunsten des Staatsschatzes endet. Das Einkommensteuerpatent vom 29. October 1849 war mit einer derartigen Schleuderhaftigkeit gearbeitet, dass bei der Anwendung desselben eine Fülle von Controversen entstand und entstehen musste. Namentlich bei der Einkommensteuer erster Classe gab es specielle Fragen, deren Lösung die Finanzbehörde zumeist mit Rücksicht auf den von der Staatscasse zu erwartenden Vortheil vornahm; ob richtigen wirthschaftlichen Grundsätzen damit Rechnung getragen war, kam kaum oder höchstens in zweiter Linie in Betracht. Nichts ist belehrender als die Entwickelung zu studieren, welche die Frage über die Entrichtung der Einkommensteuer von den Zinsen der Gelder in laufender Rechnung, oder, wie man in Oesterreich sich kurzweg ausdrückt, den Passivzinsen, gewonnen hat. Wir besitzen hierüber einen sehr genauen Einblick durch eine dankenswerthe Publication der Niederösterreichischen Escompte-Gesellschaft. Die Passivzinsenbesteuerung konnte naturgemäss im Jahre 1849 gerade keinen eingehenden Gegenstand der Prüfung und Erwägung im Schosse der Finanzverwaltung bilden, da zu jener Zeit Actien-Gesellschaften in grösserer Anzahl, namentlich Banken, nicht vorhanden waren. Das erste grössere Institut, die Niederösterreichische Escompte-Gesellschaft, begann erst im Jahre 1853 seine Wirksamkeit, die Creditanstalt noch später. Nach einem mehr als anderthalbjährigen Kampfe mit den Steuerbehörden, nach wiederholten Vorstellungen an die Regierung, „dass diese Besteuerung nicht etwa fixe Capitalsanlagen oder stehende Geschäftsschulden der Unternehmung, sondern vielmehr Erträgnisse von anderweitig placierten Capitalien, die zeitweiligen Baarvorräthe von Kaufleuten und derartige fluctuirende Gelder leisten würden, welche vorübergehend, gewöhnlich nur kurze Zeit und vielfach nur wenige Tage in den Cassen der Anstalt verbleiben", erhielt die Gesellschaft am 9. Juli 1856 den Bescheid, dass durch Decret vom 26. Juni „in Beziehung auf die Steuerbefreiung von den Zinsen der Geldauslagen für laufende Rechnung dem wiederholten Ansuchen willfahrt würde."

Sechs Jahre später fand es das Finanzministerium für nothwendig, das gemachte Zugeständniss einer „neuerlichen, genauen Prüfung und Würdigung zu unterziehen". Während der Zwischenzeit war nicht blos Oesterreich ein constitutioneller Staat geworden, die Leitung des Finanzministeriums war in andere Hände übergegangen. Die Zahl der Bankgesellschaften hatte sich vermehrt, und die Regierung gelangte zur Ueberzeugung, dass dem Zugeständnisse mehr die Absicht einer ausnahmsweisen Begünstigung zur Belebung des neu entstandenen Institutes der Escompte-Gesellschaft zu Grunde lag und für dasselbe bei vergleichender Prüfung der hier Anwendung findenden gesetzlichen Bestimmungen die mit demselben nicht ganz in Einklang zu bringende Motivirung gebraucht wurde, dass die erwähnten Gelder und fluctuirenden Geldbeträge für den Einleger eigentlich kein stehendes Capital bilden, für deren Zinsen der Bezugsberechtigte nach dem Steuergesetze jedenfalls steuerpflichtig wäre, wobei eine Verwechslung der Steuerpflicht mit der Fatirungspflicht unterlaufen ist. In Folge dieser Ueberzeugung fand das Finanzministerium das gemachte Zugeständniss wieder aufzuheben und verhielt die Gesellschaft, „dass die Zinsen von den in laufender Rechnung bei ihr eingelegten Geldern von ihrem Einkommen nicht mehr in Abzug gebracht werden dürfen". Die Erwiderungen der Escompte-Gesellschaft in ihren Zuschriften an das Finanzministerium, an den Finanzminister, an den Ministerrath gehören zu den besten

Arbeiten über den Gegenstand und liefern unserer Meinung nach den vollständigen Beweis, dass eine Besteuerung der Passivzinsen steuerpolitisch und wirthschaftlich nicht gerechtfertigt werden kann. Die Darlegungen der Gesellschaft machten jedoch in den ministeriellen Kreisen keinen Eindruck und die Besteuerung der Passivzinsen bildet einen wunden Fleck der österreichischen Finanzgesetzgebung.

Die zweite Classe umfasst das Einkommen, welches als Entgelt für solche Arbeiten und Dienstleistungen, die der Erwerbsteuer nicht unterliegen, bezogen wird, demnach die Bezüge der verschiedenen Kategorien der öffentlichen und Privatbeamten, die Pensionen, Quiescentengehalte, Ruhegenüsse. Jedoch unterliegen nur stehende Bezüge, Gehälter und Personalzulagen der Steuer, mit nichten aber die mit Rücksicht auf besondere Ortsverhältnisse gewährten besonderen Genüsse, als Quartiergelder, oder, wie sie jetzt benannt werden, Activitätszulagen, Functionszulagen u. dgl. m. Hieher gehört auch das Einkommen der Schriftsteller, der bildenden und freien Künstler, der Aerzte, ferner der Privatlehrer, Unternehmer von Erziehungsanstalten in Orten, deren Bevölkerung die Zahl von 4000 Seelen nicht übersteigt. Alles Einkommen bis 630 Gulden ist steuerfrei, darüber hinaus wird die Steuer nach einer Scala bemessen, die bis zu 10 Procent bei einem Einkommen über 9450 fl. aufsteigt.

Eigenthümlich sind die später erlassenen Bestimmungen, wonach das Einkommen der Tabakverleger und Trafikanten, der Stempelmarkenverschleisser, der Postmeister und der Lottocollectanten in gleicher Weise wie die Dienst- und Lohnbezüge besteuert werden sollen. Der Erklärungsgrund liegt darin, dass diese von der Entrichtung einer Erwerbsteuer befreit sind.

In die dritte Classe der Einkommensteuer gehören die Zinsen aller jener Capitalien, welche keinem Abzuge

von Seite des Schuldners unterliegen, daher die Zinsen
von Staatsschuldverschreibungen; die Einkommen aus
Stiftungen; die Leibrenten aller Art. Befreit sind die Zinsen von den in die Sparcassen gemachten Einlagen, die
Einkommen der cumulativen Waisenfonde, ferner alle
Einkommen, die 315 fl. nicht überschreiten. Schulden
dürfen nicht in Abzug gebracht werden.[1]

---

[1] Die weiteren Bestimmungen bei Chlupp, Systematisches Handbuch
der directen Steuern. 5. Aufl. Leipzig 1877.

Zweites Capitel.

Die directen Steuern seit 1868.

Das Steuerausmass der Grundsteuer beträgt seit 1868 in allen Ländern, wo das stabile Kataster eingeführt ist, $26^2/_3$ Procent vom Katastralreinertrage, und zwar 16 Procent als Ordinarium, $5^1/_3$ Procent als die Einkommensteuer vertretender Drittelzuschuss und ebensoviel als ausserordentlicher Zuschlag. In den übrigen Ländern wird nebst dem Grundsteuerordinarium je ein Drittel als Einkommensteuer und als ausserordentlicher Zuschlag eingehoben. [1])

In dem Jahrzehnt 1868—1877 lieferte die Grundsteuer folgende Erträgnisse:

1868	$35._{177}$	1873	$36._{66}$
1869	$37._{424}$	1874	$36._{72}$
1870	$36._9$	1875	$36._{716}$
1871	$37._{277}$	1876	$37._{021}$
1872	$37._{16}$	1877	$37._{021}$

[1]) Bis zum 1. Juli 1859 betrug die Steuer 16 Procent als Ordinarium und $5^1/_3$ Procent als Einkommensteuer; durch kaiserliche Verordnung vom 13. Juni 1859 wurde ein ausserordentlicher Zuschlag mit $2^2/_3$ Procent eingehoben. Die gesammte Steuer betrug daher 24 Procent des Reinertrages; eine Erhöhung des ausserordentlichen Zuschlages um weitere $2^2/_3$ Procent trat mit dem Finanzgesetze für das Jahr 1863 ein, wonach sich daher die Grundsteuer auf $26^2/_3$ Procent stellte. Das Finanzgesetz für das Jahr 1866 vom 30. December 1865, welches das Sistirungsministerium erliess, ermässigt den ausserordentlichen Zuschlag auf $1^1/_3$ Procent, wonach daher im Ganzen $25^1/_3$ Procent zur Entrichtung kamen. Diese Ermässigung wurde durch das Finanzgesetz vom 24. Juni 1868 aufgehoben und der ausserordentliche Zuschlag beträgt seitdem $5^1/_3$ Procent.

Für die späteren Jahre liegen die Rechnungsabschlüsse noch nicht vor; nach officiellen Angaben betrug
die 1878 geleistete Einzahlung 37.148, im Jahre 1879 37.095
Mill. fl.

Die Zunahme ist nur eine mässige. Die Differenzen
der einzelnen Jahre erklären sich zumeist durch die schärfere
Eintreibung der Rückstände, oder durch die Gewährung
gesetzlicher Nachlässe bei verheerenden Naturereignissen.
Bei der Stabilität des Katasters kommen naturgemäss Veränderungen, welche in den Culturverhältnissen eingetreten
sind, bei der Steuerveranlagung nicht in Betracht. Wie
verschiedenartig die Steuer wirkt, lässt sich nicht blos
daraus ersehen, wenn man in den verschiedenen Ländern
die auf ein Joch entfallende Steuer berechnet, sondern
tritt besonders scharf hervor, wenn man das Verhältniss
des Katastralreinertrages zum wirklichen Ertrage einer
kritischen Prüfung unterzieht.

Von der Grundsteuer sammt ausserordentlichem Zuschlage entfallen im Durchschnitt auf ein Joch productiven
Bodens in Gulden ö. W.:

in Böhmen	1.6	im Küstenlande	0.55
„ Mähren	1.43	in Kärnten	0.44
„ Niederösterreich	1.10	„ Salzburg	0.38
„ Oberösterreich	1.16	„ Galizien	0.35
„ Schlesien	1.13	„ Tirol und Vorarlberg	0.26
„ Steiermark	0.57	„ der Bukowina	0.20
„ Krain	0.57	„ Dalmatien	0.17

Die grosse Differenz zwischen Galizien, Bukowina,
Tirol und Vorarlberg und den anderen Ländern findet, abgesehen von der Steuergrundlage, auch darin ihre Erklärung, dass die steuerbare Fläche in den Grundsteuer-
provisorien geringer ist, als nach der Katastralbemessung,
und zwar in Galizien ohne Krakau um 1,297.130 Joch, in
der Bukowina um 442.280, in Tirol und Vorarlberg um
1,019.012 Joch, zusammen daher 2,758.428 Joch. Es mag

sein, dass diese officiellen Schriftstücken entnommenen Angaben einer Correctur bedürfen, allein auch aus anderweitigen Berechnungen geht unzweideutig hervor, dass
in Galizien und in Tirol bedeutende Grundflächen unbe-
steuert sind.[1])

Die „ursprüngliche" Hauszinssteuer kömmt in demselben Ausmasse wie die Grundsteuer zur Erhebung. Von
1849 bis zum 1. Juli 1859 wurden 21$\frac{1}{3}$ Procent erhoben
(16 Procent als Ordinarium, 5$\frac{1}{3}$ Procent als Einkommensteuer). In Folge der kaiserlichen Verordnung vom 13. Juni
1859 wurde vom 1. Juli angefangen ein „ausserordentlicher
Zuschlag" von 2$\frac{2}{3}$ Procent erhoben, die gesammte Steuerleistung betrug daher 24 Procent. Dieses Ausmass blieb
bis Ende 1862. Seit 1863 wurde dieser ausserordentliche
Zuschlag verdoppelt, wornach im Ganzen 26$\frac{2}{3}$ Procent von
dem Miethzinse nach Abrechnung der für Erhaltungskosten
gesetzlich bestimmten 15procentigen Abzugssumme zu entrichten sind, und zwar 16 Procent als Ordinarium, 5$\frac{1}{3}$ Procent als Einkommensteuer und 5$\frac{1}{3}$ Procent als ausserordentlicher Zuschlag. Bei der „ausgedehnten" Hauszinssteuer werden 30 Procent Abzug gestattet; die Steuer
beträgt 20 Procent, und zwar 12 Procent als Ordinarium,

---

[1]) Der Katastralreinertrag verhält sich zu anderen Massstäben der Be-
werthung, insbesondere zum Pachtzinse :

in Niederösterreich wie 1 : 2.7   in Steiermark wie 1 : 2.1
„ Oberösterreich .   „ 1 : 2.6   „ Kärnten .   „ 1 : 1.8
„ Böhmen . . . . .   „ 1 : 1.8   „ Krain . .   „ 1 : 1.7
„ Mähren . . . . .   „ 1 : 2.1   „ Salzburg . „ 1 : 3.8
„ Schlesien . . . . „ 1 : 2

Im Vergleiche zu dem bei Grundveräusserungen (freien Verkäufen) angenommenen Werthe des Bodenertrages verhält sich der Katastralreinertrag:

in Niederösterreich wie 1 : 2.4   in Böhmen . . wie 1 : 1.7
„ Oberösterreich .   „ 1 : 2.6   „ Mähren . .   „ 1 : 1.6
„ Salzburg . . . .   „ 1 : 2.9   „ Schlesien . „ 1 : 1.6
„ Steiermark . . .   „ 1 : 2.6   im Küstenland „ 1 : 2.6
„ Kärnten. . . . .   „ 1 : 2.1   in Dalmatien . „ 1 : 1.4
„ Krain . . . . . . „ 1 : 1.5

Diese Daten sind einem Motivenbericht der Regierung entnommen.

4 Procent als Drittelzuschuss und ebensoviel als ausserordentlicher Zuschlag. In gleicher Höhe wird die Steuer
in Salzburg erhoben, jedoch wird kein Abzugsprocent
gestattet. In Dalmatien und der Bukowina bestehen die
früher erwähnten Steuersätze nebst den Zuschlägen. Triest
entrichtet eine Aversalsumme von 315.000 nebst einem
ausserordentlichen Zuschlage, daher im Ganzen 393.750 fl.,
die 23 Gemeinden des Territoriums haben 21.000 fl. zu
zahlen. Seit 1868 trat auch die Aenderung ein, dass durch
das Gesetz vom 26. Juni die Einführung einer 5procen-
tigen Einkommensteuer von „zinsfreien Gebäuden" eintrat,
eine eigentliche Steuerfreiheit im strengen Sinn des Wortes
daher nicht besteht, und der Unterschied zwischen den
der Steuer unterliegenden Gebäuden und den sogenannten
steuerfreien eigentlich nur in der Höhe der Steuer beruht.

Die Gebäudesteuer lieferte in Mill. fl.:

1868	17.658	1873	21.29
1869	18.183	1874	22.70
1870	18.092	1875	23.600
1871	19.545	1876	23.506
1872	20.35	1877	23.69

Im Jahre 1878 lieferte die Gebäudesteuer ein Erträgniss
von 23.67 Mill. fl., 1879 24.190 Mill. fl.; ferner die 5procentige
Steuer vom Ertrage zinssteuerfreier Häuser 1.256 Mill. fl. [1]

Vergleicht man die Jahre 1868 und 1877 mit einander,
so ergibt sich eine Steigerung von 33 Procent, und bei
Vergleichung des Durchschnittes der beiden Jahrfünfte
eine Zunahme von 21 Procent. Diese Steigerung trifft fast
ausschliesslich die Hauszinssteuer, und auch bei dieser
müssen die beiden Gattungen derselben, die ursprüngliche
und die ausgedehnte Hauszinssteuer, auseinander gehalten
werden, da die Steigerung nicht die gleiche ist.

---

[1] Bis 1879 erschien das Steuererträgniss von den steuerfreien Häusern
weder im Voranschlage noch in den Rechnungsabschlüssen selbstständig
nachgewiesen.

Die Zunahme der Steuer erfolgte zunächst durch die Steigerung des Miethzinses in den der ursprünglichen Hauszinssteuer unterliegenden Orten, oder in anderen Worten, in jenen Orten, die $26^2/_3$ des richtig gestellten Miethzinses an Steuer zu entrichten haben. Erst später macht sich die Miethzinssteigerung auch in jenen Orten geltend, welche der „ausgedehnten" oder 20procentigen Hauszinssteuer unterliegen, in denen der Miethzins procentuell höher gestiegen ist, als in den Landeshauptstädten, während fast überall die Anzahl der ganz steuerpflichtigen Gebäude gesunken ist. In Wien betrug der richtig gestellte Miethzins im Jahre 1867 $32._{186}$ Mill. fl., im Jahre 1877 $58._{368}$ Mill. fl. Zieht man die Zeit seit 1858 in Betracht, so ist der Zins um $36._{801}$ Mill. fl. oder um $173._6$ Procent gestiegen; nimmt man das Jahr 1868 zum Ausgangspunkt der Vergleichung, in welchem wie erwähnt der richtig gestellte Miethzins $32._{186}$ Mill. betrug, so ist derselbe in der Zeit bis 1877 um $25._{057}$ Mill. gestiegen. Im Jahre 1878 ist eine Herabminderung desselben auf $56._{700}$ Mill., um $1._{001}$ Mill. oder um $2._7$ Procent weniger als im Vorjahre, eingetreten. Die Anzahl der ganz steuerpflichtigen Objecte betrug 1868 7.237, 1877 6.955; demnach eine beträchtliche Herabminderung, dagegen stieg die Anzahl der zum Theil steuerpflichtigen Häuser von 1529 auf über 1800 in demselben Zeitraume.

Auch in den anderen Landeshauptstädten ist der Miethzins in den letzten Jahren beträchtlich gestiegen, wenn auch nicht in dem Masse, wie in Wien. Der richtig gestellte Hauszinsertrag betrug in Oesterreich 1872 $65._9$ Mill., 1877 $95._{187}$ Mill.; im Jahre 1878 ist ein kleiner Rückgang auf $94._{087}$ bemerkbar; von dieser Summe kommen 15 Procent in Abzug; es kamen daher 1872 $55._{99}$, 1877 $81._{17}$ Mill. zur Besteuerung; 1878 blos $79._{98}$ Mill.

Die ausgedehnte Hauszinssteuer hat seit 1868—1877 um $1._4$ Mill. fl. zugenommen. Der richtig gestellte Bruttomiethzins betrug 1872 $25._{81}$ Mill., 1877 $39._{420}$, und auch 1878 ist eine weitere Zunahme auf 40.7 Mill fl. bemerkbar, die jedoch nicht in der Steigerung des Miethzinses, sondern in der grösseren Anzahl der zur Besteuerung herangezogenen Häuser ihre Erklärung findet. Die reine Hauszinssteuer betrug in Folge dessen 1877 3.40 Mill., 1878 3.50 Mill. fl., wovon der Abfall durch die bewilligten Baufreijahre in Abrechnung zu kommen hat.

Vom Standpunkte der Staatsfinanzen ist die Gebäudesteuer jedenfalls eine einträgliche und die Ausbildung, welche sie in Oesterreich erlangte, hat jedenfalls zur Steigerung dieser Einnahme beigetragen, obgleich auch hier, was schier unglaublich erscheint, wenn man die ungemein sorgfältigen Vorschriften prüft, Defraudationen und Hinterziehungen stattfinden, indem insbesondere die Badeorte auch heute noch nicht jene Steuersummen entrichten, die sie auf Grund des wirklichen Miethzinses zu zahlen verpflichtet wären. Aber ob in einem streng wissenschaftlichen Forderungen entsprechenden Steuersystem die Hauszinssteuer in der in Oesterreich eingebürgerten Höhe zu rechtfertigen ist, möchten wir bezweifeln. Dort wo die Einkommensteuer fehlt oder mangelhaft entwickelt ist, mag die Hauszinssteuer mit dem in Oesterreich zur Erhebung kommenden hohen Steuersatze als ein Ersatz dienen, neben einer Einkommensteuer, wie z. B. in Preussen, kann sie nicht vertheidigt werden. Denn da ein grosser Theil, wenn nicht die ganze Steuer, nicht vom Besitzer des Gebäudes, sondern von dem Miether getragen wird, wäre eine hohe Hauszinssteuer und daneben eine Einkommensteuer eine Doppelbesteuerung des Einkommens und man könnte nicht einmal jene Fiction anwenden, welche zwischen Ertrag und Einkommen unterscheidet, um es zu begründen, dass neben einem vollständig ausgebildeten Ertragssteuersystem auch noch eine Einkommensteuer Platz finden kann.

Bei Beurtheilung des hohen Ausmasses der Hauszinssteuer müssen allerdings einige Momente in Betracht gezogen werden, um zu einem abschliessenden Urtheil zu gelangen. Zunächst die verhältnissmässig grosse Anzahl der steuerfreien Jahre, die behufs Anregung der Bauthätigkeit gewährt wurden. Während in Preussen die Steuerfreiheit eines Gebäudes sich auf 2 Jahre beschränkt, werden in Oesterreich Steuerbefreiungen in einer in anderen Staaten ganz unbekannten Ausdehnung gewährt. Um die Mitte des vorigen Jahrzehnts wurden für Neubauten innerhalb der Linien Wiens 15, für Zubauten und Umbauten 12 Jahre Steuerfreiheit, in allen übrigen Orten 10 und 8 Jahre zugestanden. Diese Steuerfreiheit wurde durch spätere Gesetze erweitert. In Wien wurde bezüglich der Bauten auf Stadterweiterungsgründen, die innerhalb einer bestimmten Frist vollendet werden, eine 25 oder 30jährige Steuerfreiheit gewährt und in den letzten Jahren wurden die Termine für die Dauer dieser Gesetze verlängert.

Die in Oesterreich gewährte Steuerfreiheit ist so bedeutend, dass schon durch eine 15jährige Steuerfreiheit dem Besitzer die Möglichkeit geboten ist, nicht nur das Steuercapital zu ersparen, sondern auch einen Theil des Baucapitals zu amortisiren.[1]

Den für Wien gewährten Steuerbefreiungen (Allerhöchste Entschliessung vom 14. Mai 1859) lagen einerseits Rücksichten für die erfolgreiche Durchführung der Verschönerung der Stadt Wien zu Grunde, andererseits wähnte man dadurch auch der Wohnungsnoth zu steuern, die in Wien und in geringerem oder höherem Grade auch in kleineren Städten sich fühlbar machte. Letzteres Ziel wurde jedoch nicht erreicht, indem durch die ausgedehnten Steuerfreijahre der Werth der Baugründe durch Hinzuschlag des durch die Steuerbefreiung erzielten Steuercapitales sich sehr bedeutend steigerte, der Gewinn daher dem Besitzer der Bauarea, nicht dem Erbauer des Hauses

---

[1] Vergl. den Motivenbericht der Regierung zu den Vorlagen im Jahre 1871, S. 81 und die dazu gehörige Tabelle.

zu Gute kam. Die Steuerbegünstigung hatte daher keinen
Einfluss auf die Preise der Miethe, konnte daher zur Hebung
der Wohnungsnoth nicht beitragen. In Folge der Krisis des Jahres 1873 wurde die Steuerfreiheit zur Hebung der Bauthätigkeit nicht blos für Wien,
sondern für das ganze Reich auf 15 bis 20 Jahre festgesetzt. Eine Petition des Wiener Gemeinderathes wies
darauf hin, dass seit dem Sommer „eine Lähmung in der
Bauthätigkeit" eingetreten und auch zu besorgen sei, dass
„dieselbe sich zum Stillstande steigern und einem Zustande
Platz machen werde, der für Wien geradezu entsetzlich
wäre". Viele blühende Unternehmungen würden aufhören,
ein Heer von Arbeitern brodlos werden, nicht blos die
Stadt, sondern auch der Staat eine namhafte Anzahl von
Steuerträgern verlieren und dem Pauperismus eine grosse
Anzahl von Existenzen verfallen. Die Erwartungen, welche
man an die Gewährung der Steuerfreiheit knüpfte, verwirk-
lichten sich nicht, in Wien und in einigen Landeshauptstädten ist ein stetiger Rückgang bei Neubauten eingetreten.

Bekanntlich waltet bei allen Steuern die Tendenz der
Ueberwälzung ob. Inwieweit dieses gelingt, ist eine Frage,
die speciell beantwortet werden muss. Bei der Hauszinssteuer wird der Versuch gemacht, auf den Miether mindestens einen Theil der Steuer oder womöglich die
ganze Steuer zu wälzen. Es wäre nun wichtig, zu wissen,
welche Schichten der Bevölkerung zumeist in Mitleiden-
schaft gezogen werden. Leider besitzen wir nicht die ge-
nügenden Daten, um zu sicheren abschliessenden Ergebnissen zu gelangen, allein sie reichen doch hin, um einigermassen einen Einblick zu gewähren. Von dem Zinsbetrage
Wiens für das Jahr 1875 mit 57,3 Mill. fl. entfielen 24,7 Mill. fl.
auf 1420 Häuser, bei denen jeder Hausbestandtheil im
Durchschnitte über 100 fl. abwirft. Unter Hausbestand-
theilen sind zu verstehen: Zimmer, Kammern, Vorzimmer,

Küchen, Gewölbe u. s. w. Bei 40 Häusern beträgt der
Miethzins eines Hausbestandtheiles im Durchschnitte 5 fl.,
bei 975 Häusern 5—25 fl., bei 3997 25—45, bei 4280 45—100 fl.
Aus diesen Angaben geht hervor, dass die wohlhabenden
Classen zur Hauszinssteuer in geringerem Maasse beitragen,
als die mittleren und armen Schichten. Diese Thatsache
wird auch dadurch erhärtet, dass seit der Krisis des Jahres
1873 die grösseren Wohnungen weit beträchtlicher im Preise
sanken, als die mittleren und kleineren. Zu demselben Ergebnisse wie in Wien würde man auf Grundlage der statistischen Daten auch bei allen Landeshauptstädten und
vielleicht überhaupt bei allen Orten gelangen, welche der
ursprünglichen Hauszinssteuer unterworfen sind.

Auf dem flachen Lande hielt die Miethzinssteigerung
erst später ihren Einzug, sie ist aber hier beträchtlicher,
als in den der ursprünglichen Hauszinssteuer unterliegenden Orten.[1])

Seit 1871 haben die wirthschaftlichen Verhältnisse
Oesterreichs sich beträchtlich verschlimmert, der Wohlstand wurde durch die gewaltige Krise des Jahres 1873

[1]) Nach officiellen Angaben betrug die Zunahme des Bruttomiethzinses
in dem Zeitraume von 1863—1871 in Procenten:

Länder	in den der ursprüng-lichen Hauszinssteuer unterliegenden Orten	in den ganz der Hauszins-steuer unterliegenden Orten auf dem flachen Lande
Niederösterreich	6.8	15.7
Oberösterreich	30.3	39
Salzburg	72.4	—
Steiermark	14.4	21.0
Kärnten	31.6	29.3
Krain	11.3	23.3
Küstenland (ohne Triest)	5.4	51.4
Dalmatien	17.4	80
Böhmen	30.2	46.1
Mähren	18.2	61.8
Schlesien	15	38.1
Galizien	21.3	12.0
Bukowina	—	64.1
in der Gesammtmonarchie	13.7	36.2

in wuchtiger Weise geschädigt: die Steuergrundlage bei
der Hauszinssteuer ist in den Jahren 1872—1877 um 27.7 Procent gestiegen, und zwar bei der ausgedehnten Hauszinssteuer in stärkerem Grade als bei der ursprünglichen. Denn
bei dieser beträgt im Vergleiche des Jahres 1877 mit 1872
die Zunahme blos 24.0 Procent, auf dem flachen Lande jedoch 44.4 Procent. Die Zinssteigerung auf dem flachen Lande
hat daher grössere Fortschritte gemacht. Es muss jedoch
im Auge behalten werden, dass höhere Bruttomiethzins-
ziffern nicht immer eine wirkliche Steigerung des Miethzinses bekunden. Der Miethzins hat nicht selten eine Zunahme erfahren und sich der Steuerveranlagung entzogen.
Auf die Richtigstellung des Miethzinses hat auch die Thätigkeit der Steuerbehörden nicht selten grossen Einfluss genommen. Der Miethzins der Badeorte Böhmens z. B. wies
noch im Jahre 1871 Ziffern auf, die hinter der Wirklichkeit
um mehr als 100 Procent zurückblieben. In den der ursprünglichen Hauszinssteuer unterliegenden Orten ist das Streben
der Steuerbehörden dahin gerichtet, Hinterziehungen, die
trotz aller gesetzlichen Bestimmungen vorkommen, hintanzuhalten. Anders auf dem flachen Lande, wo wirkliche Miethen
nicht bei allen Gebäuden vorkommen und Parificationen
vorgenommen werden müssen. Hier geschieht nicht selten
von Seite der Steuerorgane des Guten zu viel, und mancher
tief verschuldete Hausbesitzer, der ein kleines unschein-
bares Haus sein Eigen nennt, dessen jämmerliches Aeussere
die Erbärmlichkeit der Wohnungsräume verräth, wird in
ziemlich harter Weise zu einer erhöhten Steuerleistung
herangezogen, blos aus dem Grunde, weil der Nachbar ein
dürftiges Gelass zu einem verhältnissmässig hohen Preise
vermiethet. Die Klagen über die Höhe der Hauszinssteuer
treten daher in den kleineren Orten weit zahlreicher auf,
als in den grösseren Städten.

Nach den gegenwärtigen Bestimmungen unterliegt ein
Gebäude der Hauszinssteuer auch in jenen Orten, wo die

Hausclassensteuer zur Anwendung kommt, wenn auch nur
ein einziger Wohnbestandtheil vermiethet ist. Die übrigen
Räumlichkeiten werden im Verhältniss zur entrichteten
Miethe zur Steuer herangezogen. Die Folge ist, dass sich
die Hausbesitzer zur Vermiethung nur selten und ungern
herbeilassen, weil von ihnen eine höhere Steuerleistung gefordert wird.

Die ursprüngliche Hauszinssteuer wird in den nächsten
Jahren noch eine Zunahme erfahren, da eine grosse Anzahl von Gebäuden gegenwärtig ganz oder zum Theil steuerfrei ist und erst nach Ablauf der Steuerfreijahre zur vollen
Leistung herangezogen wird. Im Jahre 1877 betrug die Anzahl der Gebäude 49.161, wovon 34.211 der Steuer ganz unterworfen waren: 7360 waren ganz, 5665 zum Theil steuerfrei,
wegen Widmung zu öffentlichen Zwecken waren 1716 ganz
und 209 zum Theile steuerfrei. Wie beträchtlich die Beträge
sind, die erst allmälig im Laufe der nächsten Jahre einer
Steuer unterliegen werden, zeigt die Höhe des Miethzinses.
Der richtig gestellte jährliche Hauszins belief sich 1877 auf
95.₁ Mill. fl., wovon nach Abzug von 15 Procent auf Erhaltungskosten im Betrage von 14.₃ Mill. 81.₁₇ Mill. fl. zur
Besteuerung verbleiben. Allein hievon müssen die Miethzinse jener Häuser, die ganz oder zum Theil steuerfrei sind,
abgerechnet werden, wornach gegenwärtig blos ein Netto-
miethzins von 53.₅ Mill. fl. der Besteuerung unterzogen wird,
und 27.₅₈ Mill. frei bleiben. Da die von der Hauszinssteuer
befreiten Gebäude nur der 5procentigen Einkommensteuer
unterliegen, so hat der Staatsschatz in den nächsten De-
cennien, von jeder Miethzinssteigerung ganz abgesehen,
nach dem Stande des Jahres 1877 eine Zunahme von 5.₈₇
Mill. fl. zu erwarten. Auch bei den der „ausgedehnten"
Hauszinssteuer unterliegenden Gebäuden ist eine Zunahme
zu erwarten. Denn von dem für 1877 richtig gestellten
Miethzinse in der Höhe von 39.₄ Mill. gelangten nur 31.₂ Mill.
zur Besteuerung, wornach daher 8.₁₀ Mill. steuerfrei blieben.

Doch ist nach dem Stande von 1877 blos eine natürliche Zunahme von beiläufig 1 Mill. fl. zu erwarten, vorausgesetzt, dass die Steuerbehörden nicht eine regere Thätigkeit bei Vornahme von Parificationen entfalten.[1]

Die Tarifsätze der Hausclassensteuer blieben bis zum Jahre 1850 unverändert; seitdem ist ein Zuschlag von einem Dritttheil als ein Aequivalent der Einkommensteuer von Gebäuden hinzugetreten. In den Jahren 1863 bis 1865 wurde neben diesem sogenannten Drittelzuschusse noch ein ausserordentlicher Zuschlag in der Höhe des Ordinariums eingehoben; für die Jahre 1866 und 1867 trat vorübergehend eine Ermässigung desselben auf die Hälfte ein, seit 1868 wird der ausserordentliche Zuschlag alljährlich in den Finanzgesetzen in der Höhe des Ordinariums vorgeschrieben. Der höchste Steuersatz beträgt

---

[1] Nach den Daten der Steuerbemessung für das Jahr 1874 fallen von den ganz der Hauszinssteuer auf dem flachen Lande unterliegenden Orten in folgende Abstufungen des durchschnittlichen Bruttomiethzinses per Wohnbestandtheil, und zwar:

von	8 bis 10 fl.	. . . . . .	73	Orte
„	10 „ 20 „	. . . . . .	273	„
„	20 „ 30 „	. . . . . .	194	„
„	30 „ 40 „	. . . . . .	84	„
„	40 „ 50 „	. . . . . .	59	„
„	50 „ 60 „	. . . . . .	27	„
„	60 „ 70 „	. . . . . .	18	„
„	70 „ 80 „	. . . . . .	14	„
„	80 „ 90 „	. . . . . .	4	„
	über 90 „	. . . . . .	2	„

Zusammen . . 748 Orte

In 467 Orten, d. i. über 62 Procent der obigen Gesammtzahl, beträgt sohin der Durchschnitt des Bruttomiethzinses zwischen 10 bis 30 fl.

Ausserdem kommen noch in Oberösterreich, Krain, im Küstenlande, in Böhmen, Mähren, Schlesien und Galizien auch Orte mit Durchschnitten unter 8 fl. vor; allein in den meisten dieser Orte dürften die niedrigen Durchschnitte auf einen nicht ganz sachgemässen Vorgang bei der amtlichen Prüfung der Miethzinsangaben, namentlich bezüglich der von den Hauseigenthümern selbst benützten Localitäten, sowie auch theilweise auf die ungenaue Aufnahme der Wohnbestandtheile zurückzuführen sein.

daher 1|7 fl. bei Gebäuden mit Stockwerken und 3o bis 35
Wohnbestandtheilen, während 1822—185o blos 63 fl. entrichtet wurden; Gebäude der niedrigsten Classe sind mit
1 fl. $63._5$ kr. belegt, und nur die Rohrhütten in Galizien
und in der Bukowina entrichten $81._5$ kr., die Morlakenhütten in Dalmatien blos 41 kr.

Die Hausclassensteuer lieferte im Jahre 1868 ein Erträgniss von $6._{111}$ Mill. fl., 1879 $6._{017}$ Mill. fl., die Zunahme
ist daher eine unverhältnissmässig unbedeutende. Die Anzahl der hausclassensteuerpflichtigen Häuser betrug 1872
$2._{630}$, 1875 $2._{717}$, 1877 $2._{750}$ Mill. Häuser. Wohnbestandtheile
zählten die steuerpflichtigen Häuser im Jahre 1877 $6._{427}$ Mill.;
Tirol und Vorarlberg, als nicht der Hausclassensteuer unterworfen, sind hierin nicht einbegriffen.

Die Hausclassensteuer belastet gewisse Häuserkate-
gorien weit schwerer als die Hauszinssteuer auf dem
flachen Lande. Leider gewähren uns die officiellen Angaben nur für das Jahr 1872 Anhaltspunkte. In dem statistischen Tabellenwerk, welches damals die Regierung
ihren Motiven beigab, findet sich eine Berechnung des
Brutto- und Nettomiethzinses, welche der Hausclassensteuer nach dem Umlagsmassstabe für die auf das flache
Land ausgedehnte Hauszinssteuer entspricht. Während in
den deutsch-slavischen Ländern im Jahre 1871 der Bruttomiethzins per Bestandtheil in den der Hauszinssteuer unterliegenden Orten $17._{47}$ fl. beträgt, entfällt bei der Hausclassensteuer auf einen Bestandtheil bei Häusern ohne Stockwerk $3._{80}$ — $20._{17}$ fl. und bei Häusern mit Stockwerken
$15._{55}$ — 35 fl. Die Schwankungen sind innerhalb einer und
derselben Classe ungemein grosse. So gehören z. B. in
die zwölfte Classe Häuser mit 1—3 Wohnbestandtheilen;
bei jenen mit einem Wohnbestandtheil beträgt der berechnete Bruttomiethzins $11._{01}$ fl., bei jenen mit drei Wohnbestandtheilen $3._{80}$ fl. Nicht so grell aber immerhin bedeutend sind die Differenzen bei den anderen Classen, so

dass bei Häusern mit weniger Wohnbestandtheilen der Bruttomiethzins ein höherer ist als bei Gebäuden mit mehr Wohnbestandtheilen. Dasselbe gilt bei Häusern mit Stockwerken. — Bis zum ersten Juli 1859 wurde die Erwerbsteuer nach dem im Jahre 1822 festgesetzten Tarife erhoben. Seitdem kam auch bei dieser Steuer der ausserordentliche Zuschlag hinzu, der bis Ende 1862 ein Fünftel, von 1862 bis 1867 zwei Fünftel des Ordinariums betrug. Seit 1868 trat abermals eine Erhöhung ein und zwar wird dieser ausserordentliche Zuschlag bei jenen Gewerbetreibenden, deren Erwerbsteuer und Einkommensteuer im Ordinarium 30 fl. nicht übersteigt, mit 70 Procent, bei allen übrigen Steuerpflichtigen mit 100 Procent des Ordinariums erhoben.

Das österreichische Erwerbsteuergesetz beruht auf ähnlichen Grundlagen wie das französische; nur hat man in Frankreich, die Schwierigkeit der Einreihung der verschiedenartigen Gewerbe in den Classentarif nach allgemeinen Merkmalen erkennend, die grosse Mühe nicht gescheut, für jedes Gewerbe die besonderen Kennzeichen zu fixiren, welche den Steuerbehörden einen wenn auch nur äusserlichen Anhaltspunkt zur Bestimmung des Steuersatzes bieten. In Oesterreich sind die Entscheidungen der Steuerbehörden mehr oder weniger ganz arbiträr und die Inconvenienzen treten durch die eigenthümliche Verquickung der Erwerbsteuer mit der Einkommensteuer — worauf wir noch zurückkommen — noch mehr hervor. Auch sind gewisse Bestimmungen ganz unhaltbar geworden. Für die Einreihung der Steuerpflichtigen in die verschiedenen Tarifclassen bestehen keine festen Normen und der Steuerträger ist gegen die Entscheidung der Steuerbehörden fast schutzlos, denn der Verwaltungsgerichtshof weist die Rekurse gegen die Versetzung in eine höhere Steuerstufe aus einer niedrigeren einfach zurück, und die bestehenden Normen, die naturgemäss blos die äusseren Merkmale zur

Beurtheilung der grösseren oder geringeren Ertragsfähigkeit einer Erwerbsunternehmung zu berücksichtigen vor-
schreiben, sind vielfach veraltet und rühren aus einer
Epoche her, in welcher Handel und Gewerbe wenigstens
in Oesterreich noch in den Windeln lagen.

Die Erwerbsteuer ist in dem Zeitraume von 1868 bis
1877 um 14., Procent gestiegen, obgleich die Steuersätze
unverändert geblieben sind. Die Netto-Ergebnisse betrugen
in Mill. fl.:

1868	8.083	1873	9.551
1869	8.253	1874	9.51
1870	8.017	1875	9.357
1871	8.710	1876	9.069
1872	9.247	1877	9.213
im fünfj. Durchschn.	8.588		9.348

Bei Vergleichung der beiden Jahrfünfte ergibt sich
eine Zunahme von etwas über 7 Procent. Im Jahre 1878
betrug die wirkliche Einzahlung 9.115 Mill. fl., für 1879 9.622
Mill fl. Die Steigerung ist bis 1874 eine stetige, darauf trat
eine kleine Abnahme ein, jedoch blos in Folge geringerer
Steuereingänge; die Steuervorschreibung ist sich fast gleich
geblieben. In den letzten Jahren zeigt sich wieder eine wenn
auch nicht bedeutende Steigerung. Einmal hat die Anzahl
der Gewerbetreibenden zugenommen, ferner aber lässt sich
wahrnehmen, dass in den letzten Jahren das Bestreben
der Steuerbehörden zu Tage tritt, mannigfache Correcturen bei der Feststellung der Steuersätze vorzunehmen
und Steuerträger aus niedrigeren Steuerclassen in höhere
zu versetzen, was nicht blos einen erhöhten Eingang der
Erwerbsteuer zur Folge hat, sondern auch auf die Ziffern
der Einkommensteuer bei dem Zusammenhange der beiden Steuergattungen unter einander von Einfluss ist. Wir
besitzen leider nicht für den ganzen Zeitraum die genü-
genden Nachweise, aber schon eine Vergleichung der

Jahre 1872 bis 1878 führt zu diesem Ergebnisse. Die Gesammtzahl der besteuerten Gewerbe und Beschäftigungen
belief sich im Jahre 1872 auf 621.110, 1878 675.869. Fasst
man nun die Einreihung in die verschiedenen. Steuersätze
ins Auge, so ergibt sich, dass im Jahre 1872 25.$_{70}$ Procent
aller Erwerbtreibenden den Steuersatz von 1.$_{03}$ — 2.$_1$ fl.
entrichteten, während 1878 blos 23 Procent in diese Classe
gehörten: mit dem Steuersatze von 2.$_1$ — 2.$_3$ fl. fanden sich
1872 16.$_{84}$ Procent, 1878 16.$_3$ Procent belegt, dagegen in
dem nächstfolgenden Steuersatze 2.$_{62}$ — 3.$_{15}$ fl. 1872 12.$_{67}$
Procent, 1878 13 Procent.

Ist es auch ein naturgemässes Streben der Steuerverwaltung, die Einnahmsquellen zu steigern, so ist dieses
Vorgehen nicht ganz zu billigen. In der letzten Zeit ist
noch eine Massregel verfügt worden, die eine straffere
Heranziehung der Gewerbetreibenden zur Folge haben
muss: Die Beseitigung der meisten nicht tarifmässigen
Sätze. Das Bestehen derselben hat manche Härte gemildert, da die Einführung der Zwischensätze gerade mit
Rücksicht auf die starken Sprünge von einem Steuersatz
zum andern verfügt wurde. Diese Versetzung der Gewerbetreibenden in einen höheren Steuersatz kann zu einer
ungemein starken Belastung führen, da sich dadurch auch
die Einkommensteuerquote erhöht. Hat z. B. ein Erwerbsteuerträger bisher 31.$_5$ fl. im Ordinarium gezahlt und soll
künftig 42 fl. entrichten, so erhöht sich seine gesammte
Steuerleistung von 84 fl. auf 112 fl., was die gewiss anständige Steigerung um 33 Procent ergibt. Die Erwerbsteuerträger der untersten Tarifclasse sind gesetzlich von
der Einkommensteuer befreit und in Folge davon streben
die Steuerbehörden dahin, diese Kategorie von Steuerpflichtigen in eine höhere Classe zu versetzen, wogegen
diese sich natürlich sträuben. Ferner wird von einigen
Erwerbsteuerpflichtigen nur ein Drittel als Einkommensteuer erhoben, während andere darüber hinaus heran-

gezogen werden, was ebenfalls zu manchen Unzukömmlichkeiten führt.

Wie ungleichartig die Erwerbsteuer mit und ohne Einkommensteuer die verschiedenen Classen der Erwerbtreibenden trifft, lässt sich aus vielen Beispielen erhärten. In die Classe mit einem Erwerbsteuersatze von 42 fl. im Ordinarium gehören die Inhaber gemischter Waarenhandlungen, deren jährliches Einkommen an vielen Orten nicht höher als 1200 fl. veranschlagt werden kann, ferner Kaufleute und Gewerbetreibende mit einem bis 5000 fl. und zum Theil darüber reichenden Einkommen. Die gesammte Steuerleistung, die Einkommensteuer eingeschlossen unter der Annahme, dass dieselbe ein Drittel der Erwerbsteuer nicht übersteigt, beträgt daher bei den meisten Erwerbssteuerpflichtigen dieser Categorie 108 fl., was bei einem Einkommen von 1200 fl. 9 Procent. bei einem Einkommen von 5000 fl. 2.₁₆ Procent beträgt. Die Erwerbsteuerpflichtigen mit einem Ordinarium von 84 fl. Erwerbsteuer haben ein durchschnittliches Einkommen von 3000 bis 6000 fl., und zwar in einigen Steuerbezirken meist ein der niedrigen Ziffer sich näherndes Einkommen. in anderen ein höheres Einkommen. Die gegenwärtige Steuerleistung beträgt aber bei Allen in diese Steuerclasse gehörigen Pflichtigen 224 fl.: das ist 84 fl. im Ordinarium Erwerbsteuer, ebensoviel im Extraordinarium und ein Drittel als Einkommensteuer, und nur wenige dürften durch Heranziehung zu einer höheren Einkommensteuer mehr leisten. Während daher die Gewerbetreibenden mit einem Einkommen von 3000 fl. 7.₄₄ Procent an Steuer zu entrichten haben. beträgt die Steuerleistung bei einem Einkommen von 6000 fl. blos die Hälfte, 3.₇₂ Procent, in manchen Fällen vielleicht noch weniger. Und es sind nicht wenige Fälle bekannt, dass Erwerbtreibende, welche in den Steuersatz von 105 fl. eingereiht sind, ein geringeres Einkommen haben als jene, die blos 84 fl. an Ordinarium zu zahlen haben.

Von den directen Steuergattungen hat die Einkommensteuer die überraschendsten Ergebnisse geliefert. Sie betrug in Mill. fl.:

1868	13.087	1873	23.809
1869	13.924	1874	22.618
1870	17.922	1875	21.683
1871	21.915	1876	20.513
1872	22.834	1877	20.954
im fünfj. Durchschn.	17.93		21.92

In diesen Ziffern prägt sich der volkswirthschaftliche Aufschwung aus. Die höchste Einnahme im Jahre des Krachs, seitdem ein beträchtlicher Rückgang, der sich im Jahre 1877 scheinbar zu stauen beginnt. Wir sagen scheinbar, weil aus der Zunahme dieses Jahres gegen 1876 gar kein Schluss auf eine Besserung der wirthschaftlichen Verhältnisse gezogen werden kann. Diese winzige Zunahme ist lediglich auf Rechnung der Steuerbehörden zu schreiben, denen es gelungen ist, eine grössere Anzahl von Erwerbtreibenden zu höheren Leistungen heranzuziehen. Im Jahre 1878 lieferte die Einkommensteuer 20.8, 1879 21.13 Mill., in letzterem Betrage ist die früher bei der Einkommensteuer verrechnete fünfprocentige Steuer von den Gebäuden nicht inbegriffen.

Bei der Prüfung der Ergebnisse müssen die drei Classen der Einkommensteuer auseinandergehalten werden, wenn man zutreffende Anhaltspunkte zur Beurtheilung dieser Steuergattung erhalten will. Leider gewähren uns die officiellen Ausweise keine Zergliederung der Gesammtziffern und wir sind daher genöthigt, zu anderen Quellen unsere Zuflucht zu nehmen, um den Mangel einigermassen zu ersetzen. Wir benützen hiebei einige Materialien, die während den Debatten über die Steuerreform in die Oeffentlichkeit gelangten. Die Ziffernangaben betreffen jedoch nicht die wirklichen Steuereingänge, son-

dern die Steuervorschreibungen, gewähren indess doch
ein richtiges Bild von den Staatszuflüssen.
Die Bemessung der Einkommensteuer erster Classe
betrug in Mill. fl.:

1872	10.₇₅	1875	10.₂₆₃
1873	10.₅₁₇	1876	14.₃₅₀
1874	17.₁₀₄	1877	14.₁₈₇

Hievon entfielen:

	auf die zur öffentlichen Rechnungslegung verpflichteten Gesellschaften	auf die übrigen Einkommensteuerpflichtigen
1872	10.₄	6.₃₄₀
1874	11.₁₈₁	5.₉₈
1875	10.₁₆	6.₁₀
1876	8.₀₀₅	6.₃₅
1877	8.₁₄₇	6.₀₄
1878	8.₈₁₂	6.₁

Bei den zur öffentlichen Rechnungslegung verpflichteten Gesellschaften blieb die Steuerbemessung selbst unmittelbar nach der Krisis des Jahres 1873 eine ziemlich
hohe, da dieselbe auf Grund des durchschnittlichen Einkommens der vorausgegangenen letzten drei Jahre erfolgte.
Der Rückgang tritt erst seit 1876 ein, hervorgerufen durch
die geringere Geschäftsthätigkeit der unmittelbar vorhergehenden Jahre.

Einen noch zuverlässigeren Einblick erhält man, wenn
man die verschiedenen Kategorien der zur öffentlichen
Rechnungslegung verpflichteten Gesellschaften auseinanderhält. So belief sich die Steuerbemessung der Eisenbahnen im Jahre 1872 auf 4.₃₄₅ Mill. fl., 1877 auf 3.₀₃₅ Mill. fl.
(1876 blos 3.₅). Der Rückgang erklärt sich durch die
Mindereinnahmen der Transportgesellschaften. Diese wirken
überhaupt in zweifacher Weise auf das österreichische
Budget: einmal durch Verringerung der Steuereingänge,

sodann aber durch die grossen Beträge, welche als Garantievorschüsse auszuzahlen sind. Bei den grösseren Actiengesellschaften, den Creditinstituten, trat natürlich seit 1872 ein beträchtlicher Rückgang ein. Das behufs Steuerbemessung ermittelte Einkommen belief sich 1872 auf 42.$_{28}$ Mill. fl., 1877 auf 15.$_{91}$ Mill fl.; die Anzahl derselben betrug 1872 108, 1877 97. An Einkommensteuer wurde 1872 4.$_{006}$ Mill. fl., 1877 1.$_{46}$ Mill. fl. bemessen. Bei den industriellen Actienunternehmungen betrug das der Steuerbemessung zu Grunde gelegte Einkommen bei 370 Gesellschaften 19.$_9$ Mill. fl., 1876 bei 538 Gesellschaften 23.$_{96}$ und 1877 bei 620 Actienunternehmungen 22.$_{29}$ Mill. fl. Die höchste Ziffer weist das Jahr 1874 auf und zwar 682 Actienunternehmungen mit einem Einkommen von 36.$_8$ Mill. fl. Bei den Sparcassen, Consumvereinen, Werksgenossenschaften hat das Steuererträgniss beträchtlich zugenommen, da erst in den letzten Jahren eine strammere Heranziehung zur Steuer stattfand und Klagen über das Vorgehen der Behörden laut wurden. Die 167 Sparcassen, welche 1872 in Oesterreich sich vorfanden, wurden mit 348.829 fl. Einkommensteuer veranlagt; 1877 zählte man 258 Sparcassen mit einer Einkommensteuerbemessung von 620.612 fl. (1876 253 Sparcassen mit 743.242 fl. Einkommensteuer, 1875 231 Sparcassen mit 665.715 fl. Einkommensteuer).

Nichts ist bezeichnender für die Mangelhaftigkeit der österreichischen Steuergesetzgebung als die einfache Thatsache, dass die Eingänge aus der Einkommensteuer der Erwerbsteuerpflichtigen sich fast gleich geblieben sind. Auch in den Jahren 1871—1873 blieben die Steuerbeträge fast constant, ja selbst seit 1850, dem ersten Jahre der Einhebung der Einkommensteuer, tritt eine Steigerung nur in Folge der Erhöhung des Steuersatzes hervor, woraus der jedenfalls eigenthümliche Schluss gezogen werden müsste, dass das steuerbare Reineinkommen seit nahezu drei Jahrzehnten stationär geblieben ist. Man vergleiche damit die Zunahme der Classensteuer und der Einkommensteuer in Preussen, wobei im Auge behalten werden muss, dass der Steuersatz der letzteren seit der Einführung nicht erhöht worden ist. Die geringfügige Zunahme in den Jahren 1849—1859 rührt in Oesterreich von der mangelhaften Erhebung her, der fast stationäre Zustand seitdem erklärt sich durch die Höhe des Steuersatzes; sieben Procent und später zehn Procent sind als Einkommensteuer fast unerschwinglich, wozu noch die Zuschläge der so mannigfachen autonomen Körperschaften kommen.

Die Einkommensteuern anderer Länder lassen die jährlichen Schwankungen in dem Volkseinkommen erkennen. Die Eingänge grösserer Zeiträume zusammengefasst zeigen ein stetiges Anwachsen des Volksvermögens und in Folge dessen naturgemäss eine Zunahme des steuerpflichtigen Einkommens. Mögen auch die Einschätzungen von der Wirklichkeit noch so sehr sich entfernen, man nähert sich doch fast alljährlich der Aufgabe, das wirkliche Einkommen fassen zu können. In Oesterreich tritt uns bei den Einkommensteuerergebnissen fast eine Stabilität des Einkommens entgegen, da der jährliche Zuwachs, wenn man von den zur öffentlichen Rechnungslegung verpflichteten Gesellschaften absieht, ein fast verschwindender ist. Nur das associirte Capital vermag der Fiscus in Oesterreich scharf zur Steuer heranzuziehen und er thut dies bekanntlich in einem Grade, der in keinem Lande ein Analogon findet.

Bei den Erwerbsteuerpflichtigen haben die Steuerbehörden keine Handhabe, um dieselben in entsprechender Weise zur Einkommensteuer heranzuziehen, da die Bemessung derselben zumeist auf Grundlage der Erwerbsteuer beruht. Nun ist, wie bereits erwähnt, eine grosse Classe der Steuerpflichtigen gesetzlich von der Einkommensteuer befreit. und zwar alle jene, die in die unterste Erwerb-

steuerclasse gehören, ferner entrichtet ein grosser Theil nicht
mehr als ein Drittel der Erwerbsteuer an Einkommensteuer,
und nur der Rest hat eine höhere Steuerquote zu entrichten. Sowohl in der abnehmenden Anzahl jener, die von
der Einkommensteuer befreit bleiben, als auch in der Zunahme jener, die zu einer höheren Steuerleistung als zu
einem Drittel der Einkommensteuer verhalten werden,
prägt sich die Thätigkeit der Steuerbehörden in den
letzten Jahren aus.[1])

Eine wesentliche Steigerung ist bei der Einkommensteuer von fixen Bezügen der Staatsbediensteten eingetreten, welche seit 1868 im doppelten Betrage des ursprünglichen Steuersatzes bemessen und eingehoben wird, sie steigt
daher von 2 bis 20 Procent. Im Jahre 1877 betrug die Zunahme im Vergleiche mit dem Jahre 1872 40.7 Procent, eine
Zunahme, die durch die 1873 eingetretene Aufbesserung
der Bezüge der Beamten sich erklärt.

Das der Steuerbemessung unterliegende Gesammteinkommen aus den Dienst- und Lohnbezügen, die Beamten
nicht eingerechnet, belief sich 1871 auf 33.5 Mill. fl., die
Steuer betrug 0.85 Mill. fl.; 1876 50.8 Mill. fl. Einkommen mit
1.33 Mill. fl. Steuer. Zum Theil spiegelt sich in diesen Beträgen die Steigerung der Dienst- und Lohnbezüge ab, welche
in den letzten Jahren eingetreten ist, zum Theil aber ist es
der Thätigkeit der Finanzverwaltung gelungen, viele Ein-

---

1) Die Anzahl der Erwerbsteuerpflichtigen, welche, als mit Minimal-
sätzen besteuert, von der Einkommensteuer befreit blieben, betrug im Jahre
1877 von 666.778 Erwerbsteuerpflichtigen 337.043 fl. Zieht man 491 Unternehmungen in Berg- und Hüttenbetrieb und 30.063 Pächter in Betracht, so
waren im Ganzen 365.823 einkommensteuerpflichtige Gewerbe und Beschäftigungen. Im Jahre 1872 belief sich die Anzahl der der Einkommensteuer
unterliegenden Gewerbe und Beschäftigungen auf 293.091, ohne die Actiengesellschaften, Berg- und Hüttenwerke; die Zunahme der Erwerbsteuerpflichtigen, die allmählig zur Entrichtung der Einkommensteuer herangezogen
wurden, ist daher keine kleine. Die Anzahl jener, die blos ein Drittel der
Erwerbsteuer als Einkommensteuer entrichten, belief sich im Jahre 1872 auf
137.896, im Jahre 1877 136.340, 1878 blos 127.252.

kommenbestandtheile zur Steuer heranzuziehen. Bei den
Dienst- und Lohnbezügen entzogen sich bis in die jüngste
Zeit grosse Beträge der Besteuerung, welche unter der Be-
nennung von Gratificationen, Zulagen u. s. w. gewährt wur-
den und zwar in der bestimmten Absicht, um nicht zur
Steuer herangezogen zu werden. So bei Eisenbahnen und
Actiengesellschaften. Die Finanzverwaltung hat in dieser
Beziehung bestimmte Normen erlassen und für die ver-
schiedenen Beamtencategorien nach den für Staatsbeamte
giltigen Grundsätzen jene Beträge fixirt, welche von der
Steuer frei bleiben.

Die Einkommensteuer zweiter Classe belastet die kleineren Einkommen verhältnissmässig niedrig, während sie die
mittleren Einkommen zu scharf zur Steuerleistung heranzieht. Vergleicht man z. B. die österreichischen Steuersätze
mit jenen Preussens, so ergibt sich, dass bis zu einem Einkommen von 2500 fl. die Steuerleistung in Preussen eine
weit grössere ist und die Differenz tritt namentlich bei
Einkommen zwischen 1000—2000 fl. scharf hervor, darüber
hinaus werden die fixen Bezüge in Oesterreich schärfer
zur Steuer herangezogen. Allein es kommt noch ein zweiter
Umstand in Betracht, der ebenfalls nicht ausser Erwägung
bleiben darf, wenn der Vergleich ein vollständig zutreffen-
der sein soll. Bei der Steuerbemessung in Oesterreich
bleiben die sogenannten Activitätsbezüge der Beamten
ganz unberücksichtigt, wodurch natürlich bei den höheren
Beamten die Steuer ihre beim ersten Anblicke fast er-
schreckende Härte verliert. Ein Minister mit einem Gehalte von 10.000 fl. und einem Activitätsbezug von ebensoviel zahlt 527.₅ im Ordinarium und ebensoviel im Extra-
ordinarium, daher zusammen 1055 fl., was für die Gesammt-
bezüge einer Besteuerung von etwas über 5 Procent gleichkommt.

Die Einkommensteuer dritter Classe (5 Procent im
Ordinarium und ebensoviel im Extraordinarium) belegte

1871 ein Einkommen von 4.3 Mill. fl. mit einer Steuer von 0.43 Mill. fl. (0.215 im Ordinarium und ebensoviel als ausserordentlicher Zuschlag): im Jahre 1876 ein Einkommen von 12.71 Mill fl. mit einer Steuer von 1.271 Mill. fl., 1878 ein Einkommen von 10.778 Mill. mit 1.075 Mill. fl. zur Hälfte im Ordinarium und als ausserordentlicher Zuschlag, wobei die Sparcassen, welche zum Theil auch in diese Classe gehören, nicht inbegriffen sind.

Die ungleiche Vertheilung der Steuerlasten in Oesterreich ist eine alte und oft besprochene Erscheinung, und die verschiedenen Steuerreformprojecte des letzten Menschenalters fussen zumeist in dem Streben, den Ungleichheiten ein Ende zu machen. Ob dies gelungen wäre, wenn irgend ein Steuerreformentwurf zur Annahme gelangt wäre, ist eine Frage, die nicht unbedingt bejaht werden könnte. Die Ungleichheiten auf dem Gebiete der Ertragsbesteuerung lassen sich schwer beheben, da eine Vergleichung zwischen den verschiedenen Gattungen von Schatzungen schlechterdings unmöglich ist, nur innerhalb einer Steuergattung lassen sich die härtesten Uebelstände, die eine ungleiche Belastung zur Folge haben, einigermassen mildern.

Die Untersuchung, welche Classen der Bevölkerung die Staatslasten am härtesten zu tragen haben, ist keine müssige, leider aber keine leichte. Der alte Streit kehrt in erneuter Form immer wieder und wird mit ungenügendem Material geführt. Zumeist wähnt sich der Realbesitz für überbürdet und heischt dringend eine Erleichterung. Und leichtgläubige Gemüther sprechen dies nach, und die Ueberlastung des Grundbesitzes ist eine stehende Formel, die mit allen nur denkbaren Argumenten verfochten wird.

Um die Höhe der Besteuerung des Realbesitzes in Oesterreich in drastischer Weise zu beweisen, wird die Belastung derselben in anderen Staaten zum Vergleiche herangezogen. Allein ein jeder derartiger Vergleich ist nicht zutreffend. Zumeist wird auf Preussen hingewiesen,

die Grundsteuersumme Oesterreichs mit jener des Nachbar-
staates in eine Parallele gestellt, und aus der auf eine Par-
celle entfallenden Quote der Beweis zu erbringen gesucht,
dass Oesterreichs Grundbesitz in schärferer Weise zur
Steuerleistung herangezogen werde. Ein auf dieser Grundlage erbrachter Beweis ist jedoch hinfällig. Denn der
preussische Grundbesitzer zahlt neben der Grundsteuer
noch die Einkommensteuer, und die jährlich veröffentlichten
Ausweise lassen nicht erkennen, wie hoch der Antheil
der Grundbesitzer an dieser Steuer sei. Auch die Vergleichung mit anderen Ländern liefert keine sicheren Grundlagen, um zu unanfechtbaren Ergebnissen zu gelangen. Die
strammere Heranziehung des Grundbesitzes liesse sich nur
mit vollster Kenntniss des wirklichen Einkommens erweisen, und diese fehlt vollständig. Alle hierüber in Oesterreich angestellten Schätzungen entbehren der Zuverlässigkeit. Denn selbst innerhalb des österreichischen Gebietes
zeigen sich, wie bereits hervorgehoben wurde, grelle Differenzen. Auf Grund der üblichen Annahme würde der Grund
und Boden in Böhmen 13⅓ Procent steuern, in Salzburg
blos 9 Procent, während in Tirol und Galizien wahrscheinlich ein noch geringerer Procentsatz von dem Grundbesitze
zu entrichten ist. Ist nun die Vergleichung schon unter
den Königreichen und Ländern der Monarchie eine schwie-
rige, so verliert man jeden Massstab bei Heranziehung der
fremden Staaten.

    In Frankreich stellen sich ähnliche Differenzen zwi-
schen den einzelnen Departements heraus und dort wie
in Oesterreich ertönen Klagen über die allzustarke Heranziehung des Grundbesitzes zu den staatlichen Leistungen.
Auch in Frankreich ist es blos die ungleichmässige Belastung, welche, wie Kenner richtig bemerken, die Ursache
der Beschwerden ist. Denn mit Berücksichtigung des reinen
Gesammteinkommens von Grund und Boden ist die Steuer
keine grosse. Leon Say berechnete in einer im März 1876

eingebrachten Vorlage den Procentantheil der Steuer vom
Einkommen in folgender Weise:

	reines Ein- kommen	Steuersumme	Procent des Einkommens
1821	1580.$_5$	154.$_{678}$	9.$_{79}$
1851	2540	155.$_{164}$	6.$_{06}$
1862	3096.$_1$	159.$_{492}$	5.$_{15}$
1874	3959	167.$_{969}$	4.$_{24}$

Dazu kommen nun allerdings noch die Zuschläge, und
diese sind es, die in Frankreich ebenso wie in Oesterreich
den empfindlichen Druck erzeugen, da sich die Ansprüche
fast alljährlich steigern, und die Grundbesitzer bei Berechnung jener Beträge, die sie aufzubringen haben, nicht
immer auseinanderhalten, welche derselben auf Rechnung
des Staates kommen.

Aehnliche Verschiedenheiten in der Belastung des
Grundes und Bodens zwischen Bezirk und Bezirk, Provinz
und Provinz zeigen sich in allen Ländern, wo auf Grundlage einer künstlichen Schätzung des Grundertrages die
Grundsteuer zur Erhebung kommt. In Frankreich, wo das
Grundsteuercontingent von 240 Mill. im Jahre 1791 auf
167.$_{969}$ Mill. im Jahre 1874 herabgesunken ist, während das
Einkommen während dieses Zeitraumes sich fast verdrei-
facht hat, ist die Steuer von 16.$_{66}$ Procent auf 4.$_{24}$ Procent
des Steuereinkommens gesunken, und dennoch fehlt es
nicht an Klagen über die harte Belastung des Grundes
und Bodens. Die Erklärung liegt in der Ungleichmässigkeit der Steuer. Der Durchschnitt von 4.$_{24}$ Procent wird
in 51 Departements beträchtlich überschritten, während er
in 32 Departements geringer ist; so beträgt z. B. im De-
partement Laon et Garonne die Steuer 6.$_{51}$ Procent des
steuerbaren Einkommens, in Martaban 6.$_{06}$ Procent, während
im oberen Pyrénéesdepartement die Steuer nur 2.$_{82}$ und in
den oberen Pyrenäen 2.$_{83}$ Procent ausmacht. Und dabei
kommt noch der Umstand in Betracht, dass in vielen De-

partements ein höherer Procentsatz zur Erhebung kommt,
wo die Boden- und Absatzverhältnisse ungünstig sind,
während die günstiger gelegenen und fruchtbareren Bezirke eine kleinere Steuer entrichten.

Fast ähnliche Ergebnisse, wenn auch nicht in dieser
Schroffheit, treten uns in Preussen entgegen, wo die Steuer
auf Grund des Gesetzes vom Jahre 1861 zur Erhebung
kommt.

In Oesterreich fehlen uns genügende Schätzungen,
um die Höhe des Einkommens vom Grund und Boden
genau berechnen zu können.

Die im Jahre 1872 auf Grundlage des Katastralreinertrages und in Galizien, der Bukowina, sowie in Tirol und
Vorarlberg nach den Grundsteuersummarien angestellten
Berechnungen ergaben einen wirklichen Reinertrag von
282.$_8$ Mill. fl. und die davon eingehobene Steuer im Betrage
von 37.$_5$ Mill. ergab 13.$_3$ Procent des Einkommens. Aber
es scheint uns, dass diese Ziffer des Reineinkommens viel
zu tief gegriffen ist, und daher das Steuerprocent zu hoch
sich herausstellt. Diese Ansicht wird bekräftigt, wenn man
den Gesammtwerth des Grundes und Bodens und die darauf
haftende Schuldenast in Betracht zieht.

In dem statistischen Tabellenwerke, welches die Regierung zu den im Jahre 1874 vorgelegten Reformentwürfen
beigegeben hat, ist der Versuch gemacht worden, das gesammte, der directen Besteuerung unterliegende Einkommen
einer Berechnung zu unterziehen. Das Gesammteinkommen
wird auf 767.$_{883}$ Mill. fl. veranschlagt und zwar aus Grundbesitz 282.$_8$ Mill. fl., aus Gebäuden 138.$_{970}$, aus Capitalbesitz
127.$_{090}$, aus selbstständigen Gewerben 158.$_{183}$, aus stehenden Bezügen 59.$_{028}$ Mill. fl. Seitdem haben die Steuern
höhere Erträgnisse geliefert und wenn auf Grundlage derselben das Einkommen nach der Methode der Regierung
berechnet wird, so ergibt sich beiläufig in runder Summe
850 Mill. fl.

So schwierig es auch ist, die Einkommensverhältnisse
der verschiedenen Staaten mit einander zu vergleichen, da
es an einigermassen verlässlichen Anhaltspunkten fehlt,
zeigt dennoch der erste Blick, wenn man die Einschätzungen anderer Länder zur Vergleichung heranzieht, dass
850 Mill. fl. weit unter jener Ziffer stehen, die bei einem
mässigen Anschlage angenommen werden kann. Die sächsische Schätzung vom Jahre 1878 ergab 1014 Mill. Mark
ohne Abzug der Schuldzinsen, mit Berücksichtigung derselben 927.₁₂₈ Mill. Mark. Da Oesterreich der Bevölkerungszahl nach acht Mal grösser ist als Sachsen, so würde, die
sächsischen Verhältnisse auf Oesterreich übertragen, sich
ein Einkommen von über 8 Milliarden Mark ergeben. Wenn
auch in Anschlag gebracht wird, dass ein grosser Theil
der deutsch-österreichischen Länder an Wohlhabenheit und
gewerblicher Thätigkeit hinter Sachsen zurücksteht, so
dürften Böhmen und Mähren, Niederösterreich, Schlesien
und einige Gebiete in den anderen Ländern jedenfalls den
Vergleich mit Sachsen aushalten. Schlägt man mit Rücksicht auf Galizien, das Küstenland, Krain 50 Procent ab,
— eine, wenn wir nicht irren, recht hoch gegriffene Ziffer,
— so erhält man 4 Milliarden Mark als Gesammteinkommen der österreichischen Länder.

Denn wie gross die Differenz zwischen den Ergebnissen in Sachsen und der österreichischen Berechnung
sich herausstellt, zeigt ein Blick auf die einzelnen Einkom-
mensquellen. Das Einkommen aus dem Grundbesitz ergab
in Sachsen 214.₃ Mill. Mark, während dasselbe in Oesterreich aus Grund und Boden und aus Gebäuden 421.₇₇₆ Mill. fl.
betragen soll. Von dieser Ziffer dürfte die auf die Gebäude entfallende Quote mit nahezu 139 Mill. fl. annähernd
richtig sein. Die Veranschlagung aus dem Capitalbesitz
ist viel zu niedrig gegriffen, und geradezu winzig ist das
Einkommen aus stehenden Bezügen, die in Sachsen
333.₉ Mill. Mark ausmachen, für Oesterreich aber mit

59.₆₂₈ Mill. fl. angenommen werden. Handel und Gewerbe weisen in Sachsen ein Einkommen auf von 356.₀₃₄ Mill. Mark, in Oesterreich soll dasselbe aus dieser Quelle 158.₄₈ Mill. fl. betragen! Gewiss eine Ziffer, die hinter der Wirklichkeit weit zurückbleibt.

Die gesammten directen Steuern betrugen in Mill. fl.:

	brutto	netto
1868	74.028	73.979
1869	77.805	77.744
1870	82.007	81.010
1871	87.471	87.620
1872	90.074	89.809
1873	91.902	91.738
1874	92.206	92.041
1875	91.904	91.826
1876	90.941	90.744
1877	91.373	91.184

In diesen Summen sind auch die Eingänge für die Steuerexecution und die Verzugszinsen für die rückständigen Steuern inbegriffen. Jene stiegen von 82.000 im Jahre 1868 auf 247.373 fl. im Jahre 1877, die Verzugszinsen erscheinen seit 1870 in den Ausweisen und betrugen damals 44.477, 1877 bereits 497.703 fl. Im Jahre 1878 warfen die directen Steuern 91.₇₇₈ Brutto, 1879 94.₂₄₈ Mill. fl. ab, die Steuerexecutionsgebühren erscheinen 1879 mit 519.288, die Verzugszinsen mit 424.241 fl.

Sondert man die directen Steuern in Real- und Personalsteuern, so entfallen auf die

	Realsteuern Mill. fl.	oder in Procenten der directen Steuer	Personalsteuern Mill. fl.	oder in Procenten der directen Steuer
1868	52.836	71.3	21.16	28.7
1869	55.008	71.1	22.17	28.9
1870	55.5	67.5	26.56	32.5
1871	56.8	64.7	30.62	34.9

	Realsteuern Mill. fl.	oder in Pro-centen der directen Steuer	Personal-steuern Mill. fl.	oder in Pro-centen der directen Steuer
1872	57.5	64.9	32.08	36
1873	57.9	63.1	33.36	36.9
1874	59.48	64.9	32.128	35.1
1875	60.422	66	31.04	34
1876	60.587	67.2	29.689	32.8
1877	60.46	66.8	30.16	33.2

In dieser Tabelle werden in üblicher Weise die Grund-
und Gebäudesteuern zu den Realsteuern, die Erwerb- und
Einkommensteuern zu den Personalsteuern gezählt. Allein
die Hauszinssteuer birgt ein einkommensteuerartiges Element in sich und kann streng genommen nicht zu den
Realsteuern gerechnet werden. Werden die auf dieselben
entfallenden Beträge den Personalsteuern zugeschlagen und
nur die Hausclassensteuer, eventuell auch die ausgedehnte
Hauszinssteuer, welch letzterer mehr der Charakter einer
Realsteuer innewohnt als der ursprünglichen Hauszinssteuer, als Realsteuern aufgefasst, so stellt sich das Verhältniss in überwiegender Weise für die Personalsteuern
heraus. Denn schon aus obiger Tabelle ist ersichtlich, dass
der procentuelle Antheil der Realsteuer an dem Staatshaushalte seit 1868 abgenommen hat und die Verschiebung
seit 1873 liegt in dem Rückgange der Actiengesellschaften;
seit 1876 zeigen die Personalsteuern wieder eine steigende
Tendenz, während die Realsteuern sich gleich bleiben, und
noch schärfer tritt diese Thatsache bei der Eliminirung der
Hauszinssteuern aus der Gattung der Realsteuern hervor.

Damit ist die Frage, ob der Realbesitz schärfer zu
den Staatslasten herangezogen werde als das bewegliche
Vermögen, nicht gelöst; und so lange das österreichische
Steuersystem seine gegenwärtige Form intact erhält, dürfte
es auch schwerlich gelingen, zu über aller Anfechtung er-
habenen Ergebnissen zu gelangen. Schwerlich dürfte sich

jedoch in Abrede stellen lassen, dass einige Classen der gewerbetreibenden Bevölkerung ziemlich stark, vielleicht in noch härterer Weise belastet sind als die ackerbautreibende Bevölkerung mit einem gleichen Einkommen. Das oben angeführte Beispiel, dass Gewerbetreibende mit einem Einkommen von 1200 fl. nahe an 9 Procent an Steuer zahlen, liefert hiefür den Beleg. Dasselbe gilt von einigen Beamtenkategorien. Die Unmöglichkeit eines Vergleiches liegt in der Verschiedenartigkeit der Steuerveranlagung. Ertragssteuern und Einkommensteuern beruhen auf solch heterogenen Grundlagen, dass eine Gegenüberstellung derselben zum Behufe der Prüfung, ob die eine oder andere Gattung einen härteren Druck ausübe, schlechterdings ausgeschlossen ist.

In Belgien sind die Realsteuern während der letzten Jahrzehnte nur unbedeutend gestiegen. Das steuerbare Einkommen aus dem Realbesitze hat seit 1865 in beträchtlicher Weise zugenommen; es betrug in Mill. fl.:

	für Gebäude	für Grund und Boden	Summe
1865	57.$_{313}$	110.$_{699}$	168.$_{012}$
1870	99.$_{25}$	188.$_{404}$	287.$_{654}$
1875	115.$_{112}$	188.$_{22}$	303.$_{332}$

Bei den Gebäuden ist die Steigerung eine continuirliche, während bei den landwirthschaftlich benutzten Flächen seit 1870 ein kleiner Rückgang eingetreten ist. Die Realsteuer war bis 1867 eine Repartitionssteuer, das Gesetz vom 7. Juni 1867 gestaltete dieselbe zu einer Quotitätssteuer. Gebäude genossen früher eine 8jährige Steuerfreiheit, seit dem Gesetze von 5. Juli 1871 eine blos 2jährige. Das Contingent belief sich auf 15.$_{911}$ Mill. fl., überdies erhob der Staat noch 18.$_{45}$ Procent Zuschläge für die Nonvaleurs. Die Einnahmen betrugen 1865 18.$_{880}$, 1870 19.$_{170}$, 1875 20.$_{904}$ Mill.; per Kopf der Bevölkerung entfiel 1865 und 1870 3.$_{82}$, 1875 3.$_{92}$ Frs. Die Anzahl der Parcellen ist von 6.₂₁ Mill. im Jahre 1865 auf 0.₄₃₅ Mill. im Jahre 1875 gestiegen, jene der Eigenthümer von 1.₀₉₇ auf 1.₁₂₄ Mill. Auf 100 Einwohner entfallen 22 Eigenthümer im Durchschnitte; in den einzelnen Provinzen zeigen sich jedoch grosse Verschiedenheiten, indem dieselbe zwischen 14 in Westflandern und 48 in Luxemburg schwankt. Die Parcellirung hat zumeist in Brabant, West- und Ostflandern und Hennegau Fortschritte gemacht. Dagegen wiesen die Personalsteuern eine nicht unbedeutende Steigerung auf. Die „cote personelle" lieferte dem Staatsschatze 1869 ein Erträgniss von 11.₇ Mill. Frs., 1877 14.₉, die Gewerbsteuer (patentes) 1868 4.₈₅, 1877 6.₃ Mill. Frs., die Bergwerksabgabe 1869 0.₆, in den folgenden Jahren bis 1875 steigende Erträgnisse, seitdem ein Rückgang, 1877 blos 0.₄₆₄ Mill. Frs.

Auch in Italien weisen die Personalsteuern eine beträchtlichere Zunahme auf. Im Jahre 1868 lieferte die Grundsteuer 113.₄₃ Mill. Lire, die Gebäudesteuer 45.₁₉ Mill., 1877 125.₇ und 54.₇ Mill. L., während die Einkommensteuer von 81.₀₈ auf 182.₃ Mill. L. stieg.

Um jene Beträge kennen zu lernen, welche in Oesterreich für öffentliche Zwecke aufzubringen sind, müssen auch die Budgets der verschiedenen autonomen Organe in Betracht gezogen werden. Der Aufwand der Länder, Bezirke und Gemeinden hat sich im Laufe des letzten Jahrzehnts in beträchtlicher Weise gesteigert, hat sogar procentuell stärker zugenommen als der Staatsaufwand, zum Theil hervorgerufen durch Ueberweisung von Geschäften, die früher von staatlichen Organen besorgt wurden.

Die Einnahmen der einzelnen Königreiche und Länder aus privatrechtlichem Vermögen und aus öffentlichen Titeln, bei welch' letzteren die Steuern nicht inbegriffen sind, sowie die Einnahmen von Wohlthätigkeits-, Sanitäts- und anderen öffentlichen Anstalten, sind nur in wenigen Königreichen und Ländern verhältnissmässig beträchtlich. Die wichtigste Einnahmsquelle bildet die Landesbesteuerung. Die 1861 erlassenen Landesordnungen bestimmten, dass die Landtage berechtigt seien, Zuschläge zu den directen landesfürstlichen Steuern bis zu 10 Procent derselben umzulegen und einzuheben. Höhere Zuschläge zu einer directen Steuer oder sonstige Landesumlagen bedürfen der kaiserlichen Genehmigung. Jene 10 Procent sind längst überholt worden, da das Erforderniss der Länder beträchtlich gestiegen ist.

Die meisten Landtage beschränken sich auf Zuschläge zu den directen Steuern, nur in Krain, Istrien, Görz und Gradiska, endlich in Dalmatien werden auch die indirecten Steuern zur Bestreitung des Landesaufwandes herangezogen.

Die Zuschläge zu den directen Steuern wurden bis zum Jahre 1872 blos auf das Ordinarium gelegt, der ausserordentliche Zuschlag blieb frei; seitdem werden Zuschläge zur gesammten directen Steuer, demnach mit Einschluss des ausserordentlichen Zuschlages, erhoben in Steiermark, Istrien, Dalmatien und Schlesien, und seit 1877 auch in Görz und Gradiska.

Die Competenz der anderen autonomen Organe bei Festsetzung der Zuschläge ist keine gleichartige. Die Bezirke können im eigenen Wirkungskreise bis zu 10 Procent gehen, in Salzburg, Krain, Böhmen, Mähren, Schlesien und Galizien; bis 15 Procent in Niederösterreich und Dalmatien, bis 20 in Steiermark, bis 50 Procent in Tirol. Darüber hinaus bedarf es entweder der Zustimmung des Landesausschusses oder eines Landesgesetzes. In Niederösterreich und Mähren z. B. geht die Befugniss des Landesausschusses bis zu 25 Procent, in Dalmatien bis zu 50 Procent, in Böhmen und Schlesien bedarf es schon bei einer Ueberschreitung von 10 Procent eines Landesgesetzes. In jenen Gemeinden, wo Bezirksumlagen nicht zur Erhebung kommen, werden die Auslagen für Strassen theils aus dem Landesfonde, theils von den Gemeinden bestritten, wobei die Bestimmungen des Landesgesetzes massgebend sind, oder die Auslagen werden auf sämmtliche Gemeinden im Verhältnisse der Vorschreibung der directen Steuern vertheilt.

Die Schulbezirksbehörden können Zuschläge bis zu 10 Procent bewilligen in Niederösterreich, Krain, Dalmatien, Böhmen und der Bukowina, bis zu 20 Procent in Oberösterreich. Darüber hinaus sind die Auslagen aus Landesmitteln zu decken in Niederösterreich, Oberösterreich, Dalmatien, Böhmen, oder sie bedürfen eines Landesgesetzes wie in Krain. Aus dem Landesfonde werden die Schulauslagen bestritten in Salzburg. In Tirol und Vorarlberg haben die Gemeinden die Schulauslagen zu bestreiten. In Kärnten und Galizien gilt blos der Grundsatz, dass die Auslagen für die Volksschulen theils von den Schulgemeinden, theils aus Landesmitteln bestritten werden; in welchem Verhältnisse dieses zu geschehen hat, ist gesetzlich nicht normirt; in Schlesien lautet das Gesetz ebenfalls allgemein: die Schulauslagen haben die Gemeinden zu tragen, reichen deren Mittel nicht hin, so ist der Landesfond heranzuziehen.

Für Bedürfnisse der Gemeinde geht die Berechtigung derselben bis zu 10 Procent in Böhmen und Mähren, jedoch mit der Beschränkung, dass auf Verlangen eines dem Gemeindeausschusse angehörigen höchst besteuerten Mitgliedes die Bewilligung selbst bei Zuschlägen, welche 5 Procent der directen Steuer übersteigen, eingeholt werden muss; bis 15 Procent Görz und Gradiska und Dalmatien, bis 20 Procent Niederösterreich, Oberösterreich, Vorarlberg, Schlesien und Galizien, in letzterem Lande mit einer ähnlichen Beschränkung wie in Böhmen; bis 25 Procent in Istrien, bis 30 Procent in Salzburg; bis 50 Procent in der Bukowina, in Tirol und Vorarlberg bis 150 Procent. Ueber diese Grenzen hinaus ist entweder dem Landesausschusse oder dem Landtage die Befugniss zur

Gewährung eines höheren Zuschlages eingeräumt, und erst
darüber hinaus bedürfen die Zuschläge einer kaiserlichen
Genehmigung oder eines Landesgesetzes.
Den Städten mit eigenem Statut ist eine grosse Befugniss eingeräumt. In Niederösterreich z. B., wo die Gemeinden blos bis 20 Procent einen freien Spielraum haben,
darf Wien bis 25 Procent Zuschläge erheben, darüber hinaus bedarf es eines Landesgesetzes. In Oberösterreich ist
für Linz bis 50 Procent, für Steyer bis 30 Procent normirt; in Böhmen für Prag und Reichenberg bis 25 Procent; desgleichen in Mähren für Olmütz und Brünn, dagegen für Hradisch, Iglau, Kremsier und Znaim bis 20
Procent.

Vielfach wird an dem Grundsatze festgehalten, das
gleiche Zuschlagsprocent von allen directen Steuern zu
erheben. Doch gibt es auch zahlreiche Ausnahmen. [1)]
Selbstständige Steuern bestehen zumeist Hundesteuern
mit verschiedenen Sätzen. Doch haben bisher nur wenige
Gemeinden zu diesem Auskunftsmittel gegriffen. [2)] In einigen Communen werden die Eingänge aus dieser Steuer
besonderen Zwecken zugewendet, so z. B. für den Armen-
fond.

Wir besitzen leider eine eingehende Statistik über
die Finanzgebarung der autonomen Körperschaften nicht,
um die gesammten Leistungen derselben überblicken zu
können; theils Privatarbeiten, theils Mittheilungen der
Regierung bei den Verhandlungen über die Steuerreform
setzen uns jedoch in Stand, die Verwaltung einzelner Län-

---

1) So wurden in Mistrin, Bezirkshauptmannschaft Gaya, 26 Procent auf
die directen Steuern der „höchstbesteuerten Gutsinhabung" und 30 Procent
auf die directen Steuern der übrigen Contribuenten für das Jahr 1876 ausgeschrieben. Aehnlich in Misteck 40 Procent, von dem Grossgrundbesitze
36 Procent.

2) In Leipnik in Mähren ist für jede Buldogge 10 fl. und 2 fl. für
andere Hunde zu entrichten, in Römerstadt 4 fl. und 2 fl., in Wischau für
Buldogge und Wolfshunde 10 fl., für Hunde anderer Race 2 fl.

der genauer darzulegen als es bisher geschehen ist. Ueber die grösseren Städte haben wir das Material der bereitwilligen Unterstützung der Gemeindevorstände zu danken. Auch die Budgets der einzelnen Königreiche und Länder liefern eine reiche Fundgrube für die einschlägigen Fragen.[1]) Der böhmische Landtag hat sich durch eine Zusammenstellung der Besteuerung der autonomen Organe ein grosses Verdienst erworben. Treffend heisst es in den einleitenden Bemerkungen: „Nach den geltenden Vorschriften über die Bedeckung des Aufwandes für die den autonomen Organen überwiesenen Zweige der öffentlichen Verwaltung greift bezüglich des Besteuerungsrechtes eine dreifache Competenz Platz und zwar jene der Gemeinde und der Bezirksvertretung und des Landtages, beziehungsweise des Landesausschusses." Da jede dieser Körperschaften bei der Inanspruchnahme der Steuerzahler bis zu einem gewissen Grade selbstständig vorzugehen berufen ist, wird es unmöglich, sich darüber eine richtige Vorstellung zu bilden, in welchem Masse die Steuerzahler für die Zwecke der öffentlichen Verwaltung in Anspruch genommen werden. Die einzelnen Steuerorgane sind ausser Stande, ihren Haushalt in ein richtiges Verhältniss zur Steuerkraft zu stellen, die ihnen zur Unterstützung der kleinen Verwaltungskörper allenfalls zu Gebote stehenden Mittel zweckentsprechend zu verwerthen.

Aus den Zusammenstellungen für das Jahr 1874 geht hervor, dass für den Haushalt der Bezirke die höchste Umlage mit 25.5, die niedrigste mit 3 Procent eingehoben wurde. Zu Schulbezirksumlagen betrug die höchste Umlage 18 Procent, die niedrigste 1¼ Procent. Für Gemeindezwecke wird die höchste Umlage mit 489 Procent, die

---

[1]) Die „Statistische Monatsschrift" bringt von Zeit zu Zeit Uebersichten über die Geldgebarung der grösseren Städte; auch das „Statistische Jahrbuch" enthält einiges Material.

niedrigste mit 1_3 Procent angegeben, über 100 Procent wurden in 25 Gemeinden, über 50 in 69 Gemeinden, über 30 in 170 Gemeinden, bis 30 Procent in 210, bis 20 Procent in 973, endlich 10 Procent in 2704 Gemeinden erhoben.

Für Schulauslagen kam die höchste Umlage mit 553.$_5$ Procent, die niedrigste mit $\frac{1}{2}$ Procent zur Erhebung; 100 Procent wurden eingehoben in 31 Gemeinden, 50 Procent in 34 Gemeinden, 30 Procent in 38 Gemeinden, bis 30 Procent in 84 Gemeinden, bis 20 Procent in 573 Gemeinden, endlich bis 10 Procent in 4096 Gemeinden.

Die Durchschnittsziffer der Umlagen für die Auslagen des Bezirkes betrug $11^3/_4$ Procent, des Schulbezirkes 10 Procent, der Gemeinde 9 Procent, der Schulgemeinde $6^3/_4$ Procent, der Landesumlage $81^1/_4$, die Gesammtleistung des Steuerträgers daher zu den bezeichneten Zwecken 69 Procent.

Die gesammten Zuschläge für die Landesbedürfnisse beliefen sich in allen Königreichen und Ländern im Jahre 1862 auf 12.$_{77}$ Mill. fl., 1872 auf 19.$_3$, 1877 auf 25.$_6$ Mill. fl. Die Steigerung betrug daher in dem Zeitraume von 1862 bis 1877 100 Procent. [1])

[1]) Die Procente der auf die directen Steuern eingelegten Zuschläge für den Landes- und Grundentlastungsfond betrugen:

	1868	1872	1877
Niederösterreich	18	23	25
Oberösterreich	32	36	40
Salzburg	30	46	65
Tirol	21.5	28.5	33
Vorarlberg	17	21.5	35
Steiermark	35	33$^1{}_3$	38
Kärnten	40	70	78
Krain	40	40	58
Istrien	20	16	26
Görz und Gradiska	28	28	22
Dalmatien	27.5	25	25
Böhmen	16.5	23.5	32.5
Mähren	17	27.5	38
Schlesien	19	13.5	19.5

Beträchtlicher sind die Schwankungen bei den Zuschlägen der anderen autonomen Organe. Gemeinden, Bezirke und Handelskammern sind bezüglich ihrer Einnahmen fast ausschliesslich auf Zuschläge angewiesen und nur in wenigen Gemeinden bestehen selbstständige Steuern. In den grösseren Städten, wo die Zuschläge zu den directen Steuern eine beträchtliche Höhe erreichten, schritt man sodann zur Heranziehung der indirecten Steuern theils durch einfache Erhöhung der staatlichen Abgaben oder zur Einführung von sogenannten Bierkreuzern.

Zuschläge zur Grundsteuer wurden im Jahre 1877 für Gemeindebedürfnisse in 23.426 Gemeinden erhoben, die Zahl der Steuergemeinden selbst betrug 30.778. Die überwiegende Mehrzahl begnügt sich mit 5 bis 100 Procent, über 100 bis 150 Procent werden erhoben in 382 Gemeinden, von 150 bis 200 Procent in 175 Gemeinden, von 200 bis 300 Procent in 144 Gemeinden, in einer Gemeinde kommen sogar über 1000 Procent zur Erhebung. In ähnlichen Verhältnissen bewegen sich die Zuschläge zur Hauszinssteuer, welche in 17.826 Gemeinden zur Erhebung kommen.

Die Zuschläge zur Erwerbsteuer und zur Einkommensteuer sind nur in den grösseren Städten von Belang und bewegen sich zwischen 5 und 1000 Procent, an dem Glück über 900 bis 1000 Procent zu steuern nehmen gegenwärtig 3 Gemeinden Theil; in Galizien erhebt eine Gemeinde sogar über 1000 Procent.

Bei Berechnung der gesammten directen Steuerleistung sammt Zuschlägen ergeben sich nicht blos von Land zu Land, sondern auch von Bezirk zu Bezirk die grellsten Unterschiede. Naturgemäss sind es Wien und

	1868	1872	1877
Galizien { Ost und West { Krakau	66	{ 72 { 62	85 75
Bukowina	65	65	75

die Landeshauptstädte, in denen die höchsten Steuern per
Kopf entfallen. Hieran reihen sich einige kleinere Städte,
sowie Landgemeinden, die in den letzten Jahren für Schul-
bauten bedeutende Summen aufgebracht und nun die aufgenommenen Darlehen sammt Zinsen zurückzuzahlen haben.

Ein genaues Bild der Höhe der Zuschläge sind wir
bezüglich der Landeshauptstädte zu entwerfen im Stande.
In Wien betragen die Zuschläge zu sämmtlichen directen
Steuern 3o Procent. Bei der Erwerbsteuer kommt überdies noch eine 6 procentige Umlage zur Erhaltung der
Gewerbeschule zur Erhebung. Ausserdem die sogenannten
Zinskreuzer für Gemeinde- und Schulbedürfnisse und für
Militäreinquartierung. [1] — Linz erhob 1878 5o Procent Zuschläge, ferner vom Miethzinse von 101 bis 160 fl. 3 Procent, von 161 bis 200 fl. 5 Procent, von 201 fl. aufwärts
6 Procent, demnach eine Schonung der ärmeren Classen.
In Salzburg beträgt der Zuschlag zu den directen Steuern
70 Procent und zum Miethzinse 5 Procent.

In Prag wurde seit 1868 ein Zuschlag von 8 Procent
zur Hauszinssteuer, und zwar vom Ordinarium und von
dem die Einkommensteuer vertretenden Drittelzuschlage,
erhoben; bei der Erwerbsteuer kamen 10 Procent zur Erhebung; alle Erwerbtreibenden unter dem Tarifsatze 15 fl.
75 kr. blieben frei; bei der Einkommensteuer betrug der
Zuschlag 15 Procent. Im Jahre 1869 trat insofern eine
Aenderung ein, als bei der Erwerbsteuer die Steuerfreiheit von Zuschlägen blos bis 8 fl. 40 kr. beschränkt wurde.
Vom Jahre 1872 angefangen wurden die Gemeindezuschläge
auch von dem zu den directen Steuern bestandenen ausserordentlichen Staatszuschlage erhoben. Der Procentsatz des
Zuschlages blieb unverändert. Seit 1874 werden ausser

---

[1] Die Zuschläge zu den directen Steuern betrugen in Wien im Jahre
1859 2.249 Mill. fl., 1861 beim Beginn der parlamentarischen Aera 2.007 Mill. fl.,
1876 9.264 Mill. fl. Die Zuschläge zu den indirecten Steuern lieferten 1859
3.315 Mill. fl., 1876 1.370 Mill. fl.

den allgemeinen Gemeindezuschlägen noch besondere Gemeindeschulzuschläge erhoben, und zwar in der Höhe von 14 Procent vom staatlichen Ordinarium, bei der Grund- und Gebäudesteuer jedoch auch von dem die Einkommensteuer vertretenden Drittelzuschlage. Bemerkenswerth ist, dass die Grundsteuer von den allgemeinen Gemeindezuschlägen frei bleibt, von Schulzuschlägen getroffen wird.[1]) Endlich besteht eine eigene Steuer vom Miethzinse. Seit 1868 sind die Zinse bis 100 fl. frei, von über 100 bis 300 fl. werden 3 Procent, von über 300 fl. 5 Procent erhoben.

Die steierische Landeshauptstadt hat während des abgelaufenen Jahrzehnts das Zuschlagsprocent fast unverändert gelassen. Sie erhebt seit 1868 33.₅ Procent von der Verzehrungssteuer, 20 Procent von der Grund-, Hauszins-, Erwerb- und Einkommensteuer, nur die Zinskreuzer hat sie von 4 auf 6 Procent erhöht. Eine beträchtliche Einnahmsquelle besitzt sie in den letzten Jahren an dem Gewinn der staatlichen Verzehrungsteuerpachtung.

Am höchsten ist das Zuschlagsprocent in Innsbruck: 170 Procent bei der Grund- und Einkommensteuer, 145 Procent bei der Erwerbsteuer; eine Gebäudesteuer besteht in Tirol nicht. Verhältnissmässig gering sind die Zuschläge in Brünn; 5 Procent zur Grund-, Hauszins- und Erwerbsteuer, aber 45 Procent zur Einkommensteuer, und zwar auf die Gesammteinkommensteuer 25 Procent, sodann zur Deckung des Communalanlehens bis zum Einkommensteuerbetrage von 100 fl. 13 Procent, über 100 bis 500 fl. 15 Procent und über 500 fl. 20 Procent. In Lemberg wird blos ein Zuschlag zur Hauszinssteuer mit 1.₂₅ Procent erhoben,

---

[1]) Die Einnahmen der Stadt betrugen im Jahre 1868 90.092 fl. an Hauszinssteuer, 10.779 fl. an Erwerb- und 25.967 fl. an Einkommensteuer; 1877 177.000, 33.036 und 150.707 fl. Ferner wurden 1877 erhoben für die Schulauslagen Zuschläge: 322 fl. zur Grundsteuer, 237.826 fl. zur Gebäudesteuer, 26.023 fl. zur Erwerbsteuer und 31.913 fl. zur Einkommensteuer.

ferner vom Miethzinse für Gemeindebedürfnisse 1.₅ Procent
und für Schulbedürfnisse 3.₅ Procent.

Die Zuschläge für die Bedürfnisse der Bezirke bewegen sich in mässigen Grenzen. In Oberösterreich, Salzburg, Kärnten, Dalmatien und der Bukowina werden keine
erhoben. Die meisten Bezirke überschreiten 3o Procent
nicht; es erhoben 1877 Zuschläge zur Grundsteuer:

bis 5 Procent 2458 Gemeinden

„	10	„	9170	„
„	15	„	5200	„
	20	„	5538	„
„	30	„	3227	„
„	40	„	396	„
„	50	„	80	„
„	60	„	163	„
„	70	„	32	„
„	80	„	19	„

Bei der Hauszinssteuer und Hausclassensteuer überschreiten die Zuschläge 6o Procent nicht.

Hieran reihen sich mit Ausnahme von Tirol, Vorarlberg, Istrien, Dalmatien und Bukowina, in allen Königreichen und Ländern Zuschläge für die Schulbezirke, die
in der Regel mit den politischen Bezirken zusammen-
fallen und nur in Steiermark einen kleineren Umfang
haben. Auch für diese Bedürfnisse überschreiten die Zuschläge in der Regel nicht 6o Procent und nur einige Gemeinden erheben 9o bis 100 Procent, 2 sogar 15o bis
200 Procent.

Die Zuschläge für die Handelskammerbedürfnisse
werden naturgemäss nur von der Erwerb- und Einkommensteuer erhoben. Sie bewegen sich bei der Erwerbsteuer
zwischen 1 bis 10 Procent, 11 Procent kommen in 319
Gemeinden vor, 20 Procent in 14 Gemeinden, 32 Procent
in 53 Gemeinden. Bei der Einkommensteuer kamen 1876
nur in 319 Gemeinden 11 Procent als Zuschlag vor, in

allen übrigen überschritt die Zuschlagshöhe nicht 9 Procent.

Fasst man die Periode 1862—1877 ins Auge, da seitdem die autonomen Körperschaften eine umfassendere
Wirksamkeit zu entfalten begannen, so ergibt sich, dass
die Steigerung der Zuschläge für Landes- und Grund-
entlastungsbedürfnisse sich auf 100.₆ Procent beläuft; für
Bezirksbedürfnisse beträgt sie 131.₂ Procent, für die Gemeinde 86.₉ Procent, für die Handelskammer 99.₆ Procent.

Für die Schule werden erst seit 1871, nachdem die Landes-
gesetzgebung die Gesetze über die Schulaufsicht votirt
hatte, Zuschläge erhoben. Sie stiegen in den Jahren 1871
bis 1876 von 2.₆ auf 4.₄ Mill. fl. von der Gesammtschuldigkeit
der directen Steuern.

Die Summe der vorgeschriebenen directen Steuern
belief sich im Jahre 1878 auf 91.₇₆₇ Mill. fl., die gesammten
Zuschläge betrugen beiläufig 56 Procent. Dieser Durch-
schnittssatz wird in einigen Ländern beträchtlich überschritten. Er beträgt in Vorarlberg nahezu 148 Procent
und übersteigt 100 Procent in Tirol. Die Erklärung liegt
in der verhältnissmässig geringen Grundsteuer und in
einigen Erleichterungen bei der Erwerbsteuer dieser Länder. Allein auch in den anderen Ländern, wo das stabile
Kataster bereits eingeführt ist, überschreiten die Zuschläge
den mittleren Gesammtdurchschnitt; hinter demselben bleiben zumeist Mähren, Krain, Böhmen und Niederösterreich;
am geringsten sind dieselben in Triest, wo sie 16 Procent betragen. In der Hafenstadt Oesterreichs besteht
einerseits keine Erwerbsteuer und die Hauszinssteuer ist
eine niedrige.

Vergleicht man die hervorragenderen Städte Europas,
so steht die Stadt Wien bezüglich der gesammten directen
und indirecten für Communalzwecke aufzubringenden Steuerlast in zweiter Stelle, und nur in Paris entfällt ein grösserer Betrag per Kopf. Während hier die Gesammtleistung

etwas über 155 Mill. Frs., daher per Kopf 77.₀₄ Frs. entfällt,
beträgt in Wien die Gesammteinnahme 27.₈₇₇ Mill. fl. oder
30.₁₂ fl. per Kopf. Am nächsten steht Stockholm, sodann
folgt Berlin. Allein zwischen Wien und Paris besteht ein
bedeutsamer Unterschied. In der französischen Hauptstadt
überwiegen die indirecten Abgaben (65.₆₆ Frs. per Kopf,
in Wien 6.₈₀ Frs.), in Wien die directen (Paris 12.₂₈, in
Wien 32.₂₂ Frs. per Kopf). Dazu kömmt, dass in Paris
diese Prästationen den gesammten Aufwand umfassen,
während in Wien überdies noch für Landeszwecke Zuschläge gemacht werden, die sich im Durchschnitte auf
rund 3 Mill. fl. belaufen. ¹)

Auch in den anderen Ländern hat sich in den letzten
Jahrzehnten der Aufwand der autonomen Organe gestei-
gert, aber nur in wenigen in solchem Massstabe wie in
Oesterreich. Die Erklärung liegt darin, dass anderswo die
Communalverwaltung schon früher beflissen war, den
modernen Bedürfnissen entsprechende Einrichtungen ins
Leben zu rufen, während in Oesterreich die Versäumnisse
früherer Tage vielleicht allzu eifrig in einer kurzen Spanne
Zeit eingeholt werden sollten. In Frankreich wurden an

¹) Dem Werke von Körösi: Bulletin annuel des finances des grandes
villes 1ère année 1877, Budapest 1877, entlehne ich folgende Tabelle:

	Directe	Indirecte	Per Kopf		
	Steuern		direct	indirect	Summe
	in Mill. Francs		Francs		per Kopf
Paris	24.42	130.56	12.28	65.66	77.94
Berlin	33.7	1.07	33.58	1.06	34.64
Wien	23	4.86	32.22	6.8	39.02
St. Petersburg	9.5	1.38	14.19	2.17	26.26
Budapest . . .	5.7	4.19	18.02	13.3	31.32
München . . .	2.1	2.9	9.71	13.49	23.2
Kopenhagen .	4.6	0.67	21.45	3.11	24.56
Stockholm . .	3.1	2.5	21.25	17.11	38.36
Leipzig	2.7	0.053	19.69	0.39	20.08
Königsberg .	1.6	0.025	12.98	0.21	13.19
Triest	0.7	2.8	5.54	22.02	27.56
Lüttich	1.3	1.13	11.24	12.12	23.30
Christiania . .	2.0	0.79	33.59	10.05	43.64

directen Steuern für den Haushalt der Departements und
der Commune eingehoben im Jahre 1871 257.₅₂ Mill., 1877
287.₇₉ Mill. Frs., was einer Steigerung von 12.₁ Procent
gleichkommt. Allerdings darf nicht ausser Betracht bleiben,
dass die Octrois in Frankreich eine bedeutende Einnahmsquelle sind, welche namentlich die unteren Classen der.
Bevölkerung stark belasten. Bei einem Vergleiche der
grösseren Städte Frankreichs mit den Landeshauptstädten
Oesterreichs ist das Ergebniss eine stärkere Heranziehung
der letzteren. [1])

In England beliefen sich die Gesammteinnahmen für
Localangelegenheiten im Jahre 1870/71 auf 30.₂ Mill. Pf. St.,
1877.78 51.₇ Mill.; wovon jedoch auf Steuern blos 21.₅₇ im
Jahre 1870/71, 29.₅ Mill. im Jahre 1877 78 kamen, daher
eine Steigerung von nahezu 26.₀ Procent. Hievon entfielen Abgaben vom Grund und Boden (rates) 17 Mill. im

[1]) Es sind in Frankreich an directen Steuern in Mill. Frs. erhoben
worden:

	für den Staat	für die Departements	für die Gemeinde
1860	303.8	102.5	73.6
1870	344.6	135.8	104.8
1876	399.86	148.5	147.8

Hiernach sind namentlich die Zuschläge für die Gemeinden gestiegen,
denn noch 1870 belief ich dieselben für die Departements auf 39.₃ Procent, für die Gem͞e auf 30 Procent, während sie 1876 für beide gleichmässig 37 Procent ausmachten.

Die ungemein sorgfältige Communalstatistik in Frankreich, welche
von der Regierung vor einigen Jahren herausgegeben wurde, weist eine
Einnahme von 427.₆₁₆ Mill. Frs. für sämmtliche Gemeinden auf. Von den
36.₀₅₆ Gemeinden waren 5537 mit 15 Centimes, 8801 zwischen 15 und 30
Centimes, 9363 zwischen 31 und 50, 9248 zwischen 51 bis 100 und 3117
über 100 Centimes Zuschläge belastet. Im Durchschnitte Frankreichs beliefen
sich die Additionalcentimes auf 48 Centimes. Dieser Durchschnitt wird in
33 Departements nicht erreicht, in 54 überschritten. Im Girondedepartement
beträgt die durchschnittliche Belastung per Commune 122 Centimes, in Sa-
voyen über 115. In dieser Summe sind die Localauflagen und die Einnahmen
aus dem Schulgelde nicht inbegriffen. Bezüglich der Schule gewährt der
Staat Beiträge, wovon 71 Procent von 25.667 Gemeinden Gebrauch machen.
Ferner werden die Einnahmen der Wohlthätigkeitsanstalten (Bureaux de
bienfaisance) im Betrage von 25.687 Mill. Frs. speciell berechnet.

Jahre 1871, 1877 78 24 Mill. Die Schuldenlast der Gemeinden hat sich in demselben Zeitraume von 68 Mill. auf 114 Mill. Pf. St. gehoben. Die staatlichen Subventionen haben von 0,8 auf 2 Mill. Pf. zugenommen, worin jedoch die staatlichen Beiträge für Schulen nicht inbegriffen sind. So hart auch die Steuerlast in Preussen in einzelnen Städten sein mag, sie dürfte, so weit wir unterrichtet sind, keineswegs mit jener in Oesterreich in Bezug auf die Communalsteuer den Vergleich aushalten. Zwar ist die Höhe der procentuellen Zuschläge auch in einigen Gegenden Preussens eine exorbitante, aber diese treffen doch nicht so sehr die Ertragssteuern, sondern die Einkommensteuern, wodurch doch eine gleichmässigere Vertheilung auf die einzelnen Classen der Bevölkerung bewerkstelligt wird, während die Zuschläge zu den ohnehin ungleichmässig veranlagten Ertragssteuern in Oesterreich die grosse Härte derselben fühlbarer machen. Aus dem Mangel einer entsprechenden Einkommensteuer in Oesterreich erklären sich auch die vielen Klagen über die Schwere der Besteuerung für Landes- und Communalzwecke. Die Gemeindeabgaben beliefen sich im Jahre 1876 auf 139,258 Mk. im Gesammtstaate, demnach auf 5,42 Mk. per Kopf, hievon entfielen in den Stadtgemeinden 9,58 Mk., in den Landgemeinden 3,27 Mk. per Kopf. Eine Vergleichung derselben mit früheren Ermittlungen ist nur hinsichtlich der Aufnahmen des Jahres 1857 zum Theile thunlich, da im Jahre 1876 zu Kirchen-, Pfarr- und Schulzwecken geleistete Beiträge nur insoweit enthalten sind, als dieselben im Wege der Communalsteuer aufgebracht wurden, während jene durch Kirchen- und Schulsteuerbeiträge aufgebrachten Summen keine Berücksichtigung fanden. Beschränkt man sich auf die eigentlichen Gemeindeabgaben, so beträgt die Steigerung in der Epoche von 1857 bis 1876 in den acht alten Provinzen Preussens im Durchschnitte 157,5 Procent; in den einzelnen Provinzen liefert ein Vergleich ein ganz anderes

Bild. Während z. B. in Pommern die Gemeindeabgaben um 36.₈ Procent gestiegen sind, haben sie in Brandenburg um mehr als 243 Procent zugenommen.

Die Berechnung der Steuer per Kopf der Bevölkerung gibt gewiss kein vollständig zutreffendes Bild über die grössere oder geringere Belastung; aber es ist immerhin interessant, sich wenigstens annäherungsweise eine Vorstellung zu machen von den bezüglich der Vertheilung der Steuern herrschenden Verschiedenheiten. In Oesterreich entfiel im Jahre 1878 beiläufig 4 fl. 53 kr. per Kopf der Bevölkerung an directen Staatssteuern, und wenn man auch die Zuschläge in Anschlag bringt, nahezu 7 fl. per Kopf. Allein bei einer Vergleichung der Länder und Bezirke ergeben sich ausserordentliche Verschiedenheiten. Scheidet man die Landeshauptstädte aus und beschränkt sich auf eine Vergleichung des Flachlandes, so erheben sich blos 97 politische Bezirke über den oben erwähnten Durchschnitt von 4.₅₃ fl., während 228 Bezirke weniger prästiren: in 88 Bezirken schwankt die auf den Kopf entfallende Steuer zwischen 1 bis 2 fl., in 12 Bezirken zwischen 0.₇₂ bis 1 fl. Auch die Landeshauptstädte bieten bezüglich der auf den Kopf entfallenden Steuer ein höchst mannigfaltiges Bild. Am meisten prästirt Wien mit 26.₅ fl. auf den Kopf der Bevölkerung; hierauf folgt Troppau mit 20.₉ fl., Prag mit 20.₀₃ fl., Brünn mit 19.₄ fl., Lemberg mit 17.₅₁ fl., Linz mit 17.₃₅ fl., Graz mit 14.₁₃ fl., Salzburg mit 12.₅₄ fl. und so abfallend bis auf 4.₀₁ fl. in Zara.

In Oesterreich sind die Wohlstandslinien nicht gleichmässig über die ganze Monarchie verbreitet; neben Ländern, deren Steuerkraft eine ausserordentliche ist und die gewaltige Ueberschüsse liefern, verfügen wir über solche, deren gesammte Erträgnisse an directen und indirecten Steuern nicht so viel aufbringen, als zur Verwaltung erforderlich ist und welche daher alljährlich beträchtlicher Zuschüsse bedürfen. Wie mannigfaltig aber die Verhält-

nisse sich gestalten, lernt man erst durch ein sorgfältiges
Studium kennen, ja selbst alle Untersuchungen über die
gleichmässige oder ungleichmässige Vertheilung bei Seite
gesetzt, ist es schon an und für sich interessant und vielfach belehrend, die Steuerergebnisse der verschiedenen
Länder zu kennen.

Wir haben unseren Berechnungen die Steuern des
Jahres 1878 zu Grunde gelegt. Böhmen trägt gewöhnlich
den Kopf hoch; es pocht nicht selten auf seine Steuerkraft und heischt eine tonangebende Stellung. In der
That läuft auch Böhmen bei der Grundsteuer allen übrigen
Kronländern den Rang ab. Sein Beitrag beläuft sich auf
37.5 Procent der gesammten Grundsteuersumme und kein
anderes Land kommt ihm in dieser Beziehung nahe; das
zunächst stehende Mähren trägt nur 14.4 Procent der gesammten Grundsteuer; hierauf folgt Galizien mit 12 Procent, Niederösterreich mit 10.4 Procent; alle übrigen stehen
tief zurück; am wenigsten liefert die Bukowina, und zwar
1 Procent. Man beachte die jedenfalls ganz eigenthümliche Thatsache, dass der Grund und Boden in Böhmen
37.5 Procent, in Galizien blos 12 Procent, sage zwölf Procent, steuert, und halte sich gegenwärtig, dass die Grösse
Böhmens 902.8, jene Galiziens 1364 österreichische Quadratmeilen umfasst. Galizien, um 460 Quadratmeilen grösser,
trägt im Vergleiche mit Böhmen kaum den dritten Theil
an Grundsteuer! Oder man stelle das kleine Schlesien
mit 89 österreichischen Quadratmeilen neben die Bukowina'
mit 181 Quadratmeilen. Jenes trägt 2.6 Procent der Grundsteuersumme oder 963.006 fl., dieses 355.000 fl. oder 1 Procent. Ist es doch eine seit der Mitte der Fünfziger Jahre
bekannte Thatsache, dass weite Strecken Landes in Galizien
bisher ihre steuerliche Jungfräulichkeit bewahrt haben und
von keiner Steuer getroffen worden sind. Seit 1860 sind
die Vermessungen in diesem Kronlande zum Abschlusse
gediehen; das Land sollte in ähnlicher Weise wie Böhmen

und Mähren auf Grundlage des stabilen Katasters zur Steuer
herangezogen werden; aber die Herren in Polen sind grosse
Patrioten und eröffneten seit der Herstellung der parlamentarischen Regierungsform einen Kampf gegen die Finanzverwaltung. Die agronomische Gesellschaft in Krakau, der
galizische Landtag wendeten sich an die Verwaltung, an
den Monarchen, mit Bittschriften und Denkschriften, die
zu Bergen heranwuchsen, und suchten den Beweis zu
liefern, dass man bei der Steuerveranlagung von unrichtigen Grundsätzen ausgegangen sei; unmöglich könne man
auf dieser Basis die Steuer erhöhen. Und sie entwickelten
dabei eine wahrhaft bewundernswerthe Energie und verstanden es, sich bis zum heutigen Tage die allerdings lieb-
losen Bestrebungen des Fiscus vom Halse zu halten.

An der Hauszinssteuer trägt Niederösterreich den
grössten Antheil; von rund 14.$_5$ Mill fl., welche im Jahre
1878 die ursprüngliche Hauszinssteuer abwarf, entfielen
auf Wien und die umliegenden Orte 8.$_9$ Mill. fl.; hierauf folgt Böhmen mit etwas über 2 Mill., Galizien mit
0.$_{889}$ Mill., Steiermark mit 0.$_{72}$ und Mähren mit 0.$_{65}$ Mill. fl.
Dagegen steht Böhmen bei der ausgedehnten Hauszins-
steuer in erster Linie, hierauf folgt Niederösterreich,
Galizien, Mähren u. s. w. Von der Hausclassensteuer im
Betrage von rund 6.$_8$ Mill. fl. entfallen auf Böhmen 1.$_8$ Mill.,
auf Galizien 1.$_6$ Mill., auf Mähren 0.$_7$ Mill., auf Niederösterreich 0.$_{68}$ Mill., auf Steiermark 0.$_4$ Mill., der Rest auf
die übrigen Länder. Bei der Erwerbsteuer nimmt Niederösterreich die erste Stelle ein, welches fast den dritten
Theil — 3.$_{27}$ Mill. fl. von 9.$_{58}$ Mill. fl. — aufzubringen hat,
obgleich die Anzahl der Gewerbe und Beschäftigungen
blos 119.652 betrug, während in der Gesammtmonarchie
675.869 der Besteuerung unterlagen. Hierauf folgt Böhmen
mit 213.781 Gewerben und 2.$_8$ Mill fl. Steuer; in dritter
Linie steht Mähren mit 76.981 Gewerben und 1.$_{034}$ Mill. fl.
Steuer; sodann Galizien mit rund 750.000 fl. Steuer und

81.544 Gewerben. In gleicher Reihenfolge erscheinen die einzelnen Königreiche und Länder bei der Einkommensteuer, auch hier tragen Niederösterreich, Böhmen und Mähren den Löwenantheil.

In den einzelnen Königreichen und Ländern gestaltet sich die Vertheilung der Staatssteuern auf den Kopf der Bevölkerung nach einem mehrjährigen Durchschnitte berechnet wie folgt:

	per Kopf fl.		per Kopf fl.
Niederösterreich	12.9	Schlesien	4
Oberösterreich .	5.5	Kärnten	3.5
Salzburg	5.2	Krain	3.3
Böhmen	5.1	Galizien	1.95
Mähren	4.9	Tirol und Vorarlberg	1.8
Steiermark . . .	4	Bukowina	1.8
Küstenland . . .	4.4	Dalmatien	1.5

Drittes Capitel.
Die indirecten Steuern.

—

Im Gegensatze zu den directen Steuern, die gegenwärtig noch eine grosse Mannigfaltigkeit der Veranlagungsformen selbst innerhalb einer und derselben Categorie aufweisen, ist es bei den indirecten Abgaben unermüdeter Arbeit und fortwährender Fortbildung gelungen, in allen Ländern nunmehr eine vollständige Gleichmässigkeit herbeizuführen, nachdem vom 1. Januar 1880 angefangen die bisherigen Zollausschlüsse und Freigebiete ihre Ausnahmestellung verloren haben. Nur Triest bildet in dem diesseitigen Oesterreich, sowie Fiume in Ungarn eine Ausnahme, in nicht ferner Zeit dürften auch diese Freihäfen aufhören.

Das österreichische Budget subsumirt unter der Bezeichnung „indirecte Steuern‟ verschiedenartige Einnahmen, zum Theil solche, die auch nach wissenschaftlicher Terminologie dazu gerechnet werden, zum Theil Monopole und Regale, endlich die Gebühren. Nur die Verzehrungssteuern und die Monopole müssen in beiden Reichshälften in Folge der vereinbarten Bestimmungen nach gleichartigen Grundsätzen geregelt bleiben. Die Gesetzgebung ist eine schwerfällige, indem alle hierauf bezüglichen Gesetze der Zustimmung der beiden Parlamente zu Wien und Budapest bedürfen und die beiderseitigen Minister die erforderlichen Ausführungsbestimmungen gemeinschaftlich festzustellen haben.

Am frühesten haben die Monopole und Regale ihre gegenwärtige Form erhalten.

Das Salzmonopol ist uralten Datums. Die Salzpatente des 16. und 17. Jahrhunderts regelten für jede Provinz den Bezug des Salzes. Die Einfuhr aus einer Provinz in eine andere unterlag mancherlei Hindernissen. Das oberösterreichische Salzkammergut versorgte Oberösterreich, einen Theil von Böhmen, Mähren und Niederösterreich mit Salz. Die Erwerbung Galiziens brachte reiche Salzlager an Oesterreich. Der Salzverkauf war durch das Patent vom 17. December 1753 geregelt. In einigen Ländern bestand ein Uebereinkommen mit den Ständen, die alljährlich ein bestimmtes Salzquantum zu einem festgesetzten Preise zu übernehmen hatten und die dasselbe an die einzelnen Familien vertheilten, zu dessen Abnahme diese verpflichtet waren. Für Landeszwecke wurde ausser dem an den Staat bezahlten Preise ein „Aufschlag" erhoben.[1]

Die Josephinische Regierung brachte insoferne eine Aenderung, als zunächst in Galizien im Jahre 1783 der Handel mit Stein- und Sudsalz freigegeben wurde, auch gestattete Joseph den Unterthanen, sich ihren Salzbedarf aus den ärarischen Magazinen zu holen. Erst seit 1818 wurde auch in den anderen Ländern der freie Salzhandel gestattet: zunächst im Küstenlande; ein Jahr später in Steiermark, im Klagenfurter Kreise Kärntens, in Ober- und Niederösterreich. Der Staat setzte blos die Preise des Salzes in den Erzeugungsorten fest, ohne auf den Kleinverschleiss

---

[1] In Oberösterreich betrug der Aufschlag 1 fl. 38 kr., wonach sich der Preis des Centners auf 5 fl. 50 kr. stellte. In Böhmen erhielten die Stände laut Recess vom Jahre 1749 den Centner Salz für 3 fl. 59 kr. per Fass und verkauften es mit einem Aufschlage von 1 fl. 15 kr. In Mähren war 1748 ein Uebereinkommen abgeschlossen worden; in Folge des „Salzzwanges" war bestimmt, wie viel Centner Salz für jedes Stück Hornvieh abgenommen werden musste. Der Preis des Salzes betrug 8 fl., wovon 2 fl. als Aufschlag an die Stände entrichtet werden mussten. Die Einnahmen aus dem Salzmonopole betrugen 1779 8,9 Mill. fl.

Einfluss zu nehmen. In Böhmen, Mähren und Schlesien behielten die Dominien das Recht des Salzverkaufs an die Unterthanen, wobei für sie 40 kr. per Centner abfiel. In Schlesien war der Salzverkauf ein radicirtes, d. h. auf einem bestimmten Hause haftendes Gewerbe. Schon aus diesen Angaben geht hervor, dass eine gleichmässige Verwaltung des Salzmonopols nicht bestand. Das Salzmonopol lieferte in der Zeit vor 1848 steigende Erträge: im Jahre 1847 25.$_{77}$ Mill. fl.

In den ungarischen Ländern wurde das Recht der Regierung, die Salzpreise eigenmächtig ohne Zustimmung der Stände zu bestimmen, bestritten, was jedoch die Regierung nicht hinderte, dieselben zu steigern, aber sie waren doch niedriger als in den übrigen Ländern. Der Salztransport war einer Gesellschaft überlassen.

Der Salzhandel zwischen den österreichischen und ungarischen Gebieten unterlag mancherlei Beschränkungen; die Freigebung desselben erfolgte erst 1851, nachdem durch den Ministerialerlass vom 15. Juni 1851 die Salzpreise in den deutsch-slavischen Ländern und am 1. September 1851 in den ungarischen Ländern geregelt worden waren.

Die Nothwendigkeit einer Herabsetzung der Salzpreise wurde seit 1848 in Regierungskreisen anerkannt. In einem Vortrage vom 21. November wies der Finanzminister darauf hin: „es gebe keine indirecte Abgabe, welche die dürftigsten Volksclassen, zugleich aber auch die Landwirthschaft und Viehzucht so unmittelbar treffe, als die im Salzpreise enthaltene Steuer" und kam zu dem Ergebnisse, dass eine allgemeine Preisermässigung, der Verkauf einer wohlfeileren Salzgattung zum Genusse für das Vieh, die Herabsetzung des Preises für Fabriken und Chlorpräparaten Platz greifen müsste. Diese Grundsätze begannen sich erst nach vierzehn Jahren zu verwirklichen. Die finanziellen Verhältnisse des Reiches nöthigten die Regierung, die Preise des zum menschlichen Genusse geeigneten Salzes mehr-

8*

mals zu erhöhen; so im Jahre 1856, ferner 1859 durch Einführung eines zehnprocentigen Zuschlages; in beiden Fällen trat vorübergehend eine Verminderung des Salzconsums ein. Durch Allerhöchste Entschliessung vom 12. April 1861 wurde an Fabriken verunreinigtes Salz für ermässigte Preise zu chemisch-technischen Zwecken abgegeben. Auch der Landwirthschaft wurden niedrigere Preise für Viehlecksalz und Dungsalz bewilligt. Im Jahre 1862 wurde eine weitere Preiserhöhung um 1 fl. per Centner beantragt. Seitdem erneuerten sich fast alljährlich die Debatten über die Salzpreise, und die Bestrebungen der Vertretungskörper waren auf eine Ermässigung derselben gerichtet. Damals wurde der Consum von Salz auf 12 fl. per Kopf berechnet, während derselbe in den Zollvereinsstaaten 17 Pfund betrug; für den Viehstand entfielen 11 Loth per Stück; an Industriesalz wurden 110.000 Centner abgesetzt. Die Preise des Sudsalzes schwankten zwischen 4 fl. 88 kr. und 8 fl. 63 kr., jene des Steinsalzes zwischen 4 fl. 60 kr. und 7 fl. 48 kr. Der Regierungsvorschlag bezüglich der Erhöhung der Salzpreise wurde abgelehnt; ein Antrag, der Regierung zur Erwägung anheim zu geben, ob nicht das Salzmonopol aufzuheben sei, blieb mit wenigen Stimmen (51 gegen 48) in der Minorität.[1])

Hinsichtlich des Salzmonopols wurde bei Beginn des Dualismus ein Uebereinkommen mit dem ungarischen Ministerium getroffen. Als oberster Grundsatz wurde festgestellt, dass jedem Reichstheile die Abgabe von dem in demselben zum Verbrauche gelangenden Salze möglichst gesichert werden müsse, die Salzpreise daher derart zu regeln sind, dass sich der Transport aus den im Reichsrathe vertretenen Ländern in jene der ungarischen Krone oder umgekehrt im Privathandel nicht rentiren könne. Die Verschleisspreise des zum menschlichen Genusse bestimmten

---

[1]) Vergleiche den sachlichen, belehrenden Bericht des Finanzausschusses S. 3798 der Sitzungsprotocolle 1862.

Salzes wurden um 2 fl. 48 kr. herabgesetzt, die Erzeugung und der Verschleiss des Viehsalzes jedoch eingestellt. Die Einnahmen aus dem Salzmonopol betrugen in Mill. fl.:

	Brutto	Netto		Brutto	Netto
1868	19.718	16.291	1873	19.39	16.118
1869	17.626	14.475	1874	19.99	15.734
1870	18.946	15.979	1875	18.90	15.823
1871	19.012	15.864	1876	19.18	16.263
1872	18.957	15.684	1877	19.308	16.276

Wie aus diesen Ziffern ersichtlich ist, hat der Salzconsum innerhalb eines Jahrzehents nicht zugenommen und die Nettoeinnahmen sind am Schlusse desselben sogar etwas geringer als beim Beginne. Die Production des Salzes hat keine Fortschritte gemacht.[1])

Das Salzmonopol ist besonders mit Rücksicht auf die starke Belastung der unteren Classen der Bevölkerung oft und mit treffenden Gründen angefochten worden und die landwirthschaftlichen Interessen forderten wenigstens eine Verwohlfeilung desselben mit dem Hinweise auf die Bedürfnisse der Viehzucht. Schwerlich dürfte sich auch die Salzsteuer rechtfertigen lassen. In den meisten Staaten glaubt man die nicht unbedeutenden Einnahmen nicht missen oder durch andere Abgaben ersetzen zu können. Ver-

---

[1]) Was den Salzhandel mit dem Auslande anbelangt, so bestand in Folge des am 24. April 1816 zu München abgeschlossenen Vertrages die Verpflichtung, an die Krone Baiern jährlich um den Erzeugungspreis, welcher von Zeit zu Zeit unter Mitwirkung der baierischen Regierung geregelt war, ein bestimmtes Salzquantum, doch nicht über 200.000 Centner zu liefern. Hall in Tirol versorgt vertragsmässig das Fürstenthum Liechtenstein. Ein mit Russland abgeschlossener Vertrag vom 27. December 1851 verpflichtete die Salzwerke Galiziens zur Lieferung von Salz für das Königreich Polen um 92 kr. per Centner. Durch Vertrag vom 31. October 1859 mit Serbien wurde die Abgabe von 135.000 Centner Steinsalz zu 2 fl. 30 kr. per Centner aus den Siebenbürger und Marmoroser Salzbergwerken übernommen. Ohne Vertrag wurde an Montenegro Istrianer Meersalz in der Höhe von 95.000 Centner geliefert.

gleicht man die hervorragenderen Culturstaaten mit einander, so kann die Besteuerung in Oesterreich nicht sonderlich hoch genannt werden. Bei den gegenwärtigen Salz-
verschleisspreisen, den Kosten der Salzerzeugung und des
Salzverschleisses, beträgt die reine Einnahme des Staates
per Metercentner 8 fl. in Oesterreich und $7^1/_2$ fl. in Ungarn.
In Italien, wo die Salzverschleisspreise 53.$_5$ bis 74.$_5$ Lire
betragen, bezieht der Staat eine Reineinnahme von 48 Lire
oder 19 fl. per Metercentner, im deutschen Reiche beträgt
die Salzsteuer 12 Mark für 100 Kilogramme. In der Schweiz
sind die Salzverschleisspreise in der Mehrzahl der Cantone
auf 20 Francs festgesetzt, wonach die Nettoeinnahme per
Metercentner sich auf beiläufig 16 Francs, daher fast ebenso
hoch wie in Ungarn beläuft. Am niedrigsten ist die Salzsteuer in Frankreich, 10 Francs per Metercentner. In Belgien ist die Salzsteuer durch das Gesetz vom 15. Mai 1870
beseitigt. Sie betrug 18 Francs für 100 Kilo rohes Salz,
das französische Seesalz genoss vertragsmässig eine sieben-
procentige Bonification. Der Staat verzichtete auf eine
Einnahme von über fünf Mill. Francs im Jahre 1870, welche
den Kopf mit 1 Franc belastete.[1]

Das erste Tabakpatent[2] wurde am 20. Mai 1701
erlassen, wodurch die Tabakerzeugung und der Tabakhandel zu einem Regal erklärt wurde; selbst der Verkauf
der Tabakpfeifen wurde zum Monopole gemacht. Das
Monopol wurde in den einzelnen Ländern verpachtet. Nach
drei Jahren trat an Stelle des Monopols der Tabakaufschlag, bis 1723 durch das Patent vom 11. März das

---

1) Im deutschen Reiche lieferte das Salz an Zoll und Steuer für die
inländische Production: 1872 37.2, 1873 38.04, 1874 39.6, 1875 39.1, 1876
39.30 Mill. Mk. Die Belastung pro Kopf ist daher in Oesterreich eine grössere.
In Frankreich betrugen die Einnahmen 1871 30.000, 1872 32.221, 1873
35.701, 1874 28.320, 1875 35, 1876 39.400 Mill. Frs.
2) Vgl. die Schriften von Plenker, Krückel, erstere enthält ein inter-
essantes historisches Material, letztere bietet eine Fülle statistischen Materials,
leider nur auf die letzten Jahre beschränkt.

Monopol wieder hergestellt wurde. Der Staat nahm die unmittelbare Verwaltung in die Hand und schritt zur Errichtung einer Tabakdirection. Die erste Tabakfabrik wurde 1722 in Hainburg ins Leben gerufen und mehrere andere folgten in den nächsten Jahren. Das finanzielle Ergebniss war ein winziges, im Ganzen 300.000 fl., da die Verwaltung nicht in geeigneten Händen war. Die Verpachtung stellte grössere Erträgnisse in Aussicht: für Oesterreich ob und unter der Enns, Innerösterreich, Böhmen, Mähren und Schlesien, in welchen das Monopol eingeführt worden war, wurde die Tabakfabrication und das Verschleisswesen einem Pächter für einen Pachtzins von 380.000 fl. übertragen und überdies mussten bestimmte Ueberschüsse an die Staatscasse abgeführt werden. Die Gesetzgebung der nächsten Jahre verschärfte die Strafbestimmungen und ermahnte die Obrigkeiten, die Unterthanen nicht vom Gebrauche des Tabaks abzuhalten. Die Pachtsumme steigerte sich in Folge des zunehmenden Absatzes und im Jahre 1736 erreichte der Ertrag bereits 650.000 fl. Die Stände der böhmischen Länder erhielten unter Kaiser Karl VI. die Erlaubniss, das Tabakmonopol von dem Pächter abzulösen, wofür ihnen für immerwährende Zeiten die Freiheit vom Tabakmonopol gewährt und gestattet wurde, durch einen Tabakaufschlag das Pauschquantum hereinzubringen. Die Uebernahme des Tabakgefälles in eigene Verwaltung des Staates erfolgte durch ein Handschreiben des Kaisers vom 31. März 1783 und die kaiserliche Entschliessung über den Vortrag vom 28. October 1783 stellte die Grundsätze fest. Am 22. April 1784 erfolgte die Kundmachung eines neuen Tabakpatentes. Man unterschied monopolpflichtige und nichtmonopolpflichtige Provinzen, zu den letzteren gehörten: Ungarn sammt den Nebenlanden, die Lombardei und die Niederlande, Tirol, Bukowina und Vorderösterreich. Der Tabaksanbau war gegen Bewilligung gestattet, und da die

Tabakdirection für den Bezug ausländischen Tabaks so
wie jeder Private zur Entrichtung des Zolles verpflichtet
war, so lag die Förderung der heimischen Pflanzungen im
Interesse derselben. Ungarn und Galizien deckten den
Bedarf, und insbesondere die Förderung des Anbaues und
eine rationelle Cultur in letzterem Lande wurde von der
Verwaltung im Auge behalten. Schon nach kurzem Bestande der neuen Einrichtungen lieferte das Tabakmonopol
ein nicht unbedeutendes Erträgniss; 1790 bereits 3.$_{368}$
Mill fl.

Die gesetzlichen Grundlagen für das Tabakmonopol
beruhen gegenwärtig auf der Zoll- und Monopolsordnung
vom 11. Juli 1835. Die Erzeugung und Bearbeitung des
Tabaks, sowie auch der Handel ist ausschliesslich dem
Staate vorbehalten. Der Tabakbau wird nur unter der
Bedingung zugelassen, dass das Erzeugniss an die Staats-
regie abgeliefert wird. Die Fabrication wird in eigener
Regie in Staatsfabriken betrieben.

Die Einführung des Tabakmonopols in Ungarn wurde
durch das kaiserliche Patent vom 29. November 1850 bewerkstelligt, welches daselbst am 1. März 1851 in Wirksamkeit trat. Die Arbeit, welche der Verwaltung dadurch
erwuchs, war eine grosse. Im Lande befanden sich eine
Anzahl Privatfabriken, der Tabakanbau ward daselbst auf
weiten Flächen betrieben und bildete auch nach dem
Jahre 1851 einen einträglichen landwirthschaftlichen Pro-
ductionszweig. Die Tabakseinlösung von Seite des Staates
lieferte grosse Quantitäten, deren man für den heimischen
Verbrauch nicht bedurfte; die Folge waren beschränkende
Bestimmungen für den Anbau und die nicht unbedeutende
Entschädigung von einer Million Gulden an jene Pflanzer,
die für den Anbau schon Vorauslagen gemacht haben.
Die Aufregung im Lande war dadurch nicht beschwichtigt, und eine im Jahre 1860 abgehaltene Tabakenquète
führte zur kaiserlichen Verordnung vom 27. März 1860,

welche den Tabakhandel nach dem Auslande und den Anbau dafür gestattete. In Galizien, nebst Ungarn das einzige Land mit ausgedehntem Anbau in der Monarchie, ist der Tabakbau zum Handel oder zum eigenen Gebrauche nicht erlaubt. Ausserdem wird Tabak nur noch im Etschgebiete und in einigen Gegenden Nordtirols, das sogenannte Lauskraut, gegen eine Licenzgebühr zugelassen. Die finanziellen Ergebnisse steigern sich von Jahr zu Jahr, trotz der eingetretenen Steigerung der Preise. Die Tabakverschleisstarife wurden erhöht. Aus Anlass der Einführung der österreichischen Währung wurden durch Abrundung die Preise der feinen Sorten erhöht, die ordinärsten ermässigt.

Die Tabakergebnisse betrugen in Mill. fl.:

	brutto	netto		brutto	netto
1868	45.573	26.889	1873	61.373	33.478
1869	48.520	29.60₁	1874	59.236	33.38
1870	50.048	33.770	1875	59.246	35.33₀
1871	55.211	37.083	1876	59.64	37.067
1872	58.536	34.₂₁3	1877	59.16₁	37.027

Die Erträgnisse dieses Monopols haben trotz der Krise zugenommen und nur die Jahre 1873 und 1874 weisen einen Rückgang auf.

Die Zahlenlotterie als eine Einnahmsquelle des Staates wurde durch das Patent vom 13. November 1751 eingeführt, am 21. October 1752 fand die erste Ziehung in Wien statt. Dasselbe wurde an den Grafen Octavio Cataldi auf zehn Jahre gegen einen Pachtschilling von 260.000 fl. verpachtet und 1762 auf weitere acht Jahre ausgedehnt. Die staatliche Oberaufsicht führte ein „Lotteriesecretär"; im Jahre 1770 übernahm Baratta die Pachtung für eine Pachtsumme von 400.000 fl., später 525.000 nebst dem vierten Theil, sodann ¹/₅ des reinen Gewinnes. In den letzten Regierungsjahren Maria Theresias flossen dem Staate 800.000 fl. zu. Joseph II. führte 1787 die ärarische

Regie ein. [1] Die Ueberschüsse steigerten sich von Jahr zu Jahr. Sie betrugen 1828 1.$_{586}$ Mill. fl., 1854 3.$_{7}$, 1867 4.$_{9}$ Mill. und haben seitdem immer steigende Beträge abgeworfen; im Jahre 1868 5.$_{204}$ Mill., 1877 8.$_{976}$ Mill. fl., daher eine Steigerung während des zehnjährigen Zeitraumes von 69.$_6$ Procent. [2]

Die nachfolgende Uebersicht enthält die Gebahrungsergebnisse seit 1868 in Mill. fl.:

---

[1] Die kaiserliche Entschliessung auf einen Vortrag vom 1. März 1787 lautet: „Da ich mir offene Hände in Ansehung des Lotto behalten will, um diesfalls seiner Zeit frei vorgehen zu können, so wird hierüber eine eigene Regie zu bestellen sein." Die Genehmigung des Patentes erfolgte am 18. October 1787.

[2] Die Ergebnisse des Lottogefälls betrugen nach Tausenden in den einzelnen Ländern:

	Einnahmen 1878	Ausgaben 1878	Ueberschuss 1878
Niederösterreich	8766	5350	3416
Oberösterreich	918	602	315
Salzburg	259	163	95
Steiermark	940	617	323
Kärnthen	120	62	58
Krain	272	155	116
Triest, Görz, Gradiska und Istrien	932	575	357
Tirol und Vorarlberg	494	333	161
Böhmen	4164	2165	1999
Mähren	1073	673	400
Schlesien	394	239	155
Galizien	1476	763	713
Bukowina	93	60	33
Dalmatien	46	18	28
Im Ganzen	19949	11777	8172

Die Zahl der Spieleinlagen betrug im Jahre 1878 107.$_{578}$. jene der Spielgewinnste 1.$_{504}$ Mill. Im Vergleiche zum Vorjahre hat die Zahl der Spieleinlagen um 7 Procent, deren Geldbetrag um 8.$_3$ Procent abgenommen. Die durchschnittliche Höhe der Spieleinlagen betrug 18.$_5$ kr., 1877 18.$_{76}$ kr., daher weniger um 1.$_4$ Procent. In den einzelnen Ländern betrug dieselbe: in Niederösterreich 19.$_{32}$, in Oberösterreich 19.$_{04}$, in Salzburg 17.$_{08}$, in Steiermark 18.$_{02}$, in Kärnten 16.$_2$, in Krain 14.$_{01}$, in Triest, Görz und Gradiska, Istrien 17.$_{15}$, in Tirol und Vorarlberg 23.$_{78}$, in Böhmen 18.$_{07}$, in Mähren 18.$_{75}$, in Schlesien 17.$_{80}$, in Galizien 16.$_{12}$, in der Bukowina 18.$_{90}$, in Dalmatien 19.$_5$ kr.

Einnahmen	Ausgaben	Ueberschuss
1868	13.806	8.512	5.294
1869	13.645	8.041	5.604
1870	13.749	8.047	5.702
1871	15.250	9.278	5.976
1872	16.032	9.912	6.112
1873	19.333	12.654	6.970
1874	20.243	13.469	6.775
1875	20.782	12.983	7.799
1876	22.681	14.374	8.307
1877	21.731	12.757	8.976

Die Verzehrungssteuern beruhen gegenwärtig auf
dem wichtigen Patente vom 1. November 1829 und traten
damals an Stelle höchst mannigfaltiger Abgaben, die in den
verschiedenen Ländern in grösserer oder geringerer Anzahl
bestanden. Am buntesten erscheinen dieselben in Niederösterreich und die Aufzählung derselben gewährt einen ge-
nügenden Einblick in diese Gattung von Abgaben vor der
Reform; es bestanden daselbst: die Accise, der Local-
weinaufschlag, der ungarische landständische Aufschlag, die
Passtaxe, der Illuminationsaufschlag, die Biertranksteuer,
der Bieraufschlag, der Grenzaufschlag, der Localaufschlag
und Fourageaufschlag, die Cameralmauth, der Consumauf-
schlag von Fleisch und Vieh, das Stand- und Marktgeld vom
Vieh, das Beschaugeld und Weggeld, der Ziegelaufschlag,
der Bankalholzaufschlag, der Taz, die Wiener Stadtmauth,
der mit dem Bankalaufschlag auf Holz und Kohlen gleichzeitig für das Wiener Armenhaus in mehreren Localanstal-
ten eingehobene Aufschlag.[1]) Aehnliche Auflagen zum Theil
unter denselben Bezeichnungen, zum Theil unter anderen,
bestanden in den übrigen Ländern; auch besass manche
Stadt eine eigenartige Auflage, wie z. B. den sogenannten

---

[1]) Vgl. Dessary: „Systematisches Handbuch der Gesetze und Vorschriften über die Verzehrungssteuer."

Haarpuderstempel. Der Gedanke, diese verschiedenartigen
Gebrauchsabgaben einer durchgreifenden Reform zu unterziehen, reicht in das vorige Jahrhundert zurück, und Joseph II. beabsichtigte einen Theil derselben gänzlich zu
beseitigen, und den Ertrag derselben in die von einem
jeden Lande zu prästirende Grundsteuersumme einzubeziehen. Im Jahre 1812 forderte der Kaiser den Grafen
Wallis in einem Handschreiben vom 19. October auf, die
Tranksteuern in allen deutschen Erblanden nach gleichförmigen Grundsätzen zu regeln. Bald nach Herstellung
des Friedens beschäftigte man sich mit dem Plane einer
gänzlichen Reform, allein die zu überwindenden Schwierigkeiten waren sehr gross, theils im Hinblick auf die Mannigfaltigkeit der Umlagen, theils wegen der Verschiedenartigkeit der Ansichten, die sich geltend machten.

Die Nothwendigkeit einer Reform der indirecten Abgaben wurde um so tiefer gefühlt, als laute Klagen aus
allen Theilen des Reiches über die Unerschwinglichkeit
der Grundsteuer bis an den Thron gelangten und der Monarch in einem Handschreiben an Stadion eine Herabsetzung
der Grundsteuersumme und Ersparungen im Staatshaushalte als dringend bezeichnete.[1] Ersparungen, bemerkte
der Minister, finden in dem Bedürfnisse und dem Staats-
zwecke ihre Grenze; er werde von keiner Behörde unterstützt und müsse oft isolirt und sehr oft ohne Erfolg das
Geldinteresse des Staates vertheidigen. Neue Einnahmsquellen seien in den indirecten Steuern zu suchen. Der
Kaiser zeigte sich damit einverstanden, erliess eines der
vielen Handschreiben an Schwarzenberg mit der Aufforderung, in Hinsicht des Militärdienstes für das nächste Jahr
dahin zu wirken, dass das Gelderforderniss auf eine mit den
Geldkräften des Staates im Verhältniss stehende Summe
beschränkt werde, und verlangte von seinen Ministern Vor-

---

[1] Franz an Stadion. 15. Jänner 1819.

schläge über die Erhöhung der Staatsgefälle.[1]) Nur einige
„Gefälle", unter welcher Bezeichnung man in der damaligen Amtssprache die gesammten indirecten Steuern zu-
sammenfasste, lieferten verhältnissmässig beträchtliche
Summen, die Verzehrungssteuern und Zölle waren wenig
einträglich. Im Jahre 1818 betrug die ganze Bruttoein-
nahme aus der Trank- und Verzehrungssteuer 7.454 Mill. fl.
W.-W. und 0.738 Mill. fl. C.-M.; Zoll und Dreissigstgebühr
warfen 2.868 Mill. fl. W.-W. und 6.83 Mill. fl. C.-M. ab.
Erst seit 1821 scheinen die Verhandlungen im Schoosse
der Behörden in Fluss gerathen zu sein, und am 21. August
1828 wurde der Vortrag behufs Genehmigung der Grundsätze an den Kaiser erstattet; die kaiserliche Entschliessung erfolgte am 25. Mai 1829. „Der Accise", heisst es in
dem dem Monarchen vorgelegten Schriftstücke, „liegt die
Absicht zu Grunde, die Consumtion im Gegensatze zur Urproduction zu besteuern". Bei der Wahl der Objecte sei
darauf Bedacht genommen, dass nicht zu wenige gewählt
werden, · „damit die Abgaben durch ihre Vertheilung auf
mehrere Gegenstände minder empfindlich werden und dass
die gewählten Objecte Verzehrungs- und Verbrauchsgegen-
stände im engeren Sinne und keine wesentlichen Stoffe der
Industrie seien". [2])

Das Gesetz vom Jahre 1829 ist in seinen wichtigsten
Grundsätzen dem italienischen Dazio Consumo entlehnt.
Für manche der aufgehobenen Einnahmen musste eine
Entschädigung gewährt werden. Dieses geschah durch
Ermittlung von Capitalien, wofür förmliche Staatsschuld-
verschreibungen ausgestellt und bis zur Rückzahlung des

---

[1]) 18. Jänner 1819 Vortrag Stadions; Handschreiben des Kaisers vom
8. Februar 1819 an Schwarzenberg, vom 9. Februar an Stadion.

[2]) Man hatte bereits im Jahre 1829 die Absicht, alle Judensteuern,
die in Form von Verzehrungssteuern erhoben wurden, zu beseitigen. Thatsächlich geschah dies erst im Jahre 1848. Ueber diese Steuer Hauer, Beiträge zur Gesch. der Finanzen, S. 25.

Capitals mit fünf Procent in C.-M. verzinst wurden. Durch
die kaiserliche Entschliessung vom 16. Juli 1839 wurde angeordnet, die Entschädigungscapitalien entweder baar zurückzuzahlen oder fünfprocentige Staatsschuldverschreibungen auszufertigen.

Die Gemeinden wurden bezüglich derjenigen Rechts-
titel, die sie als Privaten genossen, ähnlich behandelt;
ausserdem erhielten sie zur Bedeckung der Gemeindeerfor-
dernisse die Erlaubniss zur Erhebung eines Zuschlages.

Der schon bestehende Unterschied zwischen den geschlossenen Städten und dem flachen Lande wurde beibehalten; zu den ersteren wurden die Landeshauptstädte
und Trient gezählt. Auf dem flachen Lande unterlagen der
Verzehrungssteuer Wein, Wein- und Obstmost, Bier, Branntwein und Fleisch. Die Steuer von Getränken, Bier ausgenommen, wurde bei dem Kleinverkaufe und zwar vor der
Einkellerung, nach ziemlich gleichen Beträgen erhoben. [1]
Einige Bezirke Steiermarks, Kärntens, Krains und des
Küstenlandes genossen bezüglich des Weins, Galizien hinsichtlich des Branntweins und Bieres geringere Steuersätze.
Bier wurde gleichmässig innerhalb und ausserhalb der geschlossenen Orte bei der Erzeugung mit 45 kr. vom Eimer
besteuert.

In den geschlossenen Städten wurde die Steuer bei
der Einfuhr der Gegenstände entrichtet. Branntwein unterlag noch einer Erzeugungssteuer, die vom fertigen Producte
abgenommen wurde. Die Biererzeugung war mit einer
höheren Abgabe getroffen als auf dem flachen Lande, und
natürlich musste für das eingeführte Bier bei der Einfuhr
die Differenz nachgezahlt werden.

---

[1] Die Steuer für den Eimer Branntwein betrug 3 fl., für Rum, Arrak,
Liqueur 4 fl. 30 kr., für Wein 1 fl. 20 kr., für Weinmost 1 fl., für Obstmost
20 kr. Vgl. die werthvollen Aufsätze von Plenker in der Oesterreichischen
Revue, Jahrgang 1863, Bd. VI.

Seitdem haben diese Bestimmungen vielfache Aenderungen erfahren und nur wenige haben sich aus dem Jahre 1829 bis in die Gegenwart erhalten. Der Unterschied zwischen dem flachen Lande und den geschlossenen Städten besteht aufrecht. Bei jenen Erzeugnissen, die in der gesammten Monarchie noch gleichen Grundsätzen der Besteuerung unterliegen, haben die geschlossenen Städte, sei es bei der Erzeugung oder bei der Einfuhr, noch einen bestimmten Zuschlag zu entrichten; auch sind hier einige Gegenstände besteuert, von denen auf dem Flachlande keine Abgabe erhoben wird. Zu den geschlossenen Städten gehören gegenwärtig: Wien, Prag, Graz, Brünn, Krakau, Lemberg, Linz, Laibach und Triest. Jede Stadt hat ihren eigenen Tarif, jener von Wien ist der höchste. Abgesehen von allen Spirituosen und Fleischgattungen erscheinen unter den verzehrungssteuerpflichtigen Gegenständen Wiens: Fische, Reis, Mehl, Kartoffel, Grütze, Sago, Hafer, Heu, Gemüse, Obst, Butter, Talg, Seife, Käse, Wachs, Brennholz, Kohlen, Honig. Das Steuerausmass ist nicht überall dasselbe, in den geschlossenen Städten höher als auf dem flachen Lande. Die Steuer wird theils bei dem Verkaufe, theils bei der Einfuhr oder endlich bei der Erzeugung entrichtet. Häufig findet auch eine Abfindung mit einzelnen Gewerbsunternehmungen oder mit einem Complexe gleichartiger Unternehmungen oder mit ganzen Gemeinden statt. Triest zahlt eine Aversalsumme und lässt die Steuer nach einem zum Theil abweichenden Systeme für eigene Rechnung erheben.

Die Branntweinsteuer hat mannigfache Wandlungen durchgemacht. In Folge des Gesetzes vom Jahre 1829 eine Consumsteuer regelte ein neues Gesetz im Jahre 1835 diese Besteuerung nach preussischem Muster, und zwar bei der Erzeugung entweder nach dem Rauminhalte der Gährungsgefässe (dem Maischraum) oder nach der Menge und Gradhaltigkeit der Erzeugnisse. Der Eimer Branntwein bis

21 Grad der Beaumé'schen Scala oder $52\frac{1}{2}$ Grad des hunderttheiligen Alkoholmeters wurde mit 3 fl. C.-M. besteuert, bei einem höheren Alkoholgehalte waren für je einen Grad 9 kr. mehr zu entrichten. In Galizien betrug die Steuer um ein Drittel weniger, daher 2 fl. per Eimer und 6 kr. für einen Grad mehr. In der Wirklichkeit gestaltete sich die Besteuerung zu einer Maischraumbesteuerung und zwar für die mehligen Stoffe (Getreidearten, Hülsenfrüchte, Erdäpfel, Rüben), dann für Kernobst mit 9 kr. per Eimer Maischraum und mit $13\frac{1}{2}$ kr. bei Steinobst (Kirschen, Pflaumen u. s. w.) für den Eimer der zur Brandweinerzeugung verwendeten Stoffe, welcher Steuersatz auf der Voraussetzung beruhte, dass 20 Eimer mehlige Maische und 13 Eimer Steinobst einen Eimer Branntwein zu 21 Grad Beaumé liefern. Bei etwaiger Mengung beider Categorien von Erzeugungsstoffen galt der höhere Steuersatz für die ganze Mengung. Bei Verwendung von Melasse, Syrup zur Branntweingewinnung wurde die Steuer nach der Menge und Gradhaltigkeit des gewonnenen Productes berechnet und zwar für den Eimer bis 21 Grad Beaumé 3 fl. C.-M. und für je fünf Grade darüber um 45 kr. C.-M. mehr. Bei Bierabfällen, die zur Branntweinerzeugung verwendet wurden, wurde die Steuer ebenfalls nach der Menge und Gradhaltigkeit des Productes bezahlt, in manchen Provinzen wurde ein Abfindungspauschale gestattet und angenommen, dass die Abfälle von 100 Eimer Bier 1 Eimer Branntwein à 20 Grad Beaumé geben. Auf Tirol, die italienischen Lande und die Zollausschlüsse hatte das Gesetz keine Anwendung, die Besteuerung des Ausschankes blieb hier aufrecht, und bei der Einfuhr aus diesen Gebieten in die anderen Provinzen kamen Differentialsteuerbeträge zur Erhebung. Der Gewerbsbetrieb unterlag naturgemäss strenger Bewachung und die Gähr- und Brenndauer bestimmten Beschränkungen. Die Einmaischung durfte nur bei Tage vorgenommen werden

und der Zeitraum vom Einschütten der zur Branntwein-
bereitung bestimmten Stoffe in die Maischbottiche bis zur
Füllung der Brennvorrichtung durfte in der Regel nicht weniger als 24 und nicht mehr als 60 Stunden betragen. Die
Brenndauer durfte sich in der Regel nicht über 14 Stunden
erstrecken und wurde für jede Brennerei durch sorgfältige
Erhebungen bestimmt. In manchen Provinzen erhielten
Landwirthe, welche aus selbsterzeugten Stoffen Branntwein
zum eigenen Verbrauche erzeugen, einen niederösterreichischen Eimer Branntwein steuerfrei; in anderen traten Abfindungen mit beträchtlichem Steuernachlasse für die nicht
gewerbmässige Erzeugung von Branntwein aus nicht mehligen Stoffen ein, in Galizien wurde unter gewissen Bedingungen ein Steuernachlass von 7½ bis 15 Procent zugestanden. Die Branntweinindustrie machte in den nächsten
Jahren grosse Fortschritte; Böhmen, Mähren und Galizien
exportirten grosse Mengen, und seit dem Jahre 1840 gewährte man für den ins Ausland, in die Zollausschlüsse
u. s. w. ausgeführten Branntwein eine Steuerrückvergütung,
welche jedoch in den nächsten Jahren auf den Brannt-
weinexport von keinem Einflusse war. Neun Jahre später
trat manche Milderung bei den Controlmassregeln ein.
Die Beschränkung, dass eine Gewährung der Exportbonification nur bei aus mehligen Stoffen erzeugtem Branntwein gewährt wurde, fiel und wurde dieselbe auf 2 fl. 15 kr.
für den Eimer 75⁰ Spiritus festgesetzt. Die Einführung von
Steuerborgungen auf sechs Monate, worauf alle Brennereien Anspruch hatten, welche alljährlich eine Steuer von
mindestens 600 fl. entrichten, war eine Begünstigung. [1]
Die steigenden Bedürfnisse des Staatsschatzes erzwangen in fast allen Gebieten eine Erhöhung der Steuern. Bei
den directen Steuern waren 1849 beträchtliche Steigerungen eingetreten; die Reform derselben wurde geplant

- - - ——
[1] Erlass vom 5. Februar 1853 und 25 April 1855.
Beer: Die österr. Finanzen seit 1868. 9

und mittlerweile die indirecten Steuern in grösserem Ausmasse herangezogen. Im Jahre 1849 wurde der Satz für
mehlige Stoffe und Kernobst auf 10 kr. C.-M. (oder 17.5 kr.
öst. Währ.) beziehungsweise 15 kr. C.-M. (26.75 kr. ö. W.)
per Eimer Maischraum erhöht, Galizien und Bukowina den
anderen Provinzen gleichgestellt.[1] Im Jahre 1853 erhöhte
man den Satz für mehlige Maische und Kernobst auf
14 kr. (21.5 kr. ö. W.), jenen für Steinobst auf 21 kr.
(36.75 kr. ö. W.). Drei Jahre später führte man die Maischraumsteuer in Tirol und im Lombardisch-Venetianischen
ein und setzte die Steuer auf 18 kr. (31.5 kr. ö. W.) für
mehlige Maische fest. Der Steuersatz für andere Stoffe
wurde beträchtlich herabgesetzt und zwar bei Weintreber
auf 9 kr. C.-M. (15.75 kr. ö. W.), bei Kernobst auf 12 kr.
C.-M. (oder 21 kr. ö. W.), bei Steinobst auf 18 kr.
C.-M. (oder 31.5 kr. ö. W.). Während des Krimkrieges
war eine Ueberproduction eingetreten; die Ausfuhr sank,
niedrige Getreidepreise führten zur Verwerthung der Producte bei der Spirituserzeugung, endlich die Verbindung,
in welche die Branntweinbrennerei mit dem landwirthschaftlichen System gesetzt wurde, nöthigte auch dann
noch fortzuarbeiten, als sich der Nutzen auf ein Minimum
reducirt hatte. Die Branntweinindustriellen wandten sich
um Abhilfe an den Monarchen, und durch kaiserliche Entschliessung wurde eine Enquête angeordnet (22. September 1858). Dass die Höhe der Steuer die Branntweinindustrie nicht benachtheilige, trat in schlagender Weise hervor, aber die der Besteuerung zu Grunde liegenden Principien unterlagen vielfachen Anfechtungen. Die grossen
Brenner erzielten manchen Vortheil, indem mit guten
Stoffen und guten Apparaten statt 9 kr. C.-M. für den
Grad Beaumé 5 bis 6 kr. entrichtet wurden, während

---

[1] Dessary, Branntweinindustrie und die Branntweinsteuer in Oesterreich, in Haimerl's Vierteljahrsschrift VI. 55.

kleine Brenner 10 kr. und mehr zahlten. Die Mehrheit der
Mitglieder der Enquêteversammlung erklärte sich für die
Productensteuer nach der Menge und Gradhaltigkeit des
gewonnenen Erzeugnisses mit Zugrundelegung des damaligen Normalsteuersatzes. Die versuchsweise Einführung
erfolgte 1860, zwei Jahre später wurde die Productenbesteuerung durch das Gesetz vom 17. Juli 1862 obligatorisch
bei allen Brennereien, welche bisher mindestens 300 fl. an
Steuer entrichteten oder bei neu zu errichtenden Brennereien 100 fl. in Aussicht stellten. Der Steuersatz betrug
6 kr. für den Eimergrad und mit dem Zuschlage 7.₂ kr.;
für kleine Brennereien wurde die Abfindung, eventuell die
Maischraumsteuer beibehalten. Das „neue Steuersystem"
wurde von dem Finanzminister in den legislativen Körperschaften als auf einer weit rationelleren Basis beruhend
und den volkswirthschaftlichen und gewerblichen Interessen entsprechend bezeichnet. Auch der Berichterstatter
hob die Vorzüge des neuen Systems hervor: es ermögliche
den rationellsten freiesten Betrieb, sowie jeden Fortschritt,
gestatte die Wahl des Rohmaterials und die vollkom-
menste Ausnützung des Brennguts, die Steuer treffe nur
das Product und dies gleichmässig, gebe in den Anzeigen
des Controlmessapparates bei gehöriger Handhabung desselben der Finanzverwaltung eine grössere Sicherheit gegen Malversationen, vermindere die Regie der Steuer und
mache der Finanzverwaltung, indem sie genau die Steuer-
höhe kenne, auch die vollständige Steuerrestitution bei
der Ausfuhr möglich. So sehr man jedoch überzeugt war,
dass die Productensteuer den Brennereibesitzern Vortheile
und Erleichterungen gewähre, hielt man es nicht für thunlich, an allen Brennapparaten ohne Unterschied die Spiri-
tusmessapparate mit genügender Sicherheit anzubringen,
namentlich an jenen nicht. mit denen das Luttern und
Brennen getrennt vorgenommen werden muss, aus welchem
Grunde die Anwendung des Messapparates auf jene

Branntweinbrennereien nicht ausgedehnt wurde, welche sich unvollkommener Brennapparate bedienen.

Die Verordnung vom 17. Juli 1862 enthielt die Durchführungsbestimmungen. Die Brennereibesitzer wurden angewiesen, die Brennereiräume, Geräthe, Vorrichtungen, Leitungen, die Art und Menge der zu verarbeitenden Stoffe, die etwaige Menge und den Gehalt des Branntweines, endlich jede Veränderung in den Räumen und Geräthen zu declariren. Alle Zugänge mussten vermauert werden, alle Röhren zu Tage liegen, die von Aussen zugänglichen Oeffnungen des Brennapparates und der Verbindungsröhren wurden unter Verschluss gesetzt.

Die Productensteuer wurde nur von 2200 Brennereien entrichtet. etwa 96.000 machten von dem Rechte, die Steuer theils im Wege der Abfindung, theils nach dem Maischraum zu entrichten, Gebrauch. Defraudationen wurden im grossartigen Massstabe betrieben, und die Verwaltung sah sich am 16. Februar 1864 zum Erlasse einer Verordnung genöthigt, wodurch der Brennereibesitzer verpflichtet wurde, die Nummern und den Rauminhalt aller Bottiche, die Art und Menge der in jedem Bottiche eingemaischten Stoffe für jeden Betriebstag zu declariren. Die Finanzverwaltung war über die Ergebnisse der neuen Besteuerungsmethode nicht befriedigt. die Brennereibesitzer klagten über die Höhe der Steuer. Dazu kam die Handelskrisis im Jahre 1863, welche den Absatz beeinträchtigte. Die beiden Häuser des Reichsrathes beschäftigten sich bei Beginn des Jahres 1865 mit der Branntweinsteuer. Der Finanzminister stellte nicht in Abrede, dass die Messapparate den Erwartungen nicht entsprochen hätten. Die Herrenhauscommission kam zu dem Ergebnisse, dass die Productenbesteuerung den Vorzug verdiene und die Zeit noch zu kurz sei, um über die Messapparate den Stab zu brechen. Das Abgeordnetenhaus erklärte: dass nach den gemachten Erfahrungen die bisherigen vor-

schriftsmässigen Controlmessapparate zerbrechlich und un-
verlässlich seien, da sie die Menge und Gradhaltigkeit
des Alkohols nicht immer richtig angeben, die Angaben
dieser Apparate durch absichtliche Störungen gefälscht
werden können und wirklich gefälscht werden, wodurch
Anlass zu Betriebsunterbrechungen, zu Unrichtigkeiten in
der Steuerbemessung, namentlich aber zu Defraudationen
gegeben werde, ein beträchtlicher Theil des Spiritus un-
versteuert auf den Markt gelange und der Preis herab-
gedrückt werde. Die Regierung wurde aufgefordert, dafür
Sorge zu tragen, dass die vorgeschriebenen Messapparate
dauerhaft construirt und verlässlich seien und dem Unfuge
der Defraudationen auf das Kräftigste gesteuert werde.
Sollte es der Regierung jedoch nicht gelingen, diese wesentlichen die Spiritusindustrie schädigenden Gebrechen
zu beseitigen, so empfehle der Ausschuss die Rückkehr
zur Maischraumbesteuerung. Die bedeutende Erhöhung ,
der Steuer in Verbindung mit der Handelskrisis im Jahre
1863 beeinträchtigte die Branntweinindustrie und die Regierung legte einen Gesetzentwurf mit einer Steuerermässigung vor. Nach mannigfachen Verhandlungen einigte
man sich auf einen Steuersatz von 5 kr., allein das Gesetz trat nicht in Kraft, da ein Regierungswechsel eingetreten war. [1]

---

[1] Die Zahl der Brennereien in Oesterreich ohne Ungarn, sowie der
Steuerertrag in der Periode von 1836 bis 1860 war:

	gewerbmässige	andere	Steuerbetrag in Mill. fl.
1836	7.022	17.542	3.307
1840	5.515	25.423	3.222
1851	2.130	25.682	1.868
1857	2.448	33.490	6.15
1860	1.696	26.135	7.080

In Folge der Einführung der Productensteuer betrug der Ertrag im
Jahre 1863 10.28 Mill. fl., 1864 etwas über 10 Mill., 1865 8.825 Mill. fl. Die
Anzahl der bäuerlichen Brennereien war von 36.087 auf 43.399, alle übrigen
von 3014 auf 4616 gestiegen. Die Alkoholgrade im Jahre 1863 beliefen sich
auf 136.55 Mill., 1865 auf 121.3 Mill.

Kaum war das Sistirungspatent erlassen, als die Regierung eine Aenderung der Branntweinbesteuerung in Angriff nahm. Mannigfache Klagen über die Wirkungen des 1862 erlassenen Gesetzes gaben die äussere Veranlassung, in Wirklichkeit war es der Grossgrundbesitz, der rasch die neue Situation auszubeuten suchte und in dem Sectionschef Kappel von Savenau ein gefügiges Werkzeug fand. Schwerlich würde sich eine andere Persönlichkeit gefunden haben, welche trotz aller Einwürfe, die gegen den Plan der Regierung vorgebracht wurden, es auf sich genommen hätte, die Krone zum Erlass der Verordnung vom 18. October 1865 zu bestimmen. Der damaligen Gepflogenheit gemäss wanderte der Entwurf, ehe er dem Monarchen vorgelegt wurde, in den Staatsrath zur Begutachtung. Der Referent der Commission, Freiherr von Holzgethan, sprach sich energisch gegen das Gesetz aus — welches gleichzeitig mit einem Entwurfe über die Zuckerbesteuerung vorgelegt wurde — und er wurde von seinem Collegen von Hock, der eine genaue Kenntniss der praktischen Verhältnisse mit gründlichen theoretischen Studien verband, in reger Weise unterstützt. Die Arbeit von Hock gehört unstreitig zu den Cabinetsschriften, die von der Tüchtigkeit des ehemaligen österreichischen Beamtenstandes Zeugniss ablegen. [1])

Die Verordnung vom 18. October 1865 hob die Productensteuer auf und führte die sogenannte Pauschalirung ein. Für alle Brennereien mit mindestens 30 Eimern Maischrauminhalt wurde unter Annahme einer Gährdauer von 72 Stunden eine Alkoholausbeute von 0.5 Procent ange-

---

[1]) Es mag gestattet sein, darauf hinzuweisen, dass Holzgethan ganz falsch beurtheilt wird, wenn man, namentlich seitdem er an die Spitze des Finanzdepartements gestellt wurde, über ihn die Achseln zuckt; er gehörte zu den tüchtigsten Administrativbeamten alter Schule, und besass eine grosse Einsicht in den ganzen Mechanismus der Verwaltung, ohne selbstständige Ideen zu haben.

nommen und der Steuersatz auf 5 kr. festgesetzt, der
20 procentige Zuschlag aber beibehalten, so dass die Steuer
6 kr. per Eimergrad betrug. Der nominale Steuersatz
wurde allerdings blos um 16.₀₆ Procent herabgesetzt, allein
in Wirklichkeit war die Herabminderung eine weit grössere, da die Alkoholausbeute schon damals eine weit
grössere als die im Gesetze angenommene war und von
nun an das Streben der Brennereien dahin gerichtet war,
die Gährdauer abzukürzen. Bei kleineren Brennereien geschah die Pauschalirung auf Grund ihrer durchschnittlichen
Steuerleistung während der letzten fünf Jahre nach Abzug
von 10 Procent, wodurch auf diese ein höheres Ausmass
entfiel.

Was Hock in seinem Elaborate vorhergesagt, trat
bald darauf ein. Dem Staate entging durch das Gesetz
ein Theil des ehemaligen Erträgnisses und belastete ihn
mit einer überaus hohen Ausfuhrprämie; es schuf eine
ungleiche Belastung der Brennereien, unterdrückte die
kleinen völlig und machte namentlich die Branntweinerzeugung aus Stoffen, welche nur eine geringe Alkoholausbeute gewähren, unmöglich. Der Minister, welcher die
Verordnung erwirkt hatte, sah sich genöthigt, „ohne Rücksicht, ob er nicht hiedurch seine Befugnisse überschreite",
durch eine Reihe administrativer Massnahmen die auf-
fallendsten Härten der Verordnung zu beseitigen und in
dem Vortrage an den Monarchen über den Voranschlag
für das Jahr 1867 das Geständniss abzulegen, „dass er sich
in seinen Berechnungen geirrt, den Rohertrag der Steuer
weit über, die Summe der Ausfuhrprämien weit unter der
Wirklichkeit angenommen habe." [1]

---

[1] Bericht der Finanzcommission des Herrenhauses vom Jahre 1868,
von Hock verfasst. — Welche Einbusse der Staat erlitt, geht daraus hervor, dass der Reinertrag der Branntweinerzeugungssteuer und des Einfuhrs-
zolles von gebrannten geistigen Flüssigkeiten für das österreichisch-ungarische
Zollgebiet 1865 15.₀₆ Mill., 1867 10.₃₂ Mill. fl. betrug, während nur ein Ausfall von 16 Procent in Aussicht genommen war.

Obgleich das Pauschalirungssystem von allen Seiten
eine Verurtheilung erfuhr, hat es sich doch im Principe
trotz mannigfacher Aenderungen bis auf die Gegenwart
erhalten, und die von verschiedenen Seiten gemachten
Versuche zur Beseitigung desselben, um dem Staate eine
grössere Einnahme zu verschaffen, blieben bisher ergeb-
nisslos. Das Gesetz vom 28. März 1868 beseitigte den
Druck, der auf den kleinen Brennereien lastete, durch
die Bestimmung, dass Branntweinbrennereien, die mehlige Stoffe oder Zuckermelassen verarbeiten und deren
zur Vergährung dieser Stoffe bestimmte Gefässe einen
kleineren Gesammtrauminhalt als 30 n. ö. Eimer haben
oder in denen andere Stoffe verarbeitet werden, gestattet
wurde, die Steuer nach Massgabe der Menge und Gradhaltigkeit ihres Erzeugnisses im Wege freiwilligen Uebereinkommens mit der Finanzbehörde (Abfindung) mit Anwendung des bestehenden Steuersatzes und des Zuschlages
im Ganzen 6 Neukreuzer für den Alkoholmetergrad zu
entrichten. Wo diese Abfindungen nicht zu Stande
kamen, galten die Bestimmungen der Maischraumbesteuerung. [1]) Weiter ging das Gesetz vom 8. Juli 1868.
Die Verordnung vom 18. October 1865 ging von der Voraussetzung aus, dass der Gährungsprocess volle drei Tage
in Anspruch nehme, so dass jedes Maischgefäss erst den
dritten Tag und daher jeden Tag blos ein Drittheil des
Rauminhalts sämmtlicher Maischgefässe in Verwendung
komme. In der Wirklichkeit dauerte nach der Annahme
im Jahre 1868 der Gährungsprocess blos 24 bis 48 Stunden bei Verwendung mehliger Stoffe und 16 bis 36 Stunden
bei Zuckermelassen. Die Vorlage der Regierung ging von
der Annahme einer Gährdauer von 48, respective 36 Stunden aus und schlug vor, ein höheres Ausbeuteprocent,
nämlich sieben Grade aus dem Eimer Maischraum der

[1]) Gesetz vom 28. März 1868. Erlass 11. April 1868.

Besteuerung zu Grunde zu legen und nur bei Verwendung
roher Rüben sechs Grad anzunehmen. Auch diese Annahme blieb, wie ein genauer Kenner der einschlägigen
Verhältnisse damals hervorhob, hinter der Wirklichkeit
zurück. Der Ausschussbericht des Abgeordnetenhauses
billigte es, dass die Regierung an dem bestehenden Besteuerungsmodus festhalte, wodurch dem Fortschritte der
möglichste Spielraum gewährt, aber auch das Interesse
des Aerars weit nachdrücklicher gewahrt werde, als dieses
durch alle früheren Steuermodalitäten erzielt worden sei,
„auch huldige der Geist des Gesetzes der Intelligenz, welche
so erfolgreich seit Einführung des gegenwärtigen Steuersystems auf die Entwicklung dieses Industriezweiges ge-
wirkt habe, dass es nun ohne Schädigung dieses für die
gesammte Volkswirthschaft so wichtigen landwirthschaftlichen Gewerbes möglich und im Interesse des Aerars
unbedingt geboten sei, die bestehende Steuer entsprechend
der thatsächlichen Leistungsfähigkeit anzupassen." Der
Ausschuss schloss sich dem Antrage der Regierung an,
zwischen der Gährdauer für Melassen und jener für mehlige Stoffe und rohe Rüben einen Unterschied zu machen,
da die Melasse erfahrungsgemäss bei Annahme gleicher
Concentration schneller vergähre als Maische aus mehligen
Stoffen. Indess hielt der Ausschuss an der bisherigen Alkoholausbeute von 6½ Grad der Alkoholmeterscala fest, nur
bei Rüben sollte die Ausbeute mit 0 Grad bemessen werden. Es sei dieses das höchste Ergebniss, welches bei
Zugrundelegung einer 48stündigen Gährdauer aus mehligen
Stoffen und bei 36stündiger Gährdauer bei Melasse erzielt
werden könne. Die Steuererhöhung betrage 55 Procent
bei Verarbeitung mehliger Stoffe und 110 Procent bei
Melasse, und das Erträgniss werde sich auf rund 10 Mill. fl.
stellen, „wenn nur der nicht im Inlande consumirte Spiritus eine Abzugsquelle nach Aussen finde", weshalb es
geboten sei, „die ganze für den exportirten Spiritus ge-

zahlte Steuer rückzuvergüten". Das Gesetz vom 28. März
setzte die Rückvergütung mit 5 kr. für jeden Alkoholmetergrad bei einer Temperatur von 12 Grad Réaumur fest,
während nunmehr der thatsächlich geleistete Steuerbetrag,
nämlich o kr., bei dem Exporte zurückgezahlt werden
sollte. [1])

Auch das Gesetz vom 8. Juli 1868 entsprach nicht
den Verhältnissen und auch nicht den Erwartungen, welche
von Seite des Staatsschatzes daran geknüpft wurden.
Der frühere Pauschalirungsmassstab ist für Brennereien,
welche mehlige Stoffe verarbeiten, um 61.$_5$ Procent, für
Rübenbrennereien um 38.$_5$ Procent und für Melassebrennereien um 115.$_4$ Procent erhöht worden, die Steigerung der
Einnahmen fand nicht in diesem Verhältnisse statt. Die
Fortschritte in dem Branntweinbrennen einerseits bewerk-
stelligten es, dass in grösseren Fabriken eine bei Weitem
kürzere Gährdauer erforderlich war, daher auch die Ausbeute eine grössere wurde, als sie das Gesetz annahm. In
Regierungskreisen herrschte die Ansicht, dass man in

---

1) Die Wirkungen dieser gesetzlichen Bestimmungen sind aus folgenden statistischen Daten zu ersehen: Die Anzahl der nicht gewerbmässigen
oder, wie sie später genannt wurden, bäuerlichen Brennereien betrug im Jahre
1851 in Oesterreich 17.604, in Ungarn 99.458, im Jahre 1863 in Oesterreich
36.087, in Ungarn 54.687, war daher schon unter dem alten Gesetze von
117.152 auf 90.774 herabgesunken; im Jahre 1866, also ein Jahr nach Erlass
der Verordnung vom 18. October 1865 war die Anzahl derselben in Oesterreich auf 13.900, in Ungarn auf 13.440, in der Gesammtmonarchie auf 27.439
herabgesunken. Im folgenden Jahre hob sich dieselbe wieder auf 61.822
(28.841 in Oesterreich, 32.081 in Ungarn); aber erst seit Wiedereinführung
der Abfindung stieg die Anzahl derselben fast stetig:

	in Oesterreich	in Ungarn
1869	47.431	72.611
1870	30.084	65.111
1871	39.105	76.487
1872	42.827	86.549
1873	35.960	90.386
1874	30.324	82.018
1875	42.109	81.797
1876	63.216	93.357

einzelnen Brennereien bereits dahin gelangt sei, mit einer 8 bis 10 stündigen Gährdauer zu arbeiten und selbst in Brennereien, „welche die rationelle Ausnützung der Erzeugungsstoffe nicht gering anschlagen und eine mit Stoffverschleuderung verbundene rasche Gährungsmethode nicht zu sehr bevorzugen“, die Gährdauer bereits geringer sei als 24 Stunden. Die längst tief gefühlte Nothwendigkeit, dem Staate grössere Einnahmen zuzuführen, wies die Regierung auf eine Abänderung des Branntweinsteuergesetzes hin, allein die Verhandlungen mit Ungarn führten zu keinem Ergebnisse und erst bei Erneuerung des auf zehn Jahre abgeschlossenen Vertrages einigte man sich auch über eine Reform der Branntweinbesteuerung.

In den Kreisen der österreichischen Verwaltung würde man bereit gewesen sein, mit dem Pauschalirungssystem zu brechen, allein die ungarische Regierung glaubte hiezu die Hand nicht bieten zu können, mit Rücksicht darauf, dass die Branntweinindustrie im abgelaufenen Jahrzehnte in Ungarn grosse Fortschritte gemacht hatte. Man vereinbarte daher eine gesetzliche Erhöhung des Pauschalirungsmassstabes für grössere Brennereien: facultativ sollte ihnen der Uebergang zur Productensteuer gestattet sein. Die für Rüben und mehlige Stoffe angenommene 48 stündige und für Melasse 36 stündige Gährdauer sollte nach der Regierungsvorlage auf 24 Stunden für alle Stoffe herabgesetzt und der Alkoholausbeutesatz erhöht werden. Die neuen Pauschalirungsmassstäbe verhielten sich zu den bisherigen bei der Verarbeitung von Rüben wie 5 : 3, bei den mehligen Stoffen wie 6 : 3$\frac{1}{2}$, bei der Melasse wie 7 : 4$\frac{2}{3}$, wodurch sich eine Erhöhung derselben um 66.6, beziehungsweise 71.4 und 50 Procent ergab. Dagegen sollte der Steuersatz von 10.7 kr. auf 10 kr. für den Hektolitergrad Alkohol herabgesetzt werden. Bei Berücksichtigung desselben betrug die Mehrforderung bei der Verarbeitung von Rüben 55.7 Procent, bei den mehligen Stoffen 60.2

Procent, endlich bei der Melasse 40.₃ Procent. Die Regierung ging bei Festsetzung dieser Bestimmungen von der Ansicht aus, dass die Steuererträgnisse nicht der wirklichen Productionsmenge entsprechen. In dem Bericht des Ausschusses wird treffend der ganze Process, der sich in der Branntweinindustrie vollzog, dahin gekennzeichnet, dass „die Fixirung einer bestimmten Gährdauer durch die Verordnung von 1865 und das Gesetz von 1868 insbesondere die Brennereien mehliger Stoffe zu dem Streben geführt habe, durch Dünnmaischen und rasche Vergährung innerhalb der gesetzlichen Gährdauer mehr abzubrennen, beziehungsweise mehr Product zu erzeugen als das Gesetz annimmt". [1] Diese Tendenz haben alle gesetzlichen allgemeinen Steuermassstäbe, „so dass sich die nur für die steuerrechnungsmässige Production bemessene Steuer auf ein grösseres Productenquantum vertheilt, beziehungsweise auf jede wirkliche Einheit weniger Steuer entfällt". Die in demselben Berichte angeführten Beispiele erhärten diese Ansicht. Nach einer Zusammenstellung des schlesischen Spiritusindustrievereins wurden 1869/70 in 86 Kartoffelbrennereien in 6894 Eimern 54.251 täglich erzeugt. Die Steuer wurde nur von 24.129 Graden bemessen, so dass auf den Grad statt 6 nur 4.₂ kr. entfielen. In der Bukowina wurde in einer Brennerei bei 10 stündiger Gährdauer in 24 Stunden 8.₇₅ Hektolitergrade ausgebeutet, daher statt 10.₇ kr. nur 4.₂₈ kr. gezahlt.

Die Erhöhung der Ausbeuteannahme und die Herabsetzung der Gährdauer stellte sich auch durch die im Ausschusse eingeleitete Expertise als gerechtfertigt heraus; nur der Pauschalirungsmassstab wurde bestritten, indem namentlich in der Petition des böhmischen Spiritusindustrievereins statt der Regierungsvorschläge von 5, 6

---

[1] Bericht des Ausschusses in den Beilagen zu den Stenographischen Protocollen des Abgeordnetenhauses. VIII. Session, Nr. 709.

und 7 nur eine Ausbeutereihe von 4 für Rüben, 5 für
mehlige Stoffe und 6 für Melasse vorgeschlagen wurde.
Dazu kam, dass die Melassebrennereien eine Gleichstellung
der Besteuerung mit jener mehliger Stoffe beanspruchten,
was bis 1868 in der That der Fall gewesen war, während
das Gesetz vom 8. Juli die Melasseausbeute um $^1/_3$ höher
normirte als jene der mehligen Stoffe, was von Seite der
Industriellen entschieden bestritten wurde. Auch wurde
darauf hingewiesen, dass der Melassespiritus im Preise
niedriger sei als anderer Spiritus, und die Melasseschlempe
viel weniger Futterwerth besitze als Kartoffelschlempe.
Allein die Production der Melassebrennereien stieg in
Oesterreich von 11.008 Mill. Eimergraden auf 30.4. in der
gesammten Monarchie von 13.192 Mill. auf 32.24 Mill., während die Production in demselben Zeitraume von 1809 bis
1876 von 116.4 Mill. auf 92.09 Mill. in Oesterreich, und in
Oesterreich-Ungarn von 222.24 auf 177.45 Mill. herabgesunken ist. Dennoch fand ein Antrag auf Gleichstellung
der Melasse mit den mehligen Stoffen im Ausschusse eine
grosse Stimmenzahl für sich (5 gegen 6).

Die Ueberzeugung, dass auch die vorgeschlagene Gradausbeute für die Bemessung der Steuer der Wirklichkeit
nicht entspreche, machte sich bei der Berathung geltend.
Die Regierung hatte in ihrem Entwurfe die Productensteuer
blos als facultativ für jene Fabriken aufgenommen, welche
eine längere Gährdauer haben und eine niedrigere Ausbeute erzielen. Allein bei den hierüber gepflogenen Berathungen im Ausschusse und im Hause rang sich die Ansicht durch, dass diese Steuerform die einzig richtige sei,
da sie das wirkliche Erzeugniss treffe, auch die Verarbeitung schlechter und verdorbener Materialien und den rationellsten Betrieb ermögliche, während das Pauschalirungssystem zum Dünnmaischen und Schnellgähren unbedingt
hindränge und daher eine unwirthschaftliche Verschwendung von Rohmaterial zur Folge haben müsse. Die Steuer-

restitution kann nur bei der Productensteuer dem wirklich
gezahlten Betrage entsprechen, was bei dem Pauschalirungssystem nicht der Fall ist. Der Antrag des Ausschusses, der auch im Abgeordnetenhause Annahme fand,
ging dahin, dass vom 1. September 1882 angefangen nur
die Besteuerung des Productes in allen Brennereien, deren
täglich zu versteuernder Maischraum 45 Hectoliter überschreitet, Anwendung zu finden habe. Für die Productensteuer wurde ein fünfprocentiger Abzug wegen Schwen-
dung gestattet, wodurch sich der Steuersatz von 10 kr. auf
0,5 kr. ermässigte. Die grosse Schwierigkeit bildete jedoch
der Umstand, dass für die landwirthschaftlichen Brennereien, deren täglich zu versteuernder Maischraum 45 Hectoliter nicht übersteigt, ein Nachlass bewilligt werden sollte,
welcher bei Brennereien bis zu 35 Hectoliter 20 Procent,
bei jenen von 35 bis einschliesslich 45 Hectoliter 10 Procent betragen sollte. Der Regierungsentwurf hatte die
Begünstigung eines Nachlasses von 20 Procent blos den
Brennereien bis zu 34 Hectoliter Maischraum zu gewähren
beantragt, und zwar blos für den in die Zeitperiode vom
1. October bis 31. März fallenden Betrieb, wenn die Brennerei einen integrirenden Bestandtheil einer Landwirthschaft bildet und sowohl die Brennerei als auch die Landwirthschaft von einer und derselben Person für eigene
Rechnung betrieben wird und das Verhältniss zwischen
dem täglich zu versteuernden Rauminhalte der Gefässe
und der zur Landwirthschaft gehörenden Flächen an Acker,
Wiesen und Wälder derart ist, dass auf einen Hectoliter
dieses Rauminhaltes wenigstens zehn Hectare Grundfläche
entfallen. Auf diese Nachlassbestimmung legte besonders
die ungarische Regierung besonderen Werth und die Eliminirung derselben liess ein Scheitern des ganzen Gesetzes befürchten, die Beibehaltung derselben zog eine
grosse Ungleichheit des Steuersatzes zwischen pauschalirten und den nach dem Producte besteuerten Brennereien

nach sich, welche bei der erweiterten Ausdehnung des Nachlasses auf Brennereien bis 45 Hectoliter noch gewichtiger in die Wagschale fiel. Während bei den grossen, die Productensteuer zahlenden Brennereien die Steuer unbedingt 9.; kr. für jeden Grad betrug, schwankte dieselbe bei allen übrigen zwischen 6 und 10 kr., je nachdem die wirkliche erzielte Ausbeute sechs Grad oder darüber betrug. Sowohl der Ausschuss als auch das Haus, welches sich den Anträgen des Ausschusses anschloss, ging jedoch von der Ansicht aus, dass die landwirthschaftlichen Brennereien einer im Verhältnisse zur erzeugten Menge höheren Regie bedürfen, nicht im gleichen Masse die Fortschritte der Technik ausnützen können, oft an der ungünstigsten Stelle mit theurem Rohmaterial, theurem Brennstoffe und theuren Communicationsmitteln arbeiten müssen, um die Schlempe zu gewinnen, während die grossen Fabriken die günstigste Lage auszunützen im Stande seien.

Das Herrenhaus nahm an dem Branntweinsteuergesetze wesentliche Aenderungen vor. Es beseitigte die Bestimmung, wonach vom 1. September 1882 alle Brennereien, deren Maischraum 45 Hectoliter übersteigt, der obligatori-. schen Productensteuer unterworfen werden sollen. Auch setzte es die Ausbeute von 5 Grad bei Rüben, 6 Grad bei mehligen Stoffen und 7 Grad bei Melasse auf 4 1/2, 5 1/2 und 6 1/2 Grad herab.

Mittlerweile hatte das ungarische Abgeordnetenhaus die Ausbeutereihe von 4, 5 und 6 Grad angenommen und das ungarische Oberhaus sich den Beschlüssen des österreichischen Herrenhauses angeschlossen. Die Regierungen der beiden Reichshälften einigten sich später über eine neue Formel, nämlich die Ausbeute auf 4, 5 und 6 festzusetzen, aber den früher mit 10 kr. festgestellten Steuersatz auf 11 kr. zu erhöhen, — eine Vereinbarung, der die Vertretungskörper in Wien und Pest nach langwierigen Verhandlungen ihre Zustimmung ertheilten und die auch die kaiserliche Sanction durch das Gesetz vom 27. Juni 1878 erhielt. [1]) Das neue Branntweinsteuergesetz kann nicht darauf Anspruch machen, den theoretischen und praktischen Forderungen zu entsprechen; es wird dem Staate wohl ein Mehrerträgniss verschaffen, keineswegs ein solches, wie es durch die Einführung der Productenbesteuerung hätte erzielt werden können, die allein eine gerechte und bei dem jetzigen Stande der Messapparate eine leicht durchführbare ist. Wenn noch im Jahre 1862 gegen den damals eingeführten Stumpe'schen Apparat mancherlei Bedenken obwalteten, so entspricht der seitdem vielfach verbesserte Stumpe'sche Apparat, namentlich aber das Siemens'sche Messinstrument nach den Angaben der Fachmänner allen Forderungen. Letzteres wird in Russland verwendet, und die Auskunft, welche die österreichische Regierung auf ihre Anfragen erhalten hat, bestätigte, „dass dieser Apparat als ein Alkoholmesser vollständig genügt, um die Alkoholmenge zu controliren und aus der Quantität im Wege der Rechnung auch die Qualität zu constatiren".

Das neue Branntweinsteuergesetz gestattet aber auch die Pauschalirung nach der Leistungsfähigkeit der Brennvorrichtung und die Abfindung auf Grund eines freiwilligen Uebereinkommens mit dem Brennereiunternehmer nach der wahrscheinlichen Grösse des Erzeugnisses an Alkohol. Letztere, unter welcher die gemeindenweise und die individuelle Abfindung verstanden wird, kann, ausser im Falle der Verwendung von Bierbrauereiabfällen, eintreten bei Brennereien, in welchen nicht mehr als zwei einfache Brennvorrichtungen mit unmittelbarer Feuerung benützt werden und wenn die Grundbesitzer die Brennereiunternehmer sind und nur selbst erzeugtes Obst oder Weintreber und Weinhefe

---

[1]) Hiernach beträgt die Erhöhung bei Rüben 37 Procent, bei den mehligen Stoffen 46.86 Procent, bei Melasse 32.30 Procent, und der in Aussicht genommene Mehrertrag statt 3.292 Mill. fl. blos 2.5 Mill. fl.

aus der eigenen Weinernte, oder Beerenfrüchte, oder Wurzeln oder andere wild wachsende Früchte zur Branntweinerzeugung verwenden. Beseitigt wurde die auf Grund des Gesetzes vom 28. März 1868 erlassene Ministerialverordnung vom 11. April 1868, wonach auch Brennereien unter 30 Eimern die individuelle Abfindung für mehlige Stoffe und Melasse gestattet wurde.

Die Begünstigung der landwirthschaftlichen Brennereien ist auch eine Eigenthümlichkeit der preussischen Gesetzgebung, indem diese im Norddeutschen Bunde eine um 6 Pfennige geringere Steuer zahlen als die übrigen. Sie rührt aus der Zeit her, wo an abgelegenen Orten die Kartoffeln sich aus Mangel an Transportmitteln bei der Spirituserzeugung am besten verwerthen liessen und überdies der kleine Grundbesitzer mit sehr unvollkommenen Apparaten arbeitete. Nicht der erzeugte Spiritus stand in erster Linie, sondern die Gewinnung von Schlempe zur Ernährung des Viehstandes. Diese Unterscheidung zwischen landwirthschaftlichen und grösseren Brennereien dürfte aber in allen Ländern, in denen die Landwirthschaft grosse Fortschritte gemacht und die Schlempe durch den Anbau von Futterkräutern ersetzt worden ist, auf die Dauer nicht mehr aufrechterhalten werden können.[1])

Die Branntweinsteuer lieferte seit 1868 folgende Erträgnisse in Mill. fl.:

1868	7.139	1873	8.113
1869	7.802	1874	8.514
1870	7.710	1875	8.444
1871	7.88	1876	7.610
1872	8.039	1877	7.118

[1]) Diese Ansicht theilen nicht blos Theoretiker, wie Bergius, Finanzwissenschaft, S. 574, und Engel, sondern auch Praktiker, wie Janke in seiner Schrift: Besteuerung des Spiritus. Im deutschen Reichstage erklärte die ad hoc eingesetzte Landwirthschaftscommission, dass sich der Begriff der land-

Beer: Die österr. Finanzen seit 1868. 10

Das neue Gesetz erfüllte nicht die Erwartungen. Im Jahre 1878 lieferte die Branntweinsteuer ein Erträgniss von 7.063 Mill. fl. Im Jahre 1879 waren veranschlagt 9 Mill. und für 1880 sind 8.5 präliminirt. Vergleicht man mit diesen verhältnissmässig winzigen Einnahmen die Ergebnisse der anderen Staaten, so muss man zu dem Schlusse gelangen, dass der Besteuerungsmodus in Oesterreich es ist, wodurch dem Staate eine beträchtliche Einnahmsquelle entgeht. —

Oesterreich deckte bis in die Fünfzigerjahre seinen Zuckerbedarf aus den transatlantischen Ländern und begünstigte bei der Besteuerung des eingeführten Productes die heimischen Zuckerraffinerien, indem die höchsten Zollsätze auf fremden Raffinatzucker gelegt wurden, während Zuckermehl und Rohzucker niedriger getroffen wurden. Der Consum war noch im zweiten Jahrzehent ein geringer; im Durchschnitte der Jahre 1817—19 wurden beiläufig 135.900 Wiener Centner eingeführt; im Jahre 1830 überstieg die Einfuhr noch nicht 366.000 Wiener Centner. Die Begünstigung der Zuckerraffinerie kostete dem Staate nach der Berechnung eines Fachmannes in dem Zeitraume von 1817—56 die Summe von 126 Mill. fl., „so viel betrug ungefähr die Zolldifferenz, durch welche im Auslande raffinirter Zucker von der Concurrenz auf dem österreichischen Markte ausgeschlossen war".

Die Rübenzuckerfabriken bürgerten sich in Oesterreich erst in den Dreissigerjahren ein. Die jährliche Rübenzuckererzeugung betrug im Durchschnitte in den Jahren 1830—35 20.000 Centner, stieg in dem nächsten Jahrzehnte bis auf 120.000 Centner im Jahre 1849.[1])

---

wirthschaftlichen Brennereien überlebt habe, indem zahlreiche solche Anstalten, welche täglich 900 Quart Maische bereiten und mit den besten Destillirapparaten arbeiten, ohne allen Grund begünstigt werden.

[1]) Dessary, der Zucker und dessen Besteuerung in Oesterreich, in Haimerl's Vierteljahresschrift für Rechts- und Staatswissenschaft, Band 2, S. 203.

Die Verbrauchsabgabe von der Erzeugung inländischen Zuckers wurde im Jahre 1849 eingeführt. Frankreich und Deutschland waren bereits längst mit gutem Beispiele vorangegangen, Russland war gefolgt. Die kaiserliche Entschliessung erfolgte am 12. November 1849 und wurde durch den Ministerialerlass vom 19. November kundgemacht. Der Eingangszoll wurde für Raffinatzucker auf 16 fl. vom Wiener Centner, für Zuckermehl zum Handel auf 12 fl. 40 kr., für Zuckermehl zur Raffinerie auf 8 fl., endlich für Syrup auf 5 fl. festgesetzt. Die Verbrauchsabgabe für inländischen Rohzucker wurde mit 1 fl. 40 kr. festgesetzt, für Raffinat mit Einschluss der Lumpen 2 fl., für Melis und Candis mit 2 fl. 12 kr. Die Steuer war eine Besteuerung des Productes der Art, dass am Schlusse eines jeden Monats von der Gesammtmenge der im Laufe desselben aus den Betriebsräumen hinweggebrachten Zuckererzeugnisse die Abgabe zu entrichten war. Den Steuerpflichtigen, welche Zucker aus Runkelrüben erzeugen, wurde für das Jahr 1850 gestattet: „sofern sie eine Erleichterung darin zu finden glauben, dass die Bemessung der Abgabe nach dem Gewichte der Rüben und nicht nach der Menge und Beschaffenheit der Erzeugnisse erfolge", darum anzusuchen, in welchem Falle 5 kr. für einen Centner frischer Rüben zu entrichten kamen, wobei die Annahme obwaltete, dass 28 Centner Rüben benöthigt würden zur Erzeugung eines Centners Zucker und 100 Centner Rohzucker 70 Centner weisse Waare geben. Endlich wurde auch gestattet, die Steuer auf Grundlage einer Abfindung des Fabrikanten durch eine vereinbarte Pauschalsumme zu entrichten. Die Besteuerung der Rübenmenge war natürlich die günstigste für den Fabrikanten, da fast doppelt so viel Centner Rüben zur Erzeugung eines Centners Rohzucker angenommen wurden als im benachbarten Preussen.

Der Erlass vom 7. September 1850 beseitigte „die Besteuerung nach der Menge des Erzeugnisses" und machte die Rübensteuer obligatorisch; jedoch konnte über besonderes Ansuchen zugestanden werden, dass die Gewichtsbestimmung nicht durch das Abwägen der Rüben, sondern nach der angemeldeten und von der dazu bestimmten Behörde anerkannten Leistungsfähigkeit der zur Zuckererzeugung aus Rüben benützten Betriebsvorrichtungen erfolge. Die Abfindung durch eine Pauschalsumme wurde beseitigt. Eine Steuererhöhung trat im Jahre auf 8 kr. für den Centner frische Rübe ein; 1855 folgte eine weitere Steigerung auf 12 und 1857 auf 18 kr. Hand in Hand damit ging eine Herabsetzung des Einfuhrzolles. Die heimische Zuckerproduction stieg trotz des verminderten Zollschutzes von Jahr zu Jahr. Die Anzahl der Zuckerfabriken mehrte sich; 1850 waren 100, 1859 159 vorhanden; die Menge der verarbeiteten Rüben stieg in demselben Zeitraume von 3.8 Mill. auf 16.137 Mill. Centner. Die Menge des erzeugten Zuckers betrug 1850 123.560 Centner, 1857 688.168 Centner; eingeführt wurde ein Rohzuckerquantum von 610.658 Centner im Jahre 1850; die folgenden Jahre wiesen zum Theil eine Steigerung auf bis 1856 mit 756.479; 1857 ein beträchtlicher Rückgang auf 473.696 Centner. Zu den staatlichen Einnahmen in diesem Zeitraume lieferte in Mill. fl. C.-M.:

	der Zuckerzoll	die Verbrauchsabgabe vom inländischen Zucker
1850	5.074	0.144
1851	5.283	0.368
1852	5.615	0.485
1853	6.257	0.521
1854	5.410	0.821
1855	6.028	1.030
1856	6.138	1.576
1857	3.243	2.140

In ähnlicher Weise wie bei der Branntweinindustrie ertönten die Klagen und die Forderungen lauteten: Schutz und Steuerermässigung. Die eingeleitete Enquête ergab, dass seit 1856 ein Sinken der Zuckerpreise eingetreten war, woran auch die Ueberproduction Schuld trug. „Bei einigen Fabriken waren die Productionsverhältnisse ungünstig, nicht immer der Ort der Anlage gut gewählt, oft fehlte Capital, oft Intelligenz, oft Credit." Die Enquête ergab das Missverhältniss bei Erhebung der Abgabe von der Menge der Rüben, da diese keinen gleichen Zuckergehalt besassen; manche Fabriken konnten aus 12 1/2 Centner einen Centner Rohzucker gewinnen, während bei anderen eine grössere Menge erforderlich war. Man einigte sich im Principe, die Steuer nach Menge und Gradhaltigkeit des Saftes umzulegen.

Durch das Gesetz vom 29. October 1862 wurde der ausserordentliche Zuschlag zur Zuckersteuer auf 30 Procent erhöht, die Borgungsdauer von einem Jahre auf sechs Monate beschränkt. Die Regierung hatte in ihrem Berichte eine Rechnung vorgelegt, wonach der Rübenrohzucker bei normalen Geldverhältnissen im Vergleiche zu dem eingeführten Colonialrohzucker mit 1.57 fl. begünstigt sei, wobei angenommen wurde, dass zur Herstellung eines Centners Rohzucker 14 Centner Rüben erforderlich seien, eine Ansicht, die damals vielfach bestritten und der Beweis zu liefern gesucht wurde, dass von einer bedeutenden Begünstigung der Rübenzuckerindustrie nicht die Rede sein könne, im Gegentheil zahle das inländische Product eine Abgabe, die nationalökonomisch und financiell von grösserer Bedeutung sei. Man berechnete den Werth des alljährlich erzeugten Rohzuckers auf 30 Mill. fl.; abgesehen von der auf diesem Producte lastenden Steuer entfielen wenigstens 20 Mill. auf den Taglohn; die Auslagen der Arbeiter an directen und indirecten Steuern betrügen mindestens 10 Procent, daher 2 Mill. als Steuerbetrag an den Staat, welche der Rübenzuckerindustrie zu Gute zu rechnen seien. Jedenfalls eine optimistische Berechnung, welche der damalige Referent heute schwerlich als richtig annehmen

würde. Der Finanzausschuss war der Meinung, dass die
Höhe des Steuersatzes sich nach der Höhe des Agio's
richten solle und erklärte sich daher mit einem 40procen-
tigen Zuschlage nicht einverstanden; der Steuersatz sollte
31.5 kr. per Centner Rüben und den jeweiligen Agiozuschlag
betragen; der fixe Steuersatz wurde damit begründet, dass
die im Jahre 1859 abgehaltene Enquête den Beweis erbracht
habe, dass die Zuckerindustrie eine höhere Besteuerung
nicht ertragen könne.

Das Gesetz vom 18. October 1865 brachte eine gänzliche Aenderung der Steuereinhebung. Bereits in den
letzten Fünfzigerjahren wurde die Besteuerung nach der
Pauschalirung der Saftgewinnungsapparate in den massgebenden Kreisen erörtert, ohne jedoch Anklang zu finden.
Dessary, damals eine für Fragen ähnlicher Art einflussreiche Persönlichkeit, sprach sich entschieden dagegen aus:
„Die Besteuerungsmethode nach der sogenannten Leistungsfähigkeit der Werkvorrichtungen", schrieb er im Jahre 1858,
„erscheint im Interesse des Staatsschatzes sowohl als der
anders besteuerten Rübenzuckerfabriken insolange nicht
räthlich und gerechtfertigt, bis nicht zuverlässige Grundlagen gewonnen sein werden, nach denen sich die Leistungsfähigkeit einer jeden Rübenzuckerfabrik mit ziemlich annähernder Genauigkeit ermitteln lässt". Das Sistirungsministerium setzte sich mit einem Schlage über diese
Bedenken hinweg und bestimmte, dass vom 1. December
1865 die Verbrauchsabgabe nach der Leistungsfähigkeit der
Werkvorrichtungen und der Zeitdauer ihrer Verwendung
zu entrichten sei. Das Gesetz bestimmte die Steuersätze
nach der Verschiedenheit der in Verwendung stehenden
Saftgewinnungsapparate, und zwar, wenn frische Rüben
mittelst des Pressverfahrens verarbeitet werden, auf Grund
einer Minimalscala, welche die Anzahl der möglichen
Pressungen nach Verschiedenheit der Dimension und der
Wirksamkeit der Pressen normirte; bei Verwendung von

Centrifugen mit sieben Wiener Centner per Quadratfuss der Siebfläche jeder Centrifuge für je 24 Stunden; bei der Maceration frischer Rüben, sowie bei Verarbeitung getrockneter Rüben nach dem durchschnittlichen Rübengewichte. Als das Gesetz erlassen wurde, zählte man in der Gesammtmonarchie 144 Zuckerfabriken, wovon 20 in Ungarn, von denen 139 zur Saftgewinnung Pressen und 3 Centrifugen verwendeten; in zwei Fabriken wurden getrocknete Rüben mittelst Maceration zu Zucker verarbeitet. Seit 1866/7 bürgerte sich jedoch das Diffusionsverfahren ein, bei welchem aus der zerschnittenen Rübe in Diffuseuren der Zucker mittelst Wasser ausgelaugt wird. In dem genannten Jahre stand dasselbe schon in zwei Fabriken in Anwendung; von Jahr zu Jahr stieg die Anzahl derselben, die Maceration wurde ganz beseitigt, die Zuckergewinnung durch Pressen minderte sich.[1]

Die Verordnung vom 18. October 1865 hatte auf das neue Verfahren keine Rücksicht genommen; die Besteuerung der mit Diffuseuren arbeitenden Fabriken erfolgte Anfangs durch Abfindung des Fabrikanten; später setzte man einen bestimmten Pauschalirungsmassstab fest,

---

[1] Die Anzahl der im Betriebe gestandenen Zuckerfabriken, sowie der verwendeten Saftgewinnungsapparate geht aus folgender Tabelle hervor:

	Zahl der Fabriken	mit Pressen	Centrifugen	Diffusionsgefässe	Maceration
1865/6	140	135	3	—	2
1866/7	139	132	3	2	2
1867/8	151	135	3	12	1
1868/9	162	133	3	25	1
1869/70	181	137	3	40	1
1870/1	215	145	3	66	1
1871/2	251	144	3	103	1
1872/3	256	129	3	123	1
1873/4	244	108	3	133	—
1874.5	226	86	2	138	—
1875/6	231	54	1	176	—

welcher sich nach dem Rauminhalte der Diffuseure und
der Zeitdauer ihrer Verwendung richtete. Die Regierung
tappte jedoch über die Steuerbemessung im Dunkeln,
da sie das Verhältniss zwischen dem Rauminhalte der
Diffuseure und der verarbeiteten Rübenmenge nicht kannte
und von Seite der massgebenden Kreise keine genauen
Daten erhielt. Jahre lang war die Grundlage für die Steuerbemessung eine viel zu geringe, und die technischen Fortschritte, welche auf diesem Gebiete gemacht wurden,
führten dazu, dass bei einem verkleinerten Rauminhalte
der Diffuseure eine grössere Rübenmenge verarbeitet und
auf diese Weise die Steuer umgangen wurde. Der Massstab für die Leistungsfähigkeit der Diffusionsfabriken
wurde Anfangs auf 180 Pfund frischer Rüben für jeden
Betriebstag und für jeden niederösterreichischen Eimer
des Gesammtrauminhaltes der Diffusionsgefässe festgestellt. Als sich endlich die beiden Regierungen entschlossen, die Ziffer für die Leistungsfähigkeit der Diffuseure höher zu stellen, war auch diese noch zu niedrig
gegriffen. Für die Erzeugungsperiode 1875/76 wurde der
Massstab um beiläufig 25 Procent erhöht und auf 222
Kilogramm frischer Rübe und für das darauffolgende Jahr
1876/77 auf 370 Kilogramm per Betriebstag und per Hectoliter des Diffuseurraumes festgesetzt.

Die Zuckerfabriken mehrten sich, bedeutende Capitalien
wendeten sich denselben zu, da die Verzinsung eine beträchtliche wurde, nachdem der Zuckerexport unter dem
neuen System früher ungeahnte Dimensionen angenommen
hatte. Im Jahre 1863/64 war derselbe noch unbedeutend,
in den darauf folgenden Jahren bewegte er sich in mässigen Grenzen, und erst seit 1869/70 stiegen die ausgeführten Mengen von Jahr zu Jahr derart, dass die Ge-
bührenrückvergütung die eingegangenen Steuerbeträge
nicht nur ganz verschlang, sondern auch grösser war als

die Steuer. [1]) Um die Verluste ziffermässig feststellen zu
können, welche der Staatsschatz erlitt, müsste man annäherungsweise den Zuckerconsum in Oesterreich kennen.
Dies ist jedoch nicht der Fall. Im Jahre 1857 betrug der
Zuckerconsum 1,161.864 Wr. Ctr. und Dessary suchte die
Behauptung auf Grundlage statistischen Materials zu rechtfertigen, dass beiläufig 4 Pfund Zucker auf je 1 Pfund ver-
brauchten Kaffee gerechnet werden könne, wonach $4._{03}$ Zollpfund Zucker auf den Kopf der Bevölkerung kamen: im
Jahre 1875 belief sich die importirte Kaffeemenge auf
317.200 Wr. Ctr., wonach sich der Zuckerverbrauch auf
1,268.800 Wr. Ctr. (2,537.600 Zoll-Ctr.) belaufen würde;
demnach jedenfalls eine Verdoppelung seit 1857. Auf den
Kopf der Bevölkerung entfielen über 4 Kgr. oder 8 Pfd.,
ein Quantum, welches der Wahrscheinlichkeit entspricht
und sich auch mit Zugrundelegung anderer Anhaltspunkte
ergibt.

[1]) Es betrug in der Gesammtmonarchie:

In der Betriebsperiode	Die Zuckersteuer und die Zuckerzölle	Gebührenrückvergütung für die Zuckerausfuhr	Gebührenbetrag für die Zuckererzeugung und Zuckereinfuhr nach Abzug der Gebührenrückvergütungen
1863/64	6,311.715	71.289	6,240.426
1864/65	8,055.830	2,016.462	6,039.368
1865/66	6,348.909	744.092	5,604.808
1866/67	8,388.118	2,669.610	5,718.508
1867/68	7,368.276	1,805.117	5,563.159
1868/69	6,069.617	77.528	5,992.089
1869/70	9,011.797	4,742.147	4,269.650
1870/71	11,659.740	7,306.653	4,353.087
1871/72	9,977.212	5,717.097	4,160.115
1872/73	12,697.926	6,410.106	6,287.820
1873/74	10,095.588	7,152.491	2,943.067
1874/75	7,201.007	5,458.683	1,742.324
			Abgang
1875/76	9,446.744	9,472.991	26.247
1876/77	10,876.187	10,479.973	396.214

Eine jede Aenderung eines Steuersystems ist mit
grossen Schwierigkeiten verbunden, da sich auf Grundlage desselben Verhältnisse herausbilden, welche eine
Berücksichtigung heischen. In Folge der Besteuerungsmethode in Oesterreich entstanden auch in Gegenden
Fabriken, wo der Boden für den Anbau der Zuckerrübe
nicht ganz geeignet war. Bei den Saftpressen kam man
schon während der Ergänzungsperiode 1867/68 zur Ueberzeugung, dass der gesetzlich geltende Massstab der täglichen Leistungsfähigkeit ungenügend sei, allein alle Bemühungen der österreichischen Regierung behufs einer
Reform der Zuckerbesteuerung scheiterten an dem Wider-
stande der ungarischen Regierung. Die Fabrikanten ge-
standen damals bereits zu, dass nach den Fortschritten
der Technik die Pauschalirung der Pressen erhöhbar sei.

Die österreichische Regierung erstrebte eine Aenderung der Zuckersteuer, allein sie vermochte bei ihren Verhandlungen mit dem ungarischen Ministerium nicht durchzudringen. In Ungarn erwartete man durch Beibehaltung des
Pauschalirungssystems eine Ausdehnung der ungarischen
Zuckerindustrie; auch konnte man sich über einen neuen
Steuermodus nicht einigen. Bei den Verhandlungen der
beiden Regierungen über die Revision des Ausgleichs
spielte die Besteuerung des Zuckers eine grosse Rolle.
Eine Vereinbarung wurde nicht erzielt. Man überbrückte
die Schwierigkeiten, indem man den bisherigen Besteuerungsmodus für zwei Jahre 1877/78 und 1878/79 beibehalten
wollte und im Laufe des Jahres 1878 einen Gesetzentwurf
mit Rücksichtnahme auf die Fabrikatbesteuerung oder
nach der Menge und Dichte des zur Zuckererzeugung gewonnenen Rübensaftes einzubringen versprach; die Rüben-
gewichtssteuer blieb ausgeschlossen, „weil sie das Princip
der Gleichmässigkeit verletze, indem der Zuckergehalt
der Rüben in den verschiedenen Ländern nicht der gleiche
sei, so dass bei der nach dem Rübengewichte allein er-

folgenden Bemessung der Rübenzuckersteuer eine Ungleichheit der Belastung der Rübenzuckerfabriken eintrete." [1]) Hiernach blieb eine endgiltige Regelung der so
wichtigen Frage der künftigen Gesetzgebung überlassen.
Der Ausschuss, dem die Regierungsvorlage zur Vorberathung zugewiesen wurde, huldigte jedoch der Ansicht,
dass ein definitives Gesetz zu vereinbaren sei. Die Regierung sah sich genöthigt, da der Beginn der Zucker-
campagne 1877/78 herannahte, um neue Verluste zu vermeiden, einen zweiten Gesetzentwurf einzubringen, der
eine Regelung der Zuckerbesteuerung blos für das bezeichnete Jahr bezweckte und der nach Zustimmung der
Vertretungskörper am 6. Juli 1877 die kaiserliche Sanction
erhielt. Auf Grund dieses Gesetzes wurde von Seite der
beiden Regierungen eine neue Berechnungsscala für
Pressen und Diffuseure vereinbart. Am 11. September
1877 wurde eine dritte Vorlage eingebracht, deren Grundgedanke darin bestand, dass den Finanzverwaltungen für
jeden Fall eine Einnahme aus der Zuckerbesteuerung zu
sichern, die bisherige Art der Pauschalirung jedoch bei-
zubehalten sei.

Die österreichische Regierung sah sich zur Annahme
der Contingentirung der Zuckersteuer gedrängt, da die
betheiligten Kreise sich mit vollster Entschiedenheit gegen
die Beseitigung der Pauschalirung aussprachen. Bei der
vom Ausschusse des Abgeordnetenhauses eingeleiteten
Enquête wurden einige Industrielle vernommen, die sich
fast insgesammt in diesem Sinne äusserten. „Die schlechten
Resultate," lauteten die Ausführungen der nüchternsten
unter ihnen, „liegen nicht in dem Systeme, sondern in
der schlechten Handhabung desselben, denn gleichzeitig
huldigte man einem anderen Grundsatze und habe daher

---

[1]) Motivenbericht der Regierung in den Beilagen zu den stenographischen Protocollen des Abgeordnetenhauses. VIII. Session. Nr. 668.

die Pauschalziffer mit Absicht von vorneherein zu niedrig
gegriffen, um der nationalen Arbeit einen Schutz zu gewähren, und weil die Verhältnisse zu den anderen Staaten
nicht gestatteten, eine Exportprämie zu gewähren, habe
man es in der Form der niedrigen Pauschalirung gethan." [1])
Die Zuckerindustrie habe sich in Folge der Prämie entwickelt, eine Anzahl neuer Fabriken sei entstanden. Nicht
blos das Inland wurde durch heimischen Zucker versorgt,
sondern auch bedeutende Mengen ausgeführt. Ein weiterer Fehler wurde begangen, dass man Jahre lang ver-
absäumte, den Pauschalirungssatz entsprechend zu erhöhen.

Die Pauschalirung wurde unter allen Besteuerungs-
arten für die österreichischen Verhältnisse als die aller-
richtigste bezeichnet: sie nehme Rücksicht auf die Verschiedenheit des Rohmaterials; auch der Fabrikant, welcher
schlechte Rübe erhalte, könne mehr verarbeiten, denn die
Menge der Rübe, die man mit einer gegebenen Presse oder
mit einem Diffuseur verarbeiten könne, stehe so ziemlich
im umgekehrten Verhältnisse zu der Zuckerhältigkeit der
Rübe. Je hochgradiger die Rübe sei, desto weniger könne
man verarbeiten und umgekehrt, je schlechter sie sei, um
so mehr könne man verarbeiten. Die Industriellen bekämpften die Productenbesteuerung und die Saftbesteuerung als „in viel geringerem Maasse geeignet, einerseits
die gerechten Ansprüche des Aerars zu befriedigen, andererseits den Fabriken zu ermöglichen, in der bisherigen

---

[1]) Ein angeführtes Beispiel ist interessant genug, um hier Erwähnung
zu verdienen. Die meisten Fabriken entrichteten von 1865 die Steuer im
Wege der Abfindung mit der Finanzverwaltung; drei Wochen, ehe das Gesetz vom 18. October 1865 erschien, fand sich eine Fabrik auf Grund einer
täglichen Verarbeitungsziffer von 1300 Ctr. ab. Nach Erscheinen des Gesetzes stellte sich heraus, dass auf Grund desselben blos 1000 Ctr. zu ver-
steuern kamen; womit sich die Steuerleistung per Tag von 520 fl. auf 400 fl.
reducirte, somit per Tag um 120 fl. oder in 100 Tagen der Campagne um
12.000 fl. weniger.

Art und Weise die Production und Fabrikation fortzusetzen." Es wurde besonders darauf hingewiesen, dass
sich die Fabrikation in Oesterreich wesentlich von jener
unterscheide, die sich in anderen Ländern eingebürgert
habe. In Frankreich seien die Rohzuckerfabriken von den
Raffinerien getrennt; erstere arbeiten unter Verschluss
und bilden kein eigentliches Steuerobject. Das in den
Rohzuckerfabriken gewonnene Product werde entweder
in Entrepots eingeführt, wo es unter amtlichen Verschluss
bleibe, oder es werde in die Raffinerien gebracht, wo es
dann in Gestalt des aus dieser Raffinerie austretenden
raffinirten Zuckers der Besteuerung unterliege. Die Saftbesteuerung sei absolut nicht durchführbar; man könne
wohl das Quantum des Saftes nach dem Raume der
Scheidepfanne, nach dem Messapparate und anderen Hilfs-
mitteln bestimmen, aber das Quantum des in diesem Safte
selbst enthaltenen Zuckers, der bei der Saftbesteuerung
das eigentliche Steuerobject bilden soll, zu ermitteln, sei
kaum thunlich. Die Ermittlung der Dichtigkeit des Saftes
an sich selbst sei ein vollständig ungenügendes Commen-
tarium für den qualitativen Gehalt desselben, denn die
Dichtigkeit könne von dem grossen Salzquantum, welches
im Rübensafte enthalten sei, herrühren, und eine weit
geringere Ausbringbarkeit an krystallisirten Zucker enthalten. [1] Auch die Steuerergebnisse in jenem Lande, wo
die Saftbesteuerung gesetzlich vorgeschrieben sei, seien
nicht verlockend, diesem Beispiele zu folgen. Während in
Belgien der Wohlstand während eines Menschenalters
gewaltig zugenommen habe, sei der Zuckerconsum seit 1846
nach dem statistischen Ausweise fast stabil geblieben,
eine gewiss unwahrscheinliche Thatsache, die nur einen
Beleg von den ungenügenden Ergebnissen der Besteuerung
liefere. Die Einnahmen an Steuern und Zöllen seien aller-

---

[1] Stummer in der Expertise über die Rübenzuckersteuer.

dings von 2.₅ Mill. auf 6.₁ Mill. im Jahre 1872 gestiegen
— in den folgenden Jahren zeige sich ein kleiner Rückgang — aber diese Steigerung sei eine Folge der Contingentirung, d. h. der Feststellung einer Steuer, welche
von den Zuckerindustriellen aufgebracht werden muss.

Dieses System der Contingentirung brachten auch
die österreichischen Industriellen während der Ausschuss-
verhandlungen in Vorschlag.

Das neue Gesetz hält im Wesentlichen die bisherige Besteuerungsmethode auf Basis der täglichen Leistungsfähigkeit der Saftgewinnungsapparate aufrecht, allein es sucht
dem Staatsschatze eine bestimmte Einnahme zu sichern,
indem es die Summe fixirt, welche jährlich aufgebracht
werden muss. Die Massstäbe der täglichen Leistungsfähigkeit, so lautet die Bestimmung, werden derart festgestellt,
dass im gemeinsamen österreichisch-ungarischen Zollgebiete durch die Verbrauchsabgabe von der Rübenzuckerbesteuerung und durch den Einfuhrzoll · für die Betriebsperiode 1878/79 6 Mill. und für jede folgende Betriebsperiode 500.000 fl. mehr gewonnen werden, bis die Rein-
ertragsziffer von 10.₅ Mill. fl. erreicht wird, welche sodann
insolange gilt, als sie nicht gesetzlich abgeändert wird.
Unter „Reinerträgniss" wird die Steuer verstanden, die
von der Zuckersteuer und dem Zuckereinfuhrzoll nach
Abzug der Rückvergütungen für Betriebsstörungen und
für den Zuckerexport übrig bleibt. Wird in einem Betriebsjahre der vorgeschriebene Reinertrag nicht erlangt,
so hat jeder Fabriksbesitzer so viele Procente von seinem
bereits gezahlten Pauschale nachzuzahlen, als der Ausfall
Procente der verlangten Summe ausmacht; ist aber im
Vorjahre ein Ueberschuss erreicht, so soll er zur Deckung
des Ausfalles verwendet werden. Bei dem Export von
Zucker wird eine Rückvergütung geleistet, und zwar für
Zucker unter 90.₅ bis mindestens 92 Procent Polarisation

9 fl. 10 kr., für Zucker von mindestens 99.₅ Procent Polarisation 11 fl. 8 kr. [1])

Das neue Gesetz ist insoferne ein Fortschritt, als es dem Staate eine bestimmte Einnahme sichert, keineswegs eine solche, welche den Consumverhältnissen entspricht. Selbst bei dem schon vor mehreren Jahren berechneten Consum von 4 Kilo per Kopf würde bei jedem anderen Besteuerungssystem eine grössere Summe einfliessen. Allein die Rücksichtnahme auf eine Industrie, welche durch die Fehler der Steuergesetzgebung emporgeschnellt war, liess es nicht räthlich erscheinen, die Steuerschraube straffer anzuziehen und zu einem anderen System überzugehen. Man wollte sich begnügen, wenn in den nächsten zehn Jahren dem Staate wenigstens bestimmte Beträge gesichert werden. Wie wenig die Pauschalirungsziffer der Wirklichkeit entspricht, geht daraus hervor, dass dieselbe in den letzten Jahren regelmässig erhöht wurde, ohne jedoch der factischen Productionsmenge gerecht werden zu können. Die grossen Exportmengen sind hiefür ein deutlicher Beleg. Die mit Anwendung des Pauschalirungsmassstabes eingezogenen Steuersummen werden zum überwiegend grossen Theile von der Exportbonification verschlungen und bedeutende Steuernachzahlungen sind die Folge. Im Jahre 1877/78 betrug die Zuckersteuer und der Zuckerzoll 16.₆₈₆ Mill. fl., die Rückvergütung für die Ausfuhr 15.₃₃₅ Mill. fl., es verblieb daher 1.₃₅ Mill. fl. In der Betriebsperiode 1878/79 gingen 20.₆₅₆ Mill. ein, 18.₉₆ Mill. wurden rückvergütet; der verbleibende Rest belief sich auf 1.₆₀₆ Mill. fl., und da das neue Gesetz bereits in Wirksamkeit getreten war und das garantirte Reinerträgniss

---

[1]) Die Restitution für Rohzucker beruht auf der Annahme, dass man 12.₄₆ Ctr. Rübe benöthige, um einen Ctr. Rohzucker zu erzeugen; bei dem raffinirten Zucker wird von der Voraussetzung ausgegangen, dass 100 Pfd. Rohzucker 81.₄ Pfd. Raffinade geben.

für das betreffende Jahr 6 Mill. betrug, so hatten die
Fabriken 4,363.868 fl. nachzuzahlen. [1])
Die Erträgnisse der Zuckersteuer waren in Mill. fl.:

1868	7.956	1873	11.865
1869	8.048	1874	8.528
1870	10.259	1875	9.619
1871	12.303	1876	11.846
1872	13.252	1877	17.783

Im Jahre 1878 gingen ein 19.07 Mill. fl. Diese Ziffern
sind den Rechnungsabschlüssen entnommen und betreffen
das Finanzjahr, während die oben angeführten die Berechnungen nach dem Betriebsjahre ergeben.

Während des Druckes dieser Zeilen hat die Regierung
dem Abgeordnetenhause ein neues Zuckersteuergesetz vorgelegt, welches auch unverändert am letzten Sitzungs-
tage dieses Sessionsabschnittes, am 13. Mai, angenommen
worden ist und demnächst auch die Zustimmung des anderen Vertretungskörpers und die kaiserliche Sanction
erhalten dürfte. Trotz der Erhöhung des Pauschalirungsmassstabes auf 1800 Kilo für den Hectoliter ist im Betriebsjahre 1878 79 der gesetzliche Reinertrag nicht erzielt
worden und die Fabriken mussten Nachzahlungen leisten.
Für die Erzeugungsperiode 1879/80 trat eine abermalige
Steigerung des Pauschalirungsmassstabes ein und in den
Voranschlag für 1880 wurden 25.012 Mill. fl. als Erträgniss

---

[1]) Seit 1875/76 hat sich die Gesammtzahl der Fabriken vermindert,
die auf das Pressverfahren eingerichteten Fabriken haben ihren Betrieb geändert, das Diffusionsverfahren hat an Ausbreitung gewonnen.

| | Gesammtzahl der Fabriken | mit Pressen | | mit Diffusionsgefässen | |
		Anzahl der Fabriken	Verwendete Saftpressen	Anzahl der Fabriken	Anzahl der Diffusions- gefässe
1876/77	227	49	179	178	1602
1877/78	229	34	137	195	1740
1878/79	226	27	93	190	1801
1879/80	226	22	55	204	1867

eingestellt. Der Ansatz wurde unter Grundlegung eines
Nettoertrages von 6.5 Mill. fl. für die ganze Monarchie
nach dem Erfolge des vorhergehenden Jahres berechnet.
Die in der Betriebsperiode 1878/79 gemachten Erfahrungen ergaben, „dass die Pauschalirung der Rübenzuckersteuer in den nach dem Diffusionsverfahren eingerichteten Rübenzuckerfabriken von grossen Mängeln be-
gleitet ist. Bei diesen Fabriken zeigt sich nicht nur je
nach der grösseren oder geringeren Beschleunigung des
Diffusionsverfahrens eine weitgehende Ungleichmässigkeit
in der Steuerbelastung, sondern es ist auch wegen der
forcirten Ausnützung der Diffusionsgefässe eine unge-
nügende Ausbeutung des Zuckergehaltes der Rüben und
in Folge der von Betriebsperiode zu Betriebsperiode eintretenden Anschaffung neuer Diffusionsbatterien, welche
der steigenden Anforderung in Absicht auf quantitative
Leistung entsprechen, der volkswirthschaftlich unfrucht-
bare Aufwand an Capital zu beklagen." [1])
Die Zuckerindustriellen ergriffen selbst die Initiative
zu Reformvorschlägen. Nach dem Gesetze vom 27. Juni
1878 würde der Reinertrag der Zuckersteuer in der Campagne 1880/81 7 Mill. fl. betragen und hätte erst in der
Campagne 1887/88 10.5 Mill. fl. erreicht. Durch die Novelle
wird der Ertrag schon für das nächste Jahr auf 10 Mill. fl.
erhöht, steigt sodann jährlich um 0.4 Mill. fl. und erreicht
1887/88 12.8 Mill. fl. Der Steuersatz für den Metercentner
frischer Rübe wurde von 73 auf 80 kr. erhöht; die Rückvergütung bei der Zuckerausfuhr von 9.1 auf 9.4 fl. für
einen Metercentner Rohzucker und von 11.18 auf 11.55 fl.
für einen Metercentner weisser Waare gesteigert. Dafür
nehmen aber die Industriellen die Mitwirkung der Re-

1) Motivenbericht der Regierungsvorlage wegen theilweiser Abänderung
der Bestimmungen über die Rübenzuckerbesteuerung, Nr. 204 der Beilagen
zu den stenographischen Protocollen des Abgeordnetenhauses. IX. Session.

gierung zu gegenseitiger Ueberwachung in Anspruch. Die
Leistungsfähigkeit der Diffuseure hängt von der Anzahl
der täglichen Füllungen ab. Je vollkommener die Diffu-
sionsapparate, um so grösser die Anzahl der Füllungen.
Die capitalskräftigen Fabriken sahen sich in Folge der
gemachten Verbesserungen bei den Apparaten zu neuen
Anschaffungen genöthigt, um in der Zahl der Füllungen
gleichen Schritt zu halten. Während die eine Fabrik täglich blos 50 bis 55 Füllungen vornahm, fanden in anderen
100 Füllungen statt, wodurch eine Ungleichmässigkeit der
Belastung stattfand. Denn die Vertheilung des gesetzlich
festgesetzten Contingents erfolgte nach dem Rauminhalt
der Diffuseure und der pauschalirten Rübenmenge. Bei
einer grösseren Anzahl von Füllungen wurden daher grössere Rübenmengen verarbeitet und eine grosse Differenz
zwischen den einzelnen Fabriken trat in Folge der in Anwendung kommenden verbesserten Apparate ein. In dem
neuen Gesetze werden fünfzig tägliche Füllungen bei Bemessung der täglichen Leistungsfähigkeit eines Diffusions-
gefässes als die geringste Anzahl angenommen; beabsichtigt der Fabriksunternehmer mehr als 50 Füllungen täglich
zu machen, so hat er hievon Anzeige zu erstatten und die
Anzahl in der monatlichen Betriebsanmeldung anzugeben.
Zur Messung der Füllungen dienen Zählapparate, welche
jede Fabrik auf eigene Kosten anzuschaffen hat. Die Ueberwachung der Fabriken übernahm die Regierung und die
Fabriksunternehmer haben die Gesammtkosten der Controle zu tragen.

Durch das neue Gesetz wird demnach das Reinerträgniss schon von der nächsten Betriebsperiode 1880/81
an um 2,5 Mill. fl. gesteigert; „ein Theil erscheint als Compensation für den Zuwachs, welchen das österreichisch-
ungarische Rübenzuckersteuergebiet durch die Einbeziehung Bosniens und der Herzegowina, dann Dalmatien
und der Zollausschlüsse von Istrien u. s. w. erhalten hat.

und für die Erhöhung des Steuersatzes, beziehungsweise
der Steuerrückvergütungssätze bei dem Zuckerexporte."
Die Besteuerung des Bieres wurde in ähnlicher
Weise wie jene anderer Getränke früher theils beim Aus-
schanke, theils bei der Erzeugung vorgenommen; die Mass
Bier war im Durchschnitte mit einem Kreuzer C.-M. belegt, was 10 Procent des Schankpreises gleichkam. In
Tirol, Salzburg und einigen Theilen Oberösterreichs erhielt sich bis in die dreissiger Jahre die baierische Besteuerung, welche die Abgabe nach dem Gewichte des
Malzes erhebt, welches die Brauer zur Bierbereitung
schwellen lassen. Auch in dem anderen Theil des Reiches
gingen die Wünsche der Gewerbetreibenden auf Einführung der Malzsteuer, der auch in den Regierungskreisen ein sorgfältiges Studium zugewendet wurde. Die
Höhe der Steuer in Oesterreich führte zu Defraudationen.
Das Gesetz vom 15. December 1852 suchte den laut gewordenen Forderungen zu entsprechen, bei der Steuer
auch die Qualität des Bieres in Berücksichtigung zu
ziehen. „Um eine gerechtere und gleichmässigere Besteuerung des Bieres herbeizuführen," heisst es in der Einleitung zu dem Gesetze, „und den Staatsschatz, sowie die
redlichen Gewerbetreibenden gegen den durch Umgehun-
gen der bestehenden Normen erwachsenden Nachtheil zu
schützen," habe der Kaiser anzuordnen geruht, dass die
Verzehrungssteuer von Bier nicht blos nach der Menge,
sondern nach dem Extractgehalte der Bierwürze bemessen
werde. Der Zuckergehalt der Bierwürze solle vermittelst
eines eigenen Instrumentes, des Sacharometers, bei einer
Temperatur von 14^0 Réaumur erhoben werden. Der Steuerbetrag wird nach der angemeldeten Anzahl der Sacharo-
metergrade (der Extractprocente) dergestalt berechnet,
dass die Gebühr nie unter den für 12 Grade entfallenden
Betrag zu bemessen ist und die Berechnung nur für den
Extractgehalt, der 12 Grade überschreitet, stattzufinden

11*

hat. Man ging hiebei von der Ansicht aus, dass Bier aus
schwächerer denn 11 gradiger Würze der Gesundheit nach-
theilig sei. Die Durchführungsbestimmungen wurden erst
durch Ministerialverordnung vom 26. December 1854 erlassen
und traten mit Ausnahme von Dalmatien mit dem Jahre
1855 in Wirksamkeit. Der Steuersatz wurde derart bestimmt, dass man das frühere Steuerausmass auf 12gradige
Würze umlegte. Für Böhmen fand mit Rücksicht auf die
dortige Erzeugung schwacher Würzen eine kleine Herabsetzung statt. Der Steuersatz betrug daher für je einen
Sacharometergrad per n.-ö. Eimer in Galizien 2¹/₂ kr., in
Böhmen 3¹/₄ kr., in den übrigen deutschen Kronländern
3¹/₂ kr. Für Wien sollte nach der ursprünglichen Absicht
des Gesetzgebers die Steuer das Doppelte, für die anderen
Städte das Anderthalbfache betragen. Bei der Einfuhr
galt als Annahme, dass das Bier aus 16 Grad Würze
bestehe, bei der Ausfuhr aus den Städten wurde der Dif-
ferentialbetrag nur für 11 Grad vergütet. Durch Ministerialerlass vom 8. October 1854 trat eine Aenderung dieser Bestimmungen ein und in den geschlossenen Städten wurde
neben der allgemeinen Steuergebühr noch ein fixer Betrag
erhoben, der nach der Grösse und Bedeutung der Stadt
normirt war. Diese Normen schlossen eine beträchtliche
Steuererhöhung in sich; für geringere Biere war der bisherige Steuersatz geblieben, für stärkere erhöht worden.
Durch Ministerialerlass vom 21. März 1855 gestattete die
Finanzverwaltung die Erzeugung schwächerer als 11 gradiger Würzen, da sie die Ueberzeugung gewonnen hatte,
dass in den Provinzen schwache Getränke ohne Nachtheil
für die Gesundheit consumirt wurden, aber die Steuer
wurde von 12 Grad verlangt. Die Steuerergebnisse des
neuen Gesetzes liessen zu wünschen übrig. Der Steuerertrag warf im Jahre 1853 8.₁ Mill. fl. ab, 1856 7.₅₈₃ Mill. fl.
Obgleich die Production gestiegen war, war die Steuer
um mehr als eine halbe Million gesunken. Die Erklärung

liegt darin, dass in Böhmen der Steuersatz wie erwähnt, ein geringerer war. Der Ministerialerlass vom 28. August 1857 beseitigte das Verbot der Bierwürze unter 11 Grad, bestimmte, dass die Steuer in keinem geringeren Ausmasse als für 9 Grad und zwar mit 36 kr. C.-M. per Eimer in den galizischen und ungarischen Ländern, in den deutschen mit 45 kr. C.-M. erhoben werden solle. Für jeden Grad über 9 kam noch ein Betrag von 4 kr. C.-M. zu entrichten. Diese Normen schlossen abermals eine Steuererhöhung in sich; die früher für Böhmen bestandene Begünstigung fiel hinweg und Bier von 9 Grad hatte eine höhere Steuer als früher von 12 Grad zu zahlen. Die Steuersätze wurden im Jahre 1859 mit einem Zuschlage von 20 Procent erhöht. Bei der Ausfuhr von Bier wurde seit 1856 eine Steuerrückvergütung gewährt.

Das Gesetz vom 25. April 1869 bestimmte die Verzehrungssteuer mit 8 kr. nebst einem ausserordentlichen Zuschlage zu derselben mit 2 Neukreuzern, zusammen daher mit 10 Neukreuzer von jedem angemeldeten Sacharometergrad für jeden n.-ö. Eimer der Bierwürze. In den geschlossenen Städten ist nebstdem für jeden erzeugten Eimer Bier noch ein Zuschlagsbetrag zu berechnen, welcher für Wien mit 1 Gulden $8/_{10}$ Neukreuzer von jedem erzeugten niederösterreichischen Eimer zu $42^1/_2$ Wiener Mass, dagegen für Prag, Brünn, Linz, Graz, Laibach, Lemberg und Krakau von jedem Sacharometergrad mit $3._{36}$ nebst einem Zuschlage von $0._{84}$ kr., zusammen mit $4._2$ Neukreuzer festgesetzt wurde. Bei der Ausfuhr von Bier aus den geschlossenen Städten werden in Wien $88._2$, in Prag, Brünn, Linz, Graz, Laibach, Lemberg Krakau $44._4$ kr. rückvergütet.

Die Biersteuer hat dem Staatsschatze im letzten Jahrzehnte die höchsten Beträge zugeführt. Sie betrug

im Jahre	Mill. fl.	Zu- o. Abnahme in Procenten	im Jahre	Mill. fl.	Zu- o. Abnahme in Procenten
1868	$17_{.242}$	—	1873	$26_{.234}$	$+\ 12_{.26}$
1869	$17_{.761}$	$+\ 3$	1874	$24_{.46}$	$-\ 6_{.60}$
1870	$19_{.021}$	$+\ 7_{.17}$	1875	$24_{.016}$	$-\ 1_{.85}$
1871	$21_{.021}$	$+\ 11_{.04}$	1876	$22_{.857}$	$-\ 4_{.87}$
1872	$23_{.124}$	$+\ 10_{.56}$	1877	$21_{.395}$	$-\ 6_{.10}$

Im Jahre 1878 war das Ergebniss $21_{.407}$ Mill. fl.; für
1879 sind 22, für 1880 $21_{.7}$ Mill. fl. veranschlagt. Wie aus
obiger Tabelle ersichtlich, lieferte die Biersteuer bis 1873
stets steigende Erträgnisse, seitdem ist bis 1877 ein beträchtlicher Rückgang eingetreten und erst 1878 macht
sich wieder ein langsames Steigen bemerkbar. [1]

In Folge der Vereinbarung mit Ungarn im Jahre
1867 flossen die für Branntwein, Bier und Zucker eingehenden Steuerbeträge der Staatscasse der betreffenden
Reichshälfte zu, während die Restitutionen für die ausgeführten Mengen aus den gemeinsamen Zolleinnahmen
bestritten wurden. Die Steuerrestitution betrug:

[1] Die Bierproduction liefert in Oesterreich auf dem Continente dem
Staatsschatze die höchsten Beträge; in runden Summen belief sich dieselbe
in Mill. fl. auf:

in Oesterreich-Ungarn	$21_{.042}$	in Sachsen	$1_{.151}$
„ Baiern	$8_{.270}$	„ Niederlande	$0_{.520}$
„ Preussen	$6_{.371}$	„ Elsass-Lothringen .	$0_{.480}$
„ Belgien	$5_{.810}$	„ England	$69_{.780}$
„ Württemberg . . .	$\cdot\ 2_{.508}$	„ Nordamerika	$10_{.146}$
„ Baden	$1_{.297}$		

Die Höhe der Besteuerung in Oesterreich erscheint um so grösser,
wenn man auch den Bierconsum zum Vergleiche heranzieht. So kommen auf
den Kopf der Bevölkerung Liter: in Baiern 240, in Württemberg 154, in
Belgien 145, in Grossbritannien 118, in Sachsen $117_{.5}$, in Baden 63, in
Preussen $55_{.5}$, in Elsass-Lothringen 51, in Oesterreich-Ungarn 31, in Frankreich $19_{.1}$, in Schweden und Norwegen 15, in Russland $1\frac{3}{4}$ Liter. Nach
Procenten der Staatseinnahme berechnet beträgt die Biersteuer in Württemberg 14 Procent, in Oesterreich 12 Procent, in Ungarn 11 Procent, in Grossbritannien 9 Procent, in Belgien $8_{.5}$ Procent sämmtlicher Staatseinnahmen.
Von dem Gesammterträgniss der Verzehrungssteuer machte die Biersteuer
im Jahre 1868 in Oesterreich $34_{.0}$ Procent, im Jahre 1878 $33_{.22}$ Procent aus.
Vgl. Statistische Monatsschrift, VI. Jahrgang, Heft 1.

1868	4.546	1873	7.025
1869	2.738	1874	8.358
1870	6.499	1875	7.592
1871	7.717	1876	10.624
1872	7.063	1877	12.357

Die im Jahre 1878 bei Erneuerung des Ausgleiches getroffene Vereinbarung hält diese Modalität aufrecht, nur wird nunmehr zwischen den beiden Reichshälften eine separate Abrechnung gepflogen, um die Belastung einer jeden Reichshälfte bezüglich der Steuerrestitutionen festzustellen. Dieselbe wird für jeden Steuerzweig, nämlich für die Verzehrungssteuer von der Biererzeugung mit Ausnahme des Biersteuerzuschlages in geschlossenen Städten, dann für .die Verzehrungssteuer von der Branntweinerzeugung und für die Verbrauchsabgabe von der Rübenzuckererzeugung abgesondert durchgeführt und jeder Theil hat von den in dem betreffenden Steuerzweige gemeinsam bestrittenen Steuerrestitutionen eben so viele Procente zu tragen als sein Procentantheil an dem erzielten Bruttoerträgnisse beträgt. Da nun der grösste Theil der Steuerrestitutionen auf die exportirten Zuckermengen entfällt, daher für in der österreichischen Reichshälfte erzeugten Zucker gegeben wird, während allerdings bei Branntwein grössere Mengen aus Ungarn ausgeführt werden, so hat die österreichische Finanzverwaltung alljährlich bedeutende Summen an Ungarn herauszuzahlen. Für das Jahr 1879 wurden in das Präliminare als Ersatz für Verzehrungssteuerrückvergütung an Ungarn 2.7 Mill. fl. eingestellt, während von Ungarn 0.2 Mill. fl. erwartet wurden; für 1880 beträgt der Voranschlag bei den Leistungen an Ungarn 4.09 Mill. fl., bei der Vergütung Ungarns an Oesterreich 0.23 Mill. fl.; daher für 1879 eine Nettoleistung an Ungarn von 2.5 Mill. fl., für 1880 von 3.86 Mill. fl. [1]

---

[1] Vgl. hierüber das Capitel über den ungarischen Ausgleich.

Die Weinsteuer beruht im Wesentlichen auf den Bestimmungen des Gesetzes vom Jahre 1829. Die zum Ausschank bestimmten Getränke müssen vor der Einbringung in das Schanklocal besteuert werden. Die Controle besteht darin,' dass die steuerpflichtige Partei über alle vorhandenen Vorräthe Empfangs- und Ausgabsregister genau führen muss. Bei Einführung der Verzehrungssteuer in Ungarn trug man sich mit dem Plan, die Schanksteuer in der bestehenden Form aufzuheben, einmal aus finanziellen Gründen, weil nur eine relativ geringe Quantität Wein durch den Ausschank zur Consumtion gelangt, und auch aus Gründen der Billigkeit, um den Weinverbrauch der Wohlhabenden in entsprechender Weise zu besteuern. Man versuchte die Besteuerung des gesammten Weinverbrauches durchzuführen durch die Ministerialerlässe vom 23. November 1850 und 13. Februar 1851 in allen Orten mit mehr als 2000 Einwohner. In den übrigen Orten sollte eine Abfindung mit der Gemeinde selbst als Gesammtheit aller Consumenten eintreten. Bereits im Jahre 1852 sollten dieselben Grundsätze auch in den deutsch-slavischen Ländern Anwendung finden, aber erst im Jahre 1854 erfolgte die Verordnung vom 12. Mai und die kaiserliche Genehmigung der ministeriellen Anträge. Der Gesammtverbrauch an Wein und Obstmost wurde für steuerpflichtig erklärt. Weinbauern erhielten für Wein zum eigenen Verbrauche oder zur Vertheilung an die Hausleute ein begünstigtes Steuerausmass. Für Orte unter 2000 Seelen galt als Norm, dass, wenn eine Abfindung nicht zu Stande kommen konnte, der Gemeinde die Entrichtung einer bestimmten, den durchschnittlichen Consum entsprechenden Summe aufgetragen wurde. Diese Verordnung rief in den weitesten Kreisen grosse Verstimmung hervor. „Man hatte," bemerkt ein Kenner, „über die Gerechtigkeit die Ausführbarkeit der Steuer übersehen. Schon bei Ausarbeitung des Gesetzes machte wegen des grossen Umfanges, in

welchem in Oesterreich Wein getrunken wird, die Menge
der in die Steuerpflicht fallenden Verbrauche je im Grossen
als ein nicht zu bewältigendes Hinderniss sich geltend.
Man verzichtete darauf, je die nöthige Zahl Personen zu
finden, um Hunderttausende unter Controle zu setzen und
in ihren Kellern die Ein- und Auslagerung des Weines,
dessen Ueberfüllung und Theilung zu überwachen, darüber
Register und Rechnung zu führen, periodisch die vorhandene Menge und deren durch den Verbrauch entstan-
dene Verminderung zu erheben und je die Mittel zu er-
sinnen, um diese wiederholten und eindringlichen Con-
trolen Hunderttausenden erträglich zu machen. Man rief
die Gemeindeverwaltungen zu Hilfe, indem man mit ihnen
Abfindungen über gewisse Pauschverträge schloss oder sie
amtlich zur Zahlung solcher Pauschbeträge verpflichtete
und sie dagegen ermächtigte, innerhalb ihres Gebietes
entweder die Steuer nach dem Gesetze einzuheben oder
jene Pauschbeträge nach dem ihnen bekannten Verbrauche
der einzelnen Steuerpflichtigen auf diese im Wege des
freiwilligen Uebereinkommens oder des Zwanges zu vertheilen. Ein nicht ausführbares Steuergesetz, auf dessen
Handhabung als letztes Auskunftsmittel die Finanzorgane
sich nicht berufen durften, aufgeregte Steuerpflichtige,
widerwillige und unerfahrene Gemeindeverwaltungen.[1]) Die
Landtage der meisten weinbauenden Provinzen sprachen
sich schon in der ersten Session gegen die neuen gesetzlichen Bestimmungen aus und erst der Reichsrath machte
sich zum Dolmetsch derselben Ansichten. Durch das Gesetz vom 17. August 1862 wurde die alte Weinbesteuerung
wieder hergestellt und nur für die geschlossenen Städte
der Tarif erhöht. Die Weinsteuer hat auch eine verhältnissmässig geringe Steigerung erfahren. Im Jahre 1861
warf sie bei dem Bestande der Verordnung vom Jahre

---

[1]) Hock: Die öffentlichen Abgaben und Schulden. S. 176.

1854 in den deutsch-slavischen Kronländern 3.$_{313}$ Mill. fl.
ab, 1867 blos 3.$_{075}$ Mill. fl.; seit 1868 lieferte sie in Mill. fl.
folgende Erträgnisse:

1868	3.$_{233}$	1873	4.$_{285}$
1869	3.$_{55}$	1874	3.$_{754}$
1870	3.$_{755}$	1875	3.$_{92}$
1871	3.$_{948}$	1876	3.$_{90}$
1872	4.$_{228}$	1877	3.$_{80}$

Wie ersichtlich, bis zum Jahre 1873 eine nicht unbedeutende Steigerung, seitdem ein nicht unbeträchtlicher
Rückgang. Im Jahre 1878 war der Erfolg 3.$_{013}$, für 1879
und 1880 wurden 3.$_{0}$ fl. veranschlagt.

Die Besteuerung des Fleisches beruhte bis zum
Jahre 1859 auf den Bestimmungen des Verzehrungssteuer-
gesetzes vom Jahre 1829 und auf dem Hofkammerdecrete
vom 22. Juli 1830, dessen Genehmigung nachträglich durch
die allerhöchste Entschliessung vom 4. September 1830
erfolgte. Hiernach war steuerbar: die Schlachtung der im
Fleischsteuertarife genannten Thiere, wenn dieselbe von
Personen, welche den Verkauf von rohem oder zuberei-
tetem Fleische betrieben, vorgenommen, oder wenn dieselbe von anderen Personen behufs des Verkaufes des
ganzen geschlachteten Thieres oder eines zum menschlichen Genusse geeigneten Theiles desselben vollzogen
wird; ferner der Bezug noch unversteuerten Fleisches von
Seite der Gewerbetreibenden. Die kaiserliche Verordnung
vom 12. Mai 1859 hatte für die nicht als geschlossen erklärten Orte nach der Grösse ihrer Bevölkerung drei
Fleischsteuertarifclassen eingeführt und die Veräusserung von unversteuertem Fleisch als steuerbare Handlung
erklärt. Das Gesetz vom 17. August 1862 hob diese Bestimmungen wieder auf und stellte die vor 1859 giltigen
wieder her. Die drei Fleischsteuerclassen blieben fortbestehen, allein bei der Einfuhr von Fleisch in einen Ort
höherer Tarifclasse, um daselbst unmittelbar an die Con-

sumenten abgeliefert zu werden, konnte der höhere Tarifsatz nicht in Anwendung kommen, weil keine steuerbare
Handlung in Mitte lag. [1])

Das Gesetz vom 16. Juni 1877 hat die Einhebung der
Verzehrungssteuer vom Fleische neu geregelt. Dieselbe
wird bei der Einfuhr in geschlossene Städte vom lebenden
oder ohne Zerstückelung eingebrachten geschlachteten
Vieh nach dem Stück, sonst aber nach dem Gewichte bemessen. Auf dem flachen Lande wird die Steuer in der
Regel nach dem Stück und nur in besonderen gesetzlich
geregelten Fällen nach dem Gewichte bemessen. Fleisch-
steuerpflichtige Gewerbetreibende, welche Fleisch in einer
geschlossenen Stadt verkaufen, haben das Recht, für das
eingeführte Fleisch die Rückvergütung der bereits bei
der Schlachtung bezahlten Steuer zu verlangen. In die
erste Tarifclasse gehören alle Orte mit einer Bevölkerung
über 20.000 Einwohner, in die zweite jene mit einer Bevölkerung von 10.000 bis 20.000, endlich in die dritte
Tarifclasse alle übrigen Orte. In der Regel ist der Tarif
für Orte der zweiten Tarifclasse um 50 Procent, für jene
der ersten Tarifclasse um 100 Procent höher als jener für
Orte der dritten Tarifclasse.

Die Ergebnisse der Steuer auf Fleisch und Schlachtvieh zeigen bis zum Jahre 1873 eine steigende Tendenz,
im Jahre 1874 ist ein Rückgang bemerkbar. Die Steuer
lieferte:

im Jahre	Mill. fl.	im Jahre	Mill. fl.
1868	3.138	1873	4.582
1869	3.037	1874	4.478
1870	3.991	1875	4.625
1871	4.138	1876	4.0
1872	4.321	1877	4.0

[1]) Motivenbericht der Regierung Nr. 306 der Beilagen zu den stenographischen Protocollen des Abgeordnetenhauses und der Bericht des Ausschusses Nr. 471.

Im Jahre 1878 gingen 4.647 Mill. fl. ein, für 1879 sind
4.69, für 1880 4.69 Mill. fl. veranschlagt.

Die „Verzehrungssteuer von sonstigen Verbrauchsgegenständen", welche die Abgabe für verschiedene Gegenstände an den Linien Wiens umfasst, mit
Ausnahme der Steuer für Branntwein, Wein, Bier und
Fleisch, welche bei den betreffenden Steuern entfallen sind,
ergab in Mill. fl.:

1868	2.109	1873	2.274
1869	2.165	1874	1.876
1870	2.070	1875	1.898
1871	2.188	1876	1.860
1872	2.305	1877	1.838

Bei einer Vergleichung muss im Auge behalten wer-
den, dass die Aufhebung der Steuer auf Baumaterialien im
Jahre 1874 einen Ausfall von 450.000 fl. ergeben musste.
Im Jahre 1878 gingen 1.921 Mill. fl. ein, für 1879 sind 1.87
Mill., für 1880 1.03 Mill. fl. veranschlagt.[1]

An „Pachtungen", worunter die Pachtschillinge für
die Verzehrungssteuer in Linz, Prag, Brünn, Lemberg,
Krakau, Graz und Laibach, sowie das Aversum der Stadt
Triest verstanden werden, sind eingegangen in Mill. fl.:

1868	2.920	1873	3.352
1869	3.020	1874	3.366
1870	3.089	1875	3.428
1871	3.157	1876	3.410
1872	3.241	1877	3.456

Im Jahre 1878 betrug der Eingang 3.54 Mill. fl., für
1879 sind 3.521, für 1880 3.538 Mill. veranschlagt.

---

[1] Der Tarif für die Stadt Wien ist am höchsten; wir heben blos einige
steuerbare Gegenstände hervor; es zahlen: Wein per Hektoliter 5.08 fl., Weinmost 3.30, Obstmost 1.52, Bier 1.68 fl.; Schlachtvieh und zwar Ochsen, Stiere,
Kühe und über einjährige Kälber 9,45, Kälber bis zum Alter eines Jahres
1.68 fl. per Stück; Hasen 12.6 kr., Reis für 100 Kilo 4.5 fl., Seife 5.82 fl. für
100 Kilo, Käse 3.38 fl. für 100 Kilo, Brennholz per Kubikmeter 15.6, Holz-
kohlen 14.4. Steinkohlen 4.32 kr. per 100 Kilo.

Bis zum Beginne des Jahres 1880 erschien im Budget auch eine Einnahmspost: Dezio Consumo in Dalmatien; das Erträgniss schwankte zwischen 110.000 bis 125.000 fl.: in Folge der Einbeziehung dieses Landes in das allgemeine Zollgebiet kommen die in den anderen Theilen giltigen Verzehrungssteuernormen auch in Dalmatien zur Anwendung.

Die „Gefällssicherstellungen" an den Linien Wiens sind eine blos durchlaufende Post und betrugen in den letzten Jahren zwischen $2._{29}$ bis $2._3$ Mill. fl.; sie finden ihren Gegensatz im Erfordernisse unter dem Titel: Rückstellung von Gefällssicherstellungen und Gefällsrückgaben.

Die Zolleinnahmen bilden in dem österreichischen Budget blos eine durchlaufende Post, da dieselben gesetzlich zur Bestreitung der gemeinschaftlichen Ausgaben verwendet werden; sie kommen bei den Zollcassen der beiden Reichshälften zur Erhebung und aus denselben werden zunächst, wie erwähnt, die Restitutionen für Zucker, Branntwein und Bier, ferner die Verwaltungsauslagen bestritten. Bezüglich der letzteren besteht ein Specialübereinkommen der beiden Reichshälften, wonach für Westösterreich eine Pauschalsumme von $1._8$ Mill fl., für Ungarn $0._4$ Mill. fl. zu diesem Behufe bestimmt ist. Nur das Erträgniss aus dem Agio, da die Zölle bis in die jüngste Zeit in Silber, seit 1879 in Gold erhoben werden, bildet eine selbstständige Einnahme der betreffenden Reichshälfte.

Als die dualistische Gestaltung des Reiches im Jahre 1867 ihre gesetzlichen Formen erhielt, bestand der interimistische Zolltarif vom 30. Juni 1865, wodurch die Zollsätze des allgemeinen Tarifs vom Jahre 1853 bei vielen Artikeln ermässigt worden waren, den vertragsmässig nicht begünstigten Staaten gegenüber in Kraft, und die seitdem abgeschlossenen Handelsverträge mit England vom 16. December 1865, mit Frankreich vom 11. December 1866, mit Italien vom 23. April 1867, mit Deutschland vom

9. März 1868 und die Nachtragsconvention mit England vom 30. December 1869 erstreckten sich auf zahlreiche und wichtige Fabrikate und enthielten beträchtliche Zollermässigungen. Die Vertragstarife bildeten die Regel bei der Verzollung der Waaren, und der allgemeine Tarif kam nur höchst selten in Anwendung.

Der Ertrag der Einfuhrzölle lieferte in Millionen Gulden österr. Währung:

	im Ganzen	in Oesterreich	in Procenten	in Ungarn	in Procenten
1867	11.714	9.045	84.90	1.769	15.10
1868	17.517	14.854	84.79	2.663	15.21
1869	20.331	17.491	86.04	2.840	13.96
1870	20.450	17.388	85.01	3.062	14.99
1871	24.044	20.974	87.24	3.070	12.76
1872	27.782	23.506	84.61	4.276	15.39
1873	26.001	22.697	87.20	3.304	12.71
1874	20.398	18.003	88.26	2.395	11.74
1875	20.453	17.914	87.59	2.539	12.41
1876	19.046	16.631	87.32	2.415	12.68
1877	19.676	17.261	87.72	2.415	12.28

Die Einnahmen Oesterreichs steigerten sich demnach während dieser ganzen Periode 1867 bis 1877 um 73.56 Procent, während jene Ungarns blos um 36.05 Procent zunahmen. Der Zollertrag bewegt sich bis zum Jahre 1872 in aufsteigender Richtung, seitdem ist ein starker Rückgang eingetreten. Es wäre jedoch ein Irrthum, aus den verminderten Zolleinnahmen einen Schluss auf eine verminderte Consumtion ziehen zu wollen, denn gerade bei den finanziell wichtigsten Verbrauchsgegenständen ist ein Rückgang nicht ersichtlich. Der Zollertrag der Waareneinfuhr zeigt bei Kaffee und Kaffeesurrogaten seit 1866 eine steigende Tendenz, und wenn auch das Jahr 1874 dem Vorjahre gegenüber eine Verminderung aufweist, so war diese nur vorübergehend und schon 1876 waren die

Einnahmen des Jahres 1873 überholt. Bei den Südfrüchten ist ein kleiner fast unbedeutender Ausfall eingetreten. Petroleum, seit 1868 eine stetig sich steigernde Einnahmsquelle, hat alljährlich eine Zunahme des Zollertrages aufzuweisen. Die Verminderung der Zollerträgnisse tritt zumeist bei Industrieartikeln seit 1872 zu Tage, indem die Einfuhr seither einen beträchtlichen Rückgang erfahren hat. [1]) Der autonome Zolltarif vom 27. Juni 1878 setzte sich eine doppelte Aufgabe, einmal durch eine entsprechendere Classification der Waaren der österreichischen Industrie einen grösseren Schutz zu gewähren, sodann aber durch Erhöhung der Zölle auf einige Consumartikeln eine Vermehrung der Staatseinnahmen zu erzielen. In der That liess sich nicht in Abrede stellen, dass das Zollerträgniss Oesterreichs weit hinter jenem der fortgeschrittenen Staaten sowohl mit Rücksicht auf den Werth der importirten Waaren als auch im Verhältniss der Gesammteinnahme zurückstand, und seit dem Jahre 1868 nur eine verhältnissmässig geringe Steigerung aufwies. [2])

---

[1]) Eine Vergleichung der wichtigsten Finanzzölle in den Jahren 1868, 1872 und 1877 möge das Gesagte illustriren; die Einnahmen betrugen in Mill. fl. bei:

	1868	1872	1877
Kaffee	3.727	4.930	5.526
Südfrüchte	0.812	1.304	1.403
Petroleum	0.189	0.701	1.565
Schlacht- und Zugvieh	1.282	1.631	1.222
Gewürze	0.397	0.458	0.511
Wein	0.163	0.584	0.319
Oele und Fette	0.281	0.360	0.375
Nach Tarifsclassen			
Colonialwaaren und Südfrüchte	5.150	6.930	7.682
Garten- und Feldfrüchte	0.308	1.781	0.423
Thiere	1.379	1.792	1.338
Fette und fette Oele	0.343	0.868	0.583
Getränke und Esswaaren	0.373	0.926	0.658

[2]) Die Zolleinnahmen im Jahre 1876 betrugen in Mill. fl.:

Sieht man von der Erhöhung der Zölle auf Halb-
und Ganzfabrikate gänzlich ab und berücksichtigt blos
die Finanzzölle, so wurden erhöht die Zölle auf rohen
Kaffee von 16 auf 24 und von gebranntem Kaffee von 21
auf 30 fl., wodurch man ein Mehr von 2.₅ Mill. erwartete. In
Italien betrug damals der Zoll 32 fl. per Metercentner, in
Frankreich 64.₄ und 81 fl., überdies noch einen 4 procentigen Zuschlag, in Deutschland war der Zollsatz allerdings
ein geringerer. Ferner wurden erhöht die Zölle auf Gewürze, Südfrüchte, Thee (von 31.₅ auf 50 fl. per Metercentner), auf Fische, Häringe, Wein, Butter, Vieh und
leider auch auf Reis.

Eine Erhöhung erfuhr auch der Zoll auf Petroleum.
Die Regierung beantragte, den bisherigen Zollsatz auf
raffinirtes Petroleum von 1.₅ sporco Silber auf 8 fl. sporco
Gold zu erhöhen. Mit Berücksichtigung der Tara stellte
sich die Steigerung von 1.₈₇₅ Silber netto auf 10 fl. netto
Gold, und bei dem damaligen Agio mit 6 Procent Silber
und 18 Procent Gold von 1.₉₈₇₅ fl. auf 11.₈ fl., also eine
Erhöhung um 9.₈₁₂₅ fl. Man erwartete durch die Zollerhöhung
auf diesen Artikel eine Mehreinnahme von 7.₁₂ Mill. fl. Der
Consum hatte in den letzten Jahren beträchtlich zugenommen. Noch im Jahre 1867 betrug die gesammte Einfuhr
blos 63.684 Ctr., wovon 5284 Ctr. wieder ausgeführt wurden; seither stieg die Einfuhr stetig und belief sich 1876
auf 830.325 Metercentner, während die Ausfuhr blos 8579
Metercentner betrug. Nach Abrechnung der Tara ver-

	Brutto-einnahme	Enthebungs-karten-kosten	in Procenten	per Kopf von der Bruttoeinnahme
Deutschland	151.35	14.015	9.20	3.57
Oesterreich-Ungarn	49.—	4.025	9.43	1.33
Belgien	22.130	4.7	21.08	4.00
Dänemark	28.25	1.4	4.05	14.84
Frankreich	264.35	23.45	11.14	7.38
Niederlande	12.180	3.—	24.6	3.15
Schweiz	12.376	1.338	10.81	4.63

blieben daher 657.397 Metercentner für den inneren Verbrauch oder 4.5 bis 5 Zollpfund pro Kopf. Hieraus ist
ersichtlich," bemerkt der Bericht des Abgeordnetenhauses
treffend, „bis zu welchem Grade das mineralische Leuchtöl
in Oesterreich-Ungarn bis in die entferntesten Thäler vor-
gedrungen ist. Der billige Preis und die hohe Leuchtkraft
desselben haben die Arbeitszeit des Arbeiters verlängert
und man kann demselben auch in entlegenen Dorfschaften
und in den niedrigsten Bevölkerungsschichten der grossen
Städte einen gewissen sittigenden Einfluss durch Befesti-
gung des Familienlebens nicht absprechen." Eine Petition
des Centralcomités zur Beförderung der Erwerbsthätigkeit
der böhmischen Erz- und Riesengebirgsbewohner hebt
hervor, dass gerade die Sammtweberei und die Spitzen-
klöppelei ein sehr helles Licht erfordern, so dass das
Petroleum dort zu einer Wohlthat der Bevölkerung geworden ist. Die Ansichten über die Erhöhung des Zoll-
satzes gingen auseinander. Für den Antrag der Regierung
trat Niemand ein, da eine sorgfältige Berechnung ergab,
dass die Belastung gerade für die unteren Schichten der
Bevölkerung eine verhältnissmässig grosse sein würde.
Der Zollsatz wurde auf 3 fl. Gold festgesetzt. In den geschlossenen Städten stellt sich die Belastung um so grösser
heraus, da eine ziemlich hohe Verzehrungssteuer erhoben
wird; sie beträgt für Wien 3.12 fl., für die anderen geschlossenen Städte Oesterreichs 1.56 kr., wozu noch ein
20 procentiger ärarischer Zuschlag und der ärarische Ge-
meindezuschlag kommen. [1])

---

[1]) Die Gesammtsteuer beträgt: in Wien 4 fl. 53.4 kr., in Prag 2 fl.
26.4 kr., in Brünn 2.24 fl., in Linz 2.26 fl., in Graz 2.5 fl., in Laibach 1.87 fl.,
in Lemberg 2 fl. 26.7 kr., in Krakau 2 fl. 97.5 kr. Eine der ersten Firmen,
Ditmar in Wien, berechnete im Laufe der letzten zehn Jahre von ihrer Ge-
sammtproduction an Petroleumlampen: 44 Procent Flachbrenner zu 3''', 24
Procent zu 5''', 6 Procent zu 8''', 6 Procent zu 11''', endlich 20 Procent
Rundbrenner verschiedener Sorte. Die beantragte Zollerhöhung würde daher
betragen haben:

Eine von Jahr zu Jahr sich steigernde Einnahme liefern
Stempel. Taxen und die sogenannten unmittelbaren
Gebühren. Der Papierstempel wurde durch das Patent
vom 3. November 1686 eingeführt, nachdem sich diese
Abgabe bereits in Holland seit 1624 und in England seit
1671 eingebürgert hatte. Die Einrichtungen dieser Länder
dienten als Vorbild. Die Stempelgebühr war nach drei
Classen abgestuft und betrug 1 fl., 15 kr. und 6 kr. Die
Ersetzung des Papierstempels durch eine Papiersteuer,
welche die Fabrikation nach der Güte des Papiers traf,
machte bald wieder der Stempelabgabe Platz. Das Stempelgesetz vom 3. Februar 1762 bildet den Ausgangspunkt
der jetzigen Gesetzgebung; es unterschied vier Classen
von 2 und 1 fl., 15 kr. und 3 kr. In die erste Classe gehörten alle Urkunden von Mitgliedern des Herren- und
Ritterstandes und Zinsquittungen über 1000 fl. übersteig-
ende Beträge. Der zweiten Classe unterlagen Decrete
über Amts- und Dienstverleihungen mit einem Gehalte
von mindestens 100 fl., Vollmachten und die Rechtsur-
kunden des dritten Standes „der graduirten, geadelten,
charakterisirten, privilegirten oder titulirten Personen,
Bürgern, die das jus possidendi besitzen, Landesprokura-
toren und Advocaten", ferner Verträge und Quittungen
über Beträge von 500 bis 1000 fl. In die dritte Classe gehörten
Urkunden von Rechtsgeschäften, ständischer, städtischer
und herrschaftlicher Beamten und Pächter oder anderer
nicht privilegirter Personen, Quittungen über Beträge von
100 bis 500 fl. In die vierte Classe endlich wurden gereiht
Quittungen über Beträge unter 100 fl., Bittschriften, Ge-
suche u. dgl. Gleichzeitig wurde auch die Stempelung

Flachbrenner	Consum per Jahr	Zollerhöhung
3'''	12.21 Kilo	1.2 fl.
5'''	24.075 „	2.27 „
8'''	33.3 „	3.27 „
11'''	44.4 „	4.30 „

der Spielkarten und Kalender normirt. Der Kalenderstempel bestand seit 1711 und das Stempelpatent regelte die Besteuerung in fünf Classen für die verschiedenen Provinzen.

Eine Revision des Stempelgesetzes trat durch das Patent vom 5. Juni 1784 ein. Die Vorarbeiten waren sehr eingehender Natur, bereits im Sommer 1783 waren dieselben zum Abschlusse gediehen; die Rücksichtnahme auf Galizien verzögerte die Veröffentlichung. Von Bologna aus ordnete der Kaiser in einem Handschreiben an Kolowrat nochmalige Berathungen an, da die oberste Justizstelle „wichtige Erinnerungen" gemacht habe. Erst im Mai 1784 konnte dem Kaiser das Patent vorgelegt werden, nachdem auch Sonnenfels seine stilistischen Correcturen angebracht hatte. [1])

Das Stempelgesetz vom 5. Juni 1784 bestimmte als stempelpflichtig jede Urkunde, welche bestimmt ist, „eine eingegangene oder erfüllte Verbindlichkeit zu bestätigen, Jemanden ein Recht zuzueignen oder eine Pflicht aufzutragen, endlich sich derselben bei Behauptung einer Gerechtsame oder bei Vertheidigung gegen einen Anspruch zum Beweise zu bedienen." Sonst blieben die wesentlichen Principien des Maria Theresianischen Gesetzes unverändert. Die vier Stempelclassen blieben aufrecht, nur mannigfaltiger abgestuft; in Tirol, Vorarlberg und den Vorlanden mit 1 fl., 30 kr., 10 kr. und 3 kr., in den übrigen

---

[1]) Die Sonnenfels'schen Correcturen waren durchweg nur stilistischer Natur; er brachte dieselben mit rother Tinte an und schrieb sodann am Rande des Exemplars: „berichtigt Sonnenfels", sie beschränken sich zumeist auf Ersetzung der damals noch üblichen lateinischen Deklinationsform durch die deutsche; so z. B. „Absolutorien" statt „Absolutoria", oder bei französischen Worten auf Eliminirung der Pluralzeichen, so Deserteure statt Deserteurs; ferner schrieb Sonnenfels statt zwoter zweiter; in manchen Punkten trat er puristischen Versuchen entgegen; in dem Entwurfe hiess es z. B.: eingeholte Erfahrung, er corrigirte: erworbene Praxis.

Ländern mit Ausnahme des Littorales mit 2 und 1 fl., 15 kr. und 3 kr.

Die Bestimmung, heisst es in dem Patente, nach welcher Classe der Papierstempel gebraucht werden soll, fliesst entweder aus der Eigenschaft dessen, der die Urkunde ausstellt, oder aus dem Werthe des Gegenstandes, worüber die Urkunde ausgestellt wird, oder aus der Gattung der Urkunde. In die erste Classe gehörten Prälaten, Ritter, Mitglieder des Herrenstandes, Fürsten, Grafen, Freiherren, Erzbischöfe, Bischöfe, infulirte Aebte, Generale; in die zweite Classe diejenigen, welche die Befugniss haben, ein ständisches Gut zu besitzen, der niedere Adel, Capitularien, Stabsofficiere, Doctoren, Hofagenten, kaiserliche Räthe, Wechsler und Grosshändler; in die dritte Classe gehörten Officiere, Beamte, Priester, Bürger der Hauptstädte, Gutspächter, Herrschaftsbeamte; in die vierte Classe die übrigen nicht erwähnten Stände. Weiber werden nach der Classe der Männer beurtheilt. Der Geldbetrag war in vier Classen abgestuft: 1000 fl. und darüber; über 500 fl.: über 100 fl. endlich unter 100 fl.

Erzeugung und Verkauf von Spielkarten waren freigegeben, der Stempel betrug je nach der Sorte 10 kr. für alle aus dem Auslande eingeführten Karten, 7 kr. für alle planirten und endlich 2 kr. für die übrigen Sorten. Kalender entrichteten 15, 12, 6, 2 kr. und 2 Pf. je nach der Provenienz, nach dem Formate, dem Inhalte oder den artistischen Beilagen. Im Jahre 1789 wurde auch der Zeitungsstempel eingeführt. [1])

---

1) Den Zeitungsstempel hatte ein „Ungenannter" in Anregung gebracht, indem er vorschlug „alle Druckereien" mit einem Stempel zu belegen; ein anderer Antrag ging blos auf den Stempel von Zeitschriften und Broschüren. Die kaiserliche Entschliessung auf den Vortrag vom 16. Januar 1789 lautet: „Die Stempelung und die daraus entstehende Belegung der verschiedenen Zeitungen, öffentlichen Tags- und Wochenblätter und sämmtlicher Broschüren, dann Komödien ist allerdings als wirksamstes Mittel einzuführen,

Die Französeische Regierung hielt in der ersten Zeit an den wesentlichen Bestimmungen der unter Joseph erlassenen Gesetze fest, die Aenderungen betrafen in erster Linie die Stempelsätze. Das Patent vom 5. October 1802 enthielt 14 Classen, welche man durch eine vielfältige Abstufung der Geldbeträge erhielt. Bis 25 fl. waren 3 kr. zu entrichten, bis 100 fl. 6 kr., bis 250 fl. 15 kr. u. s. w. bis 100 fl. bei einem Geldbetrage von über 80.000 fl.

Eine neue Revision des Gesetzes machte sich seit dem Frieden 1815 fühlbar; einerseits waren veraltete Bestimmungen wie jene über den Stempelsatz mit Rücksicht auf den Stand der Personen zu beseitigen, sodann aber sollten auch die Staatseinnahmen durch Einbeziehung gerichtlicher Acte, die bisher frei geblieben, vermehrt werden. Die Erweiterung der Stempelpflicht und eine entsprechendere Abstufung der Sätze bezeichnen unstreitig die Fortschritte des Gesetzes vom 27. Januar 1840. Die Scala war eine doppelte, je nachdem es sich um Wechsel oder andere Urkunden handelte. Die Sätze bei Letzteren stiegen von 3 kr. bis 20 fl., jene für Wechsel betrugen 6 kr. für einen Betrag unter 100 fl., 15 kr. von 100 fl. bis 1000 fl., 30 kr. von 1000 fl. bis 2000 fl., und über 2000 fl. ein Stempelsatz

die Skriblers, die schon seit der bestehenden Pressfreiheit so viel Unsinn und wenigstens so viel abgeschmacktes Zeug zur Schande der sogenannten Nationalaufkeimenden Literatur und Aufklärung hervorgebracht haben, künftig zu mässigen und auch fremde dergleichen Schrifteneinführnng hintanzuhalten. Das Wiener Diarium ist allein davon auszunehmen, alle übrigen Blätter und Broschüren, was nicht Werke sind, sowohl die hier als in den übrigen Erbländern gedruckt oder eingeführt werden, sind der Stempelung und also Zahlung unnachsichtlich zu unterwerfen." — Die Einnahmen bestimmte der Kaiser zur Gründung eines Pädagogiums für Schullehrer. — Indess schon einige Wochen darauf wurde die Anzahl der Ausnahmen inaugurirt, indem man einer gewissen Kategorie von Zeitschriften die Stempelung erliess, als: Journal encyclopädique, Journal de physique, esprit du Journaux, the montly Review, allgemeine Literaturzeitung, Jenaer und göttinger gelehrte Anzeigen, deutscher Merkur, überhaupt „allen periodischen Schriften, welche nützliche Anzeigen, Beiträge und Bemerkungen zur Gelehrsamkeit enthielten."

von 1 fl. Bei Urkunden über Zahlungen, deren Dauer auf
eine längere Zeit bedungen wurde, war ein höherer Satz
vorgeschrieben und zwar bei immerwährenden Leistungen
mit dem zwanzigfachen Betrage der gewöhnlichen Scala,
bei einer zehnjährigen Dauer mit dem Zehnfachen, bei Leistungen auf ungewisse Zeit mit dem Dreifachen. Bei mehr-
bogigen Urkunden hatte nur der erste Bogen den classen-
mässigen Stempel, die andern blos eine Stempelgebühr von
10 kr. zu entrichten, und falls der erste Bogen einem geringeren Stempel unterlag, den gleichen Stempel. Urkunden,
die auf keinen Geldbetrag lauteten, unterlagen einer
Stempelgebühr mit 10 kr. für den ersten Bogen. Wurde
jedoch irgend ein Recht erworben oder übertragen, ein per-
sönliches oder ein dingliches, sowie bei Urkunden, die als
Beweismittel dienten, musste ein Stempel von 30 kr. entrichtet werden; Tarife, Geburtsscheine, Trauungs- und
Todtenscheine u. s. w. waren mit 15 kr., Schul- und
Dienstzeugnisse mit 6 und 3 kr. belegt. Der Stempel für
gerichtliche Acte in und ausser Streitsachen war abgestuft, je nachdem die Verhandlung bei einem Patrimonial-
gerichte, bei einem landesfürstlichen Collegialgerichte oder
einem anderen landesfürstlichen Gerichte gepflogen wurde,
und zwar mit 6, 10 oder 15 kr. Auch der Stempel auf
Zeitungen, Kalender und Spielkarten wurde vereinfacht.
Die Taxen waren verschiedenartig bemessen. An Stelle
der Erbsteuer (10 Procent) und des Mortuar's (1 Procent
von dem unbeweglichen, $1^2/_3$ Procent von dem beweglichen
Nachlasse) trat eine Verlassenschaftsgebühr, ohne jedoch
die in dieser Beziehung angezeigte Progression im Verhältnisse zu der Grösse des Vermögens zu adoptiren. Auch
andere Inconvenienzen beeinträchtigten das sonst richtig
gedachte Gesetz. Das finanzielle Ergebniss war ein günstiges; Nachtragsverordnungen suchten manche Härte zu
mildern, manche Unklarheit zu beseitigen, erschwerten
jedoch die Handhabung des Gesetzes.

Im Jahre 1850 trat eine neue Revision ein, und zwar durch das Gesetz vom 9. Februar 1850 für die deutsch-slavischen und italienischen Länder, und das beinahe gleichlautende Gesetz vom 2. August 1850 für die ungarischen Länder. Schon die Umgestaltung in der Verwaltung und Justizpflege, welche der Staat in seine Hände nahm, wodurch vermehrte Auslagen erwuchsen, erheischte eine Aenderung mancher Bestimmungen. Durch schärfere Präcision wurde ein Fortschritt auf diesem so schwierigen Gebiete der Legislation gemacht, da es bei dem sich entwickelnden wirthschaftlichen Leben schwer ist, von Vornehcrein alle möglichen Fälle legistisch zu fixiren und eine nachträgliche Casuistik über viele Schwierigkeiten hinweghelfen muss. Die Erhebung wurde entweder mittelbar durch den Stempel oder durch unmittelbare Einzahlung bei der Staatscasse gestattet. Die fixen Gebühren für eine ganze Reihe von Urkunden betrugen 1, 3, 10, 15, 30 kr., 1, 2 und 4 fl. Die scalamässige Gebühr war eine doppelte und zwar für Wechsel mit 1_{20} Procent des Werthes, bei anderen Urkunden 1_{4} Procent. Während früher die Scala einen bestimmten Betrag nicht überschritt, setzte das neue Gesetz eine Grenze nicht fest. Schenkungen, Vermögensübertragungen von Todeswegen, Uebertragungen des Eigenthums, Fruchtgenüsse oder Gebrauchswerthe unbeweglicher Sachen, Urtheile über Streitgegenstände im Werthe von mehr als 200 fl., sobald damit eine Vermögensübertragung verbunden ist, unterlagen einer Procentualgebühr. Ein späteres Gesetz regelte das sogenannte Gebührenäquivalent, welches Gemeinden, Kirchen, Klöster, Stiftungen und andere moralische Personen von zehn zu zehn Jahren mit 2 Procent ihres unbeweglichen Werthes zu entrichten haben, da in dem Besitze dieser Körperschaften sich Besitzveränderungen nur wenig vollziehen. Die Stempelgebühren von Spielkarten, Kalendern, ausländischen Zeitungen, Ankündigungen und Inseraten in Zeitungen und anderen periodischen Schriften wurden ebenfalls einer Regelung unterzogen. Das Gesetz vom 15. August 1852 setzte für Privilegien durch die kaiserlichen Entschliessungen vom 28. April und 12. Mai 1860 die Gebühren bei Antritt von Gewerben und bei Firmenprotocollirungen fest. Die Einnahmen steigerten sich von Jahr zu Jahr, beim Stempel von 6.4 Mill. im Jahre 1850 auf über 31 Mill. 1858. Der französisch-italienische Krieg brachte einen Zuschlag zur Stempelscala und zu einigen Gebührensätzen, wodurch sich die Ergebnisse erhöhten.

Die parlamentarische Aera inaugurirte ihre Thätigkeit auf diesem Gebiet durch das Gesetz vom 13. December 1862, allerdings blos mit einjähriger Giltigkeit. In dem in der Sitzung vom 11. November erstatteten Berichte wurde hervorgehoben, dass die Gebührengesetze vom 9. Februar und 2. August 1850 sich ungeachtet ihrer Consequenz und ihres logischen Systems keiner besonderen Sympathien erfreuen, nicht so sehr wegen der Höhe der Gebührensätze, als wegen der Schwierigkeit der Anwendung; mehr als 700 Nachtragsverordnungen seien erschienen. Die Vorlage der Regierung bezweckte blos eine Mehreinnahme von 9 bis 10 Mill., eine neue Codification wurde für die Zukunft in Aussicht gestellt, bis die Neugestaltung des Justizwesens den Abschluss der Arbeiten ermöglichen werde. Die Beschlüsse des Hauses gingen zum Theil über die Regierungsanträge hinaus. So hatte die Regierungsvorlage eine dritte Scala auf dem Percentmasse von 1/2 beruhend den schon bestehenden zwei hinzugefügt, und zwar für Schuldscheine auf den Ueberbringer lautend, für Urkunden von Privaten über Anstellungen und Dienstverleihungen, Kauf- und Tauschverträge u. s. w. Der Ausschuss schlug auch eine Erhöhung der Scala I vor, die bisher auf dem Procentfusse von 1/20 und mit Einschluss des ausserordentlichen Zuschlages auf 1/16 basirte, und der Antrag ging auf Erhöhung dieser Scala auf $\frac{1}{15}$ und mit Einschluss des ausserordentlichen Zuschlages auf $\frac{1}{12}$ Procent. Dagegen fiel der von der Regierung beantragte Girostempel, wofür die Erhöhung der Scala I einen Ersatz bieten sollte. Der bisherige Unterschied bei der Entrichtung der Gebühr zwischen Schenkungen unter Lebenden, wenn die Sache sogleich übergeben und darüber eine Urkunde ausgestellt wurde, und anderen Schenkungen wurde aufgehoben und die Procentualgebühr für alle gleichmässig bestimmt. Die Bemessung aller Procentualgebühren sollte nach Werthabstufungen von 20 zu 20 fl. erfolgen, während bisher von jedem Gulden die Gebühr berechnet wurde. Die Erhöhungen bei der Scala I bestanden auch darin, dass bisher bis zu 100 fl. eine Gebühr von 5 kr. und ein Zuschlag von 2 kr. zu entrichten war, nun aber sollten blos 75 fl. mit dieser Gebühr belegt werden und ein darüber hinausgehender Betrag schon in die höhere Classe gehören. Die Scala stieg bis zu 30.000 fl., wofür als Gebührensatz 20 fl. und als ausserordentlicher Zuschlag 5 fl., zusammen daher 25 fl. bestimmt wurde. Darüber hinaus wurde von je 1500 fl. eine Mehrgebühr von 1 fl. und ein Zuschlag von 25 kr. festgesetzt. Die Scala III, welcher nur einige Rechtsgeschäfte unterliegen, als: Käufe über bewegliches Vermögen, Actien, Leibrenten, Gesindeverträge, Schuldscheine, die auf den Ueberbringer lauten, insgesammt bisher in die zweite Scala gereiht, setzte für 10 fl. eine Gebühr von 5 kr. und einen ausserordentlichen Zuschlag von 2 kr., zusammen 7 kr., fest, und stieg, auf einen $\frac{1}{2}$procentigen Satze fussend bis zu 4000 fl., wofür 25 fl. (20 als Gebühr, 5 als Zuschlag) festgesetzt waren. Ueber 4000 fl. wurde für je 200 fl. eine Mehrgebühr von 1 fl. 25 kr. bestimmt.

Eine namhafte Erhöhung erfuhren die festen Gebühren von 1 und 2 kr. auf 5 kr., von 3 auf 10 kr., von 6 auf 15 kr., von 15 auf 50 kr., und von 30 kr. auf 1 fl. Endlich wurde eine nicht unbeträchtliche Anzahl von Tarifbestim

mungen der Gesetze vom 6. Februar und 2. August 1850
abgeändert. Neu eingeführt wurde eine fixe Gebühr für
Personenfahrkarten der Eisenbahn- und Dampfschifffahrts-
unternehmungen ohne Rücksicht auf Meilen und Classe
mit 5 kr., eine Bestimmung, die als einseitig und unbillig,
ja als ungerecht bekämpft wurde: sie erinnere „an die
alte österreichische Kopfsteuer, welche den Kopf des blö-
desten Tropfs, wenn er nur das vierundzwanzigste Lebens-
jahr erreicht hatte, mit dem Kopfe des Geist- und Geld-
reichsten gleichstellte". Andere bemängelten, dass man
den Verkehr treffen wolle, während es wohl angezeigt
wäre, den Luxus, das Vergnügen durch Besteuerung von
Theaterbillets, Balleintrittskarten zu belegen. Ganz richtig
wurde bemerkt, dass die Eisenbahnen diese Abgabe nicht
selbst tragen, sondern auf die Reisenden überwälzen werden. Einschneidend waren die Anträge über die Gebühren
bei Vermögensübertragungen. Nach dem bis dahin giltigen
Gesetze waren dem Gebührenäquivalent unterworfen die
juristischen Personen im engeren Sinne, als: Stiftungen,
Beneficien, Kirchen u. s. w., und zwar mit einem Aequi-
valente von 2 Procent bezüglich des eine Rente abwer-
fenden unbeweglichen Vermögens. Die Regierung beantragte eine Erhöhung auf 3 Procent und eine Ausdehnung
mit $1^1{}_2$ Procent auf das bewegliche fruchtbringende Vermögen dieser Corporationen; ferner für Actiengesellschaften
und andere Erwerbsgenossenschaften eine Gebühr mit
$1^1/_2$ Procent. Der Ausschuss erhöhte dieselbe auf 3 Procent und beseitigte die Unterscheidung zwischen fruchtbringendem und nicht fruchtbringendem Vermögen, weil
das Aequivalent nur dazu bestimmt sei, dem Staate einen
Ersatz dafür zu bieten, dass eine Sache in dem Besitze
einer solchen Gesellschaft sei und ihm deswegen die Gebühr für Uebertragungen unter Lebenden und auf den
Todesfall entziehe.

Bereits im folgenden Jahre erfolgte abermals eine
Aenderung des Gesetzes. Die Scala I erlitt eine Umgestaltung durch eine Ermässigung des Procentsatzes von
$^1/_{12}$ auf 8 pro Mille, ferner wurden einige Bestimmungen
über den Wechselstempel, für Cessionen von Actien, Dar-
leihensgeschäfte, Frachtbriefe und Empfangsbestätigungen
im Transportgeschäfte u. dgl. m. abgeändert. Die Nothwendigkeit einer gänzlichen Umgestaltung der Gebührengesetzgebung wurde bei den Debatten energisch betont und die
Regierung aufgefordert, schon „in der nächsten Session
den Entwurf eines neuen, allen früheren Gesetzen über
Stempel und Gebühren derogirenden, so weit es möglich,
nach Materien systematisch geordneten, die Gebührensätze
thunlichst ermässigenden Gesetzes einzubringen."

Dieser Aufforderung des Abgeordnetenhauses ist die
Regierung bisher nicht nachgekommen. Die Aenderungen
auf dem Gebiete der Gebührengesetzgebung waren seit
1863 verhältnissmässig unbedeutend, und erst das Gesetz
vom 8. März 1876 hat neue Bestimmungen über den
Wechselstempel und über den Stempel von Rechnungen
und sonstigen kaufmännischen Urkunden getroffen.

Die Wahrnehmung, dass die Umgehung der Gesetze
unglaubliche Dimensionen angenommen habe, bewog die
Regierung, an die so vielseitig angeregte Reform der
Stempelgesetzgebung Hand anzulegen. Begünstigt wurde
diese Umgehung durch die Leichtigkeit, die Stempel-
marken nur mit Unterschrift zu überschreiben, und als
gegen diese Art von Markenüberschreibung von Seite des
Handelsstandes Beschwerde erhoben wurde, erfolgte das
weitere Zugeständniss im Gesetze vom 29. Februar 1864, die
Ueberschreibung durch blosse Eintragung des Datums der
Ausstellung und des Namens des Ausstellers unabhängig
von der wechselrechtlichen Datirung und Unterschrift des
Wechsels zu gestatten und diese Modalität auch auf Ge-
bührenergänzungen und ausländische Wechsel, wofür bis

dahin die amtliche Ueberstempelung ausnahmslos vorgeschrieben war, auszudehnen. [1]) Die unterlassene Gebühren-
entrichtung konnte in jedem Momente nachgeholt und jede
Spur einer etwaigen Gesetzesübertretung beseitigt werden. Die für Wechsel in dem Gesetze vom 29. Februar
1864 festgesetzten Sätze waren im Vergleiche zu den anderen Staaten ziemlich hoch, sie beruhten auf dem Satze
von $\frac{1}{12}$ Procent und die neue Vorlage beantragte eine
Herabsetzung um $\frac{1}{20}$, daher eine Scala auf Basis von $\frac{1}{15}$
Procent; um die Versuchung zu einer Umgehung abzu-
schwächen, sollten aber auch andererseits die Vorsichten
bezüglich der nachträglichen Anbringung der Stempel-
marken erschwert und daher die Strafen verschärft werden. Ausser der Herabsetzung der Stempelscala I und der
Stempelgebühr für transitirende Wechsel, für Indosse-
mente und kaufmännische Rechnungen, wurde für inländische Wechsel, insoferne nicht die unmittelbare Entrichtung der Gebühr eintritt, der Gebrauch gestempelter
Blanquette oder amtlich überstempelter Marken, für ausländische Wechsel die amtliche Ueberstempelung vorgeschrieben und die Ueberschreibung der Marken abgestellt.
Das Stempelgesetz vom 8. März 1876 beruht, wie schon
erwähnt, für Wechsel, kaufmännische Anweisungen, Ver-
pflichtscheine in Handelsgeschäften und für Vorschüsse
von statutengemäss zu Vorschussgeschäften berechtigten
Anstalten auf dem Satze von $\frac{1}{15}$ Procent; die Gebühr für
im Auslande ausgestellte und im Auslande zahlbare Wechsel, die früher $\frac{1}{12}$ Procent betrug, wurde auf 2 kr. von
100 fl., daher auf $\frac{1}{50}$ Procent ermässigt; in Fällen, in
denen das Indossement einer Gebühr unterliegt und keine
Hypothekarklausel beigesetzt ist, diese Gebühr herabge-
setzt (von $\frac{5}{16}$ Procent auf $\frac{1}{15}$ Procent), endlich die Ge-

---

[1]) Motivenbericht zur Regierungsvorlage Nr. 232 der Beilagen zu den stenographischen Protocollen des Abgeordnetenhauses. VIII. Session.

bühr für kaufmännische Rechnungen, die bis zu dem Betrage von 10 fl. 1 kr. und bei Rechnungen über 10 fl. 5 kr. betragen hatte, ermässigt, indem Rechnungen bis 10 fl. nunmehr unbedingt gebührenfrei bleiben, bei Rechnungen von 10 fl. bis 50 fl. eine Gebühr von 1 kr. und nur bei Rechnungen über 50 fl. die Gebühr mit 5 kr. per Bogen bestimmt wurde. Diese Herabsetzung stellte allerdings einen Ausfall in Aussicht, der jedoch nach der Annahme der Regierung durch eine vollständige Erfüllung der Gebührenpflicht von den Wechseln und anderen kaufmännischen Urkunden, in dem Mehrerträgnisse an Wechselstempeln nicht nur seine Deckung finden, sondern auch eine nicht unbeträchtliche Mehreinnahme erwarten liess.

Die Einnahmen aus Stempel und Taxen betrugen in Mill. fl.:

| | Stempel | | Taxen | |
	brutto	netto	brutto	netto
1868	11.86	11.64	19.69	19.30
1869	12.38	12.15	24.82	24.459
1870	12.664	12.418	25.49	24.742
1871	13.354	13.111	28.03	27.574
1872	14.216	13.948	40.65	40.19
1873	14.977	14.72	40.73	33.48
1874	15.207	15.52	35.02	33.93
1875	16.105	16.065	34.03	33.34
1876	16.910	16.483	32.21	31.652
1877	17.228	16.88	32.7	30.15
1878	16.799	16.403	51.6	30.467

Im Jahre 1879 waren veranschlagt 17.24, 1880 16.8 Mill. an Stempel, und 30.7 im Jahre 1879, 31.5 Mill. an Taxen.

Die Rechnungsabschlüsse enthalten leider nur die Hauptsummen und geben über die Details keinen Aufschluss, auch das jährlich erscheinende statistische Jahrbuch ergänzt nur einigermassen die Lücke. Dagegen enthalten die Berichte des Budgetausschusses einige werthvolle Angaben. Der Stempelmarkenverschleiss ist von $12._{017}$ Mill. fl. im Jahre 1871 auf $14._0$ Mill. fl. im Jahre 1878 gestiegen, der Verschleiss von Blanquetten für Wechsel von $0._{157}$ auf $0._{707}$ Mill. fl.. die Stempelgebühren für Kalender stiegen von $0._{118}$ auf $0._{129}$ Mill. fl., für Spielkarten von $0._{148}$ auf $0._{161}$ Mill. fl., für Zeitungen von $0._{707}$ auf $0._{912}$ Mill. fl. Die scalamässigen Gebühren betrugen 1871 $3._{82}$, 1878 $2._{009}$ Mill. fl.. daher ein nicht unbedeutender Rückgang: die Procentualgebühren stiegen von $18._2$ auf $23._{04}$ Mill. fl.; hievon entfielen auf Lottogewinnste 1871 $0._{363}$, 1878 $0._{57}$ Mill. fl.; auf die entgeltliche Uebertragung des Eigenthumsrechtes, des Fruchtgenusses und des Gebrauchswerthes unbeweglicher Sachen 1871 $8._{023}$. 1878 $11._8$ Mill. fl., auf die unentgeltlichen Vermögensübertragungen $6._{259}$ und 9 Mill. fl., auf die Eintragung in die öffentlichen Bücher zur Erwerbung dinglicher Rechte $0._{993}$ Mill. fl. im Jahre 1871 und $1._5$ Mill. fl. im Jahre 1878.

Die Einnahmen für Mauthen betrugen in Mill. fl.:

	brutto	netto		brutto	netto
1868	$2._{087}$	$2._{004}$	1873	$2._{798}$	$2._{711}$
1869	$2._{772}$	$2._{725}$	1874	$2._{710}$	$2._{616}$
1870	$2._{708}$	$2._{705}$	1875	$2._{710}$	$2._{378}$
1871	$2._{755}$	$2._{074}$	1876	$2._{585}$	$2._{372}$
1872	$2._{761}$	$2._{683}$	1877	$2._{529}$	$2._{213}$

Für 1878 wurden veranschlagt $2._{572}$ Mill. fl. brutto und $2._{316}$ Mill. fl. netto, für 1879 $2._{543}$ Mill. fl. und für 1880 $2._{508}$ Mill. fl. brutto. Die Abnahme des Ertrages ist eine Folge des zunehmenden Verkehres der Eisenbahnen und der ungünstigen Pachtresultate.

Nicht beträchtlich sind die Einnahmen für Punzirung. Sie betrugen im Jahre 1868 174.498 fl. brutto, erreichten 1872 278.506 fl., und fielen seitdem von Jahr zu Jahr; 1877 gingen 148.033 fl. ein; seitdem macht sich wieder eine Steigerung bemerkbar. Im Voranschlag für 1880

sind 169.000 fl. prälimirt, da sich das Gold- und Silber-
arbeitergeschäft nicht unbeträchtlich gehoben haben soll.
Die gesammten indirecten Steuern ohne Zoll
lieferten:

	brutto	netto
1868	164.29	129.46
1869	168.01	133.97
1870	166.83	143.21
1871	190.9	155.26
1872	212.69	170.09
1873	222.25	172.48
1874	209.54	161.05
1875	210.67	165.31
1876	211.91	166.40
1877	213.00	165.56

Die Steigerung des Brutto-Erträgnisses beträgt in
den Jahren 1868 bis 1877 29.68 Procent, jene des Netto-
Erträgnisses nahe an 28 Procent. Das Jahr 1873 weist
die höchsten Summen auf, 1874 einen ziemlich bedeutenden Rückgang, seitdem ein langsames Steigen, zum Theil
hervorgerufen durch eine Reihe von Gesetzen, welche
eine Vermehrung der Einnahmen bezweckten. Die indirecten Einnahmen lassen zweifellos eine Zunahme des
Wohlstandes und des Verkehres erkennen, besonders in
den Jahren 1868 bis 1873, und selbst die verhängnissvollen
Folgen des Krisenjahres ändern an dieser unbestreitbaren
Thatsache nichts. Im Vergleiche mit anderen Ländern
sind die Fortschritte Oesterreichs allerdings nicht bedeutend zu nennen, denn die indirecten Steuern weisen
anderswo weit grössere Erträgnisse auf. Zu vollständig
sicheren Ergebnissen ist es allerdings schwer zu gelangen,
da die Verhältnisse in den verschiedenen Ländern höchst
mannigfaltige sind und eine einfache Gegenüberstellung
der Erträgnisse leicht zu falschen Schlüssen führt. Jedenfalls müssen die verschiedenen Gattungen von Abgaben

auseinandergehalten werden, schon aus dem Grunde, weil
einige Einnahmen, wie z. B. aus Lotto, in den meisten
Ländern ganz fehlen, ferner weil die in Oesterreich unter
den indirecten Steuern aufgezählten Einnahmen einer streng
wissenschaftlichen Terminologie nicht entsprechen. Auch
die Steuergesetzgebung muss hiebei im Auge behalten
werden, die auf das Erträgniss jedenfalls von grossem
Einflusse ist. Wollte man z. B. die Ergebnisse der Zuckersteuer in Oesterreich mit jener anderer Länder vergleichen,
ohne auf das Pauschalirungssystem Rücksicht zu nehmen,
welchem die für den Staatsschatz ungünstigen Resultate
ausschliesslich zuzuschreiben sind, so gelangte man zu
ganz unstichhaltigen Folgerungen.

Fassen wir zunächst die Verzehrungssteuern ins Auge,
so betrug in Oesterreich die gesammte Einnahme im Jahre
1868 49.$_{661}$ Mill. fl. brutto, 1877 62.$_{499}$ Mill. fl., daher eine
Zunahme von nahe 26 Procent. (Die Nettoergebnisse
stiegen von 47.$_{234}$ auf 56.$_{703}$ Mill. fl., um 22.$_{5}$ Procent.) In
England lieferte die Accise 1868 20.$_{190}$ Mill. fl., 1877 27.$_{710}$
Mill. fl., was einer Steigerung von 37.$_{2}$ Procent gleichkommt. Allein es muss dabei berücksichtigt werden, dass
unter Accisse nicht alle jene Gegenstände zur Besteuerung
gelangen, die in Oesterreich der Verzehrungssteuer unterliegen, und die Einnahmen in England zumeist für Bier und
Branntwein, sodann für Licenzen herrühren. Zu einem
wesentlich anderen Ergebnisse gelangt man, wenn der
für Zucker bis zum Jahre 1875 bestandene Zoll zu den
obigen Summen hinzugeschlagen würde, um eine volle
Vergleichbarkeit mit Oesterreich herzustellen.

In Frankreich ist die Steigerung seit 1869 eine gewaltige; besonders seit 1871 wurden die indirecten Steuern
ausserordentlich erhöht. Relativ am stärksten wurden die
Getränke, die Zuckersteuer und die Zollsätze auf Colonial-
waaren gesteigert, verschiedene neue Verbrauchsabgaben
eingeführt, so auf Seife, Stearin, Kerzen, Papier, Streich-

hölzer. Die Zunahme der Verzehrungssteuern beträgt in den Jahren 1871 bis 1877 26 Procent. Noch schärfer tritt die Steigerung hervor, wenn man das Jahr 1869 zur Vergleichung heranzieht und die Ergebnisse desselben mit dem Voranschlag für 1879 vergleicht, wobei natürlich für 1869 die für Elsass-Lothringen entfallenden Summen in Abschlag gebracht werden müssen. [1])

Die wichtigsten Einnahmsquellen des deutschen Reiches bilden bekanntlich die Verzehrungssteuern und die Zölle; um jedoch die Höhe der Belastung zu berechnen, genügt es nicht die Reichseinnahmen zu kennen, sondern es müssen bei Bier und Branntwein die in den einzelnen Steuergebieten Bayern, Württemberg und Baden eingehenden Steuern zu den Reichseinnahmen geschlagen werden. Wir berücksichtigen blos die Reichssteuern. Was Zucker anbelangt, so betrugen die Einnahmen für die Rübensteuer 1868 $32._{623}$ Mill. Mk., die Eingangzölle $3._{805}$ Mill. Mk., zusammen daher $36._{428}$ Mill. Mk., erreichten 1875/76 $66._{58}$ und $5._{672}$ Mill. Mk., zusammen $72._{252}$ Mill. Mk., 1877/78 $65._{455}$ und $2._{369}$ Mill. Mk., zusammen $67._{824}$ Mill. Mk. Die grosse Differenz zwischen Oesterreich und Deutschland bezüglich der Verzehrungssteuer tritt nirgends schlagender hervor als gerade bei der Zuckerbesteuerung. In Deutschland hielt man an der Rübenbesteuerung fest, nur erhöhte man den Steuersatz von 60 auf 75 Pfennige im Jahre 1858 und auf 80 Pfennige im Jahre 1869; der Bruttoertrag der Zuckersteuer beträgt mehr als die Hälfte der gesammten österreichischen Verzehrungssteuern, und obgleich in den letzten Jahren die Steuerrückvergütungen auch in Deutschland eine beträchtliche Höhe erreicht

---

[1]) Die Tranksteuern stiegen von 289.083 Mill. Frs. im Jahre 1873 auf 408.583 Mill. Frs. im Jahre 1878; Zündhölzchen von 8.751 Mill. Frs. auf über 16 Mill. Frs., Papier von 9.088 Mill. Frs. auf 14.856 Mill. Frs. Die Abgabe auf Oel lieferte nahezu 6 Mill. Frs., jene auf Kerzen über 7 Mill. Frs. u. s. w. Die Ziffern sind dem „Bulletin français" entnommen.

haben, so hat sich der Netto-Ertrag seit 1868 sehr gehoben; die höchste Einnahme erscheint im Jahre 1875/76 mit 63., Mill. Mk., ist seitdem auf rund 49 Mill. Mk. herabgesunken. Die sich steigernden Rückvergütungsbeträge rühren allerdings auch in Deutschland davon her, dass für die Erzeugung eines Centner Zucker eine geringere Rübenmenge erforderlich ist, als der Berechnung des Rückvergütungsbetrages zu Grunde liegt, aber solche Missverhältnisse wie in Oesterreich traten nicht zu Tage. Auch die weit rationellere Branntweinbesteuerung in Deutschland, obgleich sie viel zu wünschen übrig lässt, liefert dem Staatsschatze erhebliche Einnahmen. Man vergleiche nur im Jahre 1877/78 45.$_2$ Mill. Mk. netto in Deutschland und etwas über 7 Mill. fl. in Oesterreich![1]) Nur die österreichischen Einnahmen aus der Biersteuer können einen Vergleich mit jenen Deutschlands aushalten. Der Brutto-Ertrag der Brausteuer stieg im Reichssteuergebiete von 13.$_{57}$ Mill. Mk. im Jahre 1872 auf 17.$_{19}$ Mill. Mk. im Jahre 1877/78; um die Gesammtbelastung im deutschen Reiche kennen zu lernen, müssen jedoch die Einnahmen in Bayern, Württem-

---

[1]) Das von dem französischen Finanzministerium veröffentlichte „Bulletin de Statistique et de Legislation comparée." Troisième année Paris 1879 veröffentlicht eine vergleichende Statistik der Zölle und Verbrauchsabgaben der wichtigsten europäischen Staaten. Hienach betrug im Jahre 1876 die Steuer in Frs.:

auf Branntwein in Mill. pr. Kopf			auf Wein in Mill. pr. Kopf		
Norddeutscher Bund .	66.926	1.78	Baden	1.848	1.22
Oesterreich-Ungarn . .	36.053	0.07	Oesterreich-Ungarn . .	26.435	0.72
Belgien	25.285	4.00	Belgien	5.201	0.97
Dänemark	5.251	2.75	Frankreich	189.273	5.10
Frankreich	168.311	4.59	Niederlande	4.137	1.07
Niederlande	42.102	10.90			

auf Bier			auf Bier		
Norddeutscher Bund .	23.363	0.7	Ungarn	—	0.22
Bayern	25.007	5.17	Belgien	15.035	2.05
Württemberg . . . . .$_n$	7.002	3.77	Frankreich	21.253	0.58
Baden	2.802	1.82	Niederlande	1.02	0.42
Oesterreich	64.133	3.00			

berg, Baden und in Elsass-Lothringen hinzugerechnet
werden. [1])

Bezüglich der Einnahmen für Tabak ist ein Vergleich nur mit jenen Ländern, die ebenfalls das Tabakmonopol bei sich eingebürgert haben, zulässig.

In Frankreich besteht das Tabakmonopol seit 1674,
aber es war an Generalpächter verpachtet. [2]) Die staatliche
Einnahme betrug 4.2 Mill. im Jahre 1718 und stieg bis
32 Mill. Livres 1790. Der Tabakanbau war verboten, nur
in der Franche-Comté, in Flandern und im Elsass, wo das
Monopol nicht bestand, gestattet. Durch die Beseitigung
der inneren Zolllinien stand man vor der Frage, ob auch
in den erwähnten Provinzen das Monopol eingeführt werden solle, und die Nationalversammlung entschied sich
am 14. Februar 1791 für gänzliche Aufhebung desselben
und für einen Ersatz durch einen Zoll von 25 Livres per
Centner. Anbau, Fabrication und Handel wurden freigegeben, französische Schiffe zahlten blos $^{3}/_{4}$ des Zoll-
satzes bei der Einfuhr von Tabak aus Amerika. Die Einnahme sank auf 1.5 bis 1.8 Mill. Livres. Unter dem Direc-
torate und Consulate beschäftigte man sich in den gesetzgebenden Körperschaften vielfach mit der Monopolfrage,
man beschränkte sich jedoch darauf, die Zölle zu erhöhen
und die Fabrication zu besteuern. In den Jahren 1807 bis
1809 schwankte der Ertrag zwischen 13.5 bis 14 Mill. Am
29. December 1810 wurde das Monopol wieder eingeführt.
Das damals erlassene Decret bildet trotz mannigfachen
Aenderungen die Grundlage des jetzigen Besteuerungsmodus. Bei Wiedereinführung des Monopols schätzte man
die Einnahme auf 80 Mill. Frs., allein erst im Jahre 1837
erreichte das Bruttoeinkommen, im Jahre 1844 das Netto-

---

[1]) Vgl. Stat. Jahrbuch für das Deutsche Reich. Berlin 1880. S. 164.

[2]) Vergl. L'impôt sur le Tabac en france in dem Bulletin de Statistique et de Legislation comparée. T. I., p. 94.

einkommen diese Höhe. Im Jahre 1863 belief sich das
Bruttoeinkommen auf $227._{137}$. die Nettoeinnahme auf $170._{873}$
Mill. Frs.; seitdem erhielt der Staatsschatz:

	Brutto	Netto		Brutto	Netto
1868	$248._{58}$	$190._{09}$	1874	$299._{85}$	$243._{78}$
1869	$255._{71}$	$197._{21}$	1875	$313._{55}$	$254._{55}$
1870	$244._{26}$	$169._{28}$	1876	$322._{1}$	$259._{-}$
1871	$218._{21}$	$168._{11}$	1877	$329._{45}$	—
1872	$269._{63}$	$218._{72}$	1878	$332._{179}$	— [1])
1873	$291._{97}$	$238._{11}$			

Das Tabakmonopol lieferte seit 1868 in Italien in
Mill. Lire:

	Brutto	Netto	die staatliche Einnahme
1868	$95._{696}$	$66._{894}$	$66._{894}$
1869	$100._{443}$	$71._{026}$	$58._{557}$
1870	$100._{895}$	$68._{885}$	$67._{695}$
1871	$105._{871}$	$74._{839}$	$73._{311}$
1872	$112._{622}$	$79._{065}$	$75._{101}$
1873	$117._{798}$	$81._{858}$	$76._{129}$
1874	$120._{432}$	$82._{176}$	$76._{916}$
1875	$130._{008}$	$87._{529}$	$84._{695}$
1876	$134._{053}$	$92._{236}$	$86._{912}$
1877	$134._{8}$	$93._{4}$	$87._{4}$

---

[1]) Der Grund des stetigen Steigens liegt nur zum geringsten Theile
in der vermehrten Consumtion; sondern vornehmlich in der Erhöhung der
Preise seit 1870/71. Die Auslagen betrugen in Frankreich früher $\frac{1}{5}$ der
Brutto-Einnahme, in dem letzten Jahrzehnt sind sie gesunken; von $18._6$ Procent im Jahre 1872 auf 17 Procent im Jahre 1879; in Oesterreich beliefen
sich dieselben auf $41._1$ Procent im Jahre 1872 und $36._9$ Procent im Jahre
1879; im Voranschlage für 1880 sind sie mit $35._7$ Procent angenommen.
Berechnet man jedoch die Gestehungskosten eines Metercentners Tabak, so
betragen dieselben in Oesterreich 69 fl., in Frankreich 70 fl., die Verwerthung eines Metercentners ist in letzterem Lande eine höhere; in Oesterreich mit 187 fl., in Frankreich mit 412 fl. Der Tabakverbrauch ist hier ein
geringerer (865 Gramm per Kopf) als in Oesterreich (1420 Gramm per

Durch Vertrag vom 25. Juli 1868 wurde das Monopol
einer Gesellschaft mit einem Betriebscapitale von 50 Mill.
Lire in 100.000 Actien bis 1883 übergeben, und seit dem
1. Januar 1869 erhält der Staat, abgesehen vom einem
bestimmten fixirten Betrag (Kanon), noch einen Antheil
vom Gewinn und seit 1875 kommt noch zu Gunsten des
Staates eine Surtaxe zur Erhebung. Der Reinertrag dient
in erster Linie zur Verzinsung und Tilgung der 6procen-
tigen Obligationen des Anlehens von 150 Mill. Frs. in
Gold. Der Anbau ist auf bestimmte Provinzen beschränkt
und nur gegen Licenz gestattet.

Auch die Einnahmen Oesterreichs für Taxen und
Gebühren stehen hinter jenen anderer Länder zurück.
In England lieferte der Stempel 1868 ein Erträgniss von
9.475 Mill. Pfd. St., 1878 11.13 Mill. Pfd. St.; in Frankreich
1871 Gebühren und Stempel (enregistrement et timbre)
419.25 Mill. Frs., 1878 646.25 Mill. Frs., allerdings in Folge
beträchtlicher Erhöhungen, die seit dem Kriege Platz
griffen, während in Oesterreich die während dieser Epoche
vorgenommenen gesetzlichen Aenderungen nicht beträchtlich in die Wagschale fallen. Deutschland besitzt blos
eine Wechselstempelsteuer, die im Jahre 1872 5.2 Mill.
abwarf und für 1879/80 mit 6.57 Mill. Mk. veranschlagt ist,
und seit kurzer Zeit auch einen Spielkartenstempel. [1]

Kopf). Auf den Absatz des Rauchtabaks entfallen in Oesterreich 53, auf
Cigarren 47 Procent. Vgl. den reichhaltigen Bericht von Hausner, Nr. 62
der Beilagen zu den Protocollen des Abgeordnetenhauses. IX. Session. 1880.

[1] Bei Vergleichung der Einnahmen im Verhältnisse zur Bevölkerungszahl entfielen in Oesterreich an Stempelgebühren auf den Kopf: 1825: 15,
1830: 17, 1835: 17, 1840: 19, 1845: 23, 1850: 27, 1855: 33, 1860: 45,
1865: 59, 1870: 62, 1875: 75, 1876: 80 Kreuzer ö. W. Im Jahre 1875
entfielen in Grossbritannien 356, in Frankreich 182, in Portugal 122, in
Griechenland 106, im deutschen Reich 84, in Oesterreich 75, in Dänemark 64,
in Italien 58, in Spanien 57, in Ungarn 48, in Belgien 42, in den Vereinigten
Staaten Nordamerikas 35, in Schweden 30, in Norwegen 18, in Russland
16 Kreuzer per Kopf. Oesterreich nimmt daher den sechsten Rang ein.
Stat. Monatsschrift, IV. Jahrg. I. Heft 1878. S. 48.

Auch bei den indirecten Steuern ergeben die staatlichen Einnahmen nicht die Gesammtbelastung, da von
Seiten der Länder und Gemeinden mannigfache Zuschläge
erhoben werden.

Leider fehlen uns umfassende Angaben über die von
den autonomen Körperschaften durch Zuschläge auf die
indirecten Steuern erhobenen Beträge; doch scheint die
Belastung nicht so gross zu sein wie bei den directen
Steuern. [1] Was die Länder anbelangt, so erheben nur
Krain, Istrien und Dalmatien Zuschläge zu den indirecten
Steuern. In Krain beträgt der Zuschlag 20 Procent, in
Istrien 75 Procent zur Verzehrungssteuer von Fleisch,
Wein und Spiritus, in Dalmatien 100 Procent vom Ordinarium des Dazio consumo auf Bier, Wein und Spiritus,
und 80 Procent vom Ordinarium desselben auf andere
Gegenstände. Dagegen machen die Gemeinden von den
Zuschlägen zu der Verzehrungssteuer ergiebigen Gebrauch.
Zunächst die Landeshauptstädte durch einfache Zuschläge
zu den Staatsabgaben oder dort, wo sie durch Pachtver-
träge die Erhebung der Verzehrungssteuer für den Staat
erlangt haben, durch einen selbstständigen Tarif. Auch
die anderen Gemeinden haben in den letzten Jahrzehnten
sich genöthigt gesehen, sei es Zuschläge zu den staatlichen Steuern zu erheben oder selbstständige Steuern
einzuführen. In Böhmen und nun auch in Mähren liefert
der sogenannte Bierkreuzer, der früher von dem niederösterreichischen Eimer und in neuerer Zeit vom Liter
eingehoben wird, und höher ist als in Sachsen und
Preussen die volle Staatssteuer, den Gemeinden nicht
unerhebliche Einnahmen.

---

[1] Auch die sonst dankenswerthe Arbeit von Pigerle in der Statistischen Monatsschrift. V. Jahrg. 1879, S. 308, Vermögensgebahrung der Städte
Oesterreichs 1870 bis 1876, gewährt uns keinen Einblick.

Viertes Capitel.

Die Kosten der Civilverwaltung.

— —

Die fast allgemein verbreitete Ansicht, dass es den parlamentarischen Körperschaften gelingen werde, bedeutende Ersparungen im Staatshaushalte herbeizuführen, hat sich auch in Oesterreich nicht als richtig erwiesen. Der Parlamentarismus arbeitet nicht billiger als die absolute Monarchie; höchstens wird man behaupten können, dass der Ueberwachung der Volksvertretung gelingen könne, die vollständig unproductiven Ausgaben zu beschränken; andererseits heischt eine Reihe von Interessen Berücksichtigung, wodurch der Ausgabenétat sich naturgemäss steigert. Die Klage über die Kostspieligkeit der Verwaltung in den Fünfzigerjahren war eine allgemeine, und vielleicht kein Schlagwort wurde in Schrift und Wort so oft wiederholt. Wenn in den ersten Jahren des parlamentarischen Regimes in dieser Richtung nicht alle Wünsche in Erfüllung gingen, so beschuldigte man die Regierung, dass sie nicht mit der nöthigen Energie den begründeten Vorstellungen Rechnung trage. Zum Theil gewiss mit Recht. Es ist unmöglich, dass die Volksvertretung eine gänzliche Umgestaltung des Verwaltungsapparates vornehme, sie kann höchstens Anregungen geben, Forderungen stellen und der Regierung bleibt es überlassen, die

Initiative zu praktischen Vorschlägen zu ergreifen. In Oesterreich hat es daran nicht gefehlt, dass die Volksvertretung
die Kostspieligkeit der Verwaltung zum Gegenstande
scharfer Kritik und bitteren Tadels machte, und namentlich seit der dualistischen Gestaltung des Reiches erwartete man mit Zuversicht, dass nunmehr gelingen werde,
was seit langer Zeit frommer Wunsch geblieben war.

Indess muss in Anschlag gebracht werden, dass ein
Theil des Mehraufwandes nur als eine Vertheuerung der
Verwaltung in Folge der sich vollzogenen Preissteigerung
angesehen werden kann. Die Bezüge der Beamten waren
seit langer Zeit unverändert geblieben, obgleich die Steigerung der Preise seit der Verschlechterung der Valuta eingetreten war. Die Papieremission des Jahres 1866 und der
zum Theil in Folge derselben eingetretene „volkswirthschaftliche Aufschwung" riefen eine weitere Steigerung hervor.
In der Residenz und in den Landeshauptstädten reichten die
Beamtenbezüge nicht mehr aus, um selbst bescheidenen
Anforderungen Genüge zu leisten; erst als das Ministerium
Auersperg ans Ruder kam, wurde die Regulirung derselben
ernstlich in Angriff genommen und für das Jahr 1872 eine
Pauschalsumme von 5 Mill. fl. bewilligt, um wenigstens zeit-
weilig den niederen Beamten unter die Arme zu greifen.
Das Gesetz vom 15. April 1873 regelte endgiltig die brennende
Frage, nachdem für einzelne Kategorien, nämlich für die
Lehrer an Hoch- und Mittelschulen bereits früher durch
Specialgesetze Sorge getragen war. Das Erforderniss erhöhte sich dadurch um 12—14 Mill. fl. Hiezu kam, dass der
Verwaltungsapparat trotz der verhältnissmässig nicht unbeträchtlichen Summen, welche früher auf die Verwaltung
verwendet wurden, manches zu wünschen übrig liess, und
die zum Theil einschneidenden Aenderungen, welche seit
1868 Platz griffen, haben in einigen Etats beträchtliche Ausgaben zur Folge gehabt. Endlich erheischten auch die Inve-
stirungen grosse Summen. Denn nichts ist bezeichnender

für die Finanzverwaltung des absoluten Oesterreichs als die
nackte Thatsache, dass sie mit einer gewaltigen Schuldenlast abschloss und eine Fülle von geradezu unbedingt nothwendigen Bedürfnissen unerfüllt liess. In den ersten Jahren
des parlamentarischen Regimes war das alljährliche Deficit
ein solch' beträchtliches, dass zunächst an eine Herabminderung desselben gedacht und jede nicht unbedingt
nothwendige Mehrauslage vertagt werden musste. Erst in
dem letzten Jahrzehnt, als zeitweilig Ueberschüsse sich
herausstellten, nahm man die Herstellung grosser Bauten in
Angriff. Ob nicht des Guten zu viel geschehen, ist eine
Frage, deren Erörterung nicht hieher gehört. Die Vorlagen
der Regierung bewegten sich in mässigen Forderungen: das
Parlament ging weiter und spendete mit vollen Händen.
Die Staatscasse erfreute sich in Folge des wirthschaftlichen Aufschwunges beträchtlicher Zuflüsse, die indirecten
Steuern lieferten alljährlich steigende Ergebnisse, Vorstellungen nie dagewesener Prosperität bemächtigten sich
auch der parlamentarischen Kreise, einzelne Warnerstim-
men, wie jene Brestel's, blieben ungehört.

Das österreichische Budget hat seine gegenwärtige
Form erst seit dem Jahre 1874 erhalten. Denn nicht blos
die dualistische Gestaltung des Reiches machte seit 1868
eine Reihe von Aenderungen erforderlich, indem Aeusseres
und Krieg als in den Wirkungskreis der Delegationen
gehörend nur mit der auf die österreichischen Länder
entfallenden Quote im Voranschlage für die im Reichsrathe vertretenen Königreiche und Länder erscheinen,
sondern auch die Zusammenstellung des österreichischen
Budgets hat mannigfache Wandlungen durchgemacht, ehe
es seine jetzige Gestalt erhielt. Der Wirkungskreis der
Centralstellen wurde hier eingeschränkt, dort erweitert,
und die Ingerenz derselben blieb daher nicht die gleiche.
Dies erschwert in vielfacher Beziehung die Vergleichung
und macht eine Reihe von Umrechnungen erforderlich,

um eine zuverlässige Grundlage zu gewinnen. Bei einigen Centralbehörden ist dieses sogar schlechterdings für den ganzen Zeitraum unmöglich und zwar aus dem Grunde, weil das Budget erst seit 1873 ein vollständiges Bruttobudget geworden ist, während es bis dahin bei einzelnen Centralstellen, wie z. B. beim Ministerium für Unterricht ein Nettobudget war. Bei einer Vergleichung der Ausgabeétats der gesammten Verwaltung für den ganzen Zeitraum sind daher blos die Nettoergebnisse verwendbar. Die Dotation für den Hofstaat beruhte früher auf dem Gesetze vom 10. März 1870, welches hiefür 3.$_{65}$ Mill. fl. festsetzte; das Gesetz vom 28. Juni 1872 erhöhte dieselbe auf 4.$_{65}$ Mill. fl. Für das Jahr 1873 wurde aus Anlass der Weltausstellung ein höherer Betrag in Anspruch genommen und zwar 4.$_{65}$ als Ordinarium und 1.$_5$ als ausserordentliches Erforderniss. Sowohl die Civilliste als auch die Kosten für die Cabinetskanzlei des Kaisers werden von den beiden Reichshälften zu gleichen Theilen bestritten. Die Cabinetskanzlei des Kaisers beanspruchte im Jahre 1868 38.478 fl., 1877 67.100 fl., seitdem rund 69.600 fl. Diese Summen betreffen blos die österreichische Reichshälfte. — Die Beträge unter dem Titel Reichsrath umfassen die gesammten Ausgaben für die beiden Häuser des Reichsrathes, die Delegation und endlich die Staatsschuldencontrolscommission. Da die Delegation abwechselnd in Wien und Pest tagt, ergibt sich in jedem zweiten Jahre für Reisekosten eine höhere Ausgabe. Durch das Gesetz vom 11. März 1875 wurde bestimmt, dass auch die Mitglieder des Herrenhauses Anspruch auf Reisekosten und Diäten haben, wenn die Delegation an einem anderen Orte als Wien zusammen berufen werden sollte. Die beträchtlicheren Beträge seit 1874 erklären sich durch Vermehrung der Mitglieder, jene in den Jahren 1876 und 1877 durch die lange Dauer der Sessionen in Folge der Ausgleichsverhandlungen mit Ungarn, sowie durch die ausserordentliche Ausgabe für den

Bau eines Parlamentshauses, wofür 8 Mill. in Aussicht genommen sind. Das Ordinarium für den Reichsrath betrug in Mill. fl.:

1868	0.548	1873	0.481	1878[1])	0.677
1869	0.416	1874	0.774	1879[1])	0.665
1870	0.408	1875	0.615	1880[1])	0.678
1871	0.429	1876	0.604		
1872	0.481	1877	1.071		

Von diesen Beträgen entfallen auf das Herrenhaus im Durchschnitte der Jahre 1868 bis 1872 35.477 fl., 1873 bis 1877 49.170 fl., auf das Abgeordnetenhaus 1868 bis 1872 durchschnittlich 399.568 fl., 1873 644.558 fl.; der höchste Betrag erscheint im Jahre 1877 mit 998.330 fl., da die Ausgleichsverhandlungen längere Sessionen erforderlich machten. Die Delegationen beanspruchten im Durchschnitte 9480 fl.; die Staatsschuldencontrolscommission 8980 fl. im Durchschnitte der Jahre 1868 bis 1877. [2])

Das Reichsgericht, welches erst mit dem Jahre 1870 seine Wirksamkeit begann, erheischte im Durchschnitte rund 21.000 fl.

Unter dem Titel „Ministerrath" kommen zur Verrechnung die Kosten des Ministerpräsidiums, der officiellen Zeitungen, und seit 1876 des Verwaltungsgerichtshofes, endlich ein Betrag von 50.000 fl. jährlich als Dispositionsfond. Die gesammten Ausgaben betrugen in Mill. fl.

	Brutto	Netto		Brutto	Netto
1868	0.418	0.001	1871	0.530	0.019
1869	0.415	0.027	1872	0.709	0.124
1870	0.512	0.091	1873	0.720	0.116

[1]) Nach den Voranschlägen.

[2]) Auf den Bau des Parlamentshauses wurden verwendet: 1871: 34.277, 1872: 30.735, 1873: 76.901, 1874: 100.387, 1875: 479.381, 1876: 863.044, 1877: 703.687 fl.; im Voranschlage der nächsten Jahre 1878 bis 1880 erscheinen je 800.000 fl.

Brutto	Netto		Brutto	Netto
1874	0.779	0.195	1878	0.889	0.306
1875	0.761	0.182	1879	0.856	0.270
1876	0.810	0.273	1880	0.800	
1877	0.932	0.300			

Die grosse Differenz zwischen den Brutto- und Netto-
ausgaben findet darin ihre Erklärung, dass die meisten
officiellen Zeitungen Ueberschüsse liefern, und zwar im
Durchschnitte der Jahre 1868 bis 1877 rund 19.000 fl.
Gegenwärtig betragen die Ausgaben für dieselben rund
566.000 fl., die Einnahmen 587.000 fl. Hievon entfällt auf
die Wiener Zeitung ein Erforderniss von rund 218.000 fl.,
auf die Prager Zeitung 262.000 fl.

Der Ausgabeétat des Ministeriums des Innern
betrug:

	Brutto	Netto
1868	14.148	13.632
1869	12.126	11.511
1870	14.742	13.939
1871	14.909	14.305
1872	16.895	16.063
1873	18.020	17.925
1874	21.033	20.004
1875	19.271	18.162
1876	18.014	17.859
1877	17.098	16.955

Für 1878 sind Brutto 17.170 für 1879 17.088, für 1880
17.099 Mill. fl. veranschlagt.

Der Ausgabeétat für das Ministerium des Innern hat
erst seit dem Jahre 1871 seine gegenwärtige Gestalt erhalten, indem eine Reihe von Agenden von dieser Centralstelle ausgeschieden, andere derselben einverleibt wurden.
Die Akademie der Wissenschaften z. B., die geologische
Reichsanstalt wurden dem Ministerium für Unterricht übertragen, die officiellen Zeitungen bei dem „Ministerrath“ unter-

gebracht. Dagegen finden sich die Kosten für die öffentliche Sicherheit bis zum Jahre 1870 bei dem Ministerium für
Landesvertheidigung. Diesen Thatsachen muss daher Rechnung getragen werden, um vergleichbare Ziffern zu erhalten. Fast bei allen Titeln dieser Centralstellen sind namhafte Steigerungen in dem Erfordernisse eingetreten. Im
Durchschnitte der ersten fünf Jahre, 1868 bis 1872, betrugen
die Ausgaben für die Centralleitung $0._{364}$ Mill. fl., im zweiten
Jahrfünft $0._{444}$ Mill. fl., was eine Zunahme von $21._{97}$ Procent
beträgt. Durch das Allerhöchste Patent vom 20. October
1860 wurde als Princip die Trennung der Justiz von der
Verwaltung ausgesprochen, ferner die Autonomie der Gemeinden und Landesvertretungen als Grundsatz festgestellt.
Naturgemäss hoffte man eine Verminderung des Geschäfts-
bereiches der Centralbehörden und damit auch eine Entlastung des Reichsbudgets. Der Bedarf der politischen
Verwaltung wurde damals auf $6._7$ Mill. fl. festgestellt und
für die Zukunft eine Ersparung von $4._7$ Mill. fl. in Aussicht
genommen, wovon jedoch nur die Hälfte den Finanzen zu
Gute gekommen wäre, da die andere Hälfte voraussichtlich
auf die neuen Organe der Justiz entfiel. Die Trennung der
Justiz von der Verwaltung trat jedoch erst im Jahre 1869
ein durch die Organisirung der Verwaltungsbehörden. Die
Folge war in der That ein Minderaufwand von 12 Procent
gegen das Vorjahr; seitdem ist wieder eine Steigerung
eingetreten. Im Durchschnitte der Jahre 1868 bis 1872 betrugen die Kosten der politischen Verwaltung $4._{815}$ Mill. fl.,
1873 bis 1877 $5._{624}$ Mill. oder um 26 Procent mehr. Die
öffentliche Sicherheit erheischte 1868 $0._{99}$ Mill., 1872, als die
Ausgaben in das Budget des Ministeriums des Innern
übertragen wurden, $2._{376}$ Mill., 1877 $3._{007}$ Mill. fl.

Obgleich die Erhaltung vieler Strassenzüge den einzelnen Ländern zugewiesen wurde, hat der Aufwand für
den Strassenbau sich gesteigert und der etwas stiefmütterlich behandelte Wasserbau erfordert ebenfalls beträcht-

liche Summen und dürfte für die nächste Zeit den Staatsschatz noch mehr in Anspruch nehmen, wenn den Anforderungen auch nur einigermassen Rechnung getragen wird.
Die effectiven Kosten für Strassen- und Wasserbau erhöhen sich noch um ein Beträchtliches, wenn man die für
den Staatsbaudienst erforderlichen Summen in Anschlag
bringt, welche 1868 o.$_{341}$, 1877 1.$_{196}$ Mill. fl. betrugen, für
das Jahr 1878 waren 1.$_{157}$ Mill., für 1879 1.$_{103}$ Mill. fl. veranschlagt. Im Durchschnitte der Jahre 1868 bis 1872 beliefen sich die Kosten auf 821.364 fl., 1873 bis 1877
1,138.106 fl., wornach daher die eingetretene Steigerung
38.$_5$ Procent beträgt. Abgenommen haben die Ausgaben
für die Findelanstalten, da diese nunmehr den einzelnen
Ländern übergeben worden sind. Im Jahre 1868 betrugen
dieselben 359.435 fl., 1877 6038 fl., zum letzten Male erscheint diese Post im Voranschlage für 1878 mit 4000 fl. [1]

Das Ministerium für Landesvertheidigung ist
im Jahre 1868 ins Leben gerufen worden, nachdem in Folge
der dualistischen Gestaltung des Reiches das stehende Heer
als eine Reichssache dem Reichskriegsministerium überwiesen worden war. Seinen gegenwärtigen Wirkungskreis, Landwehr und Gendarmerie umfassend, erhielt es
erst seit 1871, bis dahin gehörten auch die zur öffentlichen
Sicherheit gehörigen Angelegenheiten in dieses Ressort.
Diese Centralstelle gehört unstreitig zu den sparsamsten
und trägt bezüglich des Erfordernisses den Finanzverhält-

---

1) Die Einnahmen dieser Centralstelle betrugen 1868 402.175 fl., 1877
1.041 fl., in welcher Höhe sie auch pro 1880 veranschlagt sind. Folgende
Tabelle macht die Steigerung bei den einzelnen Posten ersichtlich.

	1868	1877	1880 (Voranschlag)
Erträgniss des			
Reichsgesetzblattes	5.752	60.943	63.000
Politische Verwaltung . . .	100.322	169.771	160.000
Oeffentliches Supplement .	255.044	721.400	765.000
Strassenbau	21.740	66.829	27.000
Wasserbau	13.286	22.051	25.000

nissen des Reiches Rechnung. Der Ausgabeétat betrug in Mill. fl.:

	Brutto	Netto		Brutto	Netto
1868	2.212	2.116	1873	8.526	8.493
1869	2.238	2.039	1874	8.837	8.804
1870	5.070	5.456	1875	8.567	8.532
1871	7.171	7.117	1876	8.508	8.478
1872	8.686	8.042	1877	8.713	8.716

Das Nettoerforderniss für das Ministerium für Landesvertheidigung steigerte sich in den Jahren 1868 bis 1877 um 312 Procent. Zunächst war es die Durchführung des Wehrgesetzes, wodurch die Vermehrung eintrat. Während im Jahre 1868 die Landesvertheidigungsauslagen blos die geringfügige Summe 102.800 fl. rund in Anspruch nahmen, wurden bereits 1872 4.8 Mill. fl. verausgabt; seitdem ist eine Verminderung eingetreten und das letzte Jahr des Jahrzehnts, 1877, schloss mit einem Aufwande von 4.2 Mill. fl. Für 1878 sind 3.857, für 1879 3.842, für 1880 3.839 Mill. fl. veranschlagt.

Die Centralleitung ist eine verhältnissmässig sparsame. Sie erheischte 1868 0.12, 1877 0.21 Mill. fl. Die Kosten für die Gendarmerie haben sich von 1.5 Mill. im Jahre 1868 auf über 4.06 erhöht. Die Erklärung liegt in der vollständigen neuen Organisation dieses Körpers. Für 1878 sind 3.05 Mill., für 1879 und für 1880 4.1 Mill. fl. veranschlagt.

Seit 1870 erscheinen als neue Titel: Recrutirungskosten, Beiträge für das Landesschützenwesen und Militärstiftungen mit verhältnissmässig unbedeutenden Beträgen.

---

1) Die Ziffern für die Jahre 1868 und 1869 weichen von den im Centralrechnungsabschlusse aufgenommenen ab, da zum Behufe einer Vergleichung die Kosten für die öffentliche Sicherheit, welche in den zwei genannten Jahren bei diesem Ministerium erscheinen, ausgeschieden und dem Ministerium des Innern zugerechnet wurden. wo sie seit 1870 präliminirt und verrechnet wurden.

Bei keiner Centralstelle hat sich der Ausgabeétat so
sehr gesteigert, als bei dem Ministerium für Cultus und
Unterricht, selbst wenn man in Betracht zieht, dass
dieser Centralbehörde einige Agenden zugewiesen wurden,
die früher bei anderen Ministerien untergebracht waren.
So die Beträge für die Akademie der Wissenschaften, die
geologische Reichsanstalt, die statistische Centralcommission; allein diese Summen sind nicht sehr bedeutend, sie
betragen in ihrer Gesammtheit kaum 200.000 fl. Die Erklärung für das gesteigerte Mehrerforderniss liegt in der
ausserordentlichen Reformthätigkeit, welche auf fast allen
Gebieten des Unterrichts entwickelt wurde, und in der
grossen Anzahl von Lehranstalten, die zur Befriedigung
des seit Jahren gefühlten Bedürfnisses gegründet werden musste. Oesterreich hat die Versäumnisse von Jahrzehnten wett zu machen gesucht und sich durch seine
neuen Schöpfungen den ersten Culturstaaten an die Seite
gestellt.[1]

Das Budget des Ministeriums für Cultus und Unterricht gliedert sich in drei Gruppen: Centralauslagen, Erforderniss für Cultus, endlich Erforderniss für Unterricht.

Dem Gesammtcapitel „Centralauslagen" sind nicht blos
jene Summen einverleibt, die für die Centralleitung erforderlich sind, sondern eine Reihe von Ausgaben, die sonst
nirgends untergebracht werden konnten und daher in
äusserlicher Weise ihren Platz hier fanden. So das Erforderniss für die Schulaufsicht, für die Akademie der Wissenschaften, das Museum für Kunst und Industrie, die Centralcommission für Statistik, die geologische Reichsanstalt,
die Centralanstalt für Meteorologie und Erdmagnetismus,

---

[1] Eine eingehende Vergleichung der einzelnen Titel dieser Centralstelle
ist während des ganzen Zeitraumes nicht möglich, weil das Budget, wie
schon erwähnt, seine gegenwärtige Form erst seit 1873 erhalten hat, nur
bei einzelnen Posten kann auf das Jahr 1868 zurückgegriffen werden.

endlich die Centralcommission zur Erforschung und Erhaltung der Kunst und historischen Denkmale. Die eigentliche Centralleitung beanspruchte 1868 180.931 fl. und erreichte 1873 338.740 fl., seitdem ist eine Verminderung eingetreten, am Schlusse des Jahrzehents waren 282.984 erforderlich, für 1878 sind 253.500, für 1879 249.000, für 1880 227.000 fl. veranschlagt. Durch die grossen Umgestaltungen der letzten Jahre auf dem Gebiete des Unterrichts, sowie in Folge der Durchführung der confessionellen Gesetze nahmen die Geschäfte einen grossen Umfang und erheischten ein zahlreicheres Personal. Die Schulaufsicht erforderte im Jahre 1868 67.000 fl. und hat erst seit 1870 beträchtlichere Summen in Anspruch genommen. Die Schaffung eines Landesschulrathes in jedem Königreiche und Lande, die Einführung von Bezirksschulinspectoren zur Beaufsichtigung der Volks- und Bürgerschulen, die Erhöhung der Bezüge der Landesschulinspectoren, die Entschädigung der Mitglieder des Bezirksschulrathes machten einen erhöhten Aufwand erforderlich und steigerten allmälig die Kosten der Schulaufsicht auf 0.64 Mill. fl. im Jahre 1877, seit 1869 eine Steigerung von 337 Procent. Für das Jahr 1878 sind 0.617, für 1879 0.58, für 1880 0.614 Mill. fl. veranschlagt.

Zum Theile sind es bei dieser Post, sowie bei vielen anderen die eigenthümlichen nationalen Verhältnisse, die grössere Ausgaben verursachen; eine Thatsache, welche besonders bei einem Vergleiche der Verwaltungsauslagen Oesterreichs mit anderen Ländern im Auge behalten werden muss. Um ein Beispiel anzuführen: in den gemischten Bezirken Böhmens fungiren zwei Bezirksschulräthe, ein czechischer und ein deutscher, wodurch naturgemäss ein erhöhter Aufwand nothwendig ist.

Die Akademie der Wissenschaften erhält seit einigen Jahren rund 81.000 fl. zugewiesen. Die Centralcommission für administrative Statistik erfordert einen Aufwand von beiläufig 73.000 fl., wobei jedoch nicht unberücksichtigt bleiben darf, dass auch im Handelsministerium seit 1872 ein statistisches Bureau ins Leben gerufen wurde, welches ebenfalls einige tausend Gulden erheischt. Die wiederholten Beschlüsse des Abgeordnetenhauses, eine Concentration herbeizuführen, hatten bisher kein Ergebniss. Die Central-commission zur Erforschung und Erhaltung der Kunst-und historischen Denkmale erhält im Durchschnitt alljährlich bei 8900 fl., gegen 7700 im Jahre 1869. — Das ordentliche Erforderniss für das Museum für Kunst und Industrie betrug 1869 rund 44.900 fl., 1877 76.300 fl., wozu noch 6700 fl. für die damit in Verbindung stehende chemisch-technische Versuchsanstalt kommen.

Bis zum Jahre 1873 enthielt der Voranschlag und demnach auch der Rechnungsabschluss bezüglich des Erfordernisses für den Cultus als Ausgaben blos die Vor-schüsse an die Religionsfonde und als Einnahmen blos die Ueberschüsse einzelner Fonde. Eine Vergleichung ist daher blos durch Zusammenstellung der Nettoergebnisse möglich. Die Religionsfonde, unter Joseph II. aus dem Verkaufe der Klöster und der eingezogenen Kirchengüter gebildet, reichten zur Bedeckung der Cultusbedürfnisse, wofür sie bestimmt waren, nicht aus, und erhielten daher eine Ergänzung aus dem Staatsschatze. Ergeben sich zeit-weilig oder dauernd Ueberschüsse bei einzelnen Fonden, so werden dieselben zunächst zur Rückzahlung der vom Staate erhaltenen Vorschüsse, in zweiter Linie zur Unter-stützung der passiven Religionsfonds gegen Ersatz ver-wendet. Im Jahre 1848 betrug die Schuld der Religions-fonde an das Aerar 21.028 Mill., 1869 bereits 53.03, Ende December 1878 58.62 Mill. fl. Der Staatsvorschuss belief sich im Jahre 1868 auf 081.669, die Ueberschüsse betrugen 1846 fl. 1872 leistete der Staat netto 1.068 Mill. fl.

Ueberdies erscheinen noch als Ausgabe unter dem Titel „Stiftungen und Beiträge zu Cultuszwecken" für den katholischen Cultus, für den evangelischen und griechisch-orientalischen Cultus, endlich Patronatsauslagen für Cultus-zwecke. [1]) Die gesammten Nettoausgaben für Unterricht betrugen 1868 2.$_{334}$ Mill. fl., 1877 10.$_{186}$ Mill. fl., daher eine Steigerung von 336.$_4$ Procent. Verhältnissmässig gering ist die Zunahme bei den Ausgaben für die Universitäten, hervorgerufen durch die Vermehrung der Lehrkräfte an den meisten Universitäten, durch die Doppelbesetzung einiger Lehrstühle in Prag mit deutschen und czechischen Professoren, endlich in Folge der neugegründeten Universität in Czernowitz. Die Initiative für die Gründung der neuen Hochschule ging von dem Abgeordnetenhause aus. Im Jahre 1874 wurde eine hierauf bezügliche Resolution angenommen. Die Wahl der Landeshauptstadt in der Bukowina ist das Werk der Regierung. Bei den oben angegebenen Beträgen sind auch die Kosten für die Neubauten inbegriffen, welche in dem abgelaufenen Jahrzehnt

---

[1]) Die Beiträge für Cultuszwecke betrugen in fl.:

	katholisch	evangelisch	griechisch-orientalisch
1868	445.574	66.364	—
1869	445.574	84.770	46.779
1870	438.985	81.383	58.789
1871	451.780	79.950	80.148
1872	470.648	78.862	76.727
1873	432.229	98.895	90.591
1874	440.594	87.106	83.177
1875	456.097	128.871	70.187
1876	319.476	104.233	89.838
1877	322.268	104.627	81.746
1878	257.700	102.500	70.750
1879	264.280	102.500	71.300
1880	222.837	103.700	67.700

Die Gesammt-Ausgaben für die Religionsfonde betrugen in Mill. fl.:

1873	4.068	1878	4.539
1874	4.954	1879	4.497
1875	4.606	1880	4.565
1876	4.571		
1877	· 4.136		

14*

beträchtliche Summen in Anspruch nahmen. So der Neubau der Wiener Universität, der Sternwarte, der physikalischen und physiologischen Institute.

Die technischen Hochschulen nehmen die staatlichen Mittel schon aus dem Grunde in steigernder Weise in Anspruch, weil eine Anzahl derselben, wie die Hochschulen in Graz und Prag (deutsche und czechische) vom Staate übernommen worden sind. Die nicht unbeträchtlichen Ausgaben, welche Steiermark und Böhmen für Volks- und Mittelschulen verwenden, haben die Staatsverwaltung bewogen, den in den Landesvertretungen ausgesprochenen Wünschen Rechnung zu tragen.

Die Ausgaben betrugen in Mill. fl. für

	Universitäten	technische Hochschulen
1873	2.051	0.390
1874	3.142	0.616
1875	3.203	1.188
1876	3.310	1.003
1877	3.220	0.889
1878	2.085	0.862
1879	2.520	0.701
1880	2.761	0.733

Ausserdem gehören in die Kategorie der Hochschulen die ausser dem Verbande mit einer Universität stehenden theologischen Lehranstalten mit einem jährlichen Aufwande von rund 57.000 fl., die Akademie der bildenden Künste mit einem jährlichen Erfordernisse von 110.000 fl. in den letzten Jahren gegen 89.000 im Jahre 1873, endlich sind einige Beträge für die Heranbildung von Lehrkräften und für sonstige Unterstützungen in den obigen Summen nicht eingerechnet.

Die Steigerung des Aufwandes für Mittelschulen wurde theils durch die Erweiterung der Realschulen von sechs auf sieben Jahre, sowie durch die Uebernahme vieler Schulen von Seite des Staates, deren Erhaltung früher

Gemeinden und Ländern anheimfiel, veranlasst. Dazu kommt die Verbesserung der Bezüge des Lehrpersonals an fast allen Kategorien von Schulen, die bessere Dotirung derselben für die Bedürfnisse des Unterrichtes. Der Gesammtaufwand [1]) war folgender:

	Gymnasien und Realgymnasien	Realschulen	Summe
		in Mill. fl.	
1873	1.999	0.023	2.022
1874	2.330	1.267	3.597
1875	2.576	1.337	3.913
1876	2.759	1.529	4.288
1877	2.703	1.192	3.895

Der Aufwand für die Volksschulen ist den Gemeinden und Ländern überlassen, nur die Lehrerbildungsanstalten werden vom Staate erhalten, und einige nicht gerade beträchtlich in die Wagschale fallende Summen werden einzelnen Ländern von Seite des Staates zur Förderung des Schulwesens gewährt. Dass die Ausgaben für die Lehrerbildungsanstalten sich sehr gesteigert haben, erklärt sich durch die grossen Reformen, welche auf diesem Gebiete seit dem Erlass des Volksschulgesetzes im Jahre 1869 durchgeführt worden sind. Die Anstalten für die Heranbildung der Lehrer, früher zweijährig, wurden auf vier Jahre erweitert, neue Anstalten, namentlich für Lehrerinnen geschaffen, wodurch sowohl im ordentlichen Erforderniss als auch im ausserordentlichen — für Gebäude und Lehrmittel — beträchtliche Kosten erwuchsen. Man vergleiche nur die Jahre 1868 und 1877: damals belief sich der gesammte staatliche Aufwand auf 280.177 fl., 1877 auf 1.5 Mill. fl. Dagegen verschwinden die geringfügigen Summen, welche einzelnen Ländern unter dem Titel „Beiträge zur Hebung

---

[1]) Bis zum Jahre 1873 erscheint das Erforderniss für die Mittelschulen unter der Bezeichnung Beiträge zum Studienfonde gemeinschaftlich mit den Universitäten; erst in den letzten vier Jahren ist der für jede Kategorie von Schulen erforderliche Betrag selbstständig nachgewiesen.

des Volksschulwesens" gewährt wurden, deren Gesammtbetrag 1877 rund 60.700 fl. betrug. Ausserdem erheischen die
Stipendien für Lehramtszöglinge bedeutende Summen (über
200.000 fl. 1877), so dass der Gesammtaufwand für die Volksschulen sich im Jahre 1879 auf über 2 Mill. fl. steigerte.
Unter den Specialanstalten erscheinen neue Schöpfungen, die zum Theil schon eine breitspurige Wirksamkeit
entfalten. Die Kunstgewerbeschule in Wien ist eine Muster-
anstalt geworden, welche für diese Gattung von Schulen
als Vorbild im deutschen Reiche und auch anderswo dient.
Auch die gewerblichen Lehranstalten Oesterreichs wurden
erst in den letzten Jahren ins Leben gerufen und kosten
schon jetzt über 234.000 fl. Ob nicht bei Gründung derselben viel zu hastig vorgegangen wurde, mag unerörtert
bleiben, derlei neue Institutionen bürgern sich nur langsam
ein und bedürfen der Zeit, um tiefe Wurzeln zu schlagen.
Mögen auch die Standorte für diese Schulen nicht durchweg richtig gewählt worden sein, die Erfahrungen der
nächsten Jahre werden für die Corrigirung etwaiger Fehler
Anhaltspunkte bieten.

Die Gesammteinnahmen des Ministeriums für Cultus
und Unterricht betrugen 1873: 4.889, 1874: 4.9. 1875: 7.059,
1876: 7.519, 1877: 7.574 Mill. fl. Für 1878 sind 6.002, für 1879
5.186, für 1880 5.717 Mill. fl. veranschlagt. Diese Zuflüsse
rühren allerdings zum Theil aus dem Verkaufe von Studienfondsobligationen her; es gingen hiefür ein 1875: 1.5,
1876: 1.75, 1877: 2.25 Mill. fl.; veranschlagt für 1878: 1,
1879: 0.45, 1880: 0.6 Mill. fl. Bringt man diese Beträge in
Abschlag, so stiegen die Einnahmen von 4.889 Mill. fl. im
Jahre 1873 auf 5.52 Mill. fl. im Jahre 1877. Verschwindend
sind natürlich die „Centraleinnahmen", sie rühren zumeist
von dem Museum für Kunst und Industrie und von der
Centralcommission für Statistik her, jene ergaben im
Durchschnitte der Jahre 1873 bis 1877 15.500 fl. und sind für
1880 mit 16.000 fl. präliminirt, diese schwanken zwischen

1100 bis 1500 fl. Beiläufig in gleicher Höhe bewegen sich die Erträgnisse der geologischen Reichsanstalt.

Die Einnahmen für „Cultus" betrugen in Mill. fl.:

1873	3.629	1877	3.906
1874	3.536	1878 [1])	3.802
1875	4.167	1879 [1])	3.912
1876	4.353	1880 [1])	3.905

Der grösste Theil entfällt auf die Einnahmen der Religionsfonde, der Fondsforste und Domänen; die Zuflüsse aus Beiträgen und Stiftungen zu katholischen Cultuszwecken sind nur verschwindend und beliefen sich im Durchschnitte rund auf 10.000 fl.

Ueber die Einnahmen der Abtheilung für Unterricht enthalten die Rechnungsabschlüsse erst seit 1873 die Ergebnisse. Bis dahin erschienen im Budget blos die Ueberschüsse der einzelnen Fonde, sowie im Ausgabeétat einzig und allein die Zuschüsse zu den verschiedenen Posten ersichtlich gemacht waren. Die jährlichen Eingänge aus Schul- und Collegiengeldern fehlten. Es betrugen die Gesammteinnahmen in Mill. fl.:

	ordentliche	ausserordentliche	Summe
1873	1.234	0.006	1.241
1874	1.311	0.033	1.343
1875	1.455	1.514	2.970
1876	1.350	1.786	3.143
1877	1.321	1.410	2.731

Die ordentlichen Einnahmen vertheilen sich auf die verschiedenen Kategorien von Lehranstalten wie folgt:

	Hochschulen	Mittelschulen	Special-lehranstalten	Volksschulen
1873	172.718	444.324	4.065	29.799
1874	177.768	514.862	6.215	25.798
1875	237.428	570.570	19.243	28.017
1876	207.702	609.000	17.687	48.358
1877	231.000	602.900	17.820	77.500

[1]) Nach dem Voranschlage.

Bei dem Titel Hochschulen liefern die technischen
Lehranstalten den höchsten Ertrag, weil die Collegiengelder in die Staatscasse fliessen, während sich auf den
Universitäten die staatlichen Einnahmen auf Inscriptions-
gelder u. s. w. beschränken, da die Collegiengelder an
den Universitäten den Professoren zufallen. Die „Mittelschulen" (Gymnasien, Realgymnasien und Realschulen)
lieferten eine durchschnittliche Einnahme von 563.280 fl.,
für 1879 sind 692.000 fl., für 1880 745.600 fl. veranschlagt.
Diese Steigerung ist lediglich eine Folge des wachsenden
Besuches dieser Anstalten und einer etwas grösseren Rigo-
rosität bei Gewährung von Befreiungen. Das Schulgeld
ist in Oesterreich niedriger als in dem Nachbarlande
Preussen. Die Einnahmen der Speciallehranstalten und
Lehrerbildungsanstalten sind nicht beträchtlich, jene betrugen im Durchschnitte der Jahre 1873 bis 1877 14.400 fl.,
diese 31.260 fl. Die ordentlichen Einnahmen der Studienfonde sind in den letzten Jahren durch den Verkauf von
Fondsobligationen beträchtlich gesunken.

Auch in allen übrigen Verwaltungsgebieten zeigt der
Ausgabe-Etat seit 1868 eine steigende Tendenz, und erst
in der letzten Zeit sind einige Herabminderungen eingetreten. In erster Linie hat die Verbesserung der Beamtenbezüge eine Erhöhung der Ausgaben veranlasst, jedoch
auch die erst im Laufe der Zeit eingetretene Vervollstän-
digung des Verwaltungsorganismus. Um bei jeder einzelnen
Centralbehörde und den ihr unterstellten Organen mit auch
nur annähernder Zuverlässigkeit das zur Vergleichung erforderliche Material für die ganze Periode herbeizuschaffen,
wäre eine geschichtliche Darlegung der vorgenommenen
Aenderungen in der Organisation erforderlich, eine Aufgabe, welche die Grenzen unserer Arbeit überschreitet.
Die Ausscheidung einiger Agenden aus dem Wirkungskreise der einen Centralstelle und die Ueberweisung derselben an eine andere übte naturgemäss einen Einfluss auf

den Aufwand aus. So verlor das Finanzministerium die auf das Montan-, Domänen- und Forstwesen bezüglichen Angelegenheiten, welche dem Ackerbauministerium zugewiesen wurden, die Salzbergwerke ausgenommen, die der Finanzverwaltung verblieben. Die Folge war eine Verminderung des Aufwandes bei dieser Centralstelle. Die Umgestaltung einiger dem Finanzministerium untergeordneter Behörden hatte zumeist auch eine Steigerung des Aufwandes im Gefolge. So hat sich das Erforderniss für die Finanzwache und für die Steuerämter beträchtlich gesteigert. Im Rechnungs- und Fachrechnungsdepartement häuften sich die Agenden für unmittelbare Gebühren in Folge der zeitweilig eingetretenen Verkehrsthätigkeit und heischten ein vermehrtes Arbeitspersonal. Die Zollverwaltung nahm jährlich durch den wachsenden Verkehr grössere Summen in Anspruch. Alle diese Momente müssen im Auge behalten werden, um die Zunahme des eigentlichen Staatsaufwandes des Finanzministeriums in den Jahren 1868 bis 1873 erklärlich zu finden; seitdem ist ein starker Rückgang bemerkbar. Es betrugen die Ausgaben in Mill. fl.:

	Brutto	Netto
1868	9.5 .	9.47
1869	9.038	9.82
1870	11.906	10.45
1871	12.740	11.13
1872	14.291	12.65
1873	14.481	12.28
1874	17.412	15.17
1875	18.118	16.54
1876	18.438	16.87
1877	17.870	16.32
1878	17.513	16.74
1879	17.361	16.79
1880	15.811	14.22

Von den auf die Finanzverwaltung verwendeten Summen beanspruchte die Centralleitung einen verhältnissmässig geringen Betrag; die Kosten derselben betrugen im Durchschnitte der ersten Jahrfünfte 1868 bis 1872 800.114, im zweiten Jahrfünfte 1873 bis 1877 907.637 fl. Demnach eine Zunahme um 13.4 Procent. Verfolgt man die Ausgaben in den einzelnen Jahren, so ist seit 1869 eine continuirliche Herabminderung bis 1874 bemerkbar, während in diesem Jahre im Vergleiche zu dem vorhergehenden, 987.235 fl. gegen 744.627 fl., eine ausserordentliche Steigerung. Die Erklärung liegt auch hier in der Verbesserung der Bezüge und in der Regulirung des Beamtenpersonals. Seitdem ist jährlich eine kleine Ersparniss eingetreten. [1]

Der Etat der Zollverwaltung betrug:

1870	1.087	1874	1.5	1880	1.348
1871	1.101	1875	1.555	1879	1.340
1872	1.146	1876	1.452	1878	1.352
1873	1.188	1877	1.407		

In Folge eines Uebereinkommens mit Ungarn erhält Oesterreich zur Bestreitung des Aufwandes für die Zollverwaltung eine Pauschalsumme von 1.4 Mill. fl. aus den gemeinsamen Einnahmen, ferner kommt zum Theil der Agiogewinn für die in klingender Münze zu entrichtenden Zölle Oesterreich zu Gute. Im Durchschnitte der Jahre 1870 bis 1877 betrugen die Einnahmen der Zollverwaltung 1.45 Mill. fl.

[1] Die Ausgaben der Finanzverwaltung vertheilen sich:

	Centralleitung	Finanzlandes-directionen	Finanzwache	Steuerämter
1868	0.800	2.51	2.03	2.37
1869	0.814	2.53	2.17	2.45
1870	0.812	2.03	3.20	2.56
1871	0.705	2.04	3.30	2.63
1872	0.772	2.07	3.81	2.00
1873	0.734	2.10	4.12	3.01
1874	0.087	2.75	4.24	3.02
1875	0.061	2.83	4.25	3.03
1876	0.032	2.00	4.20	3.04
1877	0.033	2.05	4.25	3.01

Seit dem Jahre 1870 nahm der Aufwand für die in Folge des neuen Grundsteuergesetzes in Angriff genommene Grundsteuerregulirung ausserordentliche Summen in Anspruch. Dieselben betrugen:

Mill. fl.		Mill. fl.	
1870	1.$_{10}$	1876	3.$_{06}$
1872	1.$_{71}$	1877	2.$_{86}$
1873	2.$_{11}$	1878	2.$_{55}$
1874	2.$_{46}$	1879	2.$_{65}$
1875	3.$_{02}$		

Für 1880 sind veranschlagt 1.$_{15}$ Mill. fl., zusammen daher 25.$_{312}$ Mill. fl. Um einen Massstab für den Mehraufwand zu haben, ist es nothwendig im Auge zu behalten, dass in den Jahren 1868 und 1869 rund 450.000 und 463.000 fl. für das Kataster eingestellt waren. Die Beträge sind geradezu exorbitant, wenn man damit die Kosten, für die Durchführung des Gesetzes vom Jahre 1860 in Preussen, wo man allerdings innerhalb eines weit kürzeren Zeitraumes das Einschätzungsgeschäft beendete, vergleicht. Die Commissionen erheischten in Oesterreich einen ganz gewaltigen Aufwand, namentlich in einigen Ländern, wo dieselben mit einer bewundernswerthen Langsamkeit ihre Arbeiten vollführten und dadurch die Gesetzgebung zwangen, durch das Gesetz vom 6. April 1879 bestimmte Termine festzusetzen, um das Einschätzungsgeschäft zu Ende zu bringen. Ende 1878 waren von den 45.$_{071}$ Mill. Joch betragenden ökonomischen Parcellen noch 22.$_{6}$ Mill. oder 49 Procent, und von den 2.$_{861}$ Mill. Joch Waldparcellen noch 1.$_{328}$ Mill. oder 46 Procent rückständig, deren Einschätzung im Jahre 1879 erfolgte. Allerdings werden neue Klagen laut über die allzu grosse Hast und Ueberstürzung bei den Einschätzungsarbeiten des letzten Jahres, deren Begründung erst aus dem im Herbste vorzulegenden Operate ersichtlich sein wird.

Die Kosten der Steuererhebung sind bei den directen Steuern nur geringen Schwankungen unterworfen;

wie aus einem Berichte des Finanzausschusses hervorgeht,
betragen sie $5._{62}$ Procent der Einnahmen oder $4._{03}$ Mill. fl.
Doch sind sie nicht im ganzen Reiche gleichmässig; am
niedrigsten in Niederösterreich mit $1._{08}$ Procent und am
höchsten in Dalmatien mit $26._{65}$ Procent. Dazwischen liegen
Mähren mit $5._{12}$ Procent, Böhmen mit $5._{25}$ Procent, Oester-
reich ob der Enns mit $6._{13}$ Procent, Schlesien mit $6._{18}$
Procent, Küstenland mit $7._{70}$ Procent, Steiermark mit
$8._{21}$ Procent, Galizien mit $9._{06}$ Procent, Bukowina mit $9._{35}$
Procent, Salzburg mit $9._{73}$ Procent, Kärnten mit $11._{04}$
Procent, Krain mit $12._{07}$ Procent, Tirol und Vorarlberg
mit $17._{07}$ Procent. Bei den indirecten Steuern ist eine
Steigerung der Erhebungskosten bemerkbar. In dem Zeitraume von 1868 bis 1874 ist die Brutto-Einnahme um $27._{54}$
Procent gestiegen, die Netto-Einnahme um $24._{4}$ Procent;
während die Erhebungskosten im Jahre 1868 beiläufig
35 Mill. fl. ausmachten, beliefen sie sich im Jahre 1874 auf
$48._{4}$ Mill. fl. Indess muss bei Beurtheilung der Steuererhe-
bungskosten, namentlich bei den directen Steuern, im Auge
behalten werden, dass die in dem Budget verrechneten
Summen blos die vom Staate bestrittenen Kosten umfassen, während jene zum Theil bedeutenden Beträge,
welche von Seite der Gemeinden hiefür verwendet werden,
nicht in Betracht gezogen sind. Nur wenige Gemeinden
erhalten hiefür eine kleine Entschädigung. Das Gemeinde-
gesetz vom Jahre 1849 übertrug die Einhebung und Abfuhr der directen Steuern dem Bürgermeister, und das
Gesetz vom 5. März 1862 enthält die Bestimmung, dass
für die Verpflichtung derselben zur Mitwirkung für die
Zwecke der öffentlichen Verwaltung die allgemeinen Gesetze und innerhalb derselben die Landesgesetze bestimmend sind. In Mähren, Schlesien und Böhmen besorgen
die Gemeinden die individuelle Perception der sämmtlichen directen Steuern; in Niederösterreich, Galizien und
in der Bukowina obliegt die Einhebung der Grund- und

Gebäudesteuer den Gemeinden, jene der Erwerb- und Einkommensteuer den Steuerämtern; die Grossgrundbesitzer und die grösseren industriellen Unternehmungen entrichten die Steuer in der Regel bei den Steuerämtern. In Tirol und Vorarlberg haben die Magistrate und Gemeindevorstände die Grund- und Erwerbsteuer, die Steuerämter die Einkommensteuer einzuheben. In Oberösterreich, Salzburg, Steiermark, Kärnten, Krain, Küstenland und Dalmatien findet die Perception der gesammten directen Steuern seit Errichtung der Steuerämter im Jahre 1850 durch diese statt.

Eine stehende, nicht gering in die Wagschale fallende Post bilden die Münzverluste, die in manchen Jahren eine ausserordentliche Höhe erreichen. Es ist nicht leicht eine Uebersicht zu gewinnen, wie viel alljährlich hiefür verausgabt wird, da die Beträge im Staatsvoranschlage und im Centralrechnungsabschlusse nicht unter einer Ziffer zusammengefasst erscheinen, sondern sich bei den verschiedenen Ausgabeposten finden. So werden die Münzverluste verrechnet bei den Zinsen und der Tilgung der Staatsschuld, bei der Annuitätszahlung an die Bodencredit-Gesellschaft, bei der Verzinsung der Goldrenten-Obligationen, bei der allgemeinen Cassenverwaltung, endlich bei den Subventionen an Verkehrsanstalten. In den auf 1868 unmittelbar folgenden Jahren kam zumeist das Silberagio in Betracht, seit 1877 das Goldagio. [1]

Die Einnahmen der „Finanzverwaltung" im Betrage von 1.540 Mill. fl. im Jahre 1877 rühren zumeist aus dem Pauschale her, welches dem Uebereinkommen mit Ungarn

---

[1] Die Münzverluste betrugen in Mill. fl.:

1868	3.020	1874	3.080
1869	4.707	1875	1.084
1870	9.072	1876	4.001
1871	8.429	1877	8.37
1872	5.160	1878	4.222
1873	4.932	1879	3.045

gemäss seit 1870 aus den gemeinsamen Zolleinnahmen für die Zollverwaltung vorweg abgezogen wird. Ferner betrugen die Einnahmen der allgemeinen Cassenverwaltung 1868 rund 1., Mill. fl., 1877 799.000 fl., von welch' letzterer Summe jedoch blos 117.327 fl. im Ordinarium, der Rest im Extraordinarium unter dem Titel „verschiedene Zuflüsse".

Unter den Einnahmen aus dem Staatseigenthum erschienen noch im Jahre 1868 als Erträgnisse der Staatsdomänen 5.$_{025}$ Mill. fl., ferner der Eisen-, Steinkohlen- und anderer Montanwerke 12.$_{295}$ Mill. fl. Ein grosser Theil derselben wurde seitdem unter den Hammer gebracht, der Rest in die Verwaltung des Ackerbauministeriums gegeben. Die gegenwärtig bei dem Finanzministerium in Verrechnung kommenden Einnahmen vom Staatseigenthum sind Erträgnisse der Dikasterialgebäude, der Aerarialeisenbahnen, der Hof- und Staatsdruckerei in Wien und des Münzwesens. Die Filial-Staatsdruckerei in Lemberg und die Porzellanfabrik in Wien wurden aufgelassen, die Papierfabrik zu Schlöglmühl verkauft. Unter den Einnahmen sind jene der Staatsdruckerei in Wien die beträchtlichsten, 1.$_{202}$ Mill. fl. im Jahre 1877 (die Netto-Einnahme beträgt jedoch blos etwas über 22.000 fl.); ferner Münzwesen mit 746.263 fl. im Jahre 1868, 983.147 fl. im Jahre 1877. Die gesammten Netto-Einnahmen aus dem Staatseigenthum — das Post- und Telegrafengefäll nicht in Anschlag gebracht — betrugen noch 1868 3.$_6$ Mill. fl.. 1877 933.718 fl. [1])

---

1) Die Einnahmen und Ausgaben der Hof- und Staatsdruckerei in Wien betrugen in Mill. fl.:

	Einnahmen	Ausgaben		Einnahmen	Ausgaben
1868	0.900	0.747	1873	1.257	1.320
1869	1.080	1.000	1874	1.302	1.338
1870	0.070	0.012	1875	1.207	1.120
1871	0.920	0.003	1876	1.309	1.300
1872	1.155	1.050	1877	1.202	1.108

Ungemein erhöht haben sich die Ausgaben für das Handelsministerium. Der eigentliche Staatsaufwand erforderte in Mill. fl.:

	Brutto	Netto		Brutto	Netto
1868	2.189	1.769	1873	3.641	3.287
1869	2.316	1.872	1874	3.859	3.426
1870	2.913	2.400	1875	4.310	3.851
1871	2.960	2.468	1876	3.998	3.150
1872	3.472	2.903	1877	3.548	2.795

Hieher gehören die Ausgaben für die eigentliche Centralleitung, für gewerbliche Fachschulen, Tracirung von Eisenbahnen, Subventionen an Museen, die Ausgaben für den Aichdienst, den Hafen- und Sanitätsdienst, endlich für die Narentaregulirung. Die Kosten für die Central-leitung haben sich seit 1868 um 192 Procent gesteigert; sie betrugen in dem genannten Jahre 254.653 fl., 1877 743.553 fl. Die Steigerung ist erklärlich, indem diese Centralstelle erst im Laufe des Jahrzehnts allmählig ihren jetzigen Wirkungskreis erlangt hat und eine Reihe von Agenden zuwuchsen, die beim Beginne der dualistischen Aera theils gar nicht vorhanden waren, theils bei anderen Centralstellen zur Erledigung kamen. Die Schöpfung der gewerblichen Fachschulen ist neuesten Datums und er-heischt durchschnittlich einen Betrag von nahezu 200.000 fl. Die Beträge für die Tracirung der Eisenbahnen haben nicht unerhebliche Summen in Anspruch genommen, und erst seit dem Eintritte der wirthschaftlichen Krisis werden verhältnissmässig nur unbedeutende Kosten veranlasst. [1])

Es sind veranschlagt für:

	Einnahmen	Ausgaben
1878	1.106	1.098
1879	1.250	1.147
1880	1.216	1.113

[1]) Besondere vorübergehende Ausgaben des Handelsministeriums waren für die ostasiatische Expedition 1868 171.175 fl., 1869 201.924 fl., 1870 65.745 fl., 1871 6002 fl., 1876 1464 fl.; seit 1871 erscheinen bestimmte Sum-

Die Ueberwachung der Aichämter durch den Staat
und die vollständig neue Organisation des Aichdienstes
haben seit 1873 alljährlich steigende Beträge in Anspruch
genommen; von rund 62.000 fl. stieg das Erforderniss auf
503.000 fl. im Jahre 1876, seitdem ist ein Rückgang bemerkbar; im Jahre 1877 wurden rund 496.700 fl. in Anspruch genommen. Für 1879 sind 414.000, für 1880 386.000 fl.
veranschlagt. Allerdings steht dem eine Einnahme aus
diesem Titel gegenüber, die in dem letztgenannten Jahre
nahe an 300.000 fl. erbrachte, wodurch aber immer ein
Zuschuss zwischen 150.000 bis 200.000 fl. erforderlich ist.

Die Kosten für den Hafen- und Sanitätsdienst wiesen
1868 und 1877 fast gleiche Summen aus, nämlich etwas
über $1._9$ Mill. fl., die beiden Jahre mit einander verglichen
ergeben für das letztere sogar einen geringfügigen Minderaufwand. Dazwischen liegen nun allerdings Jahre mit
einem höheren Mehrerfordernisse; 1870 mit $2._{487}$ Mill. fl.,
seitdem ist ein stetiges Bestreben Ersparnisse eintreten
zu lassen sichtbar. Der beträchtliche Mehraufwand erklärt
sich durch die zahlreichen Neubauten, welche während des
Jahrzehnts in Angriff genommen wurden, so z. B. die
Triester Hafenbauten, Neubauten im Küstenlande und in
Dalmatien, sammt und sonders im Extra-Ordinarium er-
scheinend, während das Ordinarium sich nur unbeträchtlich erhöht hat.

Die Betriebsauslagen für Post und Telegraphen
weisen seit 1868 eine ganz ausserordentliche Steigerung
auf; sie betrugen in Mill. fl.:

men für Tracirung der Eisenbahnen verrechnet, und zwar 1871 164.613 fl.,
1872 260.297 fl., 1873 208.971 fl., 1874 151.959 fl., 1875 243.939 fl., 1876
99.560 fl.; für die Wiener Weltausstellung wurden verausgabt 1872 $6._2$ Mill. fl.,
1873 $10._{277}$ Mill. fl., 1874 $2._{104}$ Mill. fl., 1875 $0._{742}$ Mill. fl., 1876 $0._{111}$ Mill. fl.;
für die Weltausstellung in Philadelphia 1875 50.000 fl., 1876 100.000 fl.; für
Errichtung von Spitzenerzeugungsschulen im Erzgebirge 1873 29.000 fl.; als
Subvention für das orientalische Museum für 1875 10.000 fl., 1876 ebensoviel; Narenta-Regulirung 1875 5000 fl., 1876 10.723 fl.

1868	9.007	1873	17.078	1878	17.902
1869	10.872	1874	19.570	1879	18.039
1870	11.095	1875	18.833	1880	19.87
1871	12.705	1876	18.570		
1872	14.535	1877	17.988		

Auf diesem Gebiete ist im Laufe dieses Jahrzehnts ausserordentlich viel geschehen und die österreichische Organisation des Post- und Telegraphenwesens kann sich füglich mit anderen Culturländern messen.

Die Betriebsauslagen und die Einnahmen für die Post betrugen in Mill. fl.:

	Ausgaben	Einnahmen	Ueberschuss oder Abgang
1868	7.016	8.908	+ 1.802
1869	8.121	10.129	÷ 1.908
1870	8.911	10.657	+ 1.713
1871	9.351	11.815	+ 2.101
1872	10.070	12.953	÷ 1.983
1873	12.750	14.010	+ 1.754
1874	14.791	14.219	-- 0.575
1875	15.032	14.620	— 0.412
1876	14.803	14.463	— 0.400
1877	14.333	14.816	+ 0.513
1878	14.257	15.231	+ 0.974

Um die Steigerung der Ausgaben richtig zu würdigen, muss jedoch berücksichtigt werden, dass im Jahre 1868 die Zahl der Postanstalten 2406 betrug, bis 1875 sich auf 4139 steigerte, seitdem abgenommen hat und 1878 4000 vorhanden waren. Der Briefpostverkehr, ohne Zeitungs- und Postanweisungsverkehr, belief sich im Jahre 1868 auf 113.655 Mill. Stück, erreichte 1873 266.698 Mill. Stück, sank in den beiden folgenden Jahren (1874 245.935, 1875 242.33 Mill. Stück) und ist seitdem im Steigen begriffen; er betrug 1876 256.919, 1877 263 und 1878 294.807 Mill. Stück.

Die Geld- und Werthsendungen betrugen 1868 2307 Mill. fl., 1878 4564.7 Mill. fl.

Was die Anzahl der Postanstalten anbelangt, steht Oesterreich noch immer hinter Grossbritannien, der Schweiz, Deutschland, den Niederlanden, Luxemburg, Belgien zurück, hat jedoch Frankreich überflügelt. Die Netto-Einnahme ergab im Jahre 1878 in Grossbritannien ein Plus von 24.437, in Dänemark 0.224, Norwegen 0.022, in Oesterreich 0.878, in Ungarn 1.044, Schweiz 0.741, in den Niederlanden 0.830, Luxemburg 0.027, Belgien 1.428, Frankreich 22.401, Portugal 0.105, Italien 1.214 Mill. fl.; ein Minus findet sich in Schweden und Russland.

Die Betriebs-Einnahmen und Ausgaben für den Telegraphen betrugen:

	Ordentliche Ausgaben	Ausser-ordentliche	Einnahmen	Abgang
1868	2.080	0.330	2.237	0.185
1869	2.307	0.330	2.338	0.413
1870	2.384	0.300	2.141	0.559
1871	2.835	0.477	2.518	0.814
1872	2.705	0.700	2.850	0.705
1873	3.502	0.887	3.101	1.303
1874	3.071	0.782	2.017	2.150
1875	3.571	0.220	2.755	1.046
1876	3.185	0.231	2.030	0.781
1877	3.510	0.106	3.100	0.489
1878	3.132	0.081	3.061	—

Von den Ausgaben entfällt der grösste Theil auf die persönlichen Ausgaben (2.9 Mill. fl.), der Rest sachliche; hievon entfielen 33.4 Procent auf Niederösterreich (wovon 14.3 Procent auf die Centralleitung), Oberösterreich 3.1 Procent, Salzburg 1.2 Procent, Steiermark 5.2 Procent, Kärnten 1.1 Procent, Krain 0.9 Procent, Küstenland 5.8 Procent, Tirol und Vorarlberg 5.8 Procent, Böhmen 17.4 Procent, Mähren 6.7 Procent, Schlesien 1.5 Procent, Galizien 10.8 Procent,

Bukowina 1., Procent, Dalmatien 4., Procent. — Von den
Einnahmen entfallen 2.₇₁₀ Mill. fl. oder 88.₆ Procent auf
die Privatcorrespondenz. An der Gesammteinnahme nimmt
Antheil: Oesterreich unter der Enns mit 43.₇ Procent,
Oesterreich ob der Enns mit 2.₁ Procent, Salzburg mit 0.₈
Procent, Steiermark mit 3.₄ Procent, Kärnten mit 0.₈ Pro-
cent, Krain mit 0.₆ Procent, Küstenland mit 9.₇ Procent,
Tirol und Vorarlberg mit 2.₆ Procent, Böhmen mit 16.₇
Procent, Mähren mit 4.₇ Procent, Schlesien mit 1.₄ Procent,
Galizien mit 8.₅ Procent, Bukowina mit 1.₅ Procent, Dal-
matien mit 3.₅ Procent.

Das österreichische Staatstelegraphenwesen arbeitet
bis in die jüngste Zeit mit einem Deficit, wie die meisten
europäischen Staaten. Vergleicht man die Ergebnisse des
Jahres 1878, so hatten nur Russland, die Schweiz, Frankreich, Italien und Deutschland Ueberschüsse.

Durch die Erwerbung und den Bau von Eisenbahnen
erscheint seit dem Jahre 1876 bei dem Handelsministerium
die Einnahme aus dem Staatseisenbahnbetrieb verrechnet.
Im Jahre 1876 betrugen dieselben 669.821 fl., 1877 über
eine Million, für 1878 sind 1.₈₈₆, für 1879 2.₂₅₃ Mill. fl. veranschlagt. Die dem Staate gehörigen Linien sind: Rako-
nitz-Protivin, Dniesterbahn, Tarnow-Leluchow, Istrianer
Bahn, Donauuferbahn, Siverich-Spalato, Braunau-Strass-
walchen, Bodenbacher Bahnstrecke, südwestliche Linien,
Kriegsdorf-Römerstadt, Tarvis-Pontafel, Unterdrauburg-
Wolfsberg, Mürzzuschlag-Neuberg, im Ganzen 947.₁₇₅ Kilometer, für deren Bau bis Ende 1877 71.₆₇₅ Mill. fl. verwendet
worden sind. Bringt man auch die für 1878 bis 1880
inclusive bewilligten Credite in Anschlag, so wird am
Schlusse des Jahres 1880 zusammen sich ein Aufwand
von 76.₃ Mill. fl. herausstellen.[1] Die veranschlagten ordentlichen Einnahmen belaufen sich für 1878 auf 1 Mill., 1880

_____

[1] Bis Ende 1877 wurden verwendet 71.₆₇₅ Mill. fl., pro 1878 und
1879 waren bewilligt 4.₅₂ Mill. fl., pro 1880 161.300 fl.

auf 2.08 Mill. fl., die Ausgaben auf 2.05 Mill. fl., daher
ein Betriebsüberschuss von 74.500 fl.: während noch 1879
einen Gesammtbetriebsabgang von 153.084 fl. erwarten
liess. Mit Betriebsdeficiten behaftet sind namentlich die
Istrianer und Dalmatiner Bahnen.

Der Wirkungskreis des Ackerbauministeriums hat
erst allmählig den gegenwärtigen Umfang erreicht. Eine
Reihe von Agenden, früher dem Ministerium des Innern
angehörig, wurden demselben zugewiesen: so die oberste
Entscheidung und Erledigung der Recurse und Administra-
tivverhandlungen in Jagd-, Feldpolizei- und Fischerei-An-
gelegenheiten, die legislativen Verhandlungen über die Zusammenlegung und Zerstückelung von Grundstücken. [1)]
Einige Jahre später erfolgte die kaiserliche Genehmigung,
wonach die oberste Verwaltung der Staatsforste, dann
Staatsdomänen und Montanwerke, die Salinen ausgenommen, dann die Religions- und Studienfondsgüter dem Finanzministerium genommen und dieser Centralbehörde zugewiesen wurden; die oberste Verwaltung der Güter des
Bukowinaer griechisch-orientalischen Religionsfondes, bisher dem Cultusministerium unterstehend, wurde durch
kaiserliche Entschliessung vom 12. Mai 1872 an das Ackerbauministerium gewiesen, endlich erhielt es einige in der
Verwaltung des Finanzministeriums verbliebene Fonds-
entitäten durch kaiserliche Entschliessung vom 31. August
1872. Dagegen wurde die im Jahre 1872 gegründete Acker-
bauhochschule in Wien im Jahre 1878 dem Unterrichtsministerium unterstellt. Die Rechnungsabschlüsse sind
deshalb erst seit 1873 zur Vergleichung der gesammten
Einnahmen und Ausgaben verwerthbar; selbst eine Gruppirung der einzelnen Titel auf Grundlage der gegenwärtigen
Etatsform würde nicht die entsprechenden Anhaltspunkte
bieten, um zu sicheren Ergebnissen zu gelangen, da eine

[1)] Durch Allerhöchste Entschliessungen vom 1. Jannar und 13. August 1869.

Reihe von Ausgaben bei den anderen Centralstellen ausgeschieden und dem Ackerbauministerium zugeschrieben
werden müssen: eine Arbeit, die, selbst wenn man die
darauf zu verwendende Mühe nicht scheuen würde, mit
Benützung der im Drucke vorliegenden Behelfe nicht
möglich wäre.

Der Ausgabe-Etat dieses Ministeriums betrug:

	Brutto	Netto
1873	11.352	2.007
1874	11.381	2.840
1875	11.203	2.805
1876	11.510	2.624
1877	12.107	2.453

Die Verwaltung des Ackerbauministeriums gehört zu
den kostspieligsten, obgleich in den letzten Jahren eine
erhebliche Herabminderung des Aufwandes eingetreten
ist. Mit vollem Rechte wurde bei den parlamentarischen
Berathungen wiederholt hervorgehoben, dass die Kosten
für die Centralleitung im Verhältnisse zu den übrigen
Ministerien ausserordentliche sind. Von 91.600 fl. rund
im Jahre 1868 steigen die Kosten der Centralleitung auf
279.000 fl. im Jahre 1873, 400.890 fl. im Jahre 1874! Das
Jahrzehnt schliesst mit einem Erfordernisse von 330.570 fl.
Die Steigerung beträgt daher 287. Procent. Für das
Jahr 1880 sind 265.400 fl. veranschlagt. Allerdings muss
dabei in Betracht gezogen werden, dass diese Centralstelle sich erst ihren Wirkungskreis zu erobern hatte und wie
bereits oben erwähnt eine Reihe von Agenden zugewiesen
erhielt, die früher bei anderen Ministerien untergebracht
waren. Dem land- und forstwirthschaftlichen Unterrichte
wurde in den letzten Jahren eine besondere Aufmerksamkeit
zugewendet, und obgleich Beiträge von Seite der autonomen
Organe zur Erhaltung der Schulen gefordert werden, werden
von Seite des Staates Zuschüsse gewährt. Im Jahre 1868

wurden blos 41.400 fl. netto für diesen Zweck verwendet, im
Durchschnitte der Jahre 1808 bis 1872 93.976 fl., 1873 bis 1877
234.387 fl. Für die Jahre 1878 bis 1880 wurden beiläufig
ebensoviel veranschlagt. Die Hochschule für Bodencultur
wurde von Seite des Ackerbauministeriums ins Leben gerufen. Der Aufwand für dieselbe hat sich seit der Einrich-
tung einer forstwissenschaftlichen Abtheilung beträchtlich
gesteigert, während andererseits die Forstlehranstalt zu
Mariabrunn aufgehoben wurde. Die Montanlehranstalten
zu Leoben und Pribram unterstehen noch gegenwärtig
dieser Centralstelle. Der Netto-Aufwand für dieselben hat
namentlich in den letzten Jahren zugenommen; im Jahre
1868 belief sich derselbe auf 30.519 fl., 1877 auf 76.737 fl.;
für 1880 sind 77.870 fl. veranschlagt.

Für die Pferdezucht steigerte sich der Aufwand von
687.361 fl. im Jahre 1808 auf 1.5 Mill. fl. im Jahre 1877,
nachdem derselbe im Jahre 1875 bereits 1.04 Mill. fl. aus-
gemacht hatte. Im Durchschnitte der Jahre 1808 bis 1877
betrug derselbe 1.187 Mill. fl. brutto, wovon 388.336 fl. Einnahmen in Abzug zu bringen sind, daher ein durchschnittlicher Netto-Aufwand von 0.810 Mill. fl. in den Jahren 1868
bis 1872 und 1.370 Mill. fl. 1873 bis 1877. Diese Summen
werden für die Staatsgestüte, die Staats-Hengstendepôts
zu Stadl, Graz, Prag, Klosterbruck und Drohowycze und
zur Förderung der Pferdezucht, worunter Wettrennpreise,
Zuchtprämien, Beiträge zu Preisen bei Ausstellungen und
Subventionen für Aufzucht von Hengstfohlen verwendet.

Das Forst- und Domänenwesen beanspruchte im Durchschnitte des Jahrzehnts 1868 bis 1877 3.2 Mill. fl., während
die Einnahmen 4.37 Mill. fl. betrugen, wonach sich ein
durchschnittlicher Ueberschuss von 1.17 Mill. fl. ergab.
Diese Durchschnittsziffer liefert jedoch kein ganz zutreffendes Bild von dem Rückgange der Einnahmen, die von
1.666 Mill. fl. im Jahre 1872 — dem Jahre des höchsten
Ertrages — auf 131.756 fl. im Jahre 1877 herabsanken.

Zu einem ähnlichen Ergebnisse gelangt man bei den Montanwerken, die 1868 bis 1876 wechselnde Ueberschüsse lieferten, und 1877 sogar einen Abgang von 105.000 fl. aufweisen. Es gehören noch dem Staate Kirchbichl, wo beiläufig 200.000 Metercentner Kohle erzeugt werden; die Förderung der Kohle wird schwieriger, wodurch sich die Erzeugungskosten steigern. Brixlegg ist seit Jahren passiv, vornehmlich durch den Betrieb der Zinkhütte, die schon an und für sich unter schwierigen Verhältnissen gearbeitet hat und in Folge des ausserordentlichen Sinkens der Zinkpreise grosse Verluste erleidet. Der Betrieb derselben ist nun eingestellt und nur die Kupferhütte steht in Betrieb, die jedoch auch in Folge der gefallenen Kupferpreise und durch den Wegfall des Silberagios geringere Erträgnisse liefert.

Das Erforderniss für das Justizministerium hat seit 1868 in ganz ausserordentlicher Weise zugenommen; es betrug in Mill. fl.:

	Brutto	Netto
1868	10.42	10.20
1869	13.05	13.41
1870	14.30	14.01
1871	14.63	14.32
1872	15.20	14.84
1873	15.70	15.41
1874	20.37	10.89
1875	20.52	10.99
1876	21.15	20.61
1877	20.79	20.34
1778	20.79	20.28
1879	21.025	20.311
1880	21.118	20.538

In dem Zeitraume von 10 Jahren, 1868 bis 1878, beträgt die Steigerung 100 Procent. Zum Theil erklärt sich dieselbe, von der Regulirung der Beamtenbezüge abge-

sehen, dass mit Gesetz vom 11. Juni 1868 die Trennung
der Justiz von der politischen Verwaltung in den untersten
Instanzen verfügt und die Ehegerichtsbarkeit durch das Gesetz vom 25. Mai 1868 den Civilgerichten zurückgegeben
wurde. Auch die Einführung der neuen Strafprocess-
ordnung und des Mahn- und Bagatellverfahrens, sowie
die Anlegung der Grundbücher erheischten grössere Summen, endlich wurden auch in den letzten Jahren eine
Anzahl von Bauten in Angriff genommen, welche nicht
unbeträchtliche Beträge verschlangen. [1]) Aus den statistischen Ausweisen geht hervor, dass die Geschäfte während
dieses Zeitraumes stark zugenommen haben und den sich
steigernden Aufwand schon dadurch rechtfertigen.

Der oberste Rechnungshof erforderte:

1868	119.758	1873	142.851	1878 [3])	158.000
1869	115.454	1874	156.952	1879 [3])	156.000
1870	128.303	1875	159.332	1880 [3])	156.900
1871	141.405	1876	156.132		
1872	139.410	1877	152.870 [2])		

Ganz ausserordentlich ist seit dem Jahre 1873 das
Erforderniss für Pensionen angewachsen. Die Erklärung
liegt in der Erhöhung der Bezüge der Beamten, in der
Reorganisation einzelner Dienstzweige, sowie in dem
Versorgungsgesetze, die Landwehr betreffend. Der Etat
betrug netto in Mill. fl.:

---

[1]) Von den grösseren Bauten seien nur erwähnt der Justizpalast in
Wien mit einem veranschlagten Kostenaufwande von 3 Mill. fl., das Gerichts-
und Gefangenhaus in Triest mit 0.5 Mill. fl., die Strafanstalt in Stanislau
mit 1.2 Mill. fl.

[2]) In den Jahren 1868 und 1869 wurden hier auch die Kosten für
die Statistik verrechnet, ferner erscheinen in den Jahren 1868 bis 1872 Beträge mit dem Titel: Rückstandssection der Cameralbuchhaltung, und zwar:
1868 55.519 fl., 1869 28.212 fl., 1870 17.800 fl., 1871 15.834 fl., 1872 14.091 fl.

[3]) Nach den Voranschlägen.

1868 ¹)	10.₀₅₂	1873	12.₃₂₄	1878	13.₀₂
1869	11.₂₈₁	1874	12.₅₆₀	1879	14.₁₀₀
1870	11.₃₂₃	1875	12.₉₁₇	1880	14.₂₀₅
1871	11.₈₀₁	1876	13.₂₈₂		
1872	11.₀₁₅	1877	13.₅₂₉		

Von diesen Summen entfielen früher beträchtliche Beträge für die gemeinsamen Civilpensionen, zu denen Oesterreich in Folge der Abmachung mit Ungarn 77 Procent beizutragen hat; und zwar 1869 937.872 fl.; seitdem ist das Erforderniss ein von Jahr zu Jahr geringeres und betrug 1877 489.522 fl.; für 1880 sind blos 415.000 fl. veranschlagt, wozu Ungarn eine 23 procentige Quote beizusteuern hat.

---

¹) Das Brutto-Erforderniss weicht nur unerheblich von den obigen Summen ab, da die Einnahmen nicht beträchtlich in die Wagschale fallen.

Fünftes Capitel.

Die allgemeinen Staatsauslagen.

Unter der Benennung „allgemeine Staatsauslagen" werden in dem österreichischen Budget diejenigen Beträge zusammengefasst, welche als Subventionen und Dotationen, für die Verzinsung der Staatsschuld, für die Schuldentilgung, für die allgemeine Cassenverwaltung, endlich für die Verwaltung der Staatsschuld erforderlich sind.

Die Subventionen und Dotationen werden an Landesfonde, an Industrieunternehmungen und an Grundentlastungsfonde gewährt.

Die Subventionen an Landesfonde sind nunmehr nicht sehr beträchtlich. Dieselben waren noch in den Jahren 1868 bis 1870 nicht unbedeutend, gegenwärtig werden blos 10,000 fl. an Kärnten verabfolgt. [1]

Der Uebergang der Grundentlastungsfonde aus der Verwaltung des Staates in jene der betreffenden Landesvertretungen gründet sich auf die verschiedenen Landesordnungen und wurde mit einem Erlasse des Staatsministeriums vom Jahre 1861 eingeleitet.

---

[1] Es wurden gewährt: 1868: 0.831, 1869: 0.231, 1870: 0.... 1871: 0.055 Mill. fl.; dagegen wurden rückgezahlt 1869: 0.143, 1870: 0.1.8, 1871: 0.1.. Mill. fl.

Mit dem Erlasse des Finanzministeriums vom 17. August 1861 wurden den Finanzbehörden Bestimmungen über die Modalitäten, unter welchen die Abfuhr der künftighin einfliessenden Grundentlastungsgelder an die den Landesausschüssen unterstehenden Grundentlastungsfonds-Cassen stattzufinden habe, bekannt gegeben und als Zeitpunkt für einen solchen Uebergang der bezüglichen Gebahrungsgeschäfte an die Organe der Landesvertretung im Allgemeinen der 1. November 1861 festgesetzt.

Von diesem Zeitpunkte an — auf Wunsch des Landesausschusses eventuell auch von einem früheren — sollten die Landeshaupt- oder Sammlungscassen die bei ihnen einfliessenden Grundentlastungsgelder nicht mehr verzinsen, sondern dieselben mit Schluss eines jeden Monates zur Disposition der Landesvertretung an die ihnen unterstehende Grundentlastungsfonds-Casse abführen, beziehungsweise die Abrechnung hinsichtlich der bei den landesfürstlichen Cassen für den betreffenden Fond geleisteten Zahlungen pflegen. Die zur Bestreitung der Zahlungen der Fonde etwa erforderlichen Erträge sollten den Fonden als verzinsliche Vorschüsse à conto der nächstfälligen Einnahmen der Grundentlastungsfonde flüssig gemacht werden.

Nachdem diese Bestimmung für mehrere Fonde die Gebahrung sehr erschwerte, drangen die Landesvertretungen auf die definitive Regelung der Rückzahlung der vom Staate an die Fonde geschuldeten Capitalien. [1]

Die Verhandlungen über die Rückzahlungs-Modalitäten der fraglichen Grundentlastungsfonds-Ueberschüsse führten endlich zur Allerhöchsten Entschliessung vom 22. März 1864, mit welcher die Rückzahlung der mit Ende 1864 noch rückständigen Ueberschüsse sammt den von

---

[1] Das Abgeordnetenhaus hat sich bei Bewilligung des Budgets für 1862 in diesem Sinne ausgesprochen, auch drang der böhmische Landtag auf die Rückzahlung in der Sitzung vom 18. März 1863.

denselben laufenden Zinsen vom Jahre 1865 angefangen in zwanzigjährigen Annuitäten genehmigt und das Finanzministerium ermächtigt wurde, hierüber mit den betheiligten Landesvertretungen, und zwar mit jenen für Oesterreich ob und unter der Enns, Salzburg, Steiermark, Kärnten, Tirol. Böhmen, Mähren, Schlesien und Görz eine Vereinbarung zu treffen.

Auf Grund dieser kaiserlichen Entschliessung wurden die Verhandlungen eingeleitet und die bezüglichen Tilgungspläne ausgearbeitet.

Die mit Ende 1864 rückständigen Beträge beliefen sich für Oesterreich unter der Enns auf 9,173.043 fl. 77 kr., für Oesterreich ob der Enns auf 4,394.679 fl. 59 kr., für Salzburg auf 476.885 fl. 35 kr., für Steiermark auf 1,954.729 fl. 53 1/2 kr., für Kärnten auf 387.978 fl. 63 kr., [1]) für Tirol auf 2,669.478 fl. 12 1/2 kr., für Böhmen auf 15,452.273 fl. 21 kr., für Mähren auf 9,840.233 fl. 60 1/2 kr., für Schlesien auf 1.437.646 fl. 80 kr., für Görz auf 143.767 fl. 62 kr.

Nach längeren Verhandlungen wurde die Zustimmung der einzelnen Landesvertretungen zu der oben angeführten Modalität der Rückzahlung erlangt und dem Reichsrathe die Finalisirung der fraglichen Angelegenheit bei Gelegenheit der Vorlage des Staatsvoranschlages für das Jahr 1868 mittelst einer Anmerkung bei dem betreffenden Theilvoranschlage zur genehmigenden Kenntniss gebracht. [2])

---

[1]) In Kärnten war übrigens das bisherige Abrechnungsverfahren zwischen Aerar und Grundentlastungsfond fortbestehen geblieben; bei der Schlussabrechnung und der definitiven Feststellung des Tilgungsplanes ergab sich der Stand der Ueberschüsse mit Ende 1866 mit 314.154 fl. 78 kr.

[2]) Es beträgt die Staatsschuld an die Grundentlastungsfonde auf ein 5procentiges Capital umgerechnet in Mill. fl.:

	für liquidirte Landesmittel Entschädigungs Capitalien		für die Ueberschüsse	
	1867	1870	1867	1877
Niederösterreich . .	13.5.0	9.803	8.304	3.193
Oberösterreich . . .	5.412	3.939	3.978	1.532

Hinsichtlich der Verhältnisse des Staates zu den passiven Grundentlastungsfonden ist eine Regelung erfolgt in Betreff des Fondes für Istrien zufolge Gesetzes vom 28. März 1875 und für Krain zufolge Gesetzes vom 8. Mai 1876.

Dem seit November 1861 passiv gewordenen Istrianer Grundentlastungsfonde wurden bis Ende 1865 zu 5 Procent verzinsliche Vorschüsse im Betrage von 150.584 fl. aus dem Staatsschatze gegeben, und in Folge allerhöchster Entschliessung vom 24. Juni 1866 unverzinsliche Vorschüsse vom 1. Januar 1866 an gewährt. Der gesammte staatliche Vorschuss belief sich von 1861 bis 1873 auf 415.999 fl. Das Abgeordnetenhaus forderte, das Verhältniss des Staates zu den passiven Grundentlastungsfonden definitiv zu regeln. Auf Grund eines Uebereinkommens wurden nun die unverzinslichen und verzinslichen Vorschüsse zu einer unverzinslichen Schuld des Landes an den Staat erklärt. Zur Deckung des Erfordernisses des Grundentlastungsfondes sind für die Dauer der Verlosung der Grundentlastungsobligationen jährlich Zuschläge zu den directen Steuern im Ausmasse von mindestens 10 Procent einzuheben. Wenn die Eingänge aus den Steuerzuschlägen sowie die übrigen normalen Deckungsmittel nicht ausreichen, gewährt der Staat für den von ihm erkannten Bedarf dem Grundentlastungsfonde zu 5 Procent verzinsliche Vorschüsse. Etwaige

	für liquidirte Landesmittel Entschädigungs-Capitalien		für die Ueberschüsse	
Salzburg	0.014	0.448	0.431	0.106
Steiermark	7.325	5.311	1.769	0.681
Kärnten	1.153	0.841	0.303	0.116
Krain	0.950	0.697	—	—
Görz	0.542	0.395	2.116	0.050
Tirol	0.121	0.088	13.937	0.931
Böhmen	—	—	8.907	5.387
Mähren	—	—	1.301	3.430
Schlesien	—	—	0.130	0.511

Ueberschüsse sind zur Berichtigung der etwa gewährten Vorschüsse zu verwenden. Die Rückzahlung der Schuld erfolgt nach beendeter Verlosung der Grundentlastungsobligationen. [1]

Die ungünstigen wirthschaftlichen Verhältnisse des Landes Krain haben fast in jedem Jahre seit Beginn der Gebahrung des krainischen Grundentlastungsfondes zur vollen Bedeckung des Erfordernisses die Ertheilung von Staatsvorschüssen an den Fond nöthig gemacht. Dieselben wurden verzinslich gewährt, bis in Folge Allerhöchster Entschliessung vom 12. November 1865 dem Krainer Grundentlastungsfonde auf die Dauer der Verlosung der Grundentlastungsschuld (bis inclusive 1895) jährliche unverzinsliche Staatsvorschüsse ohne bestimmte Ziffer zur Deckung des jeweiligen Abganges mit der Bedingung bewilligt wurden, dass die bis 1890 anwachsende Schuldenlast des Fondes an den Staat von da ab in sechs aufeinanderfolgenden Jahren womöglich mittelst gleichen Raten abgetragen werde. Zu Ende 1874 belief sich die Schuld des krainischen Grundentlastungsfondes an den Staat auf 195.461 fl. 46 kr. an verzinslichen Vorschüssen, und auf 1,037.811 fl. 46 kr. an unverzinslichen Vorschüssen, zusammen auf 1,233.272 fl. 92 kr.; doch wurde der Bestand der verzinslichen Schuld von der Krainer Landesvertretung auf das Entschiedenste bestritten.

Um den schwankenden Beziehungen des Staatsschatzes zu dem passiven Grundentlastungsfonde Krains eine bestimmte, vertragsmässige Basis zu geben, hat die Regierung mit der krainischen Landesvertretung nach langwierigen Verhandlungen ein Uebereinkommen abgeschlossen. Die wesentlichen Bestimmungen sind folgende: Dem Krainer Grundentlastungsfonde wird von 1875 bis

---

[1] Nr. 219 und 324 der Beilagen zu den Protocollen des Abgeordnetenhauses. VIII. Session.

inclusive 1895 eine nicht rückzahlbare Subvention aus dem Staatsschatze von jährlichen 175.000 fl. bewilligt. Der Betrag, auf dessen Ersatz der Staat durch Bewilligung der fixen Subvention verzichtet, beläuft sich 1875 bis 1895 auf 3.075 Mill. fl. Die zu Ende 1865 bestandene verzinsliche Schuld an den Staat per 195.461 fl. 46 kr. wird nachgesehen. Hingegen verpflichtet sich das Land, zur Deckung des Grundentlastungserfordernisses für die Dauer der Verlosung der Grundentlastungsobligationen Zuschläge zu den directen Steuern und zur Verzehrungssteuer mindestens im Ausmasse von je 20 Procent einzuheben. Sollten die regelmässigen Einnahmen des Fondes mit Einschluss der fixen Staatssubvention zur Deckung des Jahreserfordernisses nicht hinreichen, so wird der Staat mit 5 Procent verzinsliche rückzahlbare Vorschüsse gewähren. Das Land verpflichtet sich, für den Fall, als die Abstattung der Aerarialschuld nicht schon während der Dauer der Verlosung aus den Vorschüssen der Jahresgebahrung des Fondes beendigt wäre, die stipulirten Steuerzuschläge auch über diesen Termin hinaus bis zur gänzlichen Abstattung der Aerarialschuld fortzuerheben. [1])

Mit Galizien und der Bukowina ist bisher ein Uebereinkommen nicht zu Stande gebracht worden, obgleich das Abgeordnetenhaus seit einer Reihe von Jahren fast alljährlich hierauf bezügliche Resolutionen fasste, die Verpflichtungen des Staates den dortigen Grundentlastungsfonden gegenüber definitiv zu regeln. In der Bukowina wurde von Seite der Regierung eine Vorlage gemacht, deren gesetzliche Behandlung jedoch nicht erwirkt, indem die Landesvertretung der Bukowina sich darauf beruft, dass die Rechtsverhältnisse ihres Grundentlastungsfondes ähnliche seien wie jene der galizischen, letztere daher vor-

---

[1]) Vergl. 414 und 426 der Beilagen zu den Protocollen des Abgeordnetenhauses. VIII. Session.

her geordnet werden müssen. In Galizien wurde eine Vorlage nicht gemacht, weil Vertreter Galiziens von der Ansicht ausgehen, dass Galizien auf Grund des Patentes vom 17. April 1848 den Anspruch erheben könne, dass die vom Staatsschatze für den ost- und westgalizischen Grundentlastungsfond bisher geleisteten und künftig zu leistenden Beiträge keine blossen Vorschüsse, sondern nicht rückzahlbare Subventionen seien. [1] Bereits im Jahre 1878 beliefen sich die Staatsvorschüsse auf 66 Mill. fl.; 1879 und 1880 waren 2.625 Mill. fl. veranschlagt.

Die gesammten unverzinslichen Vorschüsse an die Grundentlastungsfonde betragen seit 1876 jährlich 3.276 Mill. fl., und zwar für Ostgalizien 1.113, für Westgalizien 1.181 Mill fl., für die Bukowina 0.399 Mill. fl., endlich an Krain eine fixe Jahressubvention von 175.000 fl. und ein mit 5 Procent verzinslicher Vorschuss von 77.000 fl. [2]

_____

[1] Bericht des Budgetausschusses 738 der Beilagen zu den stenographischen Protokollen des Abgeordnetenhauses, VIII. Session. Wie in diesem Berichte hervorgehoben wird, ist jedoch die Ansicht der Vertreter Galiziens nicht richtig.

[2] Die garantirte Grundentlastungsschuld der im Reichsrathe vertretenen Königreiche und Länder hat seit 1867 folgende Veränderungen erfahren. Dieselbe betrug in Mill. fl.:

	Ende 1867 im Capitals-Nennwerthe	auf ein 5%,iges Capital in ö. W. umgerechnet	Ende 1879 im Capitals-Nennwerthe	auf ein 5%,iges Capital in ö. W. umgerechnet
Niederösterreich	34.0	36.35	22.21	23.35
Oberösterreich	16.4	17.2	12.03	12.03
Salzburg	2.2	2.3	1.43	1.5
Steiermark	18.0	19.5	12.97	13.0
Kärnten	5.70	6.05	4.21	4.40
Krain	8.3	8.7	6.06	6.37
Triest	1.09	1.15	—	—
Görz	1.03	1.15	0.800	0.849
Istrien	0.0093	0.0093	0.808	0.848
Tirol	5.03	6.23	3.26	3.12
Böhmen	33.8	35.5	14.088	15.737
Mähren	21.00	23.00	13.310	13.081

Der wirkliche Erfolg für Subventionen und Dotationen an Industrie-Unternehmungen betrug ohne Berücksichtigung des Agios in Mill. fl.:

1868	0.$_2$	1873	16.$_{454}$
1869	3.$_{445}$	. 1874	18.$_{265}$
1870	5.$_{917}$	1875	23.$_{085}$
1871	8.$_{597}$	1876	24.$_{810}$
1872	10.$_{584}$	1877	19.$_{320}$

Ueberdies wurden auch noch Bauvorschüsse ertheilt 1869 3.$_{044}$ Mill. fl., 1870 4.$_{705}$ Mill. fl., 1871 1.$_5$ Mill. fl.

Für das Jahr 1878 wurden verausgabt etwas über 18 Mill. fl.; für 1879 sind 21.$_{020}$, für 1880 21.$_{430}$ Mill. fl. veranschlagt.

In diesen Summen liegt zum Theil die Erklärung für das seit einigen Jahren gestörte Gleichgewicht im Staatshaushalte. Es lässt sich wohl schwerlich in Abrede stellen, dass übertriebene Vorstellungen von der Prosperität der Bahnen bei der Ertheilung von Eisenbahnconcessionen und der Gewährung von Zinsengarantien mitgewirkt haben.

Das Sistirungsministerium, welches die wirthschaftliche Entwickelung mit Ostentation auf sein Banner schrieb, hat seinen Nachfolgern eine ziemlich kostspielige Erbschaft zurückgelassen. Mit der dualistischen Aera brach ein erneuter Aufschwung im Eisenbahnbaue heran, hervorgerufen

	Ende 1867 im Capitals-Nennwerthe	auf ein 5%iges Capital in ö. W. umgerechnet	Ende 1879 im Capitals-Nennwerthe	auf ein 5%iges Capital in ö. W. umgerechnet
Schlesien	2.$_{44}$	2.$_{56}$	0.$_{681}$	0.$_{715}$
Galizien { Verwaltung Lemberg	50.$_{78}$	53.$_3$	40.$_{11}$	42.$_{11}$
Verwaltung Krakau .	29.$_{87}$	31.$_{37}$	23.$_{307}$	24.$_{47}$
Grossh. Krakau . . .	3.$_{16}$	3.$_3$	2.$_{005}$	2.$_{106}$
Bukowina	10.$_{63}$	11.$_{17}$	9.$_{618}$	10.$_{099}$

Ueberdies noch waren Ende 1867 verbucht, jedoch unbehoben und unverzinslich 1.$_{505}$ Mill. fl., oder auf ein fünfprocentiges Capital ungeachtet 1.$_{58}$ Mill. fl., Ende 1879 1.$_{197}$ Mill. fl. oder auf ein fünfprocentiges Capital ungeachtet 1.$_{257}$ Mill. fl.

durch den sogenannten wirthschaftlichen Aufschwung und
zum Theile von der Regierung vielfach begünstigt. Diese
Eisenbahnspeculationsperiode erreichte mit dem Jahre 1873
ihren Abschluss, nicht ohne den Staatshaushalt vielfach
zu belasten. „Die Wahl. der zu bauenden Eisenbahnen,"
bemerkt treffend der Bericht des Herrenhauses über die
garantirten Bahnen, „geschah nicht mehr durch die Regierung; die Initiative zum Baue von Bahnen befand sich
vielmehr bei privaten Unternehmern, so zwar, dass die
Wahl der zu concessionirenden Linien oft durch das Ergebniss finanzieller Speculationen oder durch Sonderinter-
essen bestimmt wurde. Das Prosperiren der ersten grossen
Bahngesellschaften einerseits, das Misstrauen gegen dieselben und insbesondere die theils berechtigten, theils zu
weit gehenden Klagen über das sogenannte Tarifmonopol
andererseits, erzeugten das Schlagwort Concurrenzbahnen.
Unter dem Drucke dieser Strömung wurden, mit grossen
staatlichen Opfern garantirt, Bahnen gebaut, die nicht
einem neuen Verkehrsgebiete dienten, sondern ihre Ent-
stehung zuvörderst einer Finanz- und Bauspeculation ver-
dankten und ihr Leben von dem den bestehenden Bahnen
abgerungenen Verkehre fristen sollten. Dabei legten solche
garantirte Unternehmungen zumeist schon in ihrer Gründung den Keim zu ihrer künftigen Krankheit dadurch,
dass die ganze Operation auf der Höhe der gewährten
Garantiesumme basirte und das Geld gemeiniglich mit
grossen Verlusten gegen den Nominalbetrag der Titres
beschafft wurde."[1])
Die Begünstigungen, die in der Regel seit 1869 den
Eisenbahnen gewährt wurden, sind die Privilegiumsdauer
auf neunzig Jahre, die Befreiung von der Einkommensteuer
und der Entrichtung von Coupons-Stempelgebühren auf

---

[1]) Bericht des Herrenhauses, betreffend die garantirten Bahnen (Berichterstatter Dr. Engerth).

dreissig Jahre, ferner von Stempeln und Gebühren für alle
Verträge, Eingaben und sonstigen Urkunden behufs der
Capitalsbeschaffung u. dgl. m., endlich auch Ertheilung
von Bauvorschüssen.[1]) Die wesentlichste Unterstützung
für den Eisenbahnbau bildet jedoch die gewährte Zinsen-
garantie, die seit der parlamentarischen Aera in grösserer
Ausdehnung zur Anwendung kam. Namentlich in den
Jahren 1862 bis 1866 wurden viele Eisenbahnen mit Staatsgarantie gebaut und erst unmittelbar vor Ausbruch der
Krise im Jahre 1873 wurde mit der weiteren Ertheilung
von Concessionen innegehalten. Durch das Gesetz vom
14. December 1877 erhielt die Regierung die Ermächtigung,
jenen Bahnen, welche die Garantie eines Reinerträgnisses
vom Staate geniessen, Vorschüsse in Noten zur Bedeckung
von Betriebsabgängen zu gewähren. Zugleich wurde der
Regierung das Recht ertheilt, die Betriebsführung jener
garantirten Bahnen zu übernehmen, welche ein vom Staate
vorschussweise bedecktes Betriebsdeficit aufweisen oder
für die letzten fünf Jahre mehr als die Hälfte des garantirten Reinertrages jährlich in Anspruch genommen haben.
Von diesem Rechte hat der Staat bisher bei der Kronprinz
Rudolfsbahn Gebrauch gemacht.

Bei der Verschiedenartigkeit der Gesetze bezüglich
des garantirten Reinertrages und der ziffermässigen Berechnung desselben mit Rücksicht auf die Bauauslagen und
Bahnlänge, bestanden zwischen der Regierung und den Ver-
waltungsräthen der Bahnen nicht selten Differenzen, deren
Begleichung seit 1877 die Aufgabe einer Garantie-Rech-
nungscommission war. Durch die den Voranschlägen beigegebenen Ausweise besitzen wir nunmehr einen vollständig klaren Einblick in die Verpflichtungen des Staates.

Die garantirte Bahnlänge belief sich Ende 1861 auf
1122 Kilometer, beim Beginne der dualistischen Aera

---

1) Vergl. Gesetze vom 20. Mai 1869 und 13. April 1870.

Ende 1867 auf 3146, am Schlusse des Jahres 1877 7419 Kilometer. Die Garantieverhältnisse der einzelnen Bahnen sind folgende:

Die österreichische Staatseisenbahngesellschaft erhielt für das sogenannte alte Netz auf Grund des Uebereinkommens vom 1. Januar 1855 eine 5.$_2$percentige Garantie von der ausgesprochenen Summe bis zum Betrage von 77 Mill. fl. (200 Mill. Frcs.) gewährleistet. In Folge der Abtretung der Strecke Szegléd-Szolnok an die Theissbahn im Jahre 1858 wurde der garantirte Betrag um 3.$_8$ Mill. Frcs. zeitweilig herabgemindert, durch Uebereinkommen vom 1. December 1866 auf 5.$_2$ Procent in Silber für 200 Mill. Frcs. erhöht. Für das alte Netz wurde jedoch bisher kein Zuschuss von Seite des Staates gefordert.

Die Concessionsurkunde für das Ergänzungsnetz (Marchegg-Stadlau-Wien, Wien-Stadlau-Rossitz, Grussbach-Znaim) garantirte der Gesellschaft jenen Jahresbetrag, welcher zur Verzinsung und Amortisirung der zur Aufbringung des Bahncapitals emittirten Obligationen erforderlich ist. Seit dem 24. November 1870 trat die Staatsgarantie in Wirksamkeit, nachdem die sämmtlichen Linien dem Verkehre übergeben waren. Der garantirte Reinertrag beträgt nach den Ermittlungen 3.$_{072}$ Mill. fl.; wirklich geleistet wurden für 1872 0.$_{631}$, 1873 0.$_{487}$, 1874 0.$_{021}$, 1875 0.$_{645}$, 1876 1.$_{128}$, 1877 1.$_{13}$ Mill. fl., seit 1878 sind 0.$_0$ Mill. fl. veranschlagt.

Die Franz Josefs-Bahn wurde zwar mit Zustimmung des Parlaments auf Grund des Gesetzes vom 9. August 1865 concessionirt, jedoch wurde damals blos der Bau einer Bahn von Wien nach Eger, mit einer Abzweigung Gmünd-Prag, und hiefür eine Staatsgarantie bis zur Maximalsumme von 4.$_{13}$ Mill. fl. in Aussicht genommen. Eine Erhöhung dieses Garantiebetrages sollte bei einem etwaigen Bau der Flügelbahnen (Absdorf-Stockerau, von Krems an die Hauptbahn u. s. w.), und zwar „den effectiven Baukosten nebst den Geldbeschaffungskosten entsprechend" eintreten. Das

Sistirungsministerium, welches die Concession am 11. November 1866 ertheilte, band sich jedoch nicht an die gesetzlichen Bestimmungen, änderte dieselben auf Grund des Sistirungspatentes vom 20. September ab und gewährte der Gesellschaft Vorschüsse durch Specialübereinkommen vom 5. November 1866. Ein weiteres Uebereinkommen wurde auf Grund des Gesetzes vom 20. Mai 1869 getroffen, wonach der Staat abermals einen Vorschuss im Betrage von 4.25 Mill. fl. gewährte, welcher nach erfolgter Eröffnung des Betriebes in Actien zum Course von 85 zu refundiren war.

Zur Bestreitung des Mehraufwandes für den Wiener Bahnhof übernahm der Staat die 5procentige Garantie für ein um den Nominalbetrag von 0.8 Mill. fl. in Silber erhöhtes Anlagecapital; ferner wurde die Garantiesumme um jenen Betrag erhöht, welcher zur Verzinsung und Tilgung der Effecten nothwendig ist, die behufs Aufbringung der Geldmittel zur Bestreitung der wirklich aufgelaufenen und gehörig nachgewiesenen Kosten für die stabile Donaubrücke emittirt wurden. Auch für den Bau der Prager Verbindungsbahn wurde der Garantiebetrag über jene im Uebereinkommen vom 5. November 1866 festgesetzte Summe erhöht. Das ursprüngliche Anlagecapital betrug 81.576 Mill. fl., die spätere Erhöhung belief sich auf 10.4 Mill. fl. Hievon wurden 42.416 Mill. fl. in Actien, der Rest 53.56 Mill. fl. in Prioritäten aufgebracht. Die jährliche Staatsgarantie beläuft sich auf 4,992.800 Mill. fl. in Silber zur 5procentigen Verzinsung und Tilgung des Anlagecapitals;[1]) natürlich

---

[1]) Laut Concessionsurkunde vom 11. November 1866 4.13 Mill., mit dem Uebereinkommen vom 12. Juni 1877 als Garantie für die Mehrkosten des Wiener Bahnhofes und für die sonstigen Nebenanlagen 0.73 Mill. fl. als Zins- und Tilgungsquote für ein Nominalcapital von 14.4 Mill.; hiezu kommen noch die in das Garantie-Erträgniss einzubeziehenden Zinsen des voraussichtlich im Jahre 1880 für den Bauaufwand der Nebenbahnen zur Ausgabe gelangten Theilertrags von 3.3 Mill. fl. des Anlehens von 4.5 Mill. fl. nominal. Nach den letzten Ausweisen beziffert sich der garantirte Reinertrag in Silber für 712 Kilometer auf 4.992 Mill. fl.

erhöhte sich dieser garantirte Reinertrag erst im Laufe der Jahre in Folge der vollendeten Strecken auf diese Summe und war früher geringer.

Der 4procentige Vorschuss betrug in Mill. fl. Silber:

1869	1.550[1])	1874	2.195
1870	4.09	1875	2.546
1871	0.600	1876	2.527
1872	0.753	1877	2.165
1873	1.150	1878	2.—

Die Kronprinz Rudolf-Bahn von St. Valentin nach Villach, mit Abzweigungen Kleinreifling-Amstetten, St. Veit-Klagenfurt und Launsdorf-Mösel, wurde ebenfalls auf Grund des Sistirungspatentes am 11. November 1866 concessionirt. Die Garantie erstreckte sich auf ein 5procentiges Reinerträgniss „von dem aufgewendeten und gehörig nachzuweisenden Anlagecapitale nebst der zur Tilgung dieses Capitals erforderlichen jährlichen Quote in Silber". Das garantirte Anlagecapital wurde mit dem Finanzministerialerlasse vom 23. Februar 1867 für die Strecken St. Valentin-Steyr und St. Michael-Villach mit 30 Mill. fl. ö. W., am 23. December 1867 für Steyr-Weyer, Rottenmann-St. Michael, St. Veit-Klagenfurt und Launsdorf-St. Michael mit 25.04 Mill. fl. und für die Strecke Weyer-Rottenmann mit 21.417 Mill. fl. festgesetzt. Das Gesetz vom 9. Juli 1868 bestimmte für die Eisenbahn von Laibach nach Tarvis die Garantie eines 5procentigen Reinerträgnisses in Silber von dem wirklich aufgewendeten und gehörig nachzuweisenden Anlagecapitale, welches jedoch im Durchschnitte den Nominalbetrag von 1.2 Mill. fl. pro Meile nicht überschreiten darf, nebst der erforderlichen Tilgungsquote. Die Concessionsurkunde erfolgte am 23. Februar 1869. Nach den im Voranschlage für 1880 enthaltenen Angaben der Regierung beträgt nunmehr die garantirte Summe 5.83 Mill. fl.,

---

[1]) Hievon als Bauvorschuss 1.011 1869, 3.205 1870.

ferner für die Salzkammergutbahn $1._{378}$ Mill. fl., zusammen daher $7._2$ Mill. fl.

Verausgabt wurden in Mill. fl. Silber:

1870	$2._{465}$	1874	$5._{126}$	1878 [1])	$6._{18}$
1871	$3._{031}$	1875	$4._{610}$	1879 [1])	$6._{58}$
1872	$3._{120}$	1876	$5._{177}$	1880 [1])	$6._{20}$
1873	$4._{175}$	1877	$4._{030}$		

Die Concession für die Mährisch-schlesische Nord-bahn wurde am 6. Mai 1867 ertheilt. Die Staatsverwaltung garantirte der Gesellschaft jenen Jahresbetrag, welcher zur Verzinsung und Amortisirung der zur Aufbringung des Bahnanlagecapitals emittirten Effecten nothwendig ist. Das nach dem Protocolle vom 13. März 1879 garantirte Baucapital beziffert sich auf 24 Mill. fl., wofür als Annuität jährlich $1._{211}$ Mill. fl. entfallen.

Die Leistungen des Staates betrugen in Mill. fl. Silber:

1870	$0._2$	1875	$0._{71}$
1871	$0._{70}$	1876	$0._{70}$
1872	$0._{77}$	1877	$0._{72}$
1873	$0._{704}$	1878 [1])	$0._{59}$
1874	$0._{77}$	1879 [1])	$0._{64}$

Die galizische Carl Ludwig-Bahn erhielt ihre erste Concessionsurkunde am 3. März 1857 zum Baue und Betriebe der Eisenbahnstrecken Lemberg-Przemysl, Lemberg-Brody, von Lemberg nach Czernowitz bis an die moldauische Grenze. Die Staatsverwaltung gewährleistete ein Erträgniss von $5^1/_3$ Procent von einem 55 Mill. fl. nicht überschreitenden Capitale, welcher Maximalbetrag auf die erwähnten Linien vertheilt wurde. Von dem Garantie-betrag entfiel $^1/_3$ als Amortisationsquote. Durch Con-cessionsurkunde vom 7. April 1858 wurde den Concessio-nären die bereits im Betriebe befindliche Eisenbahnstrecke

---

[1]) Nach dem Voranschlage und nach Ausweisen.

von Krakau bis Dembica sammt den Flügelbahnen Wie-
liczka und Niepolomice, ferner die im Baue befindliche
Strecke von Dembica nach Rzeszow überlassen und der
Bau von Rzeszow nach Przemysl gestattet. Für die bereits
im Betriebe und im Baue befindlichen Strecken hatte die
Gesellschaft 13.180 Mill. fl. zu vergüten, und der Staat übernahm die Garantie eines 5$\frac{1}{5}$procentigen Reinerträgnisses
in ähnlicher Weise wie bei der ersten Strecke. Die Concession vom 15. Mai 1867 überliess der Gesellschaft Bau
und Betrieb einer Locomotiveisenbahn von Lemberg nach
Brody mit einer Zweigbahn nach Tarnopol. Die vom Staat
übernommene Garantie wurde auf 50.000 Gulden ö. W. in
Silber pro Meile festgesetzt, derart, dass, wenn das jährliche
Reinerträgniss diese Summe nicht erreichen sollte, das
Fehlende von der Staatsverwaltung ergänzt und von
diesem Betrage eine bestimmte Summe zur Capitalstilgung
verwendet werden sollte.

In Folge der verschiedenartigen Bestimmungen der
Concessionsurkunden ist eine doppelte Berechnung nothwendig: für die alten Linien auf Grund des Baucapitals,
für die neuen Linien auf Basis der Bahnlänge. Nach dem
am 5. December 1876 zwischen den Vertretern der Regierung und der Carl Ludwig-Bahn geschlossenen Uebereinkommen bezifferte sich am 31. December 1875 das Anlagecapital für die alten Linien mit 42,650.800 fl. Noten, wofür
das 5.2procentige Reinerträgniss 2,217.841 fl. Noten beträgt;
die Länge der „neuen Linien" beträgt 31.828 Meilen, der
garantirte Reinertrag mit je 50.000 fl. pro Meile ist auf
1,591.400 fl. in Silber festgesetzt. [1])

---

[1]) Die Leistungen des Staates betrugen in Mill. fl. Silber:

1873	1.098	1876	0.736
1874	0.12	1877	0.078
1875	0.044		

Für 1878 sind 0.5 Mill. fl., für 1879 0.63 Mill. fl., für 1880 1.2 Mill. fl.
veranschlagt.

Die Pauschalgarantie für die Strecke Lemberg-Czernowitz beträgt 1.₅ Mill. fl., für Czernowitz-Jassy 0.₇ Mill. fl., zusammen daher 2.₂ Mill. fl. ¹) Ueberschreitet der Reinertrag der Bahn die gewährleistete Jahressumme, so ist jeder diesfällige Ueberschuss sogleich zur Rückzahlung des geleisteten Vorschusses sammt Zinsen an die Staatsverwaltung bis zur gänzlichen Tilgung abzuführen. Die Amortisation der Actien begann 1867. Das gesammte Anlagecapital beträgt 69 Mill. fl., wovon 24 Mill. fl. auf Actien, der Rest durch neue Emissionen von Prioritäten aufgebracht wurde. Die rumänische Regierung garantirt für die Linie Suczawa-Jassy 3.₈₆₅ Mill. fl. jährlich; ausserdem erhielt die Gesellschaft von der rumänischen Regierung eine Bausubvention von 40.000 fl. pro Kilometer. ²)

Die österreichische Nordwestbahn, durch Gesetz vom 1. Juni 1868 concessionirt, erhielt die Garantie eines 5procentigen Reinerträgnisses in Silber von dem wirklich aufgewendeten Actiencapital, welches jedoch im Durchschnitt den Nominalbetrag von 985·000 fl. ö. W. pro Meile nicht überschreiten darf, nebst der erforderlichen Tilgungsquote für die Linien von Wien über Znaim, Iglau, Deutschbrod, Czaslau und Kolin nach Jungbunzlau mit Zweigbahnen von Znaim an die Franz Josefs-Bahn, von Deutschbrod nach Pardubitz und von einem geeigneten Punkte der Kolin-Jungbunzlauer Strecke nach Trautenau. Das garantirte Netz umfasst eine Länge von 626.₇₁ Kilometer; das garan-

---

¹) Concessionsurkunden vom 11. Jänner 1864, 15. Mai 1867 und 7./19. Juni 1868.

²) Die Vorschüsse betrugen in Mill. fl. Silber:

1869	0.₀	1874	1.₁₀₈
1870	1.₄₆₄	1875	1.₂₀₄
1871	1.₃₁₀	1876	1.₀₇
1872	1.₀	1877	0.₆₅₆
1873	1.₈₀₇	1878	1.₂₆₄

Für 1879 sind 0.₉ Mill. fl., für 1880 1.₃₈₁ Mill. fl. präliminirt.

tirte Maximalanlagecapital beziffert sich auf 81,318.170 fl.
mit dem Zinsen- und Tilgungserfordernisse von 4.$_{122}$ Mill. fl.[1])

Die erste ungarisch-galizische Eisenbahn, von
Przemysl über Chyrow, Lisko, Zagorz und Szczawne an die
ungarisch-galizische Landesgrenze bei Lupkow zur Verbindung mit dem ungarischen Landesnetze, wurde durch
Gesetz vom 20. Mai 1869 mit einer 5procentigen Garantie
für das Anlagecapital bis zu einer Maximalsumme von
1 Mill. fl. pro Meile versehen. Für die 19.$_{38}$ Meilen lange
Bahn berechnet sich von dem Anlagecapital per 19.$_{38}$ Mill. fl.
der 5procentige garantirte Reinertrag mit Inbegriff der
Tilgungsquote mit 969.000 fl. Geleistet wurden in Mill. fl.
Silber:

1873	0.$_{840}$	1877	0.$_{970}$
1874	1.$_{011}$	1878	0.$_{955}$
1875	0.$_{973}$ [2])	1879	0.$_{969}$
1876	0.$_{973}$	1880	0.$_{969}$

Die Vorarlberger Bahn erhielt durch Gesetz vom
20. Mai 1869 eine 5procentige Garantie für das Anlagecapital bis zum Nominalbetrage von 1.$_2$ Mill. fl. ö. W. per
Meile nebst der erforderlichen Tilgungsquote. Das Anlagecapital beziffert sich auf 13.$_{300}$ Mill. fl. mit der Annuität
von 678.235 fl. Bisher ergab sich in jedem Jahre ein Betriebsdeficit.[3])

---

[1]) Die Ausgaben betrugen in Mill. fl. Silber:

1873	2.$_{054}$	1876	2.$_{301}$
1874	1.$_{708}$	1877	1.$_{400}$
1875	2.$_{300}$		

Für 1878 sind 1.$_{62}$ Mill. fl., für 1879 0.$_{85}$ Mill. fl., für 1880 0.$_{58}$ Mill. fl.
eingestellt.

[2]) Sodann als Betriebsdeficitsvorschuss in Noten 1.$_8$ Mill. fl., 1879
87.000 fl., 1880 96.000 fl.

[3]) Die Vorschüsse betrugen:

	Garantievorschuss in Silber	Betriebsdeficitvorschuss in Noten
1873	0.$_{052}$	—
1874	0.$_{671}$	—

Die Staatsgarantie für die Erzherzog Albrecht-
Bahn beträgt für die im Betriebe befindlichen Strecken
891.136 fl. ö. W. in Silber und wurde im Jahre 1875 um
63.000 fl. erhöht, beläuft sich daher zusammen auf 954.137 fl.
Die Ausgaben betrugen in Mill. fl. Silber:

1874	0.404	1878	0.824
1875	0.815	1879 [1])	0.881
1876	1.070	1880 [1])	0.866
1877	0.773		

Die auf Grund des Gesetzes vom 10. August 1865
am 20. Juni 1866 concessionirte Kaschau-Oderberger
Bahn erhielt nach den Bestimmungen der Concession
vom Staate ein jährliches Reinerträgniss von 2.45 Mill. fl.
garantirt, welches später durch ein Uebereinkommen vom
Jahre 1867 auf 2.918 Mill. fl. erhöht wurde, wovon auf
Oesterreich nach Massgabe der Bahnlänge eine Garantie-
quote von 511.598 fl. entfiel. Das präliminirte Baucapital
wurde jedoch überschritten, die Garantiebeträge reichten
nicht aus, und in Folge eines Uebereinkommens mit
der ungarischen Regierung vom 23. December 1875 übernahm Oesterreich die Garantie eines Reinerträgnisses von
540.000 fl. vom 1. Jänner 1876 angefangen, während Ungarn
2.215 Mill. fl. in Silber zu leisten hat und ausserdem eine
Specialgarantie von 346.618 fl. in Gold übernahm, um durch
Aufnahme eines Goldprioritätsanlehens von 6.828 Mill. fl.
die Forderung der Bauunternehmung mit 4.6 Mill. fl. und
andere Passivposten zu begleichen. Die Sanction dieses

	Garantievorschuss in Silber	Betriebsdeficitvorschuss in Noten
1875	0.671	0.619
1876	0.674	0.155
1877	0.682	0.137
1878	0.678	0.050
1879	0.678	0.005
1880	0.678	0.138

[1]) Nach dem Voranschlage.

Gesetzes, welches bereits im März 1876 von dem Reichsrathe angenommen worden war, erfolgte erst am 20. Juni 1870, nachdem der ungarische Reichstag der Gesetzesvorlage erst in diesem Jahre seine Zustimmung gegeben hatte.[1]

Bei der Süd-norddeutschen Verbindungsbahn beträgt die durch Concessionsurkunde vom 15. Juni 1856 gewährte Garantie für die Linie Reichenberg-Pardubitz und Schwadowitz-Josefstadt $5._2$ Procent des Capitals von $18._0$ Mill. fl., daher 982.800 fl. in Noten, für Schwadowitz-Königshain in Folge des Gesetzes vom 10. August 1865 252.000 fl. in Silber, endlich durch die auf Grund des Gesetzes vom 19. Juli 1871 am 31. März 1872 ertheilte Concessionsurkunde für Seidenberg-Reichenberg und Eisenbrod-Tannwald für die Bahnlänge von $7._{6523z}$ Meilen per Meile 59.800 fl. in Silber, zusammen 457.608 fl. in Silber. Der gesammte garantirte Reinertrag in Silber beläuft sich auf 709.608 fl.[2]

Die ungarische Westbahn erhielt durch das Gesetz vom 20. Mai 1869 (von Graz im Anschlusse an die Südbahn über Gleisdorf und durch das Raabthal nach St. Gotthardt bis zur steierisch-ungarischen Landesgrenze) eine 5procentige Garantie des Anlagecapitals bis zum Maximal-

---

[1] Die Ausgaben betrugen in Mill. fl. Silber:

1870	0.150	1874	0.200
1871	0.230	1875	0.243
1872	0.540	1876	0.152
1873	0.381	1877	0.184

[2] Die staatlichen Zuschüsse betrugen bis 1877 und wurden seitdem veranschlagt:

			Silber	Noten
1870	430.624			
1871	200.000	1876	795.000	506.441
1872	598.000	1877	710.000	565.000
1873	282.000	1878	709.600	400.000
1874	100.000	1879	709.600	430.000
1875	402.303	1880	709.600	246.800

betrage von 782.000 fl. ö. W. pro Meile. Das Anlagecapital
beträgt 6,538.168 fl., der garantirte Reinertrag 331.008 fl.[1])
Bei der Kaiserin Elisabeth-Westbahn ist für die
Linie Wien-Salzburg-Wels-Passau das verausgabte, die
Garantie geniessende Baucapital mit 95,894.222 fl. in Anschlag
genommen, der garantirte 5.₂procentige Reinertrag beträgt
hiefür 4,983.249 fl. in Noten; für Linz-Budweis beträgt das
garantirte Baucapital für die 19.₁₅₈₆₃ Meilen lange Bahn
24,523.046 fl. Von dem Kaufschillinge der Pferdebahn per
3.₅ Mill. fl. sind laut Uebereinkommen vom 28. October 1876
zu 90 Procent 1.₈ Mill. fl. effectiv mit 2 Mill. fl. fundirt,
1.₇ Mill. unfundirt. Die Capitalien sind zum Theile durch
die emittirten Titres im Belaufe von 26.₂ Mill. gedeckt.
Für diese und die schwebende Schuld beziffert sich das
diesfällige Zinsen- und Tilgungserforderniss auf 1,420.081 fl.
in Silber. Für die Salzburg-Tiroler Linie, 38.₄₂ Meilen lang,
beträgt der garantirte Reinertrag mit 54.400 fl. per Meile
im Ganzen 2,090.095 fl.[2])

Der mährischen Grenzbahn ist für die Strecke
Sternberg-Grulich eine Garantie von 336.000 fl. gewährleistet;[3]) die Brünn-Rossitzer Bahn erhält ein Pauschale

---

[1]) Die Vorschüsse des Staates betrugen oder wurden veranschlagt in
Mill. fl. Silber:

	1873	0.162		1877	0.330
	1874	0.345		1878	0.320
	1875	0.302		1879	0.331
	1876	0.398		1880	0.331

[2]) Die Rechnungsabschlüsse oder die Voranschläge beziffern die Ausgaben:

	Wien-Salzburg	Linz-Budweis	Salzburg-Tirol		Wien-Salzburg	Linz-Budweis	Salzburg-Tirol
1873	—	1.7	—	1877	0.15	0.651	1.61
1874	—	2.508	—	1878	0.244	1.506	1.750
1775	0.610	1.518	0.447	1879	—	1.13	2.09
1876	0.776	0.883	2.285	1880	0.626	1.17	1.98

Ueberdies wurde noch zeitweilig ein Betriebsdeficitvorschuss für die Tiroler
Linie geleistet, 1876 im Betrage von 104.000 fl., 1877 von 40.000 fl.

[3]) Sie erhielt 1874 135.950 fl., 1875 300.420 fl., 1876 395.910 fl.,
1877 236.610 fl., 1878 336.000 fl., 1879 336.000 fl.; überdies einen Betriebsdeficitvorschuss 1880 im Betrage von 55.500 fl.

von 175.000 fl.; endlich hat bei der Zittau-Reichen-
berger Bahn vom Abgange auf die 4procentige Verzinsung des Baucapitals im Betrage von 3,630.560 Thaler
Oesterreich 73.₁ Procent und Sachsen 26., Procent zu
zahlen. [1])

Wie aus dieser Uebersicht hervorgeht, ist die Staatsgarantie unter den mannigfachsten Formen gewährleistet:
Brutto-Ertragsgarantie per Meile oder Kilometer, Pauschalgarantie, Reinertragsgarantie vom Anlagecapital im Ganzen oder von dem Anlagecapital für die Meile, gemischte
Garantien u. s. w. wechseln in bunter Mannigfaltigkeit
mit einander ab. Aus einem von der Regierung dem Voranschlage für 1880 beigegebenen Ausweise geht hervor, dass
der gesammte garantirte Reinertrag sich auf 37.961 Mill. fl.
belaufe, welche Beträge sich blos auf jene Eisenbahnen
erstrecken, welche die Subvention wirklich in Anspruch
nehmen, während Linien, denen ein Erträgniss garantirt
ist, ohne dass bisher der Staatsschatz einen Beitrag zu
leisten hatte, wie z. B. bei dem alten Ergänzungsnetze der
Staatsbahn, nicht inbegriffen sind. Das Guthaben des
Staates aus dem Titel der Staatsgarantie belief sich am
Schlusse des Jahres 1862 auf 3.₃₁ Mill. fl., Ende 1867 auf
15.₀₁₇ Mill. fl. und erreichte Ende 1877 129.₁₄₆ Mill. fl., wozu
noch etwas über 19 Mill. fl. an Zinsen kommen, zusammen
daher 148.₃₆₈ Mill. fl., Ende 1878 belief sich das Gesammt-
guthaben auf 172.₄ Mill. fl. Diese gewiss nicht unbedeutenden Beträge müssen bei Beurtheilung der Finanzlage Oesterreichs in dem letzten Jahrzehnt mit in Anschlag gebracht
werden und erklären auch zum Theile das Anwachsen der
Staatsschuld.

Der österreichische Lloyd erhält seit dem Jahre
1872 eine Subvention für die Bombay-Linie auf Grund des

---

[1]) Der Zuschuss betrug: 1874 48.005 fl., 1875 63.380 fl., 1876 76.410 fl.,
1877 82.151 fl.; für 1878 sind 82.000 fl., für 1879 ebensoviel veranschlagt.

Gesetzes vom 14. April und des Vertrages vom 26. April 1872, und zwar 190.000 fl. in Noten und eine Vergütung der Suezkanal-Gebühren in Silber. Die letzteren schwanken zwischen 110.773 fl. im Jahre 1872 und 158.533 fl. im Jahre 1877; für das Jahr 1878 sind 159.000 fl. in Gold veranschlagt. Das Präliminare für 1879 beläuft sich auf 372.000 fl. in Noten, für 1880 437.000 fl., für die Suezkanal-Gebühren je 200.000 fl. in Gold. [1])

Eine grosse Steigerung weist das Erforderniss für die Staatsschuld auf. Die im Jahre 1869 durchgeführte Unification derselben sollte dem Staatsschatze eine Erleichterung bringen, und die Zinsen der Staatsschuld erheischten in der That in den Jahren 1869 bis 1873 beträchtlich geringere Beträge, da die steigenden Einnahmen eine Hinausgabe von Rententiteln nicht nöthig machte, wozu die österreichische Regierung behufs Tilgung der verschiedenen Losgattungen und anderer Schulden, welche in die Unification nicht einbezogen wurden, in Folge des mit Ungarn getroffenen Uebereinkommens berechtigt war. Erst im Jahre 1873, als die Regierung zur Aufnahme eines Nothstandsanlehens von 80 Mill. fl. ermächtigt wurde, wurden die 1869 bis 1873 nicht verausgabten Rententitel auf den Markt gebracht und seitdem erscheint auch alljährlich im Budget ein nicht unbedeutender Betrag sogenannter Tilgungsrente. Da die Beiträge Ungarns zur Verzinsung der Staatsschuld feststehende sind, so belastet natürlich der Mehraufwand blos die österreichische Reichshälfte. Erwägt man, dass in dem Zeitraume von 1869 bis 1878 rund 152 Mill. fl. blos für Lose rückgezahlt wurden und die Rückzahlungen an die Grundentlastungsfonde, an die Bodencreditanstalt für das Domänenanlehen u. dgl. alljährlich ebenfalls eine ziemlich bedeutende Summe erfordern, so

---

[1]) Vergl. hierüber den Abschnitt: „Der zweite österreichisch-ungarische Ausgleich".

erklärt sich schon dadurch die Steigerung der Staatsschuldzinsen. Dazu kam, dass nach dem Krisenjahre namentlich die indirecten Staatseinnahmen einen bedeutenden Rückgang aufwiesen, auch die directen Steuern, wenn
auch nur vorübergehend, geringere Beträge einbrachten,
und dass die Subventionen an die Eisenbahnen sich steigerten. Der Abgang im Staatshaushalte führte zur Aufnahme
neuer Schulden durch Schaffung der Goldrente. Ausserordentliche Ausgaben wie jene für die Unterstützung der
bosnischen Flüchtlinge und für die Occupation Bosniens
und der Herzegowina kamen hinzu und wurden zum Theil
durch die Ausgabe von Goldrententiteln bestritten.

Das jährliche Zinsenerforderniss der consolidirten
und schwebenden Schuld betrug in Mill. fl.:

1868 [1])	106.$_{368}$	1873	107.$_{577}$
1869	107.$_{212}$	1874	109.$_{543}$
1870	105.$_{992}$	1875	112.$_{110}$
1871	104.$_{996}$	1876	114.$_{577}$
1872	105.$_{953}$	1877	119.$_{982}$

Hievon müssen allerdings die jährlichen Beiträge Ungarns in Abzug gebracht werden. Hiernach stellte sich
das jährliche Netto-Erforderniss für die im Reichsrathe
vertretenen Königreiche und Länder in Mill. fl.:

1868 [2])	83.$_{625}$	1875	80.$_{218}$
1869	72.$_{582}$	1876	83.$_{981}$

---

[1]) Das Erforderniss vom Anfange des Jahres 1868 belief sich auf
127.$_{718}$ Mill. fl.

[2]) Hiebei ist jedoch zum Verständniss zu berücksichtigen, dass die
in Folge des Silberagios erforderlichen Beträge ausschliesslich Westösterreich
belasten. Der „Münzverlust" hiebei wird seit 1870 speciell ausgewiesen; er
betrug in Mill. fl.:

1869	4.$_{797}$	1875	1.$_{238}$
1870	7.$_{603}$	1876	2.$_{571}$
1871	6.$_{884}$	1877	4.$_{330}$
1872	3.$_{757}$	1878	3.$_{151}$
1873	3.$_{038}$	1879	2.$_{070}$
1874	2.$_{802}$	1880	2.$_{402}$

1870	83.209	1877	90.630
1871	84.065	1878	89.784
1872	80.069	1879	97.932
1873	79.369	1880	101.451
1874	81.854		

Vergleicht man die Jahre 1869 und 1877 miteinander, — 1868 muss ausser Betracht bleiben, da die Unification der Staatsschuld erst in der zweiten Hälfte desselben eingeführt wurde — so betrugen die Zinsen der allgemeinen Staatsschuld 1869 101.77 Mill. fl., der ungarische Beitrag 29.188 Mill. fl., es entfielen daher auf den Etat Oesterreichs 72.582 Mill. fl.; im Jahre 1877 erheischten die Zinsen der allgemeinen Staatsschuld 112.948, ferner der Münzverlust 4.329 Mill. fl.; der Beitrag Ungarns betrug 30.173 Mill. fl., wonach Oesterreich für die allgemeine Staatsschuld 87.105 Mill. fl. zu leisten hatte. Diese Zunahme von rund 14.5 Mill. fl. ist zunächst eine Folge der behufs Schuldentilgung verausgabten Rententitel. Dazu kamen noch die Zinsen für die auf Grund des Gesetzes vom 18. März 1876 ausgegebenen, in Gold verzinslichen Goldobligationen im Betrage von 3.526 Mill. fl. (worin 621.406 fl. Münzverlust), wonach sich daher der Gesammtaufwand für die Staatsschuld auf rund 90.6 Mill. fl. steigerte. Seitdem ist das Erforderniss noch mehr gestiegen, und für das Jahr 1880 sind veranschlagt für die allgemeine Staatsschuld 114.716 und nach Abrechnung des Jahresbeitrages von Seite der Länder der ungarischen Krone 84.965 Mill. fl.; für die Verzinsung der Goldrente 14.887 Mill. fl. Dazu kommen noch Zinsen im Betrage von 1.53 Mill. fl. für die mit 5 Procent verzinslichen Schatzscheine, zusammen daher 101.382 Mill. fl.; im Vergleiche mit 1869 eine Zunahme von 28.80 Mill. fl. oder ein Plus von 39.7 Procent.

In diesen Summen sind jene Beträge, welche alljährlich für die Donauregulirung und die Annuitätszahlung an die Südbahn in Folge der staatlichen Betheiligung an dem

Specialanlehen zum Zwecke des Ausbaues der Eisenbahnlinien Villach-Franzensfeste und St. Peter-Fiume benöthigt
werden, nicht inbegriffen. Auch die Schuldentilgung blieb
ausser Betracht, weil die hiefür erforderlichen Beträge
nicht durch die laufenden Einnahmen gedeckt zu werden
brauchen und blos eine Durchgangspost bilden, die auf
den Stand des Staatshaushaltes eigentlich nur insofern
einen Einfluss übt, als die Zinsen der Staatsschuld durch
die zur Ausgabe gelangenden Rententitel eine Steigerung
erfahren. Bringt man die Leistungen des Staates für die
Donauregulirung und für die Annuitätszahlung an die
Südbahn mit rund $1._4$ Mill. fl. in Anschlag, so belaufen
sich die Ausgaben für sämmtliche Verpflichtungen des
Staates auf $102._{78}$ Mill. fl. [1]

---

[1] Das Zinsenerforderniss der allgemeinen Staatsschuld für das Jahr 1880
setzt sich aus folgenden Posten zusammen: Aeltere consolidirte Staatsschuld
mit $28._{172}$ fl. Die neuere consolidirte, in Noten verzinsliche Convertirungsschuld erheischt ein Zinsenerforderniss von $53._{037}$ Mill. fl. Als Zuwachs erscheinen jährlich die zu Tilgungszwecken verwendeten Emissionen. Die in
Silber verzinsliche neuere consolidirte Convertirungsschuld ist 1880 mit
$41._{792}$ Mill. fl. präliminirt. Das Lotto-Anlehen von 1854 erheischt 1880 ein
Nettozinsenerforderniss von $1._{218}$, jenes von 1860 $6._{030}$ Mill. fl. (geringer als
1879 mit $1._{248}$ und $7._{018}$ Mill. fl., 1878 $1._{270}$ und $7._{063}$ Mill. fl.), ferner Wien-
Gloggnitzer Eisenbahnschuld von 1845 und 1849, sowie Cameralpassivcapitalien
in Ungarn und Croatien zusammen mit $72._{798}$ fl.; Laudemialentschädigungs-
capitalien an Grundentlastungsfonde und Verzinsung der vom Aerar übernommenen Grundentlastungsfondsüberschüsse zusammen mit $1._{833}$ Mill. fl.
(1879 $2._{016}$, 1878 $2._{19}$ Mill. fl.). Für das Domänenanlehen bei der Bodencreditanstalt $2._{618}$ gegen $2._{618}$ Mill. fl. im Jahre 1879. Zu den schwebenden
Schulden gehören die Cautionen und Depositen, ferner die Partialhypothekaranweisungen; die Zinsen für die gesammte schwebende Schuld wurden
für 1880 mit $4._{082}$ Mill. fl. veranschlagt. Von dem Gesammtzinsenerforderniss
ist der Jahresbeitrag der Länder der ungarischen Krone abzuziehen, der
sich aus drei Theilen zusammensetzt: einmal die Zinsenquote in Noten,
ursprünglich $17._{412}$ Mill. fl., welche sich nach den Bestimmungen des
Gesetzes vom 24. December 1867 um die Zinsen der jeweilig von der
ungarischen Finanzverwaltung zurückgezahlten Cautionen und Depositen
vermindert, daher für 1880 $17._{301}$ Mill. fl. beträgt. Dazu kommt der fixe
Beitrag Ungarns in Silber im Betrage von $11._{776}$ Mill. fl., und endlich der fixe

In dem Zeitraume von 1868—1878 ergibt sich eine reine Schuldvermehrung von 280._{410} Mill. fl. Der Stand der gesammten Staatsschuld bezifferte sich nämlich Anfangs 1868 auf 2.712,179.457 fl., Ende 1878 auf 3.001,589.830 fl. In den Jahren 1868—1872 trat eine Verminderung der Staatsschuld ein, und zwar 1868 um 20._{112}, 1869 um 11._{168}, 1870 um 27._{742}, 1871 um 24._{406} Mill. fl., seither alljährlich eine Vermehrung, und zwar um:

	Mill. fl.		Mill. fl.
1872	16._{126}	1876	48._{234}
1873	30._{680}	1877	112.026
1874	60._{143}	1878	51._{636}
1875	53._{082}		

Von diesen Beträgen wurde jedoch nur ein Theil auf die Bedeckung des Abganges im Staatshaushalte verwendet.

Die Schaffung der Rentenschuld durch das Gesetz vom 20. Juni 1868 hat die bis dahin vorhandene Mannigfaltigkeit der österreichischen Schuldtitel wesentlich vereinfacht. Indess nicht alle Schuldkategorien wurden in die Unification der Staatsschuld einbezogen und neben der Rentenschuld bestehen auch andere Schuldgattungen.

Die „allgemeine Staatsschuld" umfasst jene Schuldtitres, zu deren Verzinsung und Capitalstilgung die Länder der ungarischen Krone einen jährlichen Beitrag von 29._{188} Mill. fl., wovon in Silber 11._{776} Mill. fl., zu leisten haben; zur Schuldentilgung tragen die Länder der ungarischen Krone 1._{5} Mill. fl. in Noten und 150.000 fl. in Silber bei.

Beitrag zu jener Mehrleistung an Zinsen, welcher für die im Reichsrathe vertretenen Königreiche und Länder durch die Ausgabe von Rententiteln zu Tilgungszwecken entsteht, so dass der Gesammtbeitrag Ungarns 1880 sich auf 30,170.095 fl. beläuft. Das gesammte Zinsenerforderniss für die allgemeine Staatsschuld erheischt daher für Westösterreich 84,546.568 fl. Hiezu kommt noch der Münzverlust, der nunmehr allerdings blos für die Zinsen des Domänenanlehens in Betracht kommt, mit 418.971 fl., daher ein Gesammterforderniss von 84,965.539 fl. Vgl. den Bericht des Finanzausschusses pro 1880.

17*

Ein verschwindend kleiner Theil der allgemeinen Staatsschuld wurde von der Einbeziehung in die Unification ausgeschlossen, nämlich die „ältere consolidirte, in Noten verzinsliche Staatsschuld"; sie belief sich Ende 1879 auf 1.₀₉₇ Mill. fl. Wiener Währung (auf Grund des Gesetzes vom 20. Juni 1868 auf ein 5procentiges Capital in österreichische Währung umgerechnet: 568.582 fl.). Bezüglich dieser Wiener Währungsschuld wurde eine besondere gesetzliche Vorlage in Aussicht gestellt, die jedoch bisher nicht eingebracht wurde.

Hieher gehören: die Domestikalschuld der Stände von Oesterreich ob der Enns, ein Rest der im Jahre 1805 contrahirten Schulden im Betrage von 161.176 fl. W. W. (67.694 fl. ö. W.): Hofkammerobligationen für die gezwungene Kirchensilberablieferung im Jahre 1809 im Betrage von 1,507.458 fl. W. W. (379.877 fl. ö. W.); die ungarischen Hofkammerobligationen für die freiwillige Kirchensilberablieferung im Jahre 1809 im Betrage von 101.034 fl. W. W. (25.460 fl. ö. W.); diese waren mit 3 Procent in Papiergeld verzinslich und blieben von der Zinsenreduction im Jahre 1811 frei, wurden daher auch im Jahre 1818 in die Verlosung der älteren Staatsschuld nicht einbezogen, welche als eine Massregel der Rehabilitirung sich nur auf jene Schulden, deren Zinsen herabgesetzt worden waren, erstreckt hatte; eine Allerhöchste Schuldverschreibung für das verkaufte Religionsgut St. Clara zu Eger in Böhmen, der einzige Repräsentant einer früher nicht seltenen Schuldgattung, im Betrage von 226.000 fl. W. W. (95.130 fl. ö. W.); endlich eine Specialität: eine ordinäre ungarische Hofkammerobligation von 1000 fl. W. W. (420 fl. ö. W. [1])

---

[1] Der Franziskaner-Convent zu Szent-László hat am 12. Mai 1815 bei der Cassa des Salzamtes zu Kanisza in Siebzehnkreuzerstücken 351 fl. 20 kr. und in Siebenkreuzerstücken 648 fl. 40 kr., zusammen 1000 fl., als ein für immerwährende Zeiten mit 5 Procent im coursirenden Gelde zu verzinsendes

Die in Noten verzinsliche convertirbare, auf Conventionsmünze lautende „neuere consolidirte Convertirungsschuld" betrug Ende December 1879 2.$_{32}$ Mill. fl. oder auf ein 5procentiges Capital umgerechnet 1.8$_{41}$ Mill. fl. C.-M.; im Jahre 1867 belief sich dieselbe auf 15.18.$_{12}$ Mill. fl. oder auf ein 5procentiges Capital umgerechnet auf 1521.$_{64}$ Mill. fl. ö. W.; der grösste Theil dieser Schuldgattungen ist nunmehr convertirt. Ferner gehört hieher ein derzeit unverzinslicher Betrag von nur 40.000 fl. oder auf ein 5procentiges Capital umgerechnet 37.331 fl. ö. W.; der Gesammtbetrag beläuft sich daher auf 1.8$_{78}$ Mill. fl. ö. W.

Die convertirbare, auf österreichische Währung lautende Schuld beträgt 457.090 fl. oder auf ein 5procentiges Capital umgerechnet 434.243 fl., im Jahre 1869 betrug diese Schuldkategorie 284,519.015 fl. ö. W., woraus ersichtlich, dass auch der grösste Theil dieser Schuld bereits in die Unification einbezogen ist.

Die neuere, auf Grund des Gesetzes vom 20. Juni 1868 consolidirte Convertirungsschuld beläuft sich Ende December 1879 auf 2.309,292.882 fl. ö. W., deren Verzinsung allein 96,988.733 fl. beträgt: hievon in Silber verzinslich 994,740.658 fl., in Noten verzinslich 1.314,552.224 fl., jene mit einem Zinsenerforderniss von 41,779.107 fl., diese mit 55,209.625 fl.[1]) Die auf Silber verzinsliche Rentenschuld ist

---

[1]) Die unificirten Capitalsbeträge vertheilen sich auf die einzelnen Jahre, wie folgt:

	in Noten verzinslich	in Silber verzinslich
1869	679,764.497	681,368.904
1870	247,162.121	181,113.693
1871	81,190.197	97,971.672
1872	16,353.689	8,998.987
1873	13,937.543	2,142.887
Fürtrag . .	1.038,408.047	971,589.143

lediglich durch Conventirung entstanden, während bei der in Noten verzinslichen Schuld auch bedeutende Beträge in Folge Rückzahlung von Schuldbeträgen inbegriffen sind, welche nach der mit Ungarn getroffenen Vereinbarung durch Hinausgabe von Rententiteln beglichen werden können. Die durch das Gesetz in dieser Form gestattete Tilgung erfolgte erst seit 1873; bis dahin ermöglichten es die Ueberschüsse, die Rententitel in der Staatscasse zurückzubehalten. Das Gesetz vom 13. December 1873 ermächtigte die Regierung zur Aufnahme des sogenannten Nothstandsanlehens, und die Finanzverwaltung schritt zur Veräusserung von 60 Mill. Papierrente. Die späteren Emissionen erfolgten auf Grund von Finanzgesetzen, und zwar durch Gesetz vom 26. December 1875 36 Mill. fl., vom 29. December 1876 28.$_{131}$ Mill. fl., durch das Gesetz vom 20. December 1879 15.$_{39}$ Mill. fl., durch Gesetz von 1878 11.$_{251}$ Mill. fl. Für 1879 wurden 18.$_{811}$ Mill. fl., für 1880 10.$_{012}$ Mill. fl. Tilgungsrente veranschlagt. Die grösseren Beträge emittirter Tilgungsrente in den früheren Jahren erklären sich durch die Verlosung der 1839er Lose, die nunmehr vollständig getilgt worden sind.

Die „rückzahlbare allgemeine Schuld" weist ebenfalls mancherlei Gattungen auf: auf Wiener Währung lautend ohne Verlosung im Betrage von 1,780.232 fl. (auf österreichische Währung umgerechnet 747.697 fl.). Hievon sind 1.$_{73}$ Mill. fl. W. W. mit Ende December 1879 noch rückständig an Capitalien des ungarischen Religionsfondes,

Uebertrag . .	1.038,408.047	971,589.143
1874	14,387.326	2,648.005
1875	1,343.492	384.324
1876	215.864	151.016
1877	175.956	79.062
1878	170.183	115.414
	1.054,701.879	975,077.554

und verblieben Ende 1878 zur Convertirung noch übrig 2,374.059 fl. in Noten und 422.287 fl. in Silber.

für welche bis zur gänzlichen Finalisirung ein jährliches Pauschale von 4000 fl. W. W. festgesetzt ist; ohne Verlosung aber auf Conventionsmünze lautend 137.000 fl., und mit Verlosung ebenfalls auf Conventionsmünze lautend 38,489.564 fl. (auf ein 5procentiges Capital in österreichische Währung umgerechnet 39,941.542 fl.).

Diese auf Conventionsmünze lautende verlosbare Schuld umfasst zum überwiegend grössten Theile das unverloste Capital des Staatslottoanlehens vom Jahre 1854. Dasselbe betrug ursprünglich 50 Mill. fl. und wird mit 4 Procent verzinst. Die kaiserliche Ermächtigung vom 17. Jänner 1854 gestattete die Hinausgabe von Obligationen im Capitalsbetrage von 40 Mill. fl. zu einem Emissionspreise von 95 für 100 fl. nominal. Allein bald stellte sich heraus, dass dieser Emissionspreis nicht erzielt werden dürfte, und der Finanzminister erhielt daher die Ermächtigung, Obligationen im Betrage von 50 Mill. fl. emittiren zu dürfen. Am 7. März 1854 fand die Subscription zum Preise von 90 fl. statt, wodurch sich die Verzinsung auf $4^1/_9$ Procent stellte. Die Rückzahlung erfolgt innerhalb fünfzig Jahren und wird am 31. December 1914 vollendet sein. Von der Verzinsung abgesehen, ist zur Rückzahlung der durch dieses Anlehen erzielten 45 Mill. fl. die Summe von 71.₁₈ Mill. fl. erforderlich. Ende 1879 betrug diese Schuld noch 36.₄₇₅ Mill. fl. C.-M. (37.₈₂₆ Mill. fl. ö. W.).

Die Como-Rentenscheine, am 10. September 1847 emittirt, rühren von einem von der Mailand-Monza-Como-Eisenbahngesellschaft bei Arnstein und Eskeles aufgenommenen Anlehen her und wurden 1851 vom Staate bei Erwerbung der Bahn übernommen. Der Anlehensbetrag belief sich auf 2.₀₁₀ Mill. fl. und wird mit 3.₃₀ Mill. fl. bis zum Jahre 1887 rückgezahlt sein; 1879 standen noch in Verlosung 340.507 fl. ö. W.

Die Obligationen der ehemaligen Wien-Gloggnitzer Eisenbahn wurden gleichfalls im Jahre 1851 vom Staate beim Ankaufe der Bahn übernommen. Die Nominalverzinsung beträgt 5 Procent, nach Abzug der Steuer 4.5 Procent. Jährlich am 2. Jänner findet eine Verlosung der Obligationen statt. Ende 1879 waren noch rückständig von der Prioritätsschuld des Jahres 1845 981.750 fl., von jener des Jahres 1849 640.185.

Die auf österreichische Währung lautende rückzahlbare Schuld ist ebenfalls eine unverlosbare und eine verlosbare. Zu letzterer gehören die beiden Lotterie-Anlehen vom Jahre 1860 und 1864.

Die Ausgabe der 1860er Lose sollte im Jahre 1859, bei Ausbruch des Krieges gegen Italien und Frankreich, im Betrage von 200 Mill. fl. erfolgen; die Ungunst der Verhältnisse zwang jedoch zu einer vorläufigen Verpfändung der Obligationen bei der Nationalbank, bis 1860 die Emission stattfinden konnte. Die nominelle Verzinsung beträgt 5 Procent und nach Abzug der 20procentigen Couponsteuer 4 Procent. Die letzte Gewinnstziehung findet im Jahre 1914 am 1. Mai statt. Von der Verzinsung abgesehen, sind zur Rückzahlung 293.85 Mill. fl. erforderlich, wobei die seit 1868 mit 20 Procent veranschlagte Steuer nicht in Abschlag gebracht ist. Ende 1879 waren noch unverlost 174.05 Mill. fl.

Die unverzinslichen Prämienscheine vom 11. Februar 1864, im Betrage von 40 Mill. fl., werden erst im Jahre 1918 vollständig verlost sein; gegenwärtig beträgt diese Schuld 32.760 Mill. fl.

Die Gesammtsumme der in Noten rückzahlbaren, zur Zahlung noch nicht fälligen Schuld — die oben angeführte Grundentlastungsschuld mit inbegriffen — belief sich Ende December 1879, auf österreichische Währung umgerechnet, auf 286,044.219 fl.

In Silber verzinslich ist, abgesehen von der Rentenschuld, blos eine einzige Schuldgattung: das von der Bodencreditanstalt auf Grund des Gesetzes vom 24. April 1866

entnommene Darlehen im Betrage von 60 Mill. fl. gegen
Verpfändung von unbeweglichem Staatseigenthum. Die
Verzinsung beträgt 5½ Procent, die Rückzahlung erfolgt
in 91 halbjährigen Annuitätsraten. Die Emission der Pfand-
briefe fand im Jahre 1867 statt. Sie lauten auf 120 fl. in
Silber oder 300 Frs. und werden mit 5 Procent verzinst.
Ungarn leistet einen jährlichen Betrag von 150.000 fl. in
Silber. Ende 1879 belief sich die Höhe der Schuld noch
auf 47.₇₅ Mill. fl.

Einen Bestandtheil der Staatsschuld bilden die zur
Zahlung bereits fälligen, jedoch unbehobenen Schulden,
unbehobene Capitalien oder Gewinnste; im Jahre 1867
waren ausgewiesen 1.₅₆₀ Mill. fl. ö. W. unbehobener Capitalien und 808.030 fl. unbehobener Gewinnste, 1879 2.₃₂₆ Mill. fl.
unbehobener Capitalien und 1.₃₉₇ Mill. fl. unbehobener Gewinnste.

Die Gesammtsumme der „schwebenden allgemeinen
Staatsschuld", bestehend aus Cautionen und Depositen,
ferner aus im Umlaufe befindlichen Effecten beträgt 2851 fl.

Eine eigenartige Gattung der österreichischen Staatsschuld bilden die sogenannten Entschädigungsrenten für
eingezogene Consumtionsgefälle an Stände und Private
u. dgl. m. Die Rentenbeträge beliefen sich auf 627.460 fl.
und das hiefür veranschlagte 5procentige Capital auf
12.₅₄₉ Mill. fl.; ferner eine an die baierische Regierung zu
leistende Zahlung von 87.500 fl., wofür 1.₇₅ Mill. fl. 5pro-
centiges Capital veranschlagt ist.

Die „Schulden der im Reichsrathe vertretenen Königreiche und Länder" beliefen sich Ende December 1879 auf
392.₃₇₂ Mill. fl.

Hievon entfällt der grösste Theil auf die Goldrenten-
schuld, welche durch das Gesetz vom 18. März 1876 geschaffen wurde.

Die Regierungsvorlage rechtfertigte die Verzinslich-
keit mit Gold, „um der neuen Kategorie von Staatsobli-

gationen im Vergleiche mit den Titeln der allgemeinen
Staatsschuld eine unterscheidende Eigenschaft zu geben,
deren dieselbe nach der Lage des Geldmarktes unum-
gänglich bedarf, um mit Aussicht auf ein günstiges Ergebniss die Placirung zu suchen". [1]

Der Ausschuss empfahl den Vorschlag der Regierung,
indem „die gegenwärtig für die in Gold verzinslichen
Effecten herrschende Stimmung im Interesse einer geringeren Belastung des Staatsschatzes" diese Massregel
empfehle. „Dabei," heisst es wörtlich in dem Berichte,
„begegneten sich der Finanzminister und der Ausschuss
übereinstimmend in der Erklärung, dass durch die Ausgabe einer Goldrente für die künftige Lösung der
Währungsfrage ein Präjudiz nicht geschaffen werden solle,
und dass diese Finanzoperation ohne alle Beziehung auf
die Währungsfrage und nur als eine durch die gegenwärtige Lage des Geldmarktes motivirte betrachtet werden
dürfe." [2] Bei der Debatte im Abgeordnetenhause stiess
jedoch der Gedanke auf lebhaften Widerstand. „Die un-
ausbleibliche verhältnissmässige Entwerthung der bereits
im Umlaufe befindlichen Rentenobligationen und der Umstand, dass durch die Wahl einer Goldrente gewisser-
massen ein neues Signal gegeben und auch ein gewisser
Druck geübt werden würde auf alle andern Darlehens-
transactionen im Lande, zumal für die Hypothekardarlehen,
die Zunahme der Verschuldung an das Ausland, die Verschlechterung der Zahlungsbilanz und in Folge dessen die
Erschwerung der Möglichkeit der Wiederherstellung der
Valuta" waren die Argumente, welche vorgebracht wurden,
„auch werde das Princip der Sparsamkeit dadurch nicht
gefördert und gesichert, wenn man dauernd zu Anleihe-

[1] 504 der Beilagen zu den stenographischen Protocollen des Abgeordnetenhauses. VIII. Session.
[2] Bericht des Ausschusses vom 26. Februar 1876. Nr. 541 der
VIII. Session.

formen greife, welche die Placirung und Aufnahme von Anleihen jedenfalls möglich machen".

Der Nominalbetrag beläuft sich Ende 1879 auf 520.85 Mill. fl.; für 1880 wurde ferner vorläufig die Emission von 20 Mill. fl. im Voranschlage aufgenommen. Diese Rentenschuld wird in ein selbstständiges Rentenbuch eingetragen und steht unter der gesetzlichen Ueberwachung der Staatsschuldencontrolscommission des Reichsrathes. Die Verzinsung beträgt 4 Procent in Gold. Die Zinsen sind von jeder Steuer frei und die Zahlung erfolgt in Goldmünzen zu acht Gulden und vier Gulden oder in gleichwerthigen Münzen des Auslandes.

Die Schulden der im Reichsrathe vertretenen Königreiche und Länder mit Capitalsrückzahlung beliefen sich mit Ende December 1879 auf 88.609 Mill. fl. in Noten und 14.818 Mill. fl. in Silber verzinslich. Hieher gehören: das Donauregulirungsanlehen im Betrage von 24.6 Mill. fl., wozu der Staatsschatz in Folge der Gesetze vom 8. Februar 1869 und 29. März 1870 den dritten Theil als Concurrenzbeitrag zu leisten hat; hiezu kamen 6 Mill. fl. durch Gesetz vom 29. Juli 1877 als. zweites Anlehen zu demselben Zwecke; der Gesammtbetrag des auf den Staat entfallenden Antheils beläuft sich nun auf 9.060 Mill. fl., die Verzinsung und die Rückzahlung gegen Verlosung erfolgt in Noten.

Die Schuld des Staates an die Bank auf die Dauer des Bankprivilegiums stand Ende 1879 noch im Betrage von 79.718 Mill. fl.

Der Antheil des Staates an dem Prioritätsanlehen der Südbahn per 50 Mill. fl. zur Herstellung der Eisenbahnlinien Villach-Franzensfeste und St. Peter-Fiume, auf Grund der Gesetze vom 21. Mai und 27. Juli 1869, betrug Ende 1879 14.048 Mill. fl., in Silber verzinslich.

Die Gesammtsumme der consolidirten, in Gold, Noten oder Silber verzinslichen und unverzinslichen Staatsschuld

Westösterreichs belief sich Ende December 1879 auf 424.507 Mill. fl., oder auf ein 5procentiges Capital in österreichischer Währung umgerechnet, auf 360.337 Mill. fl. Die schwebende Schuld der im Reichsrathe vertretenen Königreiche und Länder besteht in Cautionen und Depositen Ende 1879 im Betrage von 1.435 Mill. fl., sodann in den im Umlaufe befindlichen Schatzscheinen, und zwar 20.6 Mill. fl. am 1. Mai 1881 rückzahlbar auf Grund des Finanzgesetzes vom 30. März 1878, und 10 Mill. fl. am 1. Juli 1882 rückzahlbar auf Grund des Gesetzes vom 11. Juni 1878.

Zur „gemeinsamen schwebenden Staatsschuld" gehören die Partialhypothekaranweisungen oder Salinenscheine und die Staatsnoten.

Die Partialhypothekaranweisungen sind eine Schöpfung des Jahres 1848. Am 18. April wurde ein Anlehen von 30 Mill. fl. unter Controle der Nationalbank emittirt, welches auf der Saline Gmunden hypothecirt war. Die Obligationen fanden in der ersten Zeit im Publicum geringe Abnahme. Die Scheine lauteten auf 4, 8, 12 Monate Verfallzeit mit 5, 5½ und 6 Procent Zins. Beim Beginne der parlamentarischen Aera befanden sich am Schlusse des Jahres 1860 68.24 Mill. fl. im Umlauf; Ende 1861 war die Summe auf 90.24, Ende 1862 auf 100.24 Mill. fl. gestiegen. Durch Allerhöchste Entschliessung vom 5. September 1861 wurde die Maximalsumme auf 100 Mill. fl. beschränkt. Die Anweisungen werden in Stücken zu 50, 100, 500, 1000, 5000 und 10.000 fl. mit sechsmonatlicher Verfallzeit ausgegeben; jene mit viermonatlicher Verfallzeit wurden am 27. Mai 1874 eingestellt. Die Summe der Salinenscheine ist mit der in Staatsnoten bestehenden schwebenden Schuld derart in Verbindung gebracht, dass die auf den Salinen Gmunden-Aussee-Hallein einverleibten Hypothekenscheine im Betrage von 100 Mill. fl. und die Staatsnoten 400 Mill. fl. nicht überschreiten dürfen, innerhalb dieser Maximalgrenze jedoch die jeweilige Verminderung im Stande der Hypothekenscheine durch Staatsnoten zu ersetzen ist. Es befanden sich im Umlaufe am Schlusse des Jahres in Mill. fl.:

1867 [1])	98.863	1874	66.718
1868	98.516	1875	65.499
1869	90.518	1876	56.555
1870	59.886	1877	66.038
1871	38.318	1878	47.997
1872	36.008	1879	98.969
1873	67.996		

Die Verwaltungsauslagen für die Staatsschuld beziffern sich auf 753.280 fl., im Jahre 1877 im Vergleiche zu 1868 eine Steigerung um rund 20.000 fl.; für 1878 betrug das Erforderniss 774.600 fl., für 1879 766.700 fl. im Ordinarium

---

[1]) Der Zinsfuss der sechsmonatlichen Partialhypothekaranweisungen wurde festgesetzt:

26. November 1860	. . . . mit	$5^1{}_{2}$	Procent
9. Jänner 1861	. . . . . . „	6	„
24. Jänner 1863	. . . . . . „	$5^1/_2$	„
18. Mai 1863	. . . . . . „	5	„
2. November 1865	. . . . „	6	„
2. Jänner 1867	. . . . . . „	5	„
27. Juli 1868	. . . . „	$4^1/_2$	„
1. Juni 1872	. . . . „	5	„
20. April 1874	. . . . . . „	$4^1/_2$	„
27. Mai 1874	. . . . „	4	„

Staatsnoten befanden sich im Umlaufe:

Ende	à 1 fl.	à 5 fl.	à 50 fl.	Summe
1868	80,695.507	112,533.120	105,101.650	307,924.761
1869	87,527.530	115,263.800	112,278.300	319,082.561
1870	92,103.554	122,555.315	137,454.650	352,113.519
1871	92,341.299	129,828.195	151,431.400	373,600.894
1872	91,689.833	132,272.203	152,029.850	375,991.886
1873	80,565.245	123,237.425	140,230.600	344,033.270
1874	75,970.219	113,803.575	155,508.400	345,282.194
1875	77,963.743	114,230.440	154,306.850	346,501.033
1876	77,620.022	111,291.545	166,532.600	355,444.167
1877	77,127.766	108,447.945	160,385.450	345,961.161
1878	86,821.499	117,137.240	160,043.650	364,002.389
1879	57,715.931	103,527.245	151,787.350	313,030.526

und 64.000 fl. im Extraordinarium. Diese Summe vertheilt sich auf verschiedene Titel; die Verwaltungsauslagen für die gemeinsame schwebende Schuld werden nur mit 70 Procent von Oesterreich bestritten, 30 Procent von Ungarn beigetragen. Hieher gehören ferner die Verwaltungsauslagen für die fundirte Schuld, sowie für die nicht gemeinsame schwebende Schuld (Partialhypothekaranweisungen).

Die Controle der Staatsschuld beruhte früher auf den Gesetzen vom 13. December 1862, vom 27. October 1865, endlich vom 8. Jänner 1867. In Folge der Aenderungen in den staatsrechtlichen Verhältnissen der Monarchie wurden durch das Gesetz vom 10. Juni 1868 Aenderungen getroffen. Die Gebahrung der in Geldzeichen bestehenden schwebenden Schuld wurde dem Reichsfinanzministerium anvertraut. Die etwaigen Auslagen für die Erzeugung und Ueberwachung der Staatsnoten und Münzscheine werden von den beiden Reichshälften im Verhältnisse von 70 : 30 bestritten. Der durch die zeitweise nothwendige Umgestaltung der Staatsnoten und Münzscheine dem Staate erwachsende Gewinn, indem die ausser Umlauf gesetzten Geldzeichen in der Regel nicht sämmtlich eingelöst werden, hat in Zukunft als Fond zur Verminderung der Erzeugungs- und Ausstattungskosten der Geldzeichen zu dienen. Wenn bei diesem Fonde bei Fundirung der Geldzeichen irgend ein Betrag übrig bleiben sollte, so wird derselbe mit 70 Procent den im Reichsrathe vertretenen Ländern und mit 30 Procent den Ländern der ungarischen Krone gebühren. Zur Controle der Gebahrung der gemeinsamen schwebenden Staatsschuld wurde eine von den beiden Vertretungen gewählte, aus je sechs Mitgliedern bestehende Controlscommission in Aussicht genommen.

Das im Gesetze vom 10. Juni 1868 in Aussicht genommene Uebereinkommen mit dem ungarischen Ministerium bezüglich der Gebahrung der consolidirten Staatsschuld, sowie wegen Bestreitung der Verwaltungskosten, kam nicht zu Stande; das Gesetz vom 13. April 1870 traf daher die Bestimmung, dass die Gebahrung und Verwaltung der consolidirten Staatsschuld von dem österreichischen Finanzminister zu übernehmen sei; den Leitern der ungarischen Krone stehe es frei, sich die Ueberzeugung zu verschaffen, dass die von diesen Ländern durch das Reichsfinanzministerium an die Finanzverwaltung abgeführten Jahresbeiträge ihrer gesetzlichen Bestimmung zugeführt werden. Durch dieses Gesetz sollte weder an dem Charakter der Staatsschuld, noch an den Verpflichtungen, welche den diesseitigen Ländern obliegen, irgend eine Aenderung eintreten.

Unter dem Capitel allgemeiner Cassenverwaltung werden verrechnet die Geldmanipulationsauslagen, Münz- und Wechselverluste, unverzinsliche Darlehen an einzelne Länder und dgl. m. Die Ausgaben betrugen netto in Mill. fl.:

1868	4.008	1873	11.980
1869	3.042	1874	0.041
1870	0.853	1875	0.140
1871	1.551	1876	2.200
1872	4.200	1877	2.328

Sechstes Capitel.

Die gemeinsamen Auslagen; das Deficit.

Die gemeinsamen Angelegenheiten der österreichisch-ungarischen Monarchie beschränken sich seit dem
mit Ungarn im Jahre 1867 erfolgten Ausgleiche auf Krieg
und Aeusseres. Das Budget wird von der alljährlich abwechselnd zu Wien und Pest zusammentretenden Delegation geprüft und votirt und die veranschlagten Ausgaben-
summen auf die beiden Reichshälften vertheilt. Da jedes
Ministerium eigene Einnahmen besitzt, werden diese zunächst bei der betreffenden Centralstelle abgerechnet, von
dem Gesammterfordernisse sodann die gemeinsamen Einnahmen aus dem Zollerträgniss in Abzug gebracht und
der Rest, welcher demnach das Netto-Erforderniss darstellt,
früher im Verhältniss von 70 : 30, von den beiden Reichshälften aufgebracht. Seit der Uebergabe der Militärgrenze an die ungarische Verwaltung ist der Vertheilungs-
modus ein anderer. Es werden zunächst von dem Netto-
Erfordernisse 2 Procent zu Lasten Ungarns, und erst der
Rest mit 70 Procent für Oesterreich, mit 30 Procent für
Ungarn berechnet. Bringt man dieses in Anschlag, so beträgt die Beitragsleistung Oesterreichs nunmehr 68., Procent, jene Ungarns 31.₀ Procent.

Das Erforderniss für das Ministerium des Aeussern belief sich in Mill. fl.:

	Ordinarium	Extra-Ordinarium	Einnahmen	Netto-Erforderniss
1868	4.402	0.136	0.291	4.276
1869	4.429	0.070	0.316	4.193
1870	4.425	0.163	0.745	3.842
1871	4.116	0.141	0.503	3.757
1872	3.919	0.116	0.748	3.316
1873	4.250	0.109	0.727	3.637
1874	4.300	0.073	0.698	3.655
1875	4.211	0.542	0.660	4.093
1876	4.230	2.203	0.613	5.876
1877	4.205	3.290	1.091	6.502
1878 [1])	3.505	0.067	0.230	3.432
1879 [1])	4.025	0.039	0.506	3.556
1880 [1])	4.078	0.081	0.633	3.526

Diese Auslagen gliedern sich in jene für die Central-leitung, für die diplomatischen Auslagen und endlich für die Consulate. Die Kosten der Centralleitung erforderten 1868 950.513 fl., 1877 844.969 fl., wobei die Beträge für den Dispositionsfond und für nicht speciell zu verrechnende Auslagen behufs politischer Informationen inbegriffen sind. Diese früher unter der Bezeichnung geheimer Auslagen eingestellten Summen beliefen sich beim Beginne der dualistischen Aera auf 550.000 fl. und wurden allmälig auf 340.000 fl. im Jahre 1877 herabgemindert. Seitdem haben sich die Ausgaben wieder gesteigert; für 1880 sind 531.400 fl. für die eigentlichen Kosten der Centralleitung und 440.000 fl. für den Dispositionsfond, zusammen 971.600 fl. veranschlagt. Von dem Erforderniss für das Beamtenpersonal abgesehen, sind die Ausgaben für das Haus-, Hof- und Staatsarchiv, ferner für die orienta-

---

[1]) Nach den Voranschlägen.

lische Akademie in den unter Centralleitung angeführten Beträgen inbegriffen.

Die diplomatischen Auslagen betrugen 1868 942.137 fl. im Ordinarium; 1877 1,059.637 fl., demnach eine beträchtliche Steigerung. Für 1880 sind 1.112 Mill. fl. veranschlagt, da nunmehr die Kosten für die neuen Missionen in Belgrad, Bukarest und Cettinje ins Ordinarium eingestellt worden sind, welche bereits im Jahre 1879 als ausserordentliche Auslagen bestanden. Der ständige Mehraufwand beziffert sich auf 70.000 fl. Die diplomatischen Besoldungen, Zulagen und Quartiergelder beziffern sich nur auf 911.605 fl. Die Bezüge der diplomatischen Beamten werden in klingender Münze bezahlt, ohne dass ein Münzverlust berechnet wird, da von den in Münze eingehenden Zolleinnahmen dem Ministerium des Aeussern so viel an Metallgeld direct überwiesen wird, als es für seine Zwecke bedarf. Der Münzgewinn am Zollgefälle, welcher den beiden Reichshälften zu Gute kömmt, bezieht sich erst auf den verbleibenden Rest.

Die Consulatsauslagen betrugen 1868 554.654 fl., 1877 690.272 fl., für 1879 sind 694.525 fl., für 1880 664.000 fl. präliminirt. Mit dieser Summe werden die Bezüge der effectiven Consularämter, jene der Consularfunctionäre, welche nicht Staatsbeamte sind, bestritten. Die Herabminderung im Jahre 1880 erklärt sich dadurch, dass die bisherige Consularorganisation in Bosnien und der Herzegowina aufhören muss und die noch etwa nothwendigen Auslagen (30.000 fl.) ins Extra-Ordinarium übertragen worden sind.

In dem Budget für das Ministerium des Aeussern erscheint auch die Subvention des österreichischen Lloyd, 1868–1871 im Betrage von 2 Mill. fl. Bei dem Eintritte der dualistischen Aera bestand das Gesetz vom 8. Juli 1865 in Kraft und der mit der Dampfschifffahrtsgesellschaft des österreichischen Lloyd auf Grund desselben abgeschlossene Vertrag lief erst Ende 1871 ab. Für bestimmte

Fahrten verpflichtete sich der Staat zur Leistung einer Vergütung, welche jedoch den Gesammtbetrag von 2 Mill. fl. nicht übersteigen sollte. Der auf Grund des Gesetzes vom 14. April 1872 abgeschlossene Vertrag vom 26. April 1872 setzte diese Staatsvergütung auf 1.₇ Mill. fl. fest. Diese Vereinbarung erlosch am 31. December 1877 und die neue Vereinbarung erfolgte auf Grund des Gesetzes vom 24. Juni 1878 am 26. Juni. Seither beträgt das Erforderniss für die Subvention blos 1.₃ Mill. fl.

Das ausserordentliche Erforderniss weist während des Zeitraumes 1868 schwankende Beträge auf, so z. B. 1868 136.047 fl., 1877 3.₂₉₉ Mill. fl. Die Erklärung liegt darin, dass darunter eine Reihe jährlich wiederkehrender, aber veränderlicher Auslagen erscheinen, die für den ständigen Dienst in Anspruch genommen werden, ferner aber aber Auslagen, die für Unterstützungen an die Flüchtlinge aus Bosnien und der Herzegowina erforderlich waren. Diese Post erscheint fast alljährlich im Budget, allerdings 1868 und in den darauffolgenden Jahren mit geringen Beträgen, seit dem Beginne der orientalischen Krisis mit sehr bedeutenden Summen; für 1878 und die folgenden Jahre sind bedeutende Beträge verausgabt worden.

Unter den Einnahmen erscheinen die Kostgelder der Zöglinge der orientalischen Akademie, Consularproventen, Diensttaxen; die Einkommensteuer des österreichischen Lloyd und die fälligen Vorschusstilgungsquoten desselben, die 4procentigen Zinsen der Prioritätsschuld und die Posteinnahmen.

Der ordentliche Gesammtaufwand für Heer und Marine betrug:

	Heer		Marine	
	Brutto	Netto	Brutto	Netto
1868	76.₄₄₀	72.₉₉₂	7.₂₇₆	7.₁₂₁
1869	75.₁₀₆	71.₁₃₀	7.₇₂₁	7.₄₃₅
1870	91.₂₀₄	87.₂₅₂	8.₂₈₉	8.₁₆₇

18*

	He er		Marine	
	Brutto	Netto	Brutto	Netto
1871	$84._{305}$	$77._{068}$	$8._{150}$	$7._{980}$
1872	$85._{320}$	$79._{514}$	$8._{150}$	$8._{020}$
1873	$89._{733}$	$84._{670}$	$8._{212}$	$8._{116}$
1874	$92._{922}$	$88._{113}$	$8._{688}$	$8._{531}$
1875	$92._{531}$	$88._{102}$	$8._{569}$	$8._{483}$
1876	$95._{047}$	$90._{800}$	$8._{587}$	$8._{404}$
1877	$95._{011}$	$91._{540}$	$7._{790}$	$7._{695}$
1878 [1])	$91._{702}$	$87._{571}$	$7._{938}$	$7._{854}$
1879 [1])	$90._{075}$	$87._{410}$	$7._{152}$	$7._{362}$
1880 [1])	$90._{075}$	$87._{456}$	$7._{455}$	$7._{364}$

Vergleicht man das ordentliche Erforderniss für das Heer in den Jahren 1868—1872 mit jenem für 1873—1877, so betrug die jährliche Ausgabe durchschnittlich $82._{175}$ Mill. fl. brutto und $77._{713}$ Mill. fl. netto in dem ersten Jahrfünft, und $92._{320}$ Mill. fl. brutto und $88._{650}$ Mill. fl. netto im zweiten Jahrfünft. Das Brutto-Erforderniss ist um nahezu 12 Procent, das Netto-Erforderniss um $13._{05}$ Procent gestiegen. Weit ungünstiger stellt sich das Verhältniss, wenn man das Jahr 1869, das erste, in welchem das neue Wehrgesetz in Anwendung kam, mit dem Jahre 1877 in Vergleich bringt: die Steigerung betrug bei den Brutto-Ausgaben $27._{3}$ Procent, bei den Netto-Ausgaben $28._{7}$ Procent. Die Jahre 1878—80 können zur Vergleichung nicht herangezogen werden, da mit Rücksicht auf die Occupation Bosniens und der Herzegowina für das ordentliche Erforderniss bei einigen Titeln geringere Summen angesprochen wurden. Bei der Marine beträgt der 5jährige Durchschnitt 1868— 1872 $7._{02}$ Mill. fl. brutto und $7._{757}$ Mill. fl. netto, 1873 1877 $8._{369}$ Mill. fl. brutto und $8._{204}$ Mill. fl. netto. Die Brutto-Ausgaben sind um $5._4$ Procent, die Netto-Ausgaben um $6._{54}$ Procent gestiegen.

[1]) Nach dem Präliminare.

Die Steigerung wurde bei dem Heere hervorgerufen durch die Erhöhung des Präsenzstandes der Cavallerie um 8610 Mann und 7626 Pferde, sodann durch Erhöhung des Präsenzstandes der Infanterie um 28.706 Mann, durch die Reorganisirung des Generalstabes, durch die Reformen im Artilleriewesen u. dgl. m., Reformen und Erhöhungen, die in Folge der Erfahrungen während des französisch-deutschen Krieges sich der Heeresverwaltung als noth-wendig herausstellten.

Eine Vergleichung der einzelnen Titel des ordentlichen Heeresétats ist für die ganze Periode auf Grund der Rechnungsabschlüsse ungemein schwer, da die Gruppirung der verausgabten Summe bis zum Jahre 1874 eine andere war als gegenwärtig. Das Ordinarium gliedert sich seit 1874 in 27 Titel, während bis dahin die Anzahl derselben eine schwankende war.

Wir berücksichtigen blos die wichtigsten Posten. Die Centralleitung kostete während der letzten Jahre 1874—1877 rund 469.000. fl. Für 1878 und die folgenden Jahre sind 466.000 fl. veranschlagt. Diese Summen repräsentiren je-doch blos die Activitätspersonalgebühren, die Kanzlei-pauschalien und die allgemeinen sachlichen Auslagen, während die Auslagen für Naturalien, Mannschaftskost, Betten, Montur und Unterkunft bei den betreffenden Titeln zur Verrechnung kommen und rund 160.000 fl. betragen. Ausserdem werden noch Offiziere als Referenten oder als Conceptsbeamte verwendet, die in dem systemisirten Personale nicht erscheinen. Auch das bei dem Centrale verwendete Berechnungs- und Controlspersonal wird mit seinen Bezügen unter dem Titel Militärintendanzen und Fach-controle aufgeführt. Obgleich Ersparungstendenzen nicht zu verkennen sind, so wird von Seite der reichsräthlichen Delegation noch immer und zum Theil mit Recht betont, dass der gesammte Administrationsapparat im Vergleich mit den Civilbehörden einen verhältnissmässig höheren Aufwand zeigt, indem die Bezüge und Dotationen der einzelnen Functionäre beträchtlichere Summen in Anspruch nehmen als bei den Civilbeamten.

Die grössten Summen erheischen die Truppenkörper und allgemeinen Truppenauslagen, die Naturalienverpflegung, Mannschaftskost und das Montur- und Bettenwesen. Die „allgemeinen Truppenauslagen" steigerten sich von 20.$_{210}$ Mill. fl. im Jahre 1869 auf 22.$_{24}$ Mill. fl. im Jahre 1877 oder um 9 Procent, seither wurden 22.$_{13}$ Mill. fl. veranschlagt. Die Naturalienverpflegung erforderte 1869 12.$_{3}$ Mill. fl., 1877 18.$_{578}$ Mill. fl., demnach ein Mehr von rund 33 Procent; die Mannschaftskost 1869 8.$_{96}$ Mill. fl., 1877 12.$_{018}$ Mill. fl., das Montur- und Bettenwesen 1869 5.$_{8}$ Mill. fl., 1877 8.$_{454}$ Mill. fl. Die Unterkunftsauslagen steigerten sich von 4.$_{371}$ Mill. fl. im Jahre 1875 auf 4.$_{538}$ Mill fl. im Jahre 1877 und haben seitdem in Folge des Einquartirungsgesetzes eine noch weitere Zunahme erfahren. Dagegen sind bei anderen Titeln Herabminderungen vorgenommen worden. [1])

---

1) Seit 1875 vertheilen sich die Ausgaben in Mill. fl. auf folgende Titel:

	1875	1876	1877	1878	1879	1880
1. Centralleitung	0.461	0.460	0.468	0.466	0.466	0.466
2. Territorial- und Local-Militärbehörden	0.425	0.431	0.431	0.430	0.430	0.430
3. Militärintendanzen und Fachcontrole	1.020	0.841	0.841	0.849	0.858	0.858
4. Seelsorge	0.148	0.150	0.150	0.152	0.152	0.152
5. Justizverwaltung	0.269	0.270	0.270	0.268	0.267	0.313
6. Höhere Commanden und Stäbe	1.469	1.524	1.585	1.728	1.728	1.708
7. Truppenkörper und allgem. Truppenauslagen	21.815	22.135	22.240	22.129	21.310	21.376
8. Militärbildungsanstalten	1.058	1.000	1.071	1.071	1.070	1.066
9. Technisches und administratives Comité	0.185	0.184	0.176	0.176	0.176	0.170
10. Verpflegsmagazine	0.520	0.513	0.507	0.528	0.528	0.528
11. Bettenmagazine	0.031	0.040	0.047	0.030	0.030	0.030
12. Monturverwaltungsanstalten	0.110	0.110	0.110	0.110	0.110	0.110
13. Technische Artillerie	2.830	2.610	2.250	2.084	2.600	2.625

Unter dem Titel Militärversorgungswesen wurden verausgabt in Mill. fl.:

1868	10.877	1873	10.240
1869	11.451	1874	10.172
1870	11.041	1875	10.084
1871	10.628	1876	10.524
1872	10.278	1877	10.804

In den steigenden Summen für die Jahre 1869 und 1870 treten die Folgen des Krieges des Jahres 1866 hervor, seit 1876 ist abermals eine Zunahme bemerkbar, welche in dem Militärpensionsgesetz vom 27. December 1875 ihre Erklärung findet. Der Voranschlag für 1878 beträgt 10 Mill. fl., für 1879 10.59 Mill. fl., für 1880 10.58 Mill. fl. Der Militärversorgungsétat beträgt gegenwärtig 12 Procent des ordentlichen Netto-Erfordernisses. Zumeist sind es die Pensionen der Generäle, der Stabs- und Oberoffiziere und der ihnen gleichgestellten Militärparteien, welche grosse Summen in Anspruch nehmen. Bereits im Jahre 1875 betrugen dieselben 8.66 Mill. fl. oder 57 Procent der Activitätsgehalte. [1]

	1875	1876	1877	1878	1879	1880
14. Fuhrwesen-Materialdepôt . .	0.106	0.106	0.106	0.106	0.106	0.072
15. Pionnier-Zeugsmaterial	0.042	0.032	0.032	0.032	0.032	0.032
16. Genie- und Militärbaudirection	2.304	2.531	2.234	2.080	2.080	2.080
17. Militär-geographisches Institut	0.344	0.354	0.350	0.346	0.346	0.346
18. Militärsanitätswesen	3.123	3.404	3.283	3.005	3.005	0.046
19. Versorgungswesen	10.085	10.524	10.804	10.—	10.591	10.587
20. Strafanstalten	0.056	0.059	0.061	0.061	0.061	0.061
21. Verschiedene Auslagen . . .	0.310	0.333	0.324	0.201	0.201	0.270
22. Naturalienverpflegung	17.815	18.855	18.578	16.755	16.355	15.550
23. Mannschaftskost	11.618	12.180	12.910	12.090	11.878	11.422
24. Montur- und Bettenwesen . .	8.594	8.310	8.454	8.310	7.585	7.052
25. Unterkunftsauslagen	4.371	4.537	4.538	4.502	4.430	6.220
26. Remontirung	1.429	1.520	1.520	1.472	1.562	1.563
27. Unteroffiziersprämien	1.882	1.846	1.897	1.900	1.900	1.900

[1] Bericht des Budgetausschusses der reichsräthlichen Delegation über den Rechnungsabschluss pro 1875.

Die Ausgaben für Heer und Marine im Extra-Ordinarium beliefen sich in Mill. fl.:

	Heer	Marine
1868	22.891	0.804
1869	5.397	1.287
1870	5.710	2.302
1871	24.778	3.073
1872	11.069	3.087
1873	10.285	1.810
1874	7.007	2.224
1875	4.870	1.381
1876	13.571	1.348
1877	10.579	1.316
1878	4.178	1.673
1879	3.578	1.258
1880	3.479	0.000

Die ausserordentlichen Ausgaben betrugen im Durchschnitte der Jahre 1868—1872 13.07 Mill. fl., 1873—1877 9.403 Mill. fl. für das Heer, und für die Marine 2.11 und 1.616 Mill. fl.

Seit 1878 wurden überdies noch ausserordentliche Credite bewilligt, und zwar: 1878 für „unvorgesehene Auslagen" 60 Mill. fl., ein Credit, der um 46.72 Mill. fl. überschritten wurde und wofür das gemeinsame Ministerium die Idemnität nachsuchte; für 1879 wurden 30 Mill. fl. in Anspruch genommen, zusammen daher in den zwei Jahren 136.72 Mill fl. Für das Jahr 1880 wurden als ausserordentliches Erforderniss zur Bedeckung der Bedürfnisse für die in Bosnien und der Herzegowina stehenden Truppen 8.043 Mill. fl. bewilligt, wovon 160.000 fl., d. i. 2 Procent, vorweg auf Ungarn entfallen, der Rest mit 5.518 Mill. fl. (70 Procent) von Oesterreich, 2.305 Mill. (30 Procent) von Ungarn zu prästiren sind.

Ein Theil dieser ausserordentlichen Auslagen wurde durch die Reichsactiven gedeckt. Die Ausgaben für die bosnischen Flüchtlinge, welche 1875 bis 1878 8.018 Mill. fl.

erheischten, wurden durch die Zinsen der Reichsactiven
bedeckt. Ferner wurden für die Occupationskosten die
Effecten des Stellvertreter- und Invalidenfondes verwendet.[1])
Das Erforderniss für die gemeinsame Finanzverwaltung betrug in Mill. fl. brutto:

	Gem. Finanz-ministerium	Oberster Rechnungshof
1868	0.529	
1869	1.696	0.066
1870	1.804	0.070
1871	1.76	0.101
1872	1.822	0.102
1873	1.819	0.118
1874	1.851	0.125
1875	1.851	0.124
1876	1.854	0.128
1877	1.853	0.127
1878	1.852	0.117
1879	1.889	0.125
1880	1.880	0.126

Nachfolgende Tabelle gibt einen Ueberblick über
das gesammte Erforderniss nach Abzug der eigenen Einnahmen der Centralstellen und über das nach Abzug der
Erträgnisse des Zollgefälles und anderer Einnahmen gemeinschaftlich zu bedeckende Erforderniss:

	Gesammt-Netto-Erforderniss	Gemeinschaftlich zu deckendes Erforderniss
1868	107.020	95.549
1869	84.481	75.029
1870	109.155	96.568
1871	119.610	104.353

[1]) Am 14. Januar 1880 betrugen die bei der Reichscentralcasse er-
liegenden gemeinsamen Activen noch 1.224 Mill. fl. in Gold und Silber,
11.89 Mill. fl. in Obligationen und 28.72 Mill. fl. in Wertheffecten, Noten
10.000 fl. und Hypothekaranweisungen 120.000 fl.

	Gesammt-Netto-Erforderniss	Gemeinschaftlich zu deckendes Erforderniss
1872	106.721	86.880
1873	110.521	92.084
1874	112.210	101.108
1875	109.606	97.630
1876	122.060	115.601
1877	119.605	114.016
1878	106.673	97.673
1879	105.178	93.337

Die Beitragsleistung der österreichischen Reichshälfte für die gemeinsamen Angelegenheiten betrug:

1868	84.210	1873	78.553	1878[1])	76.753
1869	74.003	1874	79.084	1879[1])	80.106
1870	82.299	1875	77.517	1880[1])	79.641
1871	86.020	1876	82.102		
1872	76.810	1877	80.344		

Diese Summen umfassen alle jene Beträge, die an das gemeinsame Finanzministerium von Seite Westösterreichs abgeführt worden sind, jene Summen inbegriffen, die blos eine durchlaufende Post in dem österreichischen Budget bilden, wie die Ueberschüsse des Zollgefälls und die Einkommensteuer des österreichischen Lloyd; nach Abzug der auf dieselben entfallenden Beträge ergibt sich „die Beitragsquote zu den gemeinsamen Auslagen", demnach jene Leistungen, die aus selbstständigen Einnahmen bestritten werden müssen.[2]) Je grösser die Ueberschüsse

---

[1]) Nach dem Voranschlage.

[2]) Es betrugen in Westösterreich in Mill. fl. (wobei nur zu bemerken ist, dass die Einkommensteuer des Lloyd im Jahre 1870 auch die nachträgliche Abfuhr für 1868 und 1869 enthält und für die Jahre 1878—1880 die im Voranschlage festgesetzten Summen berücksichtigt sind):

	die Ueberschüsse des Zollgefälls	die Einkommensteuer des Lloyd
1868	11.142	—
1869	15.180	—
1870	10.880	0.421
1871	13.301	0.106

des Zollgefälls, um so geringer ist die eigentliche „Beitragsquote". Bis zum Jahre 1874 war das durch Quotenbeiträge zu deckende Gesammterforderniss geringer, als veranschlagt worden war, weil die reinen Einnahmen des Zollgefälls höher waren, als im Präliminare vorhergesehen war. Seitdem hat sich das Verhältniss sehr geändert. Bereits 1874 ergab sich gegenüber dem Voranschlage für die Zolleinnahme mit 17.5 Mill. netto für Oesterreich-Ungarn ein thatsächlicher Eingang von 11.11 Mill. fl., somit ein Ausfall von 6.389 Mill. fl., und in den folgenden Jahren schmolzen die Erträgnisse des Zollgefälls noch mehr zusammen. Die geringen Ueberschüsse der letzten Jahre sind eine Folge der aus den gemeinsamen Zolleinnahmen zu bestreitenden Steuerrestitutionen, die, wie schon an einem anderen Orte erwähnt, besonders durch die Mengen des ausgeführten Zuckers den Staatsschatz belasten. Die in dem ersten Jahrfünft schwankenden Beitragsquoten erklären sich zum Theil durch die beträchtlichen Nachtragscredite in Folge von Ueberschreitungen des Voranschlags, sodann aber durch die Höhe der ausserordentlichen Ausgaben für die Armee-Organisation.

Fassen wir nun den österreichischen Staatshaushalt in seiner Gesammtheit ins Auge.

Die grosse Steigerung der Ausgaben seit 1868 ist keine specifisch österreichische Erscheinung, fast in allen Ländern ist der Verwaltungsaufwand während des letzten

	die Ueberschüsse des Zollgefälls	die Einkommensteuer des Lloyd
1872	15.893	0.193
1873	15.124	0.170
1874	9.652	0.171
1875	10.991	0.170
1876	5.307	0.118
1877	4.050	0.139

Die wirkliche Beitragsquote, die abgeführten Ueberschüsse des Zollgefälles abgerechnet, betrug in Mill. fl.: 1871 73.016, 1872 60.573, 1873 63.787, 1874 69.360, 1875 66.980, 1876 79.302, 1877 78.853; veranschlagt sind für 1878 67.089, für 1879 64.026.

Jahrzehnts gestiegen, und zwar fast in denselben Zweigen der Verwaltung wie in Oesterreich. Die politische Verwaltung, Justiz und namentlich Unterricht erheischten fast überall beträchtlichere Summen. In Preussen, in Baiern, in Frankreich, sogar in dem Canton Genf beansprucht der Ausgabeétat gegenwärtig weit mehr als vor einem Jahrzehnt. Und wenn bei einer eingehenden Vergleichung, die zu den schwierigsten Aufgaben vergleichender Finanzstatistik gehört, in Oesterreich die Steigerung auf manchem Gebiete eine grössere ist, so erklärt sich dieses durch die einfache Thatsache, dass vielleicht nirgends in solcher Weise das Bestreben zu Tage trat, den Bedürfnissen des modernen Staates so rasch gerecht zu werden als in Oesterreich, und die steigenden Einnahmen während des wirthschaftlichen Aufschwunges eine unbefangene nüchterne Erwägung beeinträchtigten.

Fast unübertroffen steht Frankreich da, welches bereits im Jahre 1868 in seinem Ausgabeétat die zweite Milliarde überschritten und nach Ablauf eines Jahrzehnts die dritte Milliarde glücklich erreicht hat. Fällt auch ein grosser Theil der fast alljährlich sich steigernden Erfordernisse auf das Heer, so zeigen auch die Ausgaben in den übrigen Zweigen der Verwaltung eine nicht unbedeutende Zunahme. England, welches in den Jahren 1868—1877 keine Ausgaben für kriegerische Zwecke hatte, — nur die abyssinische Expedition und die Alabama-Angelegenheit belastete den Staatsschatz im Jahre 1869 und 1874 mit 2.₀ und 3.₂ Mill. Pfd. — weist eine Steigerung seines Ausgabeétats von 71.₂₈ Mill. Pfd. im Jahre 1868 auf 82.₄ Mill. Pfd. 1878 auf, wobei die Summen für militärische Bauten und Befestigungen nicht inbegriffen sind. Auch Preussen, wo die gesammten Ausgaben lediglich durch die Civilverwaltung in Anspruch genommen werden, da die Heereskosten vom Reiche bestritten werden, hat von den Matricularbeträgen abgesehen eine grosse Steigerung seines Ausgabeétats seit 1868. Dasselbe gilt selbst von den kleineren deutschen Gemeinwesen.

Indess nicht blos der Hinweis auf andere Länder bekundet, dass wir es mit keiner vereinzelten Erscheinung zu thun haben, in dem Haushalt der autonomen Organe tritt uns dieselbe Thatsache eines riesigen Anschwellens der Ausgaben entgegen, ja in einzelnen Ländern Oesterreichs ist das Erforderniss procentuell noch mehr gestiegen als bei dem Staatshaushalte.

Eine traurige Eigenthümlichkeit Oesterreichs ist blos sein chronisches Deficit, welches auch seit der dualistischen Epoche sich eingenistet hat. Um die Höhe desselben zu kennen, muss das Nettobudget den Berechnungen zu Grunde gelegt werden. Die österreichischen Centralrechnungsabschlüsse enthalten in den Beilagen eine Darlegung der „reinen Staatsausgaben", welche zu diesem Behufe eine erspriessliche Vorarbeit bietet. Die Gliederung in Ausgaben für den Allerhöchsten Hofstaat und die Cabinetskanzlei des Kaisers, für Verwaltungsauslagen, allgemeine Staatsauslagen, und endlich für die Beitragsleistung zu den gemeinsamen Angelegenheiten lässt den auf jede Kategorie von Ausgaben entfallenden procentuellen Antheil erkennen, wobei nur im Auge zu behalten ist, was schon an einem andern Orte erwähnt wurde, dass unter allgemeinen Staatsauslagen die Subventionen und Dotationen an Landesfonde und Industrie-Unternehmungen, die Verzinsung und Verwaltung der Staatsschuld, endlich die Ausgaben für die Cassenverwaltung zusammengefasst werden.[1)]

—

[1)] Leider sind die officiellen Berechnungen der Netto-Ergebnisse der étatmässigen Staatsausgaben und Staatseinnahmen nicht ganz zuverlässig und bedürfen vielfältiger Correctur. So sind, um nur einige Beispiele anzuführen, bei dem Unterrichtsministerium von der Ausgabensumme die gesammten Einnahmen in Abrechnung gebracht, was nicht richtig ist, da sich unter der letzteren Summe veräusserte Studienfondsobligationen befinden; hiernach stellt sich unsere Berechnung für die Verwaltungsauslagen für 1875 um 1.5, für 1876 um 1.75, 1877 um 2.25 Mill. fl. höher heraus als die officielle.

Die erforderlichen Beträge für die Staatsschulden-
tilgung können füglich ausser Betracht bleiben. Sie haben
auf das schliessliche Ergebniss keinen Einfluss, da dieselbe
Summe auch unter den Einnahmen erscheint, daher als
Non-Valeur zu betrachten ist.

Auch solche ausserordentliche Ausgaben wie jene für
die Wiener Weltausstellung u. dgl. m. sind bei Seite
gelassen, da Auslagen ähnlicher Art nicht durch die
ordentlichen Einnahmen gedeckt zu werden brauchen und
mit dem stetigen Verwaltungsdeficit nichts zu thun
haben.

Bei den reinen étatsmässigen Staatseinnahmen sind
die in den Centralrechnungsabschlüssen als „ausserordentliche Einnahmen" angeführten Erlöse von Obligationen der
Staatsschuld auszuscheiden, da auch bei den Staatsausgaben die betreffenden Summen nicht berücksichtigt worden
sind, ferner alle Eingänge aus der Veräusserung vom Staatseigenthum, aus den Activresten der bestandenen Staatscentralcassa u. dgl. m. Strittig ist, ob der Münzgewinn
an dem durch die Zölle eingezogenen Silbergeld zu den
reinen Staatseinnahmen gerechnet werden kann: wir haben
uns dazu entschlossen.

Die nachfolgende Tabelle gibt auf dieser Grundlage
eine Uebersicht über die reinen Staatseinnahmen und
Staatsausgaben in Mill. fl.:

	Ausgaben	Einnahmen	Abgang oder Ueberschuss
1868	224.463	221.963	+ 2.500
1869	222.143	233.585	+ 11.442
1870	246.336	245.300	− 1.036
1871	261.392	266.314	+ 4.922
1872	260.055	284.188	+ 24.133
1873	281.685	280.304	+ 4.010
1874	280.602	263.890	− 22.712
1875	286.911	269.370	− 17.541

| 1876 | 300.₀₁₄ | 264.₈₆₈ | — 35.₁₄₆ |
| 1877 | 298.₅₈₅ | 267.₈₆₆ | — 30.₇₁₉ |

In diesen Ziffern stellt sich blos der Verwaltungsaufwand dar und die Summen, welche aus Steuern und
Staatseigenthum zur Bedeckung vorhanden waren. Das
gesammte Verwaltungsdeficit betrug demnach in dem Jahrzehnt 1868—1877 107.₁₅ Mill. fl., der Verwaltungsüberschuss
47 Mill. fl. und mussten daher 60 Mill. fl. durch Anleihen bestritten werden. Etwas günstiger würde sich das
Ergebniss stellen, wenn man einige Posten, die keineswegs
als ordentliche Ausgaben angesehen werden können, ausscheiden würde, so jene Summen, die für den Bau des
Justizpalastes, des Reichsrathes u. s. w. verwendet wurden,
ferner vielleicht auch die für die Donauregulirung und für die
Annuitätszahlung an die Südbahn erforderlichen Summen,
deren Bedeckung durch Anleihen streng wissenschaftlichen
und auch in der Praxis üblichen Grundsätzen nicht wider-
spricht. Bei Eliminirung dieser Beträge würde sich das
Verwaltungsdeficit auf rund 50 Mill. fl. in den Jahren 1868
bis 1877 belaufen. Um die österreichische Finanzlage nicht
ungünstiger erscheinen zu lassen, als sie wirklich ist,
müsste auch der Stand der Materialvorräthe und der
Cassabestände in Betracht gezogen werden. Ueber
erstere sind seit 1872 den Rechnungsabschlüssen genaue
Ausweise beigegeben. Die Werthe der Material-, Natural-
und Productenvorräthe betrugen Ende December 1872
39.₅₃₅ Mill. fl., Ende 1877 57.₉₇₆ Mill. fl., demnach eine Steigerung von 18.₄₄₁ Mill. fl. Der überwiegend grösste Theil
entfällt auf die in den Tabakerzeugungsämtern vorräthigen
Rohstoffe, Halbfabrikate und Ganzfabrikate (1872 25.₀₄₇,
1877 38.₅₈₉. Mill. fl.).

Was die Cassabestände anbelangt so waren dieselben
bei dem Beginne der dualistischen Finanzverwaltung nicht
bedeutend und sie reichten auch für die Bedürfnisse nicht
aus, eine Stärkung derselben stellte sich als unbedingt

nothwendig heraus. Der Cassarest mit Anfang des Jahres 1868 belief sich auf 29.$_{673}$ Mill. fl. Am Schlusse der Jahre belief sich der Cassarest:

1868	45.$_{395}$	1873	98.$_{201}$
1869	64.$_{093}$	1874	92.$_{131}$
1870	98.$_{482}$	1875	86.$_{612}$
1871	100.$_{839}$	1876	86.$_{590}$
1872	100.$_{711}$	1877	97.$_{512}$

Bis zum Jahre 1872 ist eine stetige Zunahme der Cassabestände ersichtlich und die ausserordentlichen Einnahmen wurden zur Vermehrung derselben verwendet, seitdem ist eine Abnahme bemerkbar; 1873 wurden denselben zur Bedeckung des Haushaltes 12.$_{38}$ Mill. fl., 1874 18.$_{762}$ Mill. fl., 1875 7.$_{038}$ Mill. fl. entnommen, und da die Erfahrungen gelehrt hatten, dass grössere Beträge nothwendig sind, so wurden zur Stärkung derselben die Schatzscheine ausgegeben, wodurch am Schlusse des Jahres 1877 gegen die beiden Vorjahre ein höherer Betrag vorhanden war. Vergleicht man Anfang 1868 mit Ende 1877, so ergibt die Zunahme der Cassabestände ein Mehr von 67.$_{809}$ Mill. fl.. Summen, die gewiss bei Beurtheilung der Gebahrung des Jahrzehnts berücksichtigt werden müssen, da dieselben zum Theil eine Zunahme des Staatsvermögens bedeuten. [1)]

[1)] Graf Falkenhain, der die Cassareste mit Abschluss der Rechnungsperiode, d. i. 30. Juni, richtigstellt, kommt blos zur Berechnung eines Plus von 58.$_{363}$ Mill. fl., allein er hätte ebenfalls den Beginn der dualistischen Periode in Betracht ziehen müssen und hätte dann ein noch günstigeres Ergebniss zu Tage gebracht, als die obige Berechnung ergibt; es lag aber in seiner ganzen Tendenz, die Resultate des Parlamentarismus, namentlich seit dem Rücktritte Hohenwarts, so schwarz als möglich hinzustellen. Am eigenthümlichsten tritt seine Methode bei Darlegung der Obligationscassabestände hervor, die seiner Angabe zufolge Ende Juni 1871 220.$_{857}$ Mill. fl., Ende Juni 1877 111.$_{906}$ Mill. fl. betrugen, woraus er dann die merkwürdige Folgerung zieht, dass dies einen „Abgang" von 69.$_{183}$ Mill. fl. bedeute. Allein er hat die Thatsache übersehen, dass diese Obligationscassabestände (mit Ausnahme jener bei der Staatscentralcassa und bei den Verlagskosten für officielle Zeitungen) zum grössten Theile aus dem Vermögen der Religions-

Von den für die Verwaltung erforderlichen Auslagen abgesehen, wurden in dem Jahrzehnt 1868—1877 zum Theil für productive Zwecke beträchtliche Summen verausgabt, und diese sind es, welche auch eine Steigerung der Staatsschuld veranlassten. Die Wiener Weltausstellung nahm netto 1872 $5._{685}$ Mill. fl., 1873 $6._{946}$ Mill. fl., 1874 $1._{451}$ Mill. fl., 1875 $0._{505}$ Mill. fl., 1876 $0._{141}$ Mill. fl., 1877 $0._{022}$ Mill. fl. in Anspruch, für die Weltausstellungen in Paris und Philadelphia, für die ostasiatische Expedition waren einige, wenn auch nicht belangreiche Auslagen erforderlich. Zumeist kommen aber die Summen für Eisenbahnbauten seit 1873 in Betracht. Von den in Folge der Krise bewilligten 80 Mill. Anlehen, wurden 60 Mill. fl. für Eisenbahnen in Anspruch genommen, die besonders verrechnet wurden; mit dem Reste, und zwar im Betrage von $18._{587}$ Mill. fl., wurden die Staatsvorschusscassen dotirt, von denen Ende April 1880 noch $1._{185}$ Mill. fl. aushaften; ausserdem wurden ausgegeben für Staatseisenbahnbauten und Eisenbahnvorschüsse 1876 $15._{877}$ Mill. fl., 1877 $13._{223}$ Mill. fl.

Diese ausserordentlichen Auslagen wurden, abgesehen von den durch Anleihen aufgebrachten Beträgen, durch ausserordentliche Einnahmen gedeckt.

Diese flossen aus der Veräusserung von Staatsgütern und von Studienfondsobligationen, aus den Centralactiven und in sehr geringen Beträgen aus Rückzahlungen geleisteter Vorschüsse.

In dem Zeitraume von 1868 bis 1877 wurden den gemeinsamen Centralactiven $23._{92}$ Mill. fl. entnommen, der überwiegend grösste Theil entfällt auf die Jahre 1868 und

---

und Studienfonds, dann aus den anlässlich der Unificirung neu ausgefertigten, zur Hinausgabe bestimmten Effecten bestehen. Insoferne letztere zur Ausgabe gelangten, können die geringeren Summen der letzteren Jahre nicht als „Abgang" bezeichnet werden, da sie doch nur an Stelle anderer im Umlaufe befindlicher Schuldgattungen treten. Die Zusammenstellung des gräflichen Finanzstatistikers weist übrigens noch anderweitige Sonderbarkeiten auf.

1869 (mit 18.$_8$ Mill. fl. und 4.$_3$ Mill. fl. [1]), durch Veräusserung von Staatsgütern liefen ein 53.$_{54}$ Mill. fl.. zumeist in den Jahren 1868 bis 1871. [2] Die Abgänge in den Jahren 1873 bis 1875 wurden zum Theile durch Entnahme aus den Cassabeständen gedeckt, daher Eingänge der Vorjahre verwendet.

Die „reinen Staatsausgaben" vertheilen sich in folgender Weise:

	Allerhöchster Hofstaat und Cabinetskanzlei	Verwaltungs- auslagen	Allgemeine Staatsauslagen	Beitragsleistung für die gemeinsamen Angelegenheiten
1868	3.$_{57}$	53.$_{422}$	84.$_{361}$	87.$_{107}$ [3]
1869	3.$_{719}$	58.$_{273}$	85.$_{158}$	74.$_{093}$
1870	3.$_{829}$	66.$_{302}$	93.$_{905}$	82.$_{299}$
1871	3.$_{712}$	70.$_{605}$	101.$_{049}$	86.$_{026}$
1872	4.$_{711}$	78.$_{765}$	99.$_{700}$	76.$_{819}$
1873	6.$_{217}$	83.$_{837}$	113.$_{018}$	78.$_{553}$
1874	4.$_{725}$	97.$_{071}$	105.$_{122}$	79.$_{684}$
1875	4.$_{723}$	96.$_{922}$	107.$_{749}$	77.$_{517}$
1876	4.$_{710}$	96.$_{620}$	116.$_{382}$	82.$_{102}$
1877	4.$_{717}$	95.$_{669}$	117.$_{855}$	80.$_{311}$

Wie aus dieser Tabelle ersichtlich, haben die Kosten der eigentlichen Civilverwaltung seit 1868 bis 1874 eine stetige Steigerung erfahren und erst seitdem ist ein kleiner

[1] 1870 blos 97.300 fl., 1871 35.400 fl., endlich 1879 683.000 fl.

[2] Die Veräusserung von Staatseigenthum lieferte in Mill. fl.:

1868	15.111	1873	1.416
1869	8.650	1874	3.325
1870	12.320	1875	1.191
1871	9.303	1876	0.327
1872	1.525	1877	0.257

Ferner erscheinen unter den ausserordentlichen Einnahmen: Erlöse aus dem Verkaufe von Nordwestbahn- und Franz Josefs-Bahnactien, Zahlungen der Donaudampfschifffahrtsgesellschaft; Gewinn aus den nicht zur Einlösung gelangten Münzscheinen 2.$_{51}$ Mill. fl.

[3] Die Differenz mit der oben angegebenen Ziffer erklärt sich dadurch, dass in den 87.107 Mill. ein Vorschuss von 2.887 Mill. enthalten ist zur Bestreitung von Auslagen, die bisher gemeinsam waren und über deren Bedeckung erst später ein Uebereinkommen getroffen wurde.

Rückgang bemerkbar. Vergleicht man die Ausgaben im Jahre 1868 mit jenen im Jahre 1877, so beträgt die Zunahme 79.45 Procent; die allgemeinen Staatsauslagen sind um 39.81 Procent gestiegen, wogegen die Steigerung der Beitragsleistung zu den gemeinsamen Angelegenheiten seit 1869 verhältnissmässig geringfügig ist. Das ungünstige Ergebniss der Finanzgebahrung der letzten Jahre erklärt sich einmal dadurch, dass die ordentlichen Staatseinnahmen nicht in demselben Verhältnisse gestiegen sind wie die Ausgaben, sodann aber, dass die Verzinsung der Staatsschuld und die anderen staatlichen Verpflichtungen bedeutend gestiegen sind. Zu einem wenn auch nur zum Theile günstigeren Resultate würde man gelangen, wenn man von der für die gemeinsamen Angelegenheiten verausgabten Summe jene Beträge ausscheiden würde, welche für ausserordentliche vorübergehende Leistungen erforderlich waren, und die auch in dem geordnetsten Staatshaushalte nicht durch die regelmässigen Steuereingänge bedeckt zu werden brauchen und auch nicht überall dadurch bedeckt werden. Hieher gehören die beträchtlichen Summen für die Neubewaffnung des Heeres, für die Rüstungen im Jahre 1870 u. dgl. m. Auch bei der Civilverwaltung finden sich namentlich in dem zweiten Jahrfünft nicht unbeträchtliche Beträge, welche durch Investitionen in Anspruch genommen wurden und bei denen es gestattet sein kann, zum Credit Zuflucht zu nehmen, so die grossen Bauten; allein einen sehr bedeutsamen Einfluss auf die procentuelle Berechnung würde die Eliminirung dieser ausserordentlichen Ausgaben nicht ausüben.

Es soll deshalb nicht in Abrede gestellt werden, dass der Heeresétat die Oesterreich zur Verfügung stehenden Mittel überschreitet. Nur muss zur Erhärtung dieser Thatsache nicht, wie dies gewöhnlich geschieht, blos die Steigerung des Heeresbedarfes innerhalb eines bestimmten Zeitraumes in Betracht gezogen werden, sondern die Unter-

suchung muss dahin gehen, im Vergleiche mit anderen
Ländern festzustellen, wie viel Procente der ordentlichen
Einnahmen für die Bestreitung der staatlichen Verpflichtungen in Anspruch genommen werden, Beträge, die un-
bedingt unter allen Umständen nothwendig sind, und wie
viel sodann für die anderen Staatsauslagen noch erübrigt.
Die Verzinsung der Staatsschuld, sowie die anderen vom
Staate übernommenen vertragsmässigen Verpflichtungen
erheischten nun 1868 $32._6$ Procent der gesammten Netto-
Einnahmen, 1877 44 Procent, ein höchst ungünstiges Ver-
hältniss, welches, von Ungarn abgesehen, nur in einem
einzigen europäischen Grossstaate übertroffen wird. Die
Kosten der Staatsschuld betragen von den gesammten
Netto-Ausgaben in Frankreich $49._8$ Procent, in Italien
$43._9$ Procent, in Grossbritannien 37 Procent, im deutschen
Reiche $18._6$ Procent, in Preussen $13._8$ Procent.[1])
Hiebei darf allerdings ein Umstand nicht ausser Acht
gelassen werden. Die für Oesterreich berechneten 44 Procent umfassen alle Verpflichtungen des Staates, daher auch
die an Landesfonde und an Industrie-Unternehmungen
gewährten Garantievorschüsse, die, wie wir gesehen, in
den letzten Jahren nicht unbedeutende Beträge erheischten.
Ist auch eine Rückzahlung derselben nicht bei allen Eisenbahnen in nächster Zukunft zu erwarten, so bilden diese
doch eine rückzahlbare Leistung des Staates, die mit den
Staatsschuldzinsen nicht in eine Linie gestellt werden
kann. Lässt man diese Garantievorschüsse ausser Berechnung, so stellt sich das Ergebniss etwas günstiger für
Oesterreich. Denn, wie schon an einem anderen Orte
erwähnt, nicht allein in der Zunahme der Staatsschuldzinsen,
sondern in der Steigerung der Garantievorschüsse an die
Eisenbahnen und industriellen Unternehmungen liegt zumeist die Erklärung für die ungünstigen finanziellen Ver-

---

[1]) Gotha'sches Jahrbuch 1880. S. 1018.

hältnisse der letzten Jahre, und diese Thatsache fällt um
so schwerer ins Gewicht, da diese Kategorie staatlicher
Verpflichtungen auch für die Entwerfung der Voranschläge
eigenthümliche Schwierigkeiten bietet. Ein gutes Erntejahr
mit reichlichem Getreide-Export verringert in oft beträchtlicher Weise das Erforderniss, ein Misswachs steigert dasselbe.

Um das Erforderniss für das Heer richtig zu ermitteln,
müssen von den Kosten der Civilverwaltung jene Summen,
die gegenwärtig für die Landwehr bei dem Landesvertheidi-
gungsministerium in Verrechnung kommen, ausgeschieden
und jenen Summen zugeschlagen werden, die für das
stehende Heer zur Verausgabung gelangen. Dagegen sind
die auf Oesterreich entfallenden Theilbeträge für das
Ministerium des Aeussern, das gemeinsame Finanzministerium und den gemeinsamen Rechnungshof in die allgemeinen Verwaltungsauslagen einzubeziehen. Auf Grundlage dieser Berechnungsweise betragen die Ausgaben für
stehendes Heer und Landesvertheidigung nahezu 30 Procent
der gesammten Netto-Ausgaben.[1]) In Frankreich betragen

---

[1]) Bei den Debatten über die Erneuerung des Wehrgesetzes auf weitere
zehn Jahre wurde von der Regierungsbank darauf hingewiesen, dass der
Heeresétat Oesterreichs im Vergleiche mit anderen Staaten geringer ist. Die
Zifferncolonnen, welche der Landesvertheidigungsminister ins Feld führte,
waren darauf berechnet, diesen Beweis zu erhärten. Adoptirt man den
Ausgangspunkt seiner Argumentation, so lässt sich dagegen schwerlich etwas
einwenden. Allein der einseitige Gesichtspunkt, von dem er ausging, wie viel
Procente nämlich von dem Ausgabe-Etat auf die Kosten für die Landesver-
theidigung entfallen, ist nicht zutreffend für die Beurtheilung dieser Fragen.
Dieses Moment allein entscheidet und beweist gar nichts. Zudem hat er das
Bruttobudget der verschiedenen Staaten zur Vergleichung herangezogen und
schon dadurch allein seine Berechnungen auf Grundlagen aufgebaut, die zu
einer Vergleichung ganz ungeeignet sind. Auch die Beweisführung von
Neuwirth, der berechnete, wie viele Procente von dem Gesammteinkommen
der einzelnen Staaten auf den Heeresétat entfallen, kann zu bündigen Ergebnissen schon aus dem Grunde nicht führen, weil die Schätzungen des Einkommens höchst unzuverlässige sind, auch in jenen Staaten, die seit Jahrzehnten eine Einkommensteuer haben, um wie viel mehr in Oesterreich, wo
auf Grundlage der gegenwärtigen Steuerberechnung das Einkommen sich
höchstens nur annäherungsweise berechnen lässt.

die Heeresauslagen 30.₅ Procent, in England 41 Procent,
in Preussen 37.₅ Procent, in Italien 18 Procent, in Oesterreich 30 Procent, in Ungarn 32.₂ Procent. Für die Civilverwaltung bleiben daher in Oesterreich 25 Procent, während dieselben in Preussen 49 Procent, in England 22 Pro-
cent, in Italien 38 Procent, in Frankreich 20.₅ Procent der
Netto-Ausgaben ausmachen.

Am günstigsten stellt sich das Verhältniss in Preussen,
wo die Staatsschuld den Staatsschatz verhältnissmässig
wenig belastet und deshalb auch für die Landesvertheidigung grössere Summen verwendet werden können, ohne
den Staat in der Verfolgung seiner Culturaufgaben zu
schädigen. In Italien, wo die Kosten der Staatsschuld sich
in ausserordentlicher Weise gesteigert haben und die Ansprüche der Civiladministration vielleicht auch in Folge
nicht ganz zweckmässiger Organisation der Verwaltung
sich von Jahr zu Jahr erhöhen, entfällt auf das Heer der
geringste Procentsatz. Ungünstig ist das Verhältniss in
Frankreich und Oesterreich, wo die Staatsschuld die Hälfte
oder mehr als die Hälfte der verfügbaren Mittel verschlingt;
am ungünstigsten erscheint dasselbe in Ungarn, wo für die
gesammten Zweige der Civiladministration verschwindend
kleine Summen übrig blieben.

Abgesehen von dieser Vertheilung der Ausgaben auf
die verschiedenen Gruppen des Erfordernisses, ist noch
ein anderes Moment für die Beurtheilung der Finanzverhältnisse nicht ohne Bedeutung: die Frage nämlich, aus
welchen Quellen die erforderlichen Summen fliessen. Die
kleineren deutschen Staaten und zum Theile auch Preussen
besitzen ein nicht unbedeutendes Einkommen durch den
Netto-Ertrag der Domänen und Forste. In vielen Staaten,
und besonders in Oesterreich sind in den letzten Jahren die
grösseren Gütercomplexe, welche im Besitze des Staates
sich befanden, unter den Hammer gebracht worden. Baiern
kann 15 Procent seiner Netto-Ausgaben durch den Netto-

Ertrag aus Domänen und Forsten bedecken, Preussen noch
beiläufig 8 Procent, Oesterreich blos $0._3$ Procent! Günstiger
ist das Verhältniss in Ungarn mit nahezu 3 Procent. Dazu
kommt in einigen Staaten eine nicht unbedeutende Einnahme
aus anderweitigem Staatseigenthum, z. B. Eisenbahnen. Die
deutschen Mittelstaaten: Baiern, Würtemberg und Baden,
ferner Belgien erhalten aus dieser Einkommensquelle jährlich nicht unbedeutende Beträge und auch Preussen er-
freut sich jährlicher Zuflüsse aus dieser Quelle. Die Ueberschüsse der Domänenverwaltung betrugen in Preussen im
Durchschnitte der Jahre 1868 bis 1877 78 über 22 Mill. Mark,
die Forste lieferten zwischen 19 und 30 Mill. Mark, das See-
handlungsinstitut 2 bis 3 Mill. Mark, im Jahre 1873 sogar
7 Mill. Mark, die preussische Bank zwischen 4 und 11 Mill.
Mark, die Eisenbahnverwaltung trotz bedeutender Ausgaben 1878 $36._7$ Mill. Mark, 1877/78 $58._{041}$ Mill. Mark.
In Oesterreich betrugen die Netto-Einnahmen aus dem
Staatseigenthum im Jahre 1868 noch $5._{97}$ Mill. fl., 1877
$0._{934}$ Mill. fl.!

Hierin liegt die Erklärung für den verhältnissmässigen
Antheil, den die Steuerleistungen an den Ausgaben haben.
In Preussen werden blos 58 Procent der gesammten
Netto-Ausgaben durch Steuern aufgebracht, 42 Procent
finden anderweitig ihre Bedeckung, und den angestellten
Berechnungen zufolge stellt sich das Verhältniss im deut-
schen Reiche noch günstiger. Dagegen müssen alle
übrigen Grossstaaten den überwiegend grössten Theil ihres
Erfordernisses durch Steuern aufbringen; die Netto-Aus-
gaben werden bedeckt durch den Netto-Ertrag der Steuern
in Frankreich mit $90._3$ Procent, in Grossbritannien mit
$87._3$ Procent, in Italien mit 80 Procent, in Ungarn mit 65
Procent. [1] In Oesterreich wurden durch Steuern bedeckt:
1868 90 Procent, 1869 90 Procent, 1875 $89._4$ Procent, 1876

---

[1] Gotha'sches Jahrbuch a. a. O. S. 1019.

80.₁ Procent, 1877 88.₆ Procent. Und da die anderweitigen, aus Staatseigenthum und anderen Quellen fliessenden Einnahmen winzige, kaum in Betracht kommende sind,
so war man zur Bedeckung des Abganges bisher auf
Anleihen oder auf Verringerung des Staatsvermögens angewiesen.

Das ungünstige Verhältniss der Einnahmen zu den
Verwaltungsauslagen, welches seit 1874 eingetreten ist, hat
sich seit 1878 nicht gebessert. Das Deficit ist ein stetiges.
Ueber die Jahre 1878—1880 liegen die Rechnungsabschlüsse
noch nicht vor und wir sind daher blos auf die Prälimi-
narien angewiesen. Wir lassen auch hier die Tilgungsrente
ausser Betracht, die für 1878 mit 10.₁₃₁ Mill. fl., für 1879
mit 18.₉₀₆ Mill. fl., endlich für 1880 mit 10.₆₈ Mill. fl. veranschlagt ist. Ferner wurde der Finanzminister durch
Finanzgesetz für 1878 ermächtigt, zum Behufe der am
1. Mai 1878 eintretenden Rückzahlung der auf Grund des
Gesetzes vom 13. December 1873 ausgegebenen Schatzscheine, Goldrente in jenem Betrage auszugeben, welcher
erforderlich scheint, damit durch die Veräusserung derselben die Rückzahlung der Schatzscheine ermöglicht werde.
Hier tritt nur eine neue Schuld an die Stelle der alten.
Mit dem Verwaltungsdeficit haben diese Ausgaben nichts
zu thun. Endlich müssen auch jene Beträge eliminirt werden,
die auf den Bau von Eisenbahnen verwendet werden und
für 1878 mit 1.₈ Mill. fl., für 1879 mit 0.₉₇ Mill. fl., für 1880 mit
0.₅₅ Mill. fl. veranschlagt sind. Bei den Einnahmen mussten, abgesehen von den correspondirenden Summen, auch jene Beträge in Abzug gebracht werden, die aus der Verminderung
des Staatsvermögens herrühren.

Hiernach stellen sich die

	Ausgaben	Einnahmen	Abgang
1878	386.₀₂₃	363.₀	23.₀
1879	397.₅₆₀	373.₅₄₇	24.₀₁₃
1880	411.₆₃₀	383.₈₈₁	27.₇₄₆

Diese Ziffern documentiren jedenfalls, dass die finanzielle Lage Oesterreichs sich seit 1878 nicht verbessert hat.[1]) Wenn auch bei einer rigorosen Prüfung der Ausgaben noch einige Beträge ausgeschieden werden könnten, weil eine Bestreitung derselben durch Anleihen gestattet sein mag, so dürfte doch das schliessliche Ergebniss aller Berechnungen dahin gehen, dass wir mit einem dauernden Verwaltungsdeficit von 25 Mill. fl. zu rechnen haben, vorausgesetzt, dass die Einnahmen sich gleich bleiben und die Ausgaben auf derselben Linie wie bisher sich bewegen, eine Annahme, die bezüglich des Erfordernisses durch die Thatsachen nicht bestätigt werden dürfte, da das Heereserforderniss wahrscheinlich ein höheres werden wird, was natürlich das Deficit noch mehr steigern wird, von jenen Summen abgesehen, die für den Bau der Arlbergbahn u. dgl. m. erforderlich sein werden und deren Aufbringung das Zinsenerforderniss dauernd belasten wird.

---

[1]) In diesen Ziffern sind die eigenen Einnahmen der Centralstellen nicht ausgeschieden, sie stellen daher kein reines Netto-Budget, sondern ein, wie Czörnig es bezeichnet hat, purificirtes Brutto-Budget dar.

Siebentes Capitel.

Die Steuerreform.

Der ständige Abgang im Staatshaushalte wurde seit Jahrzehnten durch Anlehen gedeckt, obgleich die Finanzverwaltung bei dem alljährlich steigenden Erfordernisse von der Ueberzeugung erfüllt war, dass die Herstellung des Gleichgewichtes zwischen Einnahmen und Ausgaben nur im Wege der Steuererhöhung angebahnt werden könne. Die nicht unwichtigen Reformen auf dem Gebiete der indirecten Steuern führten dem Staatsschatze wohl beträchtliche Summen zu, aber sie reichten doch nicht aus und erfüllten nicht die daran geknüpften Erwartungen. Die Steigerung der indirecten Einnahmen lässt sich nicht erzwingen, sie ist zum grossen Theile eine Folge des zunehmenden Wohlstandes. In den Fünfziger Jahren begann in Oesterreich der Uebergang vom Ackerbaustaate zum Industriestaate, aber es bedarf einer längeren Zeit, ehe dieser Process sich vollziehen kann, und noch gegenwärtig ist die Landwirthschaft in vielen Theilen Oesterreichs die wichtigste Erwerbsquelle. Der Gedanke, durch eine stärkere Anspannung der directen Steuern grössere Einnahmen zu erzielen, musste sich um so mehr durchringen, da die Einkommensteuer vom Jahre 1849 bedeu-

tende Erträgnisse nicht lieferte. Der Versuch, durch dieselbe das aus dem mobilen Capital herrührende Einkommen
in entsprechender Weise zu den Staatslasten herbeizu-
ziehen, konnte nach den gemachten Erfahrungen als gescheitert angesehen werden; blos das Einkommen aus dem
Grund und Boden, sowie aus dem Häuserbesitze wurde,
wie oben bereits erwähnt, [1]) durch das Patent vom 10. October 1849 in ziemlich roher Weise durch Erhebung eines
Drittelzuschlags vom Steuerordinarium herangezogen. Die
Bezüge der Beamten wurden ebenfalls voll getroffen. Dagegen entzog sich das Einkommen der Privatbediensteten
und der Gewerbetreibenden der Steuerveranlagung. Wohl
wäre es möglich gewesen, durch eine entsprechende Abänderung des Patentes vom 29. October 1849 bessere Ergebnisse zu erzielen, wenn man das Gesetz zu einem wirklichen Einkommensteuergesetze umgestaltet hätte. Dieses
wurde verabsäumt; schon die Fassung des Gesetzes, noch
mehr aber die nicht zweckmässige Durchführung gestaltete
dasselbe vielleicht noch mehr, als ursprünglich in der Absicht des Gesetzgebers gelegen sein mag, zu einer Ertragssteuer, und die Finanzverwaltung wähnte, dass nur durch
eine vollständige Reform der gesammten directen Besteuerung dem Staatsschatze bedeutendere Erträgnisse zugeführt werden könnten.

Die Steuerreform wurde bereits in den ersten Fünfziger Jahren in vielen Vorträgen an den Monarchen als
eine Nothwendigkeit bezeichnet, aber erst Bruck schritt
ans Werk, indem er fast unmittelbar nach der Uebernahme
des Finanzportefeuilles einen hierauf bezüglichen Entwurf
ausarbeiten liess. Wildschgo wurde mit der Aufgabe be-
traut, die für eine Reform der gesammten directen Steuern
erforderlichen Vorarbeiten zu liefern. Sein Elaborat wurde
bereits im Jahre 1856 einer eingehenden commissionellen

---

[1]) Vergl. Erstes Capitel. S. 58.

Berathung unterzogen, an welcher Vertreter der verschiedenen Ministerien theilnahmen. Es scheint, dass das Studium der englischen Steuergesetzgebung auf das Elaborat nicht ohne Einfluss war, denn dem Entwurfe lag die Tendenz zu Grunde, den Ertragssteuern einen einkommensteuerartigen Charakter zu geben. Bei den Berathungen trat jedoch eine grosse Verschiedenartigkeit der Ansichten hervor, und nur mühselig brachte man durch mannigfache Compromisse einen Beschluss zu Stande. Bruck führte in den Sitzungen den Vorsitz; aus den Protocollen ist jedoch seine Betheiligung an den Debatten nicht ersichtlich.[1]

Die Vorschläge Wildschgo's enthielten viel Künstliches und hatten den Fehler, mit den allgemein verbreiteten Ansichten vollständig brechen zu wollen, ohne in einleuchtender Weise die beantragten Aenderungen zu begründen. Die Fragen über die Steuerpolitik, die gegenwärtig vielfach als ein Gemeingut gelten können, nachdem sie in dem letzten Jahrzehnt in Wort und Schrift, in den Kammern und in der Literatur eingehend erörtert worden sind, wurden damals nur von Wenigen gründlich studirt, und die Beamtenschaft konnte sich, und gewiss mit Recht, mit dem Gedanken eines gänzlichen Umsturzes des Bestehenden nicht recht befreunden.

Bruck hatte dem Referenten und der Commission die Aufgabe gestellt, „die directen Steuern und die darauf Bezug nehmenden Gesetze und Systeme zu prüfen und Anträge zu stellen, die Erträgnisse der Steuern nach Massgabe der Bedürfnisse des Staates, insofern es zulässig sei, zu steigern, aber auch Gleichmässigkeit und Uebereinstimmung in der Besteuerung der verschiedenen Kronländer und eine gerechte Vertheilung der Gesammtlast

---

[1] An den Berathungen betheiligten sich: der Unterstaatssecretär Rueskäfer, die Sectionschefs Freiherren v. Münch, v. Salzgeber und v. Aichen; die Ministerialräthe: Wildschgo, Radda, Schwind, Vesteneck und Neydisser, und Ober-Finanzrath Schöbl.

anzustreben und in den Formen Einfachheit und Regelmässigkeit und die möglichste Beseitigung alles für die
Contribuenten Lästigen und Unnothwendigen zu bewirken".
Die grosse Schwierigkeit der Aufgabe erhellt schon
aus dem Umstande, dass die Reform damals sich auf
Gesammtösterreich zu erstrecken hatte, indem die in Ungarn 1850 eingeführte Steuergesetzgebung ausdrücklich als
eine provisorische bezeichnet wurde. War es schon keine
leichte Aufgabe, die innerhalb der westösterreichischen
Länder bestehenden Verschiedenheiten zu beseitigen, um
so schwieriger gestaltete sich das Problem, da auch auf
Ungarn Rücksicht genommen werden sollte.

Bezüglich der Grundsteuer konnte eine Ausgleichung
von der Beendigung des stabilen Katasters erwartet werden.
Noch war die Einschätzung nicht einmal diesseits der
Leitha beendet, und der Referent sprach den Wunsch
aus, durch ergiebige Dotationen die möglichst rasche Durchführung zu fördern. Nach Vollendung der Katastralein-
schätzungen liess sich schon unter Beibehaltung des damaligen Steuersatzes von 16 Procent im Ordinarium und
5 1/2 Procent als Drittelzuschlag eine grössere Mehreinnahme erwarten, aber nach den Anträgen Wildschgo's
sollte noch weiter gegangen werden, indem künftighin
24 Procent vom eingeschätzten Reinertrage, wovon 8 Procent als veränderliches Extra-Ordinarium, 16 Procent als
unverrückbarer Steuersatz, zu erheben, in Vorschlag gebracht wurde. Die einer Aenderung unterliegenden 8 Procente waren als ein Steuerregulator gedacht, der sich nach
den Preisen der Bodenproducte zu richten habe.

Angestellten Berechnungen zufolge zeigte sich bei
Vergleichung der Katastralpreise mit den Durchschnitts-
preisen der Jahre 1850 bis 1854 eine durchschnittliche
Preissteigerung beim Weizen mit 147 Procent, beim Korn
mit 206 Procent, bei der Gerste mit 243 Procent, beim
Hafer mit 239 Procent, und bei Annahme einer durch-

schnittlichen Preissteigerung bei allen Körnergattungen
von 200 Procent, stellte sich der Katastralertrag zum wirklichen Ertrage wie 1 : 3, wonach die Steuer blos 8 Procent
vom wirklichen Einkommen betragen haben würde, was
als eine Ueberbürdung nicht erschien, „da der Grundsteuer-
ertrag in allen Staaten am stärksten belegt sei und die
stärkste Belegung auch ertrage, indem seine Erzeugnisse
unentbehrliche Lebensbedürfnisse seien und die grössere
Leichtigkeit bestehe, die Steuern theilweise auf die Consumenten zu übertragen"; eine Ansicht, die damals weit
verbreitet war und gewiss nicht durchweg stichhaltig ist.
Dort, wo das stabile Kataster noch nicht eingeführt war,
daher in allen Ländern, wo das Josephinische Kataster
oder ein Werthkataster als Grundlage der Steuerberechnung diente, sollte das Ordinarium ebenfalls unverändert
bleiben, das Extra-Ordinarium jedoch nicht wie bisher
ein Drittel, sondern die Hälfte des Ordinariums betragen.

Die beantragten Aenderungen bei der Hauszinssteuer
beschränkten sich darauf, dass nicht wie bisher die Erhebung erst dann einzutreten hätte, wenn die Hälfte der
Häuser vermiethet würde, sondern die Entrichtung der
Hauszinssteuer in allen Orten erfolgen sollte, in denen
ein Dritttheil der Häuser vermiethet wäre. Das Abzugsprocent sollte überall gleichmässig mit 15 Procent festgestellt werden, während bisher die der ausgedehnten Hauszinssteuer unterliegenden Orte sich eines 30 procentigen
Abzugs erfreuten. Das Steuerordinarium mit 16 Procent
sollte beibehalten, das Extra-Ordinarium jedoch blos mit
4 Procent festgesetzt werden: „höher zu gehen scheine
nicht angemessen", heisst es in der Begründung, „denn
20 Procent Zinssteuer sind wirklich 20 Procent von dem
effectiven, wirklichen Ertrage". Dieser Steuersatz sollte
überall gleichmässig zur Erhebung kommen, die Zins-
fassionen nicht jährlich, sondern von fünf zu fünf Jahren
gefordert werden.

Die Anträge des Referenten bezüglich der Gebäudesteuer fanden keine ungetheilte Zustimmung, die Ansichten
gingen auseinander; es bedurfte mehrfacher Berathungen,
um einen Mehrheitsbeschluss zu Stande bringen zu können.
Man einigte sich über den Steuersatz mit ·16 Procent im
Ordinarium und 4 Procent im Extra-Ordinarium, gleichen
Abzug mit 15 Procent in allen Ländern, endlich Erhebung
der Hauszinssteuer nur in jenen Orten, wo die Miethe
überwiegt.[1])
Schwieriger gestaltete sich die Berathung über die
Hausclassensteuer. Die Ausführungen des Referenten lauteten: Die Hausclassensteuer sei ganz derselben Natur
wie die Hauszinssteuer; beide besteuern den Hausnutzen,
und nur der Unterschied walte ob, dass dort, wo dieser in
einem bestimmten Miethzinse sich darstelle, derselbe von
der Steuer getroffen werde, dort, wo eine Vermiethung
nicht stattfinde und auch eine Parification nicht vorgenommen werden könne, der in dem Selbstgenusse und dem
Selbstgebrauche der Wohnung bestehende Hausnutzen
mit der Steuer belegt werde. Die Hauszinssteuer treffe
den Zins, der vom Miether gezahlt werde, und die Hausclassensteuer den Zins, der für die Miethe erspart werde;
der eine Vortheil sei ein positiver, der andere ein negativer:
ein Empfang oder eine in gleicher Grösse ersparte Auslage. Die Hausclassensteuer sei ein Continuum der Hauszinssteuer, jedoch sehr mangelhaft. Die Unterscheidung
in Häuser mit und ohne Stockwerk sei keine richtige, da
durchaus kein Grund vorliege, die Häuser mit Stockwerken
höher zu belegen. Die Steuer wachse ohnehin mit der
Zahl der Zimmer. Bei einem ebenerdigen Hause dehnen
sich die benutzbaren Räume in die Breite, bei Häusern
mit Stockwerken in die Höhe aus; es gebe auf dem Lande
sehr stattliche Villen, bequeme Meierhöfe, Fabriksgebäude,

[1]) Protocoll vom 29. October 1855.

die keine Stockwerke haben, dagegen sehr ärmliche sogenannte Kellerhäusel mit Stockwerken. In den ärmsten
Gebirgsorten haben die meisten Häuser noch über dem
Erdgeschosse Wohnungsbestandtheile, und in den enge
gebauten Landstädten bestehe oft das ganze Haus mit
einem Stockwerk aus ein paar Zimmern, und es erscheine
unbillig, wenn die ärmlichen Behausungen mehr zahlen
sollen als die bequemeren und eleganten Gebäude, blos
deswegen, weil die ersteren sich in die Höhe, die letzteren
aber sich in die Breite strecken. Der Steuersatz sei willkürlich, einer jeden positiven Grundlage entbehrend. Die
Hausclassensteuer sei eine Einkommensteuer; sie besteuere
den Hausnutzen. Dieser müsse daher erhoben werden,
indem man den Durchschnittswerth zu ermitteln suche, was
mit geringen Schwierigkeiten verbunden sei. Sei der mittlere Werth oder Preis gefunden, so möge man wie bei
der Hauszinssteuer für Erhaltung 15 Procent Abzug gestatten und von dem Reste 20 Procent Steuer erheben.
Indess sei zuzugestehen, dass die Solidität des Baues, die
innere Räumlichkeit und die Zugänglichkeit für Luft und
Licht Momente seien, die den Miethspreis der Zimmer und
den höheren Wert der Selbstbenutzung der Wohnung erhöhen. Wolle man dem Rechnung tragen, so gebe es ein
erkennbares und charakteristisches Merkmal in der Be-
dachung des Hauses, ob diese aus weichem oder hartem
Materiale bestehe.

Die Berechnungen des Referenten ergaben eine gewaltige Steigerung der Steuer bei Annahme seiner Grundsätze um 200 bis 300 Procent.

An Stelle der Erwerbsteuer in ihrer Verbindung mit
dem Einkommensteuerpatente vom 29. October 1849 sollte
„eine Einkommensteuer im engeren Sinne" treten und dieselbe sich in eine Rentensteuer und in die Industrie- und
Arbeitssteuer gliedern. Der Rentensteuer angehörig, wurde
alles Einkommen bezeichnet, welches aus Capitalien bezogen

wird, ohne Unterschied, ob die Forderung bücherlich ver-
sichert sei oder nicht, ohne Unterschied des Schuldners, ob
es der Staat sei oder eine Privatperson, eine physische oder
Collectivperson; es gehöre daher dazu alles Einkommen
aus Staatsschuldverschreibungen, verhypothecirt oder nicht,
aus gemeinen Schuldverschreibungen oder Wechseln,
Actien, Assecuranzpolizzen, Certificaten und Versicherungs-
scheinen u. s. w.

Die Hypotheken zahlten bisher keine Steuer; der
Realitätenbesitzer zahlte den Drittelzuschlag und hatte
das Bezugsrecht; nunmehr sollte das Hypothekareinkommen
von dem Bezugsberechtigten versteuert werden. Bei der
Annahme einer Hypothekenbelastung mit 2000 Mill. fl. ergab sich zu 5 Procent ein Hypothekareinkommen von
100 Mill. fl.; eine 5procentige Steuer lieferte daher dem
Staatsschatze eine Einnahme von 5 Mill. fl. Zur Ermittlung
der Hypotheken wurde die Einführung eines Hypothekar-
katasters in Vorschlag gebracht.

An der Besteuerung der zur öffentlichen Rechnungslegung verpflichteten Gesellschaften wurde eine Aenderung
nicht vorgeschlagen. Bezüglich der Zinsen von Staatsschulden sollte die Einkommensteuer von den Cassen bei
der Zahlung in Abzug gebracht werden. Es ist nicht uninteressant, der Argumentation zu folgen. Ein Bedenken,
meinte der Antragsteller, gegen diesen Modus könnte darin
gefunden werden, dass auch der Ausländer als Besitzer
österreichischer Effecten von der Steuer getroffen würde.
Vom rechtlichen Gesichtspunkte aus können Ausländer
als solche allerdings nicht besteuert werden. Allein Oesterreich besteuere nicht den Ausländer, sondern nur das Einkommen, das aus österreichischen Staatscassen bezahlt
werde und in österreichischen Steuergeldern seinen Ursprung habe. Oesterreich habe vertragsmässig seinen Gläu-
bigern niemals zugesichert, dass es das Einkommen aus
österreichischen Staatsschuldverschreibungen einer Abgabe

nicht unterziehen werde. Der Ausländer sei allen Realsteuern unterworfen, wenn er in Oesterreich Realitäten
besitze. Auch bezüglich des österreichischen Credites sei
nichts zu fürchten. Der Credit beruhe auf dem guten
Glauben an die Solvenz des Schuldners; die Einkommensteuer könne denselben nicht schwächen, denn sie sei eines
der Mittel, womit die Geldverhältnisse Oesterreichs geregelt und seine Zahlungsfähigkeit gestärkt werden solle.

Was endlich jene Renten aus anderen Schuldverschreibungen anbelangt, welche nicht in die erwähnten
Kategorien gehören, so gebe es kein anderes Mittel, dieselben zu erfassen, als die Fassionen.

Der Steuersatz von 5 Procent sollte nicht erhöht
werden, nur die Befreiung der Renten unter 300 fl. hin-
wegfallen. Es sei eine Unbilligkeit, den Wohlhabenderen
zuzumuthen, die Steuerlast allein zu tragen, indess die
Minderbemittelten vielleicht in einem ausgedehnteren
Maasse die Vortheile geniessen, die mit den Steuern er-
kauft werden. Es falle Niemandem ein, den Bauer mit
einem Einkommen unter 300 fl. von der Grundsteuer zu
befreien.[1]

Unter die Soldsteuer fallen die Dienstgenüsse der
Beamten und Militärs, die Gnadengaben, das Einkommen
der Aerzte, Advocaten, Notare, Künstler, Sensale, Literaten,
Zeitungsunternehmer und aller Personen, die sich mit Unterricht und Erziehung beschäftigen. Von den Brutto-Einnahmen kämen blos die nothwendigen Auslagen für die
Kanzlei, für die Erhaltung der Lehr- und Erziehungsanstalten in Abrechnung, nicht aber die Schuldzinsen. Steuerfreiheit sollte nicht bestehen und die Steuer 5 Procent
betragen.

Besonders durchgreifend und eigenartig waren die
Vorschläge über Besteuerung der Gewerbe und des Handels.

---

[1] Protokoll vom 2. November 1855.

Bei der Industrie- und Arbeitssteuer wurde unterschieden zwischen einem Einkommen, welches ein Ergebniss von Arbeit und Capital war — eigentliche Gewerbesteuer — und einem Einkommen, „bei welchem die Arbeit in Anwendung intellectueller oder körperlicher Kräfte vorwaltend ohne Capitalsmitwirkung als der Ursprung und die Quelle des Einkommens anzusehen ist".

Handel und Industrie in ihrer mannigfaltigen Gestaltung sollten dieser Steuer unterliegen, aber nur, wenn sie selbstständig betrieben wurden, der Unternehmer daher nicht in die Kategorie der Gesellen und Arbeitsgehilfen gehörte und die Unternehmung nicht auf der Grundlage der Capitalsassociation beruhte; die Actiengesellschaften sollten der Rentensteuer unterliegen, von der Gewerbesteuer jedoch frei bleiben, weil dasselbe Einkommen nicht einer Doppelbesteuerung unterzogen werden könne.

Die Arbeitssteuer sollte in eine Sold- und Lohnsteuer zerfallen. Diese Unterscheidung wurde aus dem Sprachgebrauche hergeleitet, denn bei einem Entgelt für mechanische und körperliche Arbeiten und Leistungen spreche man von Lohn, bei Leistungen höherer intellectueller Art von Sold; man sage der Lohn des Taglöhners, die Besoldung des Beamten, des Militärs, das Honorar des Arztes, des Advocaten. Der Soldsteuer sollte daher das Einkommen aller öffentlichen und privaten Beamten unterzogen, die onerosen Genüsse öffentlicher Beamten jedoch ausgenommen werden, wozu auch das Quartiergeld und das Naturalquartier gerechnet wurden. Lohnsteuerpflichtig wären alle Personen, die für Taglohn arbeiten. Hieher gehörten Fabriksarbeiter, Handlungsdiener, Handwerksgesellen, Diener, Hausknechte, Haushofmeister und Hofmeister, Knechte, Mägde u. s. w. mit vollendetem 16. bis zum vollstreckten 65. Lebensjahre, endlich auch alle Landbauern. Letzteres wurde damit motivirt, dass der Bauer „in einer zweifachen Eigenschaft erscheine", als

Grund- und Hauseigenthümer, und als solcher steuere
er für seine Grund- und Hausrente; er sei aber zugleich
Arbeiter und verdiene als solcher den Arbeitslohn, welcher
bei Erhebung des Grundnutzens von dem Bruttoertrage
als Regie abgezogen werde und den der Bauer selbst verdiene, daher ein zweifaches Einkommen beziehe, nämlich
Grundrente und Arbeitslohn, wonach es daher consequent
sei, beides zu besteuern, ohne dass von einer Doppelbesteuerung die Rede sein könne.

Das steuerbare Einkommen sei zu berechnen, indem man 300 Tage des Jahres als Arbeitstage zähle, den
Arbeitslohn mit dem Zweifachen des Katastraltaglohnes
annehme, hievon 50 Procent für Fälle von Arbeitslosigkeit
in Abzug bringe und $2\frac{1}{2}$ Procent als Steuer erhebe. Wenn
z. B. der Katastralarbeitspreis 15 kr. betrage, so würde
der Arbeitslohn 30 kr. per Tag ausmachen: für 300 Tage
daher 150 fl., nach 50procentigem Abzug verbliebe als
steuerbares Einkommen 75 fl., daher eine Steuer von
1 fl. 52 kr. Jeder Dienstherr oder Arbeitgeber sei zu verpflichten, für die Zahl der Dienstleute oder Arbeiter die
Lohnsteuer zu entrichten, wogegen er berechtigt sein solle,
dieselbe vom Lohne in Abzug zu bringen. Das Erträgniss
wurde mit 9 Mill. fl. berechnet.

Bei der Erwerbsteuer sollten die Fassionen nur dort
Platz greifen, soweit sie unentbehrlich sind. Statt der
bisherigen umständlichen Nachweisung aller Einnahmen
und Ausgaben und des hiernach zu berechnenden Reinertrages, was für jeden Industriellen sehr lästig sei und
seine inneren ökonomischen Verhältnisse blossstelle, sollte
nur die Angabe des Betriebsfondes stattfinden. Der materielle Betriebsfond sei zwar in der Regel in jedem industriellen Geschäfte nicht der einzige, jedenfalls aber der
wirksamste Factor des Ertrages. Als Coërcitiv hätte eine
verschärfte Strafsanction und etwaige Vornahme der Untersuchung der Geschäftsbücher, wenn gegründeter Anlass

gegeben sei, die Richtigkeit der Fassion zu bezweifeln, stattzufinden. Damit der Ertrag für die Finanzen in Folge der angenommenen Basis des Betriebsfondes nicht geringer ausfalle, wurde vorgeschlagen, dass bei jenen steuerpflichtigen Unternehmungen, welche 1855 schon bestanden und die Erwerb- und Einkommensteuer entrichteten, das Zwanzigfache des bisherigen Steuerertrages als Jahreseinkommen zu berechnen, das auf diese Weise ermittelte reine Einkommen zu 5 Procent zum Capitale zu erheben sei, und dieses Capital sei der Betriebsfond. Bei einer Steuer von 100 fl. beträgt demnach das reine Einkommen 2000, der Betriebsfond 40.000 fl. Von dem Betriebsfonde sollte das Jahreseinkommen zu 8 Procent berechnet werden und davon eine 5procentige Steuer zu bemessen sein. Im obigen Falle betrüge demnach das Einkommen 3200 fl., die Steuer 160 fl. Für diese Kategorie der steuerpflichtigen Unternehmungen, die schon 1855 bestanden, entfielen daher alle Fassionen. Nur bei neu entstehenden Unternehmungen hätte eine Fatirung des Betriebsfondes einzutreten. Bei einem Geschäfte ohne eigentlichen Betriebsfond sollte das Dreifache der Lohnsteuer entrichtet werden. Der Betriebsfond umfasste nicht blos die Baarfonds, sondern auch die Werthe aller Materialwaaren und Effectenvorräthe, die Requisiten, Maschinen, Utensilien und Werksvorrichtungen und die Magazine, Werkstätten und Localitäten, die dem Geschäftsbetriebe dienen. Der Ertrag der Erwerbsteuer wurde mit 9.2 Mill. fl. berechnet, während die bisherige Erwerb- und Einkommensteuer blos 6 Mill. fl. abwarf. Denn 6 Mill. fl. mit 20 multiplicirt ergeben 120 Mill. fl. als Einkommen, und dieses mit 5 Procent zum Capital erhoben, einen Betriebsfond von 2400 Mill. fl.; das Einkommen zu 8 Procent berechnet, ergab 192 Mill. fl., wovon 5 Procent Steuer, daher eine Einnahme von 9.6 Mill. fl.

Aerzte, Literaten und Advocaten sollten nicht der Erwerbsteuer unterliegen, weil bei diesen nicht die Arbeit

und das Capital gemeinschaftlich wirken, sondern nur die
Arbeit den Erwerb oder das Einkommen schafft.

Das Einkommen dieser Classen liess sich entweder
auf Grundlage von Fassionen ermitteln und darnach besteuern, oder man blieb bei dem bisherigen Besteuerungsmodus, der Einreihung der Pflichtigen in bestimmte Tarifsätze, stehen. Gegen diese letztere Art sprach sich der
Referent auf das entschiedenste aus; er hielt eine derartige
Classensteuer, wie er sie nannte, mit ihren arbiträren Steuer-
sätzen und empirischen Einschätzungen für verwerflich.
Auch sei diese Form der Erhebung für die Finanzen nicht
ergiebig genug, weil man mit den Tarifsätzen nicht allen
Einkommensgrössen folgen könne.

Die Commission entschied abweichend von den Anträgen des Referenten für eine Classenbesteuerung.[1]

Die Principien waren hiemit festgestellt, und die weiteren Berathungen, die Ausarbeitung des Gesetzentwurfes
betreffend, fanden im März 1856 statt.[2] Schwierigkeiten
machte blos der Erwerbsteuertarif, sowohl bezüglich der
Minimalsätze, als auch in Hinsicht auf die Art und Weise
der Ertragsschätzung.

Die Ergebnisse der Berathungen waren insoferne ungemein günstige, als sie eine beträchtliche Steigerung der
Staatseinnahmen in Aussicht stellten. Die eigentlichen
Realsteuern würden allerdings nur einen verhältnissmässig
geringen Mehrertrag abgeworfen haben, aber die Personalsteuern liessen den angestellten Berechnungen zu Folge
beträchtliche Zuflüsse erwarten.

Die weitwendigen Berathungen hatten ein praktisches
Ergebniss nicht. Wohl wurde auf Grundlage der in den
Commissionssitzungen festgestellten Grundsätze ein voll-
ständiger Gesetzentwurf ausgearbeitet, allein es scheint,

---

[1] Protokoll vom 12. November 1855.
[2] Anwesende: Rueskäfer, Vorsitzender, Wildschgo, Radda, Neydisser,
Schöbl, endlich Schwarzwald als Protocollführer.

dass die Gegner desselben vielfache Bedenken erhoben und den Minister bestimmten, die kaiserliche Sanction nicht einzuholen. Einige Gesichtspunkte, welche Wildschgo in der Begründung seiner Arbeit ausführlich darlegte, wurden später benutzt, als der Krieg vom Jahre 1859 eine Vermehrung der Steuern forderte.[1])

Ein zweiter, ebenfalls die gesammten directen Steuern umfassender Entwurf wurde einige Jahre später berathen. Als Verfasser galt der damalige Sectionschef Kalchberg. Am 18. Februar 1858 trat eine Commission, aus Mitgliedern der Ministerien für Justiz, Handel, Inneres und Finanzen gebildet, zusammen. Die Berathungen gelangten am 15. Juli 1858 zum Abschlusse, und nachdem im Schoosse des Ministeriums die Ergebnisse der Commission einer eingehenden Prüfung unterzogen wurden, erstattete der Finanzminister am 12. Februar 1859 seinen Vortrag an den Monarchen.

Das ganze Reformproject wurde später der Oeffentlichkeit übergeben, von ministerieller Seite in einer selbstständigen Denkschrift begründet,[2]) und umfassendes sta-

---

[1]) Als der Krieg mit Italien in Sicht stand, plante Bruck eine bedeutende Erhöhung der Steuern. Seine Anträge gingen auf eine Verdoppelung der für 1859 vorgeschriebenen Steuerschuldigkeit, und zwar mit Einschluss des Drittelzuschlages bei den Realsteuern, wodurch eine Mehreinnahme von 80 Mill. fl. erzielt worden wäre. Die vorübergehende Belastung des Steuerträgers mit einer ausserordentlichen Abgabe, so lauteten die Darlegungen des Finanzministers in seinem Vortrage an den Monarchen vom 20. April 1859, ist für die Gesammtheit mit einem geringeren Opfer verbunden, als die bei der gegenwärtigen Conjunctur des Geldmarktes nur unter den ungünstigsten Bedingungen zu erzielende Aufnahme eines Anlehens. Auch sei bei dieser Massregel der moralische Einfluss nicht zu unterschätzen, welcher dadurch gewonnen würde, dass Oesterreich, gestützt auf die eigene natürliche Kraftentwicklung und den Patriotismus seiner Staatsbürger, eine imponirende Machtstellung nach Aussen erringen wird. Die kaiserliche Entschliessung lehnte die Anträge ab und verordnete blos eine theilweise Steuererhöhung.

[2]) Die directen Steuern und ihre Reform in Oesterreich. Herausgegeben vom k. k. Finanzministerium, Wien 1860 (mit einem abgesonderten Hefte statistische Tabellen); ferner: Die Reform der directen Besteuerung in Oesterreich auf Grund der Anträge des k. k. Finanzministeriums, von Gustav Höfken, Wien 1860.

tistisches Material, welches gegenwärtig noch nicht ohne
Werth ist und einen genauen Einblick in die damaligen
Steuerverhältnisse der Monarchie gewährt, beigefügt. Die
Steuerreform, so wurde verkündet, sollte unter thunlichem
Anschluss an das bestehende, das ganze System der directen Besteuerung auf richtigeren und einfacheren Grundlagen behufs gleichmässiger Steuervertheilung, sowie auf
vereinfachter Verwaltung neu begründen und es dadurch
zugleich befähigen, ohne Erhöhung des Steuerprocentes,
sowie ohne Gefährdung des landwirthschaftlichen und industriellen Fortschrittes den gesteigerten Staatsbedürfnissen sich anzuschliessen.

Das Reformproject beabsichtigt das „reine Einkommen
als Gegenstand der directen Steuern“ als Ausgangspunkt
zu nehmen. welches Einkommen entweder an eine Realität
gebunden, oder seiner Quelle nach zunächst persönlich sei,
indem es an den persönlichen Erwerb oder beweglichen
Besitz geknüpft ist. Das Object der Realsteuer sei der
Ertrag von Grund und Boden oder die Nutzung von Gebäuden.

Das Object der Grundsteuer sei der nachhaltige ge-
meindeübliche Reinertrag von Grund und Boden. Darin
stimmen Reformantrag und stabiler Kataster überein. Der
Unterschied bestehe nicht im Principe, sondern blos in der
Form, in dem Wege, den Reinertrag zu finden.

Das Steuercapital sollte künftig bestehen: aus dem
Werthanschlage der Liegenschaft, in welchem alle auf den
Ertrag desselben einwirkenden Umstände nach einem Durch-
schnitte ihren Ausdruck finden, und aus dem zwanzigfachen
Betrage der bisher entrichteten Grundsteuer, welche beim
Werthanschlage der Realität in Abzug gebracht werden
sollte. Beide Factoren zusammen sollen demnach die
Grundlage zur Steuervertheilung liefern, welche dem wirk-
lichen Ertrage der Realität und daher der Steuerfähigkeit
des Besitzers näher kommen, als der nach künstlichen

Schätzungsnormen ermittelte Katastralreinertrag. An Stelle des Drittelzuschlages bei der Grund- und Gebäudesteuer, der bekanntlich die Einkommensteuer vertritt, sollte künftighin ein besonderer, nach dem Werthanschlage der Liegenschaften zu bemessender Percentualzuschlag treten. Dieser Zuschlag, heisst es in dem Vortrage, nehme jeden Capitalswerth in gleichem Maasse in Anspruch, treffe den Wohlhabenden auch in seinem Luxusaufwande, und da das Werthkataster durch zwanzig Jahre unverändert bleiben solle, so werde das innerhalb dieses Zeitraumes zur Verbesserung der Grundstücke verwendete Capital von der Grundsteuer nicht getroffen, es bleibe also die auf dem Grundprincipe des stabilen Katasters beruhende Begünstigung auch in dem beantragten Systeme gewahrt. Andererseits erhöhe sich aber durch die von fünf zu fünf Jahren eintretende Revision des Werthanschlages der Realität der davon entfallende Zuschlag mit dem Werthe der Realität, es nehme daher der Staat an der ohne alles Zuthun des Besitzers eintretenden Werthsteigerung einen billigen Antheil.

Das stabile Kataster belastete nach der Ansicht des Verfassers des Entwurfes in der Regel mehr den grossen als den kleinen Grundbesitz. Dem Werthkataster fiel die Aufgabe zu, eine billige Ausgleichung zu vermitteln, „da der grosse Grundbesitz wegen der geringeren Concurrenz von Käufern verhältnissmässig wohlfeiler sei". Andererseits könne aber der kleinere Grundbesitz die sich in geringeren Beträgen vertheilende höhere Steuer auch leichter tragen, weil er aus Grund und Boden in der Regel eine höhere Rente beziehe und seine eigene Arbeitskraft besser verwerthe.

Auch wurde darauf besonderes Gewicht gelegt, dass die Errichtung des Werthkatasters gleichzeitig oder doch in geringeren Zeitabständen in allen Kronländern in Angriff genommen und dadurch eine vollkommen gleichartige

Steuergrundlage gewonnen werden könnte, wodurch ein
wesentliches Gebrechen des stabilen Katasters vermieden
würde, welches darin liege, dass derselbe auf ganz verschiedene wirthschaftliche Zustände sich stütze, je nach
dem Zeitpunkte, in welchem die Schätzung vorgenommen
werde, wodurch eine grosse Ungleichheit zwischen den
Kronländern bestehe.

Der Verfasser des Reformentwurfes legte auf die Einführung des Werthkatasters einen besonderen Werth, und die
grossen Vortheile desselben im Vergleiche mit dem Ertragskataster wurden in ein helles Licht zu setzen gesucht, da
sich nach Bekanntwerden der finanzministeriellen Pläne
eine starke Opposition geltend machte. Schon vom finanziellen Standpunkte aus erschien die Ersetzung des Ertrags-.
katasters durch das Werthkataster von grossem Vortheile.
Die Einführung des stabilen Katasters war ursprünglich
nach dem Patente vom 23. December 1817 auf einen
Flächenraum von 5607 österreichischen Quadratmeilen bestimmt. Seit 1846 kam das Grossherzogthum Krakau hinzu
und nun musste auch Ungarn und Siebenbürgen einbezogen
werden, wornach sich das Katastralwerk auf 10.645 österreichische Quadratmeilen erstreckt haben würde. Vollendet
war die Arbeit bei 3595 Meilen, — 7050 Meilen, von denen
Ende 1859 bereits 2471 vermessen waren, mussten noch einbezogen werden. Der Kostenaufwand belief sich, Lombardo-
Venetien abgerechnet, bereits auf 30 Mill. fl. C.-M., und die
Vollendung konnte erst nach 50 Jahren mit einem jährlichen
Aufwande von 1½ Mill. fl. erzielt werden. Hiernach waren
noch 75 Mill. fl. C.-M. erforderlich, während das Werthkataster nicht nur binnen wenigen Jahren, sondern mit einem
erheblich geringeren Aufwande beendet werden konnte.

Die Grundsteuer war als eine Repartitionssteuer gedacht, durch Festsetzung einer Steuerquote für ein jedes
Kronland und durch Vertheilung derselben im Verhältnisse
des Steuercapitals. Der Betrag der Steuer wurde von zwei

Bedingungen abhängig gedacht: von dem Staatsbedürfnisse und von der Steuerkraft, und das angemessene
Verhältniss der für ein jedes Kronland zu bestimmenden
Quote zu normiren, sollte der gesetzgebenden Central-
gewalt überlassen bleiben, „welche hiebei neben dem Betrage des Steuercapitals auch noch andere, durch die Finanzpolitik vorgezeichnete Rücksichten ins Auge zu fassen
habe".

Das ermittelte Steuercapital sollte vierundzwanzig
Jahre hindurch unveränderlich bleiben, um der Landwirthschaft eine angemessene Prämie für das zur Verbesserung
des Grundes und Bodens angewendete Capital zu sichern.

Die bisherigen Ungleichheiten der Gebäudebesteuerung
sollten durch Ermittlung der Steuerschuldigkeit nach Gemeinden und durch Umlegung derselben auf den Capitalswerth der Gebäude beseitigt werden. Zur Ermittlung der
gemeindeweisen Steuerschuldigkeit wären die Gemeinden
mit Rücksicht auf ihre gegenwärtige Belastung in Tarifs-
classen einzureihen und auf diesem Wege einander allmälig
verhältnissmässig näher zu bringen. Das Product aus der
für die Gemeinde festgesetzten tarifmässigen Steuereinheit
für den Kopf und aus der Seelenzahl der Gemeinde sollte
die Verhältnisszahl geben, nach welcher die für das ganze
Verwaltungsgebiet ausgesprochene Steuerschuldigkeit auf
die einzelnen Gemeinden zu vertheilen wäre. Die Verwaltung
werde durch die Entbehrlichkeit der Hauszinsfassion wesentlich vereinfacht und durch den gestellten Antrag die
Unbilligkeit vermieden, dass Gebäude, welche denselben
Zinsertrag geben, oder dieselbe Anzahl von Wohnungs-
bestandtheilen haben ohne Rücksicht auf ihren Bauzustand
und den davon abhängigen verschiedenen Erhaltungsauf-
wand — gegenwärtig der gleichen Besteuerung unterzogen
werden".

Am meisten einer Steigerung fähig hielt die Finanzverwaltung die Erwerb- und Einkommensteuer. „Ich halte

es für vollkommen gerechtfertigt," heisst es wörtlich in
dem Vortrage des Finanzministers, „und für eine natürliche
Consequenz des Grundsatzes der allgemeinen Steuerpflicht,
dass selbst das abgeleitete oder Dienstes- und Lohnein-
kommen eine Befreiung mit Rücksicht auf die Höhe des
Betrages desselben nicht geniesse. Nebst der Erweiterung
der Steuerbasis muss gestrebt werden, das vorhandene
Einkommen wirklich aufzufinden und im richtigen Verhältnisse mit der Steuer zu treffen".

„In dieser Hinsicht sind durch die gegenwärtige Steuergesetzgebung zu enge Grenzen gezogen, indem die an
und für sich unbeliebten Einkommensfassionen nur unsichere und ungenaue Anhaltspunkte gewähren, nur den
Gewissenhaften binden und ihm ein um so empfindlicheres
Opfer auferlegen, als er neben sich den unpatriotischen
Eigennutz im Vortheile sieht; ein Uebelstand, dem nur
durch ein schärferes Eindringen der Finanzorgane in die
Privatverhältnisse der Steuerpflichtigen begegnet werden
könnte".

Allein auf diesem Wege ist man so weit als thunlich
gegangen, es sei nicht gerathen, noch weiter zu gehen.

Das Einkommen, insoweit es durch Arbeit mit oder
ohne Verwendung von Capital erzielt wird, sollte der Erwerbsteuer unterliegen, welche in zwei Classen zerfiel, je
nachdem das industrielle Einkommen aus einer selbstständigen Beschäftigung hervorgeht, oder in einem Dienst-
und Lohnverhältnisse begründet ist. Das Einkommen,
welches zunächst eine persönliche Thätigkeit von Seite
des Bezugsberechtigten nicht voraussetzt, soll der Rentensteuer unterzogen werden.

Hinsichtlich der Erwerbsteuer von selbstständigen
Beschäftigungen, den Bergbau- und Hüttenbetrieb eingeschlossen, plante man mit Rücksicht auf die finanziellen
Interessen sowohl bezüglich des Steuerertrages an und
für sich, als insbesondere behufs Erzielung einer wohl-

feileren Verwaltung, die Individualbesteuerung zu verlassen und die Steuerschuldigkeit nach ganzen Verwaltungsgebieten auszumessen, wozu in den bisherigen Er-
tragsergebnissen, in der richtigen Auffassung der Gewerbs-
und Handelsverhältnisse der Kronländer unter sich und
in der geeigneten Benützung statistischer Daten überhaupt genügende Anhaltspunkte gegeben schienen. Die
Vertheilung dieser Gesammtschuldigkeit auf die einzelnen Steuerträger sollte Organen überwiesen werden,
welche aus den Steuerpflichtigen selbst hervorgehen. Die
landesfürstlichen Beamten sollten blos berufen sein, dem
Einzelnen gegen allfällige Ueberbürdung durch die Local-
commission Schutz zu gewähren, der um so sicherer von
ihnen erwartet werden könnte, als die Interessen des
Aerars bei der individuellen Vertheilung der Gesammtschuldigkeit des Verwaltungsgebietes nicht unmittelbar
betheiligt erscheinen.

Das blos auf der persönlichen Thätigkeit beruhende Einkommen, demnach jenes der Erwerbsteuerpflichtigen zweiter
Classe, sollte hinsichtlich des Steuerausmaasses schonender
behandelt werden als das der Erwerbsteuer erster Classe
und das der Rentensteuer unterliegende, mehr gesicherte
Einkommen. Auch hier sollte die Einschätzung und Indi-
vidualvorschreibung über Bord geworfen werden und die
Einhebung dieser Steuer mittelst Steuerbolleten, welche
von den Steuerpflichtigen selbst zu lösen sind, erfolgen.

Die Kenntniss des eigenen fixen Einkommens machte
es jedem Steuerpflichtigen leicht möglich, sich in die entsprechende Tarifstufe einzureihen, während andererseits
die Allgemeinheit der Verpflichtung, dass jede einen Lohn
oder Gehalt beziehende Person mit der Bollete versehen
sein muss, verbunden mit der entsprechenden Strafsanction,
die wirksamste Controle der Steuerentrichtung vollständig
ermögliche und selbst die Prüfung der Richtigkeit des ange-
wendeten Steuersatzes durch die Erhebung des wirklichen

Einkommens des Steuerpflichtigen keiner Schwierigkeit unterliege. Es dürfte nicht ausbleiben, dass die Dienerschaft und die verschiedenen Schichten der gewerblichen Hilfsarbeiter in dem Streben, gewisse Rangunterschiede festzuhalten, auch bei der Steuerentrichtung auf die Anwendung der richtigen Steuersätze selbst hinwirken werden.

Der Ertrag dieser Steuer werde um so gesicherter erscheinen, wenn den Gemeinden für die durch ihre Vorstände zu übende Controle und Mitwirkung bei der Steuereinhebung ein lohnender Antheil an derselben zuerkannt werde.

In die Erwerbsteuerpflicht nach der zweiten Classe würden ihrer Beschaffenheit nach auch alle Bezüge aus dem Staatsschatze oder öffentlichen Fonden, wie das Dienst- und Amtseinkommen der Geistlichkeit einzubeziehen sein.

Da es jedoch nicht für angemessen erachtet wurde, die Staatsdiener und die Geistlichkeit in der Besteuerung auf eine Linie mit dem Erwerbe aus dem Dienst- und Lohnverhältnisse zu stellen, so sollte diese Kategorie durch ein specielles Gesetz geregelt werden.

Die Reformentwürfe liessen angestellten Berechnungen zu Folge ziemlich beträchtliche Mehreinnahmen erwarten. Der Gesammtertrag der directen Steuern wurde auf 111.$_{05}$ Mill. fl. beziffert, was gegenüber dem Voranschlage für 1859 eine Mehreinnahme von 17.$_{067}$ Mill. fl. in Aussicht stellte. Hieran participirte die Grundsteuer mit 8.$_{825}$ Mill. fl. oder 13.$_9$ Procent (gegenüber dem damaligen Ertrage von 63.$_{357}$ Mill. fl. im ganzen Reiche mit Ausnahme der Militärgrenze wurde eine Summe von 72.$_{182}$ Mill. fl. in Aussicht gestellt), bei der Gebäudesteuer wurde der Mehrertrag sogar auf 25.$_6$ Procent berechnet. Bei der Erwerbsteuer zeigte sich ein Ausfall für die Finanzen von 949.412 fl. C.-M., welcher darin seine Erklärung findet, dass durch die Aufhebung der Personalerwerbsteuer in

Ungarn und Siebenbürgen eine Steuererleichterung von 3.₆₆ Mill. fl. eintrat, welche die Ertragssteigerung in den anderen Ländern von 2.₇₁₂ Mill. fl. C.-M. um obigen Betrag überschreitet; die Rentensteuer liess 10 Mill. fl. mehr erwarten. „Ich schmeichle mir," schloss der Minister seine Darlegungen an den Monarchen, „ein System der directen Besteuerung zu befürworten, welches sich nicht nur an das bestehende anschliesst, in seinen neuen Elementen die Gewähr der Dauer und eine den Bedürfnissen des Staates und der verhältnissmässigen Entwicklung aller staatlichen Hilfsquellen Rechnung tragende Elasticität besitzt, endlich wesentliche Ersparungen im Verwaltungsaufwande möglich macht."

So durchdacht und logisch gefugt das ganze Reformproject auch war, so scharfsinnig die Begründung, so sehr sich die officiösen und officiellen Schriften auch bemühten, die dagegen vorgebrachten Argumente zu widerlegen: schon der Umstand, dass eine gänzliche Umformung des bestehenden Steuersystems geplant wurde, musste den Widerspruch wecken. Steueränderungen von solch' einschneidender Tragweite sind nicht leicht durchführbar, die allgemeine Zustimmung der betheiligten Kreise werden sie nur schwer erringen. Dazu kam, dass im Schoosse der Regierung selbst keine Einstimmigkeit vorhanden war. Der Vertreter des Ministeriums des Innern machte viele Bedenken geltend und bemängelte in einer umfassenden Denkschrift namentlich das Werthkataster. Die ministeriellen Anträge erhielten die Genehmigung des Monarchen nicht: die kaiserliche Entschliessung ordnete die Einsetzung einer Commission an, welche sich mit der Prüfung derselben und besonders mit der Frage über Ersetzung des Ertragskatasters durch ein Werthkataster beschäftigen sollte.

Die sogenannte Immediatcommission sollte sich mit der Beantwortung folgender Fragen beschäftigen: Soll das stabile Kataster blos verbessert oder gänzlich umgestaltet werden? Soll das Kataster, ohne Unterschied des Systems,

stabil oder wandelbar sein? Soll an die Stelle des Ertragskatasters das projectirte Werthkataster treten?

Das Schwergewicht der Debatten lag in dem letzten
Punkte. Die überwiegende Mehrheit der Immediatcommission
sprach sich dahin aus, dass die Mängel des stabilen Katasters
ohne Aenderung des Systems, wenn nicht ganz, doch grösstentheils sich beseitigen lassen. [1]) Die Immediatcommission
stellte ferner den Antrag, dass die bereits katastrirten Länder mit Ausnahme Böhmens, Veneziens und des Krakauer
Gebietes gleichzeitig revidirt und die Einführung des stabilen Katasters in Galizien, Bukowina und Tirol fortgesetzt
werden möge; nach vollständiger Einführung des Katasters
sollte in 10 bis 15 Jahren eine allgemeine Revision stattfinden, und diese nach je 24 Jahren wiederholt werden. Nur
die Vertreter der Regierung bemerkten dagegen, dass eine
gleichzeitige Revision in den altkatastrirten Ländern und
Fortsetzung der Arbeiten in den nichtkatastrirten Ländern
aus Mangel an Arbeitskräften kaum ausführbar sei.

Bei der Abstimmung über die Frage, ob das Ertragskataster durch ein Werthkataster zu ersetzen wäre,
entschied sich die Mehrheit schliesslich dahin, vor der
Hand über keine der beiden Grundsteuersysteme definitiv
sich auszusprechen, sondern in Tirol das dort bestehende
Werthkataster einer Revision zu unterziehen, während
in Niederösterreich in ähnlicher Weise mit dem Ertragskataster zu verfahren sei; in Galizien aber, wo die Ka-
tasterarbeiten bereits im Zuge sind und ohne Nachtheil
nicht suspendirt werden können, fortzusetzen. [2])

---

[1]) Nur die Vertreter des Finanzministeriums und Ritter von Gredler
betonten die gegentheilige Ansicht. Bezüglich der Wandelbarkeit des Katasters herrschte Einstimmigkeit; nur die Grafen Andrássy und Festetics,
ferner Dr. Peintinger erklärten sich nachträglich gegen jede Revision des
bestehenden Steuersystems, „bis nicht durch einen neuen Organismus ein
Rechtszustand der Kronländer hergestellt sein würde".

[2]) Ritter von Gredler gab dem Werthkataster unbedingt den Vorzug. Graf
Merkandin, Ritter von Krainski, Abt Eder, der Generalgrossmeister Beer und

Dagegen nahm die Commission entschiedene Stellung gegen das die Gebäudesteuer betreffende Reformproject, und die überwiegende Mehrheit sprach sich für die Beibehaltung der bestehenden Steuer aus, nur sollte die Hauszinssteuer ausgedehnt, die Hausclassensteuer angemessen erhöht werden. [1])

Auch gegen die Ergänzungssteuer zu der Rentensteuer, welche den die Einkommensteuer vertretenden Drittelzuschlag ersetzen sollte, erklärte sich die Immediatcommission einstimmig, dagegen befürwortete sie die besondere directe Besteuerung der Hypothekarzinsen und Renten mittelst einer Rentensteuer, jedoch unter der Voraussetzung, dass durch die besondere Belastung der Hypothekarzinsen und Renten eine verhältnissmässige Abminderung der Realsteuer erzielt und der Realbesitzer davon enthoben werde, neben der ordentlichen Realsteuer auch noch die dem Hypothekargläubiger obliegende Rentensteuer zu zahlen.

Bei der Erwerbsteuer ergaben sich nur in den Details Bemängelungen der ministeriellen Projecte. Ein-

der Vertreter des Ministeriums des Innern erklärten sich entschieden für die Beibehaltung des bestehenden Ertragskatasters, erhoben jedoch keine Einwendung, mit dem Werthkataster in Tirol den Versuch zu machen, mit welch' probeweisen Versuchen der Präsident, Reichsrath von Plener, Freiherr von Suttner, Ritter von Gredler und das Finanzministerium nicht einverstanden waren. Die Grafen Andrássy und Festetics und Dr. Peintinger erklärten sich unbedingt für das Ertragskataster, aber gegen jede Revision desselben, gegen den Proberversuch in Tirol, wo das bestehende Werthkataster bleiben sollte.

[1]) Ritter von Gredler votirte für eine Hauszinssteuer mit Zugrundelegung des Gebäudewerthes, „jedoch blos für Gebäude, die ein Principale für sich bilden, daher mit Ausschluss jener, die ein Accessorium der Landwirthschaft sind, namentlich der Bauernhäuser, die insgesammt blos der Grundsteuer von der Bauarea unterliegen sollten". Eine Mittelstellung nahm der Präsident der Commission, Graf Hartig, ein, der sich wohl für die Beibehaltung der Hauszinssteuer bei den wirklich vermietheten Gebäuden, dann aber für Aufhebung der Hausclassensteuer aussprach; statt der letzteren hätte für nicht vermiethete und dem Wirthschaftsbetriebe gewidmete Gebäude eine Grundsteuer für die Bauarea mit entsprechender Erhöhung einzutreten, und zwar etwa im doppelten Betrage für ebenerdige Wohnungen u. s. w.

stimmigkeit herrschte bezüglich der Aufhebung der Er-
werb- und Einkommensteuer und Ersetzung derselben
durch eine neue Erwerbsteuer und Rentensteuer. Das
Finanzministerium plante, den Minimaltarif in das Steuergesetz selbst aufzunehmen, während sich die Ansicht geltend machte, für eine jede Steuerperiode denselben festzustellen. Graf Hartig schloss sich dieser Auffassung an,
„weil ein solcher Tarif von den Aenderungen der Industrie, der Steuerfähigkeit und der Staatsbedürfnisse, daher
von wandelbaren Factoren abhänge, die bei der Steuerausschreibung ihre angemessene Würdigung finden können,
in das stabile Steuergesetz aber nur unveränderliche Principien und die Art ihres Vollzuges gehören". Ferner
beantragte die Commission die Steuerfreiheit der „liberalen Beschäftigungen", wenn sie unter den Betrag des
Minimaleinkommens eingeschätzt werden, während das
Finanzministerium an dem Principe der allgemeinen Steuerpflicht festhielt. Von Seite der Vertreter der Handelskammer und des Gewerbevereines wurde gefordert,
dass bei den Gewerben ein gewisser, zum Lebensunter-
halte nothwendiger Betrag des Einkommens steuerfrei
bleiben solle; Graf Andrássy hob hervor, dass es eine Ungerechtigkeit sei, mit Verlust betriebene Gewerbe zu besteuern; die Immediatcommission lehnte jedoch die darauf
bezüglichen Anträge ab.

Bei der Erwerbsteuer zweiter Classe sprach sich die
Immediatcommission gegen die allgemeine Steuerpflicht
„aus politischen und socialen Gründen und wegen der
Schwierigkeiten in der Ausführung des Grundsatzes", und
für Freilassung des Betrages bis ausschliesslich 400 fl.
aus. Einige Stimmen, wie: Ritter von Krainski, Dr. Peintinger und Ministerialrath Kozma, wollten es den Landes-
commissionen überlassen, für jedes Kronland über die
Festsetzung des steuerfreien Minimums innerhalb der
Summe von 400 bis 600 fl. Anträge zu stellen. Die Mehr-

heit war für die Steuerpflichtigkeit der Staatsbeamten, nur einige verlangten die Steuerfreiheit bis einschliesslich 600 fl. Für die Steuerfreiheit des activen Militärs stimmten blos der Präsident, Graf Festetics, Ritter von Krainski und die Vertreter der Ministerien. Für die Steuerpflicht der Geistlichkeit erklärten sich alle Commissionsglieder, jedoch nur bezüglich jenes Einkommens, welches nicht schon von einer anderen Steuer getroffen sei: einige Stimmen traten auch für die Steuerfreiheit der Stolagebühren ein. Bezüglich des Steuersatzes adoptirte die Commission den finanzministeriellen Vorschlag, die Steuerbemessung auf Grund eines scalamässigen, progressiv abgestuften Tarifs vorzunehmen, nur wollten einige Mitglieder den Tarif in das Steuergesetz aufgenommen wissen, andere befürworteten Festsetzung desselben bei jeder Steuerausschreibung, jedoch Normirung der Grundsätze über die Bildung der Tarifsätze im Gesetze. Für letzteres sprach sich auch Graf Hartig aus und meinte, dass die Tarifsätze bei 400 fl. etwa mit $\frac{1}{2}$ Procent anfangen und mit jedem 100 procentuell, jedoch nicht über 5 Procent steigen sollten.

Die Rentensteuer, die an Stelle der bisherigen Einkommensteuer dritter Classe treten sollte, wurde von der Commission befürwortet, dagegen wurde der Antrag der Vertreter der Handelskammer, die Passivzinsen ausser Besteuerung zu lassen, abgelehnt.

Ein Cardinalpunkt des Reformprojectes war die Beseitigung der bisherigen Procentualbesteuerung bei der Realsteuer und der Erwerbsteuer erster Classe. Nach dem Plane des Finanzministers war den Steuerträgern ein Einfluss auf die Ermittlung der Steuergrundlagen durch Bestellung von Commissionen zu gewähren, den Steuerpflichtigen das Recht der Reclamation einzuräumen und der Staatsschatz gegen die Tendenz einer zu geringen Einschätzung durch das Ausschreiben der Steuer nicht in Procenten des steuerbaren Ertrages, sondern durch Fest-

setzung von Länderquoten zu schützen. Auch die Immediatcommission stimmte im Wesentlichen der Auffassung bei,
„dass die Finanzverwaltung der Commission einen Einfluss
ohne Quotensystem nicht einräumen könne“, aber bei der
Abstimmung über das Princip gingen die Ansichten auseinander. Vier Mitglieder und der Präsident der Commission
waren für Länderquoten, unter der Bedingung, dass der
Landescommission und der Centralcommission eine Ingerenz
bei Bestimmung der Länderquoten eingeräumt werden müsse.
Vier Mitglieder und der Vertreter des Ministeriums des
Innern sprachen sich für Aufrechterhaltung der Procentualbesteuerung aus; die beiden ungarischen Mitglieder
stimmten gegen die Quotensteuer blos mit Rücksicht auf
den gegenwärtigen Zustand des politischen Organismus.
Einige erhoben entschieden gegen die Quotenbesteuerung
bei Gewerben Einsprache und stellten damit das ganze
System in Frage. Denn das Finanzministerium gab die
Erklärung ab, dass es den beantragten Organismus der
Steuercommissionen und das Reformproject hinsichtlich der
Realsteuer und der Erwerbsteuer erster Classe nicht für
ausführbar halte, sondern zurückziehen müsse, wenn dasselbe mit einer Procentsteuer verbunden würde, weil im
letzteren Falle bei der Steuer die Tendenz einer möglichst
geringen Einschätzung schrankenlos vorwalten würde.

Mit voller Entschiedenheit sprach sich der Präsident
der Immediatcommission für die Steuerquote aus. „Die
Steuerfähigkeit,“ bemerkte Graf Hartig in seinem Vortrage vom 26. Mai 1860, „ist rücksichtlich des Grundbesitzes nicht blos von dem ermittelten möglichen Ertrage,
sondern auch von anderen Umständen, namentlich von
den Absatzverhältnissen der Producte abhängig, denen blos
eine unter dem Einflusse der Steuerträger für jede Steuerperiode auszumittelnde Landesquote, nicht aber ein stabiler Procentsatz gerecht werden könne.“ Das Ministerium des Innern wies auf die Zustände vor 1848 hin und

verstieg sich sogar zur Behauptung, dass die Wirkungen des damals herrschenden Systems theilweise selbst die Revolution vorbereitet haben. Diese Ansicht widerlegte Graf Hartig mit dem Hinweise, dass die Revolution durch das Streben der Provinzialstände hervorgerufen worden sei, aus ihrem Zustande von Nullität herauszutreten, ihr altes Recht als Beirath in der Landesverwaltung wieder geltend zu machen und insbesondere bei der Besteuerung nicht blos das Ziffergeschäft für die individuelle Steuerrepartition und das mechanische Geschäft der Steuereinhebung und Abfuhr besorgen zu müssen, sondern auch über das Steuerquantum überhaupt ein Wort mitsprechen zu dürfen. [1])

Die Umgestaltung Oesterreichs nach dem italienischen Kriege in einen constitutionellen Staat verwies die endgiltige Entscheidung über die Steuerfrage aus dem Schoosse von Commissionen in die Vertretungskörper. Die Nothwendigkeit einer Aenderung des Steuersystems, einer einschneidenden Reform desselben wurde allseitig hervorgehoben und bei jeder Gelegenheit die Regierung um ihre Pläne befragt.

Am 3. Juli 1862 brachte der Finanzminister Plener eine Vorlage, die Revision des Katasters betreffend, ein. Nach seiner an diesem Tage abgegebenen Erklärung hatte er ursprünglich die Absicht gehabt, eine allgemeine Reform der directen Steuern in Angriff zu nehmen, und er fügte sich blos den im Finanzausschusse laut gewordenen Wünschen, die namentlich auf eine Beseitigung der bei der Grundsteuer bestehenden Verschiedenheiten hinausliefen. Die vorgeschlagene Revision sollte mit Festhaltung der Grundsätze des Patentes vom Jahre 1816 erfolgen und auf die mittlerweile eingetretenen Veränderungen in den Culturgattungen sich erstrecken. Während aber bisher bei dem

---

[1]) Die obige Darstellung beruht auf handschriftlichem Material.

stabilen Kataster die Preise des Jahres 1824 zur Grundlage der Berechnung des Reinertrages dienten, sollte nunmehr der 20jährige Durchschnitt von 1839 bis 1858 als
Basis dienen. Die Revision des stabilen Katasters wurde
deshalb als unbedingt nothwendig angesehen, um die bestehenden Ungleichmässigkeiten auszugleichen und eine
Erhöhung der Staatseinnahmen zu erzielen, da seit der
Inangriffnahme der grossen Operation sich bedeutsame
Aenderungen in den landwirthschaftlichen Verhältnissen
vollzogen hatten: Theilung der Hutweiden und deren Umgestaltung in Ackerland, die Anlage von Weingärten in
Gegenden, wo früher nur öder Waldboden oder Gestrüppe
waren, der Uebergang zur Fruchtfelderwirthschaft, wodurch eine Steigerung des Grundertrags herbeigeführt
wurde. Die Ausschussanträge gingen über die Regierungsvorlage hinaus, schon durch die Ausdehnung des Gesetzes
auf Galizien und die Bukowina, durch die Aufnahme der
Bestimmung, dass nicht blos eine Revision des Katasters
dort, wo dasselbe bereits in Anwendung stand, stattfinden,
sondern auch die Durchführung desselben in jenen Ländern
beschleunigt werden sollte, wo die Arbeiten bisher nicht
vollendet oder nicht in Angriff genommen waren.

Die Ausschussanträge wurden im Hause lebhaft bekämpft durch den Hinweis, dass das stabile Kataster eine
fehlerhafte Steuergrundlage sei und eine Revision desselben zur Beseitigung der Gebrechen nicht führen würde;
die Reinerträge des stabilen Katasters seien nicht die
wirklichen Reinerträge der Wirthschaften und können
daher als Steuergrundlage keinen zutreffenden Maassstab
geben; die bestehenden Verschiedenheiten zwischen den
einzelnen Gegenden, zwischen Ebene und Gebirge, zwischen den einzelnen Ländern seien zu gross. Das stabile
Kataster lasse die Verwaltung in vollständiger Unkenntniss
über das Verhältniss, in welchem die Grundsteuer das
reine Einkommen von Grund und Boden treffe, und er-

mögliche es daher der Verwaltung nicht, bei dem Wachsen
der Bedürfnisse des Staates von dem gleichzeitig steigenden Ertrage der Wirthschaften bei der Steuergrundlage
Gebrauch zu machen. Auch wurden die Grundsätze des
stabilen Katasters einer scharfen Kritik unterzogen. Die
Einschätzung jeder einzelnen Parzelle, ohne Rücksicht auf
den Zusammenhang der Grundstücke oder auf die Entfernung
derselben vom Wirthschaftshofe, könne nur ein unrichtiges
Ergebniss liefern. Die ermittelten Reinerträgnisse seien
nur Fictionen, die sich von der Wahrheit mehr oder minder
entfernen.

Auf der andern Seite sprachen sich jene Abgeordneten,
welche nur von einer gründlichen, die gesammten Steuern
umfassenden Reform eine gleichmässige, gerechte Vertheilung der Steuern erwarteten, gegen die Anträge des
Finanzausschusses aus. Der hervorragendste Wortführer
dieser Gruppe war der Abgeordnete Kaiserfeld, dessen
Auseinandersetzungen in dem Nachweise gipfelten, dass
das stabile Kataster eine fehlerhafte Grundlage sei, eine
Revision desselben, auf denselben Grundlagen fussend, zu
denselben Resultaten und Gebrechen führen müsse, dass
endlich auf diesem Wege jede Reform hintangehalten
würde. Die Vertreter Galiziens konnten sich andererseits
mit der Ausdehnung des Gesetzes auf Galizien nicht befreunden. Der Antrag auf Uebergang zur Tagesordnung
wurde zwar abgelehnt, dagegen aber die Zuweisung an
einen selbstständigen, mit Berücksichtigung der einzelnen
Königreiche und Länder zu wählenden Ausschuss beschlossen und derselbe angewiesen, die Vorarbeiten der
Immediatcommission zu benützen. Ein greifbares Ergebniss
lieferten die Vorberathungen nicht; der Schluss der Session
nahte heran und der Ausschuss brachte dem Hause zur
Kenntniss, dass das Zustandekommen eines Gesetzes über
die Revision des Katasters nicht erwartet werden könne,
und der Finanzminister v. Plener gab gleichzeitig die Er-

klärung ab, in der nächsten Session „eine Vorlage in Betreff der Regulirung der Grundsteuer, und zwar in der
Richtung wegen Schaffung einer richtigeren und gleich-
mässigeren Grundlage für die Steuerbemessung einbringen
zu wollen".[1])

Am 5. October 1863 legte der Finanzminister v. Plener
Entwürfe über das gesammte directe Steuerwesen dem
Abgeordnetenhause vor. Die Begründung derselben enthielt jene Gesichtspunkte, welche bis auf die jüngste Zeit
für die Reform der directen Besteuerung in den finanzministeriellen Kreisen die massgebenden waren. „Bei der Wahl
eines für die österreichischen Verhältnisse passenden Steuersystems," so lautete die Darlegung des Ministers, „stehen
sich das System der allgemeinen Einkommensteuer und
das System der sogenannten Ertragssteuer gegenüber; das
letztere berücksichtige nur die objectiven Verhältnisse der
Realität, der Gewerbsunternehmung u. s. w. und lasse die
besonderen persönlichen Verhältnisse des Steuerzahlenden,
des Steuersubjectes unberührt, gestatte daher keinen Abzug der Privatschulden bei der Bildung des Reinertrages.
Dagegen erfasse die allgemeine Einkommensteuer das in
den Besitz einer bestimmten Person bereits eingetretene
freie Einkommen als Ganzes, ohne Rücksicht auf die
verschiedenen Quellen; sie könne daher im Gegensatze
zur Ertrags- oder Objectsteuer eine Subjectsteuer genannt
werden. Der Ertragssteuer liege der durchschnittliche
mögliche Ertrag zu Grunde, der Einkommensteuer der
concrete wirkliche Ertrag. Es lasse sich nicht in Abrede stellen, dass die Treffung des wirklichen freien und
reinen Einkommens jeder einzelnen Person der Idee einer
gerechten Besteuerung am vollständigsten entspreche,
sonach die Anwendung des Systems einer allgemeinen
Einkommensteuer, welche auch noch den besonderen Vor-

---

[1]) Sitzung vom 26. November 1862 des Abgeordnetenhauses. S. 4755.

theil der Unüberwälzbarkeit zu bieten scheine, an Stelle der besonderen Ertragssteuern den Vorzug verdiene. Allein bei näherer Betrachtung ergebe sich, dass das rein persönliche Einkommen eine äusserst schwer zu findende Grösse sei und sich in der Wirklichkeit der Erfassung und Sicherstellung auf die mannigfachste Weise entziehe; die Finanzgesetzgebung müsse sich daher nach etwas Sichtbarem und Greifbarem, nach dem materiellen Ertrage des Einkommens (!) umsehen und würde so zu den einzelnen Wirthschaftsobjecten und zu der Ertragssteuer geführt. Auch die englische Einkommensteuer erfasse in ihren verschiedenen Abtheilungen das Einkommen der einzelnen Hauptwirthschaftszweige und treffe mit dem gleichen Procente die Reinerträge von der Quelle und von der ersten Hand."

Die Nachbildung des englischen Systems hielt der Minister nicht für empfehlenswerth und die von ihm angeführten Gründe verdienen hervorgehoben zu werden. „Dieses System passe wohl für England mit seinem ungeheuren Nationaleinkommen, aber dessen Uebertragung nach Oesterreich würde eine gewaltsame Erschütterung der durch die Ertragsteuer herangebildeten Besitz- und Werthsverhältnisse hervorbringen und von sehr zweifelhaftem Werthe sein. Bei Steuerreformen in Staaten mit geschichtlichen gegebenen Verhältnissen dürfe die Schonung der bestehenden nicht vernachlässigt, Umwälzungen des Vermögens und Gefährdungen des Steuereinkommens müssen vermieden werden. Die hochgespannten Ertragssteuern Oesterreichs können durch die englische Einkommensteuer mit ihrem gleichen (?) und niedrigen Procentsatze nicht ersetzt werden, bei einem höheren Procentanspruche aber würde eben die Unsicherheit und Schwierigkeit der jährlichen Veranlagung die englische Einkommensteuer auch für die dortigen Verhältnisse bedenklich erscheinen lassen."

Die Ertragssteuern sollten das stabile Moment in dem ganzen Steuersystem bilden und nebst den indirecten Steuern zur Deckung des normalen Staatserfordernisses dienen. Die Bedürfnisse des Staates wechseln aber, es treten auch ausserordentliche Anforderungen an die Staatsfinanzen heran, und die Staatsverwaltung habe daher bei der Beschaffung der Deckungsmittel für den Staatsaufwand das Ziel nicht aus dem Auge zu verlieren, dass die an den Staatsschatz gestellten, wenngleich gesteigerten Anforderungen mit thunlichster Vermeidung capitalverzehrender Anleihen auf dem Wege der Besteuerung möglichst gedeckt werden sollen. Es müsse daher ein Steuersystem geschaffen werden, welches im Falle des Bedarfes eine gleichmässige Anspannung der Steuerkräfte aller Steuerpflichtigen erleichtert und vermöge seiner Elasticität geeignet ist, sich den jeweiligen Bedürfnissen des Staatshaushaltes möglichst leicht anzuschliessen, wofür die Ertragssteuern allein nicht ausreichend erscheinen, da denselben eine bis zu einem gewissen Grade gehende Stabilität zukommen solle.

Der zur Vorberathung der Regierungsvorlagen niedergesetzte Ausschuss brachte die ihm übertragene Arbeit nicht zum Abschlusse und unmittelbar beim Beginne der nächsten Session brachte die Regierung am 17. November 1864 revidirte und in einzelnen Punkten modificirte Entwürfe wieder ein. Der Ausschuss scheint sich mit dem Grundgedanken der Vorlagen befreundet zu haben. Als der Schluss der Session herannahte, beschloss das Haus die Permanenz des Ausschusses, um in der Zwischenzeit bis zum Wiederzusammentritte des Reichsrathes das Reformwerk zu fördern. Der im Sommer 1865 eingetretene Regierungswechsel durch den Rücktritt des Ministeriums Schmerling und die darauf erfolgte Sistirung der Verfassung machten alle Reformbestrebungen zu nichte. Als die verfassungsmässige Thätigkeit des Reichsrathes begann, nahm der ungarische Ausgleich und die staatsrechtliche Neugestal-

tung der Monarchie die ganze Kraft des Parlamentes in Anspruch, und erst im Jahre 1868, dem ersten der dualistischen
Aera, kam die Steuerreform wieder auf die Tagesordnung.
Der Voranschlag für das Jahr 1868 stellte ein beträchtliches Deficit in Aussicht. Der Finanzminister des
Bürgerministeriums, Dr. Brestl, hatte den festen Vorsatz,
mit dem bisherigen System des Schuldenmachens zu brechen
und den Abgang durch Steuern zu decken. Eine Vermögenssteuer sollte für die nächsten Jahre die Mittel liefern, den
Bedürfnissen des Staatshaushaltes zu genügen, und während
dieser Zeit eine Steuerreform in Angriff genommen werden,
um in dauernder Weise die Einnahmen zu erhöhen. Die
wohlgemeinten Absichten des Schatzkanzlers litten Schiffbruch, die Vermögenssteuer wurde energisch bekämpft und
verworfen, ausserordentliche Zuschläge zu den betreffenden
Steuern bildeten schliesslich das Auskunftsmittel, um über
die Schwierigkeiten des Augenblicks hinwegzukommen. [1]

Die neuen Entwürfe, die gesammte directe Besteuerung umfassend, wurden von dem Finanzminister im
Jahre 1869 ins Haus gebracht. Der vitalste Grundsatz der
Plener'schen Vorlagen war beibehalten: Reform der Ertragssteuern und Einführung einer Einkommensteuer; in
den Details wichen die Entwürfe allerdings von einander
ab. Bei der Grundsteuer wurde eine theilweise Verbesserung des Ertragskatasters geplant. Die Hauszinssteuer
blieb intact. An Stelle der Hausclassensteuer, die Plener
im Wesentlichen beibehalten hatte, schlug Brestl vor, durch
die Ermittlung des Nutzungswerths der Gebäude eine neue
Grundlage für die Steuerbemessung zu schaffen.

Die meisten Schwierigkeiten bei allen Entwürfen seit
Beginn der Reformversuche machte die Erwerbsteuer.

Die Entwürfe der Jahre 1863 und 1864 hielten bezüglich der Veranlagungen und Bemessung der Erwerbsteuer

[1] Vgl. meine „Finanzen Oesterreichs im XIX. Jahrhundert", Prag
1877, S. 377.

an der Grösse der Bevölkerungszahl der Gemeinden fest;
nur die Abstufungen der Steuersätze mit Rücksicht auf
die Bevölkerungszahl der Gemeinden wichen von der bestehenden Gesetzgebung ab: Gemeinden unter 2000 Seelen,
von 2000 bis 10.000 Seelen, von 10.000 bis 50.000, von 50.000
und darüber, endlich die Haupt- und Residenzstadt Wien
sammt Vorstädten. In jeder Ortskategorie sollte das Kataster nach Gewerbsgruppen geführt und die Anzeigen,
die als Grundlage zu dienen hatten, von den Steuerpflichtigen geliefert werden. Bezüglich der Katastraleinlage
bestimmte der Entwurf vom Jahre 1863, dass der Betrag
entweder durch das Gesetz bestimmt oder durch Schätzung
ermittelt werden und das Steuersimplum bilden solle, welches
der Veranlagung der Erwerbsteuer zur Grundlage zu dienen
habe. Bezüglich der Schätzung enthielt der Entwurf keine
Norm. Dagegen heisst es in dem Entwurfe von 1864: Der
Betrag, mit welchem jede selbstständige Erwerbsunternehmung oder Beschäftigung im Kataster zu erscheinen habe,
d. h. die Katastraleinlage, soll in der Regel dem zwanzigsten Theil[1]) des durchschnittlichen Reinertrages der
steuerpflichtigen Unternehmung oder Beschäftigung entsprechen. Die Minimalsätze der Katastraleinlagen waren
im Gesetze bestimmt, und zwar für Fabriken ohne Unterschied der Bevölkerung 420 fl., für den Handel im Grossen
600 fl., für fabriksartig betriebene, mehr auf den Local-
absatz berechnete Gewerbe, sowie für die übrigen Handelsunternehmungen, die nicht dem Grosshandel zugerechnet werden, in Abstufungen nach der Bevölkerung
des Ortes mit 100, 80, 60, 40 und 20 fl.; für die Beförderung von Personen, Waaren und Sachen zu Wasser, also

---

1) Die Annahme des zwanzigsten Theiles des durchschnittlichen Ertrages oder 5 Procent desselben geschah aus dem Grunde, „um einerseits im
Classentarife und im Erwerbsteuerkataster mit kleineren Zahlen gebahren zu
können, und andererseits eine Verhältnisszahl zur Steuerrepartition zu erhalten,
welche der zu repartirenden Steuer ziemlich nahe kommen dürfte".

Schiffsrhederei, Schiffsmeisterei mit mehreren Schiffen
45 fl., zu Lande bei durchschnittlicher Verwendung von
16 bis 20 grösseren Zugthieren 140 fl., beide ohne Rücksicht
auf die Bevölkerung des Betriebsortes; für selbstständige
Geschäftsvertretungen und Besorgungen, wie jene der Advocaten, Notare, Sensale, Commissionäre, Spediteure und
andere ähnliche, welche eine höhere geschäftliche Ausbildung und einen höhern Betriebsfond erfordern, in Abstufungen von 50, 40, 30, 20 und 10 fl., für alle übrigen, einen
Ertrag gewährenden, selbstständig oder in Gemeinschaft
betriebenen Beschäftigungen 8, 6, 5, 4 und 2 fl., je nach der Bevölkerung des Betriebsortes. Auf Grundlage dieser Minimalsätze sollten die Katastraleinlagen der übrigen Gewerke,
welche nicht in diese Sätze eingereiht werden konnten,
durch Schätzung ermittelt werden, wobei als Anhaltspunkt
die bisherige Besteuerung, der Umfang und die Ausdehnung des Betriebes zu dienen hatten, indem zunächst aus
jeder Gewerbsgruppe alle jene Erwerbsunternehmungen
und Beschäftigungen auszuscheiden wären, auf welche
wegen ihres geringfügigen Ertrages die Anwendung der
Normalsätze statthaben sollte. Hieran reihten sich sodann
die übrigen Erwerbsunternehmungen und Beschäftigungen
in Classen, „so dass alle in derselben Ortskategorie bestehenden Unternehmungen und Beschäftigungen, welche
in ihrem Betriebsumfange und dem davon abhängigen Ertrage nicht wesentlich verschieden sind, der nämlichen
Classe eingereiht werden können". Die in die Normalsätze
fallenden Unternehmungen und Beschäftigungen bilden
demnach je die niederste Classe jeder Gruppe. Nur für
Handwerker, welche keine Gehilfen halten und nicht neue
Gegenstände verfertigen, konnte die Hälfte des Minimal-
satzes als eine weitere Abstufung der niedrigsten Classe
angenommen werden. Der durchschnittliche Ertrag, der
im Laufe einer dreijährigen Periode bei gewöhnlichem, der
Gattung und dem Umfange der Unternehmung oder Be-

schäftigung entsprechendem Betriebe nach Abzug der nothwendigen Betriebsauslagen durchschnittlich erzielt werden
kann, bildete den Maassstab für die Classeneinschätzung.

Zur besseren Ermittlung der Katastraleinlagen wurde
die Einreihung der Gewerbe „nach ihrer Verwandtschaft
und Gegenseitigkeit in Gruppen" nach dem Vorbilde
Preussens vorgeschlagen, „weil die Gruppirung der Gewerbe für die Bildung des Classentarifs zur Erwerbs-
besteuerung von wesentlichem Vortheil erscheine".[1]

Eine Prüfung dieser Bestimmungen führt zu dem Ergebnisse, dass eine Gleichmässigkeit der Steuerveranlagung
auf diesem Wege nicht zu erzielen ist. Schon die Feststellung der Minimalziffer ist etwas durchaus Willkürliches.
Dieselbe stützte sich auf jene Nachweisungen, welche von
den Steuerbehörden über die bisher vorgekommenen nie-
dersten und höchsten Besteuerungen abverlangt wurden.
Warum bei einer Fabrik 420 fl., bei einem Grosshandlungs-
geschäft 600 fl. als Minimalkatastraleinlage? Sodann liess
sich bei der Classenbildung für derartige Erwerbsunternehmungen schwer ein gleichmässiger Vorgang auch nur
in einem Lande geschweige denn im ganzen Reiche erwarten. Fabriken, die in einem Bezirke mit der Minimalkatastraleinlage bedacht wurden, weil sie im Vergleiche
mit anderen Erwerbsunternehmungen dieser Kategorie in
diesem Bezirke den geringsten Ertrag abwarfen, würden

---

[1] Die Anzahl der Gruppen, in welche alle Erwerbsunternehmungen
und Beschäftigungen gereiht wurden, betrug vierzehn, und zwar: Baugewerbe;
Gewerbe zur Erzeugung von Werkzeugen, Maschinen, Instrumenten und
Transportmitteln; für Metalle und Metallwaaren; für Erzeugung aus nicht
metallischen Mineralien; für chemische Producte; für Nahrungsmittel und
sonstige Verzehrungsgegenstände; für Webematerialien; für Arbeiten aus
anderen Stoffen; Kunst, literarische Thätigkeit, Unterricht, Sanitätsgewerbe,
Geschäftsvertretung und Vermittlung, Aerzte, Advocaten, Notare, Agenten
u. dgl. m.; Gewerbe für Transportunternehmungen; für Handel und Credits-
wesen; Pachtunternehmungen, Postmeister, Stempelverschleisser, Lottocollec-
teure und Tabaktrafikanten, Verschleisser von Salz u. s. w.; Gewerbe für
Vergnügungen, endlich Bergbau und Hüttenbetrieb.

vielleicht in einem anderen Schätzungsdistricte in eine
höhere Classe gehören. Eine Bestimmung über die Merkmale eines Unternehmens, um in die niederste Classe gereiht
zu werden, war nicht vorhanden, und eine Verschiedenartigkeit der Besteuerung in den verschiedenen Königreichen und Ländern musste die unmittelbare Folge sein.
Gleiche Bedenken erregt die Minimalziffer für jene Unternehmungen und Beschäftigungen, bei denen auch die ört-
liche Bevölkerung berücksichtigt werden soll. Die Anzahl der Einwohner eines Ortes kann gegenwärtig nur in
wenigen Fällen einen Anhaltspunkt für die Ertragsfähigkeit eines Unternehmens geben. Die Gruppenbildung der
Gewerbe mag für Ausstellungen wohl am Platze sein, um
eine Uebersichtlichkeit herbeizuführen: für die Steuerveranlagung reicht sie nicht aus.

Die Gesetzesvorlage des Jahres 1869 warf diese Gesichtspunkte vollständig über Bord. Sie enthält keinen Minimaltarif, keine Classeneinreihung, sondern begnügt sich mit
einigen allgemeinen Sätzen bezüglich der Ermittlung der Ertragsfähigkeit der Erwerbsunternehmung. Als Grundlage
dienen die Anzeigen der Steuerpflichtigen, welche jedoch in
einer umfassenderen Weise gefordert werden. Der Entwurf
des Jahres 1864 enthält nichts von einer Angabe der Höhe
des Anlagecapitals, nichts über den Umfang der Werkslocali-
täten und Verschleissstätten oder über den Miethwerth
oder Miethzins derselben, während in dem Entwurfe von
1869 diesbezügliche Angaben ausdrücklich gefordert werden.
Ueber die Feststellung der Steuergrundlage enthielt die
neue Vorlage nur die allgemein gehaltene Bestimmung,
dass die Commission das wahrscheinliche Erträgniss auf
Grund der von den Steuerpflichtigen eingebrachten Belege
und aller auf dasselbe Einfluss habenden Umstände zu erheben habe. Nur zwei Beschränkungen wurden hinzugefügt, einmal, dass als Auslagen nur die wirklichen Betriebsauslagen und Erhaltungskosten, keineswegs aber die

Zinsen der etwa vom Unternehmer verwendeten fremden
Capitalien in Abzug gebracht werden dürfen, ferner dass,
wenn ein Gewerbe ohne Hilfsarbeiter betrieben werde, das
Erträgniss desselben niemals mit einem geringeren Betrage,
als welcher dem jährlichen Arbeitsverdienste eines Hilfs-
arbeiters mittlerer Tauglichkeit gleichkommt, eingeschätzt
zu werden habe.

Die wesentlichste Differenz zwischen den Reform-
plänen der Jahre 1864 und 1869 tritt bei Festsetzung des
Steuerausmaasses hervor.

Für jede Steuergattung, mit Ausnahme der Classen-
und Einkommensteuer, wurde in dem Entwurfe Pleners die
Steuersumme ausgesprochen, welche nach Ermittlung der
Steuergrundlagen von den Steuerträgern aufgebracht werden
sollte. Die Absicht ging dahin, an Ertragssteuern ebensoviel aufzubringen, als damals, und zwar im Ordinarium
und Extraordinarium, einging. Eine Steigerung der Einnahmen erwartete man blos von der Classen- und Einkommensteuer. Die bestehende Einkommensteuer wurde als
Ertragssteuer aufgefasst, und die auf Grund des Gesetzes
vom 29. October 1849 einfliessenden Summen sollten auch
künftig von den Steuerpflichtigen aufgebracht werden; die
Quote für die neue Erwerbsteuer bestand daher aus dem
unter dem Titel Erwerbsteuer eingehenden Ertrage plus der
Einkommensteuer.

Den Entwürfen Brestls zufolge sollte das Steuerausmaass bei den sämmtlichen Steuern, die Einkommensteuer
ausgenommen, die als eine Procentsteuer gedacht war,
alljährlich durch das Finanzgesetz festgestellt werden.
Ueber die Gründe, welche den Minister zu dieser einschneidenden Aenderung bewogen, finden sich in den Motiven keine Andeutungen. Die Erklärung ist jedoch einfach.
Brestl bezweifelte es nach den im Jahre 1868 gemachten
Erfahrungen, dass neben einer Reform der Ertragssteuer
in der von ihm beantragten Form die Einführung einer

Personaleinkommensteuer angenommen werden dürfte. Um nun dem Staatsschatze eine jedenfalls erhöhte Einnahme zu sichern, wollte er die Festsetzung der Steuersumme vertagt wissen. Nahmen die Vertretungskörper die geplante Einkommensteuer an, so konnte man sich mit den bisherigen Steuerquoten bei der Ertragssteuer begnügen; im entgegengesetzten Falle hatte man freie Hand, mit Rücksicht auf die Bedürfnisse des Staatsschatzes bei der Ertragssteuer ein höheres Steuerausmass festzusetzen. Im ersteren Falle konnte der Procentsatz bei den Ertragssteuern eine dauernde Stabilität erhalten, wogegen bei Ablehnung der Einkommensteuer die Variabilität im Plane lag. Daraus erklärt sich auch, dass der Plener'sche Erwerbsteuerentwurf einen ertragssteuerartigen Charakter hatte, während Brestl demselben ein einkommensteuerartiges Gepräge aufzudrücken suchte. Die Brestl'schen Entwürfe waren einfache Katastergesetze und enthielten lediglich die Normen zur Ermittlung der Steuergrundlage.

Zeitweilig war dadurch allerdings so viel gewonnen, dass die Gesetze über die Grund-, Gebäude-, Renten- und Erwerbsteuer in den Ausschüssen und im Abgeordnetenhause durchberathen wurden; das Grundsteuergesetz fand auch im Herrenhause Annahme und erhielt am 24. Mai 1869 die kaiserliche Sanction. Die übrigen Gesetze konnten einem Abschlusse nicht zugeführt werden, da einige Differenzen sich zwischen den beiden Häusern des Reichsrathes ergaben, die am Schlusse der Session wohl beglichen wurden, aber da das Bürgerministerium zurücktrat, wurden die vollständig durchberathenen Gesetze der kaiserlichen Sanction nicht zugeführt.

Das Grundsteuergesetz vom 24. Mai 1869 behält im Wesentlichen die bisherigen Grundlagen der Steuerbemessung bei; auf Eigenthumsverhältnisse und auf den wirthschaftlichen Zusammenhang der Grundstücke mit anderen Grundstücken oder gewerblichen Anlagen werden

keine Rücksichten genommen. Die Ermittlung des Reinertrages der Grundstücke erfolgt nach Culturgattungen
und Bonitätsclassen. Für jede Culturgattung (Acker,
Wiese, Garten, Weingarten u. s. w.) dürfen je nach der
Güte bis acht Bonitätsclassen unterschieden werden. Für
Ermittlung des Reinertrages nach der Flächeneinheit ist
eine besondere Berechnungsart nicht vorgezeichnet, sondern es sind hiebei alle Momente, welche auf den Reinertrag der Grundstücke in den verschiedenen Theilen des
Classificationsbezirkes vom Einflusse sind, auf das Sorg-
fältigste zu berücksichtigen. Bei Ermittlung des Reinertrages wird ein mittlerer, gemeingewöhnlicher Bewirth-
schaftungsmodus und Culturzustand der Grundstücke zu
Grunde gelegt und die Berechnung erfolgt in Geld nach
den Durchschnittspreisen der Bodenproducte während der
vorausgehenden fünfzehn Jahre. Eine Vergleichung mit
den Kauf- und Pachtwerthen ist zur Correctur zulässig.
Das Abschätzungsgeschäft wird in jedem Bezirke von
einer Schätzungscommission durchgeführt. Für die gleichmässige Ausführung des Schätzungsgeschäftes in jedem
Kronlande wurde eine Landescommission eingesetzt. Die
Classificationstarife sind zunächst von der Bezirkscom-
mission aufzustellen und der Landescommission vorzulegen, welche dieselben mit Rücksicht auf die Ertrags-
verhältnisse des Bezirkes einer sorgfältigen Prüfung zu
unterziehen und die Beseitigung der vorkommenden Bedenken und Mängel zu veranlassen hat; hiebei hat sie
insbesondere ihre Aufmerksamkeit auf das richtige Verhältniss der Tarifsätze der an der Grenze des Landes gelegenen Bezirke zu richten. Die oberste Leitung des
Abschätzungsgeschäftes führt der Finanzminister, dem eine
Centralcommission zur Seite steht. Diese hat die Vorlagen
der Landescommission eingehend zu prüfen und sowohl im
Vergleiche der verschiedenen, insbesondere der angren-
zenden Länder, als auch im Hinblick auf die Ergebnisse

der Einschätzungen in den einzelnen Ländern die Classificationstarife aller Länder nach Behebung allenfalls vor-
kommender Mängel und Bedenken endgiltig festzustellen.
Die wesentlichste Neuerung des Gesetzes ist die
Umwandlung der Quotitätssteuer in eine Repartitionssteuer, eine Bestimmung, die stark angefochten wurde,
indem man darin die Einbürgerung einer Variabilität bei
der Grundsteuer erblickte und ein fortwährendes Schwanken der Bodenpreise als unmittelbare Folge hinstellte.
Dr. Brestl, der damalige Finanzminister, bemühte sich
wohl diese Bedenken zu beseitigen und die Versicherung
zu geben, dass der Regierung nichts ferner liege; das
neue Gesetz habe nur den Zweck, eine Gleichmässigkeit
in der Steuerleistung der verschiedenen Königreiche und
Länder herbeizuführen. Und dieselbe Erklärung wieder-
holte er bei den Debatten des Grundsteuergesetzes im
Herrenhause. [1]) Es sei keineswegs die Absicht der Regierung, die Grundsteuerträger im Allgemeinen in einem
grösseren Maasse in Anspruch zu nehmen, nur eine zweckmässige Vertheilung der Grundsteuer und die Heranziehung
derjenigen, die sich ihr bisher ganz oder zum grossen
Theile entzogen haben, liege in ihrer Absicht. Nur mit
Rücksicht auf diese Kategorie werde wirklich ein höheres Erträgniss von der Grundsteuer erwartet, sonst aber
soll die durchschnittliche Belastung der Grundsteuer im
bisherigen Ausmaasse verbleiben. Ueberhaupt habe die
Regierung nicht die Absicht, die Steigerung des Steuer-
erträgnisses durch die Erhöhung der bisherigen Ertragssteuer zu bewirken, sondern an Stelle der Zuschläge, die
unverhältnissmässig hart wären, die allgemeine Personaleinkommensteuer treten zu lassen. Aber er sträubte sich
entschieden gegen den eingebrachten Antrag, im Gesetze
die Grundsteuersumme festzustellen, ohne jedoch unseres

---

[1]) Sitzung vom II. Mai 1869.

22*

Erachtens einleuchtende Gründe dafür vorzubringen. Ohne
in Abrede zu stellen, dass es wünschenswerth wäre, diese
Summe im Gesetze auszusprechen, und es nicht nöthig wäre
die Einschätzungsergebnisse abzuwarten, bezeichnete er die
Schwierigkeit als eine doppelte: „wenn die Ausgaben durch
die Einnahmen gedeckt werden müssen, sei es nicht thunlich, für eine Steuer eine fixe Summe auszusprechen, ohne
erwogen zu haben, in welchem Verhältnisse dieselbe zu
den anderen Steuern stehe, da man dem Parlamente mit
Recht den Vorwurf machen könnte, dass es einseitig vorgegangen sei, indem es vorerst die eine Gattung Steuer-
pflichtiger berücksichtigt und den Rest der Summe ohne
vorausgegangene Erwägung den übrigen Steuerträgern
zuweist“. Wenn das von der Regierung vorgeschlagene
Steuersystem angenommen werde, dürfte die Nothwendigkeit einer grösseren Belastung des Einzelnen nicht eintreten.
Aber mit absoluter Gewissheit könne dies nicht behauptet
werden. „So lange wir an dem Unglücke einer schwankenden Valuta leiden, insolange dieses Uebel nicht vollständig
beseitigt sei, könne eine Fixheit in den Ausgaben der
Summen niemals vollständig festgehalten werden. Eine
Verschlechterung der Valuta werde den nominellen Betrag
der Ausgaben verhältnissmässig steigern, und es werde,
wenn an dem Grundsatze festgehalten werde, dass die
Einnahmen die Ausgaben decken sollen, dieses Plus in
jedem einzelnen Jahre aufgebracht werden“. Auch wenn
ausserordentliche Umstände eintreten, werde es füglich
nicht möglich sein, „die fixe Summe wirklich einzuhalten.“[1])

Die einfache Annahme der allgemeinen Bestimmung: „Die im Wege des Gesetzes festgesetzte Grundsteuerhauptsumme wird nach Verhältniss des ermittelten
Reinertrages der steuerpflichtigen Objecte auf die einzelnen Länder, beziehungsweise Steuergemeinden und

---

[1]) Sitzung des Abgeordnetenhauses vom 14. April 1869.

einzelnen Grundstücke, gleichmässig vertheilt," hat wesentlich dazu beigetragen, dass das Einschätzungsgeschäft so
viel Zeit in Anspruch nahm, und man würde jedenfalls
rascher ans Ziel gelangt sein, wenn man sich nicht darauf
beschränkt hätte, ein einfaches Katastergesetz zu schaffen.
Die sämmtlichen Gesetzentwürfe mussten dann allerdings
gleichzeitig erledigt werden und die Reform in ihrer
Totalität zum Abschlusse gelangen.

Die vitale Bestimmung, dass die Revision des Grund-
steuerkatasters von 15 zu 15 Jahren eintreten solle, unterlag
merkwürdiger Weise keiner Anfechtung, obgleich dieselbe
viel mehr die Beweglichkeit der Grundsteuer in sich barg,
als das Offenlassen der Grundsteuerhauptsumme. [1]

Die einige Wochen nach Eröffnung des ersten aus
directen Wahlen hervorgegangenen Reichsrathes eingebrachten Vorlagen schlossen sich an das 1869 sanctionirte
Grundsteuergesetz an. Mit sehr geringen Modificationen
waren die Gesichtspunkte der Brestl'schen Entwürfe beibehalten. Die Erfahrungen der letzten Jahre, die man bei
der Regulirung der Grundsteuer gemacht, blieben noch
ohne Einwirkung. An dem Grundsatze, die Schätzung in
die Hand der Commission zu legen, wurde festgehalten.
Auch der ganze Aufbau der Gesetze blieb intact.

Eine jede die Umgestaltung des gesammten Steuersystems anstrebende Reform hat in parlamentarischen
Kreisen mit grossen Schwierigkeiten zu kämpfen. Die
verschiedenartigsten Interessen machen sich geltend, deren
Ausgleichung auch durch die überzeugendsten Argumente
fast ein Ding der Unmöglichkeit ist. Die zu überwindenden Schwierigkeiten sind um so grösser, je ungleichartiger
die wirthschaftlichen Verhältnisse eines Reiches sind, und

[1] Eine im Wesentlichen zutreffende Beurtheilung des Gesetzes hat
unmittelbar nach dem Erscheinen desselben Kleinwächter geliefert in
seinem Aufsatze: Die österreichische Grundsteuergesetzgebung, in den Hilde-
brand'schen Jahrbüchern 1869, Band 13, S. 194.

wenn in einigen Landestheilen die Landwirthschaft, in
anderen die Industrie und das bewegliche Capital eine
tonangebende Stellung erlangt haben. In Oesterreich hat
der Osten und zum Theil auch der Südwesten den Charakter des Ackerbaustaates noch nicht abgestreift, während
im Westen und im Centrum Handel und Industrie überwiegen. Dazu kommt, dass selbst in einer und derselben
Provinz die wirklichen oder vermeintlichen Gegensätze
landwirthschaftlicher und industrieller Interessen nicht zur
Ausgleichung gelangt sind, wodurch die heterogenen Tendenzen auf dem Gebiete der Zoll- und Steuerpolitik ihre
natürliche Erklärung finden.

Fast fünf Jahre waren verstrichen, seitdem das Gesetz
über die Grundsteuer die kaiserliche Sanction erlangt hatte.
Da das Ministerium Auersperg-Lasser an den Reformplan
Brestels anknüpfte, so musste von einer principiellen
Erörterung über die Zweckmässigkeit einer Reform der
sämmtlichen Ertragssteuern abgesehen werden und blieb
auch im Ausschusse ohne Erfolg. In Sachsen hat die zur
Prüfung der Regierungsentwürfe niedergesetzte Commission der Steuerreform eine ganz andere Richtung gegeben,
indem die geplante Umgestaltung der Ertragssteuern über
Bord geworfen wurde. In Oesterreich hatte sich der Gedanke von der Nothwendigkeit einer gänzlichen Umformung
der Ertragssteuern im Laufe des letzten Jahrzehnts so eingenistet, dass die von einigen Mitgliedern des Ausschusses
verfochtene Ansicht, eine vollständige Umgestaltung des
bestehenden Steuersystems sei mit grossen Schwierigkeiten
verbunden, und das Ziel, dem Staate neue Einnahmsquellen
zu sichern und eine gleichmässige Vertheilung der Steuerlast zu bewerkstelligen, nur mit einem gewaltigen Aufwande von Kosten und Zeit würde erreicht werden, wenn
es überhaupt erreichbar sei, geringen Anklang fand. Nur
einige Mitglieder betonten mit Entschiedenheit in den
ersten Stadien der Berathung, dass die von der Regierung

angestrebte Steuerausgleichung blos durch die Einführung
einer Personaleinkommensteuer und durch einige geringe
Abänderungen der bestehenden Ertragssteuer angestrebt
werden könne.

Der die Gebäudesteuer betreffende Entwurf nahm die
Ausschussberathungen in ungebührlicher Weise in Anspruch. Wie schon erwähnt, enthielten die Bestimmungen
über die Hauszinssteuer nur geringe Aenderungen der
bestehenden Normen, und der Ausschuss beschränkte sich
darauf, den Steuerträger gegen Vexationen der Steuerbehörden sicher zu stellen, aber die Hausclassensteuer,
welche einer Besteuerung des Nutzwerthes Platz machen
sollte, rief mannigfachen Widerspruch hervor. Es dauerte
fast anderthalb Jahre, ehe der Entwurf über die Gebäudesteuer im Abgeordnetenhause nach eingehenden Debatten
zur Annahme gelangte.

Die „Erwerbsteuer" nahm die Zeit und Kraft des Ausschusses am meisten in Anspruch. Der Entwurf unterschied
sich von allen ähnlichen Vorlagen in anderen Vertretungskörpern dadurch, dass er sich nicht blos auf die Veranlagung der Gewerbe beschränkte, sondern Normen enthielt für die Heranziehung „der Erwerbsunternehmungen
und der gewinnbringenden Beschäftigungen, und zwar
ohne Unterschied, ob die Unternehmung oder Beschäftigung selbstständig oder im Dienst- und Lohnverhältnisse
betrieben oder ausgeübt wird". Mit anderen Worten: er
umfasste die Besteuerung der Gewerbe und der Dienst-
und Lohnbezüge. Und bei den Gewerben wurde ein Unterschied gemacht zwischen solchen Unternehmungen, die
zur öffentlichen Rechnungslegung verpflichtet sind, und
„allen übrigen Erwerbsunternehmungen und Beschäftigungen", wodurch drei Classen entstanden, jede mit eigenartigen selbstständigen Veranlagungsformen und mit einem
verschiedenen Steuerausmaasse. Fast jede Classe bot überdies der strittigen Fragen in Hülle und Fülle, da man sich

gegenwärtig zu halten hatte, dass es sich um eine Ertragssteuer handle und die Ergänzung durch eine Einkommensteuer in Sicht stand.

Eine der schwierigsten Fragen bildet die Besteuerung
der Actiengesellschaften und der zur öffentlichen Rechnungslegung verpflichteten Unternehmungen. Die Theorie
hat sich mit dieser Frage bisher nicht eingehend beschäftigt und die Gesetzgebung der verschiedenen Länder bei
Festsetzung der Steuergrundlagen und bei Bemessung der
Steuer verschiedene Wege eingeschlagen. [1]) In Oesterreich hat das Einkommensteuerpatent vom Jahre 1849 auf
die grossen Capitalsassociationen nicht besonders Rücksicht genommen, sondern dieselben mit den Erwerbsteuerpflichtigen in eine Linie gestellt. Ausser der Erwerbsteuer
haben die Actiengesellschaften daher mindestens ein Drittel
als Einkommensteuer zu entrichten, selbst in Jahren, in denen
die Rechnungsabschlüsse Verluste ausweisen, und der Unterschied besteht ganz einfach darin, dass in Folge der öffentlichen Rechnungslegung die Steuerbehörde in der Lage ist,
den steuerbaren Betrag bei Heller und Pfennig zu erfassen,
während sie bei Privatunternehmungen im Dunkeln um-
hertappt und vielfach willkürlich bei dem einen Gewerbetreibenden sich mit dem Drittel der Erwerbsteuer als Einkommensteuer begnügt, während sie bei dem andern mit
oder ohne Unterhandlungen eine höhere Steuer fordert
und einhebt. Bei Berechnung des steuerbaren Ertrages
der Actiengesellschaften wird nicht das Rein-, sondern
das Brutto-Erträgniss zu Grunde gelegt, hievon der
Abzug einiger Posten gestattet, von anderen nicht gestattet, und da sich die Gesetzgebung erst tappend und
tastend zurechtfand und nicht von vorneherein nach be-

---

[1]) So wichtig die bekannte Schrift Diezels für die Finanzwissenschaft
ist, so gewährt sie dem Gesetzgeber doch nur eine geringe Ausbeute bei
Lösung der strittigen Fragen.

stimmten Grundsätzen vorging, so waren unaufhörliche
Streitigkeiten die Folge, und Finanzverwaltung und Actiengesellschaften lebten in fortdauernder Fehde mit einander,
wobei natürlich zumeist die erstere den Sieg davontrug.
Der so oft erhobenen Klage, dass die bisherige
Besteuerung im Widerspruche stehe mit der theoretisch
richtigen und praktisch üblichen Form der Einkommenbesteuerung, sollte nunmehr dadurch begegnet werden, dass
man die Actiengesellschaften in dem Erwerbsteuergesetze
unterbrachte, wodurch man wenigstens alle Einwendungen mit dem Hinweise abschnitt, dass es sich nicht
um eine Einkommensteuer, sondern um eine Ertragssteuer handle. Der Entwurf behielt die wesentlichsten in
Kraft stehenden Bestimmungen bei; er nahm den Ge-
sammtbruttoertrag zur Basis der Besteuerung, wovon bestimmte Posten, und zwar die Erträgnisse der Grund-,
Gebäude- und Rentensteuerobjecte, die schon von einer
Steuer getroffen waren, ferner die Verwaltungs-, Erhal-
tungs- und Betriebskosten ausgeschieden werden sollten.
Weder der seit Jahren laut gewordenen Forderung bezüglich der Nichtbesteuerung der Passivzinsen, noch der
Gestattung von Abschreibungen war Rechnung getragen,
obgleich man bei unbefangener Prüfung zugestehen musste,
dass die diesbezüglich geäusserten Wünsche billig und
begründet waren. Der wesentlichste Unterschied zwischen
den actuell giltigen Normen und den von der Gesetzgebung in Aussicht genommenen Bestimmungen bestand
darin, dass man bisher das durchschnittliche Erträgniss
der letzten drei Jahre zur Grundlage für die Bemessung
der Steuer genommen hatte, während künftighin blos das
Erträgniss des letzten abgeschlossenen Rechnungsjahres
in Betracht gezogen werden sollte. Die Festsetzung des
Steuerausmaasses wurde einem künftigen Gesetze überlassen. Bisher zahlten die zur öffentlichen Rechnungslegung verpflichteten Gesellschaften an Erwerbsteuer und

Einkommensteuer 10 Procent ihres ermittelten Ertrages,
eine jedenfalls bedeutende Steuerleistung, über ihr künf-
tiges Geschick wurden sie im Dunkeln gelassen.

Die Majorität des Ausschusses konnte sich mit dem
Regierungsantrage nicht befreunden. Die vielfachen
laut gewordenen Klagen über Vexationen der Steuerbehörden beruhten zumeist auf Differenzen, ob gewisse
Beträge in die Besteuerungsgrundlage einzubeziehen sind
oder nicht. Bei den mannigfachen Formen der Actiengesellschaften ist es erklärlich, dass die verschiedenen Steuerbehörden sich nur mühselig in dem Gewirre gesetzlicher
Bestimmungen zurechtfanden und keinen ganz gleichmässigen Vorgang befolgten. Das in Hast und Ueberstürzung
verfasste Patent vom Jahre 1849 bot den Interpretations-
künsten der Verwaltung eine geeignete Handhabe, alles
Mögliche hineinzulegen. Diesem Zustande sollte und musste
ein neues Gesetz ein Ende machen; jeder Zweifel sollte
thunlichst behoben werden. Es gab nur einen sicheren Weg,
der aus dem Chaos herausführte: von dem Reinertrag aus-
zugehen, diesen zur Basis der Besteuerung zu machen
und die Posten ausdrücklich zu bezeichnen, die bei Ermittlung der Steuergrundlage in Betracht gezogen werden
konnten.

Es waren bedeutsame Aenderungen, welche der Ausschuss vornehmen zu müssen glaubte. Auch in der neuen
Gestalt entsprach das Gesetz theoretisch nicht allen Anforderungen; weder eine reine Ertragsbesteuerung, noch
die reine Form der Einkommenbesteuerung, hatte Ausdruck gefunden; es war ein Mischling zwischen beiden. Die
Erklärung liegt ganz einfach in der Rücksicht auf finanzielle Ergebnisse. Die Finanzverwaltung wagte an den
bestehenden Normen nicht zu rütteln, weil sie einen Ausfall befürchtete, und der Ausschuss sah sich genöthigt,
nur die schreiendsten Auswüchse zu beschneiden, um seine
Anträge der Regierung annehmbar zu machen. Auch hier

bewahrheitete sich der Satz, dass es schwer ist, von einem
einmal eingebürgerten Steuersystem den Uebergang zu
einem rationellen zu finden, wenn die finanziellen Verhältnisse des Staates an den jeweiligen Einnahmen festzuhalten gebieterisch fordern. Die meisten Reformen hatten
anderswo theilweise eine Einbusse von Einnahmen zur
Folge, auf welche Verzicht zu leisten hier nicht möglich
war. Daher erklärt es sich, dass das Actiensteuergesetz
nicht allein damit sich begnügt, das Reinerträgniss, welches als reiner Gewinn sich ergibt und zur Vertheilung
gelangt, der Besteuerung zu unterziehen, sondern nicht
wenige Beträge zu erfassen sucht, die wohl eine aus
der Unternehmung resultirende Einnahme bilden, aber
keineswegs reine Einnahmen sind.

Indess waren es doch beträchtliche Fortschritte; einmal die Befreiung der Passivzinsen, sodann die Gestattung
von Abschreibungen.

Vielleicht wäre es zweckentsprechender gewesen, die
Besteuerung der Actiengesellschaften rein einkommen-
steuerartig zu gestalten und einen höheren Steuersatz
festzustellen, um dem Staate die bisherige Einnahme zu
sichern. Augenscheinlich befürchtete man, dass das Steuerprocent ziemlich hoch ausfallen würde, und zog es vor,
einige Erleichterungen zu gewähren, anstatt auf ganz
neuen Grundlagen das Gesetz aufzubauen. Die Finanzverwaltung konnte sich ohnehin lange Zeit mit den im
Ausschusse aufgetauchten Forderungen nicht befreunden
und setzte den aus der Mitte desselben gestellten Anträgen
über Nichtbesteuerung der Passivzinsen und Gewährung
der Abschreibungen grossen Widerstand entgegen.

Nicht minder schwierig war ein anderer Punkt. Die
Besteuerung der Sparcassen, Erwerbs- und Wirthschafts-
genossenschaften, Vorschuss- und Creditvereine sollte
den Anträgen der Regierung zu Folge nach den gleichen
Grundsätzen wie jene der Actiengesellschaften erfolgen.

Ein blos äusserliches Merkmal, die Verpflichtung zur
öffentlichen Rechnungslegung, bot den Anhaltspunkt, Erwerbsunternehmungen so heterogener Natur zusammen
zu werfen. Zweifellos ist es, dass das Einkommensteuerpatent vom Jahre 1849 auf diese jüngsten Gestaltungen
des wirthschaftlichen Lebens keine Rücksicht genommen
hatte und die Besteuerung derselben bis zum Jahre 1875
keine gleichmässige war. Die Steuerbehörden wendeten
die bestehenden Gesetze über die Erwerbsteuer und Einkommensteuer nicht gleichförmig an, ein Uebelstand, dem
erst durch eine Verordnung vom Mai 1875 abgeholfen werden sollte. Die Klagen der Genossenschaften verstummten
nicht, und nicht blos in den Fachorganen, sondern auch
in der Journalistik wurden die einschlägigen Fragen erörtert, allerdings nicht mit jener Objectivität und Gründ-
lichkeit, wodurch einigermassen Klarheit verbreitet worden
wäre über ein nicht gerade leichtes Capitel der Besteue-
rungspolitik.

Bei den Consumvereinen ergab sich keine Schwierigkeit. Die Regierung ging bisher von der Auffassung aus,
dass diese, wenn sie ihre Thätigkeit nur auf den Kreis
ihrer Mitglieder beschränken, den Handel- und Gewerbetreibenden nicht zugezählt werden können und daher nicht
der Besteuerung zu unterziehen sind. Sie machte auch
das Zugeständniss, „dass das Gleiche auch auf Vorschuss-
cassen anwendbar wäre, insoferne sie ihre Wirksamkeit
auf ihre wirklichen Mitglieder beschränken und ihnen nur
die durch die Zusammenlegung der Capitalien erzielten
Zinsenersparnisse zu Gute rechnen würden". [1] Allein diese
Bedingungen können in den seltensten Fällen erfüllt werden. Die wenigsten Genossenschaften beschränken ihren
Geschäftsverkehr auf ihre Mitglieder; bei vielen Vereinen
bestehen sogenannte beitragende Mitglieder, d. i. Per-

---

[1] Motivenbericht Seite 96.

.sonen, welche gegen eine geringfügige Einschreibegebühr
oder auch ohne eine solche bei dem Vereine Gelder in
beliebiger Höhe gegen feste Verzinsung erlegen; Personen
aber, welche der Gesellschaft lediglich als Gläubiger gegenüberstehen und nicht einmal mit einer Einlage für die
Verpflichtungen der Association haftbar sind, können nicht
als Gesellschaftsmitglieder angesehen werden. Insoferne
sich die Genossenschaft blos auf ihre eigenen Mitglieder
beschränkte, gewährte die Verwaltung Steuerfreiheit, wobei sie jedoch bei Beurtheilung der Steuerpflichtigkeit der
verschiedenen Vereine sich nicht „von den statutarischen
Formen der Vereinsthätigkeit, sondern von der Art des
Geschäftsbetriebes bestimmen liess" und daher in vielfacher Beziehung den Widerspruch der Genossenschaften
wach rief.

In ihrer Polemik gegen die Verwaltung haben die
Genossenschaften namentlich den Gesichtspunkt geltend
gemacht, dass die Erwerbs- und Wirthschaftsgenossen-
schaften keine Erwerbsunternehmungen und nicht auf Erzielung eines Gewinns berechnet sind, daher von einem
steuerpflichtigen Ertrage oder Gewinn nicht die Rede
sein könne.

Die Entscheidung dieser Frage wurde ungemein erschwert durch den Umstand, dass sich im Laufe des
letzten Jahrzehnts eine Reihe von Associationen auf Grund
des Gesetzes vom 9. April 1873 herausgebildet hatten,
welche formell als Genossenschaften angesehen werden
mussten, den ursprünglichen Charakter derselben, „um
aus kleinen Einlagen ein grösseres collectives Capital
durch organisirtes, theils erzwungenes, theils über den
statutarischen Sparzwang hinaus freiwilliges Sparen erst
zu bilden", [1] aber verloren hatten. In Oesterreich bestehen
viele Genossenschaften, deren Geschäftsaufwand und Thä-

---

[1] Zeitschrift für Staatswissenschaften, 1873, Band 29, S. 71 f.

tigkeit von denen der Bankinstitute nicht sehr verschieden
ist und einen Geschäftsumsatz von Millionen erzielen. Der
Fiscus verliert nicht viel, wenn auf die Besteuerung der
kleinen, in ihren Anfängen namentlich der Begünstigung
werthen Genossenschaften verzichtet wird, aber es wäre
durch nichts gerechtfertigt, derartige gesetzliche Bestimmungen zu fixiren, wodurch die grossen Genossenschaften
frei gelassen würden. Wenn Genossenschaften blos auf
ihre eigenen Mitglieder beschränkt bleiben sollen, um die
Steuerfreiheit in Anspruch nehmen zu dürfen, so hat man
blos mit der Schwierigkeit zu kämpfen, die Mitgliedschaft
genau zu bestimmen. Allein die Genossenschaften selbst
beanspruchen, und behufs ihrer eigenen Entwickelung mit
Recht, einer derartigen Beschränkung nicht unterliegen
zu müssen, verlangen Steuerfreiheit nicht blos dann, wenn
sie sich blos bei dem Verkaufe von Waaren und bei Gewährung von Credit auf die Genossenschafter beschränken,
sondern auch wenn sie von Nichtmitgliedern Waaren
kaufen und Darlehen aufnehmen.

Der Streit hätte nicht solche Dimensionen annehmen
können, wenn die Steuerleistung bisher eine mässige gewesen wäre, oder wenn man für die Zukunft keinen allzu-
hohen Percentsatz festgesetzt hätte. Allein eine zehnpro-
centige Steuer von dem Brutto- oder Reinerträgniss ist
so exorbitant, dass sie wohl in keiner Steuergesetzgebung
ein Analogon findet. Wenn kein Grund vorhanden war,
die grossen Genossenschaften günstiger zu behandeln, als
z. B. die Depositenbanken, mit denen sie viel Gemeinsames haben, und keine Form des wirthschaftlichen Lebens von der Steuergesetzgebung begünstigt werden darf,
so war bei den sogenannten Productivgenossenschaften gerade das Umgekehrte der Fall, da diese allzuhart getroffen
werden, wenn von ihnen eine höhere Steuer gefordert
wird als von den einzelnen Gewerbetreibenden, blos desshalb, weil sie durch Association sich creditfähiger machen.

Die Besteuerung der Gewerbe und des Handels, demnach jener Erwerbsunternehmungen und Beschäftigungen, welche den Regierungsanträgen zu Folge in die zweite Classe der Erwerbsteuer gereiht wurden, hat besonders mit grossen Schwierigkeiten zu kämpfen, wenn sie als eine Ertragsbesteuerung gefasst wird. Man wird der Lösung der fast unlösbaren Aufgabe vielleicht dann noch gerecht werden können, wenn man die Formen der französischen Patentsteuer oder der österreichischen Gewerbesteuer in ihrer früheren Handhabung beibehält, sich darauf beschränkt, nach blos äusserlichen Merkmalen eine Einreihung in Classen vorzunehmen und, was besonders wichtig ist, den Steuersatz niedrig stellt. Man kann dann wenigstens den Schein wahren, dass man blos das Object ins Auge gefasst und auf das wirthschaftende Subject keine Rücksicht genommen habe, dass der Besteuerung blos die Erträgnissfähigkeit und nicht der wirkliche Ertrag unterliege. Alle älteren Formen der Erwerbsteuer beschränken sich auf eine mehr äusserliche Veranlagungsmethode. Eine jede Reform aber muss unbedingt zum Verlassen der alten Geleise und consequent zur Einkommensteuer führen, und jeder Versuch, sich innerhalb der vermeintlichen Grenzen einer sogenannten Ertragsbesteuerung zu halten, um neben der Erwerbsteuer als Ertragssteuer auch eine Einkommensteuer zu ermöglichen, beruht auf erkünstelten, bei tieferem Eindringen unstichhältigen Voraussetzungen. In letzter Instanz bemüht man sich, einen Unterschied zu machen zwischen dem wahrscheinlichen Erträgnisse eines Geschäftes oder einer Erwerbsbeschäftigung, um dasselbe mit einer Ertragssteuer zu belegen, und dem wirklichen Erträgnisse, um die Einkommensteuer zu ermöglichen. Ist es nun schon eine schwer lösbare Aufgabe, das reine Einkommen zu ermitteln, so werden an Steuercommissionen fast unerfüllbare Forderungen gestellt, wenn sie auf Grund von An-

zeigen über Betriebsmittel und Werksvorrichtungen, über
die Anzahl der Maschinen und Apparate, die Anzahl und
den Umfang von Werkslokalitäten und Verschleissstätten,
den wirklichen Miethzins derselben, das Betriebspersonale
und die Hilfsarbeiter nach Gattung und Zahl, die Bezüge
derselben u. dgl. m., das wahrscheinliche Erträgniss
auch nur annäherungsweise beurtheilen sollen.

Bleibt nun die Reform einer Erwerbsteuer als Ertragssteuer ein schwer lösbares Problem, so ist es wohl
am angezeigtesten, wenn die Gesetzgebung an dem Bestehenden so wenig als möglich rüttelt und nur die unbedingt erforderlichen Aenderungen vornimmt, wenn der
Staatsschatz auf die Einnahmen nicht verzichten kann und
nicht zu hoffen ist, dass durch eine Einkommensteuer
ein genügender Ersatz geboten wird. So ging man in
Preussen vor, wo man die mancherlei Anfechtungen unterliegende Gewerbesteuer intact beliess, als man im Jahre
1851 an die Einführung der classificirten Einkommensteuer schritt. Eine nach fixen Tarifsätzen veranlagte
mässige Gewerbesteuer kann wenigstens bei einigen Ge-
werbskategorien sich einer Realsteuer in ihren Wirkungen
nähern, eine jährlich oder innerhalb kurzer Einschätzungs-
perioden neu veranlagte Erwerbsteuer erhält einen einkommensteuerartigen Charakter, und die Hinzufügung
einer selbstständigen Einkommensteuer führt unbedingt
zu einer Doppelbesteuerung, die nicht mit dem Hinweis
gerechtfertigt werden kann, dass es sich das eine Mal
um eine Objectsteuer, das andere Mal um eine Personalsteuer handle, dass dort das ertragbringende Object, hier
das einkommensteuerpflichtige Subject bei der Steuerveranlagung Berücksichtigung finde, wenn die Veran-
lagungsgrundlagen nur geringe Unterschiede aufweisen.

Noch greller tritt die Doppelbesteuerung bei der
dritten Kategorie von Steuerpflichtigen hervor, wenn, wie
es in dem österreichischen Entwurfe der Fall war, „die

aus einem Dienst- und Lohnverhältnisse hervorgehenden Bezüge" der Erwerbsteuer unterliegen und gleichzeitig mit einer Einkommensteuer getroffen werden sollen. Hier kann auch nicht einmal jene Fiction Platz greifen, die, sophistisch genug, bei den erwerbsteuerpflichtigen Unternehmungen Subject und Object auseinander zu halten sich bemüht und zwischen Erträgnissfähigkeit und Einkommen unterscheidet. Die „Arbeit" zum Steuerobjecte zu machen ist ein Widersinn und die Durchführung eines derartigen Vorhabens muss unbedingt zu der Ueberzeugung führen, dass die sonstigen Formen der Ertragsbesteuerung hier nicht anwendbar sind, denn es ist ein blos nebensächliches Moment, bei der Besteuerung der Dienst- und Lohnbezüge als Ertragssteuer das durchschnittliche Einkommen mehrerer Jahre, und bei der Einkommensteuer das jährliche Einkommen zur Besteuerungsgrundlage zu machen, Abzüge für Verzinsung und Tilgung der Schulden hier zu gewähren, dort nicht zu gestatten, um den Charakter der Ertragssteuer aufrecht zu erhalten.

Die Entwürfe Brestels waren in dieser Beziehung wenigstens consequent, indem alle Dienst- und Lohnbezüge zur Erwerbsteuer herangezogen werden sollten. Die Vorlage des Jahres 1874 machte mit den Bezügen der Staatsbeamten eine Ausnahme, jedenfalls eine Inconsequenz. Die Rechtfertigung ist auch nicht glücklich. Als wichtigster Grund wird angeführt, dass die Staatsdiener in Folge der Unmöglichkeit einer Steuerüberwälzung härter als die anderen Steuerträger belastet werden. Aber es bleibt dabei unberücksichtigt, dass sich auch viele Privatbeamte in einer ähnlichen Lage befinden und doch anders behandelt werden sollen.

Dazu kommt noch ein Umstand, der bei den Vorlagen des Jahres 1874 besonders in die Wagschale fällt: sie sind reine Katastergesetze und enthalten demgemäss die nothwendigen Bestimmungen über die Steuerveran-

lagung und nichts über das Steuerausmaass. Letzteres
wurde für Specialgesetze vorbehalten. Und da bei der
Besteuerung der Dienst- und Lohnbezüge die Ermittlung
der Besteuerungsgrundlage alljährlich erfolgen sollte, so
war damit auch eine jährliche Festsetzung des Steuerausmaasses in Aussicht genommen, wobei eine Variabilität
nach beiden Richtungen nicht unmöglich war. Die Entwürfe des Jahres 1864 boten in dieser Beziehung eine
grössere Sicherheit; sie enthielten einen Tarif zur Bemessung der Erwerbsteuer für Dienst- und Lohnbezüge,
der mit $\frac{1}{2}$ Procent bei 200 fl. beginnend, bei 1200 fl.
1 Procent des Bezuges betrug und bis zu 5 Procent für
alle Bezüge von 9000 fl. und darüber aufstieg.

Eine durchgreifende, die gesammten directen Steuern
umfassende Reform wurde aus dem Grunde erstrebt, um
eine Gleichmässigkeit zwischen den verschiedenen Steuergattungen herbeizuführen, eine gewiss lobenswerthe Absicht, deren Verwirklichung jedoch von vorneherein ganz
unmöglich war. Zwischen den verschiedenen Ertragssteuern ist eine Vergleichbarkeit nicht vorhanden. Schon
das Steuerausmaas der Grundsteuer einerseits und der
Gebäudesteuer andererseits lässt eine Vergleichung nicht
zu, um wie viel weniger erst diese Realsteuern mit der
Erwerbsteuer.

Die im Jahre 1869 in Sachsen eingesetzte Steuer-
commission hat mit vollem Rechte die ihr vorgelegte
Frage: „ob eine Gegenüberstellung des Gesammtergeb-
nisses der beiden Zweige der directen Besteuerung — der
Realsteuern und Personalsteuern — und die Feststellung
eines gewissen Verhältnisses rücksichtlich ihres Gesammt-
ertrages möglich und räthlich sei,“ einstimmig verneint.
Und eine sächsische Handelskammer bemerkte scharf und
treffend: „Eine dringliche Steuer lässt sich weder mit einer
andern dringlichen Steuer, noch mit einer persönlichen
Steuer, eine Objectsteuer weder mit einer andern Object-

steuer noch mit der Einkommensteuer vergleichen", und
in drastischer Weise fügte sie hinzu: „Die Grundsteuer mit
der Gewerbesteuer, oder Rentensteuer, oder Personalsteuer
zu vergleichen, sei ein ebenso logisch unmögliches und
daher hoffnungsloses Unternehmen, wie der Versuch eines
Vergleiches derselben mit der Salzsteuer, oder mit der
Stempelsteuer, oder mit dem Kaffeezolle, oder mit der
Hundesteuer." Auch die vorsichtige Bemerkung Roscher's,
„er halte es weit mehr für nothwendig, Steuerungleich-
heiten zwischen Individuen derselben Classe zu vermeiden,
als zwischen verschiedenen Classen abzustellen", schliesst
gewiss eine Verwerfung aller Reformbestrebungen, welche
auf die vermeintliche Beseitigung der Ungleichheiten
zwischen den verschiedenen Kategorien der Steuerträger
hinauslaufen, in sich.

Der Fortgang, den das grosse Steuerreformwerk bisher genommen, war ein langsamer. Ehe der Ausschuss
mit dem Entwurfe der Gebäudesteuer vor das Haus treten
konnte, vergingen zwei Winter; nach hartnäckigen Debatten wurde das Gesetz von dem Abgeordnetenhause
angenommen; das Herrenhaus wählte wohl eine Commission,
allein diese machte durchaus keine Miene, sich damit beschäftigen zu wollen. Die Durchführung dieser Katastergesetze erforderte Zeit; obgleich das Grundsteuergesetz
im Mai 1869 sanctionirt worden war und die Commissionen
in Wirksamkeit traten, schritten die Arbeiten so langsam
vorwärts, dass hochgestellte Beamte des Finanzministeriums versicherten, erst nach Ablauf von mehreren Jahren
würden die neuen Einschätzungselaborate so weit gebracht
sein, um dieselben zur Veranlagung der Steuer benützen zu können. Hatte man von Seite der Regierung
auch zu wiederholten Malen die Versicherung ausgesprochen, dass man durchaus keine Erhöhung der Steuern,
sondern nur eine gerechtere Vertheilung derselben be-
zwecke, so lag es doch in der Tendenz, wenigstens durch

23*

die Einkommensteuer die Einnahmen zu vermehren. In den
ersten Jahren nach Einführung der dualistischen Staatsform
waren die finanziellen Verhältnisse Oesterreichs günstig,
und man legte daher auf eine rasche Durchführung der
Steuerreform keinen hohen Werth. Die Klagen der Steuerträger über allzugrosse Belastung wurden mit dem Hinweis auf die im Zuge befindliche Reform beschwichtigt
und in allen Programmreden der Abgeordneten wurde die
Nothwendigkeit derselben auf das Entschiedenste betont.
Seit 1874 nahm das Deficit grössere Dimensionen an. Die
Erhöhung der indirecten Abgaben war nicht leicht thunlich,
da man in dieser Beziehung bei den Verzehrungssteuern
von Ungarn abhing und die Pester Regierung wenig Geneigtheit bekundete, den Wünschen der Wiener Minister
Rechnung zu tragen. Ein Versuch der Regierung, einige
Gebühren zu erhöhen, war gescheitert: eine Vorlage, betreffend die Uebertragungsgebühr bei dem Verkaufe von
Immobilien, fand grossen Widerstand in den Kreisen der
Abgeordneten, und obgleich der mit der Vorberathung betraute Ausschuss auf die ministeriellen Intentionen eingegangen war, musste doch der Gegenstand von der Tagesordnung abgesetzt werden.

Der die Gewerbesteuer betreffende Entwurf war im
Ausschusse bis zur dritten Lesung gediehen, die Einbringung
im Hause stand bevor — da trat die Regierung mit einem
neuen Entwurfe an die Vertretungskörper heran. Ohne mit
der bisherigen Action vollständig zu brechen, die, wie dargelegt wurde, eine einschneidende Reform der gesammten
directen Besteuerung sich zum Ziel setzte, kündigte sie
die neuen Vorschläge als „provisorische Steuerreform" an.

Die wesentlichsten Bestimmungen der am 19. October
1876 eingebrachten Regierungsvorlagen waren folgende:
Die Grundsteuer sollte bis zum Abschlusse der Grund-
steuerregulirungsarbeiten auf der bisherigen Grundlage
weiter erhoben, jedoch mit einem Nachlasse von 10 Pro-

cent bemessen werden. Hiernach sollten z. B. in jenen
Ländern, in denen das stabile Kataster bestand, statt $26^2/_3$
vom Hundert des Katastraleinkommens blos 24 Procent
Grundsteuer entrichtet werden. Ein gleicher Nachlass
wurde den Hauszinssteuerträgern, welche bisher $26^2{,}_3$ Procent entrichteten, zugedacht. Die ausgedehnte Hauszinssteuer in den Landstädten sollte von 20 auf 24 Procent
erhöht werden. Hiermit entfiel der bisherige Unterschied
zwischen der „ursprünglichen" und der „ausgedehnten" Hauszinssteuer bezüglich des Steuersatzes, und nur das Abzugsprocent sollte verschieden sein und wie bisher 15 und 30
Procent betragen. Triest, Czernowitz und Salzburg sollten
den anderen Landeshauptstädten gleichgestellt, die Un-
gleichartigkeit der Steuerbemessung überhaupt möglichst
beseitigt werden. Die Hausclassensteuer erfuhr nur eine
geringfügige Aenderung in den Tarifsätzen, zumeist in
einer Abrundung der bisher gezahlten Beträge bestehend.
Für die Erwerbsteuer wurde ein neuer Tarif vorgelegt,
der in den einzelnen Classen eine Ermässigung von 10 bis
24 Procent enthielt, und zwar in den unteren Classen eine
geringere, in den höheren Classen eine beträchtlichere.
Die Besteuerung der Actiengesellschaften sollte nach jenen
Grundsätzen erfolgen, die im Ausschusse bei Berathung
des Erwerbsteuergesetzes Annahme gefunden hatten, die
Rentensteuer aufrecht bleiben. Das Einkommensteuer-
gesetz vom 29. October sollte aufgehoben werden und
eine Personaleinkommensteuer an dessen Stelle treten.

Die knappen Bemerkungen der Regierung, welche
den Gesetzentwürfen beilagen, bezeichnen als das Ziel:
Verbreiterung der Steuerbasis durch Heranziehung aller
Steuerfähigen, die Herstellung einer grösseren Gleichmässigkeit in der Auftheilung der Ertragssteuern durch
Beseitigung der zwischen den einzelnen Verwaltungsgebieten und innerhalb dieser in Bezug auf dieselben Objecte bestehenden Verschiedenheiten.

Ausführlicher entwickelte der Finanzminister von
Pretis die Gründe, welche die Regierung zur Einbringung
der neuen Vorlagen bestimmt hatten. Mit dem Hinweise
auf den langsamen, schleppenden Gang der Steuerreform
veranschlagte er den Zeitaufwand, bis zu welchem die
systematische Steuerreform durchgeführt sein werde, auf
acht bis zehn Jahre. Bei dieser Sachlage sei es erwägens-
werth, ob es denn möglich sei, die unbestreitbaren Härten
und Ungleichheiten der bestehenden Gesetze über die directen Steuern fortbestehen zu lassen bis zu dem noch fernen
Zeitpunkt der „systematischen Steuerreform", oder ob nicht
„ein Uebergangsstadium" geschaffen werden könne, welches bis zum Abschlusse des grossen Reformwerkes einerseits vielfache Unzukömmlichkeiten und Bedrückungen beseitigt, welche während der wirthschaftlichen Bedrängniss
der letzten Jahre doppelt fühlbar geworden seien. Indem
er sodann den Inhalt der Gesetzentwürfe skizzirte, wies er
besonders auf die Personaleinkommensteuer hin, wodurch
es allein möglich sein werde, „den Kreis der Steuerpflichtigen durch die Einbeziehung der sehr bedeutenden Anzahl
jener Steuerfähigen zu erweitern, welche unter dem Schutze
des gegenwärtigen Systems sich der Steuerleistung entweder ganz entziehen oder unverhältnissmässig geringe
Beiträge leisten".

Der Schwerpunkt der neuen Vorlagen lag in der
Personaleinkommensteuer. Indess das Verdienst, diesem
Gedanken im Abgeordnetenhause zuerst Ausdruck gegeben zu haben, gebührt dem Abgeordneten der Egerer
Handelskammer, v. Plener. Hatte die Regierung sich ähnlichen Anwürfen gegenüber im Ausschusse spröde gezeigt
und alle dahin zielenden Anträge bekämpft, so schien sie
sich doch trotz des geringen Anklanges, den die Ausführungen Pleners im Hause fanden, allmälig mit dem
Gedanken zu befreunden, da der jährliche Abgang im
Staatshaushalte eine Vermehrung der Einnahmen dringend

erheischte und die sonstigen Pläne unseres Schatzamtes, auf einem anderen Wege eine Steigerung der erforderlichen Einnahmen zu bewerkstelligen, kläglichen Schiffbruch gelitten hatten. Der Regierung eigenthümlich war nur die Art und Weise der Verbindung der beantragten Personaleinkommensteuer mit den in Vorschlag gebrachten Ermässigungen und die Bezeichnung der Reform als einer provisorischen.

Der erste Eindruck, den die Regierungsvorlagen machten, war ein entschieden günstiger. Die gewährten Nachlässe auf der einen Seite befreundeten Viele mit der geplanten Einkommensteuer, und die Darlegungen des Finanzministers, dass er blos eine Mehreinnahme von sieben Millionen durch dieselbe erzielen wolle, wirkten vielfach beruhigend. Die grosse Tragweite der Nachlässe liess sich nicht sogleich überblicken, die Wirkungen derselben auf die Gesammtleistung der einzelnen Classen der Steuerträger nicht berechnen.

Drei grosse Richtungen bildeten sich allmälig heraus.

Die principiellen Gegner der Personaleinkommensteuer, zumeist aus Vertretern Galiziens bestehend. Ihr Wortführer fasste die wesentlichsten Gesichtspunkte in einem Minoritätsvotum zusammen. Erhöhung der indirecten Abgaben, so lautete das Programm, nicht Einführung neuer Schatzungen sei allein im Stande, das Deficit zu bannen; durch die Personaleinkommensteuer werde blos der Grundbesitz stärker herangezogen werden als das Mobiliarcapital, und zu den bestehenden neue Ungleichmässigkeiten hinzutreten. Das Vorbild Frankreichs wurde zur Nachahmung empfohlen, auf das deutsche Reich hingewiesen, wo auch durch Vermehrung der indirecten Steuern neue Einnahmen geschaffen werden sollten, wobei jedoch unbeachtet blieb, dass in Deutschland alle erdenklichen Schatzungen in den einzelnen Staaten längst eingeführt worden sind und das von einigen Seiten befürwortete Project

einer Reichseinkommensteuer vielfache Bedenken gegen
sich hat. Den Tendenzen nach Vermehrung und zum Theile
auch Erhöhung von indirecten Steuern lag unstreitig das
Streben zu Grunde, das Land, dessen Vertreter so eifrige
Fürsprecher derselben waren, möglichst zu schonen und
die anderen Länder zu treffen. Bei der geringen Consumtionsfähigkeit Galiziens lassen sich von irgend welcher
indirecten Steuer bedeutende Erfolge nicht erzielen, während
directe Steuern wenigstens die wohlhabenderen Schichten
heranziehen.

Eine zweite Richtung befürwortete vorläufig die
Schaffung eines Katastergesetzes, um auf Grund desselben Einschätzungen vornehmen zu können, in ähnlicher
Weise, wie dies in Sachsen geschehen war und in Baden
geplant wurde. Erst auf Grund des ermittelten Einkommens
werde sich das Steuerausmass feststellen und eventuell ein
Nachlass bei der Ertragssteuer vornehmen lassen. Das
steuerbare Reineinkommen sei, insolange die Einschätzung
nicht vollzogen sei, eine unbestimmte Grösse. [1]) Principiell
liess sich gegen diesen Standpunkt schwer etwas einwenden,
und in den meisten Staaten, die eine Herabsetzung der
Ertragssteuern und die Einführung einer Einkommensteuer
planen, dürfte die sächsische Methode nachahmenswerth
erscheinen. Die eigenartige Steuergesetzgebung in Oesterreich musste vielfache Bedenken wachrufen, denselben Vorgang zu wählen. Bei dem Vorhandensein eines Einkommen-
steuergesetzes lag die Gefahr nahe, dass die Einschätzungen
noch unterwerthigere Ergebnisse liefern würden, als es
sonst bei einer erstmaligen Einschätzung ohnehin der Fall
ist. Der Steuersatz beträgt gegenwärtig 10 Procent (5 Procent im Ordinarium und ebensoviel als ausserordentlicher

---

[1]) Vertreter dieser Ansicht war der Abgeordnete Neuwirth, dessen
Minoritätsvotum alle für seine Ansicht sprechenden Gründe erschöpfend
darlegte.

Zuschlag), und wie bereits dargelegt wurde, ist die exorbitante Höhe derselben die Ursache, dass das gewerbliche Einkommen, sowie jenes der Aerzte, Advocaten u. s. w. sich der Steuerleistung entzieht. Schwerlich konnten die geforderten Fassionen auch nur annäherungsweise richtig sein, wenn die Furcht nicht beseitigt wurde, dass der Fiscus vielleicht auf Grund derselben die alte Steuer bemessen könnte. Volle Beruhigung konnte nur durch Aufhebung des actuellen Einkommensteuerpatentes gewährt werden und durch Aufnahme einer Bestimmung, welche in dieser Beziehung einige Gewähr bot. Denn der Fall war denkbar, dass nach beendetem Einschätzungsverfahren von der Festsetzung einer Steuersumme oder eines Procentsatzes Umgang genommen wurde und dann konnten die Einschätzungsergebnisse zur Bemessung der bestehenden Einkommensteuer verwerthet werden.

Eine dritte Gruppe von Abgeordneten adoptirte im Wesentlichen den Plan der Regierung und erlangte auch im Ausschusse und später im Hause die Mehrheit.

Die Divergenz der Ansichten trat bei den wichtigsten Grundsätzen, worauf die Entwürfe aufgebaut waren, hervor, zunächst bei der Einkommensteuer bezüglich des Existenzminimums, des Contingents und der Progression.

Nach dem Vorschlage der Regierung sollte die Steuerpflicht bei einem Einkommen von 600 fl. beginnen, wodurch der bisherige Grundsatz, bei der Einkommensteuer zweiter Classe die Einkommen unter 630 fl. frei zu lassen, beibehalten und verallgemeinert wurde. Abgesehen von einigen Stimmen, die sich für bedingungslose Steuerpflicht aussprachen, fragte es sich blos, ob es angezeigt sei, eine solch weitgehende Steuerfreiheit auszusprechen, nachdem bei den Ertragssteuern Nachlässe gewährt werden sollten. In den früheren Vorlagen war das Princip der Regierung einigermassen gerechtfertigt, denn die Einkommensteuer sollte nur als Ergänzungssteuer zu den einer gänzlichen

Reform unterzogenen Ertragssteuern hinzutreten und den
letzteren jeder, aus welchen Quellen immer stammende
„Ertrag" unterworfen sein. In der neuen Vorlage trat
die Einkommensteuer nicht zu den Ertragssteuern hinzu,
sondern vielfach an Stelle derselben. Das Einkommen
aus Dienst- und Lohnbezügen, aus Renten u. s. w. sollte
künftig einzig und allein blos durch die Personaleinkommensteuer getroffen werden und nicht, wie früher
geplant wurde, durch eine Einkommensteuer und eine
Ertragssteuer. Konnte dieses auch als ein Fortschritt
den früheren Entwürfen gegenüber bezeichnet werden, so
schien die Steuerfreiheit aller Einkommen unter 600 fl. um
so weniger gerechtfertigt. Wie überall, standen einander
zwei Richtungen gegenüber: die eine, welche die allgemeine Steuerpflicht betonte, die andere, die mit dem Hinweise auf die indirecten Steuern, welche die unteren Classen
der Bevölkerung am härtesten drücken, die Steuerexemtion
befürwortete. Auch politische Argumente wurden auf-
getischt; man möge erst weitgehende politische Rechte
gewähren, eine Verbreiterung des Wahlrechtes festsetzen
u. dgl. m. Bei näherer Prüfung konnte nicht in Abrede
gestellt werden, dass der von der Regierung vorgeschlagene
steuerfreie Betrag für die ganze Monarchie zu hoch gegriffen sei. Wenn 600 fl. in der Residenz nothdürftig ausreichen für die Bestreitung der wesentlichsten Bedürfnisse,
genügte auf dem flachen Lande und in den kleineren
Städten gewiss eine kleinere Summe für denselben stan-
dard of life. Diesen Gesichtspunkt hatten namentlich einige
Handelskammern in ihren Gutachten betont. [1]

Die beiden Cardinalpunkte des Gesetzes gipfelten in
der Progression und in dem Contingente, oder mit anderen

---

[1] Der Ausschuss hatte die Steuerfreiheit für alles Einkommen bis
600 fl. blos auf Wien beschränkt; für die geschlossenen Städte 500 fl., endlich für das flache Land 400 fl. als Grenze beantragt. Das Haus schloss sich
der Auffassung der Regierung an.

Worten in der Variabilität der Steuer. In diesen beiden
Fragen gingen die Entwürfe der Regierung weit über die
in anderen Ländern bestehenden Bestimmungen hinaus.
Während in Preussen die Einkommensteuer mit 3 Procent
alle Einkommen über 1000 Mark bemisst und nur die Classensteuer eine Progression bis zum Maximalsatze von 3 Procent
bei 3000 Mark Einkommen enthält, während das sächsische
Gesetz vom Jahre 1874 bei einem Einkommen von 10.800
Mark mit einem Satze von 2.₅ Procent abbricht, führte der
österreichische Entwurf die Progression bis zum Maximalsatze von 5 Procent bei einem Einkommen von 70.000 fl.
und traf erst alles darüber hinausgehende Einkommen
gleichmässig.

Die Progressivbesteuerung ist der österreichischen
Gesetzgebung nicht fremd. Die an Stelle der Kriegssteuer
im Jahre 1799 eingeführte Classensteuer traf das gesammte
Einkommen von 100 bis 300 fl. mit 2.₅ Procent, bei 2000 fl.
schon mit 5 Procent und stieg bis zu 20 Procent bei einem
Einkommen von über 1,500.000 fl. Das kaiserliche Patent
vom 20. August 1806 erneuerte im Wesentlichen diese
Bestimmungen.[1] Auch bei der bestehenden Einkommensteuer hat in der zweiten Classe das Princip der Progression Anwendung gefunden.

Die Frage, ob Progressivsteuer oder Proportionalität
der Steuer, bildete den Gegenstand eines harten Kampfes.
Zumeist war es das Schlagwort, dass die Progression eine
Gönnerin des Socialismus sei, Socialisten und communisti-
schen Bestrebungen in die Hände arbeite, welches in den
mannigfachsten Abwandlungen vertreten wurde. Für die
Gefährlichkeit des Principes wurde auf die Thatsache hingewiesen, dass die vorgeschrittene Demokratie die progressive Steuer auf ihr Banner geschrieben und die socia-

---

[1] Die beiden Patente sind für das geschichtliche Studium der Einkommensteuer in vielfacher Beziehung interessant.

listische Schule der Nationalökonomie sich energisch zur
Wortführerin des Gedankens gemacht habe.

Andererseits gingen die Meinungen über die Art und
Weise der Progression ungemein auseinander. Die Vorlage der Regierung hatte 70.000 fl. als Grenze der Progression, welche bei 600 fl. mit 1 beginnen und mit 5 enden
sollte, festgesetzt. Warum gerade 70.000 fl. als Grenze hingestellt wurden, wurde nicht begründet. Indess liegt die Erklärung klar zu Tage. Die Regierung fasste eine Belastung
des grösseren Einkommens bis zu 5 Procent ins Auge und
da führte die Entwerfung der Scala zufällig bis zu diesem
Betrage. Hätte man die Classen anders gruppirt, so hätte
man leicht bei einer niedrigeren Summe abbrechen oder
auch bei einer höheren einen Abschluss finden können.
Nicht innere, sondern zufällige rechnerische Gründe führten
bis 70.000 fl. als Grenze.

So vielfach auch die Einwände sein mochten, die
gegen die Regierungsscala vorgebracht werden konnten,
man würde sich damit schliesslich haben befreunden können,
wenn die projectirte Personaleinkommensteuer als eine
Percentualsteuer geplant worden wäre. Denn die Besteuerung von Einkommen in der Höhe von 70.000 fl. mit 5 Procent kann als eine hohe nicht betrachtet werden, wenn
man erwägt, dass in Preussen nicht wenige berufene Stimmen laut wurden, die schon bei einem geringeren Einkommen die Erhebung einer 5procentigen Steuer empfah-
len.[1] Allein die Progressionsscala in dem österreichischen
Entwurfe sollte blos zur Berechnung von Steuereinheiten
dienen, aber wie hoch der auf eine Einheit entfallende
Steuerbetrag sein würde, konnte auch nicht annähernd mit
Sicherheit berechnet werden, da Schätzungen über das
Steuereinkommen in Oesterreich nicht vorlagen. Auch
sollte nach dem Antrage der Regierung die aufzubringende

---

[1] Nasse in seinem Gutachten über die Einkommensteuer.

Steuersumme erst künftig durch ein specielles Gesetz festgesetzt werden. Und wenn vielleicht das erste Mal die
Steuereinheit nur mässig belastet wurde, so besass man
nicht die geringste Gewähr für die Zukunft. Die Erfahrungen der letzten Jahrzehnte liessen eine pessimistische
Auffassung begreiflich erscheinen. Wenn auch nur die
Möglichkeit zugegeben werden musste, dass gewisse Einkommen mit einer höheren als einer 5procentigen Steuer
getroffen würden, so lag die Gefahr nahe, dass auch die
neue Steuer nur geringfügige Einnahmen dem Staatsschatze
zuführen würde. Sollte die Personaleinkommensteuer in
ähnlicher Weise wie in anderen Ländern alljährlich, wenn
auch langsam steigende Erträge liefern, so musste sie
niedrig gegriffen sein. In diesem Falle allein war eine
den wirklichen Einkommensverhältnissen annäherungsweise
entsprechende Fatirung zu erwarten.

Die Verfassung einer Progressionsscala gehört unstreitig zu den verwickeltsten Fragen, da es eine streng
mathematische Formel hiefür nicht gibt. Selbst wenn die
Grenze für die Progression gegeben ist, sind verschiedene
Scalen möglich, rasch aufsteigende und allmälig das Ziel
erreichende, und jede Wahl wird mit einer gewissen Willkürlichkeit behaftet sein, so sehr man sich auch bemühen
mag, dieselbe mit Gründen zu erhärten.

Die Gegner der Progression in Oesterreich befürworteten, nachdem das Princip derselben angenommen worden
war, die Adoptirung der preussischen Scala, welche bekanntlich bei 3ooo Mark mit 3 Procent abbricht, ohne zu
beachten, dass Willkürlichkeit und Principlosigkeit, die sie
dem Entwurfe der Regierung zum Vorwurfe machten,
auch hier nicht vermieden werden. Allerdings erzielt eine
Scala, die bei 15oo fl. mit 3 Procent abbricht, einen grossen
Vortheil: eine grosse Anzahl von Einheiten und daher als
Folge eine geringere Belastung der Einheit. Aber dieser
Vortheil kam ausschliesslich den höheren Einkommensstufen

zu Gute, während die ärmeren Classen der Bevölkerung
durch eine derartige Scala schärfer herangezogen wurden;
und dieses war auch die Tendenz der Antragsteller.[1]

Das sächsische Gesetz in seiner ersten Fassung führt
die Progression bis zu 10.800 Mark oder 3600 Thaler und
steigt von 0.3 bis 2.5 Procent. Ueber das Princip spricht
sich der Motivenbericht dahin aus: Von derjenigen Höhe
des Einkommens ab, wo der überschiessende Betrag nur
entweder zu völlig Ueberflüssigem verwendet oder regelmässig capitalisirt wird, findet eine progressive Steigerung
der Beitragsfähigkeit nicht weiter statt, vielmehr belastet
von da ab eine gleiche Procentscala die höheren Stufen
mit gleichem Grade, von da ab hört mithin auch für die
Steigerung der Beitragspflicht die Berechtigung auf. Dass
diese Grenze für die einzelnen Haushaltungen je nach den
verschiedenen Neigungen und Lebensgewohnheiten eine
sehr verschiedene sei, müsse zwar zugegeben werden, aber
der Gesetzgeber sei hier, wie so oft unter ähnlichen Umständen, darauf angewiesen, die Verhältnisse im Grossen
und Ganzen zu überblicken, um einen passenden Durchschnitt zu ziehen. Bei Aufsuchung dieser Grenze werde
man ähnlich, wie wenn es gelte, die Kammhöhe eines Ge-
birges zu bestimmen, von den höchsten Spitzen, von einzelnen ausnahmsweise hohen Einkommensstufen abzusehen,
und weiterhin einen Kreis der bürgerlichen Gesellschaft
ins Auge zu fassen haben, welcher noch durch eine verhältnissmässig grosse Anzahl von Haushaltungen repräsentirt
werde. Einen ziffermässigen Anhalt zu geben sei nicht

---

[1] Um ein Beispiel anzuführen, entfiel nach der Scala der Regierung
bei einem Steuercontingente von 15 Mill. fl. auf die Einheit der Betrag von
1 fl. 5 kr. Ein Einkommen mit 1000 fl. war mit 10 Einheiten belegt, die
Steuer würde daher 10 fl. 50 kr. betragen haben. Ein vorgelegter Entwurf
einer bei 1500 fl. mit 3 endenden Scala belastete jedoch 1000 fl. schon
mit einer grösseren Anzahl von Einheiten, und wenn auch auf die Einheit
ein geringerer Betrag entfiel, so war die Gesammtbelastung dieser Einkommen-
stufe doch eine weit höhere als nach der Regierungsvorlage.

leicht, und dürften etwa die Gehalte der höchsten Beamten-
classen sich dazu eignen.

Die Principien, welche der sächsischen Progression
zu Grunde liegen, sind in dem Berichte der sächsischen
Deputation übersichtlich zusammengefasst: 1. Eine steigende Scala ist nothwendig, um eine gleichmässige Besteuerung der Steuerpflichtigen herbeizuführen, denn ein
reines Einkommen, welches zur Bestreitung menschen-
würdigen Daseins knapp hinreicht, wird durch ein procent-
weise gleiches Opfer härter getroffen als ein reines Einkommen, womit man diese Bedürfnisse reichlich befriedigen
kann und welches sogar noch einen Ueberschuss lässt.
2. Die Progression ist umsomehr geboten, da die niederen
Classen durch die indirecten Steuern härter getroffen werden
als die höheren. Der Abzug eines sogenannten Existenzminimums von jedem Einkommen ist weder an sich zweckmässig, noch zur Ausgleichung dieses Unterschiedes hin-
reichend. 3. Die obere Grenze der steigenden Scala ist bei
jener Höhe des Einkommens zu suchen, von welcher ab
nach einem im Grossen und Ganzen zu fassenden Durchschnitte der überschiessende Betrag nur entweder zum
Ueberflüssigen verwendet oder regelmässig capitalisirt
wird, denn von da ab belastet die höheren Stufen ein
gleicher Procentsatz, gleich stark oder gleich wenig. 4. Für
das Maass der Progression ist festzuhalten, dass sie einerseits den niederen Classen gegenüber den höheren eine
wirkliche Erleichterung gewähren soll, andererseits dass
sie bei den letzteren die Neigung zum Sparen und Capi-
talisiren nicht unterbinden und nicht durch übermässigen
Druck zur Hintergehung reizen darf.

Im Wesentlichen wird man diesen Sätzen beistimmen
können, nur bezüglich der Grenze der Progression dürfte
nicht blos der Umstand in Betracht gezogen werden,
ob auch die grössere Last wirklich empfunden wird;
die Leistungsfähigkeit ist bei sehr vielen Einkommen-

stufen eine höhere, ohne gerade als ein Opfer gefühlt zu
werden.

Das Hamburgische Gesetz enthält eine langsam und
allmälig aufsteigende Scala durch die Art und Weise der
Bemessung, indem es alle Einkommen nach Classen gruppirt
und innerhalb einer bestimmten Gruppe denselben Steuersatz bestimmt.

Eine ganz eigenartige Progression ergibt sich, wenn
man eine bestimmte, als Existenzminimum fixirte Summe
bei jedem Steuerpflichtigen frei lässt und erst den darüber
hinausgehenden Betrag der Besteuerung unterzieht. Dieser
Progressionsmodus wird vielfach als der einzig gerechte
angesehen. Allein eine nach diesem Principe entworfene
Progressionsscala zeigt auf den ersten Blick, dass die Progression in den unteren Stufen eine ungemein scharfe ist.
Bei einem steuerfreien Existenzminimum von 600 fl. und
einem Steuersatze von 3 Procent wird das Einkommen
von 900 fl. mit 1 Procent getroffen und bei 1800 fl. schon 2
erreicht, während bei 10 Mill. fl. das Gesammteinkommen
noch nicht mit voll 3 Procent belastet wird. Bei einer
Steuerzahlung von 4 Procent wird schon um eine Stufe
tiefer die einprocentige Belastung des Gesammteinkommens
erreicht, die Steigerung von 1 zu 2 vollzieht sich zwischen
800 und 1200 fl., steigt bis 5000 fl. auf 3, um erst bei
10 Mill. fl. bei 4 anzulangen. Endlich bei 5 Procent werden
schon alle Einkommen von 1000 fl. mit 2 Procent getroffen
und die Steigerung vollzieht sich auf 3 bei 1500 fl., um
ebenfalls erst bei 10 Mill. fl. bei 5 Procent anzulangen.
Diese Methode bringt daher eine kleine Abwandlung von
dem System der proportionalen Besteuerung mit sich,
eine progressive Besteuerung wird dadurch nicht erzielt.

Für die Progressionsgrenze ist auch entscheidend, ob
die Einkommensteuer eine fixe ist und mit einem unver-
änderlichen Procentsatze gesetzlich normirt ist, oder ob
die Variabilität in Aussicht genommen ist. Besteht schon

bei der Procentualbesteuerung die Tendenz unterwerthiger Fassionen, so muss dieselbe einen weit grösseren Anreiz erhalten, wenn der Steuersatz je nach den finanziellen Bedürfnissen des Staates alljährlich durch das Finanzgesetz festgestellt werden soll. Die Furcht, dass der Staat zeitweilig genöthigt werden könnte, die Steuerkraft der Staatsbürger anzuspannen, wird auf die Einkommensbekenntnisse in normalen Zeiten einen Einfluss haben. Die Sicherheit, dass über einen gewissen Procentsatz nicht gegriffen werden wird, führt unstreitig eine beruhigende Wirkung im Gefolge. Eine 3- bis 4procentige Steuer in Friedenszeiten, eine 5- bis 7procentige in kriegerischen Zeitläuften ist tragbar, aber ein Steuersatz von 5 Procent mit der Aussicht, im Bedürfnissfalle auf 10 und mehr Procent erhöht werden zu können, zwingt zu Hinterziehungen. Beruht doch die notorische Unterwerthigkeit der preussischen Einkommensschätzungen lediglich auf dem Umstande, dass Zuschläge zur Einkommensteuer von der Commune gestattet sind, wovon vielfach ein grosser Gebrauch gemacht wird.

Das Steuerausmaass kann in verschiedener Weise normirt werden: durch Feststellung eines Steuerprocentes, das von dem steuerpflichtigen Einkommen zur Erhebung kommen soll, oder durch Bestimmung einer Gesammtsumme, Contingent, welche sodann auf das eingeschätzte Einkommen vertheilt wird.

Die Theorie hat sich über die Frage: ob Procentualbesteuerung, ob Repartitionssteuer, nicht in endgiltiger Weise ausgesprochen, und in der Gesetzgebung der verschiedenen Staaten sind beide Systeme oft nebeneinander vertreten. Die Grundsteuer Frankreichs ist eine Repartitionssteuer, die jüngst daselbst eingeführte Steuer von beweglichem Vermögen eine Procentualsteuer. In Preussen ist die Grundsteuer gesetzlich auf 40 Mill. Mark festgestellt und wurde auf die eingeschätzten Steuerobjecte in gleichmässiger Weise repartirt; die preussische Classensteuer und

die classificirte Einkommensteuer waren bis zum Jahre 1873
Procentualsteuern und die Gesetzgebung dieses Jahres hat
nur die Aenderung bewerkstelligt, dass bei der Classensteuer ein Contingent gesetzlich festgestellt wurde, während
der Einkommensteuer ihr Charakter als Procentualsteuer
geblieben ist.

Der Percentualbesteuerung wird von Seite der Steuerträger wegen ihrer, wie man annimmt, grösseren Stabilität
der Vorzug gegeben. Durch Festsetzung eines gewissen
Steuerprocentes, wird behauptet, wisse der Steuerträger
von vorneherein, welche Ansprüche regelmässig an ihn
gemacht werden, und er erhalte auf diese Weise eine gewisse
Beruhigung, dass nicht alljährlich oder innerhalb kurzer
Zeitabschnitte erhöhte Anforderungen an ihn gestellt
werden. Die Stabilität wird als der Percentualbesteuerung
charakteristisch dargestellt, im Gegensatze zur Repartitionssteuer, der eine Variabilität zugeschrieben wird. Diese
Auffassung ist jedoch nur zum Theile richtig. Denn auch
die Contingentirung kann in einer dauernden Weise auf
eine Anzahl von Jahren normirt werden, wie es z. B. bei
der preussischen Grundsteuer geschehen ist; eine Erhöhung des Contingents ist nur im gesetzlichen Wege
möglich und kann erfolgen, wenn etwa bei einer neuen
Einschätzung des Grundes und Bodens sich herausstellen
sollte, dass die zur Erhebung kommende Steuersumme im
Verhältnisse zu dem Ertrage zu gering ist. Die Scheu
vor der Contingentirung liegt in der Annahme der Variabilität, welche mit dem Contingente in Verbindung gebracht werden kann, aber nicht unbedingt damit verknüpft ist. Denn die Variabilität kann auch bei der
Percentualsteuer platzgreifen. Die preussische classificirte
Einkommensteuer und die englische Einkommensteuer sind
Percentsteuern, und doch waltet zwischen beiden der
bedeutsame Unterschied ob, dass die Steuer in Preussen
eine fixe, unabänderliche Grösse ist, da nach dem Gesetze

3 Procent bei dem 3000 Mark übersteigenden Einkommen
zur Erhebung kommen, während die Steuer Englands
alljährlich abgeändert werden kann und seit ihrer Wiedereinführung durch Peel in der That mit Rücksicht auf den
zur Bestreitung des Staatsaufwandes erforderlichen Bedarf
erhöht oder ermässigt wurde.

Der Ansicht, dass die Repartitionssteuer unbedingt ein
gleichmässiges Einschätzungsresultat zu Tage fördern dürfte,
kann jedoch nur mit grosser Einschränkung zugestimmt
werden. Die Praxis hat die Richtigkeit dieser Behauptung
nicht immer erhärtet. Sowie bei den verschiedenen Gesell-
schaftsgruppen die naturgemässe Tendenz obwaltet, die
Steuer abzuschieben und anderen Schultern zuzuwälzen,
wird es in grossen Gebieten immer einzelne Commissionen
geben, die von dem Streben geleitet sein werden, die Einschätzungen ihres Bezirkes unterwerthig zu gestalten, in
der Hoffnung, dass die Steuerquote demgemäss geringer
sein werde, und eine gleichmässige Vertheilung des Contingents wird paralysirt, wenn in einigen Schätzungs-
districten das Einschätzungsgeschäft mit scrupulöser Genauigkeit durchgeführt wird, in anderen aber nicht. In
einem grossen Lande wird jedoch die gleichmässige Heranziehung aller Steuerträger zu den Staatslasten immer ein
fast unlösbares Problem sein, und nur unermüdlicher Arbeit
kann es gelingen, sich dem Ideale wenigstens anzunähern.
Aber bei einer Repartitionssteuer wird bei den höheren Instanzen wenigstens die Tendenz obwalten, die begangenen
Incorrectheiten zu verbessern und eine Gleichmässigkeit
der Einschätzung anzubahnen, während bei Festsetzung
eines Procentsatzes das egoistische Interesse der Steuerträger zu einer Herabminderung hindrängt.

Kann nun die Staatsverwaltung nur bei einer Repartitionssteuer die Mitwirkung der Steuerträger zu dem
Einschätzungsgeschäft zulassen, weil die von der Finanzbehörde ernannten Mitglieder dann ein geringeres Interesse

daran haben, wie hoch oder wie niedrig das Einschätzungs-
ergebniss sich herausstellt, so liegt bei einer Percentualsteuer die Gefahr nahe, wenn die Einschätzung in überwiegender Weise in den Händen der Steuerorgane ruht,
dass rein fiskalische Tendenzen den Ausschlag geben. Je
höher das Einschätzungsresultat sich herausstellt, um so
grösser die staatliche Einnahme in diesem Falle. Lässt
sich auch über viele Schwierigkeiten hinwegkommen bei
einer neu einzuführenden Steuer, weil jedenfalls dem Staatsschatze eine Mehreinnahme erwächst, das Ergebniss der
Einschätzung möge nun ein höheres oder geringeres sein,
so ist dies bei Regulirung einer schon bestehenden Steuer,
die eine sichere Einnahme abwirft, nicht der Fall, wenn
man nicht Gefahr laufen will, sich mit einer geringfügigen
Einnahme begnügen zu müssen und nicht in der Lage ist,
auf den etwaigen Ausfall Verzicht leisten zu können. Eine
Reform der Grundsteuer ist nur als Repartitionssteuer denkbar, wenn mindestens derselbe Betrag wie bisher mit un-
bedingter Sicherheit aufgebracht werden soll; die Einführung der Personaleinkommensteuer ist auch mit einem
Procentsatze möglich, da von derselben ein Mehrertrag
erwartet wird und die jährlich vorzunehmenden Einschätzungen die bei der ersten Einschätzung vorgekommenen Fehler allmälig saniren können, während bei
der Grundsteuer und ähnlichen Realsteuern, deren Steuergrundlage nach längerem Zeitraume ermittelt wird, die
Minderwerthigkeit der Einschätzungsergebnisse nicht so
bald und auch nicht so leicht eine Correctur erfahren kann.

Vom steuerpolitischen Standpunkte ist es ganz irrele-
vant, welcher Form der Vorzug gegeben wird. Unseres
Erachtens kommen ganz andere Gesichtspunkte in Betracht.
Ein vollständig geordneter Staatshaushalt ist nur bei einem
Steuercontingente möglich. Die Staatsverwaltung verfügt
über eine vorher bestimmte Summe, und die mannigfachen
Wechselfälle, welche es bewerkstelligen, dass die Steuer-

eingänge in einigen Jahren reichlicher fliessen und daher
Ueberschüsse liefern, und in anderen hinter den Erwartungen
zurückbleiben und einen beträchtlichen Abgang zur Folge
haben, beirren sie nicht in ihrem regelrechten Gange. Für
unvorhergesehene Fälle, welche eine Ausgabe unwider-
ruflich erheischen, ohne dass für die Bedeckung in regel-
rechter Weise Vorkehrung getroffen ist, werden sich in
normalen Zeiten in den regelmässig das Präliminare überschreitenden Einnahmen der indirecten Abgaben die erforderlichen Beträge finden, wenn die übliche Praxis eines
Landes es einer Regierung gestattet, Ausgaben zu machen,
welche von der Vertretung nicht bewilligt worden sind.
Dort, wo eine strenge Praxis sich eingebürgert hat, können
Mehrausgaben überhaupt nur in wenigen Fällen eintreten,
z. B. bei einer Steigerung der Preise für den Militär-
aufwand.

Dass der nackte Individualismus der fixen Steuer
den Vorzug gibt, ist erklärlich genug; der Einzelne glaubt
genug gethan zu haben, wenn er die auf ihn entfallende
Steuer entrichtet, unbekümmert darum, ob jene Summen
wirklich eingehen, die für den Staatshaushalt nothwendig
sind. Die Verwaltung mag zusehen, wie sie die eventuellen
Abgänge deckt. Im staatlichen Interesse liegt es jedoch, eine
Steuer zu besitzen, welche alljährlich mit Rücksicht auf
die Bedürfnisse festgestellt werden kann. Und eine Volksvertretung, welche sich bei Berathung des Präliminares
unausgesetzt von Grundsätzen umsichtiger Sparsamkeit
leiten lässt, wird der Einführung einer variablen Steuer ihre
Zustimmung nicht versagen können. Für die unbedingt erforderlichen Ausgaben des Staates, deren Herabminderung
oder gänzliche Streichung nur schädigend sein würde,
müssen und sollen im Wege der Steuer die nothwendigen
Beträge beschafft werden, und irren wir nicht, wird bei
nicht unumgänglichen Ausgaben, die, ohne ein vitales
staatliches Interesse zu gefährden, auf einen späteren Zeit-

punkt verschoben werden können, eine viel sorgfältigere
Erwägung obwalten, wenn an dem Grundsatze festgehalten
wird, dass die unbedingt nothwendigen, regelmässig wiederkehrenden Auslagen durch Steuern zu bedecken sind. Die
alljährlichen Ergebnisse der Einkommensschätzung bieten
einer umsichtigen Regierung und einer sorgfältig erwägen-
den Volksvertretung genügende Anhaltspunkte, um beurtheilen zu können, ob Ausgaben, die beträchtliche Summen
erfordern, prästirt werden können. In normalen Zeiten
haben die Einkommen eine naturgemässe Tendenz zu
steigen, das Gesammtresultat der Schätzung wird stetig
ein höheres sein, und es unterliegt keinem Anstande, das
Contingent zu erhöhen, ohne dass auf den Einzelnen eine
grössere Steuer zu entfallen braucht.

Entscheidet man sich aus steuerpolitischen und finanziellen Gründen für das Contingent, dann entsteht die Frage,
ob die Festsetzung desselben vor oder nach der Einschätzung
stattfinden soll. Unseres Erachtens ist in den meisten Fällen
die vor der Einschätzung zu bestimmende Steuerhauptsumme
vorzuziehen. Die Steuerträger haben sich während des
ganzen Schätzungsgeschäftes den Gedanken vor Augen zu
halten, dass die festgesetzte Summe unter allen Umständen
aufgebracht werden müsse, das Ergebniss der Einschätzung
möge wie immer ausfallen, und es ist nicht zu bezweifeln,
dass dies auf die Einschätzungsarbeiten eine gewisse Wirkung auszuüben nicht verfehlen kann. Wird die Festsetzung
des Contingents bis nach erfolgtem Einschätzungsgeschäfte
vertagt, so ist die Furcht eine erklärliche, dass das Contingent um so höher ausfallen werde, je grösser die Gesammtsumme des eingeschätzten Ertrags oder Einkommens
ist, und ein minderwerthiges, den thatsächlichen Verhältnissen mehr oder weniger nicht entsprechendes Ergebniss
die unvermeidliche Folge. Und bei Steuern, deren Reform
blos erstrebt wird, ohne einen Mehrertrag erzielen zu
wollen, kann die Steuersumme ohne Gefahr im Vor-

hinein angesprochen werden. Die Gesetzgebung hat aber in allen Fällen nicht einmal die Wahl zwischen Repartition und Procent, wenn eine neue Steuer eingeführt werden soll, um für verschiedene schon vorhandene Einnahmen, ohne auch nur vorübergehenden finanziellen Ausfall, einen vollen Ersatz zu bieten. Bei neu einzuführenden Schatzungen, bei denen für die Ermittlung der zu fordernden Summe nicht genügende Anhaltspunkte vorhanden sind, hilft die Festsetzung eines verhältnissmässig mässigen Contingents über viele Schwierigkeiten hinweg und beseitigt von vorneherein die etwaige Furcht einer zu grossen Belastung. Liefert die Einschätzung ein weit günstigeres Ergebniss, so kann eine Erhöhung des Contingents später mit grösserer Beruhigung vorgenommen werden.

So wichtig jedoch der oft ausgesprochene Satz ist, dass bei einer Percentualbesteuerung Jedermann ein Interesse daran hat, so gering als möglich eingeschätzt zu werden, ohne sich um das Steuermaass seines Nachbars zu kümmern, während bei der Repartitionssteuer die allzugrosse Belastung der Einen mit der verhältnissmässigen Entlastung der Anderen Hand in Hand geht, daher der Steuerträger sein Interesse eben in der Repartitionssteuer am besten gewahrt finde, — eine Ansicht, die namentlich in den österreichischen Gesetzesentwürfen oft stark betont wurde, — so wird die Repartitionssteuer diese Wirkung doch nur dann ausüben, wenn die Steuersumme bekannt und nicht allein für das Gesammtreich ausgesprochen, sondern von vorneherein auf die Bezirke vertheilt wird. Es ist nun allerdings schwierig, ohne z. B. das Einkommen genau zu kennen, welches doch als Grundlage für die Steuervertheilung dienen soll, eine bestimmte Quote für ein kleines Gebiet festzusetzen. Aber die Schwierigkeit ist nur bei der ersten Einschätzung vorhanden, und wenn auch nicht zutreffend, doch annähernd wird sich auf Grund der actuellen directen und zum Theil der indirecten Steuern

das Einkommen berechnen lassen. Bei dem zweiten Contingente kann man die bereits durchgeführte Einschätzung
als Basis für die Höhe desselben benützen. Die etwaige
Ueberlastung einzelner Gebiete ist nur eine vorübergehende
und kann binnen Jahresfrist ausgeglichen werden. In der
That hat auch ein Land diesen Vorgang eingehalten:
Italien, und es hat uns geschienen, dass dieses Beispiel
Nachahmung in Ländern verdient, die sich in ähnlicher
Finanzlage befinden und nicht auf eine langsame Entwicklung der Einkommensteuerergebnisse warten können,
wie es in Preussen der Fall war, als man dort an die
Einführung der Einkommensteuer schritt. Ist nun, und
dies erscheint als Grundbedingung, die angesprochene und
festzustellende Summe mässig gegriffen, dann sind die
etwaigen Inconvenienzen verschwindende und fallen gar
nicht ins Gewicht.

Sprechen nun theoretisch nicht unwichtige Gründe
dafür, die Steuerhauptsumme vor der Einschätzung festzustellen, so wurden dieselben bei der in Oesterreich
geplanten provisorischen Reform durch die Rücksicht auf
die Staatsfinanzen noch verstärkt. Der Grundgedanke derselben bestand darin, neben Einführung einer Personaleinkommensteuer die Ertragssteuern zu ermässigen. Mochte
man auch mit der vollsten Zuversicht sich der vielleicht
nicht unberechtigten Erwartung hingeben, dass die Einschätzungsergebnisse des steuerpflichtigen Einkommens ein
ungemein günstiges Resultat liefern werden, die Finanzverwaltung musste auch mit der Möglichkeit eines ungünstigen Ergebnisses rechnen. Und jedenfalls war durch
die Einkommensteuer mindestens jene Summe hereinzubringen, auf welche durch die Steuernachlässe Verzicht
geleistet wurde. Bei vollen Staatscassen können Reformen
auf dem Gebiete der Steuern vorgenommen werden, selbst
wenn das Resultat vorübergehend einen Ausfall ergibt. In
Oesterreich kann der Staat bei seinem stereotypen jähr-

lichen Deficit auch nicht die kleinste Summe missen. Mindestens musste durch die Personaleinkommensteuer jener Betrag eingehen, der bei den einzelnen Ertragssteuern nachgelassen wurde, und wurde mit Rücksicht auf eine günstige Einkommensschätzung auch noch ein Plus in Aussicht genommen, so ergab sich die Höhe der Contingentsziffer von selbst, indem nur darüber ein Zweifel obwalten konnte, wie hoch das Plus zu berechnen sei.

Die Vorauscontingentirung wurde bei den Berathungen allerdings zumeist von den Gegnern der Einkommensteuer angefochten, aber es wird zugestanden werden müssen, dass einige der vorgebrachten Gründe beachtenswerth waren. Für die Festsetzung des Contingents war jedenfalls auch die Erwägung nicht ausser Acht zu lassen, wie stark dasselbe nach Vertheilung auf das eingeschätzte Steuereinkommen den Einzelnen belasten würde, und da fand man sich einer ganz unbekannten Grösse gegenüber, da die Regierung probeweise Einschätzungen nicht vorgenommen hatte und jedes Substrat für eine auch nur annäherungsweise richtige Schätzung fehlte.

Die Frage, wie hoch das Gesammteinkommen anzunehmen sei, bildete überhaupt den Gegenstand eingehender Debatten, und wohl über keinen Punkt gingen die Ansichten so sehr auseinander. Zum Theil trug die Regierung die Schuld; ihre schwankenden Angaben lieferten die Waffen. In den statistischen Tabellen, welche sie im Jahre 1874 ihren Reformentwürfen beigegeben, berechnete sie das Gesammteinkommen Oesterreichs auf Grund der Steuerergebnisse des Jahres 1872 auf 767.88 Mill. fl. Um nun das bei der Einkommensteuer einzig und allein in Betracht kommende Steuereinkommen, d. h. jene Summe festzustellen, die durch die Einschätzungen sich ergeben dürfte, mussten die gesammten directen Steuern sammt den Zuschlägen, deren Abzug bei den zu machenden Fassionen gestattet wurde, abgeschlagen werden. Hienach

erhält man rund 620 Mill. fl. Beim Beginne der Aus-
schussverhandlungen gab die Regierung 1000 Mill. fl. und
kurz darauf 800 Mill. fl. als muthmassliches Einschätzungs-
ergebniss an. Für die beiden letzten Ziffern bildeten nicht
heimische Daten die Grundlage, sondern auf Grund der
preussischen Einschätzungen nach Abzug von 40 Procent
wurde jener Betrag als der wahrscheinliche angegeben.
Die Berechnungen auf Grund des Steuerertrages des
Jahres 1872 waren eine einfach nutzlose Spielerei, die
späteren Angaben viel zu wenig begründet und stark
anfechtbar. Die angestellte Untersuchung über die muth-
massliche Höhe des Einkommens lieferte die eigenartigsten
Ergebnisse. Die Einen stimmten der Regierung bei, Andere waren der Ansicht, dass 800 bis 1000 Mill. viel
zu niedrig gegriffen seien. Es wurde geltend gemacht,
dass die preussischen Einschätzungen notorisch unterwerthig sind und vorzugsweise in Folge der mangeln-
den Declarationspflicht sehr weit hinter der Wirklichkeit zurückbleiben, während in dem österreichischen
Gesetzesentwurf die unter allen Umständen nicht ohne wesentlichen Einfluss auf die Gewinnung einer richtigen Besteuerungsgrundlage bleibende Declarationspflicht aufgenommen erscheint. [1]) Die österreichische Regierung hatte
die preussischen Einschätzungsergebnisse vom Jahre 1875
zur Basis ihrer Berechnungen genommen; es wurde ihr
entgegen gehalten, dass diese Daten durch die mittlerweile dem preussischen Landtage vorgelegten Nachweisungen für das Jahr 1876 weit überholt worden sind. An
die für das Jahr 1876 vorgelegten Ausweise hatte Soetbeer
im Deutschen Handelsblatte eine Reihe eingehender Bemerkungen geknüpft und den Nachweis zu liefern gesucht,
dass die Einschätzungsresultate im Verhältnisse zu dem
wirklichen Einkommen ungemein geringfügig sind. Nach

---

[1]) Minoritäts-Bericht des Abgeordneten Neuwirth, S. 7.

den Berechnungen Soetbeer's betrug das wirkliche Einkommen 7457 Mill. Mark, und bei der Annahme, dass das Einkommen in Preussen zu jenem in Oesterreich sich wie 100:60 verhalte, erhielt man ein Gesammteinkommen von über 2000 Mill. fl. für Oesterreich. Eine dritte Gruppe behauptete das Gegentheil, und ein gewandtes Mitglied brachte auf Grund von Berechnungen blos 307 Mill. fl. als steuerbares Einkommen heraus.

Diese Schätzungsversuche waren keine blos theoretische Spielerei: Annahme oder Ablehnung oder Modification der Regierungsvorlagen hing zum Theil von den Ergebnissen ab. Denn es ist einleuchtend, dass, im Falle die Einschätzungen die winzige steuerbare Einkommenziffer von 300 bis 400 Mill. fl. erwarten liessen, die Festsetzung eines Contingents von 15 Mill. fl. schier unmöglich war. Bei einem Einkommen von 800 Mill. betrug die auf die Einheit entfallende Steuer 1.$_{07}$ fl., bei 400 Mill. fl. 2.$_{14}$ fl., was bei 1000 fl. mit 10 Einheiten schon 2.$_{14}$ Procent und bei 10.000 fl. mit 300 Einheiten bereits 6.$_{42}$ Procent ausmachte, ein für normale Zeiten gewiss hoher Steuersatz, der eine weitere Steigerung schwer zuliess. Und bei Zugrundelegung der Progression der Regierung, die schon bei 6000 fl. 180 Einheiten festsetzte, betrug die Steuer von dieser Einkommenshöhe 6.$_1$ Procent und bei 70.000 mehr als 10 Procent.

Einer ungemein schwierigen Frage stand man bezüglich der Nachlässe gegenüber. Es war zweifellos, dass die Regierung die Gewährung von Nachlässen in erster Linie aus dem Grunde ins Auge gefasst hatte, um die öffentliche Meinung günstiger für ihr Project, welches in der Einkommensteuer gipfelte, zu stimmen. Unrichtig wäre es jedoch, dieses Motiv als das einzige zu bezeichnen. Die Personaleinkommensteuer machte die Beseitigung der bisherigen Einkommensteuer nothwendig, wodurch in erster Linie, wie man annahm, den Gewerbetreibenden eine be-

deutende Entlastung zu Theil wurde, und da die Regierung es nicht wagte, die gegenwärtigen Erwerbsteuersätze
derart zu erhöhen, dass dadurch die von den Erwerbsteuerpflichtigen bisher unter verschiedenen Titeln auf-
gebrachte Summe auch künftighin prästirt werde, so fand
sie den Ausweg einer Herabsetzung der Gebäude- und
Grundsteuer um 10 Procent, wodurch sie allen Schichten
der Steuerträger ein Sträusschen darreichte. Seit Jahren
hatte man bei den Steuerreformen die Phrase gebraucht,
dass man durch dieselben eigentlich eine Steuererhöhung
nicht erzwecke, sondern nur eine Steuerausgleichung, und
man wähnte diese Behauptung dadurch zu verwirklichen,
indem man sich vorsetzte, als Ertragssteuer kein höheres
Postulat zu stellen, als es bisher der Fall war. Das Plus,
welches man erwartete, sollte einzig und allein durch die
Einkommensteuer hereingebracht werden. Nunmehr setzte
man sich vor, die Steuerausgleichung durch eine einfache
Herabsetzung der Steuer zu erreichen. Ehe man sich in
die Einzelnheiten der Regierungsvorlagen vertieft hatte,
machte gerade dieser Vorschlag einen fascinirenden Eindruck und gewann die öffentliche Meinung für die provisorische Reform. Welcher Steuerträger ist nicht freudig
erregt, wenn er das Wort Nachlass hört! Mochte auch
die Personaleinkommensteuer an seinen Geldbeutel Ansprüche erheben, als Grundsteuerträger oder Hausbesitzer
hatte er jedenfalls weniger zu entrichten.

Die Regierung hatte es verabsäumt, in ihrem ungemein dürftigen Motivenberichte dieser Frage eine eingehende Begründung zuzuwenden und die von ihr befürwortete Herabminderung der Steuer zu rechtfertigen oder
nur andeutungsweise zu erklären. Die Andeutungen, welche
sie gab, gingen über einige allgemeine Sätze nicht hinaus.
Durch die Nachlässe sollte eine gleichmässigere Vertheilung der Ertragssteuern angebahnt werden. Gewiss ein
würdiges Ziel, allein ein nur einigermassen haltbarer

Beweis, dass selbe durch die Vorschläge erreicht werden
dürfte, wurde nicht erbracht. Die grossen Differenzen, die
bei der Grundsteuer obwalten, werden durch eine gleichmässige 10procentige Herabsetzung nicht im Entferntesten
ausgeglichen. Denn, wenn das eine Land mit einem durchschnittlichen Steuersatze von 1.6 fl. per Joch gegenüber
einem anderen mit 60 kr. per Joch zu stark getroffen
wird, so ändert sich an dem Verhältnisse nichts, wenn
künftig 1 fl. 44 kr. und 54 kr. vorgeschrieben werden.
Böhmen und Mähren, deren Kataster spät zum Abschlusse
kamen, sind den übrigen katastrirten Ländern gegenüber
stärker belastet, und vollends erst im Vergleiche mit Galizien, Tirol und Vorarlberg, wo die Grundsteuer nach
ganz anderen Grundlagen bemessen ist. Die verhältnissmässig stärkere Belastung jener Länder blieb unverändert,
trotz der Herabminderung von 26²/₃ Procent auf 24 Procent.

Ebensowenig liess sich der Beweis erbringen, dass
eine Gleichmässigkeit der Gebäudebesteuerung auf diesem
Wege erreichbar sei. Die Regierungsvorschläge bargen
im Gegentheil manche Härten in sich. Nicht darauf
braucht Gewicht gelegt zu werden, dass Tirol und Vorarlberg zur Gebäudesteuer nicht herangezogen wurden, allein
während die ursprüngliche Gebäudesteuer eine Ermässigung
um 10 Procent durch Herabsetzung des Steuersatzes von
26²/₃ auf 24 Procent erhielt, wurde für die ausgedehnte
Hauszinssteuer eine Erhöhung von 20 auf 24 Procent in
Antrag gebracht. Nun befinden sich die der ursprünglichen
Hauszinssteuer unterliegenden Gebäude zumeist in Städten,
die im Laufe des letzten Jahrzehnts an Bevölkerung zugenommen hatten, wodurch es den Hausbesitzern ermöglicht
wurde, einen grossen Theil der Steuer, vielleicht auch die
ganze, auf die Miethe durch Erhöhung des Zinses abzuschieben, und wenn auch in einigen Orten, die der ausgedehnten Hauszinssteuer unterliegen, ähnliche Verhältnisse
obwalten, so ist dies doch nicht durchweg der Fall, und

eine Erhöhung der Steuer von 20 auf 24 Procent vom steuerbaren reinen Miethzinsertrage würde in den meisten Fällen
die Hausbesitzer treffen, eine um so schwerer wiegende
Last, als dieselben gleichzeitig mit einer neuen Steuer,
der Personaleinkommensteuer, belegt werden sollten. [1]

Die meisten Einwendungen liessen sich gegen den
geplanten Nachlass bei der Erwerbsteuer erheben. Denn
dieselbe sollte nicht bei allen Classen der Steuerpflichtigen
in gleichmässiger Weise herabgesetzt werden; die unteren
Classen erhielten einen kleineren Nachlass als die höheren,
und doch liess sich der stringente Beweis erbringen, dass
gerade diese Schichten der Bevölkerung durch die Personaleinkommensteuer in schärferer Weise herangezogen
würden als die wohlhabenderen Classen. Viele Erwerbtreibende unterlagen bisher blos der Erwerbsteuer ohne
Einkommensteuerdrittelzuschlag, deren künftige Heranziehung zur Personaleinkommensteuer und damit auch
eine höhere Steuerleistung zweifellos war. Dagegen liess
sich der Beweis erbringen, dass durch die Herabminderung der Erwerbsteuer in den oberen Tarifclassen um
mehr als 20 Procent viele Kategorien von Erwerbtreibenden künftig an Erwerbsteuer und Personaleinkommensteuer weniger zu prästiren haben würden als nach dem
bisherigen Besteuerungsmodus; von ausgleichenden Wir-

---

[1] Ein Beispiel möge das Gesagte beleuchten. Ein Hausbesitzer in
einem Orte mit ursprünglicher Hauszinssteuer zahlt gegenwärtig für den
steuerbaren reinen Zinsertrag von 2000 fl. 533 fl. 20 kr., nach der Regierungsvorlage wird ihm bei Festsetzung einer Steuer von 24 Procent ein
Nachlass von 53.3 fl. gewährt, eine Summe, die nicht im Entferntesten durch
die Personaleinkommensteuer eingebracht wird. Der Hausbesitzer in einem
Orte mit ausgedehnter Hauszinssteuer steuert gegenwärtig 400 fl. und sollte
nach der Regierungsvorlage künftig 440 fl. entrichten und überdies noch der
Einkommensteuer unterliegen. Der erste erhält daher bei der Ertragssteuer
eine Ermässigung um 10 Procent, der andere wird um 10 Procent in seiner
Steuergebühr erhöht, eine Summe, die in den meisten Fällen aus seiner
Tasche fliesst, da er nicht in die Lage kömmt, sie auf andere Schultern ab-
zuwälzen.

kungen der Personal-Einkommensteuer konnte keine Rede sein.

Es soll nicht unerwähnt bleiben, dass sich auch hinsichtlich der Besteuerung der Beamten Inconvenienzen ergaben, die vielfachen Widerspruch hervorriefen. Die gegenwärtige Besteuerung der Beamten ist bekanntlich für die höheren Kategorien eine verhältnissmässig hohe, während die niederen Beamten nicht stark getroffen werden. Wurde nun das Einkommensteuerpatent vom 29. October 1849 aufgehoben und unterlagen die Bezüge der Beamten blos der Personaleinkommensteuer, so stellte sich durch vorgenommene Berechnungen heraus, dass die Beamten bis zu einem Gehalte von 2500 fl. belastet, jene mit einem höheren Bezuge entlastet würden. Um diesem Uebelstande abzuhelfen, plante man die Schaffung einer mässigen Beamtensteuer als Ertragssteuer, welcher jedoch naturgemäss nur die höheren Beamten unterworfen sein sollten, wobei jedoch unbeachtet blieb, dass bei einer variablen Steuer, wie die Personaleinkommensteuer, der Steuersatz eine beträchtliche Erhöhung erfahren und damit eine noch höhere Belastung der höheren Beamtenkategorien zur Folge haben konnte, als thatsächlich der Fall war.

Die principielle Frage, die bei jedem Nachlasse einer Ertragssteuer in Betracht kommt, wurde von der Regierung in ihrer schriftlichen und mündlichen Begründung nicht einmal berührt. Wer entrichtet die Steuer, wie und in welchem Ausmaasse wird die Steuer überwälzt, ist die Ueberwälzung eine dauernde oder eine zeitweilige und lässt sich damit ein Nachlass rechtfertigen? Diese und andere Gesichtspunkte, die bei einer endgiltigen Entscheidung jedenfalls Erwägung verdienen, wurden ganz bei Seite gelassen. Entscheiden auch bei Steuerreformen nicht theoretische Erwägungen, so rächt sich doch die Vernachlässigung der Theorie bitter.

Allerdings hat die Theorie diesen Gegenstand nicht in vollster Schärfe erfasst. Es fehlt nicht an zum Theil zutreffenden Bemerkungen, aber die Lösung wurde vielfach dadurch erschwert, indem man die Abwälzung blos in ihrer Allgemeinheit erörterte, und nicht in ihrer concreten Anwendung auf die einzelnen Steuern ins Auge fasste. Denn nicht alle Steuern sind abwälzbar, auch ist die Form und die Ausdehnung der Abwälzung keine gleichmässige bei jenen Schatzungen, wo sie factisch eintritt. Jede Gattung von Steuern muss in ihrer Besonderheit betrachtet werden.

Fraglos ist die Abwälzungsfähigkeit der Grundsteuer. In vielen Gesetzgebungen hat der Gedanke Ausdruck gefunden, dass die Grundsteuer die Natur einer Reallast, eines Bodenzinses annehme. Hierauf beruhte die Ablösbarkeit der Landtaxe in England. Von ähnlichen Gesichtspunkten war man dort geleitet, wo man bei Einführung der Grundsteuer für bestehende Realbefreiungen eine Entschädigung gewährte, z. B. in Sachsen 4 Mill. Thaler. Hiernach hat die Steuer für den Grundbesitzer die Wirkung einer jährlichen von dem Grundstücke zu entrichtenden Rente, die bei den Kaufpreisen berechnet wird; hierin lag „der einzige haltbare Grund für Gewährung einer Entschädigung an die ehemals steuerfreien Grundbesitzer; ihre Grundstücke, welche sie etwa wegen der Befreiung theurer erwarben, wurden durch Auflegung der Steuer um deren capitalisirten Betrag im Werthe vermindert, und gerade dieser capitalisirte Betrag wurde ihnen als Entschädigung gewährt". [1]) Von ähnlichen Ansichten geleitet ging man in Preussen bei der Grundsteuerregelung

---

[1]) Bericht der ausserordentlichen Deputation der sächsischen zweiten Kammer für die Steuerreformfrage. Bei den Verhandlungen in Sachsen wurde diese Frage in eingehender Weise erörtert und die Ansichten lassen sich dahin zusammenfassen: Was die Grundsteuer anbelangt, so sei es eine allgemein anerkannte Thatsache, dass dieselbe bei längerem Bestande wie eine

aus. Bezüglich Baierns sprach sich ein gewiegter Kenner
wie Helfreich dahin aus, „dass mindestens der zehnte
Theil, höchstens der sechste Theil, durchschnittlich also
der achte Theil der Grundsteuer als nicht die Bodenrente
selbst treffend, ⁷⁄₈ derselben als reine Bodenrentensteuer
anzusehen sind, um deren Capitalswerth die Preise der
Grundstücke sich niedriger stellen, als sie ohne diese
Steuer sein würden". „Der Staat," fährt Helfreich fort, „als
Steuerberechtigter ist thatsächlich in den Genuss des der
Steuer entsprechenden Bodenertrages und damit auch des
Bodenwerthes getreten; nur ein kleiner Theil derselben
fällt als Abgabe vom Ertrage der Arbeit und des landwirthschaftlichen Gewerbscapitals auf den Grundbesitzer
selbst." [1]) In Oesterreich, wo die Grundsteuer im Laufe
der letzten Jahrzehnte mehrfache Erhöhungen erfuhr, wird
man allerdings nicht behaupten können, dass die Grundsteuer in ihrem vollen Betrage bereits sich zum Boden-
zinse krystallisirt hat. Allein jedenfalls ist dieses bei jenen
Summen der Fall, die vor 1850 als Grundsteuer erhoben
wurden. Dasselbe dürfte von dem durch Patent vom
10. October 1849 die Einkommensteuer vertretenden Drittelzuschlage gelten. Während der letzten Jahrzehnte, wo

---

Art Reallast wirke. Es seien zwar Fälle denkbar, auf welche diese Behauptung keine oder nicht allgemeine Ausdehnung finde. Intelligente Grundbesitzer
werden in Folge einer Steuererhöhung bemüht sein, durch erhöhte Production
den Mehrbetrag einzubringen. Aber eine derartige Verbesserung der Cultur
werde nicht immer und überall eintreten, da Mangel an Einsicht und Capital
einen Hemmschuh bilden. Auch die zunehmende Höhe der Bodenpreise sei
kein Argument gegen die Reallasttheorie, da bei der Preissteigerung andere
Momente mitwirken, denn wenn auch die Preise der Grundstücke trotz der
Steuererhöhung zunehmen, so würden dieselben doch noch höher stehen,
wenn die Steuer sich gleich geblieben wäre. Auch müsse ins Auge gefasst
werden, dass der Erwerber von Grund und Boden nicht so sehr die höchste
Fructificirung ins Auge fasst, sondern in der grösseren Sicherheit des Besitzes ein Compelle für die geringere Verzinsung des Capitals findet und
auch durch die sonstigen Annehmlichkeiten und Vortheile entschädigt wird.

[1]) Tübinger Zeitschrift für Staatswissenschaften. 1873. Bd. 29, S. 560.

sich ein beträchtlicher Umschlag in dem Güterbesitze vollzog, hat der Käufer den Steuerbetrag bei dem Kaufschilling in Rechnung gebracht. Nur der seit 1868 zur Erhebung gelangende ausserordentliche Steuerzuschlag dürfte noch vielfach als Steuer empfunden werden.

Allein hievon abgesehen, standen gewichtigere Bedenken der Steuerermässigung entgegen. Ein besonderes Gewicht wurde darauf gelegt, dass namentlich den ärmeren Classen eine Steuererleichterung zu Theil würde und nahezu 95 Procent der agricolen Bevölkerung an der Begünstigung Nutzen ziehen dürften. Andererseits konnte jedoch darauf hingewiesen werden, dass der Werth dieser Entlastung ein höchst problematischer sei, da die wirthschaftlichen Verhältnisse des Einzelnen keineswegs gebessert würden, wenn die Steuerzahlung um 50 kr. bis 1 fl. herabgemindert würde, und ein Nachlass bei diesen Classen auch aus dem Grunde nicht gerechtfertigt werden könnte, da dieselben bei einer Steuerfreiheit des Einkommens unter 600 fl. der neuen Personaleinkommensteuer nicht unterliegen würden. Auch der 10procentige Ausfall bei der Grundsteuer fiel im Ganzen mit 3.$_{06}$ Mill. fl. schwer ins Gewicht und lief in letzter Instanz auf eine Ueberwälzung dieser Steuersumme auf die Einkommensteuer hinaus.

Nach den spärlichen Andeutungen der Regierung sollte, wie erwähnt, die Herstellung einer grösseren Gleichmässigkeit bei der Auftheilung der Ertragssteuer durch Beseitigung der zwischen den einzelnen Verwaltungsgebieten und innerhalb dieser in Bezug der auf derselben Objecte bestehenden Verschiedenheiten bewerkstelligt werden. Es ist jedoch klar, dass dieses Ziel durch die Vorschläge der Regierung nicht erreicht wurde. Wie schon im ersten Capitel dargelegt wurde, besteht die Klage, dass die verschiedenen Länder in keinem gleichmässigen Verhältnisse von der Grundsteuer getroffen werden. Daran ändert der Regierungsvorschlag gar nichts, denn die Ermässigung

von 10 Procent kommt allen Ländern zu Gute und die
bestehenden Ungleichheiten werden nicht ausgeglichen, die
schroffen Differenzen in der Besteuerung des Grundes und
Bodens selbst innerhalb eines und desselben Landes, wie
z. B. in Galizien zwischen den östlichen und westlichen
Theilen des Landes, bleiben fortbestehen.

In verschiedener Weise vollzieht sich die Ueberwälzung
der Steuer bei der Gebäudesteuer. Bei der Hauszinssteuer
hat der Miether der Wohnungen die Steuer zu tragen:
jeder Steuererhöhung folgt in der Regel eine Steigerung
der Miethzinse auf dem Fusse nach in allen im Wachs-
thume begriffenen Orten, d. i. in allen grösseren Städten,
die namentlich in den letzten Jahrzehnten einen bedeutenden Zuzug vom Lande erhalten haben. In den kleineren
Städten mit stationärer Bevölkerung dürfte eine Steigerung der Miethzinse, daher eine Ueberwälzung der Steuer
nur in den besser gelegenen Häusern erfolgen, während
in den meisten Fällen der Hausbesitzer die Steuer zu
tragen hat, wenn er nicht etwa nach erfolgter Steuererhöhung in den Besitz des Hauses durch Kauf gelangt
ist, in welchem Falle er möglicher Weise durch einen
geringeren Kaufpreis die Steuer auf den Verkäufer
dauernd überwälzt hat.

Einen ganz verschiedenen Charakter hat die Gewerbesteuer; ihrem Wesen nach ist sie eigentlich eine nach äusserlichen Merkmalen veranlagte Einkommensteuer. Die man-
gelhafte Form ihrer Veranlagung bewirkt aber, dass es
an Versuchen zur Ueberwälzung nicht fehlen kann. In
wie weit und in welchen Fällen diese Ueberwälzung erfolgt, lässt sich schwer genau bestimmen. Ganze Classen
von Steuerpflichtigen, so zumeist die kleinen Gewerbe-
und Handelstreibenden, der kleine Krämer, der Schuster
und Schneider in kleinen Orten, sind nicht in der Lage,
einen aliquoten Theil der Steuer dem Producte zuzu-
schlagen. Der Sortimentsbuchhändler, der seinen Gewinn

nur in dem ihm gewährten Rabatt von 25 bis 33 Procent
zu suchen hat. wird ein Buch zum selben Preise verkaufen, ob nun die Steuer hoch oder niedrig ist; eine
Ueberwälzung auf den Käufer ist ihm durch die Bestimmung des Preises von Seite des Buchhändlers unmöglich
gemacht.

Die Zahl der Erwerbsteuerträger, denen es gelingen
kann, durch eine Steigerung der Preise die Steuer abzuschieben, ist eine beschränkte. Am leichtesten wird einem
Monopolbesitzer die Abwälzung gelingen, sodann allen
Industriellen, die durch einen starken Zoll gegen die ausländische Concurrenz geschützt sind; bei letzteren wird
dies jedoch nicht immer der Fall sein, z. B. dann nicht,
wenn eine ausgiebige innere Concurrenz vorhanden ist.
In der Regel wird man behaupten können, dass es dem
Grossindustriellen eher möglich ist, die Steuer auf den
Preis des Productes zu schlagen, und unter den Kaufleuten
den Specereihändlern und ähnlichen geschäftlichen Unternehmungen, welche Mittel genug haben, ohne gerade den
Preis der Waare zu erhöhen, eine in Folge der Steuer
eintretende Mehrauslage von ihren Kunden bestreiten zu
lassen. In allen Fällen, wo die Steuerüberwälzung möglich
ist, hat die Erwerbsteuer den Charakter einer indirecten
Steuer, die nicht von Demjenigen entrichtet wird, der zur
Steuerzahlung nach dem Gesetze verpflichtet ist, sondern
von dem Käufer des Erzeugnisses.

Schon aus der Natur der verschiedenartigen Wirkungen der Steuern geht mit Evidenz hervor, dass die Nach-
lassfrage grosse, schwerwiegende Bedenken in sich barg.

Die Ermässigung der bestehenden Realsteuern, gewährt dem Realitätenbesitzer ein Geschenk, welches um
so weniger gerechtfertigt werden kann, wenn der jeweilige
Eigenthümer des Grund und Bodens oder des Hauses erst
nach Auflegung der Erhöhung der Steuer in den Besitz des
Steuerobjectes gelangt ist. Aber auch das Streben bei

reinen Ertragssteuern, auf irgend welchem Wege eine
Steuerausgleichung zu bewerkstelligen, muss misslingen,
denn eine jede Reform der Steuerveranlagung, welche zur
Folge hat, dass Einzelne in ihrer Steuerleistung erhöht
werden, Andere dagegen eine Verminderung erfahren,
confiscirt auf der einen Seite Vermögensbestandtheile und
erstattet Anderen Werthe zurück, auf welche sie keinen
Anspruch erheben können.

Der mangelnde Einblick in den eigentlichen Charakter
der Ertragsbesteuerung erklärt jene Entwürfe in Oesterreich, welche eine gänzliche Reform der Ertragsbesteuerung
bezwecken sollten. Wie wenig klar man sich darüber war,
geht aus einer Stelle der Motiven hervor, welche die
Ueberwälzbarkeit der Steuer nicht blos „als eine Folge
der Besteuerung des objectiven Einkommens", oder klarer
ausgedrückt, als ein Charakteristikon der Ertragssteuern
auffasst, sondern jede Steuer, auch die nach dem Reineinkommen eingelegte, je nach der Gestaltung des wirthschaftlichen Lebens für mehr oder weniger abwälzungs-
fähig ansieht.[1] Der Verfasser des Berichtes ist nicht zur
Einsicht gelangt, dass die reine Einkommensteuer durchaus nicht abgewälzt werden kann,[2] und es dürfte ihm
schwerlich gelingen, an einem Beispiel seine Behauptung
zu erweisen. Gerade ein sorgfältiges Studium der österreichischen Steuern hätte ihn davon überzeugen können,
dass manche Steuer, welche scheinbar eine Einkommensteuer genannt wird, blos durch die Form ihrer Erhebung
zur Ertragssteuer und mit der Abwälzungsfähigkeit behaftet wird, während sie in einer modificirten Gestalt den
Charakter der Einkommensteuer behalten hätte und daher
auch nicht abwälzbar gewesen wäre.

— · — —

[1] Seite 7 des Motivenberichtes zu den im Jahre 1874 eingebrachten
Entwürfen.
[2] Vgl. Prince-Smitth in der Zeitschrift für Volkswirthschaft und Cultur-
geschichte.

Jedoch nicht blos vom principiellen Standpunkte aus, sondern aus Rücksichten auf das finanzielle Ergebniss konnten stringente Einwendungen gegen die Anträge der Regierung erhoben werden. Die Regierung hatte die Summe der Nachlässe auf 8 Mill. fl. berechnet, zur Begründung ihrer Ansichten jedoch erst über wiederholtes Andringen des Ausschusses ausführliche Nachweisungen geliefert, aus denen jedoch sich herausstellte, dass man mit einem Ausfalle von 12., Mill. fl. zu rechnen haben werde. Hiernach fiel schon die Voraussetzung der Regierung zu Boden, dass sich in Folge der Personaleinkommensteuer ein Ueberschuss von 7 Mill. fl. ergeben werde, wenn nicht mehr als 15 Mill. fl. angesprochen und die Steuereinheit nach den Darlegungen der Regierung höchstens mit einem Gulden belegt werden sollte. Angestellte Berechnungen ergaben, dass, wenn der von der Regierung in Aussicht genommene Mehrertrag — 7 Mill. fl. -- hereingebracht werden sollte, die Einheit jedenfalls mit einem höheren Satze als mit einem Gulden werde belegt werden müssen, weshalb auch mit Recht befürchtet wurde, dass die Einkommensteuer wesentlich geschädigt würde, wenn gleich bei der Einführung derselben grosse Beträge aufgebracht werden sollten. Logische Consequenz führte dazu, von der Herabminderung der bisherigen Ertragssteuer vollständig abzusehen und blos jene Bestimmungen zu beseitigen, die mit der neuen Steuer absolut unvereinbar wären.

Die wichtigsten Bestimmungen des Personaleinkommensteuergesetzes wurden über alle Fährlichkeiten und Angriffe im Plenum des Hauses durchgerettet, und die beantragten Abänderungen, welche die Majorität erhielten, berührten das Wesen des Gesetzes nicht. Die Erhöhung des Existenzminimums und eine Modification der Scala waren die essentiellsten Ergebnisse der Plenarberathung. Die Contingentirung der Steuer und zwar vor der Einschätzung wurde nach einem harten Kampfe zum Beschlusse erhoben. Selbst Bestimmungen, die als ein Novum angesehen werden mussten, da sie in der Gesetzgebung anderer Länder bisher wenigstens keinen Eingang gefunden, stiessen auf geringeren Widerstand, als man zu erwarten berechtigt war; so die ausnahmslose Fassionspflicht, die Veröffentlichung der Einschätzungsresultate und die Berechtigung eines jeden ·Steuerpflichtigen zu reclamiren, und zwar nicht nur, wenn er das für ihn ermittelte Einkommen zu hoch, sondern auch, wenn er das eines anderen Steuerpflichtigen zu nieder findet oder Jemanden, der unter den Steuerpflichtigen nicht erscheint, für steuerpflichtig hält, gewiss Bestimmungen die von der Theorie einmüthig gefordert, gegen deren Einführung in der Praxis aber Bedenken erhoben werden.

In den Mängeln des Veranlagungsverfahrens in Preussen liegt die Erklärung für die unbestreitbare Thatsache, dass ein beträchtlicher Theil der Einkommensteuerpflichtigen erheblich zu niedrig veranlagt ist. Und nur durch eine genaue Ermittlung des wirklichen Einkommens ist die Möglichkeit geboten, die allgemeine Beitragspflicht zu den Staatslasten in vollstem Maasse zu verwirklichen. Schon längst fühlte man daher in den massgebenden Kreisen Preussens das tiefe Bedürfniss nach Abänderung der bestehenden Normen, die in dem Gesetze von 1851 ihren Ausdruck fanden. Der Schwerpunkt bei der Veranlagung der Einkommensteuer liegt in Preussen nicht bei den Einschätzungscommissionen, sondern in der Reclamationsinstanz, aber diese kommt selten in die Lage, eine nähere Ermittlung des steuerpflichtigen Einkommens bewerkstelligen und auf die Angaben der Steuerpflichtigen zurückgreifen zu können, weil die Zahl der Reclamanten gegen die Einschätzung eine verhältnissmässig geringe ist. In den Kreisen der Regierung war man sich auch bewusst, dass das erste und wesentlichste Mittel, um eine richtige und gleichmässige Veranlagung herbeizuführen, die Selbst-

einschätzung sei. Von der Erwägung geleitet, heisst es
in den Motiven zu dem im Jahre 1860 vorgelegten Entwurfe, einige Abänderungen der Einkommensteuer betreffend, dass der Grundsatz der Selbsteinschätzung der
eines freien und intelligenten Mannes würdigste ist, weil
er davon ausgeht, dass Jeder sich seiner Pflichten gegen
den Staat bewusst sei, fordert der Entwurf von jedem
Einwohner des Staates, welcher nach den von dem Vor-
sitzenden der Einschätzungscommission gesammelten Nachrichten für einkommensteuerpflichtig zu erachten ist, die
Angabe seines Einkommens. Diese Ansichten fanden jedoch in Preussen keinen Anklang und das revidirte Ein-
kommensteuergesetz vom Jahre 1873 entspricht in dieser
Beziehung nicht den Anforderungen; in Oesterreich berief
man sich auf die Verhandlungen im preussischen Landtage, um die Selbsteinschätzung zu Falle zu bringen, allein
es gelang, den Vorschlägen der Regierungsvorlage die
Majorität zu verschaffen.

Die Verhandlungen stauten sich an einer principiellen
Frage schwierigster Art: nämlich ob die autonomen Körperschaften, Länder, Bezirke und Gemeinden berechtigt sein
sollen, Zuschläge zur Einkommensteuer zu erheben. Die
Regierungsvorlage enthält darüber kein Wort. Nicht als
ob die Nothwendigkeit einer gesetzlichen Bestimmung ihr
entgangen wäre, aber sie wagte keine Entscheidung zu
treffen und wähnte durch ein kluges Schweigen die Lösung
einer Frage wenigstens vorläufig zu vertagen, die jedenfalls zu Controversen Anlass geben und die rasche Erledigung der Entwürfe hindern würde.

Im Ausschusse überwog die Ansicht, dass die Personaleinkommensteuer von allen Zuschlägen befreit werden
müsse, wenn sie dem Staate ergiebige Einnahmen zuführen
sollte. Die enorme Höhe der Zuschläge in einzelnen Gebieten musste auf die Fassionen und auf die Einschätzungen
Einfluss üben und eine Unterwerthigkeit derselben bewerk-

stelligen. Die in Preussen gemachten Erfahrungen konnten
nicht unbeachtet bleiben, wo die hohen Zuschläge in einigen
Städten der Rheinprovinz auch die verhältnissmässig geringen Einschätzungsergebnisse zur Folge haben.

Allein nicht blos mit Rücksicht darauf, sondern auch
principiell lässt sich die Zuschlagswirthschaft zur Einkommensteuer bemängeln. Denn es wurde nicht eine fixe
Personalsteuer ins Auge gefasst, sondern eine variable
Steuer, die den wechselnden Bedürfnissen des Staatshaushaltes Rechnung tragen sollte. Mochte vorläufig auch ein
geringes Contingent angesprochen werden, eine Gewähr
für die Dauer besass man nicht. Und wenn schon die Erwägung einer möglichen Erhöhung des Contingents auf
die Fassionen nicht ohne Rückwirkung bleiben konnte,
so musste die Gestattung von Zuschlägen die Gefahr
unrichtiger Einkommensbekenntnisse noch erhöhen. Die
von Gneist einige Zeit später ausgesprochenen Ansichten
fanden eifrige Vertreter; man kann behaupten, dass bei
der Begründung fast dieselben Worte gebraucht wurden:
die Einkommensteuer sei die einzige einer elastischen Ausdehnung fähige Steuer, welche sich der Staat vorbehalten
müsse; in Zeiten des Krieges werde man vielleicht ge-
zwungen sein, 50 bis 100 und mehr Procente zu fordern.[1]

Hierüber herrschte Einmüthigkeit; nur darüber gingen
die Ansichten auseinander, ob die Reichsvertretung berechtigt sei, eine Bestimmung, welche die Einkommensteuer von allen Zuschlägen befreite, gesetzlich festzustellen. In den Landtagsordnungen vom Jahre 1861 wurde
den Ländern das Recht eingeräumt, Zuschläge zu den
directen Steuern bis zu 10 Procent zu erheben, und nur
darüber hinausgehende Beträge bedürfen der kaiserlichen
Sanction. Die Autonomisten nahmen nun dasselbe auch
für die Personaleinkommensteuer als eine directe Steuer

---

[1] Vgl. Gneist, Die Steuerreform in Preussen. Berlin 1878. S. 6.

in Anspruch und bekämpften die Auffassung, dass die Bestimmung der Landtagsordnungen doch nur auf die zur
Zeit der Erlassung derselben bestandenen directen Steuern,
mit nichten aber auf die künftig etwa einzuführenden
Steuern sich beziehen könne, bei welchen der Reichsvertretung unbedingt das Recht gewahrt sein müsse, sie
ausschliesslich für sich in Anspruch zu nehmen. Von mancher Seite wurde Letzteres wohl zugegeben, aber unter dem
ausdrücklichen Vorbehalte, dass hiezu wie zu jeder Ver-
fassungsänderung die Zweidrittelmehrheit erforderlich sei.

Leider liess sich der stricte Beweis nicht erbringen,
dass der Haushalt der autonomen Organe durch die geplante Steuerreform nicht verkürzt würde. Denn in einzelnen Ländern wurde die Umlagsbasis für die Zuschläge
durch die Nachlässe herabgemindert, nämlich dort, wo die
Zuschläge nicht vom Ordinarium und dem Einkommensteuerdrittel allein, sondern auch von dem ausserordentlichen Zuschlage erhoben werden. Anstatt wie bisher
z. B. bei der Grund- und Häusersteuer von $26^2/_3$ Procent
die jährliche Umlage zu berechnen, konnte dies künftig
nur von 24 Procent geschehen. Die Umlagsbasis wurde um
10 Procent herabgemindert. Bei dieser Realsteuer war
dieser 10procentige Wegfall ohne Tragweite. Denn es
kam schliesslich auf dasselbe hinaus, ob von $26^2/_3$ fl. 25 Procent Zuschläge erhoben wurden, oder ob von 24 fl. der
entsprechende Betrag gefordert würde. Nur die eine Personalsteuer entrichtenden Steuerpflichtigen erhielten eine
Erleichterung, da in den höheren Tarifclassen der Erwerbsteuer die Herabminderung nicht 10, sondern mehr Procent betrug, die Einkommensteuer erster Classe zum
grösseren Theile, jene zweiter Classe ganz hinwegfiel, wodurch in manchen Ländern nicht unbeträchtliche Steuerbeträge für Umlagen entgingen und eine schärfere Heranziehung des Realbesitzes für die Bestreitung des autonomen
Haushalts in Sicht stand.

Im Ausschusse setzte man sich über diese Schwierigkeiten durch die Zusage der Regierung, gleichzeitig mit
der ersten Erhebung der Personaleinkommensteuer Vorlagen
an die Länder zu machen, hinweg; im Hause heischte man
einen klareren Einblick, indem die Länder selbst in jenen
Kreisen Anwälte fanden, deren Reichsgesinnung zweifellos war.

Indess selbst bei Gestattung von Zuschlägen zur
Personaleinkommensteuer, etwa durch Aufnahme der in
den Landtagsordnungen enthaltenen Bestimmung in das
Gesetz, waren nicht alle Schwierigkeiten beseitigt. Die
Ertragsteuern als eine Objectsbesteuerung kommen in jenen
Orten zur Erhebung, wo sich das ertragsbringende Object
befindet, da die wirthschaftende Person bei Veranlagung
und Bemessung der Steuer ganz ausser Betracht bleibt.
Uebereinstimmend mit dem Charakter der Personaleinkommensteuer enthielt das Gesetz die Bestimmung, dass
dieselbe dort bemessen würde, wo die steuerpflichtige
Person ihren ordentlichen Wohnsitz hat. Viele Vertreter
hielten es im Interesse der Gemeinden für ihre Pflicht,
dagegen Widerspruch zu erheben, da sonst für einige Communen eine Verkürzung ihrer Einnahmen unvermeidlich
blieb. Von einer Fabrik z. B. wurde bisher die Erwerbsteuer
und die Einkommensteuer in dem Orte ihres Bestandes
erhoben, selbst wenn der Besitzer derselben in der Landeshauptstadt seinen ständigen Wohnsitz hatte. Nach durch-
geführter Steuerreform konnte blos die Erwerbsteuer
an dem Standorte der Unternehmung bemessen werden,
mit nichten aber die Personaleinkommensteuer, wodurch
natürlich für viele Communen, und zum Theile auch für
andere autonome Organe ein nicht unbedeutender Ausfall eintrat.

Eine Fülle von Anträgen wurde gestellt, um die
autonomen Körperschaften vor Einbusse zu schützen, und
. dem Ausschusse zur Berathung und Antragstellung zu-

gewiesen. Eine Erledigung der einschneidenden Frage
erfolgte nicht.

Die Steuerreform war gescheitert. Eine Fülle von
Kraft und Zeit schien umsonst angewendet worden zu
sein. Zum Theil trifft die Schuld die Regierung. Nicht
das wird man ihr zum Vorwurfe machen können, dass sie
das Reformwerk Anfangs zu gross anlegte, obgleich dies
unseres Erachtens ein nicht gering in die Wagschale
fallender Fehler war. Solch umfassende Projecte, die eine
gänzliche Umgestaltung bestehender Steuerformen erstre-
ben, können nur von einer starken, zielbewussten Regierung
in Zeiten patriotischen Enthusiasmus' und grosser Opfer-
freudigkeit unter Anwendung eines gewissen Hochdruckes
durchgesetzt werden. Die Volksvertretung wird in einem
solchen Falle nicht nergeln und nicht jeden einzelnen Paragraph unter der Lupe kritisch prüfen, sondern nur die grossen
Gesichtspunkte ins Auge fassen. Es war nicht die Schuld
Pleners, wenn seine Vorlagen nicht erledigt wurden: das
Parlament wurde aufgelöst, ehe es sein Votum abzugeben
in die Lage kam. Die Brestel'schen Vorlagen waren bis
auf die Einkommensteuer durchberathen, da trat das Bürgerministerium zurück und die Nachfolger hatten mit staatsrechtlichen Fragen vollauf zu thun. Das Ministerium
Auersperg-Lasser knüpfte zuerst an die Brestel'schen Vorlagen an und kam erst im Laufe der Zeit zur Erkenntniss,
dass eine Reform der Ertragssteuern, wenn sie überhaupt
zur Durchführung gelangte, erst nach Jahren dem Staate
die sehnlichst erwarteten Zuflüsse zuführen werde. Mitten
in der Berathung kam die sogenannte provisorische Reform.
Trotz vieler Bedenken wäre es vielleicht geglückt den
Hafen zu erreichen, aber es fehlte der Regierung die erforderliche Energie, wodurch allein es glücken konnte, die
Zustimmung den legislativen Körperschaften zu entreissen.

Die Steuerpolitik eines jeden Staates, welche sich
lange Zeit hindurch in dem Geleise des Ertragssteuer-

systems bewegte, hat bei etwaigen Reformbestrebungen
mit grossen Schwierigkeiten zu kämpfen. Der moderne
Staat heischt mit unerbittlicher Nothwendigkeit eine
Steuer, welche sich mit den regelmässig steigenden Bedürfnissen desselben in Einklang bringen lässt und eine
Erhöhung oder Ermässigung der Steuerleistung ermöglicht,
je nachdem die Ausgaben sich steigern oder vermindern.
„Was wir brauchen," bemerkt Helfreich treffend, „ist eine
Steuereinrichtung, welche es möglich macht, mit der Steuer
dem wechselnden Finanzbedürfnisse entsprechend hinauf-
und herabzugehen, ohne die Steuerpflichtigen gar zu verschieden zu belasten. Das muss das Ziel einer jeden
Steuerreform sein." Diese für Baiern berechneten Worte
passen durchwegs auf alle Staaten. Auch in Oesterreich
lag der wesentlichste Mangel der bisherigen Besteuerung
darin, dass derselben diese nöthige Beweglichkeit mangelte,
und alle Reformbestrebungen suchten demselben abzuhelfen. Es wird immer ein vergebliches Bemühen bleiben,
die Ertragsbesteuerung diesem Grundsatze entsprechend
zu gestalten: immer und überall wird man zur Einkommensteuer gedrängt, sei es, dass man dieselbe an die
Stelle der bisherigen Ertragssteuer setzt, oder dass man
dieser einen einkommensteuerartigen Charakter zu geben
versucht, oder endlich, dass man die Einkommensteuer in
das bestehende System einzufügen sucht. Für jeden der
angegebenen Wege lassen sich Beispiele in der Gesetzgebung der verschiedenen Staaten anführen. Am schwierigsten ist das Bestreben, eine Reform der Ertragssteuern anzubahnen und gleichzeitig eine Einkommensteuer einzuführen. Denn so sehr man auch bemüht sein
mag, „Ertrag" und „Einkommen" auseinanderzuhalten
und den Schein zu erwecken, als erfolge die Besteuerung auf anderer Grundlage: es ist unmöglich, die Ertragssteuern so zu gestalten, dass ihnen nicht irgend ein,
wenn auch nur geringfügiges einkommensteuerartiges

Element beigemischt wird, und dann gelangt man zur
Doppelbesteuerung.

Es ist dieses auch die schwache Seite sämmtlicher
österreichischer Entwürfe seit 1863, eine Reform der bestehenden Steuern anbahnen und eine neue Steuer ein-
führen und rechtfertigen zu wollen. Und nichts machte
auch den Verfassern der verschiedenen Entwürfe so viele
Schwierigkeiten, als diesen Vorgang zu begründen.

In Oesterreich hätte man sich vorläufig darauf beschränken müssen, die gegenwärtige Ertragsbesteuerung
im Wesentlichen zu belassen. Hiemit war die Möglichkeit
von Nachlässen für die Zukunft nicht ausgeschlossen. Nur
mussten diese dem Zeitpunkte vorbehalten bleiben, bis die
Einkommenseinschätzung einigermassen haltbare Resultate
ergeben hatte, um mit voller Sicherheit beurtheilen zu
können, wie hoch der Betrag sein kann, der durch
die neue Steuer ohne allzu harte Belastung aufbringbar
ist. Einen ähnlichen Standpunkt nahm man in Baden ein,
als man sich mit der Einführung der Einkommensteuer
beschäftigte; von dem Ergebnisse der Einschätzungsresultate sollte es abhängig gemacht werden, in welchem Ausmaasse Nachlässe von den bestehenden Ertragssteuern einzutreten haben. In Sachsen wurden Veränderungen an
den Ertragssteuern vorgenommen, aber erst nachdem eine
zweimalige Einschätzung gezeigt hatte, welche Beträge
aus der Einkommensteuer ohne Ueberlastung der Steuerpflichtigen einfliessen können. In Oesterreich wäre man
durch Vertagung der Nachlassgesetze in der Lage gewesen, auch auf die Communalbesteuerung Rücksicht zu
nehmen, um bei Gewährung von Nachlässen dieselben den
autonomen Körperschaften zu überweisen.

Achtes Capitel.

Die Finanzen Ungarns.

— — —

Um ein zutreffendes Urtheil über die Finanzen der österreichisch-ungarischen Monarchie zu ermöglichen, ist eine Darstellung der Finanzverhältnisse der Länder der ungarischen Krone nothwendig, um so mehr, da über die transleithanische Hälfte der österreichisch-ungarischen Monarchie nicht ganz genaue Ansichten verbreitet sind. Die wenigen Schriften, die in den letzten Jahren über diesen Gegenstand erschienen sind, sind mehr kritischer Natur und gewähren keinen Einblick in das gesammte Gebiet der Finanzverwaltung. [1]

Mit welch' stolzem Selbstbewusstsein trat Ungarn in die neue Aera! Seine Weigerung, an der Staatsschuld Oesterreichs Antheil zu nehmen und sich blos mit einer bestimmten Quote abzufinden, entsprang dem Bestreben, für etwaige Anforderungen an den Geldmarkt auf den blanken Schild seines jungfräulichen Credits hinweisen zu können. Und dies geschah, nachdem die Bemühungen Lónyay's, die österreichischen Staatsmänner zu einer beträchtlichen Reduction der Zinsen der Staatsschuld zu bewegen, gescheitert waren.

———

[1] Horn, Ungarns Finanzlage. Wien 1874; Beruth, Die ungarischen Staatsfinanzen. Wien 1877.

Das neue Staatswesen lernte die grossen Erfordernisse einer durchaus selbstständigen Verwaltung erst allmälig kennen und die Einnahmen genügten bald dem
Bedarfe nicht. In den Jahren wirthschaftlichen Aufschwunges, als für jedes auch noch so gewagte Unternehmen der Geldmarkt sich bereitwillig zeigte, fanden
auch die ungarischen Staatsmänner zu hohen Zinsen das
Capital vor, um den Abgang im Staatshaushalte decken
zu können, und die ersten Finanzminister der Länder der
ungarischen Krone, auf die unerschöpflichen Hilfsquellen,
die sich nach und nach eröffnen sollten, vertrauend, erschienen jahraus jahrein zur Aufnahme von Anlehen in
Wien, um der Zukunft aufzuhalsen, was die Gegenwart
aufzubringen sich nicht fähig zeigte.

Indess schon nach wenigen Jahren erwachte die Erkenntniss, dass die vorhandenen Einnahmen zur Bestreitung des sich steigernden Staatsaufwandes nicht genügen und an eine Vermehrung derselben Hand angelegt
werden müsse. Das ungarische Parlament bekundete eine
seltene Opferwilligkeit durch Erhöhung der bestehenden
und Einführung neuer Steuern.

Die Normen für die Erhebung der Grundsteuer
blieben intact. Die Grundsteuer beträgt (nach dem Gesetzesartikel XXV, 1868) 20.70 Procent des Katastralreinertrages,
wozu noch 9 Procent Grundentlastungszuschlag kommen.
In Siebenbürgen wird die Steuer mit 13 Procent, der Grundentlastungszuschlag mit 22 Procent bemessen. In Croatien
und Slavonien betrug die Grundsteuer bis zum Jahre 1870
21.06 Procent, mit dem Grundentlastungszuschlage 30.75
Procent, seitdem wird sie daselbst in demselben Ausmaasse wie in Ungarn erhoben. [1] Die Hauszinssteuer wird
mit geringen Modificationen in ähnlicher Weise bemessen

---

[1] Im Jahre 1875 kam ein Gesetz behufs Rectification des Katasters
zu Stande, es ist uns jedoch nicht bekannt, wie weit die Arbeit bereits vor-
geschritten ist.

wie in Oesterreich. Das Abzugsprocent, welches in Oesterreich mit 15 und 30 fl. für je 100 fl. Bruttozins festgesetzt
ist, je nachdem das besteuerte Gebäude der „ursprünglichen" oder „ausgedehnten" Hauszinssteuer unterliegt,
wurde in Ungarn dahin abgeändert, dass Budapest einen
15 procentigen Abzug erhielt. Orte mit 10.000 Einwohnern
und jene, die zugleich eine Eisenbahn- oder Dampfschiff-
station haben, einen 20 procentigen, alle übrigen Orte
einen 30 procentigen Abzug bekamen Die Steuer ist eine
geringere als in Oesterreich; sie beträgt in Budapest
24 Procent, in Orten, wo die factisch vermietheten Wohnbestandtheile wenigstens die Hälfte der gesammten
Wohnungstheile ausmachen, 20 Procent, an allen anderen
Orten 16 Procent des Miethzinses.

Einschneidender sind die Aenderungen der Hausclassensteuer. Dieselbe wird blos nach drei Classen bemessen. In die erste Classe gehören diejenigen Gemeinden, in welchen nicht der dritte Theil der gesammten
Wohnbestandtheile vermiethet wird, in die zweite Classe
gehören die Städte „mit geregeltem Magistrate", in die
dritte Classe alle Orte, in denen mindestens ein Dritttheil
der gesammten Wohnbestandtheile vermiethet ist. Die
Steuer beträgt bei den Ortschaften der ersten Kategorie
80 kr. für Gebäude mit einem Wohnbestandtheil und steigt
bis 36 fl. bei 14 bis 15 Wohnbestandtheilen. Bei 16 und
mehr Wohnbestandtheilen ist für jeden Wohnbestandtheil
3 fl. zu entrichten. In den Ortschaften der zweiten Classe
steigt die Steuer von 1 bis 45 fl. und beträgt bei 16
und mehr Wohnbestandtheilen für jeden Wohnbestandtheil 4 fl., endlich in den Orten dritter Kategorie ist die
Steuer mit 1.2 bis 54 fl. bemessen und beträgt für Häuser
mit 10 und mehr Wohnbestandtheilen 5 fl. für jeden Wohnbestandtheil. [1]

---

[1] Gesetz vom Jahre 1875. XXIII.

Der Capitalszinsen- und Rentensteuer unterliegt alles Einkommen, welches durch die Grund-, Haus- und Erwerbsteuer nicht getroffen wird, und zwar die Zinsen, Dividenden und Renten aus den vom In- oder Auslande zufliessenden Lebensrenten, Witwengenüssen oder Familienrenten, die Capitalien, welche auf Schuldscheine gegen Sicherstellung durch Faustpfänder oder Hypotheken, oder auf einfache Schuldscheine, Wechsel u. s. w. dargeliehen worden sind, ferner alle Einkommen aus einer mit dem Grundbesitze verbundenen und ein Object der Grundsteuer nicht bildenden Realberechtigung, aus ungarischen Staatsobligationen u. s. w. Die Steuer beträgt für Lebensrenten, welche unter dem Titel des Witwenrechtes zum Unterhalte einer Witwe ausgefolgt werden, oder welche von Eltern für das den Kindern oder Enkeln überlassene Vermögen ausbedungen werden, 5 Procent, für alle anderen Lebens- und Jahresrenten 10 Procent. Hievon entfallen 70 Procent auf die Staatssteuer und 30 Procent auf den Grundentlastungsbeitrag. Von den Zinsen der ungarisch-siebenbürgischen, sowie der kroatisch-slavonischen Grundentlastungs-, dann der Weinzehentablösungsobligationen, endlich von den hypothecirten Urbarialablösungsobligationen werden blos 7 Procent erhoben. [1])

Durch den XXIV. Gesetzesartikel 1875 wurde die Besteuerung der zur öffentlichen Rechnungslegung verpflichteten Gesellschaften auf neuen Grundlagen geregelt. Vielfach sind die Besteuerungsgrundlagen rationeller als in Oesterreich. Das Steuerausmaass beträgt 10 Procent, wovon 30 Procent als Grundentlastungszuschlag, 70 Procent als Staatssteuer. Durch diese Bestimmung sind die zur öffentlichen Rechnungslegung verpflichteten Gesellschaften in Ungarn nicht so hoch besteuert wie in Oester-

---

[1]) Gesetzartikel XXII. 1875.

reich, da hier nebst einer 10 procentigen Staatssteuer noch
Zuschläge für die Grundentlastung erhoben werden.

Als Steuergrundlage dient in Ungarn gleichwie in
Oesterreich das Brutto-Einkommen, von dem die Ver-
waltungs- und Betriebsauslagen, die im Gesetze specialisirt
sind, in Abzug gebracht werden. Hieher gehören jene
Erträgnisse, welche bereits durch die Grund-, Haus- und
Bergwerkssteuer getroffen sind, oder der Capitalrentensteuer unterliegen, oder endlich von durch ein besonderes
Gesetz für steuerfrei erklärten Staatsschuldverschreibungen
herrühren, ferner die aus Anlass der ersten Organisirung
nothwendigen Auslagen, gewisse Amortisirungen und Abschreibungen. Anerkennenswerth ist die Bestimmung, dass
bei Versicherungsanstalten die zur Deckung der laufenden Risken auf die späteren Jahre übertragenen Prämien-
reserven und die für vorgekommene Schäden bereits festgesetzten, jedoch noch nicht zur Auszahlung gelangten
Gebührenbeträge steuerfrei bleiben.

Einschneidend sind die Aenderungen bezüglich der
Erwerbsteuer. Bis zum Jahre 1875 bestand die Einkommensteuer und mit einigen Modificationen die Erwerbsteuer in ähnlicher Weise wie in Oesterreich in Kraft.
Die geringen Erträgnisse veranlassten das vom 14. Mai
1875 sanctionirte Gesetz. Der Erwerbsteuer unterliegt
jeder Erwerb und jedes Einkommen, welches nicht bereits
durch die Grund-, Gebäude- oder Capitalrentensteuer getroffen ist. Die Erwerbsteuer zerfällt in vier Classen. In
die erste Classe gehört das gesammte Dienstpersonale,
welches bei der Landwirthschaft, in Fabriken, Handels-
und Industriegeschäften oder anderweitigen Unternehmungen in Verwendung steht: das Hausgesinde und die
Taglöhner; die in Fabriken, Handels- und Industriegeschäften und Unternehmungen angestellten Gehilfen· und
Hilfsarbeiter, wenn deren monatlicher Lohn 40 fl. nicht
übersteigt oder wenn sie gegen Stücklohn arbeiten; alle

Individuen überhaupt, die bei einem Geschäfte, bei einer Unternehmung u. s. w. Schreib- oder Buchhaltungsgeschäfte besorgen, jedoch nicht dauernd angestellt sind; die Handwerker, endlich die Hausierer. Diese Steuer ist eine Kopfsteuer und beträgt bei den landwirthschaftlichen Arbeitern, sowie bei den in Fabriken u. s. w. angestellten Individuen 2 fl. für das Familienhaupt und 1 fl. für jedes Familienglied in allen Orten bis zu 8000 Einwohnern, in allen übrigen Orten 1 fl. und 60 kr. für jedes Familienglied.

Das Hausgesinde und die Taglöhner zahlen in der Hauptstadt, und zwar das Familienhaupt und ein männlicher Dienstbote 4 fl., ein weiblicher Dienstbote 2 fl., ein Familienglied $1._2$ fl.; in den mit dem Jurisdictionsrechte bekleideten Städten, ferner in Städten mit geregeltem Magistrate, oder in solchen Gemeinden, welche der Sitz einer Jurisdiction oder eines königlichen Gerichtshofes sind, wenn sie mehr als 10.000 Einwohner oder eine eigene Eisenbahn- oder Dampfschifffahrtsstation haben, ausserdem in allen Gemeinden mit mehr als 15.000 Einwohnern $3._5$, 2 und 1 fl.; in den Gemeinden mit 8000 bis 15.000 Einwohnern $2._5$, $1._6$ und $0._8$ fl., endlich in allen übrigen Orten 2, 1 und $0._6$ fl. Für die in Fabriken, Handels- und Industriegeschäften u. s. w. angestellten Gehilfen und Hilfsarbeiter beträgt die Steuer je nach dem Orte 5, $4._5$, 4 und 3 fl. für das Familienhaupt und $1._2$, 1, $0._8$ und $0._6$ fl. für jedes Familienglied; Diurnisten, dann die einen fixen Jahres- und Monatsgehalt nicht beziehenden Schreiber, überhaupt Individuen, die in einem Geschäfte, bei einer Unternehmung oder in einem Institute Schreib- oder Buchhaltungsgeschäfte besorgen oder als Aufseher verwendet werden, und zwar das Familienhaupt 2 bis 6, 2 bis 5, 2 bis 4 und 2 bis 3 fl.; das Familienglied 1 und $0._8$ fl.; die ohne Gehilfen selbstständig arbeitenden Handwerker: das Familienhaupt 5 bis 12, 4 bis 10, 4 bis 8 und 3 bis 6 fl., das Familienglied $1._2$, 1, $0._8$ und $0._6$ fl.; die in kleinen und

grossen Gemeinden arbeitenden Handwerker 5 bis 12 fl.,
das Familienglied 1 fl., ausserdem für jeden Gehilfen 2 bis
4 fl. Für die beiden letzten Kategorien enthält das Gesetz
die Bestimmung, dass bei Fixirung des Steuersatzes für
das Familienhaupt die grössere Anzahl der Familienglieder von herabmindernder, der grössere Umfang des
Geschäftes, beziehungsweise der höhere Taglohn oder
Erwerb von erhöhender Wirkung sei. Wenn ein der Erwerbsteuer erster Classe unterliegendes Familienhaupt
dem weiblichen Geschlechte angehört, so hat es nur die
Hälfte des fixirten Steuersatzes zu entrichten.

Hausierer zahlen, wenn sie bei Ausübung ihres Geschäftes zu Fusse gehen, 3 fl., wenn sie ein Pferd benützen, 6 fl., ausserdem für jeden Gehilfen 2 fl., für jedes
Pferd 3 fl.

Die Erwerbsteuer für Dienstboten, für Gehilfen und
Hilfsarbeiter in Fabriken, bei Handels- und Gewerbs-
leuten haben die Arbeitgeber zu entrichten, allein sie sind
berechtigt, die Steuer von dem Lohne in Abzug zu bringen.

In die zweite Classe gehören die Grund- und Hausbesitzer, ferner Diejenigen, mit Ausnahme der Pächter,
welche die Erwerbsteuer dritter Classe oder die Steuer der
zur öffentlichen Rechnungslegung verpflichteten Unternehmungen und Vereine oder die Bergwerkssteuer zu entrichten haben und an Steuern mehr als 40 fl. zahlen,
endlich Diejenigen, welchen die Capitalszinsen- und Rentensteuer vorgeschrieben ist.

Die Steuer für diese Classe beträgt 1 Procent des im
Vorjahre an directen Steuern und an Grundentlastungs-
zuschlag bemessenen Betrages, in welchen jedoch die Er-
werbsteuer zweiter Classe nicht eingerechnet werden kann.
Die Steuersumme darf jedoch nicht weniger als 2 fl. be-
tragen. Bei Jenen, die von der Grund- und Haussteuer,
Capitalszinsen- und Rentensteuer befreit sind, ist jener
Betrag massgebend, welcher gezahlt würde, wenn eine

Steuerfreiheit nicht bestünde. Die Familienglieder haben je 1 fl. zu entrichten, wenn das Familienhaupt nicht mehr als 40 fl. an directen Steuern gezahlt hat, und 2 fl., wenn das Familienhaupt mehr als 40 fl. gezahlt hat.

Diese Bestimmungen über die Erwerbsteuer zweiter Classe wurden nach wenigen Monaten dahin abgeändert, dass derselben blos die Grund- und Hausbesitzer und die Oberhäupter der Hauscommunionen, ferner Diejenigen, welche die Capitalszinsen- und Rentensteuer zu entrichten haben, unterliegen. Die Steuer wird auf Grundlage der im Vorjahre bemessenen directen Steuer sammt dem Grundentlastungszuschlage bemessen, und zwar mit 2 fl., wenn die Steuergrundlage 50 fl. nicht übersteigt, 3 fl. bei einer Steuergrundlage von 50 bis 100 fl., endlich 4 fl. bei einer Steuergrundlage von über 100 fl. [1])

In die dritte Classe gehören: die Pächter, die Fabrikanten und Gewerbetreibenden, die Banquiers, Handelsleute, Advocaten, Aerzte, Lehrer, Schriftsteller, die Directoren der Actiengesellschaften u. dgl. Die Steuer wird auf Grund von Bekenntnissen nach dem durchschnittlichen Reingewinne der drei dem Steuerjahre vorhergehenden Jahre erhoben und beträgt 10 Procent. Als Minimal-Geschäftsgewinn ist gesetzlich angenommen: bei Pächtern 25 Procent des Werthes der jährlichen Baar- und sonstigen Leistungen; bei Fleischhauern ein bestimmter Betrag für jedes Stück geschlachtete Rindvieh, und zwar in der Hauptstadt 5 fl., in Gemeinden mit mehr als 10.000 Einwohnern 4 fl., in Gemeinden mit 2000 bis 10.000 Einwohnern 3 fl., in Gemeinden mit 2000 und weniger Einwohnern 2 fl. Bei Kälbern werden je vier Stück, bei Schweinen je zwei und bei Schafen je acht Stück einem Stück Rindvieh gleichgehalten. Von Lohnkutschern und Eigenthümern von Gesellschaftswagen werden 100, 60, 40

---

[1]) §. 13 des G.-A. XLVII v. J. 1875, sanctionirt am 27. December.

oder 30 fl. je nach der Einwohnerzahl des Ortes erhoben; bei Eigenthümern von Ruderschiffen für je 100 Zollcentner der Tragfähigkeit 10 fl.; bei allen übrigen Personen wird der fünf- bis achtfache Betrag des jährlichen Wohnzinses und 25 bis 100 Procent des Zinses für die Geschäfts-localitäten, je nachdem der Zins 500 bis 2000 fl. beträgt, berechnet. Für jedes minderjährige Kind des Steuerpflich-tigen sind 10 Procent des Wohnzinses, jedoch derart ab-zurechnen, dass dieser Abzug für ein Kind 50 fl. und für alle Kinder zusammen 40 Procent des Wohnzinses nicht übersteigen darf. Bei den der Hausclassensteuer unter-liegenden Gebäuden ist der zu berechnende Jahreszins mit dem 34 bis 50fachen Betrage der Steuer gesetzlich festgestellt.

In die vierte Classe gehören die Personen mit fixem Dienst- und Lohnbezuge. Die Steuer beträgt bei einem Einkommen von 100 fl. 1 fl., steigt um je 1 fl. bis 500 fl., um je 2 fl. für jedes Hundert bis 1500 fl., um je 3 fl. bis 2500 fl., um je 4 fl. bis 3000 fl., um je 5 fl. bis 3500 fl., um je 6 fl. bis 4000 fl., um je 7 fl. bis 4500 fl., um je 8 fl. bis 5000 fl., um je 9 fl. bis 5500 fl., endlich um je 10 fl. bis 6000 fl. Einkommen mit 6000 fl. sind daher mit 3 Procent besteuert. Ueber 6000 fl. sind für je 100 fl. 10 fl. zu ent-richten.

Von der Erwerbsteuer entfallen 70 Procent auf den Staat, 30 Procent auf den Grundentlastungsfond.

Steuerpflichtige, welche ein aus verschiedenen Be-schäftigungen herrührendes Einkommen besitzen, haben die Erwerbsteuer für jede Einkommensquelle dem Steuer-schlüssel gemäss zu entrichten. So z. B. Aerzte, Inge-nieure, Advocaten, welche fixe Bezüge erhalten, werden bezüglich derselben nach der vierten Classe, hinsichtlich des Einkommens aus ihrer Privatpraxis nach der dritten Classe besteuert.

Einige Monate später wurde ein neues Gesetz „über den allgemeinen Einkommensteuerzuschlag" erlassen (G.-A. XXIX, 1875). Dieser Steuer unterliegt jedes Erträgniss vom Grundbesitze, vom Hausbesitze, vom Bergbau, aus dem Geschäftsbetriebe der zur öffentlichen Rechnungslegung verpflichteten Unternehmungen und Vereinen, aus dem Gewerbsbetriebe und aus Handelsgeschäften, überhaupt aus jeder nutzbringenden Beschäftigung, aus Leibrenten, Witwengenüssen und Familienrenten, aus Schuldurkunden, Wechseln und sonstigen Privatschuldscheinen u. s. w., mit einem Worte, jedes Einkommen, es mag aus ausländischen oder inländischen Quellen herrühren. Befreit von dem Zuschlage sind blos Jene, welche die Erwerbsteuer erster Classe entrichten, in Betreff ihres dieser Erwerbsteuerclasse unterliegenden Einkommens; Diejenigen, welche die Erwerbsteuer vierter Classe entrichten, wenn ihre Bezüge in der Hauptstadt 2000, in anderen Orten 1500 fl. nicht erreichen; Besitzer von Grundentlastungs- und Weinzchentablösungsobligationen, Diejenigen, welche als Familienglieder besteuert sind. Die Berechnung des Einkommens erfolgt bei der Grundsteuer mit dem 5fachen Betrage der im vorhergehenden Jahre bezahlten Grundsteuer sammt Grundentlastungszuschlages, bei der Hauszinssteuer wird das reine Einkommen der Bemessung dieser Abgabe zu Grunde gelegt; bei der Hausclassensteuer der 10fache Betrag — in der Militärgrenze blos der 5fache Betrag —, bei dem Bergbau, ferner bei den zur öffentlichen Rechnungslegung verpflichteten Unternehmungen und Vereinen der 5fache Betrag der im Vorjahre bemessenen Steuer; bei den der vierten Classe der Erwerbsteuer unterliegenden Bezügen der 10fache, bei sonstigen Geschäften und nutzbringenden Beschäftigungen der 8fache, endlich bei den Zinsen und Lebensrenten der 6fache Betrag der Steuer. Von dem Jahreseinkommen wird die von demselben im Vorjahre be-

messene directe Steuer, sowie gewisse Schuldzinsen abgezogen. Municipal- oder Gemeinzuschläge sind nicht gestattet. Die Legislative setzt von Jahr zu Jahr das Steuerprocent fest; für 1876 wurden 3.₅ Procent bestimmt. Der
gesammte Betrag fliesst in den Staatsschatz.

Die durch Gesetzesartikel XXVII, 1875, eingeführte
Bergwerkssteuer beträgt für jedes Unternehmen, welches sich mit der Gewinnung von Steinkohlen beschäftigt,
7 Procent, für alle anderen Bergwerke 5 Procent des
Reinerträgnisses.

Durch Gesetzesartikel XXVI, 1875, wurde die Besteuerung für Dienstboten, Billards, Spiellocalitäten, Pferde
und Wagen verfügt. An Billardsteuer ist für jedes in
einer Privatwohnung aufgestellte Billard 10 fl. jährlich
zu entrichten; für andere Billards, ohne Rücksicht darauf,
ob dieselben in einem öffentlichen oder geschlossenen Lo-
cale aufgestellt sind, sind in Budapest 25 fl., überdies aber
für jeden zum Spiele dienenden Saal oder jedes Zimmer
30 fl. zu steuern; in Orten mit mehr als 20.000 Einwohnern
beträgt die Steuer 20 und 25 fl., für Orte mit 10.000 bis
20.000 Einwohner 15 und 20 fl., für Orte mit 3000 bis
10.000 Einwohner 10 und 15 fl., endlich für Orte mit weniger als 3000 Einwohner 5 und 10 fl. — Die Wagen- und
Pferdesteuer ist ebenfalls in Abstufungen nach der Zahl
der Einwohner bemessen. Gegenstand der Besteuerung
ist: jede Kutsche, jeder mit Federn versehene oder sonstige
Wagen, welcher ausschliesslich zur persönlichen Benützung
durch den Eigenthümer oder dessen Angehörige bestimmt
ist; ferner ein jedes Pferd, welches der Eigenthümer bei
einem derartigen Wagen verwendet oder als Reitpferd
zum persönlichen Gebrauche für sich oder seine Familie
hält. [1])

---

[1]) In der letzten Zeit sind einige Abänderungen vorgenommen worden.

Die directen Steuern lieferten folgende Erträgnisse in Mill. fl.: [1])

	Brutto	Netto		Brutto	Netto
1868	$58._{18}$	$58._{16}$	1873	$59._{61}$	$58._{40}$
1869	$56._{69}$	$56._{35}$	1874	$68._{36}$	$66._{89}$
1870	$62._{55}$	$62._{55}$	1875	$71._{17}$	$69._{68}$
1871	$61._{61}$	$60._{84}$	1876	$81._{30}$	$80._{30}$
1872	$60._{87}$	$59._{88}$	1877	$87._{30}$	$86._{50}$

Die directen Steuern stiegen in Ungarn seit dem Jahre 1868 bis 1874, während welcher Zeit die Steuern im Allgemeinen nach den durch die österreichische Gesetzgebung erlassenen Normen eingehoben wurden, um $17._{45}$ Procent bei den Brutto-Eingängen und um 15 Procent bei den Netto-Einnahmen. Das Jahr 1875 muss als eine Art Uebergangsjahr angesehen werden, da die neue Steuergesetzgebung im Mai sanctionirt wurde; seit 1876 ist eine beträchtliche Steigerung eingetreten, die zumeist eine Folge der Steuergesetzgebung ist. In diesen Summen ist allerdings auch der Grundentlastungsbeitrag mit inbegriffen, der bei einigen Steuern 30 Procent beträgt. Im Jahre 1868 betrug derselbe $13._{16}$, im Jahre 1875 $18._{89}$ Mill. fl. Bringt man diesen Betrag in Abzug, so erhielt der Staat für seine Zwecke eigentlich $64._{68}$ Mill. fl. brutto an directen Steuern im Jahre 1877, während in Westösterreich an 92 Mill. fl. einfliessen. Auf den Kopf entfallen daher in Westösterreich beiläufig $4._{3}$ fl. an directen Staatssteuern, in Ungarn nahe an 5 fl.; die Steuerleistung ist daher eine grössere. Diese schärfere Heranziehung der Steuerträger zu den Staatslasten jenseits der Leitha trifft aber nur die Personalsteuern; denn die Grundsteuerträger sind in Ungarn weniger belastet als in Oesterreich, da

---

[1]) Hiebei ist jedoch auch im Auge zu behalten, dass für 1868 bis 1871 die Steuern der Militärgrenze in dieser Summe nicht inbegriffen sind, da dieselben damals dem gemeinsamen Kriegsministerium zuflossen. Für 1878 sind präliminirt $88._{56}$ Mill. fl., für 1879 $86._{043}$ Mill. fl.

dort die anbaufähige Fläche fast um 1.5 Mill. Joch grösser ist als diesseits der Leitha und die Grundsteuer erst seit 1878 ebensoviel einbringt als diesseits. Dass die Steuern ziemlich hart getragen werden, geht aus der Zunahme der Verzugszinsen von directen Steuern deutlich hervor. ¹) Die Haussteuer betrug im ersten Jahrfünft 1868 bis 1872 im Durchschnitte 5.082 Mill. fl., 1873 bis 1877 6.238 Mill. fl. oder um 22.7 Procent mehr. Die Einkommensteuer und Erwerbsteuer haben erst seit Anfang 1875, wie wir gesehen, eine durchaus neue Gestaltung erhalten und bieten daher im Detail keine vergleichbaren Ziffern; sämmtliche Personalsteuern, die verschiedenen Luxussteuern mit eingerechnet, lieferten 1868 10.182 Mill. fl., 1877 35.17 Mill. fl., was einer Steigerung von 245 Procent gleichkommt. ²)

¹) Es betrugen in Mill. fl.:

	Die Verzugszinsen	Steuereintreibungsgebühren	Eingänge aus Steuerrückständen
1875	1.4	0.9	—
1876	1.6	0.8	0.9
1877	1.8	0.3	4.9
1878	1.6	0.3	2.0
1879	1.6	0.3	1.5

²) Die Brutto-Eingänge vertheilen sich seit dem Jahre 1875 auf die einzelnen Steuern in Mill. fl.:

	1875	1876	1877	1878	1879
Grundsteuer	36.77	37.31	36.62	36.39	35.76
Haussteuer	8.66	9.05	8.86	6.87	7.90
Erwerbsteuer	17.96	17.59	17.00	18.39	16.59
Actiengesellschaften und Vereine	1.87	2.29	2.23	2.52	2.34
Capitalszins- und Rentensteuer	1.79	3.29	3.32	3.38	3.53
Steuer für Benützung von Eisenb. u. Dampfschiff.	0.82	2.09	2.18	2.09	2.32
Allg. Einkommensteuerzuschlag	—	5.72	9.02	10.08	9.37

Die auf die Bergwerkssteuer entfallenden Beträge sind unbedeutend; sie ergab 1875 109.867 fl., 1879 62.670 fl.; die Steuer für Dienstboten, Wagen und Pferde, Billards und Spiellocalitäten lieferte 1875 154.900 fl., 1879 163.000 fl. rund, für Jagdgewehre 119.326 fl. im Jahre 1875, 319.700 fl. im Jahre 1878, endlich 1879 246.278 fl.

Die indirecten Steuern weisen in dem Jahrzehnt
1868 bis 1877 nur zum Theil höhere Erträgnisse auf. Die
Verzehrungssteuern haben in geringfügiger Weise zugenommen. Von 12.58 Mill. fl. netto im Jahre 1866 stiegen
sie vorübergehend auf 14.131 Mill. fl. im Jahre 1871 und
sanken seitdem fast stetig; das Jahr 1877 schliesst mit
12.35 Mill. fl. im Vergleiche mit 1868, daher mit einem
geringeren Erträgnisse. Für 1878 wurden 14.93 Mill. fl.,
für 1879 14.92 Mill. fl. eingestellt. An dieser Summe hat
die Branntweinsteuer den grössten Antheil; das zweite
Jahrfünft weist ein geringeres Erträgniss auf als das
erste 1868 bis 1872; zugenommen hat die Weinsteuer
von 2.46 Mill. fl. im Jahre 1868 auf 2.9 Mill. fl. im
Jahre 1877 und in noch höherem Maasse die Fleischabg-
abe von 1.8 auf 2.24 Mill. fl.; Bier und Zucker lieferten
bis 1873 jährlich steigende Erträgnisse, seitdem trat ein
Sinken ein. [1]

Die Einnahmen aus dem Zollpauschale und den Neben-
gebühren schwanken zwischen 450.000 und 482.715 fl., nach
Abzug der Kosten für die Zollverwaltung verbleibt eine
zwischen 12.000 und 206.000 fl. schwankende Netto-Einnahme.

[1] Wir stellen hier die Brutto-Einnahmen in Mill. fl. übersichtlich zusammen; bis 1877 nach den Rechnungsabschlüssen, für die letzten Jahre
nach den Voranschlägen.

	Spiritus	Wein	Fleisch	Bier	Zucker
1868	5.4	2.4	1.86	0.80	0.86
1869	6.7	2.5	1.91	1.17	0.84
1870	6.1	2.5	1.95	1.24	0.89
1871	6.7	2.5	1.95	1.40	1.51
1872	6.2	2.7	2.3	1.41	1.07
1873	6.1	2.68	2.6	1.42	1.01
1874	5.9	2.64	2.0	1.13	0.71
1875	6.6	2.70	2.05	1.00	0.74
1876	5.8	2.03	2.20	0.94	0.53
1877	5.5	2.01	2.24	0.00	0.74
1878	5.0	3.00	2.25	1.00	0.1
1879	7.0	3.00	2.24	0.90	1.22

Die Einnahmen aus Stempel- und Rechtsgebühren betrugen in Mill. fl.:

	Stempel		Rechtsgebühren und Taxen	
	Brutto	Netto	Brutto	Netto
1868	3.682	3.613	6.954	6.648
1869	4.038	3.949	8.911	8.920
1870	4.099	4.028	10.319	10.291
1871	4.511	4.453	11.406	11.376
1872	5.440	5.337	12.101	12.066
1873	6.040	6.522	13.514	13.473
1874	6.896	6.771	14.748	14.710
1875	7.355	7.205	14.295	14.154
1876	7.770	7.599	13.523	13.181
1877	7.820	7.601	14.910	14.571
1878	7.519	—	13.268	—
1879	7.455	—	13.571	—

Die Erträgnisse aus Stempel-, Rechtsgebühren und Taxen haben sich in Folge der gesetzlich vorgenommenen Erhöhungen gesteigert, selbst die Krisis des Jahres 1873 blieb ohne Einfluss auf diese Gattung von Staatseinnahmen. Das Jahr 1877 schliesst mit einem Stempelerträgnisse von 7.8 Mill. fl. gegenüber von 3.7 Mill. fl. im Jahre 1868, daher mit einer Zunahme von über 100 Procent, und noch grösser ist die Steigung bei den Rechtsgebühren mit 14.9 Mill. fl. 1877 gegen 6.95 Mill. fl. im Jahre 1868, daher eine Zunahme von rund 115 Procent.

Das Tabakmonopol wurde in Ungarn beibehalten, obgleich die Abneigung gegen dasselbe eine ungemein grosse war und es fast den Anschein gewann, als würde das erste ungarische Ministerium zu einer wesentlichen Abänderung schreiten müssen. Das XIV. Gesetz vom Jahre 1868, welches das Tabakmonopol regelte, bezeichnete dasselbe als ein provisorisches; seitdem wurde durch einige Modificationen im Jahre 1876 blos die Vereinfachung der

Verwaltung und eine Verschärfung der Controle bewerkstelligt. Die Ergebnisse waren in Mill. fl.:

	Brutto	Netto		Brutto	Netto
1868	16.7	14.02	1873	25.7	16.3
1869	18.5	10.0	1874	25.0	14.8
1870	18.3	8.08	1875	25.7	14.9
1871	23.5	14.8	1876	27.6	14.2
1872	25.4	15.02	1877	29.2	16.3

Im Vergleiche zur österreichischen Reichshälfte sind
die Einnahmen aus dem Monopol noch steigerungsfähig.
Veranschlagt wurden für 1878 27.525, für 1879 27.986 Mill. fl.,
die Eingänge waren beträchtlicher, nämlich 29.7 und 31.5
Mill. fl. — Die Einnahmen aus dem Salzmonopol haben
während des Jahrzehnts abgenommen; die Netto-Einnahmen
sanken von 13.8 auf 11.33 Mill. fl. (1874 sogar nur 9.8 Mill. fl.)

Das Salz lieferte in Mill. fl.:

	Brutto	Netto		Brutto	Netto
1868	15.269	13.8	1874	12.2	9.8
1869	12.1	10.5	1875	12.6	10.4
1870	13.7	11.1	1876	12.9	11.1
1871	14.2	11.0	1877	13.8	11.3
1872	14.5	10.7	1878	13.9	11.5
1873	13.2	11.3	1879	14.3	11.8

Die Lotto-Einnahmen stehen weit hinter jenen
Oesterreichs zurück, die Spielsucht ist in Ungarn nicht so
verbreitet als in einigen Gegenden der österreichischen
Reichshälfte; es scheint jedoch, dass auch Ungarn, wenn
nicht an eine Abschaffung des Lotto's geschritten wird,
steigende Erträgnisse aus dieser verwerfenswerthen Einnahmsquelle zu erwarten hat. Die Einnahmen ergaben 1868
2.40 Mill. fl. brutto und 1.08 Mill. fl. netto, 1877 4.28 Mill. fl.
brutto und 1.91 Mill. fl. netto, 1879 3.00 Mill. fl. brutto und
1.08 Mill. fl. netto.

Die Einnahmen aus dem Weg- und Brückenzoll sind beträchtlich gesunken, was sich durch die Beseitigung und Herabminderung dieser Abgabe erklärt. Für den Staatshaushalt wenig belangreich sind die Eingänge für die Punzirung und die Bergwerksgebühren.

Die Erträgnisse der Post haben sich sehr gehoben. Die dualistische Aera eröffnete mit einer Brutto-Einnahme von $3._{33}$ Mill. fl. und einem Netto-Abgang von über $0._2$ Mill. fl. und schliesst das Jahrzehnt mit einer Einnahme von $5._{59}$ Mill. fl. brutto und $0._{956}$ Mill. fl. netto; 1879 betrug der Brutto-Eingang $6._1$ Mill. fl., die Ausgaben $5._{85}$ Mill. fl.

Die Erträgnisse aus dem Telegraphenverkehre haben sich wohl ebenfalls gehoben, aber noch immer ist der Abgang ein nicht unbedeutender. Im Jahre 1868 betrugen die Einnahmen $0._{79}$ Mill. fl., die Ausgaben $0._{75}$ Mill. fl., daher eine Netto-Einnahme von 40.000 fl.; im Jahre 1879 beliefen sich die Einnahmen auf $1._{891}$ Mill. fl., die Ausgaben auf $1._{952}$ Mill. fl., der Abgang beläuft sich auf 41.000 fl. Aus den vom österreichischen Handelsministerium herausgegebenen Nachrichten über Industrie, Handel und Verkehr entnehmen wir, dass im Jahre 1878 auf 1 Kilometer Linie in Westösterreich 135 fl., in Ungarn 89 fl. entfielen, auf 100 bezahlte Depeschen 60 fl. dort, $49._1$ fl. hier; die ordentlichen Ausgaben sind ebenfalls in Oesterreich beträchtlicher, indem auf 1 Kilometer Linie in Westösterreich 151 fl., in Ungarn 100 fl. entfallen, auf eine Staatsstation in Oesterreich jedoch blos 3154 fl., in Ungarn 3817 fl. kommen.[1]

Gegenüber der österreichischen Reichshälfte ist Ungarn dadurch im Vortheil, dass es noch im Besitze von Staatsgütern und Forsten ist, die ein, wenn auch kein bedeutendes Erträgniss liefern. Die Einnahmen aus den Staats-

---

[1] Der Ausfall erreichte 1875 über eine halbe Million, seitdem ist eine stetige Besserung eingetreten; 1877 betrug das Deficit noch über 220.000 fl.

gütern beziffern sich im Durchschnitte auf 2.5 Mill. fl. netto,
jene aus den Forsten sind sehr schwankend: in manchen
Jahren mehr als drei Millionen, in anderen keine hundert-
tausend Gulden. Die staatlichen Eisenbahnen, auf deren
Ausbau grosse Summen verwendet worden sind, lieferten
in dem Jahrfünft 1868 bis 1872 durchschnittlich ein Netto-
Erträgniss von 771.660 fl., 1873 bis 1877 im Durchschnitte
1.525 Mill. fl.

Schwieriger ist es, sich in dem Ausgabenétat
Ungarns zurechtzufinden. Nicht blos ist eine eingehende
Vergleichung der Ausgaben für die einzelnen Centralstellen
während der ganzen Periode schlechterdings unmöglich, da
in den Staatsvoranschlägen und damit in Verbindung in
den Rechnungsabschlüssen erst seit 1876 eine gewisse
Stabilität Platz gegriffen hat, auch die Schlussziffern
stimmen in den verschiedenen Publicationen nicht. Selbst
die jüngst veröffentlichte Uebersicht über die Gebahrung
des Jahrzehnts, durch einen Beschluss der ungarischen
Legislative veranlasst, lässt Manches im Unklaren und
ermöglicht keinen vollständig klaren Einblick. Dies geht
schon daraus hervor, dass die von dem Rechnungshofe
nach einheitlichen Grundsätzen ausgeführte Arbeit in
vielen Punkten Widerspruch hervorgerufen und bezüglich
der Netto-Ergebnisse der Ausgaben in der That zu Recti-
ficationen von Seite der sogenannten Schlussrechnungscommission geführt hat, welche die Gebahrung 1868 bis
1877 in einem wesentlich günstigeren Lichte erscheinen
lassen. Ohne uns in eine Schlichtung des Streites ein-
zulassen, bezüglich dessen auch in Ungarn die Ansichten
auseinandergehen, — wie die zwischen Lukács und Pri-
leszky ausgefochtene Fehde zeigt — glauben wir doch
unsere Ansicht dahin aussprechen zu sollen, dass die
von dem Ersteren verfochtenen Grundsätze mit jenen
mehr übereinstimmen, die in anderen Ländern bezüglich
des bei Schlussrechnungen üblichen Vorganges sich ein-

gebürgert haben. Unter den zwei Ausweisen, die in dem
ungarischen Elaborate über die Netto-Einnahmen und Netto-
Ausgaben Platz gefunden haben, benützen wir bei unserer
Zusammenstellung die von dem ungarischen Rechnungshofe ermittelten Ziffernangaben.[1])

Für die Erhaltung des Hofstaates und für die Cabinetskanzlei des Kaisers trägt Ungarn. wie schon erwähnt
(S. 202), 5o Procent bei. Die Kosten für den Reichstag betrugen im Durchschnitte der Jahre 1868 bis 1872 $1._{043}$ Mill. fl.,
1873 bis 1877 $1._{270}$ Mill. fl. Im Jahre 1878 wurden $1._{16}$,
1879 $1._{197}$ Mill. fl. in Anspruch genommen. Die beträchtlichen Summen. die in Ungarn für die parlamentarischen
Körperschaften verausgabt werden. erklären sich einmal
durch die grössere Anzahl von Mitgliedern im Abgeordnetenhause (440 Deputirte), sodann aber dadurch, dass
die Verhandlungen in Ungarn längere Zeit in Anspruch
nehmen. Die Abgeordneten beziehen 5 fl. 25 kr. Diäten
und 800 fl. Quartiergeld.

Die Kosten für die innere Verwaltung lassen sich
für die zehnjährige Periode nicht in allen Ressorts mit
einander vergleichen. da sich während derselben in dem
Organismus der Verwaltungsbehörden grosse Veränderungen vollzogen haben. Das Ministerpräsidium erheischte
netto in Mill. fl.:

1868	$0._{112}$	1873	$0._{355}$
1869	$0._{123}$	1874	$0._{323}$
1870	$0._{227}$	1875	$0._{310}$
1871	$0._{358}$	1876	$0._{307}$
1872	$0._{339}$	1877	$0._{307}$

Von diesen Summen entfallen in letzterer Zeit 200.000 fl.
auf den Dispositionsfond. Seit 1878 schwanken die Ausgaben zwischen 303.800 bis 304.500 fl.

---

[1]) A zárszámadási bizottság jelentése a magyar országainak 1868—1877-ig
terjedő 10 évi államháztartása eredményeiről, p. 82.

Beer: Die österr. Finanzen seit 1868.   27

In Folge des §. 13 des Gesetzartikels 3, 1847 8. befindet sich ein Minister beständig um die Person des Königs. Derselbe hat seinen Sitz in Wien. Der Ausgabenétat ist beträchtlich reducirt worden; 1868 wurden 83.700 fl. netto verausgabt, am Schlusse des Jahrzehnts rund 50.000 fl., im Jahre 1878 wurden 50.230, 1879 47.070 fl. verausgabt.

Das Ministerium des Innern, mit einem fast ähnlichen Wirkungskreise wie in Oesterreich, besorgt auch die Agenden der Polizei; die Trennung der Justiz von der Verwaltung vollzog sich in Ungarn seit 1871, woraus sich die in dem zweiten Jahrfünft 1872 bis 1877 geringeren Beträge der innern Verwaltung erklären, während die Ausgaben für Justizverwaltung seit 1872 gestiegen sind. Die Netto-Ausgaben betrugen in Mill. fl.:

	Inneres	Justiz		Inneres	Justiz
1868	9.751	2.250	1873	7.608	10.877
1869	9.030	2.524	1874	7.219	10.465
1870	10.505	2.304	1875	6.707	10.114
1871	10.52.	3.767	1876	6.000	9.555
1872	7.000	9.313	1877	6.070	9.577

Für 1878 sind 7.527, für 1879 7.531 Mill. fl. brutto verausgabt, denen eine Einnahme von 830.000 bis 850.000 fl. gegenübersteht; für die Justiz beträgt die Brutto-Ausgabe 1878 9.84, 1879 9.811 Mill. fl. im Ordinarium und 40.000 bis 80.000 fl. im Extra-Ordinarium, die Einnahmen 1878 280.000, 1879 298.000 fl. Die gegenwärtige Organisation der Gerichtsbehörden vollzog sich seit 1871.

Eine gewaltige stetige Steigerung weist seit 1868 das Ministerium für Cultus und Unterricht auf; die ordentlichen Netto-Ausgaben beliefen sich in Mill. fl.:

1868	0.003	1871	2.310
1869	0.087	1872	2.905
1870	1.777	1873	3.116

| 1874 | 3.705 | 1876 | 3.014 |
| 1875 | 3.735 | 1877 | 3.050 |

Die Ausgaben betrugen 1878 4.065, 1879 4.382 Mill. fl.
brutto; die Einnahmen 0.5 und 1.00 Mill. fl.

Der überwiegend grösste Theil dieser Beträge entfällt auf Unterricht; die Ausgaben für Cultus nehmen nur
verhältnissmässig geringe Summen in Anspruch. Die
katholische Kirche besitzt in Ungarn ein bedeutendes
Vermögen; die katholischen Erzbischöfe und Bischöfe gehören in die Kategorie der ersten Steuerträger. Für die
Bedürfnisse der armen Pfarreien besteht ein Religions-
fond, dessen Vermögen im Jahre 1863 auf 14.8 Mill. fl. in
Werthpapieren veranschlagt wurde; ferner besitzt derselbe einen Gütercomplex von 194.000 Joch. Für Siebenbürgen besteht ein ähnlicher Fond. Auch die griechisch-
orientalische Kirche serbischer Nationalität besitzt ein
Gesammtvermögen von über 3 Mill. fl. und überdies reiche
Kirchen- und Schulfonde. Materiell ungünstiger steht
die orientalische Kirche rumänischer Nationalität. Das
Unterrichtswesen erfuhr in Ungarn in vielfacher Hinsicht eine gänzliche Umgestaltung, wodurch der Mehraufwand erklärlich ist. Das Erforderniss für die Heranbildung der Volksschullehrer bestreitet der Staat, auch
leistet derselbe einige Beiträge für die Erhaltung der
Volksschulen.[1] Für die Gymnasien trat seit Beginn 1873
eine wesentliche Verbesserung der Lehrerbezüge ein;
die Erhaltung der Lehrerstellen wird jedoch nicht durch-

---

[1] Ein recht reichhaltiges Material bei Schwicker, Die Statistik des
Königreiches Ungarn, Stuttgart 1877; ferner in den Publicationen des ungarischen Ministeriums für Cultus und Unterricht. Der im Jahre 1879 veröffentlichte Bericht über das ungarische Unterrichtswesen am Schlusse des
Jahres 1877/78 gibt eine sehr belehrende Darstellung über die Fortschritte
während der letzten zehn Jahre. Derselbe ist auch von Schwicker bearbeitet
in deutscher Sprache erschienen. Hieran reiht sich für 1878/79: A vallás és
közoktatásügyi m. kir. Ministernek a közoktatás állapotáról szóló nyol-
czadik jelentése. (Budapest 1879.)

gängig vom Staate getragen. Viel grösser ist die Anzahl
der vom Staate erhaltenen Realschulen. Die Kosten der
Universität werden nur zum Theile aus staatlichen Geldern
bestritten, — durchschnittlich seit 1874 400.000 bis 500.000 fl.
— da dieselbe ein bedeutendes Vermögen besitzt. Dagegen wird die im Jahre 1872 gegründete Universität in
Klausenburg ganz vom Staate dotirt. Die jüngste Hochschule Ungarns, die Agramer Franz Josefs-Universität,
wurde durch das kroatische Gesetz vom 5. Jänner 1874
gegründet. Endlich erhielten auch die Rechtsakademien
und das Polytechnicum eine neue Organisation. Der ungarische Studienfond mit einem 10 Mill. fl. übersteigenden
Vermögen hat ein jährliches Einkommen von nur 354.000 fl.

Beträchtlich sind die Kosten für die Landesvertheidigung. Die Netto-Ausgaben beliefen sich in Mill. fl.:

1868	0.151	1873	5.701
1869	5.901	1874	4.137
1870	5.223	1875	4.572
1871	4.301	1876	4.206
1872	3.580	1877	4.501

Für 1878 sind 6.424, für 1879 5.907 Mill. fl. brutto im
Ordinarium verausgabt worden, die Einnahmen beliefen
sich auf etwas über 400.000 fl.

Der Ausgabenétat für das Finanzministerium betrug
netto in Mill. fl.:

1868	5.231	1873	7.014
1869	5.083	1874	7.130
1870	5.253	1875	7.238
1871	5.072	1876	7.013
1872	6.010	1877	8.211

Die Steigerung beträgt bei einem Vergleiche der
fünfjährigen Durchschnitte 30., Procent, bei einem Vergleiche
der Endjahre 57.5 Procent. Ein Vergleich mit Oesterreich
ist bei der nicht gleichen Ingerenz der beiden Landesmini-
sterien schwer möglich, allein so viel ist ersichtlich, dass

die ungarische Finanzadministration kostspielig ist und
bei einer etwas strammeren Organisation eine Herabminderung des Aufwandes ermöglicht. Vergleicht man die einzelnen Posten, aus denen die obigen Summen bestehen,
mit einander, so ergibt sich, dass die Centralleitung, die
Steuerämter, die Finanzdirectionen beträchtliche Kosten
verursachen, grösstentheils höhere, als in anderen Ländern.

Dem Ministerium für öffentliche Arbeiten und Com-
municationen sind in Ungarn die Strassen- und Wasserbauten zugewiesen, die in Oesterreich dem Ministerium
des Innern unterstellt sind. Das Ministerium für Ackerbau,
Gewerbe und Handel hat fast einen ähnlichen Wirkungskreis wie die betreffenden zwei Centralstellen in der diesseitigen Reichshälfte, nur sind demselben einige Agenden
zugewiesen, die in Oesterreich dem Ressort des Unterrichts-
ministeriums einverleibt sind: so das geologische Institut,
die Handelsakademie und die nautische Akademie. Die
Ausgaben dieser Centralstellen betrugen:

	Communications- ministerium	Handels- ministerium
1868	3.662	0.420
1869	4.200	0.733
1870	6.211	0.645
1871	7.170	0.618
1872	8.016	0.716
1873	7.030	1.001
1874	7.544	0.727
1875	5.037	0.802
1876	4.700	1.005
1877	5.213	0.843

Die schwankenden Beträge bei dem Communications-
ministerium finden ihre Erklärung durch die grösseren oder
geringeren Summen, welche auf den Strassen- und Wasserbau verwendet wurden, ferner durch die seit 1872 für Fiume
nothwendigen Ausgaben. Die Strassenbauten nahmen be-

sonders in dem Jahrfünft 1868 bis 1872 grosse Beträge
in Anspruch: die höchste Ziffer erscheint 1872 mit 5.$_5$ Mill. fl.
gegen 2.$_{734}$ Mill. fl. im Jahre 1868; seitdem ist das Erforderniss jährlich geringer und das Jahrzehnt schliesst mit
2.$_{806}$ Mill. fl. Das Gleiche ist bei den Wasserbauten der
Fall. 1868 wurden 0.$_{73}$ Mill. fl. verausgabt, 1872 1.$_{69}$, 1877
0.$_{737}$ Mill. fl. Für Fiume erscheinen 1871 4946 fl., 1877
938.898 fl.

Die Kosten des seit 1870 bestehenden (Gesetz XV, 1870)
Rechnungshofes betrugen 1871 155.319 fl. und sind seitdem auf 128.000 fl. im Jahre 1877 gesunken. Die Pensionen haben sich alljährlich gesteigert: im Vergleiche mit
1868 schliesst das Jahrzehnt mit einem Mehraufwande von
37 Procent. Das Netto-Erforderniss betrug in Mill. fl.:

1868	2.$_{801}$	1873	3.$_{151}$
1869	3.$_{125}$	1874	3.$_{370}$
1870	2.$_{073}$	1875	3.$_{731}$
1871	3.$_{307}$	1876	3.$_{861}$
1872	3.$_{178}$	1877	3.$_{033}$

Die Ausgaben des croatisch-slavonischen Ministeriums sind die geringfügigsten, sie beliefen sich 1868 auf
rund 63000 fl. und 1879 auf 33.800 fl.; bis 1876 wurden alljährlich Ersparnisse vorgenommen. Der betreffende Minister
hat, im Grunde genommen, keine Einflussnahme auf die
Verwaltung der Länder, er bildet das äusserliche Binde-
glied zwischen der Krone, der gemeinsamen ungarischen
und der croatisch-slavonischen Landesregierung. Die autonome Verwaltung umfasst alle jene Gegenstände, welche
nicht ausdrücklich durch das Gesetz XXX 1868 als gemeinsam angegeben sind. In Folge des sogenannten Ausgleiches mit Croatien hat Ungarn alljährlich für die Verwaltung dieses Landes einen Beitrag zu geben. Die Netto-
Erfordernisse beliefen sich in Mill. fl.:

1868	2.10z	1874	3.00j
1869	1.866	1875	3.028
1870	2.312	1876	2.800
1871	2.117	1877	3.300
1872	2.102	1878	3.031
1873	2.100	1879	3.071

Die croatisch-slavonische Militärgrenze unterstand bis Mitte 1871 dem gemeinsamen Kriegsministerium. Durch kaiserlichen Armeebefehl vom 8. Juni wurde das Agramer Generalcommando als oberste Landesbehörde bestellt. Die vollständige Einverleibung mit Croatien soll demnächst erfolgen. Seit 1872 erscheinen in dem ungarischen Budget die erforderlichen Beträge. Die Netto-Ausgaben betrugen 1872 $1_{.92}$, 1873 $1_{.882}$, 1874 $2_{.1}$, 1875 $1_{.92}$, 1876 $2_{.023}$, 1877 $2_{.384}$, 1878 $3_{.031}$, 1879 $3_{.071}$ Mill. fl., denen allerdings die Einnahmen gegenüberstehen, die bis 1872 bei dem Kriegsministerium verrechnet wurden. — Fiume befindet sich unter Verwaltung eines selbstständigen Gouverneurs, der dem ungarischen Ministerium untersteht. Seit 1870 werden die Ausgaben besonders verrechnet und betrugen 1870 54.403, 1877 82.816, 1879 83.016. fl.

Hier dürfte es am Platze sein, die Verhältnisse Ungarns zu Croatien kurz zu berühren.

Der sogenannte Ausgleich zwischen Ungarn und Croatien bestand darin, dass letzteres anerkannte, nach der Steuerkraft zu den gemeinsamen Auslagen der Gesammtmonarchie verpflichtet zu sein, und zwar betrage diese Quote für die Königreiche Croatien und Slavonien $6_{.4107799}$, für Ungarn $93_{.5592201}$ Procent. Nachdem aber die sämmtlichen reinen Einkünfte der Königreiche Croatien und Slavonien jene Summe, welche nach diesem Schlüssel auf sie entfiele, „nur in der Weise bedecken könnten, dass diese Königreiche zugleich den grösseren Theil der für ihre Autonomie nothwendigen Auslagen zu diesem Zwecke beisteuern würden", wurde die Vereinbarung dahin ge-

troffen, dass vor Allem aus den Einkünften der Königreiche Croatien und Slavonien eine bestimmte Summe
ausgeschieden werde, welche von Zeit zu Zeit für die
Kosten der autonomen Verwaltung dieser Königreiche
festzusetzen wäre, und nur der Rest der etwaigen Einnahmen für die Bestreitung der gemeinsamen Angelegenheiten verwendet werde. Dieses Erforderniss für die innere
Autonomie der Königreiche Croatien und Slavonien wurde
für zehn Jahre, „mit Rücksicht auf jenes brüderliche Verhältniss, welches seit Jahrhunderten zwischen Ungarn und
Croatien-Slavonien besteht", auf $2._2$ Mill. fl. festgesetzt.
Dieser Betrag ist vor Allem durch 45 Procent der directen
und indirecten Steuern und aus den sonstigen öffentlichen
Einnahmen zu decken, wenn jedoch 45 Procent der sämmtlichen Einkünfte für das festgesetzte Erforderniss der Verwaltung Croatiens und Slavoniens nicht ausreichen würden,
verpflichtete sich Ungarn, den fehlenden Betrag vorzu-
schiessen. Gleichzeitig wurde die Vereinbarung getroffen,
dass, im Falle das Territorium Croatiens durch die Einverleibung der Militärgrenze vergrössert werden sollte,
von den Einkünften der incorporirten Provinzen 45 Procent zur Bedeckung der Verwaltung verwendet werden,
55 Procent in die gemeinsame ungarische Staatscasse
fliessen sollten.

Die im Jahre 1873 eingeleiteten Verhandlungen mit
den Croaten führten zu dem Ergebnisse, dass dem Lande
für die Bestreitung der Verwaltungskosten 45 Procent
seiner Einkünfte belassen wurden, das Pauschale von $2._2$
Mill. fl. dagegen hinwegfiel. Diese Abmachung war für
die Croaten weit günstiger. Denn die Netto-Einnahmen
Croatiens beliefen sich auf $4._{271}$ Mill. fl. im Jahre 1860,
steigerten sich auf $6._{108}$, und nach einem vorübergehenden
Rückgange in Folge der Krise auf $6._{33}$ Mill. fl. im Jahre
1876; im Jahre 1877, theils in Folge der Erhöhung der
Steuern, auf $7._{091}$ Mill. fl. Seit 1873 beansprucht aber auch

die autonome Verwaltung Croatiens grössere Beträge; dieselben betrugen im Durchschnitte der Jahre 1873 bis 1877 jährlich $2._{53}$ Mill. fl. Seine Beitragsleistung für die gemeinsamen Ausgaben an Ungarn belief sich 1869 bis 1877 auf $28._{053}$ Mill. fl., daher im Durchschnitte jährlich auf $3._{117}$ Mill. fl. [1])

Während des Druckes dieser Arbeit sind die neuen Abmachungen zwischen Ungarn und Croatien veröffentlicht worden, über welche sich die Regnicolardeputationen nach langen Verhandlungen geeinigt haben, und da es keinem Zweifel unterliegt, dass dieselben von den gesetzgebenden Körperschaften angenommen werden dürften, so setzen wir die einzelnen Punkte hieher. Die Croaten forderten, dass in der neuen Vereinbarung von der Festsetzung des allerdings blos theoretischen Principes, in welchem Verhältnisse Croato-Slavonien zur Deckung der „gemeinsamen Reichs-Angelegenheiten" beizutragen habe, abgesehen werde; eine Forderung, die von der ungarischen Deputation abgelehnt wurde, da auch in dem erneuerten finanziellen Ausgleich von Croatien, Slavonien und Dalmatien anzuerkennen sei, dass sie im Verhältnisse ihrer Steuerfähigkeit zu jenen Ausgaben beizutragen verpflichtet seien, welche als gemeinsames Erforderniss für die österreichisch-ungarische Monarchie beansprucht werden. Die ungarische Deputation legte auf diese Anerkennung schon aus dem Grunde grossen Werth, damit daraus ersichtlich werde, „dass Ungarn freiwillig und aus eigener Entschliessung im Wege

---

1) Nach den von Lukács in einer Schrift über die finanziellen Ergebnisse des ungarisch-croatischen Ausgleichs angestellten Berechnungen hat Ungarn für Croatien in den Jahren 1869 bis 1877 35.358 Mill. fl. gezahlt, von welcher Summe 1.297 Mill. fl. zurückerstattet werden müssen; auf 34.281 Mill. fl. beläuft sich daher das Opfer, welches Ungarn „dem brüderlichen Verhältnisse mit Croatien-Slavonien" gebracht haben soll; demnach 3.028 Mill. fl. im jährlichen Durchschnitte.

des Uebereinkommens für eine durch Gesetz festzustellende
bestimmte Zeit dem Recht entsage, die volle Geltend-
machung dieses Principes in ganzer Ausdehnung verlangen zu können". Erwähnenswerth ist hiebei die Anomalie, dass auch bei dem neuen Ausgleiche von Croatien,
Slavonien und Dalmatien die Rede ist, während das letzt-
genannte Land zu den im Reichsrathe vertretenen Königreichen und Ländern gehört, und die Fiction eines drei-
einigen Königreiches in officiellen Schriftstücken aufrechterhalten wird. Die „kroatisch-slavonisch-dalmatinische Deputation" fügte sich der Forderung der ungarischen Deputation und für die Dauer des neuen finanziellen Ausgleiches wurde das Beitragsverhältniss zu den gemeinsamen Auslagen für Ungarn mit $94.4,200.011$ Procent, für die
croatisch-slavonischen Länder mit $5.5,700.680$ Procent ermittelt.
Das bisherige Verhältniss, wonach aus den Einkünften
Croatiens und Slavoniens 45 Procent zur Deckung des Erfordernisses für die innere Verwaltung abgezogen werden
sollen, wurde aufrecht erhalten. Die ungarische Regnicolardeputation hebt hervor, dass Ungarn durch Annahme
dieses Theilungsverhältnisses ein Opfer bringe, indem es
selbst auf Basis der Schlussrechnungsergebnisse für das
Jahr 1877 blos 17 und auf Basis des Budgets für 1878
blos 16.5 Procent seiner eigenen Einkünfte zur Deckung
der Kosten seiner inneren Verwaltung verwenden könne.
Croatien forderte, dass in die Reihe der nach diesem
Verhältnisse zu theilenden öffentlichen Einnahmen ausser
den bisherigen noch einige Stempelgebühren, ferner die
Stempelgebühren für Personen-, Gepäck- und Frachten-
transport aufgenommen werden mögen, da diese Einnahmen bei dem ersten Ausgleiche keine Berücksichtigung
finden konnten, weil sie damals noch nicht existirten. Aus
Zweckmässigkeitsrücksichten, da es schwer sei, jenen Theil
dieser in die ungarische Staatscasse fliessenden Einkünfte
festzustellen, welcher auf die croatisch-slavonischen Länder

entfällt, einigte man sich schliesslich über eine Pauschalsumme von 20.000 fl., welche Ungarn alljährlich hiefür
zu vergüten hat, unter der Bedingung, dass die Erhöhung
dieses Pauschales in keinem Falle verlangt werden könne.
selbst dann nicht, wenn eine Erhöhung dieser Steuergattungen eintreten würde, wogegen auch von ungarischer
Seite eine Herabminderung nicht vorgenommen werden
darf. Ferner wurde die Vereinbarung getroffen, dass
aus der Reihe der zu theilenden öffentlichen Einkünfte
ausgeschieden werden die Grenzzolleinnahmen, die Mili-
tärbefreiungstaxe, endlich die directen und indirecten
Einnahmen des Militärgrenzbezirkes, welche vollständig in
die ungarische Steuercasse fliessen, sodann die Wein- und
Fleischverzehrungssteuern; endlich die Seelsorgegebühren
des Belowarer Bezirkes, die von der katholischen Bevölkerung desselben bezahlt werden, indem letztere Einnahmen
insgesammt ausschliesslich für Croatien zur Verwendung
kommen. Endlich wurde auch zwischen den Deputationen
die Abmachung getroffen, dass der bisher unter ungarischer Verwaltung stehende croatisch-slavonische Studienfond im Betrage von 2.011 Mill. fl. in die autonome Verwaltung des betreffenden Königreiches überzugehen habe.
Eine Revision dieser Ausgleichsbestimmungen ist für den
Zeitpunkt in Aussicht genommen, wenn die provinciali-
sirte, jedoch mit Croatien nicht vereinigte Militärgrenze
auch in administrativer Hinsicht der croatisch-slavonischen
Regierung untergeordnet würde. [1]

---

[1] Diese Darstellung beruht auf einem Berichte, den die ungarische
Regnicolardeputation dem Reichsrathe vorgelegt hat: (A Horvát-Szlavon-
Dalmát - országokkal megujitandó pénzügyi egyezmény ügyében kiküldött
országos bizottság jelentése p. 1 fg.)

Wir entnehmen aus diesem Berichte auch einige statistische Angaben,
welche sich auf die Einnahmen und auf die Vertheilung zwischen Ungarn
und Croatien beziehen. Es betrugen in Mill. fl. die im Verhältnisse von
45 : 55 zu theilenden Einnahmen:

Die Beitragsleistung zu den gemeinsamen Angelegenheiten betrug in Mill. fl.: [1])

1868	28.592	1874	31.828
1869	20.647	1875	30.030
1870	30.268	1876	35.434
1871	30.277	1877	34.545
1872	25.075	1878	34.06
1873	29.402	1879	32.240

Die Verzinsung der Staatsschuld erheischte folgende Nettobeträge in Mill. fl.:

1868	48.968	1873	52.366
1869	47.793	1874	56.767
1870	40.650	1875	63.091
1871	48.100	1876	66.358
1872	50.579	1877	75.968

Jahr	Brutto	Netto
1869	4.868	3.700
1870	5.767	4.613
1871	5.912	4.511
1872	6.844	5.403
1873	7.118	5.457
1874	7.071	5.668
1875	7.082	5.909
1876	7.967	6.330
1877	9.024	7.110

Von diesen Einnahmen entfallen brutto auf:

	Directe Steuern	Verzehrungs- steuern	Stempel u. Gebühren	Tabak	Salz	Lotto
1869	2.085	0.104	0.437	1.252	0.463	0.168
1870	2.568	0.150	0.538	1.363	0.960	0.123
1871	2.453	0.187	0.593	1.461	0.897	0.173
1872	2.672	0.150	0.639	1.537	0.908	0.136
1873	2.913	0.208	0.736	1.681	0.087	0.160
1874	2.902	0.154	1.415	1.500	0.900	0.159
1875	3.122	0.262	1.115	1.637	0.761	0.150
1876	3.610	0.127	1.083	1.853	0.707	0.154
1877	4.341	0.077	1.182	1.900	1.100	0.172

[1]) Die Arbeit des ungarischen Rechnungshofes hält die ordentlichen und ausserordentlichen Ausgaben auseinander, wir haben die bezüglichen Summen zusammengezogen.

In diesen Summen sind zusammengefasst jene Leistungen, welche Ungarn zur Verzinsung der gemeinsamen Staatsschuld bei der im Jahre 1867 getroffenen Vereinbarung übernommen hat, die Ausgaben für die Grundentlastung und Weinzehentsablösung, endlich die Verzinsung der seit 1868 aufgenommenen Anlehen. Nicht inbegriffen sind die Garantievorschüsse an die Eisenbahnen.

Die ungarische Staatsschuld ist während des Jahrzehnts 1868—1877 eine sehr beträchtliche geworden und die alljährlich darauf verwendeten Zinsen nahmen einen verhältnissmässig bedeutenden Procentsatz der Einnahmen in Anspruch.

Das erste selbstständige ungarische Anlehen wurde zum Baue von Eisenbahnen im Betrage von $85._{125}$ Mill. fl. aufgenommen. Die in den Jahren 1868—1871 emittirten Obligationen wurden im Durchschnitte zu $72._{05}$ abgesetzt, die 1872 verkauften 40.000 Stück Obligationen zum Course von $75._{03}$ Silber abgegeben. Die Emissionsspesen betrugen $3._{66}$ fl. durchschnittlich pro Obligation, so dass der Staat durchschnittlich $68._{56}$ fl. Silber für die Obligation, welche auf 120 fl. lautet, erhielt. Für den oben erwähnten Nominalbetrag erhielt der Staat $58._{365}$ Mill. fl. in Silber oder $68._{064}$ Mill. fl. in Banknoten. Die Verlosung der Obligationen wird 1980 vollendet sein, bis zu welchem Jahre alljährlich $4._{707}$ Mill. fl. zu bezahlen sind. Der Preis des Anlehens beläuft sich durchschnittlich auf $8._{07}$ Procent. Die Kosten der erbauten Eisenbahnen stellten sich jedoch um einige Millionen höher heraus und der Staat nahm zu diesem Behufe weitere $6._{624}$ Mill. fl. in Anspruch, indem er 1871 Pfandbriefe der Gömörer Eisenbahn im Betrage von $6._{624}$ Mill. fl. in 44.162 Obligationen à 150 fl. Silber emittirte. Das Anlehen kommt auf $7._{37}$ Procent. Eine weitere sogenannte Investitionsanleihe sind die Weinzehent-Ablösungsobligationen im Betrage von $21._{67}$ Mill. fl., die 1868 ausgegeben wurden und in 22 Jahren verlosbar sind. Das alljährliche Zinsen- und

Amortisationserforderniss beträgt 3.₀₇₅ Mill. fl. in Gold. Endlich gehören in diese Kategorie die ungarischen Ost-bahn-Obligationen, die Baugründe-Ablösungsobligationen, deren Einlösung durch die gesetzlich hypothecirten Ablö-sungsbeträge der Verpflichteten erfolgt, welche mit den Landessteuern zugleich eingehoben werden.

Seit der Begründung des Dualismus sah sich die ungarische Regierung genöthigt, alljährlich bedeutende Summen auf dem Geldmarkte in Anspruch zu nehmen, um den stetigen Abgang im Staatshaushalte zu decken. Bei der eigenthümlichen Budgetirung in Ungarn war es nicht leicht, sich einen vollständig klaren Einblick in das un-garische Deficit zu verschaffen; erst der zehnjährige Rech-nungsabschluss gewährt die erforderlichen Anhaltspunkte. Zur Deckung des Deficits wurden bisher folgende Anlehen emittirt: Die Prämienanleihe vom Jahre 1870 im Betrage von 30 Mill. fl., zum Emissionscourse von 80 vom Wiener Bankverein übernommen, so dass der Staat netto 24 Mill. fl. erhielt. Die Verlosung erfolgt binnen 50 Jahren in halb-jährigen Raten von 612.000 fl. Die Silberanleihe vom Jahre 1871, ebenfalls im Betrage von 30 Mill. fl., wurde von einem englischen Consortium zum Course von 75.₂₅ Procent übernommen. Das Anlehen ist binnen 32 Jahren rückzahl-bar. Zinsen und Amortisationsquote erfordern bis 1903 zu-sammen jährlich nahezu 2 Mill. fl. Die Silberanleihe vom Jahre 1872 im Betrage von 54 Mill. fl. ist binnen 30 Jahren verlosbar. Der Staat erhielt 39.₅₂₄ Mill. fl. in Silber oder 42.₇₆₁ Mill. fl. in Papier, was einem Course von 83.₈ Pro-cent entspricht. Für Verzinsung und Tilgung sind all-jährlich 3.₅ Mill. fl. in Silber erforderlich.

Diese Anlehen belasten den ungarischen Staatshaus-halt bedeutend, da beträchtliche Summen zur Rückzahlung nothwendig sind. Die unglücklichste Form sind die unga-rischen 6procentigen Schatzanweisungen. Im Jahre 1873 schritt man an die erste Emission. Das Anlehen wurde

durch Gesetz vom 29. November 1873 (XXXIII. Gesetzartikel) zur Bedeckung des Deficits der Jahre 1873 und
1874 votirt im Betrage von 153 Mill. fl. Silber. Als
Deckung dienten die Staatsgüter; die Rückzahlung dieses 6procentigen Anlehens sollte am 1. Jänner 1878 erfolgen. Bereits im Jahre 1873 wurden 76.₅ Mill. fl.
realisirt, wofür 65.₉₁₇ Mill. fl., und nach Abzug einer
2procentigen Provision vom Nominalwerthe 64.₃₈₇ Mill. fl.
eingingen. Hiernach stellte sich die Verzinsung für 100 fl.
Nominale im Durchschnitte auf 7.₁₃ Procent, was einer
10.₈₉procentigen effectiven Verzinsung gleichkommt. Eine
zweite Emission erfolgte im Nominalbetrage von 7.₅ Mill.
Pfund Sterling (76.₅ Mill. fl. ö. W.) auf Grund der Gesetzesartikel vom 22. Mai 1874 zum Curse von 89.₅ fl. Die Rückzahlung derselben sollte zum Nennwerthe am 1. August
1879 erfolgen. Der grösste Theil dieser Summe war bis
Mitte October 1879 theils durch Einzahlung auf die Goldrente, theils durch börsemässigen Ankauf eingelöst. Die
Gesammtkosten der Einlösung belaufen sich gegenwärtig
auf 180.₀₀₄ Mill. fl.

Die ungarische Goldrente wurde mit Gesetz XLIX
vom Jahre 1875 geschaffen, indem der Finanzminister zur
Emission einer Rentenanleihe bis zur Höhe von 80 Mill. fl.
ermächtigt wurde. Diese Summe sollte zum Baue von
Eisenbahnen und zur Einlösung der in den beiden vorhergehenden Jahren ausgegebenen Schatzbons verwendet
werden. Eine zweite Emission bis zum Betrage von
120 Mill. fl. wurde durch die Gesetze XLVI, 1876, und IX,
1877, gestattet. Diese Summe sollte theils zur Deckung
des Deficits der Jahre 1876 bis 1878, theils zur vollständigen Einlösung der Schatzbons erster Emission verwendet
werden. Die Begebung erfolgte theils durch Uebergabe
an ein zu diesem Behufe gebildetes Consortium zu dem
fixen Preise von 82.₅, wovon 2 Procent Provision abzuziehen
waren, theils wurden die Obligationen von dem Consortium

zum Tagescurse börsenmässig verkauft. Eine dritte Emission belief sich auf 60 Mill. fl. Endlich gestattete das Gesetz II vom 20. Februar 1879 eine vierte Ausgabe im Betrage von 140 Mill. fl. Der Gesammtbetrag der gesetzlich gestatteten Emissionen beträgt daher 400 Mill. fl. Das Banquier-consortium hat vom 1. Jänner 1876 bis Ende August 1879 verkauft 369.593 Mill. fl., wofür 326.811 Mill. fl. ö. W. eingingen und nach Abzug der Emissionskosten 316.855 Mill. fl.; im Durchschnitte daher für 100 fl. Nominale netto 85.73 fl. ö. W.[1] Ende 1879 betrug die ganze Emissionssumme 385 Mill. fl.

Von den Nominalbeträgen von 400 Mill. fl. wurde der überwiegend grössere Theil zur Einlösung der ungarischen Schatzbons verwendet; 138 Mill. fl. verblieben zur Bedeckung des Abganges in den Jahren 1876 bis 1879, wobei die ausserordentlichen Ausgaben für die Mobilisirung in den Jahren 1878 und 1879 inbegriffen sind. [2]

[1] Anders stellt sich die Emission, wenn man die einzelnen Jahre speciell berücksichtigt. Hiernach betrug der Eingang für 100 fl. Nominale:

	Brutto	Netto	Emittirter normaler Gesammtbetrag in Mill. fl.
1876	92.53	92.43	40
1877	98.12	91.10	31.055
1878	87.50	84.57	146.720
1879	86.56	83.80	166.324

Für die verwertheten Obligationen wurden erlöst im Jahre 1876 37.035, 1877 30.715, 1878 128.382, 1879 145.232 Mill. fl.

[2] Die ungarische Staatsschuld betrug in Mill. fl.:

	Rückzahl-bare Schuld	Schwebende Schuld	Grund-entlastungs-schuld	Weinzehent-ablösungs-schuld	Goldrente-schuld
1868	22.25	0.044	244.05 [1]	—	—
1869	43.80	0.041	241.71	—	—
1870	98.17	2.441	250.42	6.015	—
1871	116.64	5.078	251.71	15.87	—
1872	150.18	3.450	249.04	18.85	—
1873	202.84	2.621	251.30	20.76	—
1874	278.00	3.031	248.07	21.41	

[1] In dieser Summe ist noch Croatien mit 14 Mill. fl inbegriffen.

Die gesammten Netto-Einnahmen und Netto-Ausgaben betrugen nach dem zehnjährigen Rechnungsabschlusse in Mill. fl.:

	Einnahmen	Ausgaben	Ueberschuss oder Abgang
1868	119.772	109.782	+ 9.989
1869	111.175	107.529	+ 3.645
1870	118.030	115.243	+ 2.787
1871	126.146	127.370	— 1.224
1872	126.727	135.353	— 8.624
1873	124.800	143.188	— 18.307
1874	129.461	149.140	— 19.679
1875	136.792	149.231	— 12.439
1876	147.231	161.285	— 14.054
1877	159.182	172.561	— 13.079 [1])

	Rückzahlbare Schuld	Schwebende Schuld	Grundentlastungsschuld	Weinzehentablösungsschuld	Goldrenteschuld
1875	352.26	4.451	245.21	21.76	—
1876	401.045	3.400	241.34	21.40	40
1877	400.4	4.053	238.03	26.975	71.955

[1]) Wie schon erwähnt, gelangte die parlamentarische Commission zu einem anderen Ergebnisse als der ungarische Rechnungshof, wonach die Jahre 1860 bis 1872 mit einem beträchtlicheren Ueberschusse abschliessen und seit 1873 ein geringeres Deficit vorhanden wäre. Der Abgang würde hiernach betragen haben: 1873 8.616, 1874 12.002, 1875 7.034, 1876 4.829, 1877 5.043 Mill. fl. Die Erklärung hiefür liegt darin, dass von der Commission die ausserordentlichen Ausgaben des Kriegsministeriums aus dem Nettobudget ausgeschieden werden. Zum Theil ist diese Berechnungsmethode richtig, wenn man sich darauf beschränkt hätte, blos jene Ausgaben zu eliminiren, die für Neuanschaffungen von Kanonen und Gewehren, für Festungsbauten u. dgl. m. bewilligt wurden, mit einem Worte jene Ausgaben, die in dem Kriegsbudget Oesterreich-Ungarns unter der Bezeichnung „transitorisches ausserordentliches Erforderniss" erscheinen, mit nichten aber die ständig wiederkehrenden ausserordentlichen Ausgaben. Würde man diese Methode eingehalten haben, so wäre das Ergebniss allerdings ein kleinerer Abgang als der vom Rechnungshofe ermittelte, keineswegs aber ein solch geringer, wie ihn die Parlamentscommission berechnet. Richtig ist ferner, wenn die für die Donau-Regulirung, für die Hafenbauten von Fiume u. dgl. m. verausgabten Summen ausgeschieden werden. Dagegen gehören wohl die für die Erhaltung der Strassen- und Wasserwege, ferner die für den Ausbau derselben erforderlichen Beträge zu den jährlich wiederkehrenden Ausgaben, und eine Ausscheidung derselben ist wohl nicht gerechtfertigt.

Aus dieser Tabelle ist zu ersehen, dass die sieben letzten Jahre mit einem Verwaltungsdeficit abschliessen, während die ersten drei einen Ueberschuss lieferten. Die Zinsen der Staatsschuld verschlingen in Ungarn einen beträchtlichen Procentsatz der Netto-Einnahmen. Von den Netto-Ausgaben im Betrage von $109._{78}$ Mill. fl. im Jahre 1868 betrugen jene für die Staatsschuld $48._{008}$ Mill. fl., 1877 $75._{08}$ Mill. fl. bei einer Gesammt-Netto-Ausgabe von $172._{56}$ Mill. fl., demnach $44._0$ Procent am Beginne und 44 Procent am Schlusse des Jahrzehnts, jedenfalls ein ungünstiges Verhältniss. Noch misslicher stellt sich das Verhältniss, wenn man auch die für Eisenbahnen geleisteten Zinsengarantien mit in Anschlag bringt, die sich vom Jahre 1870 mit $653._{196}$ fl. auf über $4._{085}$ Mill. fl. steigerten. Von den für die Staatsschuld erforderlichen Summen entfielen im Jahre 1868 $33._{88}$ Mill. fl. auf den Staatsschuldenbeitrag für die gemeinsame Staatsschuld, 1877 $31._{727}$ Mill. fl.; der Rest bietet einen Maassstab für die Beurtheilung der eigentlich ungarischen Schuld. Ein grosser Theil der durch Anleihen eingeflossenen Beträge wurde allerdings auf Investitionen, namentlich auf den Bau von Eisenbahnen verwendet, die jedoch nur geringe Erträgnisse abwerfen und zum Theil auch mit Betriebsdeficiten arbeiten. Mit einer ausserordentlichen Hast wurde das ungarische Bahnnetz ausgeführt und Strassenzüge in Angriff genommen, die ohne Nachtheil für die wirthschaftliche Entwicklung des Landes hätten vertagt werden können. Seit 1868 wurden rund 367 ·Mill. fl. auf Eisenbahnen verwendet, und zwar 270 Mill. fl. auf Staatsbahnen, der Rest auf Eisenbahnsubventionen.

Weit bedeutender stellt sich naturgemäss der Abgang heraus, wenn die Brutto-Einnahmen und die Brutto-Ausgaben einander gegenübergestellt werden. Wir rechnen dazu, abgesehen von den wirklichen Verwaltungsausgaben, die Tilgung der Staatsschulden, Investitionen allerlei Art, Eisen-

bahnvorschüsse, Nothstands- und sonstige an einzelne Cor-
porationen gewährte Darlehen; bei den Einnahmen die
Eingänge aus Steuern und Gebühren, den Erlös aus dem
Verkaufe der Staatsgüter, der Staatspapiere und anderer
Activforderungen.

Hiernach beliefen sich die Einnahmen und Ausgaben
in Mill. fl.:

	Einnahmen	Ausgaben	Deficit oder Ueberschuss
1868	$15_{4.068}$	$147._{536}$	$+ \ 6._{532}$
1869	$152._{518}$	$165._{035}$	$-- \ 13._{007}$
1870	$171._{224}$	$199._{973}$	$- \ 28._{740}$
1871	$179._{577}$	$215._{132}$	$- \ 35._{555}$
1872	$180._{028}$	$237._{527}$	$- \ 50._{8..}$
1873	$181._{707}$	$251._{242}$	$- \ 69._{535}$
1874	$190._{295}$	$252._{112}$	$- \ 61._{817}$
1875	$192._{727}$	$235._{995}$	$- \ 43._{208}$
1876	$211._{516}$	$246._{506}$	$- \ 34._{990}$
1877	$218._{029}$	$252._{253}$	$- \ 33._{024}$

Unter den Ausgaben, die auf das Deficit von ein-
schneidendem Einflusse geworden sind, stehen die Eisen-
bahngarantie-Vorschüsse in erster Linie. Die staatsrechtliche Trennung Ungarns von Westösterreich im Jahre
1867 unterstellte das Eisenbahnwesen in den Ländern der
ungarischen Krone einer selbstständigen Verwaltung. Diese
wurde nach dem Vorbilde der bisher gesammtstaatlichen
Verwaltung organisirt und mit grosser Raschheit ein
Eisenbahnnetz für Ungarn entworfen und der Oeffentlichkeit übergeben, welches den Ausbau von 3377 Kilometer
Eisenbahnen mit dem Centralpunkt in Pest-Ofen ins Auge
fasste. Der Staat nahm den Bau mehrerer Linien sofort
in Angriff und fand Anfangs auf dem Geldmarkte willige
Unterstützung. „Der Aufschwung des nationalen Lebens
in Folge der errungenen politischen Suprematie," bemerkt
ein Kenner treffend, „die ungewöhnliche Getreide-Export-

28*

Conjunctur der letzten Sechziger Jahre im Vereine mit
dem allgemeinen Aufflammen des Unternehmungsgeistes
liessen alsbald eine Ueberschwenglichkeit der Eisenbahn-
pläne und Eisenbahnbauten in verhältnissmässig noch
weit ärgerem Maasse entstehen, als in den westlichen
Ländern. Hiezu kam die Unlauterkeit der parlamentarischen Verwaltung, welche den Einflüssen einer unsauberen
Speculation, deren Repräsentanten aus aller Herren Ländern sich alsbald in Pest ein Rendez-vous gegeben hatten,
Spielraum gewährte."

Dieses harte Urtheil stimmt vollständig mit jenem
eines Mannes, der in nächster Nähe Gelegenheit hatte, die
Verhältnisse kennen zu lernen. „Es ist eine stattliche
Reihe von Eisenbahnlinien, deren Bau die ungarische Gesetzgebung beschlossen hat, allein es darf nicht verschwie-
gen werden, dass hiebei nicht immer die wahren Interessen
des Handels und der Volkswirthschaft vor Augen gehalten
wurden, sondern zuweilen verwerfliche Nebenrücksichten
und Privatinteressen die eigentlich treibenden Motive waren.
Jedenfalls wurde durch die allzu häufige staatliche Garantie
der Zinsen dem Finanzwesen des Staates eine Last auf-
erlegt, welche die Quelle zahlreicher Uebel für Ungarn
geworden ist." [1] In den Jahren 1870—1877 — 1868 und
1869 erfolgten Vorschüsse nicht — betrug die Summe derselben 76.917 Mill. fl. Hievon wurden 1876 1.161 Mill. fl., 1877
0.231 Mill. fl. rückgezahlt. Dazu kommen die auf den Bau
von Staatseisenbahnen verwendeten Beträge in der Höhe
von 106.9 Mill. fl. Die Einnahmen aus diesem Titel ergaben 1868—1877 die Summe von 11.4 Mill. fl., demnach
im jährlichen Durchschnitte 1.1 Mill. fl. [2]

[1] Schwicker, Statistik Ungarns. Stuttgart 1877, S. 513.

[2] Die Garantievorschüsse vertheilen sich auf die einzelnen Jahre
in Mill. fl.:

1870	3.031	1874	15.423
1871	3.252	1875	14.178

Fasst man die gegenwärtige Finanzlage Ungarns in ihrer Gesammtheit ins Auge, so kann dieselbe als eine günstige nicht bezeichnet werden. Der bekannte ungarische Finanzstatistiker Horn hat in seinem im Jahre 1875 erschienenen Buche ein düsteres Bild entworfen; seitdem hat sich allerdings mancherlei gebessert, und Ungarn hat durch Erhöhung der alten und durch Einführung von neuen Steuern eine seltene Opferwilligkeit gezeigt und dem Staatsschatze beträchtliche Einnahmen zugeführt. Allein alle bisher gemachten Anstrengungen haben die Herstellung des Gleichgewichtes im Staatshaushalte nicht bewerkstelligen können, und es ist vorläufig keine Aussicht vorhanden, dass dieses Ziel in der nächsten Zeit erreicht werden wird. Der ständige Abgang beziffert sich auf rund 24 bis 25 Mill. fl., obgleich die Einnahmen seit 1875 stetig gestiegen sind; die Zunahme von 192.$_{85}$ Mill. fl. brutto im Jahre 1875 auf 246.$_{92}$ Mill. fl. im Jahre 1879 ist für ein agricoles Land wie Ungarn

| 1872 | 6.$_{107}$ | 1876 | 11.807 |
| 1873 | 12.$_{796}$ | 1877 | 10.836 |

In der erwähnten Arbeit der Schlussrechnungscommission ist der Versuch gemacht, die Vermögensbilanz des Staates während der Jahre 1868 bis 1877 aufzustellen, indem die Zu- oder Abnahme des Immobiliarvermögens, der Producte, Werthpapiere, Baarbestände, endlich der Forderungen und Activrückstände in einer Uebersicht zusammengestellt ist. Die Zunahme beträgt hiernach 467.$_{875}$ Mill. fl., und zwar beträgt die Steigerung des Immobiliarvermögens 178.$_{816}$ Mill. fl., der Producte 34.$_{051}$, der Werthpapiere 12.$_{776}$, der Baarbestände 21.$_{098}$, und endlich der Forderungen und Activrückstände 221.$_{073}$ Mill. fl.

Dieselbe Tabelle bringt auch einen Ausweis über die Zunahme der Staatsschulden und der Passivrückstände; erstere belaufen sich auf 516.$_{383}$ Mill., letztere auf 59.$_{149}$ Mill., zusammen auf 575.332 Mill. fl. Die Staatsschulden vertheilen sich auf die einzelnen Jahre wie folgt in Mill. fl.:

1868	20.$_{159}$	1873	54.822
1869	60.$_{613}$	1874	72.744
1870	132.$_{122}$	1875	71.168
1871	25.$_{200}$	1876	34.153
1872	37.280	1877	7.821

Für die folgenden Jahre liegen mir die Ausweise über die ungarische Staatsschuld nicht vor; Ende 1879 betrug dieselbe 823.954 Mill. fl., hiezu kommen noch 84.$_{645}$ Mill. fl. für die Uebernahme der Ostbahn.

mit einer winzigen Consumtionsfähigkeit eine anständige
Leistung, wovon unserer Berechnung nach sich circa 12
Mill. fl. als Ergebniss der Steuererhöhung herausstellen. Im
laufenden Jahre wurde eine neue Steuer hinzugefügt, die
Militärtaxe, welche beiläufig 3 Mill. fl. abwerfen soll. Das
Bedenkliche ist blos, dass der überwiegend grösste Theil
der erhöhten Einnahmen auf die directen Steuern entfällt,
die 1868 blos 43 Mill. fl. ausmachten und nun bei 81 Mill. fl.
angelangt sind, demnach in einem Zeitraume von 12 Jahren
um 38 Mill. fl. gestiegen sind! Die Gebühren stiegen 1869
bis 1879 um 7, Tabak und Salz um 9 Mill. fl.! Dass die
Steuerleistungen die Bevölkerung stark belasten und mit
der Zunahme des Wohlstandes in keinem gleichmässigen
Verhältnisse stehen, geht aus den Steuerrückständen unzweideutig hervor. Der Steuerexecutor hat jenseits der
Leitha vollauf zu thun, und im Jahre 1879 sah sich die
Regierung genöthigt, die Steuerexecution zu sistiren, was
natürlich auf die Steuereingänge nicht ohne Einfluss bleiben
wird. Das ungarische Steuersystem in seiner gegenwärtigen
Gestalt zeigt viele Härten und eine geringe innere Entwick-
lungsfähigkeit. Fast in ähnlicher Weise wie in Oesterreich
liefern die Realsteuern den überwiegendsten Beitrag zu
den Einnahmen, während die Personalsteuern in roher
Weise veranlagt sind, und die Einführung einer auf richtigen Grundlagen beruhenden Einkommensteuer hat sich
Ungarn selbst durch seine Gesetzgebung im Jahre 1875
erschwert. Auf dem Gebiete der indirecten Steuern ist
ein Zuwachs zu erwarten, aber gewiss kein solcher, wodurch das chronische Deficit gänzlich beseitigt werden
dürfte.

Andererseits bekunden die Ersparungstendenzen der
letzten Jahre, dass der Verwaltungsapparat bedeutende
Summen erheischt und eine einschneidende Herabminderung derselben nicht in Sicht steht, wahrscheinlich, weil
man fast an der Grenze des unbedingt Nothwendigen

angelangt ist. Ueberblickt man die Ergebnisse der unga-
rischen Schlussrechnungen seit 1875, — seit welchem Jahre
Anstrengungen gemacht worden sind, den Aufwand zu
beschränken — so lässt sich ein anerkennenswerthes Streben
nicht verkennen, thunlichst Ersparnisse eintreten zu lassen.
Beträchtlich in die Wagschale fallen sie indess nicht. Die
Ausgaben für den Reichsrath erheischen 1879 dieselbe
Summe wie 1875, der Pensionsétat ist um mehr als 33
Procent gestiegen — von 2.₇ Mill. fl. 1875 auf 3.₈ Mill. fl.
1879! — Das Erforderniss für die Verwaltung Croatiens ist
ein höheres, die Verwaltungskosten für das Ministerium des
Innern bewegen sich während des ganzen Zeitraumes im
Durchschnitte fast auf gleicher Höhe; das Ministerium für
Cultus und Unterricht erheischt 1879 einen grösseren
Mehraufwand als 1875, und es sind daher nur wenige
Ressorts, die eine Herabminderung erfuhren. Ziffermässig
genau lässt sich der in Ersparung gebrachte Betrag nach
dem uns vorliegenden Material nicht berechnen, aber man
dürfte der Wahrheit ziemlich nahe kommen durch die
Annahme, dass beiläufig 1 Mill. fl., vielleicht etwas We-
niges darüber, dauernd in Ersparung gebracht wurde, was
bei einer Brutto-Ausgabe im Ordinarium von rund 268
Mill. fl. finanziell gewiss nicht viel besagen will. Selbst
wenn die Verwaltung in Ungarn den strictesten Anforderungen entsprechen würde, was gewiss zu bezweifeln gestattet sein mag: es liegt in der Natur der Sache, dass
in den nächsten Jahren ein grösseres Erforderniss zu Tage
treten wird, wenn längst verheissene Reformen sich verwirklichen sollten.

Die bedenkliche Seite der ungarischen Finanzlage
liegt in dem Aufwande für Heer und Staatsschuld. Bei
dem Heere würde eine Vergleichung der Jahre 1879 und
1875 mit einander zu unrichtigen Schlussfolgerungen führen,
weil, wie schon oben dargelegt wurde, für 1878 bis 1880
von Seite der Militärverwaltung zum Theil geringere

Anforderungen im Ordinarium gestellt wurden, mit Rücksicht auf die ausserordentlichen Credite, welche für Mobili-
sirungs- und Occupationskosten beansprucht und auch
gewährt wurden. Irren wir nicht, so dürfte schon das
Budget pro 1881 erhöhte Anforderungen im Ordinarium
stellen, wodurch Ungarns Beitragsleistung gesteigert werden dürfte. Das Erforderniss für die Staatsschuld —
wobei die Zinsengarantien für Eisenbahnen nicht inbegriffen sind — enthält die Achillesferse des ungarischen
Budgets. Jahraus, jahrein verschlingt die Verzinsung
der Schuld steigende Summen; bereits 1875 wurden
hiefür 72.0 Mill. fl. verausgabt, 1879 wurden 87.7 Mill. fl.
bereits überschritten, und wenn wir das Erforderniss für
die nächsten Jahre in Anschlag bringen, dürften 100 Mill. fl.
kaum hinreichen, um den Bedarf zu decken, da für den
Bau von Eisenbahnen nicht unbedeutende Summen dem
Markte entnommen werden müssen, wenn die bereits vo-
tirten Linien ausgeführt werden sollen. Man bedenke nur
bei einem Brutto-Ausgabenétat von rund 268 Mill. fl. mehr
als 100 Mill. fl. für die Verzinsung der Staatsschuld! Und
dazu müssen auch die Vorschüsse auf Eisenbahnzinsen-
garantien gerechnet werden, die jedenfalls eine ständige
Ausgabe bilden und deren etwaige Rückzahlung jedenfalls in weiter Ferne liegt. Diese haben sich allerdings
seit 1875, in welchem Jahre 14.7 Mill. fl. verausgabt wurden, herabgemindert auf 11.017 Mill. fl. im Jahre 1879; man
wird die hiefür erforderliche Summe immerhin auf über
10 Mill. fl. in Anschlag bringen müssen. Von den gesammten ordentlichen Brutto-Ausgaben im Betrage von
224.73 Mill. fl. im Jahre 1875, die durchlaufenden Ausgaben und die Investitionen nicht eingerechnet, entfielen
für Hofstaat, gemeinsame Ausgaben, Pensionen, Zinsen
der Staatsschulden und Garantievorschüsse 126.115 Mill. fl.,
1879 141.251 Mill. fl. von einer Gesammtbrutto-Ausgabe
von 264.110 Mill. fl.

Nationale Eitelkeit ist ein Factor, mit dem im Völker-
leben gerechnet werden muss und auf den sich bedeutsame Erscheinungen der geschichtlichen Entwicklung zu-
rückführen lassen. Wenn eine Nation die gewaltigsten
Anstrengungen macht, um die Versäumnisse früherer
Zeiten mit einem Schlage wett zu machen und durch
Schaffung von Institutionen sich den fortgeschrittenen
Culturvölkern ebenbürtig an die Seite zu stellen, so wird
ein derartiges Streben nur Hochachtung, vielleicht auch
Bewunderung hervorrufen. Der rechnerische National-
ökonom wird es zwar tadeln, wenn zur Erreichung des
ins Auge gefassten Zieles die Hilfsmittel des Landes übermässig angespannt werden, aber diese materielle Seite
hat gewiss nicht immer in Betracht zu kommen, wenn es
sich um die Verwirklichung und Lösung grosser Aufgaben
handelt. Für die grossen Opfer der Gegenwart muss die
Zukunft einen Ersatz bieten, nur das Eine wird gefordert
werden müssen, dass die Anstrengungen einem wirklichen
Bedürfnisse dienen, mit nichten aber Illusionen fröhnen.
Ungarn ist durch eigene und fremde Schuld hinter den
Fortschritten des europäischen Westens um einige Pferde-
längen zurückgeblieben, und es ist gewiss begreiflich, dass
es nunmehr, nachdem in politischer Hinsicht seine kühnsten
Erwartungen sich erfüllt haben, sich krampfhaft bemüht,
um die durch glückliche Verhältnisse erzielten Erfolge
durch die That zu rechtfertigen und den Beweis zu liefern,
dass es der Grösse und der Schwierigkeit staatlicher Aufgaben vollauf gewachsen ist.

Bei aller Anerkennung, die man den Bestrebungen
der ungarischen Staatsmänner zu zollen geneigt sein mag,
schwerlich wird sich in Abrede stellen lassen, dass des
Guten zu viel geschehen ist, wenn im Laufe eines Jahrzehnts Summen auf Investitionen verwendet wurden, die
in solch' schwerer Weise den Staat dauernd belasten.
Allerdings scheint nun die Regierung inne halten zu wollen,

und während 1873 noch 50 Mill. fl. eingestellt waren,
wurden 1878 5.8 Mill. fl. verausgabt, allein seitdem ist
wieder eine Steigerung eingetreten; für 1879 waren 6.771
Mill. fl. erforderlich und für 1880 ist ein Erforderniss mit
9 Mill. fl. in Anspruch genommen. Auch ist insoferne
eine Aenderung eingetreten, als man zur Bedeckung
an die Veräusserung des Staatsvermögens schreitet,
allein es ist jedenfalls zu berücksichtigen, dass dem
Staate dadurch auch Einnahmen entgehen, die sodann
durch Steuern aufgebracht werden müssen. Die ungarische Legislative hat in der laufenden Session — 1880
— den Bau von Eisenbahnen votirt, deren Kosten
wahrscheinlich durch Verkauf von Staatsgütern gedeckt
werden sollen. Noch ist das Vermögen des Staates nicht
unbeträchtlich. Das Schankregalrecht des Staates wurde
auf 10 Mill. fl. geschätzt, hievon jedoch fast die Hälfte
bereits veräussert; die durch Colonisten zu bezahlenden
Ablösungen für circa 75.000 Joch im Werthe von 8 Mill. fl.
wurden durch ein Gesetz vom Jahre 1873 (Artikel 22) bestimmt und die Einzahlungen geregelt. Die landwirthschaftlichen Staatsgüter umfassen 634.000 Joch und werden auf
68 Mill. fl. veranschlagt. Hievon sind bereits Güter im
Werthe von 18 Mill. fl. veräussert, und es bleiben noch 50
Mill. fl., die aus dieser Quelle zu erwarten sind und wahrscheinlich dürften demnächst diese Gütercomplexe unter
den Hammer gebracht werden, um für den Bau der Eisenbahnen die nöthigen Summen nicht durch Emission von
Goldrente aufbringen zu müssen. Es verbleiben sodann
nur noch die Staatsforste, die, so weit wir unterrichtet
sind, nicht veräussert werden sollen, aber allerdings auch
nicht viel abwerfen. Richtig ist zwar, dass der Staat
durch den Verkauf von Staatsgütern sich eine geringere
Zinsenlast aufbürdet als durch Aufnahme einer Schuld;
aber der Entgang von beiläufig 1.2 Mill. fl., die bisher
als Ertrag der Staatsgüter im Budget erscheinen, wird

sich jedenfalls in nächster Zukunft geltend machen. Die neuen Eisenbahnlinien werden wahrscheinlich kein oder nur ein winziges Erträgniss abwerfen, in ähnlicher Weise, wie es bisher schon bei den verausgabten 367 Mill. fl., welche bis Ende 1879 auf Eisenbahnen verwendet worden sind, zum Theil der Fall ist.

So gewaltig auch die Anstrengungen der ungarischen Finanzverwaltung sein mögen, die Ordnung des Staatshaushaltes zu erzielen: die Finanzlage ist eine ungemein ernste und es wird noch grosser Maassnahmen bedürfen, ehe das Gleichgewicht zwischen Einnahmen und Ausgaben hergestellt sein wird. Durch dauernde Erhaltung des Friedens kann es vielleicht gelingen, das Ziel, welches der ehemalige Finanzminister Széll ins Auge fasste und dem auch der jetzige ungarische Schatzkanzler zuzustreben scheint, zu erreichen; die geringste kriegerische Verwicklung dürfte die harten Bestrebungen mit einem Schlage zu nichte machen.

Neuntes Capitel.

Der zweite österreichisch-ungarische Ausgleich.

Die im Jahre 1867 abgeschlossene Vereinbarung zwischen den beiden Reichshälften über das Zoll- und Handelsbündniss, sowie über die Beitragsleistung zu den gemeinsamen Auslagen, hatte nur für zehn Jahre, bis zum 31. December 1877, Giltigkeit; nach Ablauf dieser Periode mussten neue Abmachungen getroffen werden, wenn das staatsrechtliche und handelspolitische Verhältniss der österreichisch-ungarischen Monarchie eine Aenderung nicht erleiden sollte. Ausser diesen an und für sich schon bedeutsamen Fragen erheischten auch noch andere Punkte dringend eine Lösung, wodurch die Verhandlungen der beiden Regierungen und später der Vertretungskörper sehr erschwert wurden. Da die Verzehrungssteuern nach gemeinsamen Grundsätzen in beiden Reichstheilen geregelt werden sollten, einige derselben im Interesse der Finanzen schon längst einer Abänderung bedurften, alle dahin gehenden Bemühungen des österreichischen Ministeriums aber in Ungarn keinen Anklang gefunden hatten, so wurden diese Fragen gleichzeitig mit der Erneuerung der Zoll- und Handelsbündnisse erörtert. Ferner musste auch über die Bankfrage eine Vereinbarung erzielt werden.

Die vorgelegten Gesetzentwürfe umfassten daher: das Zoll- und Handelsbündniss, die Zucker- und Branntweinsteuer, einen Zolltarif sammt dem dazu gehörigen Einführungsgesetze, die Statuten über die Errichtung und das Privilegium der österreichisch-ungarischen Bank, einen den Lloyd betreffenden Schifffahrts- und Postvertrag, endlich Bestimmungen über die Beitragsquote zu den gemeinsamen Ausgaben.

Es würde die Grenzen dieses Buches überschreiten, die Geschichte des zweiten Ausgleiches darzulegen, die nur möglich ist, wenn die gesammte innere Geschichte in dem abgelaufenen Zeitraume in den Kreis der Darstellung gezogen wird; nur insoweit die neuerlichen Abmachungen in einem Zusammenhange mit den Finanzen der österreichisch-ungarischen Monarchie stehen, sollen sie Berücksichtigung finden.

Erschwerend für die Ausgleichsverhandlungen war die Bankfrage. Bei den Abmachungen der beiden Reichshälften im Jahre 1867 wurde die Regelung der Verhältnisse der Nationalbank mit Vorbedacht ausser Acht gelassen, da man ein Scheitern des Ausgleiches befürchtete; in den Verhandlungen der Ausgleichsdeputationen wurde der Bankfrage keine Erwähnung gethan; in dem Deputationsberichte wird nicht einmal eine Regelung derselben für künftighin in Aussicht gestellt, obgleich schon die Feststellung einer etwaigen Betheiligung Ungarns an der 80 Millionenschuld des Staates es erfordert hätte, sich mit der Bank und ihrer künftigen Stellung zu beschäftigen.

Nur zwischen den beiden Regierungen waren Abmachungen getroffen worden, die jedoch erst später — im Januar 1872 — vollinhaltlich in die Oeffentlichkeit gelangten. In den am 8. März 1867 zwischen den beiden Finanzministern unterzeichneten Stipulationen, welche am selben Tage in dem Ministerrathe genehmigt wurden, lautet Abschnitt 18 wie folgt: „Der königlich ungarische Landesfinanzminister

wird die jetzt bestehenden Rechtsverhältnisse der Nationalbank, bis die im Sinne des landtäglichen Commissions-
operates diesfalls festzustellenden Bedingungen geregelt
sein werden, weder auf administrativem, noch auf legisla-
tivem Wege beirren. Dagegen wird bis zu dem Zeitpunkte
auch das Reichsfinanzministerium bei allfälligen, namentlich
die Notenemission berührenden Fragen das Einvernehmen
mit dem königlich ungarischen Finanzlandesministerium
pflegen." Das einige Monate später zu Vöslau abgeschlossene
protocollarische Uebereinkommen vom 12. September 1867
hatte den Zweck, das Verhalten der beiderseitigen Regierungen insolange zu normiren, bis beide Reichstheile im
gemeinschaftlichen Einverständnisse neue gesetzliche Bestimmungen über das Bank- und Zettelwesen getroffen haben
würden, und „das königlich ungarische Ministerium machte
sich verbindlich, im Königreich Ungarn eine Zettelbank
nicht zuzulassen und den Banknoten der österreichischen
Nationalbank gleich den Staatsnoten in den ungarischen
Ländern die Circulation mit Zwangscours, sowie die Annahme bei allen Staatscassen wie bisher zuzugestehen",
stellte jedoch hiebei die Bedingung, „dass die Nationalbank
verpflichtet werde, die von dem ungarischen Ministerium
für nöthig erachteten Filialen zu errichten und dieselben
den Bedürfnissen des Handelsverkehres entsprechend zu
dotiren, dann dass ihre Statuten dahin erweitert werden,
dass dieselbe ermächtigt werde, auch Vorschüsse auf Effecten der beiden Reichshälften, sowie auf andere solide, an
der Börse notirte Werthpapiere zu leisten".[1])

Die Bank hatte sich am 4. Juni 1867 mit einer Petition an das Parlament gewendet, die jedoch Monate lang
unerledigt blieb, und erst nach vollzogener Trennung der

---

[1]) Diese Vereinbarung gelangte zuerst bei Gelegenheit einer Interpellation im österreichischen Abgeordnetenhause am 17. Juni 1872 zur Oeffentlichkeit. Vergl. Sitzungsprotocolle VII. Session; ferner Lónyay, Die Bankfrage.
Budapest, 1870, S. 202.

beiden Staatsgebiete erstattete der Finanzausschuss am
27. Februar 1868 seinen hierauf bezüglichen Bericht. Der
Antrag ging blos dahin, dass die Regierung aufgefordert
wurde, die Beschwerden der Nationalbank zu prüfen und
ein den bestehenden Verhältnissen entsprechendes Uebereinkommen zu treffen; von einem Auftrage, mit der ungarischen Regierung Verhandlungen zu eröffnen, um das im
Vorjahre ungeregelt gelassene Verhältniss der Bank der
neuen dualistischen Verwaltung gegenüber zu erneuern,
war keine Rede. Dass dies ganz mit Stillschweigen über-
gangen wurde, erklärt sich zum Theil wenigstens dadurch,
dass die Petition der Bank blos die Entschädigungsan-
sprüche hervorhob, indem ihr Privilegium durch die Papier-
geldemission des Jahres 1866 verletzt worden war.

Die endgiltige Regelung der Bankfrage stellte sich
schon aus dem Grunde als dringend heraus, da der Staat
verpflichtet war, der Bank eventuell eine Pauschalverzin-
sung von einer Million Gulden jährlich zu bezahlen, wenn
das Erträgniss derselben sieben Procent nicht erreichte. Die
Staatsnotenemission beeinträchtigte die Geschäfte der Bank
in empfindlicher Weise, und wenn nicht durch Gewährung
von Erleichterungen und einer etwaigen Erweiterung des
Geschäftskreises der Bank Vorsorge getroffen wurde, kam
der Staat gewiss in die Lage, den vereinbarten Zuschuss
leisten zu müssen. Es fragte sich nun, ob und in welchem
Verhältnisse Ungarn hiezu beizutragen habe. Der österreichische Finanzminister Dr. Brestl, der hierüber mit dem
ungarischen Schatzkanzler Verhandlungen angeknüpft hatte,
erhielt die kategorische Antwort: „das Privilegium der österreichischen Nationalbank könne Ungarn keinerlei Verpflichtung auferlegen, da dieses Privilegium ohne Einvernehmen
und Zustimmung der ungarischen Legislative gegeben
worden sei". Die ungarische Regierung habe desshalb
bei ihrer Constituirung das Versprechen gegeben, so lange
das Privilegium der Nationalbank nicht abgelaufen sei,

den Zwangscours der Banknoten in Ungarn aufrecht zu
erhalten, „weil sie für eine schwerere Verpflichtung nicht
die Verantwortung vor der ungarischen Legislative übernehmen wollte. Auch dies Versprechen sei ein Wagniss
gewesen, aber sie habe es in dem guten Glauben gegeben,
dass die in Circulation befindlichen Banknoten gehörig
bedeckt und garantirt seien und sein werden." Der ungarische Finanzminister erklärte daher, nur in dem Falle könnte
der Zwangscours in Ungarn aufrecht erhalten werden, als
das Bankcapital nicht reducirt werde: Ungarn sei nur insofern bereit, von dem Rechte, eine Zettelbank zu errichten, keinen Gebrauch zu machen, wenn die Nationalbank
den Werthpapieren Ungarns eine gleiche Creditbegün-
stigung wie den österreichischen Werthpapieren zukommen
lasse und die Filialen in Ungarn gebührendermassen dotiren werde. Mit dem Vorschlage, an der 80 Millionenschuld theilzunehmen, könne das ungarische Ministerium
nicht vor die Legislative treten.[1]

Die österreichische Regierung verzichtete in Folge
dieser Zuschrift vom 25. Mai 1868 darauf, die principiellen
Fragen zum Austrage zu bringen, und anstatt einer definitiven Regelung der Bankfrage begnügte sie sich mit
einem Provisorium. Gelang es nur mit der Bank ein

---

[1] Den Schriftwechsel der beiden Regierungen bei Neuwirth, Bankacte und Bankstreit in Oesterreich-Ungarn. Leipzig, 1873. S. 173 f.
Lónyay behauptet in seinem Buche: Die Bankfrage, Budapest, 1875,
S. 248, der Beschluss des österreichischen Abgeordnetenhauses und
die Erklärung des Finanzministers Dr. Brestl beweisen, dass Reichsrath
und Ministerium bei Gelegenheit der ersten Verhandlung über die Bankfrage die Bank als ein ausschliesslich österreichisches Institut betrachtet
hätten. Diese Auffassung ist nicht stichhältig, denn in der Zuschrift
Brestls an Lónyay vom April 1868 wird ausdrücklich hervorgehoben, wie
Lónyay selbst angibt — S. 252 — „dass zur Abänderung der Statuten und
zu einem neuen Uebereinkommen mit der Bank auch die Genehmigung der
ungarischen Gesetzgebung aus dem Grunde nothwendig sei, weil das Bank-
notenemissionsrecht der Bank gemäss dem 1863er Uebereinkommen und den
Statuten sich auf die ganze Monarchie erstreckt."

Abkommen zu treffen, wodurch der eventuelle Zuschuss von einer Million erspart wurde, mochte das Andere auf spätere, günstigere Zeiten vertagt werden. Der am 24. Mai 1868 von Brestl eingebrachte Gesetzentwurf, welcher die Regierung ermächtigte, bis zum Zustandekommen einer neuen Vereinbarung Aenderungen in den Statuten und dem Reglement der Bank mit provisorischer Giltigkeit vorzunehmen, erhielt am 12. Juni 1868 die Zustimmung des Abgeordnetenhauses, am 23. Juni jene des Herrenhauses und am 30. Juni die kaiserliche Sanction. Im Plenum des Parlaments kam es zu einer Debatte nicht, nur in dem Berichte wurde hervorgehoben, dass der Finanzminister im Ausschusse „die beruhigende und aufklärende Bemerkung ertheilte, dass mit Rücksicht auf die Verhandlungen mit dem ungarischen Finanzminister ein Bedenken nicht Platz greifen könne, als würden hiedurch die bestehenden Rechtsverhältnisse der Bank irgendwie beirrt oder geändert". Ueber die Frage, ob die österreichische Legislative berechtigt sei, irgend eine Aenderung, wenn auch nur mit provisorischer Giltigkeit, an den Bankstatuten vorzunehmen, setzte man sich hinweg, obgleich man es Ungarn ermöglichte, aus diesem Vorgange Capital zu schlagen. Bankdirection und Bankausschuss sprachen den Wunsch aus, dass das definitive Uebereinkommen binnen Jahresfrist zur verfassungsmässigen Behandlung gelange, und bezeichneten die Herabminderung des Actiencapitals als eine unerlässliche Bedingung, ehe von ihr weitere Verhandlungen mit der Regierung eingeleitet würden; endlich dass jede Vereinbarung auch für Ungarn gesetzliche Geltung erlange.

Dem österreichischen Finanzminister gelang es erst Anfangs October, nachdem er sich persönlich zu einer Conferenz in die ungarische Hauptstadt begeben hatte, das Zugeständniss zu erwirken, dass die ungarische Regierung ihren bisherigen Widerspruch gegen die Gewährung von Geschäftserleichterungen an die Bank und gegen

die Herabsetzung des Actiencapitals aufgab. Eine Antheilnahme Ungarns sei es an der Verzinsung oder an
der Schuld des Staates an die Bank wurde rundweg abgelehnt.[1]) Was die in den Statuten der Nationalbank vorzunehmenden Aenderungen anbelangt, erklärte der ungarische Finanzminister in einer Zuschrift an Dr. Brestl, sei
das ungarische Ministerium der Ansicht, dass, nachdem die
letzten Statuten der Nationalbank vom Reichsrathe festgestellt worden, die in denselben vorzunehmenden Aenderungen zum Wirkungskreise des Reichsrathes und des
Wiener Ministeriums gehören und das ungarische Ministerium nur insofern berühren, als nach dem abgeschlossenen
Zoll- und Handelsbündnisse jedes Institut, das im Gebiete
einer Hälfte der Monarchie seinen Sitz habe, wenn es seine
Thätigkeit auch auf das Gebiet der anderen Hälfte ausdehnen wolle, dies bei Vorzeigung seiner Statuten und
mit Bewilligung des Ministeriums der anderen Hälfte thun
könne. Bezüglich der Reduction des Bankcapitals habe
das ungarische Ministerium keine Bemerkung zu machen,
sondern nur die Bedingung zu stellen, dass, nachdem die
Banknoten bis zur Herstellung der Valuta auch in Ungarn
Zwangscours haben, der gegenwärtig vorhandene Metall-

---

[1]) „Was die Rückzahlung des nach Ablauf des Bankprivilegiums aus-
zuzahlenden, unverzinslichen Vorschusses von 80 Mill. fl. anbelangt," heisst
es in der Zuschrift des ungarischen Finanzministers an seinen österreichischen
Collegen, „so ist das ungarische Ministerium, gestützt auf §. 1 des XV. Gesetzartikels, 1867, der Ansicht, dass, nachdem die von Ungarn zu übernehmende
Quote der gesammten früheren Staatslasten gemäss dem §. 1 des oben erwähnten
Gesetzes zwischen beiden Gesetzgebungen mit gegenseitigem Einverständnisse
festgestellt worden ist und bei Gelegenheit der Schaffung des Gesetzes über
die Staatsschulden die durch beide Ministerien entsendete Commission die
gesammten Lasten und unter diesen auch die 80 Mill. fl. zu Protocoll nahm,
und namentlich in Anbetracht dessen, dass im Sinne des §. 5 Ungarn von
der schwebenden Schuld nur für 312 Mill. fl. Staatsnoten und Geldzeichen die
gemeinsame Bürgschaft übernommen hat, sowohl hinsichtlich der 80 Mill. fl.,
als auch der zu Gunsten der Bankactionäre eventuell zu zahlenden 1 Mill. fl.
der Standpunkt Euer Excellenz nicht annehmbar sei."

vorrath der Bank nicht vermindert werde und eine Alterirung der Silberbedeckung der Noten nicht eintrete. Auf Grund des Gesetzes vom 30. Juni 1868 erfolgte am 30. October ein Erlass des österreichischen Finanzministers, wodurch die Bankstatuten geändert und Geschäftserleichterungen gewährt wurden, und ein neues Gesetz vom 13. November traf Bestimmungen über die Reduction des Bankcapitals von 110.$_{25}$ Mill. auf 90 Mill. fl. Der Ausschuss des Abgeordnetenhauses betonte in seinem Berichte, dass die Mitverpflichtung Ungarns an der Schuld an die Nationalbank zweifellos sei, wogegen jedoch das Organ der damaligen Reichstagsmajorität in Ungarn in entschiedenster Weise Verwahrung einlegte. Ungarn wies in späterer Zeit immer darauf hin, dass durch die von der österreichischen Legislative vorgenommenen Aenderungen factisch die Nationalbank ein specifisch cisleithanisches Institut geworden sei, eine Auffassung. die in der diesseitigen Reichshälfte bekämpft wurde, und die österreichische Regierung war herzlich froh, wenigstens vorläufig jeder weiteren Sorge überhoben zu sein. Bis zum Ablaufe des Bankprivilegiums konnte man ruhig zusehen, und kommt Zeit, kommt Rath. Durch die Reduction des Bankcapitals hoffte man von einem staatlichen Zuschusse befreit zu sein. Diese Hoffnung war allerdings, wenigstens für das Jahr 1868, eine irrige, denn die Bilanz desselben wies kein Geschäftserträgniss von 7 Procent aus, und Dr. Brestl richtete an die Bank eine Note mit der Aufforderung, die Bilanz für 1868 derart einzurichten, damit ein Zuschuss von Seite des Staates nicht gefordert werde, da er bemüssigt wäre, die Bank in Betreff der auf Ungarn entfallenden Quote an die ungarische Finanzverwaltung zu verweisen. Mannigfache Verhandlungen führten zu keinem Ergebnisse, und der schliesslich von der Bank zur Ergänzung auf eine 7procentige Verzinsung geforderte Betrag von 340.543 fl. wurde nicht geleistet und als eine unberichtigt gebliebene

29*

Forderung der Nationalbank an den Staat auf neue Rechnung übertragen.[1])

In Folge der im Jahre 1869 eingetretenen Creditkrise kam die Bankfrage im ungarischen Abgeordnetenhause zur Sprache, indem an das Ministerium die Frage gerichtet wurde, ob es gesonnen sei, „über die Unabhängigmachung der ungarischen Finanzen, respective zum Zwecke der Creirung eines ungarischen Bankgesetzes binnen kürzester Zeit eine Vorlage zu machen". Die Ansichten der ungarischen Regierung traten unzweideutig in der Antwort Lónyay's vom 4. November 1869 hervor, indem er betonte, „dass bei Gelegenheit der Feststellung der Staatsschuldquote die geeignetste Zeit gewesen wäre, zu einer gründlichen Lösung zu gelangen, welcher zufolge nebst der Regelung der Valuta die Decentralisation des Banksystems gewesen wäre", nunmehr werde der geeignetste Zeitpunkt eintreten, „wenn das Bankprivilegium ablaufe und die Lösung der Valutafrage erfolge". Der Minister beantragte die Entsendung einer Enquêtecommission „zu dem Zwecke, um nach Vernehmung der im Bankwesen, in Industrie und Handel hervorragenden Fachmänner mit Rücksicht auf die gegenwärtige Valuta, auf die factischen Verhältnisse, sowie auf die jetzige Geldkrise und deren Ursachen ein motivirtes Gutachten darüber abzugeben, welche legislative Verfügungen in Betreff der Zettelbankfrage zu treffen wären, damit unter Sicherung des regelmässigen Verkehrs der vaterländische Credit auf selbstständigen soliden Grundlagen basirt sei".

Die Enquêtecommission, welche am 23. März ihre Verhandlungen begann und im Juni abschloss, kam in ihrem Elaborate an den ungarischen Reichstag zu dem Schlusse, „dass vor Allem die Valuta hergestellt werden müsse, damit der ungarische Credit auf selbstständigen,

---

[1]) Vergl. das Nähere bei Neuwirth a. a. O. S. 199 f.

soliden und gesunden Grundlagen basirt werden könne". Die Nationalbank habe ausserhalb Ungarns ihren Sitz, stehe unter der Leitung von Personen, die Ungarns Interessen nicht kennen, hauptsächlich das Interesse der Länder jenseits der Leitha vor Augen haben, die Länder der ungarischen Krone aber nach Willkühr behandeln u. s. w. Bezüglich der Mittel zur Abhilfe wurde darauf hingewiesen, entweder eine Vereinbarung zu treffen, das Bankprivilegium bis Ende 1876 anzuerkennen, den Einfluss Ungarns zur Wahrung der Interessen desselben zu stipuliren oder die sofortige Errichtung einer ungarischen Zettelbank zu bewerkstelligen. Die Majorität neigte sich der ersten Alternative zu. [1])

Obgleich die ungarische Regierung allen Bemühungen des österreichischen Finanzministers behufs Regelung der Bankfrage einen entschiedenen Widerstand entgegensetzte, gewann es doch den Anschein, dass es vielleicht der Bankverwaltung gelingen könnte, wenigstens die förmliche Anerkennung ihres Privilegiums zu erlangen. Die Bank beabsichtigte nämlich eine Verminderung der Dotationen der ungarischen Filialen vorzunehmen, verzichtete jedoch auf dieses Vorhaben, nachdem der ungarische Minister in einer Note vom 28. Juli 1870 sich bereit erklärt hatte, die Bankfrage in der nächsten Wintersession des Reichstages auf die Tagesordnung zu setzen. Dieses Versprechen wurde nicht erfüllt und die Bank erachtete sich an ihre Zusage bezüglich der Dotation nicht für gebunden. Der Gegensatz zwischen dem ungarischen Ministerium und der Bankverwaltung spitzte sich immer mehr zu. Der Nachfolger Lónyay's im Amte, Kerkápolyi, stellte die Mitverpflichtung Ungarns an der 80 Millionenschuld entschieden in Abrede, und obgleich er unter gewissen Bedingungen eine Vereinbarung

---

[1]) Lónyay gibt in seinem Buche eine übersichtliche Darstellung der Verhandlungen. S. 284 bis 303.

mit der Nationalbank, wie er sich ausdrückte, jeder anderen Combination vorzog, so wurde doch, wenn etwaige
Verhandlungen zu keinem Ziele führten, eine selbstständige
ungarische Bank ins Auge gefasst, ja man schien anzu-
deuten, dass Ungarn auch das Recht dazu habe, und zwar
noch vor Ablauf des Bankprivilegiums, wobei man sich
über die im September 1867 eingegangenen Verpflichtungen
einfach hinwegzusetzen Miene machte. Und um zu zeigen,
wie ernst man den Gedanken einer selbstständigen Bank
verfolgte, wurde auch die Nothwendigkeit einer Herstellung
metallischer Währung betont.

Die mit der Bankenquête betraute Commission des
ungarischen Unterhauses legte im Winter 1872 einen Be-
schlussentwurf vor, wodurch der Finanzminister angewiesen
werden sollte, sich mit dem österreichischen Schatzkanzler
in Beziehung zu setzen, um im Einvernehmen mit demselben einen Gesetzesentwurf über die Art und Weise der
Valutaregelung auszuarbeiten und denselben der Legislative vorzulegen, ferner dafür zu sorgen, dass bis dahin,
wo dies geschehen könne, der Banknotenverkehr ein
solches Centralorgan im Lande gewinne, dessen Direction
im Sinne der seinerzeit durch die Gesetzgebung zu genehmigenden Statuten unter gesetzlicher Oberaufsicht und
Controle der ungarischen Regierung unabhängig vorgehen
und welches Organ über die zur Deckung der wirklichen
Crediterfordernisse der Länder der ungarischen Krone entsprechenden Summen verfügen solle. Die Verhandlung
hierüber nahm sechs Tage in Anspruch. Die Redner der
damaligen Majorität, der Deákpartei, befürworteten wohl
eine Vereinbarung mit der Nationalbank in erster Linie,
„da bei der Gemeinsamkeit des Zollgebietes eine gemeinsame Bank, welche, auf gesunder Basis ruhend, unter der
Controlirung der beiden Legislativen und Regierungen
wirkt, dem Lande eben so sehr entsprechen könne, als eine
eigene unabhängige Bank. Sollte jedoch eine solche Verein-

barung nicht möglich sein, dann müsse Ungarn an die
Errichtung einer selbstständigen Notenbank schreiten, die
aber dem ungarischen Credite eine sichere Basis zu ver-
leihen nicht fähig sein werde, da ihre Noten ebenfalls des
Zwangscourses nicht entrathen könnten und ebenso unein-
lösbar wären, wie die jetzigen. Viel weiter gingen die Ansichten der Linken: diese forderte noch während der „gegenwärtigen Session" ein Uebereinkommen mit der österreichischen Regierung behufs Herstellung der Valuta und die
Gründung einer selbstständigen Zettelbank mit Beschränkung des Privilegiums auf eine kurze Zeit und nach Ablauf dieser Frist Bankfreiheit. Der ungarische Minister nahm
eine Mittelstellung ein: einerseits sprach er seine Ueberzeugung aus, dass durch einen entsprechenden Ausgleich
mit der Nationalbank jedem raschen Uebergang, jeder Erschütterung ausgewichen werden könnte, fügte jedoch
hinzu, „er müsse rückhaltslos behaupten, dass ein Land,
dessen Gebietsausdehnung, Volkszahl, Verkehrsverhältnisse,
Creditbedürfnisse so beschaffen seien, wie die Ungarns,
ein selbstständiges Banksystem nicht entbehren könne;
er halte es deshalb für seine Aufgabe, solche Vorbedin-
gungen zu schaffen, unter welchen ein Banksystem auf
gesunder Basis realisirt werden könne".

Trotz der Einsprache der Linken wurde der von der
Commission vorgelegte Beschlussantrag am 21. Februar
1872 mit 180 gegen 124 Stimmen angenommen, nachdem
der ungarische Ministerpräsident während der Sitzung in
einer ausführlichen Rede jede Verpflichtung Ungarns der
Nationalbank gegenüber in Abrede stellte und erklärte,
dass es das Bestreben der Regierung sei, dem Lande eine
geregelte, selbstständige, von der ungarischen Regierung
überwachte und den wirklichen Credit beeinflussende, Ungarn Genüge leistende Notencirculation zu verschaffen, und
das Oberhaus trat dem Beschlusse des Abgeordnetenhauses
einige Tage später, am 1. März, bei. In Folge der Vollmacht

schritt die ungarische Regierung zu Verhandlungen mit der
österreichischen Nationalbank und formulirte in einer Zuschrift vom 2. Juni 1872 die Grundzüge eines Uebereinkommens. Für die Anerkennung eines Bankprivilegiums
und der Bankstatuten bis Ende des Jahres 1876 wurde für
die Länder der ungarischen Krone, abgesehen von der
Dotation für Hypothecardarlehen, eine Gesammtdotation
in dem Verhältnisse der Beitragsleistung der beiden Reichshälften zur Deckung gemeinschaftlicher Staatsausgaben
gefordert. Die Vertheilung dieser Dotation an die einzelnen ungarischen Filialen wäre einer Direction in Pest zu
überlassen, welche nur von der Generalversammlung der
Actionäre abhängig, ihre Wirksamkeit unter der gesetzlichen
Oberaufsicht der ungarischen Regierung auszuüben hätte.
Nach Ablauf des Privilegiums wurde eventuell die Verlängerung in Aussicht gestellt. Im Laufe der Verhandlungen zeigte sich die ungarische Regierung geneigt, ihre
Forderung bezüglich einer selbstständigen Direction fallen
zu lassen und allsogleich ein Definitivum zu schaffen, aber
als Bedingung heischte sie die Versicherung, auch bis zum
Abschlusse dieser Verhandlungen in den Ländern der ungarischen Krone Filialen zu errichten und dieselben bis zur Maximalgrenze in dem Verhältniss von 32 : 68, die Dotation für
den Hypothecarcredit nicht mit eingerechnet, zu erhöhen.

Fast um dieselbe Zeit als in Ungarn Verhandlungen
im Reichstage über die Bankfrage stattfanden, wurde im
Reichsrathe eine Interpellation an die österreichische Regierung gerichtet, welche, an eine Aeusserung des ungarischen Finanzministers anknüpfend, dass die Schuld des
Staates an die Nationalbank seinerzeit in die Liste der
Staatsschulden aufgenommen worden und somit in dem
von Ungarn für die Verzinsung zugestandenen Pauschal-
betrage inbegriffen, Ungarn daher von jeder Verpflichtung
rücksichtlich der 80 Millionenschuld befreit sei, während
im Gegentheile die österreichischen Vertretungskörper

jederzeit an der Auffassung festgehalten, dass die Schuld des Staates an die Nationalbank eine gemeinsame sei, die Anfrage stellt: in welcher Weise gedenkt die Regierung die Rechte und Interessen der österreichischen Länder in dieser Angelegenheit Ungarn gegenüber zu wahren? Diese am 23. Februar 1872 gestellte Interpellation wurde am 17. Juni 1872 beantwortet. Im Gegensatz zu der in den ungarischen Regierungskreisen herrschenden Auffassung erklärte der österreichische Finanzminister, dass das Bankdarlehen alle Theile gleichmässig belaste. Während über die Antheilnahme Ungarns an den Lasten der übrigen Staatsschuld ein Uebereinkommen bereits getroffen wurde, sei die Frage bezüglich der Antheilnahme Ungarns an der 80 Millionenschuld bei den Ausgleichsverhandlungen nicht nur unberührt geblieben, sondern es sei zwischen den beiden Regierungen ausdrücklich abgemacht worden, „dass die Regelung der bestehenden Rechtsverhältnisse zur Nationalbank und somit selbstverständlich auch die Frage über die 80 Millionenschuld einer abgesonderten Vereinbarung vorbehalten bleiben sollte".

Während des Sommers wurden über die Bankfrage Verhandlungen zwischen den beiden Regierungen gepflogen und eine Einigung dahin erzielt, dass sofort Berathungen über die definitive Gestaltung des Verhältnisses zu der Nationalbank nach Ablauf des gegenwärtigen Privilegiums stattfinden sollen, und als Ziel festgestellt, dass die Einheit der Währung gesichert bleibe, wogegen der österreichische Finanzminister die Verpflichtung übernahm, bei der Bank dahin zu wirken, dass die Dotationen für die ungarischen Filialen erhöht würden, eine Erhöhung, die auf 4.1 Mill. fl. veranschlagt wurde, wodurch das Procentualverhältniss in der Dotation der ungarischen Filialen gegenüber der Dotation der Bankcassen in der österreichischen Reichshälfte, welches Ende December 1869 bestand, erreicht werden sollte.

Auf Grundlage des am 24. October 1872 unterzeichneten Protocolls fanden vom 13. Januar bis einschliesslich 23. Februar 1873 Verhandlungen zwischen den Vertretern der beiden Regierungen statt. Sie beschränkten sich nicht, Vereinbarungen zu treffen über die Gestaltung des Verhältnisses des nunmehr dualistischen Staates zur Nationalbank, sondern erstreckten sich auf die Gestaltung des Banknotenwesens, insbesondere die Organisation der Bank in Ungarn, auf die Gegenleistung, welche die Bank für die Gewährung, beziehungsweise Verlängerung des Privilegiums zu übernehmen hätte, endlich auf die Massregeln zur Herstellung der Valuta.

Die österreichische Regierung hatte gewähnt durch das Protocoll einen grossen Sieg errungen zu haben, indem Ungarn die Verpflichtung übernahm die „Einheit der Währung" aufrecht zu erhalten. Wie schlecht gewählt diese Formel war, sollte sich bald zeigen. Die ungarischen Commissäre folgerten, dass durch die Errichtung zweier getrennter Banken in Wien und Pest die Einheit der Währung in keiner Weise beirrt werde, und sie hatten Recht. Sollte die Einheit der Bank erhalten werden, musste von dem Grundsatze „der Einheit der Note" ausgegangen werden. Die ungarischen Commissäre heischten von einer und derselben Actiengesellschaft die Errichtung zweier abgesonderter Notenbanken in Wien und Pest mit getrenntem Fond, mit getrennter Bedeckung, mit abgesonderter Verwaltung; die Einheit zwischen beiden Banken sei gesichert durch die Identität der Statuten, die gemeinsame Generalversammlung, den gemeinsamen Ausschuss und die gleiche Bewerthbarkeit der Geldzeichen dieser Banken. Die staatliche Oberaufsicht sollte in Pest durch die ungarische, in Wien durch die österreichische Regierung geübt werden. Die österreichischen Commissäre bekämpften diese Anträge, verlangten die Einheit der obersten Verwaltung der Bank, welche die Firma österreichisch-unga-

rische Bank führen sollte, und hielten nur die Errichtung
einer Abtheilung mit einem erweiterten Wirkungskreise
bezüglich der ungarischen Filialen in Pest für zulässig.
Eine Theilung des Metallschatzes zwischen Wien und Pest
sei nicht nöthig, doch könnte die Bank verpflichtet werden,
auch in Pest die Noten baar einzulösen. Für Ungarn könnte
ein die dermalige Dotation übersteigender Minimalbetrag
festgesetzt werden, der seine Verwendung in den bankmässigen Geschäften zu finden hätte, jedoch sollte diese
Gesammtdotation nicht nach staatsrechtlichen Quoten, sondern nach den mercantilen Verhältnissen bemessen werden.
Der Entscheidung der Centraldirection sollten vorbehalten
bleiben: die Bestimmung des Bankzinsfusses, die Beschaffenheit der zu escomptirenden Wechsel im Allgemeinen und die
Bestimmung der belehnbaren Effecten, die Vertheilung der
Dotationen zwischen Escompte und Lombard, die Verfügung
über den Metallschatz und dessen Ergänzung, die Errichtung der Filialen. Die ungarischen Commissäre vertraten
den Standpunkt, dass das Bankwesen nach den Ausgleichs-
gesetzen keine gemeinsame Angelegenheit sei, dass Ungarn
keine neue schaffen wolle, aber die Regierung geneigt sei,
bis zur Herstellung der Valuta das Bankwesen im Einverständnisse mit der österreichischen Regierung nach möglichst gleichen Grundsätzen zu ordnen. Eine Wiener Centraldirection, welche eine Superiorität über die Pester
Direction auszuüben hätte, verwarfen sie schlechtweg, da
darin eine auf staatsrechtlichem Gebiete überwundene In-
feriorität Ungarns zu erblicken sei.

Für das im Jahre 1863 gewährte Privilegium hatte
die Nationalbank dem Staate ein Darlehen von 80 Mill.
belassen, welches nach den damaligen Bestimmungen eventuell mit einer Pauschalsumme bis zu 1 Mill. zu verzinsen
war, insofern nämlich, als dies zur Ergänzung der unter
die Actionäre zu vertheilenden Dividende auf 7 Procent
nothwendig war. Nunmehr sollte nach der Ansicht der

Commissäre diese bedingte Verzinsung fallen gelassen
werden und die beiden Staatsverwaltungen an dem Reinertrage der Bank Theil nehmen, und zwar, wie die ungarischen Vertreter meinten, sollte diese Theilnahme des
Staates an dem Gewinne der Bank bei 7 Procent, nach
der Ansicht der österreichischen Commissäre bei 8 Procent
beginnen. Bezüglich der Frage wegen der Schuld des
Staates von 80 Mill. vertraten die ungarischen Commissäre
den Standpunkt der ungarischen Regierung und des Reichstages, dass Ungarn zur Tilgung dieser Schuld nichts beizutragen habe, während die österreichischen Commissäre
an der entgegengesetzten Auffassung, welcher Freiherr von
Pretis in der Beantwortung einer Interpellation Ausdruck
gegeben, festhielten.

Von diesen die Organisation der Bank betreffenden
Fragen abgesehen, erörterten die Vertreter der beiden
Regierungen auch die Herstellung der Valuta.

Wie ersichtlich, wurde bei diesen Verhandlungen eine
Einigung nicht erzielt; in wichtigen Punkten gingen die
Ansichten der Vertreter der Regierungen auseinander. Am
klarsten und schärfsten wurden die Grundzüge der Neu-
Organisation der Bank im Falle der Aufrechterhaltung der
„Einheit der Note" von dem damaligen Generalsecretär
der Bank, Ritter von Lucam, wohl einem der gründlichsten
Kenner des Bankwesens, entworfen und jene Normen zusammengefasst, die später in den wesentlichsten Punkten
zur Annahme gelangten. Viel Streit und Hader würde
man sich erspart haben, wenn man in dem damaligen Stadium der Verhandlung der Stimme dieses Mannes Gehör
geschenkt hätte, ja wenn auch nur die österreichische Regierung den von ihm umschriebenen Standpunkt fest gehalten hätte.[1])

---

[1]) Obige Darstellung ist einer als Manuscript gedruckten Schrift entnommen: Das Protocoll der im Januar und Februar 1873 zwischen den

Die bedeutenderen Finanzpolitiker Ungarns hatten
bisher der Ansicht gehuldigt, dass die Errichtung einer
selbstständigen Bank mit der Herstellung der Valuta Hand
in Hand gehen müsse; aus den meisten Enunciationen im
ungarischen Reichstage und in der Presse ging hervor,
dass man beide Fragen in eine innige Verbindung mit einander setzte, und die Ungeduld der Heisssporne wurde
mit dem Hinweise beschwichtigt, dass bei dem Ablaufe
des gegenwärtigen Bankprivilegiums der geeignetste Zeitpunkt zur Inangriffnahme sein würde. Sowohl die österreichischen als auch die ungarischen Finanzen befanden
sich bis zur Krise in scheinbar blühendem Zustande, die
Rechnungsabschlüsse wiesen beträchtliche Ueberschüsse
auf, und die Hoffnung auf ein gänzliches Verschwinden
des Deficits und die dauernde Begründung des Gleich-
gewichts im Staatshaushalte musste alle Bedenken gegen
die Herstellung metallischer Circulationsmittel zum Schweigen bringen. In der That konnte bei einer solchen Sachlage gegen die Gründung einer unabhängigen Bank jenseits der Leitha kein stringentes Argument vorgebracht
werden, denn das Recht Ungarns auf ein selbstständiges
Creditinstitut wurde von keiner Seite angefochten, nur die
Zweckmässigkeit von Vielen bestritten.

Die Krise vernichtete mit einem Schlage die hoff-
nungsvollen Aussichten. In Folge des klaffenden Deficits
im Staatshaushalte hüben und drüben wurden die stillen
Pläne auf Herstellung der Valuta begraben, und wenn
noch bei der Eröffnung des aus directen Wahlen hervorgegangenen Reichsrathes in dem Programme, welches der
Monarch in der Thronrede entwickelte, die Valutaregelung
eine hervorragende Stelle einnahm und auch später bei

Vertretern des k. k. österreichischen und des königl. ungarischen Finanzministeriums geführten commissionellen Verhandlungen über die Bank- und
Valutafrage, besprochen von H. Ritter von Lucam. Wien, 1873.

der 80 Millionenanleihe mit Rücksicht darauf eine An-
leihe in Silber von Seite der Regierung vorgeschlagen
wurde: seitdem verstummten auch solche Anläufe und
Oesterreich wird leider noch einige Zeit auf die Rückkehr des Hartgeldes harren. In letzter Auflösung ist die
Valutafrage eine Steuerfrage, und es ist erklärlich, dass
die Schatzkanzler Oesterreich-Ungarns eine Scheu empfinden, solch' grosse Ansprüche zu erheben, wie es unstreitig
geschehen müsste, wenn man vollen Ernstes an die Lösung
des nun seit drei Jahrzehnten schwebenden Problems gehen
wollte.

In Ungarn musste eine Aenderung der ganzen Tactik
die Folge sein: der Plan, unter Aufrechthaltung papierener
Umlaufsmittel ein ungarisches Bankinstitut zu schaffen,
tauchte auf. Graf Lónyay hatte in seinem Werke über
die Bankfrage die Möglichkeit einer Verwirklichung derartiger Absichten zu begründen versucht und auf Amerika
als Muster und Vorbild hingewiesen. Die massgebenden
Kreise Ungarns eigneten sich den Grundgedanken an und
verwarfen die Einzelnheiten. Allen Ernstes ventilirte die
ungarische Journalistik die Belassung des papierenen Um-
laufsmittels und die Einräumung des Zwangscourses für
die neuen ungarischen Noten, denen in den österreichischen
Ländern in ähnlicher Weise ein Circulationsgebiet gewährt
werden sollte, wie es die Noten der österreichischen Nationalbank in Ungarn factisch besassen. Wir wissen nicht, ob
es ein Verdienst der österreichischen Regierung ist, dieses
Project begraben zu haben, oder ob die ungarischen Staatsmänner durch eigenes Nachdenken die Irrigkeit ihrer Con-
ceptionen gefunden haben. Genug, auch dieses Project
wurde zurückgestellt.

Zweifellos stand fest: das Privilegium der ungarischen
Nationalbank konnte nur unter Mitwirkung der Legislativen
der beiden Reichshälften erneuert werden, wenn es seine
Giltigkeit für die Gesammtmonarchie erhalten sollte.

Ohnehin war es ein Missgriff, dass seit 1867 manche vitale
Bestimmung des Bankgesetzes eine Abänderung erfuhr,
ohne auch von den gesetzgebenden Körperschaften jenseits
der Leitha berathen und angenommen worden zu sein.
Kein Anstand waltete ob, dass die Ungarn bei der Erneuerung des Bankprivilegiums bestimmte Forderungen
erhoben und dabei die Interessen ihrer Reichshälfte in den
Vordergrund stellten. Niemand konnte dagegen eine Einwendung erheben, wenn die österreichische Nationalbank
ihren Namen änderte und als österreichisch-ungarische
Reichsbank oder auch österreichisch-ungarische Bank
schlechtweg auferstehen würde. Ehrwürdigere Namen
mussten bei der Neuerung unseres Staatswesens neuen
Bezeichnungen Platz machen, und die österreichische Nationalbank musste sich demselben Geschicke fügen. Da das
Staatswappen mittlerweile eine Aenderung erfahren hatte,
so verstand es sich von selbst, dass etwaige neue Noten
dem Rechnung tragen mussten. Und wenn man in Ungarn
darauf Werth legte, dass die Parität der beiden Reichshälften auch sprachlich auf den Noten sichtbar gemacht
werde, musste sich auch dieses schlichten lassen.

Zumeist handelte es sich jedoch darum, den industriellen und commerciellen Verhältnissen und Bedürfnissen Ungarns gesetzlich Rechnung zu tragen. Ein derartiges Bemühen konnte nur gebilligt werden, es fragte
sich nur, in welcher Form dieses geschehen sollte und
wie die Durchführbarkeit zu bewerkstelligen sei. Die
gegen die Nationalbank vorgebrachten Beschuldigungen
und Anklagen mündeten darin, dass die Verwaltung nur
die Interessen und Bedürfnisse der österreichischen Reichshälfte in Betracht ziehe und die Länder der Stephanskrone stiefmütterlich behandle. Schon an sich klang dieser
Vorwurf eigenthümlich und stimmte mit den gang und
gäben Ansichten von dem Charakter und der Eigenthümlichkeit der Banquiers und Geldinstitute so wenig

überein, als dass man platterdings auf Treu und Glauben
den Versicherungen jenseits der Leitha hätte beistimmen
können. Ueberall ist das Capital kosmopolitisch, und es
ist nicht anzunehmen, dass das österreichische einen nationalen Anstrich haben sollte. Den Bankherren ist es naturgemäss in erster Linie um Gewinn zu thun, und nur der
grössere oder geringere Grad von Sicherheit leitet sie bei
Gewährung oder Verweigerung von Credit. Schwerlich
wäre es zu billigen, wenn sie für das Vorgehen einer
Bank andere Gesichtspunkte als die massgebenden betrachten würden. Wenn die ungarischen Filialen dem
einen oder anderen Creditsucher die geforderten Summen
beschränkten und nicht jedem Wunsche vollauf nachkamen,
so konnte nur eine detaillirte Untersuchung ergeben, ob
die Bank sich von engherzigen Ansichten leiten liess.
Warum sollte sie in Ungarn nicht ebenso gerne Geschäfte
machen wollen als in Prag, Brünn oder Wien, vorausgesetzt, dass das Risico dort kein grösseres ist als hier?

Die Unrichtigkeit der in Ungarn vorgebrachten Beschuldigungen gegen die Bank wurde aber ziffermässig
widerlegt.[1] Die Summe der Dotationen für das Es-
comptegeschäft in den österreichischen Filialen betrug
1867 27.2 Mill. fl., in Ungarn 12.98 Mill. fl.; 1875 dort
55.275 Mill. fl., hier 41.05 Mill. fl. In diesem Zeitraume betrug daher die Erhöhung 103 Procent in den österreichischen Ländern, 216.0 Procent in Ungarn. Im Darlehensgeschäfte sind die Dotationen der österreichischen Filialen
um 7.5 Mill. fl. oder 83 Procent, jene der ungarischen
Filialen um 6.7 Mill. fl. oder 268 Procent gestiegen. Zu
ähnlichen Ergebnissen gelangt man, wenn man den Stand
der escomptirten Wechsel und Effecten, sowie jenen des
Lombardgeschäftes während dieser Epoche prüfend

---

[1] Vgl. die treffliche Schrift Lucam's: Die österreichische Nationalbank während der Dauer des dritten Privilegiums. Wien, 1876.

verfolgt; auch hier zeigt ein Vergleich, dass die Geschäftsthätigkeit der Bank in Ungarn in grösseren Dimensionen
zugenommen hat als in Oesterreich. Und bezüglich der
Hypothekarabtheilung war der Wirkungskreis der Bank
jenseits der Leitha grösser als diesseits.

Indess wurde in Ungarn vielfach darauf hingewiesen,
dass die Dotation der ungarischen Filialen in ihrer Gesammtheit nicht jener Ziffer entspreche, auf welche mit
Fug und Recht Anspruch gemacht werden könne. Als
Massstab wurde der Beitrag Ungarns zu den gemeinsamen Angelegenheiten zu Grunde gelegt; dies war kein
flüchtig hingeworfener Gedanke, sondern eine ernste Behauptung, die um so mehr Beachtung verdiente, als sie
von Männern erhoben wurde, denen wirthschaftliche Kennt-
nisse nicht abgesprochen werden können. Lónyay kritisirte
von diesem Standpunkte aus die jährlichen Geschäfts-
ergebnisse der Bank und folgerte daraus ziffermässig die
Beeinträchtigung der Länder der Stephanskrone. Kerkápolyi hatte in seiner Zuschrift an die Bank vom 2. Juni
1872 ausdrücklich die Forderung gestellt, dass, abgesehen
von der Dotation für Hypothekardarlehen, die gesammte
Dotation der österreichischen Reichshälfte zu der Dotation
der anderen Hälfte in dem Verhältniss stehen müsse, wie
es bei der Deckung der gemeinsamen Ausgaben angenommen sei, also wie 32 zu 68; die ungarische Regierung
halte dieses Verhältniss deshalb für richtig und motivirt,
weil es mit den Geldcirculationsverhältnissen beider Theile
der Monarchie ziemlich übereinstimme.

Wie man auch die Sache ansehen mochte, es blieb
schlechterdings unerfindlich, in welchem Zusammenhange
die Beitragsquote Ungarns zu den gemeinsamen Auslagen mit der Bankdotation stehen soll. Schon dem ober-
flächlichsten Blicke musste es offenbar werden, dass Ungarns Steuerfähigkeit mit seinen Creditbedürfnissen gar
nichts zu thun hat. In Ungarn liegt bisher das Schwer-

gewicht der Production auf dem Ackerbau, obgleich
Handel und Industrie in den letzten Jahren einen beträchtlichen Aufschwung genommen haben; Oesterreich ist im
Vergleiche mit der anderen Reichshälfte ein Industriestaat.
Dass ein Bankinstitut, welches zunächst den kaufmännischen
und industriellen Kreisen dienen soll, hiernach die ihm zur
Verfügung stehenden Mittel bemisst, ist begreiflich, und
wenn von der verwendeten Summe im Escompte- und
Darlehensgeschäfte eine grössere Quote auf die Bevölkerung diesseits der Leitha entfällt, so liegt die Erklärung
in den thatsächlichen Zuständen. In welchem Verhältnisse
die gewerbetreibende Bevölkerung Oesterreichs zu jener
Ungarns steht, lehrt ein Blick auf die Steuerlisten und
auf die Ausweise über die Anzahl der Handel- und Indu-
strietreibenden diesseits und jenseits der Leitha. Vorläufig
bedarf Ungarn weit mehr der Ausbildung des agricolen
Credits als einer Ausdehnung des Geschäftscredits. Ja,
eine selbstständige ungarische Bank hätte bei einer
strengen Gebarung wahrscheinlich dem Markte keine
grösseren Summen zur Verfügung stellen können und
dürfen, als die Nationalbank in der letzten Zeit thatsächlich gewährt hatte, ausser man hätte die Absicht, dem Ge-
schäftskreise der Bank einen weiteren Spielraum einzuräumen, als dies in den meisten Bankstatuten der Fall ist.
Erweitert man die Befugniss der Bank zur Escomptirung
von Wechseln mit zwei statt mit drei Unterschriften, so
wird sie in die Lage versetzt, beträchtlichere Notenmengen
unterzubringen. Wie wenig aber das Quotenverhältniss
zum Maassstab der Bankdotation genommen werden kann,
lässt sich in schlagender Weise darthun. Der Beitrag
Ungarns zu den gemeinsamen Angelegenheiten betrug
früher 30 Procent und erst seit der Einverleibung der
Militärgrenze trat eine Erhöhung auf beiläufig 32 Procent
ein. Lässt sich nun mit einiger Stichhältigkeit behaupten,
dass die Unterstellung der elfmalhunderttausend Seelen

in der Militärgrenze unter die Civilverwaltung der ungarischen Krone das Creditbedürfniss jenseits der Leitha um 2 Procent gesteigert hat?

Es würde zu weit führen, die einzelnen Stadien der Verhandlung über die Bankorganisation zwischen den Regierungen Oesterreichs und Ungarns darzulegen, ohnehin gelangten nur einige Andeutungen über dieselbe in die Oeffentlichkeit. Eine bedeutsame Schwenkung vollzog sich. Keine selbstständige Bank, sondern eine dualistische Bank mit einheitlichen Formen, lautete die Parole, und da der österreichische Finanzminister seine Zustimmung zu den ungarischen Vorschlägen hartnäckig versagte, spitzten sich die Gegensätze immer schroffer zu, bis es der Gewandtheit eines Rathes im auswärtigen Amte gelungen zu sein scheint, die lösende Formel zu finden, die einem vollständigen Bruche vorbeugte. Eine einheitliche Bank mit zum Theil dualistischen Formen, lautete die neue Formel. Nach mannigfachen Wandlungen und Schwankungen wurde endlich eine Vereinbarung erzielt: das Recht zur Errichtung einer selbstständigen Zettelbank wurde von beiden Regierungen sich gegenseitig zuerkannt; für die nächsten zehn Jahre sollte jedoch unter principieller Anerkennung der Einheit der Note und ihrer Bedeckung in den beiden Ländergebieten zur ausschliesslichen Ausgabe von Banknoten nur Eine Bankgesellschaft mit zwei coordinirten, in Wien und Pest zu errichtenden Bankanstalten und mit einem paritätisch zusammengesetzten Centralorgane ermächtigt werden, dessen Befugnisse auf jene Agenden beschränkt sein sollten, die aus der Einheit der Note und der Verwaltung des Bankvermögens nothwendig folgern. Von der statutenmässig emittirten Notenmenge sollten der Bankanstalt in Wien 70 Procent und jener in Pest 30 Procent zur ausschliesslichen Verfügung gestellt werden. [1])

---

1) Mai 1870.

Der österreichische Schatzkanzler, der gewiss nicht
leichten Herzens einer derartigen Vereinbarung zustimmte,
mochte denn doch mit einigem Selbstbewusstsein seinen
Namen unter das Schlussprotocoll gesetzt haben, indem er
das erzielte Ergebniss als einen Sieg seiner Auffassung
anzusehen sich berechtigt glauben konnte.

Dass man einen vollen Erfolg davongetragen, wird
auch der wärmste Vertheidiger der österreichischen Regierung nicht behaupten können. Aber es war nicht einmal
ein halber Erfolg, und die Täuschung konnte nur entstehen,
weil bei den Maiabmachungen blos allgemeine Grundsätze
vereinbart wurden, die erst durch eine detaillirte Ausführung Fleisch und Blut erlangen sollten. Es ist nicht allzu
schwierig, durch eine Formel Gegensätze zu überbrücken,
die dann bei dem Eingehen in die Einzelnheiten mit er-
neuerter Schärfe aufbrechen, und wie die Dinge lagen,
zeigte es sich als besonders schwierig, auf Grundlage des
angenommenen Princips ein Bankstatut auszuarbeiten,
welches den Forderungen Ungarns Rechnung trug und
auf Annahme im österreichischen Parlamente rechnen
konnte. Blieb auch ein dem Dualismus Rechnung tragen-
des Bankstatut an und für sich ein Unicum in der Geschichte des Bankwesens, dies konnte jedoch nicht hindern,
einem Versuche die Zustimmung in einem Staate zu geben,
den so vielfach die Eigenartigkeit seines Wesens Bahnen
einzuschlagen zwingt, die anderswo von vorneherein ver-
pönt wären. Wollte man aber alle vorläufigen Bedenken
zum Schweigen bringen und sich mit dem Principe befreunden, bei näherer Zergliederung und einer Vertiefung in
die Einzelnheiten sprang die ganze Ungeheuerlichkeit von
selbst in die Augen.

Schon die Bekanntmachung dieser principiellen Grund-
sätze rief in österreichischen Kreisen eine tiefgehende
Verstimmung hervor, die noch gesteigert wurde, als im
October die auf Grundlage derselben ausgearbeiteten

Statuten und Reglements in die Oeffentlichkeit kamen.
Hiernach war die österreichisch-ungarische Bankgesellschaft in „zwei gleichberechtigte Anstalten in Wien und
Budapest mit den jeder dieser Anstalten untergeordneten
Filialen" getrennt. Jede der beiden Bankanstalten sollte
durch eine der anderen coordinirte Direction verwaltet
werden, jede dieser Directionen in ihrem Bereiche die
Censoren wählen, die Beamten ernennen und berechtigt
sein, nach eigenem Ermessen neue Filialen zu errichten,
jede derselben firmiren. Der als Centralorgan bezeichnete Ausschuss der Gesellschaft erhielt alle Agenden zugewiesen, welche aus der Einheit der Banknote und der
Verwaltung des Gesellschaftscapitals mit Nothwendigkeit
folgen. Ferner, wurden speciell als in den Wirkungskreis
des Ausschusses gehörig bezeichnet: alle Angelegenheiten, welche sich auf das Verhältniss der Actionäre der
Unternehmung beziehen, namentlich die Umschreibung
und Amortisirung der Actien, die Einberufung der Generalversammlung, die Rechnungslegung und Bilanzauf-
stellung für das Gesammtunternehmen, die Anträge auf
Bestimmung der Dividenden; ferner die Verfügung über
das unbewegliche Vermögen der Bankgesellschaft, und die
Verwaltung des Reserve- und Pensionsfondes; die Entscheidung in allen Angelegenheiten, bezüglich welcher
ein übereinstimmendes Vorgehen beider Directionen nothwendig sei, insbesondere: die Bestimmung der Höhe des
Bankzinsfusses in den verschiedenen Zweigen des Bank-
geschäftes, die Bestimmung der zur Belehnung zuge-
lassenen Effecten, sowie der Grenze und der allgemeinen
Bedingungen der Belehnbarkeit, die Festsetzung der allgemeinen Erfordernisse für die Annehmbarkeit der Wechsel
im Escomptegeschäfte. Die beiden Directionen haben in
diesen Angelegenheiten ihre Vorschläge an den Ausschuss
zu leiten, dem die Bestätigung der übereinstimmenden
und die Entscheidung über die differirenden Anträge vor-

behalten bleibt. Im Falle, als in diesen Angelegenheiten
im Ausschusse directe Anträge gestellt werden, sind dieselben, wenn es möglich ist, vor der Entscheidung den
beiden Directionen mitzutheilen. Sollte dies der Dringlich-
keit wegen nicht möglich sein, so hat der Ausschuss in
solchen Fällen nur provisorisch zu verfügen und die
definitive Entscheidung erst nach Anhörung der beiden
Directionen zu treffen.

Dieser Ausschuss sollte aus acht Mitgliedern bestehen, von denen je drei aus der Reihe der beiderseitigen
Directionsmitglieder durch die Directionen für drei Jahre
designirt, je ein Mitglied aber durch den betreffenden
Finanzminister aus der Reihe jener Actionäre, die Angehörige des betreffenden Theiles der Monarchie sind, gleichfalls für drei Jahre ernannt werden. Ausserdem sind die
Vicegouverneure ständige Mitglieder des Ausschusses.

Von Wichtigkeit war ferner die Fassung des Para-
graphen 31 der Statuten. Hiernach sollten von der jeweilig statutenmässig emittirten Notenmenge 70 Procent
der österreichischen, 30 Procent der ungarischen Bankanstalt zur Verfügung gestellt werden, und bis zur Aufnahme der Baarzahlungen ein der zur Verfügung gestellten
Notenmenge entsprechender Theil des Metallschatzes bei
der Bankanstalt in Budapest zu verwahren sein.

Der Entwurf der Regierungen bekundete den vollständigen Sieg Ungarns in der Bankfrage, und die schwer-
wiegenden Bedenken, welche dagegen vom banktechni-
schen Standpunkte aus vorgebracht werden konnten, wurden von dem Generalsecretär der Bank, Lucam, in einer
schneidigen Schrift scharf betont. Von vorneherein war
es klar, dass die Bank unter diesen Bedingungen sich
schwerlich bereit zeigen werde, eine Vereinbarung mit
den Regierungen zu treffen, und dass die Zustimmung
des österreichischen Parlaments nicht zu erlangen sei.

Bereits am 22. November trat die gesammte Verfassungspartei zur Berathung über das Bankstatut zusammen, und
nachdem in einer zweiten Conferenz der verfassungstreuen
Clubs, der sämmtliche Minister beiwohnten, der Finanzminister die Erklärung abgegeben hatte, dass der veröffentlichte Text des Bankstatuts authentisch, jedoch der
Bankdirection zur Vornahme eventueller Modificationen
vorgelegt worden sei, wurde in der Conferenz vom 3. December der einstimmige Beschluss gefasst, dass die in
dem veröffentlichten Statutenentwurf ausgeführten Grundsätze für die Organisation des Bankwesens unannehmbar
seien. Bereits einige Tage früher — am 27. November —
lehnten Direction und Ausschuss der Nationalbank in
einer gemeinschaftlichen Sitzung das von beiden Regierungen vereinbarte neue Bankstatut einstimmig und entschieden ab und beschlossen, die Regierung aufzufordern,
im Vereine mit der Nationalbank andere Grundlagen für
ein Bankstatut vorzuschlagen.

Die langwierigen Verhandlungen zwischen den beiden Regierungen waren durch die Erklärung der Verfassungspartei und durch die Haltung der Bank rein nutz-
los. Die Regierung, welche sich geschmeichelt hatte, für
die Organisation der Bank eine zweckmässige Grundlage
gewonnen zu haben, sah sich in ihren Erwartungen ge-
täuscht; selbst das Centrum des Abgeordnetenhauses, aus
entschiedenen Anhängern der Regierung bestehend, ver-
urtheilte den Entwurf. In einer noch schwierigeren Lage
befand sich das ungarische Ministerium, welches auf den
Entwurf des Bankstatuts als eine bedeutende Errungen-
schaft hingewiesen hatte. In Ungarn wurde nunmehr
die Errichtung einer selbstständigen Bank energisch gefordert, wenn die Nationalbank nicht ganz dualistisch
organisirt werde.

Die grossen zu überwindenden Schwierigkeiten traten
erst hervor, nachdem die Bank einen Referentenentwurf

ausarbeiten und mit einem Motivenbericht veröffentlichen
liess. Die hier vorgeschlagenen Aenderungen mit Rücksicht auf die staatsrechtlichen Verhältnisse der Monarchie
trugen wohl der dualistischen Neugestaltung der Monarchie Rechnung, ohne jedoch den Ansprüchen Ungarns
Genüge zu leisten. Wohl war in allen Beziehungen der
Einfluss der ungarischen Gesetzgebung und der ungarischen
Staatsverwaltung auf die Angelegenheiten der Bank völlig
gleichgestellt dem Einflusse, welcher der österreichischen
Gesetzgebung und der österreichischen Staatsverwaltung
eingeräumt war und der politischen Selbstständigkeit beider
Theile des Reiches entsprochen: die Vereinbarungen je-
doch über die Ingerenz des Centralorgans und die Zu-
sammensetzung desselben, sowie über die Theilung des
Baarschatzes waren über Bord geworfen.

Der am 23. April 1877 zur verfassungsmässigen Behandlung eingebrachte Entwurf eines Gesetzes, die Errichtung und das Privilegium der österreichisch-ungarischen
Bankgesellschaft betreffend, sammt Beilagen, hatte eine
ganz andere Gestalt, als vor einem Jahre in den Maipuncta-
tionen vereinbart worden war. Allein noch gab es Differenzen, zwar nicht zwischen den beiden Regierungen, wohl aber
zwischen der Bank und den beiden Ministerien. Denn fast
um dieselbe Zeit gelangte der Entwurf der Statuten nach
den Beschlüssen der Direction und des Ausschusses der
österreichischen Nationalbank vom 12., 16. und 26. April
1877 in die Oeffentlichkeit, welcher in zwölf Artikeln von
der Fassung der Regierungsvorlage abwich, unter welchen
Bestimmungen von vitaler Bedeutung waren; ja man kann
behaupten, dass gerade in den wichtigsten Punkten eine
Uebereinstimmung fehlte. Dieselben erstreckten sich auf
die Anzahl der Mitglieder und die Art der Zusammensetzung des Generalrathes, auf die Wahl und Besoldung
der Vicegouverneure u. dgl. m. In einigen dieser Bestimmungen konnte die Regierung hoffen, mit ihren Vorschlägen

in den gesetzgebenden Körperschaften durchzudringen, da sie sich bezüglich derselben den Gedanken des hervorragendsten Mitgliedes der Verfassungspartei angeeignet hatte.

Von besonderem Interesse ist der Motivenbericht der ungarischen Regierung, der unstreitig die schwierigere Aufgabe zufiel, die neue Vereinbarung zu rechtfertigen, während die österreichische Regierung eine leichtere Stellung hatte, da durch den Entwurf vielen diesseits erhobenen Forderungen Rechnung getragen war. Die ungarische Regierung betonte, dass dem Rechte des Landes, selbstständige und unabhängige Notenbanken zu errichten, in dem Gesetzentwurfe Rechnung getragen sei, und sich beide Theile mittelst Uebereinkunft nur verpflichten, auf die Ausübung desselben für die nächsten zehn Jahre zu verzichten. Auch habe die Regierung dahin gestrebt: dass der Uebergang in die neuen Verhältnisse mit gehöriger Berücksichtigung der thatsächlich bestehenden Lage und der hieraus fliessenden Folgen und womöglich mit Vermeidung jeder Erschütterung vermittelt werde; dass die Regierung die ihr rechtlich gebührende Oberaufsicht und Controle über die zu schaffenden Organe, der staatsrechtlichen Lage des Landes entsprechend, gleichberechtigt mit der Regierung des anderen Landes ausüben könne, dass, während in der Oberleitung aller Angelegenheiten der Bankgesellschaft die ungarischen Interessen unter allen Umständen vertreten seien, die Manipulation der Hauptgeschäftszweige der Notenbank im Lande einer aus ungarischen und in der Landeshauptstadt wohnenden Landesbürgern, welche die vaterländischen Verhältnisse kennen, zusammengesetzten Direction anvertraut werde, diese Direction zur Deckung des Creditbedarfes des Landes über entsprechende Summen verfüge.

Entsprach auch der Entwurf nicht allen hochfliegenden Vorstellungen jenseits der Leitha: die künftige innere Organisation der Bank trug der dualistischen Staatsform

Rechnung und sicherte der ungarischen Reichshälfte eine
Einflussnahme, welche sie bisher nicht ausgeübt hatte. Auch
war den Creditbedürfnissen der Länder der ungarischen
Krone durch Aufnahme einiger Bestimmungen Rechnung
getragen, indem die neue Bankgesellschaft verpflichtet
wurde, zu den schon bestehenden sechs Filialen in Budapest, Debreczin, Temesvár, Hermannstadt, Kronstadt und
Fiume neue Filialen zu errichten, und zwar im Jahre 1878
vier, im Jahre 1879 drei an den durch das ungarische Ministerium zu bezeichnenden Orten; ausserdem wurde noch
die Errichtung weiterer drei Filialen ausbedungen. Für das
Escompte- und Darlehensgeschäft der ungarischen Bankplätze sollte der Budapester Direction eine Minimaldotation
von 50 Mill. fl. zur Verfügung gestellt und in Fällen ausserordentlichen Bedarfes nach Massgabe des Creditbedarfes
und der Mittel der Gesellschaft eine grössere Summe zugewiesen werden.

Bei der compacten Organisation der Regierungspartei
in Ungarn wurde es dem ungarischen Ministerium möglich, den vereinbarten Entwurf in dem Abgeordnetenhause
trotz heftiger Opposition durchzusetzen. In der ersten
Novemberhälfte (8. bis 10.) wurde die Regierungsvorlage,
die gemeinsame Nationalbank betreffend, ohne wesentliche
Aenderung angenommen.

Schwieriger war die Sachlage in Oesterreich. Der
Ausgleichsausschuss, dem der Gesetzentwurf zur Vorberathung zugewiesen wurde, nahm bereits nicht unwesentliche Aenderungen vor, und im Plenum standen noch harte
Kämpfe bevor, deren Endergebniss eine Niederlage der
Regierung war, indem einige nicht unwesentliche Bestimmungen eine gänzliche Umgestaltung erhielten.

Die Firma der Bank musste naturgemäss der dualistischen Staatsform Rechnung tragen und ihren herge-
brachten Namen „Nationalbank" mit jenem „österreichisch-
ungarische Bank" vertauschen; in Zukunft sollte sie in

ihrem Siegel das Wappen der österreichisch-ungarischen
Monarchie und die Firma in beiden Sprachen als Umschrift
führen. In Wien und Pest bestehen zwei einander gleich-
stehende Hauptanstalten, und die Bank ist zur Errichtung
von Filialen verpflichtet, wenn das Erforderniss dafür von
dem österreichischen oder dem ungarischen Gesammtmini-
sterium im Einverständnisse mit dem Generalrathe erkannt
wird; die Auflösung bestehender Filialen kann in beiden
Reichstheilen nur mit Zustimmung des betreffenden Finanzministers erfolgen.

Das Actiencapital der Bank blieb unverändert; es
besteht aus 90 Mill. fl., welche mit je 600 fl. auf 150.000
Actien eingezahlt sind; eine Erhöhung und Verminderung
des Actiencapitals kann nur mit Zustimmung der Generalversammlung und Genehmigung der gesetzgebenden Gewalt in beiden Theilen des Reiches stattfinden.

Die Wahl des Generalrathes sollte durch die Generalversammlung erfolgen, und zwar werden acht Generalräthe
unmittelbar aus Mitgliedern der Generalversammlung und je
zwei Generalräthe aus den von den Directionen in Wien und
Budapest vorgeschlagenen Candidaten gewählt. Jede Direction erstattet zu diesem Behufe einen Ternavorschlag.
Eine Concession an Ungarn war ferner die Bestimmung,
dass die Directionen auch solche Personen vorschlagen
können, die nicht Mitglieder der Generalversammlung sind,
insoferne sie mit Ausnahme des Actienbesitzes ihren persönlichen Eigenschaften nach fähig wären, an der Generalversammlung theilzunehmen. Dagegen wurde gegen die
Absicht der ungarischen Regierung als Grundsatz aufgestellt: dass Mitglieder des Generalrathes der österreichisch-
ungarischen Bank der Verwaltung eines anderen Bank-
und Hypothekargeschäfte betreibenden Institutes nicht an-
gehören dürfen.

Die Verwaltung der österreichisch-ungarischen Bank
concentrirt sich in dem Generalrathe. Dieser leitet und

überwacht die Verwaltung des Vermögens und den gesammten Geschäftsbetrieb. Der Generalrath bestimmt die
Geschäftsbedingungen und die Geldmittel für jeden einzelnen Geschäftszweig; er normirt die allgemeinen Grundsätze und erlässt die besonderen Weisungen, überwacht
und sichert deren Befolgung, ertheilt dem mit der Oberleitung sämmtlicher Geschäftszweige betrauten Generalsecretär die nöthigen Instructionen, ernennt und entlässt
alle Beamten und Bediensteten der österreichisch-ungarischen Bank, entscheidet unter gewissen Beschränkungen
über die Errichtung oder Aufhebung der Filialanstalten, da
die Bank unter gewissen Bedingungen zur Errichtung derselben verpflichtet ist.[1])

Die Directionen in Wien und Pest bestimmen von
Zeit zu Zeit, in welchem Verhältnisse die für das Escompte-
und für das Darlehensgeschäft zu ihrer Verfügung stehenden Gesammtsummen auf die einzelnen österreichischen
oder ungarischen Bankplätze zu vertheilen sind und setzen
die äusserste Grenze fest, bis zu welcher der Bankcredit
in jedem dieser beiden Zweige von einzelnen Firmen und
Personen benützt werden kann. Bezüglich aller übrigen
Geschäftszweige verfügt der Generalrath unmittelbar und
haben die Directionen nur das Recht der Antragstellung.
Die Directionen bestimmen die Zahl der Censoren nach
dem Bedarfe und den Verhältnissen der verschiedenen
Plätze und ernennen die Censoren, doch steht in dieser
Beziehung dem Generalrathe ein Vetorecht zu.

Viel Kampf wurde um Artikel 28 geführt, der von
den Vicegouverneuren handelt. Die Regierungen hatten
die Ernennung derselben vereinbart und je einer sollte
von dem österreichischen und ungarischen Finanzminister
dem Kaiser vorgeschlagen werden. Die Bank forderte,
dass die Wahl der Vicegouverneure dem Generalrathe zu-

---

[1]) Art. 25, 46, 47 des Bankstatuts.

stehen solle. Das Abgeordnetenhaus hatte bei namentlicher Abstimmung sich für diesen Modus ausgesprochen, obgleich Dr. Herbst für die Auffassung der Regierung eintrat. Ein im Ausschusse gestellter Vermittlungsvorschlag wurde von dem Finanzminister entschieden bekämpft, da er gerade in dieser Beziehung sich Ungarn gegenüber für gebunden erachtete, indem man jenseits der Leitha auf die Ernennung einen grossen Werth zu legen schien. Das Herrenhaus eignete sich diesen Compromissgedanken an, nachdem Verhandlungen mit der ungarischen Regierung gezeigt hatten, dass die Annahme desselben jenseits der Leitha nicht schwierig sein würde. Die Berufung der beiden Vicegouverneure sollte hiernach in der Art erfolgen, dass auf Grund je eines von dem Generalrathe zu erstattenden Ternavorschlages der eine derselben, welcher zugleich den Vorsitz in der Direction in Wien führt, durch den österreichischen Finanzminister, der andere, welcher zugleich den Vorsitz in der Direction in Budapest führt, durch den ungarischen Finanzminister dem Kaiser zur Ernennung vorgeschlagen wird.

Der Regierungsentwurf enthielt die Verpflichtung für die Bank, die Vicegouverneure zu besolden, wogegen sich diese natürlich sträubte, da dies Amt bisher ein unbesoldetes war. Ungarn legte auf diese Bestimmung einen besonderen Werth, allein schon in dem Ausgleichsausschusse des österreichischen Abgeordnetenhauses wurde der Artikel abgelehnt und bei den späteren Stadien kein Versuch gemacht, denselben wieder herzustellen.

Die Bestimmungen über das Verhältniss der Bank zu den Staatsverwaltungen geben den Regierungen der beiden Reichshälften das Recht, je einen Commissär und einen Stellvertreter zu ernennen. Die Commissäre sind berechtigt, den Sitzungen der Generalversammlung, des Generalrathes und der betreffenden Direction mit berathender Stimme beizuwohnen. Erhebt ein Regierungscommissär gegen einen

Beschluss Einsprache, so hat diese aufhaltende Wirkung,
und ist der Gegenstand, insofern er den Beschluss einer
Direction betrifft, zunächst dem Generalrathe zur Beschluss-
fassung vorzulegen; bei einem Einspruche gegen einen Beschluss der Generalversammlung oder des Generalrathes
ist hierüber mit der Regierung, von welcher der Regierungscommissär bestellt worden ist, vorläufig das Einvernehmen zu pflegen. Wird hierüber zwischen der Regierung und der Bank eine Verständigung nicht erzielt,
so entscheidet ein Schiedsgericht, welches in Wien zu-
sammentritt. Dasselbe besteht aus sieben Mitgliedern, wovon je drei aus Mitgliedern des Obersten Gerichtshofes zu
Wien und der königlich ungarischen Curie in Budapest
von den betreffenden Gerichtspräsidenten für die Dauer
eines Jahres hiezu bestimmt werden. Das siebente Mitglied, welches zugleich den Vorsitz zu führen hat, wird
von den sechs Mitgliedern gewählt. Ergibt die Wahl
keine absolute Majorität, so wird der Obmann des Schieds-
gerichtes abwechselnd einmal von dem Präsidenten des
Obersten Gerichtshofes in Wien, einmal von dem Präsidenten der königlich ungarischen Curie ernannt. Das Loos
entscheidet, welcher von den beiden Obersten Gerichtspräsidenten zuerst zur Ernennung des Obmannes berufen
werden soll.

Wichtiger als diese Zusammensetzung des Schieds-
gerichtes war der Artikel 55, der erst nach eingehenden
Debatten zur Annahme gelangte. Die Regierungsvorlage enthielt die Formulirung: Die Bankgesellschaft kann Wechsel,
welche von der österreichischen oder von der ungarischen
Finanzverwaltung eingereicht werden, statutenmässig es-
comptiren. Der österreichische Ausgleichsausschuss schlug
als Zusatz vor: doch ist hiezu ein Sitzungsbeschluss des Generalrathes nöthig; in der betreffenden Sitzung müssen mindestens neun Mitglieder anwesend sein und zwei Drittel
der Anwesenden für die Escomptirung stimmen. Es ist

leicht ersichtlich, dass durch diese Bestimmung einer allzu
bereitwilligen Discontirung von Regierungswechseln ein
Riegel vorgeschoben werden sollte, und der Finanzminister
machte grosse Anstrengungen, dieselbe zu Falle zu bringen.
Man hielt jedoch in den Kreisen der Vertretung an der
Auffassung fest, dass es um so nothwendiger sei, ein-
engende Bestimmungen hinzuzufügen, da nunmehr zwei
Ministerien die Mittel der Bank in Anspruch nehmen
können, Vorsicht deshalb geboten sei.

Am längsten wogte der Kampf über die Fassung des
Artikels 40. Die Regierungsvorlage lautet: „Die Direction
in Wien und die Direction in Budapest bestimmen von
Zeit zu Zeit, in welchem Verhältnisse die für das Escompte-
und für das Darlehensgeschäft zu ihrer Verfügung stehenden Gesammtsummen auf die einzelnen österreichischen,
beziehungsweise ungarischen Bankplätze zu vertheilen sind,
und setzen von Zeit zu Zeit die äusserste Grenze fest, bis
zu welcher der Bankcredit in jedem dieser beiden Geschäfte
von einzelnen Firmen und Personen benützt werden kann.“
Der Ausschuss schlug den Zusatz vor: „unbeschadet des
dem Generalrathe auf Grund des Artikels 25 zustehenden
Rechtes, hiefür besondere Weisungen zu ertheilen und deren
Befolgung zu sichern“. Der Bericht rechtfertigte dies damit,
dass der Ausschuss diese Berufung auf Artikel 25 als Zusatz zur Regierungsvorlage aus dem Grunde empfehle,
„um durch die ausdrückliche Bezugnahme auf die dem
Generalrathe diesfalls zustehenden und unter seiner Ver-
antwortlichkeit für die statutenmässige Gebarung der Bank
und für die bankmässige Bedeckung der Noten, sowie der
Aufrechterhaltung ihres Credites pflichtgemäss zu übenden
Befugnisse mindestens jede Zweideutigkeit über die Grenze
in den Befugnissen des Centralorganes der Verwaltung
und der Zwischeninstitution der beiden Directionen im Vor-
hinein auszuschliessen“. Das Abgeordnetenhaus schloss sich
dieser Auffassung an. Das Herrenhaus eliminirte den

Zusatz, da, wie der Commissionsbericht desselben bemerkt,
„diese Berufung bei dem gar nicht zu bezweifelnden Inhalte
des Artikels 25 für überflüssig gehalten werde". In
Wahrheit war dies eine Concession, die man Ungarn gewähren wollte. Es bedurfte mehrerer Abstimmungen, ehe
die Annahme dieses Artikels in der von der Regierung
beantragten Formulirung, also mit Beseitigung des Zu-
satzes erfolgte.

Das Verhältniss des Metallschatzes zum Banknoten-
umlauf wurde beibehalten. Die Anregung zu einer Aenderung gab der Abgeordnete Neuwirth. Wagner hatte in
seinem bekannten Buche über die Zettelbankgesetzgebung
(Freiburg, 1870) den österreichischen, der Peelsacte nach-
gebildeten Bedeckungsmodus einer scharfen Kritik unterzogen, und, abgesehen von jenen Gründen, welche gegen die
Bestimmungen der englischen Bankacte principiell vorgebracht werden können, und die namentlich von ihm selbst in
seinen früheren Arbeiten eingehend beleuchtet worden sind,
auch Argumente mit Rücksicht auf speciell österreichische
Verhältnisse ins Feld geführt. Die österreichische Nationalbank wurde im Jahre 1868 ausdrücklich ermächtigt, aus-
wärtige Wechsel zur Notenbedeckung zu verwenden, ohne
dass jedoch der Betrag auf den statutenmässigen Baarfonds
angerechnet werden durfte. Es mussten daher alle Noten
über 200 Mill. hinaus voll metallisch gedeckt sein. Wagner
macht mit Recht darauf aufmerksam, dass die Vorschrift
bezüglich der Notenbedeckung für uneinlösbare Noten gelte,
obgleich sie dafür vollends nicht passe, und bezeichnet dieses
als ein ebenso kostspieliges als zweckloses Vorgehen, das
bei einem Baarfonds von 110 Mill. fl. jährlich 6 bis 7 Mill.
an Zinsen koste; es sei nicht abzusehen, warum bei suspen-
dirter Baarzahlung die auswärtigen Metallwechsel nicht in
die gesetzliche Baardeckung sollen eingerechnet werden
dürfen. Diese Argumentationen dienten Neuwirth zum
Ausgangspunkte eines Antrages, dem indess keine solche

Tragweite innewohnte wie den Vorschlägen des bekannten Banktheoretikers.

Diese Anregungen waren von Vorneherein aussichtslos, da Regierungen und Bankverwaltung an dem bestehenden Bedeckungsmodus festhielten. Bei den commissionellen Verhandlungen in den ersten Monaten des Jahres 1873 wurde wohl von den Commissären der beiden Regierungen der Vorschlag gemacht, die Grenze für die metallisch unbedeckten Noten über das bisherige Maximum von 200 Mill. fl., etwa bis 250, eventuell auch bis 300 Mill. fl. zu erweitern. Der Generalsecretär der Bank sprach sich entschieden dagegen aus und schloss seine vielfach interessanten Darlegungen damit: Vor Aufnahme der Baarzahlungen sei es unter keinen Umständen räthlich, die Bestimmung der Statuten vom Jahre 1863 über die metallische Bedeckung des Notenumlaufes in was immer für einer Art abzuändern, und wäre daher diese Bestimmung für die Dauer der Uneinlösbarkeit der Banknoten aufrecht zu erhalten. Um nach Aufnahme der Baarzahlungen für Fälle, welche Anfangs zwar unwahrscheinlich, später und zeitweise aber nicht unmöglich sind, Vorsorge zu treffen, könnte die Bank ermächtigt werden, jedoch ausschliessend nur nach Aufnahme der Baarzahlungen und für deren Dauer mehr metallisch unbedeckte Noten auszugeben als bisher gestattet war. Diesen Standpunkt hat Lucam auch in den späteren Stadien festgehalten.

Blieb auch die Notengrenze — 200 Mill. fl. — aufrecht erhalten, so wurden an den statutarischen Bestimmungen des Jahres 1863 doch einige nicht unwesentliche Aenderungen vorgenommen. Die „bankmässige Bedeckung" wurde erweitert, indem nicht nur eingelöste verfallene Coupons von Grundentlastungsobligationen, sondern auch eingelöste verfallene Effecten und Coupons von österreichischen und ungarischen Staats-, Landes-, beziehungsweise von Gemeindeschulden zur bankmässigen Bedeckung dienen können, dagegen wurde die Bestimmung fallen gelassen, die im Besitze der Bank befindlichen eigenen Pfandbriefe der Bank zur Notenbedeckung zu verwenden. Thatsächlich hatten schon seit dem Jahre 1872 Pfandbriefe nicht mehr als Notenbedeckung gedient, da die Anlagen in Devisen, Escompte und Darlehen für sich allein hinreichten, um die bankmässige Deckung der Banknoten herzustellen. Die Vorschüsse auf Gold und Silber wurden in die bankmässige Deckung eingereiht, endlich die Bestimmung fallen gelassen, dass nur bis zur Höhe des vierten Theiles des Metallvorrathes Gold in Münze oder in Barren anstatt des Silbers zur Bedeckung verwendet werden könne.

Besondere Verhandlungen erforderte auch der Artikel 102, der von der Vertheilung des Gewinnstes handelt und es dauerte längere Zeit, ehe eine Vereinbarung erzielt wurde. Die Nationalbank forderte nämlich, dass die Actionäre erst volle 7 Procent vom Capital und überdies noch das ganze Erträgniss des Reservefondes, demnach 8 Procent, erhalten sollen, bevor die Theilung beginnt. Die Regierungen schlugen vor, und das österreichische Abgeordnetenhaus stimmte zu, dass das Erträgniss des Reservefondes nicht vorweg zu Gunsten der Actionäre ausgeschieden werde, und die Theilung schon dann eintreten solle, wenn der Actionär 6 Procent erhalten hat. Die Commission des Herrenhauses suchte zu vermitteln durch den Vorschlag, die Gewinntheilungsgrenze auf 7 Procent zu stellen. Sie wurde dabei durch die Erwägung geleitet, dass die Bank dem Staate als Entgelt für das Privilegium bereits 80 Mill. fl. unverzinslich leihe und auf die bisherige Begünstigung einer eventuellen Ergänzung des Jahreserträgnisses für den Actionär auf 7 Procent durch den Staat verzichte, und dies zu einer Zeit, da sie noch immer die Concurrenz einer unverhältnissmässig grossen Circulation von Staatsnoten ertragen müsse. Der Reservefond sei ein unbestrittenes Eigenthum der Actionäre. Derselbe

sei bereits auf 18 Mill. fl. angewachsen, habe daher seine
Maximalhöhe erreicht und liefere bei einem 5 procentigen
Erträgnisse jährlich 900.000 fl., also genau 1 Procent des
Actiencapitals.

Im Zusammenhange mit der Antheilnahme der beiden
Reichshälften an dem Gewinn der Bank stand die Erledigung der Frage über die 80 Millionenschuld.

Die beharrliche Weigerung der ungarischen Regierung, eine Verpflichtung an der 80 Millionenschuld zu
übernehmen, führte zu einem eigenartigen Auskunftsmittel
durch die zwischen den beiden Regierungen getroffene
Vereinbarung, dass ein Schiedsgericht die endgiltige Entscheidung zu treffen habe. Nachdem zwischen der königlich ungarischen Regierung und der k. k. Regierung, heisst
es im Eingange des vorgelegten Gesetzentwurfes, eine
Einigung nicht erzielt werden konnte, wird zur endgiltigen
Austragung dieser Angelegenheit bestimmt: Oesterreichi-
scher Reichsrath und ungarischer Reichstag wählen eine
aus 15 Mitgliedern bestehende Deputation. Kommen in
Folge des Berichtes der Deputationen binnen sechs Monaten die Frage endgiltig lösende Gesetze nicht zu Stande,
so wird ein Schiedsgericht bestellt. Dieses besteht aus
dem Präsidenten des obersten Gerichtshofes in Wien oder
dessen Stellvertreter und aus dem Präsidenten der Cassa-
tionsgerichtsabtheilung der königlich ungarischen Curie,
dann aus einem Obmanne, welchen diese zu wählen haben.
Können sich die beiden Schiedsrichter nicht binnen vier
Wochen einigen, wird die juridische Facultät in Heidel-
berg als Schiedsgericht bestellt.

Wie vorauszusehen, konnte diese Vorlage auf Annahme nicht rechnen. Um eine endgiltige Lösung der
Frage im beiderseitigen Einverständnisse zu erzielen,
schien es angezeigt, die von den beiden Vertretungskörpern
Oesterreich-Ungarns für die Quotenfrage bestellten Deputationen damit zu betrauen, eine Verständigung herbeizu-

führen (Gesetz vom 3. April 1878). Allein dieser Schritt
führte zu keinem Ergebnisse. Die ungarische Regnicolar-
Deputation erhielt eine weit beschränktere Befugniss, indem sie durch einen Beschluss des ungarischen Reichstages angewiesen wurde, „bezüglich der Activforderung
der österreichischen Nationalbank im Betrage von 80
Mill. fl. mit der österreichischen Quotendeputation in Con-
tact zu treten, der letzteren gegenüber den Rechtsstandpunkt Ungarns aufrecht zu erhalten und dahin zu trachten,
dass dieser Standpunkt auch vom anderen Theile angenommen werde". In einer mündlichen Besprechung der
beiden Deputationen, die am 15. April 1878 stattfand, betonten die Oesterreicher die Nothwendigkeit einer Lösung
der Frage, dass unter das Beitragsverhältniss von 30:70
nicht herabgegangen, bezüglich der Zahlungsmodalitäten
jedoch nach Ablauf des nächsten zehnjährigen Bankprivilegiums Concessionen an Ungarn gemacht werden könnten.
Die Ungarn bekämpften das Beitragsverhältniss von 30:70
und wiesen auf das im Jahre 1873 ermittelte Beitragsverhältniss von 23:77 für die Staatsschuld hin, erklärten aber
im weiteren Verlaufe der Besprechung, dass sie nicht in
der Lage wären, Vorschläge zu machen oder anzunehmen,
sondern nur die Vorschläge der österreichischen Deputation
ad referendum zu nehmen. [1])

Die Einigung wurde einige Wochen später zwischen
den beiden Regierungen erzielt und ein Gesetzesentwurf
in der Sitzung des Abgeordnetenhauses vom 18. Mai 1878
eingebracht, wodurch der Finanzminister ermächtigt werden sollte, mit der Nationalbank ein Uebereinkommen in
Betreff der Schuld von 80 Mill. fl. abzuschliessen. Die
zinsenfreie Verlängerung des Darlehens für die Dauer
des Privilegiums; die Verwendung des den beiden Staats-

---

[1]) Bericht der Regnicolardeputation vom 9. Mai 1878 in den Beilagen
zu den stenographischen Protocollen des Abgeordnetenhauses, Nr. 828.

verwaltungen gebührenden Antheils am Reingewinne der
Bank zur Tilgung der Schuld, die Verpflichtung, den noch
ungetilgten Theil derselben an die Bank mit Ablauf des
Privilegiums zu berichtigen, wofern nicht bis dahin eine
neue Vereinbarung zu Stande gekommen, endlich die
Verzichtleistung der Bank auf den zur Ergänzung des Erträgnisses des Bankfondes auf 7 Procent für das Jahr
1868 beanspruchten Beitrag von 340.543 fl. 48.₅ kr. ö. W.
waren die einzelnen Bestimmungen.

Der das Jahreserträgniss der Bank betreffende Paragraph 102 konnte nunmehr ebenfalls erledigt werden.
Hiernach gebühren den Actionären nach Abzug aller Auslagen zunächst fünf von Hundert des eingezahlten Actiencapitals. Von dem noch verbleibenden reinen Jahreserträgnisse werden zehn von Hundert in den Reservefond
hinterlegt und vom Reste wird zunächst die Dividende
auf 7 Procent des eingezahlten Actiencapitals ergänzt.
Von dem erübrigenden Theile des Gewinnes ist die eine
Hälfte der für die Actionäre entfallenden Dividende zu-
zurechnen, die andere Hälfte fällt den beiden Staatsverwaltungen zu, und zwar in der Weise, dass davon 70 Procent der kaiserlich österreichischen und 30 Procent der
königlich ungarischen Staatsverwaltung zu Gute kommen.
Genügen die reinen Jahreserträgnisse nicht, um eine Dividende von 5 Procent des eingezahlten Actiencapitals zu
erzielen, so kann das Fehlende dem Reservefonde entnommen werden, insolange derselbe nicht unter 10 Procent des eingezahlten Actiencapitals herabsinkt. —

Bei Vergleichung der Bestimmungen des Zoll- und
Handelsbündnisses mit dem im Jahre 1867 geschlossenen
Uebereinkommen ergeben sich nicht unbedeutende Aenderungen. Die Verlängerung derselben hat für zehn Jahre
Giltigkeit, während welcher Zeit die Ländergebiete beider Theile ein Zoll- und Handelsgebiet, umgeben von
einer Zollgrenze, bilden. Eine andere Fassung erhielt

zunächst der Artikel über die Negociirung und den Abschluss neuer Handelsverträge. Während das Gesetz vom
24. December 1867 blos die allgemeine Bestimmung enthält, dass die Negociirung und der Abschluss neuer Verträge vorbehaltlich der verfassungsmässigen Genehmigung
beider Legislativen durch den Minister des Auswärtigen
zu geschehen habe, und zwar auf Grundlage der Vereinbarungen, welche zwischen den betreffenden Ressort-
ministern beider Theile stattzufinden haben, enthält das
Gesetz vom 27. Juni 1878 den Zusatz: Wenn bei Ablauf
eines derartigen Vertrages ein Theil von dem darin enthaltenen Rechte der Kündigung Gebrauch gemacht wissen
will, so ist spätestens sechs Monate vor Ablauf des Kündi-
gungstermines dem anderen Theile von der Absicht zu
kündigen Mittheilung zu machen, um über den weitern
Vorgang das Einvernehmen zu pflegen. Kommt innerhalb
dieser Frist ein Einvernehmen nicht zu Stande, so hat der
Minister des Aeussern die Kündigung vorzunehmen, sobald auch nur ein Theil sie begehrt. Die Bestimmung, dass
die Errichtung neuer Zollausschlüsse nur im gemeinsamen
Einvernehmen stattfinden könne, wurde dahin abgeändert,
dass die bestehenden Zollausschlüsse aufgehoben werden
und die beiden Regierungen über den Zeitpunkt und die
Modalitäten der Aufhebung und der Einbeziehung derselben in das gemeinsame Zoll- und Handelsgebiet Vereinbarungen treffen und den beiden Legislativen die
entsprechenden Vorlagen machen werden. Diese Bestimmung trug zahlreichen Resolutionen der österreichischen
Reichsvertretung Rechnung und bezieht sich auf den
grössten Theil von Istrien, die zu Istrien gehörigen quar-
nerischen Inseln, Brody, die Gemeinde Jungholz in Tirol,
die Freihafengebiete von Triest, Fiume, Buccari, Portoré,
Zengg und Carlopago, endlich das dalmatinische Zollgebiet. Bei den Verhandlungen im österreichischen Parlament wurde zwar betont, dass ein praktischer Erfolg damit

nicht erzielt sei, allein es wurde doch wenigstens eine
principielle Uebereinstimmung der beiden Vertretungen
zu den vorbereitenden Schritten der Regierungen bewerkstelligt und die Verhandlungen über das Ob zum Abschlusse gebracht. ¹)

Die Bestimmung über die Verwaltung der Eisenbahnen nach gleichartigen Grundsätzen und die Einrich-
tung neu herzustellender Bahnen nach gleichartigen Bau-
und Betriebsnormen wurde erneuert. Seit 1868 war jedoch
an Stelle des Eisenbahnbetriebsreglements vom 3o. Juni 1863
jenes vom 10. Juni 1874 getreten, was in dem Artikel VIII
seinen Ausdruck fand. Neu hinzugefügt wurde: die Regelung des Baues und des Betriebes von Localbahnen
bleibt, insoferne derartige Bahnen die Grenzen des Länder-
gebietes nicht überschreiten, jedem der beiden Ländergebiete selbstständig vorbehalten; sowie: dass die beiden
Regierungen sich verpflichten, die in der Richtung nach
der Levante erforderlichen Bahnanschlüsse zu fördern. ²)

Im Artikel IX, der von dem Consulatswesen handelt,
sind die bisherigen meritorischen Bestimmungen erneuert
worden, wornach das gesammte Consulatswesen von dem
gemeinsamen Minister des Aeussern geleitet wird; bei Errichtung und Aufhebung von Consularämtern, bei Feststellung der den Consulaten in Handelsangelegenheiten
zu ertheilenden Instructionen, ist mit den beiden Handels-
ministern das Einvernehmen zu pflegen, welch Letztere in
Angelegenheiten des Ressorts auch das Recht haben, mit
den Consulaten in directe Correspondenz zu treten und
denen die Handelsberichte von dem Minister des Aeussern

---

¹) Seitdem wurde Istrien und Dalmatien in das gemeinsame Zollgebiet
einbezogen.

²) Das Abgeordnetenhaus des österreichischen Reichsrathes hatte eine
specialisirte Fassung vorgeschlagen durch die Aufnahme der Worte: „insbesondere auch jener von Sissek-Novi“; im Herrenhause fiel dieser Zusatz,
da derselbe in Ungarn auf Widerstand stiess.

mitzutheilen sind. Neu hinzugefügt wurde: Die Entscheidung
in letzter Instanz in allen Angelegenheiten der Consular-
gebühren, deren Einhebung und Bemessung, sowie über
die dagegen vorgebrachten Recurse erfolgt im admini-
strativen Wege durch das gemeinsame Ministerium des
Aeussern, und zwar in allen Fällen, wo dies erforderlich
erscheint, nach Einvernehmen mit den betheiligten Ministerien. Bei Errichtung fremder Consularämter und Zu-
lassung fremder Consulen in einem der beiden Ländergebiete ist ebenfalls von Seite des Ministers des Aeussern
das Einvernehmen zu pflegen.

Eine theilweise Umgestaltung erfuhr der Artikel XII,
die Währung betreffend. Das Gesetz vom 24. December
1867 stellte „baldigst gleichartige Vorlagen zur Einführung
der Goldwährung" in Aussicht; das gegenwärtige Gesetz
verspricht blos, dass den Vertretungen „baldigst gleichartige Vorlagen gemacht werden, welche geeignet sind, die
Wiederherstellung metallischer Circulation zu sichern".
Bei der ersten Vereinbarung enthielt der Artikel XIII blos
die Erklärung, die möglichste Gleichheit des Maass- und
Gewichtssystems in beiden Ländergebieten herbeiführen
zu wollen. Dieses war seitdem geschehen und das neue
Gesetz normirt daher, dass das bestehende metrische
Maass- und Gewichtssystem nur im gemeinsamen Einverständnisse abgeändert werden könne. Neu ist die Fassung
des Artikels XX, wornach die in einem der beiden Ländergebiete gesetzmässig errichteten Actiengesellschaften, Ver-
sicherungsgesellschaften und Erwerbs- und Wirthschafts-
genossenschaften berechtigt sind, ihre Wirksamkeit auf
das andere Ländergebiet auszudehnen und Zweignieder-
lassungen zu gründen. Sie sind in solchen Fällen den einheimischen Gesellschaften und Anstalten gleichgestellt und
bezüglich ihres Geschäftsbetriebes in dem andern Ländergebiete nur denjenigen Vorschriften unterworfen, welche
für den gleichartigen Geschäftsbetrieb der einheimischen

Unternehmungen gelten. Ueber die Durchführung dieser Bestimmungen wurden auch gleichzeitig durch ein besonderes Gesetz die detaillirten Vereinbarungen getroffen (R. G. Bl. 1878, K. 63).

Das Gesetz, betreffend den allgemeinen Zolltarif, entspricht in den meisten Punkten der „Vorerinnerung" zum Zolltarife vom Jahre 1853. Neu mit Rücksicht auf die veränderten Verhältnisse sind nur wenige Artikel, wie III, XIII und zum Theile auch Artikel IX. Durch die Bestimmungen im Artikel III wurde ein neues Princip der Handelspolitik inaugurirt. Durch den Abschluss des Handels- und Zollvertrages mit Preussen vom 19. Februar 1853 wurden dem Zollverein bei der Waareneinfuhr besondere Begünstigungen gewährt, während den anderen Staaten gegenüber die Zollsätze des allgemeinen Tarifs zur Anwendung kamen. Dieses Differentialzollsystem wurde zum Theile in den Sechziger Jahren verlassen, indem man mit den hervorragendsten Handelsstaaten Verträge abzuschliessen suchte und durch die Meistbegünstigungsclausel die Einem Staate eingeräumten Zollsätze allen Staaten, mit denen Handelstractate abgeschlossen wurden, zu Gute kamen. Die Zollsätze des allgemeinen Tarifes kamen daher nur ausnahmsweise zur Erhebung jenen Staaten gegenüber, mit denen ein Vertragsverhältniss nicht bestand. Nunmehr waren alle Tarifverträge abgelaufen oder gekündigt, die neu abgeschlossenen Handelsverträge enthielten keine Vereinbarungen über Zollsätze. Der Eventualität gegenüber, dass die österreichisch-ungarischen Waaren in anderen Staaten eine differentielle Behandlung erleiden könnten, sollte Vorkehrung getroffen werden durch die Bestimmung: Waaren, welche aus Staaten kommen, die österreichische und ungarische Schiffe oder Waaren österreichischer und ungarischer Provenienz ungünstiger behandeln, als jene anderer Staaten, unterliegen bei der Einfuhr ausser dem im Tarife

enthaltenen Zolle einem Zuschlage von 10 Procent desselben,
und wenn sie in dem Tarife für zollfrei erklärt sind, einem
im Verordnungswege zu bestimmenden specifischen Zolle
von 5 Procent des Handelswerthes der Waaren. Die Regierung wird ermächtigt, ausnahmsweise im Verordnungswege zu verfügen, dass eine solche Massregel nur auf
einzelne Kategorien von Waaren Anwendung finde oder
dass einzelne Kategorien von Waaren von derselben ausgenommen werden. Neu ist ferner die Bestimmung, „dass
die Zollsätze einschliesslich des Wag-, Siegel- und Zettel-
geldes in Goldmünze zu entrichten seien", wodurch bei
dem damaligen Goldcourse eine Zollerhöhung um 15 Procent eintrat. Bei den Berathungen im Ausgleichsausschusse
wurde wohl darauf hingewiesen, dass durch die Annahme
dieser Bestimmung in bedenklicher Weise der künftigen
Währungsfrage vorgegriffen werde; die grosse Mehrheit
entschied aus finanziellen und handelspolitischen Rücksichten für Goldzölle, von Einigen wurde auch darauf Gewicht gelegt, dass dadurch ein weiterer Schritt geschehe,
um bei einer etwaigen Herstellung der Valuta die Goldwährung einzuführen.[1])

Der zweite „Ausgleich" wurde auch durch den Zolltarif erschwert. Bei der ersten Vereinbarung im Jahre
1867 genügte es festzusetzen, dass die abgeschlossenen

---

[1]) Die Regierung sprach sich in ihrem Motivenberichte dahin aus,
„dass diese Massregel zunächst den Zweck habe, die Einnahmen aus dem
Zollgefälle in ihrem durch das Gesetz beabsichtigten und durch die Erfordernisse des Staatshaushaltes gebotenen Geldeffecte zu sichern und von den
Schwankungen und Verschiebungen des Werthverhältnisses zwischen Gold
und Silber unabhängig zu machen, welche in letzter Zeit bekanntlich so namhaft waren, dass das virtuelle Ergebniss der Zölle in erheblichem Maasse
beeinträchtigt wurde. Auch vom rein handelspolitischen Gesichtspunkte betrachtet, empfehle sich die in Rede stehende Neuerung nicht minder. Gold
sei heute im internationalen Verkehre Europa's das vorherrschende Zahlungs-
mittel geworden und sei wohl dort auch am Platze, wo es sich um eine Abgabe vom internationalen Waarenverkehr handle." Vergl. Nr. 734 der Beilagen
zu den Protocollen des Abgeordnetenhauses, VIII. Session.

Verträge in Kraft zu bleiben haben. Der allgemeine Zolltarif hatte nur eine secundäre Bedeutung, da die Handelsverträge über die wichtigsten Artikel Tarifpositionen enthielten. Seit der Krise im Jahre 1873 gewann die nie ganz erloschene schutzzöllnerische Bewegung an Boden, welche dadurch Bedeutung erlangte, dass im Abgeordnetenhause des österreichischen Reichsrathes die Nothwendigkeit einer Aenderung der Zollgesetzgebung betont wurde. Der Handelsvertrag mit Grossbritannien vom 16. December 1865 und die Nachtragsconvention zu demselben vom 3o. December 1869, sowie der Handelsvertrag mit Frankreich vom 11. December 1866 wurden gekündet, und diese Verträge traten Ende 1876 ausser Wirksamkeit. Frankreich gegenüber wurde die Geneigtheit ausgesprochen, im Laufe des Jahres 1876 einen neuen Handelsvertrag zu vereinbaren und an die Regierung des deutschen Reiches wurde bereits Ende 1875 der Antrag gestellt, dass, obwohl der geltende Zoll- und Handelsvertrag mit dem Zollverein vom 9. März 1868 bis Ende 1877 Wirksamkeit habe, zu Verhandlungen über den Abschluss eines neuen Vertrages geschritten werden möge, welcher am 1. Jänner 1877 in Kraft zu treten hätte. Am 19. Februar 1875 kündigte die italienische Regierung den Handels- und Schifffahrtsvertrag vom 23. April 1869, dessen Giltigkeit bis zum Juni 1876 reichte.

Mit England wurde wohl unterm 5. December 1876 ein Vertrag abgeschlossen, nach welchem Grossbritannien lediglich die Rechte einer meistbegünstigten Nation eingeräumt erhielt. Mit Frankreich wurde durch Ministerialerklärung vom 3o. November 1876 die Giltigkeit des Vertrages vom 11. December 1866 bis zum 3o. Juni 1877 vereinbart und sodann eine weitere Erstreckung bis Ende 1877 bewerkstelligt. Man erhoffte bis dahin eine Erneuerung des Vertrages, um mit Beginn des Jahres 1878 den neuen Zolltarif in Wirksamkeit treten zu lassen.

Die Absicht der Regierungen war dahin gerichtet, zunächst mit dem deutschen Reiche, sodann mit Frankreich und Italien Handelsverträge abzuschliessen und die in denselben vereinbarten Zollpositionen in den allgemeinen Zolltarif aufzunehmen. Die Verhandlungen mit Deutschland begannen jedoch erst im April 1877, führten jedoch zu keinem Ergebnisse. Oesterreich-Ungarn forderte, dass der zwischen den Regierungen der beiden Reichshälften vereinbarte Zolltarif als Basis der Verhandlungen angenommen werde, ohne einschneidende Aenderungen zuzulassen, während von deutscher Seite davon ausgegangen wurde, dass die Zollsätze des Vertrages von 1868 in der Regel nicht zu überschreiten seien und dass bei einzelnen für Deutschland wichtigen Exportartikeln, namentlich für Eisen, eine beträchtliche Herabsetzung der Sätze von 1868 anzustreben sei. Am 22. October 1877 wurden die Verhandlungen definitiv abgebrochen, und die österreichisch-ungarische Regierung musste darauf verzichten, den Entwurf eines allgemeinen Zolltarifs gleichzeitig mit einem Vertrage zwischen Oesterreich und Deutschland den Legislativen vorzulegen. Die Wirksamkeit der Zoll- und Handelsverträge mit Deutschland und Frankreich wurde bis Ende Juni 1878 verlängert, bis zu welchem Zeitpunkte die parlamentarischen Verhandlungen über den allgemeinen Zolltarif zum Abschlusse gebracht werden sollten. Eine nochmalige Verlängerung auf sechs Monate, demnach bis Ende 1878, trat später ein. Mit Italien wurde vorläufig der Vertrag blos bis Ende März 1878 erstreckt, da Italien einer weitergehenden Verlängerung nicht zustimmte.

Der neue allgemeine Zolltarif verfolgte einen doppelten Zweck. Von der Zollerhöhung für jene Artikel abgesehen, „wo das Bedürfniss nach einem wirksameren Schutze einzelner Industriezweige Aenderungen unabweislich forderte, oder wo aus zolltechnischen Rücksichten die Einführung veränderter Classificationen nothwendig war", sollte auch eine Vermehrung der Staatseinnahmen erzielt werden. Mit Zugrundelegung der Durchschnittsergebnisse in den Jahren 1873 bis 1876 wurde das Mehrerträgniss der Zölle auf Grund der neuen Sätze auf 10.$_{458}$ Mill. fl. berechnet. Hievon entfielen auf Kaffee 2.$_{538}$ Mill. fl., auf Petroleum 4.$_{829}$ Mill. fl., auf Reis 0.$_{605}$ Mill. fl., auf Schweine 0.$_{591}$ Mill. fl., auf Butter 0.$_{213}$ Mill. fl., auf Wein 0.$_{323}$ Mill. fl., der Rest auf Gewürze, Südfrüchte, Häringe u. s. w. Das etwaige Mehrerträgniss aus den Industriezöllen war dabei nicht in Anschlag gebracht. Da jedoch eine der wichtigsten Positionen, jene für raffinirtes Mineralöl, nicht in der von der Regierung geforderten Höhe von 8 fl. Gold für den metrischen Centner, sondern nur mit 3 fl. Annahme fand, so ergab sich blos ein Mehrerträgniss von circa 7 Mill. fl., wogegen die vorgenommenen Erhöhungen bei den Industriezöllen nicht in die Wagschale fielen.

Unter den Ausgleichsvorlagen befand sich auch ein mit dem österreichisch-ungarischen Lloyd vereinbarter Schifffahrts- und Postvertrag. Die Giltigkeit des am 18. November 1871 abgeschlossenen Vertrages erlosch mit dem 31. December 1877. Die Aenderungen in dem neuen Entwurfe liefen im Wesentlichen darauf hinaus, dass die bisher von der österreichischen Reichshälfte allein subventionirte Bombaylinie in das gemeinsame Verkehrsnetz einbezogen werden und die neu in Aussicht genommenen Fahrten nach Ceylon, Calcutta und Singapore ebenfalls aus gemeinsamen Mitteln bestritten werden sollten. Von Fiume nach Liverpool sollte eine neue Linie mit Berührung von Ancona, Bari, Messina, Cadix und Lissabon eingeführt werden. Was die dem Lloyd zu ertheilende Subvention anbelangt, so erhielt derselbe nach dem Vertrage vom Jahre 1865 eine Subvention von 2 Mill. fl. gegen zurückzulegende 883.768 Meilen, in den späteren Verträgen (vom 18. November 1871 und 26. April 1872), wurde für 941.558 Seemeilen ein Betrag

von 1.89 Mill. fl. festgesetzt, nunmehr aber für 1,207.970
Seemeilen 2 Mill. fl. Die gemeinschaftliche Subvention
betrug 1.7 Mill. fl., von welcher auf Oesterreich 1.166 Mill. fl.
entfielen. Die Auslagen für die Bombaylinie betrugen
0.37 Mill. fl., die Gesammtleistung Oesterreichs daher
1,536.200 fl., jene Ungarns 533.800 fl.; der neuen Abmachung zufolge sollten auf Oesterreich 1,516.060 fl., auf
Ungarn 693.940 fl. entfallen.

Das österreichische Abgeordnetenhaus ertheilte dem
neuen Vertrage die verfassungsmässige Zustimmung, in
Ungarn nahmen die Vertretungskörper wesentliche Abänderungen vor, wodurch sich die Nothwendigkeit ergab,
neue Verhandlungen mit der Dampfschifffahrtsgesellschaft
zu führen. In Folge Ausscheidung einiger Linien wurde der
gemeinsame Subventionsbetrag von 2 Mill. auf 1.3 Mill. fl.
herabgesetzt und die Canaltaxe von 210.000 fl. entfiel gänzlich. Hiernach stellte sich die Beitragsleistung Ungarns
auf 408.200 fl., jene Oesterreichs auf 891.800 fl.; ferner hat
Oesterreich für die ostasiatischen Linien eine Subvention
von 437.022 fl. zu leisten und die Canaltaxe von 210.000 fl.
zu entrichten.[1]

Die meisten Schwierigkeiten bereiteten die Verhandlungen über die Beitragsleistung der beiden Reichshälften
zu den gemeinsamen Angelegenheiten und die damit
im Zusammenhange stehenden Fragen. Zu diesem Behufe
war von jedem der beiden Vertretungskörper je eine Deputation zu wählen, und diese zwei Deputationen hatten die
Aufgabe, „unter Einflussnahme der betreffenden verant-
wortlichen Ministerien einen mit Details unterstützten Vorschlag auszuarbeiten".

Die Deputationen traten über Einladung der Regierung
am 14. Mai 1877 zur Constituirung zusammen und erhielten
einen von den beiden Regierungen vereinbarten Gesetzes-

---

[1] Nr. 746 und 864 der Beilagen zu den stenographischen Protocollen
des Abgeordnetenhauses, VIII. Session.

entwurf über die Beitragsleistung zu den gemeinsamen
Angelegenheiten vorgelegt. Derselbe setzte die Beitragsleistung in dem bisherigen Verhältnisse von 70 zu 30 fest.
Das Zollgefälle sollte auch künftighin gemeinsame Einnahme bleiben, von demselben vor Allem die Steuerrestitutionen für die über die gemeinsame Zolllinie ausgeführten versteuerten Gegenstände bestritten und der Rest
zur Deckung der gemeinsamen Ausgaben verwendet
werden. Insoweit wurde eine Aenderung an den bestehenden Normen nicht vorgenommen. Dagegen trat eine
neue Bestimmung, die Steuerrestitution betreffend, hinzu.
Hiernach sollte künftighin „die Belastung der beiden
Reichshälften in Absicht auf die erwähnten Steuerrestitutionen für jeden Steuerzweig, auf den sie sich beziehen,
nämlich für die Verzehrungssteuer von der Biererzeugung,
mit Ausnahme des Biersteuerzuschlages in geschlossenen
Städten, dann für die Verzehrungssteuer von der Branntweinerzeugung und für die Verbrauchsabgabe von der
Rübenzuckererzeugung abgesondert in der Art durchgeführt werden, dass jeder Theil von den gemeinsam bestrittenen Steuerrestitutionen eben so viele Procente zu
tragen hat, als sein Antheil an dem von beiden Theilen
während desselben Solarjahres in dem betreffenden Steuerzweige erzielten gesammten Bruttoerträgnisse Procente
des letzteren beträgt". Als Bruttoerträgniss werden die
während des betreffenden Solarjahres in dem fraglichen
Steuerzweige baar oder in Wechseln eingeflossenen Steuersummen, nach Abzug der für Betriebsstörungen erfolgten
Steuerrückgaben angenommen. Diese zwischen den beiden
Ministerien getroffenen und in dem Gesetzesentwurfe for-
mulirten Vereinbarungen sollten nach der Erklärung der
Regierung allerdings blos vorbereitender Natur sein und
den Entschliessungen der Deputationen nicht vorgreifen.
Bei dem ersten Ausgleiche war nämlich der betreffende
Gesetzesentwurf aus der Initiative der Deputationen her-

vorgegangen und nach dem stricten Wortlaut des Gesetzes sollte von zehn zu zehn Jahren die neue Vereinbarung von den Deputationen getroffen werden, was eine jede Ingerenz der Regierung auszuschliessen schien, aus welchem Grunde die Vorlage eines zwischen den beiden Ministerien vereinbarten Gesetzesentwurfes wenigstens von der österreichischen Deputation bemängelt wurde.

Bei dem Mangel einer Geschäftsordnung für die Deputationen einigte man sich über den modus procedendi, im Wesentlichen in ähnlicher Weise vorzugehen wie im Jahre 1867, wonach die Beschlüsse der Deputationen einander im schriftlichen Wege mitzutheilen waren.

Die ungarische Deputation eröffnete den Reigen des Nuntienwechsels, indem sie den Protocollauszug der am 7. Juni abgehaltenen Sitzung der österreichischen Deputation mittheilte. Die Ungarn adoptirten das in dem vorgelegten Gesetzesentwurfe vorgelegte Princip der Restitution und machten nur bezüglich der Beitragsquote zu den gemeinsamen Angelegenheiten einen abweichenden Vorschlag, indem sie dieselbe für die nächsten zehn Jahre mit 29 Procent festgesetzt wissen wollten. Den Berechnungen wurde das Brutto-Erträgniss der directen und indirecten Steuern zu Grunde gelegt und betont, dass dadurch ein Beweis von Unbefangenheit und Gerechtigkeitsliebe bekundet werde, indem aus den Ausweisen hervorgehe, dass in den im Reichsrathe vertretenen Königreichen die Manipulationskosten kleiner seien, so dass eine Heranziehung der Netto-Einnahmen behufs Berechnung der Beitragsleistung für Ungarn die Feststellung eines günstigeren Vertheilungsschlüssels zur Folge haben müsste. Ferner wurde darauf hingewiesen, dass durch das Präcipuum von zwei Procent, womit Ungarn unter dem Titel Militärgrenze belastet sei, jenes Beitragsverhältniss, welches 1867 festgesetzt worden war, zu nicht geringem Nachtheile Ungarns alterirt worden sei.

Bezüglich der Restitution wird in dem Nuntium der
ungarischen Deputation hervorgehoben, dass bei dem
ersten Ausgleich als die bisherige ganz besonders von
Seite des Reichsrathes gewünschte Restitutionsmethode
angenommen worden sei, man von der Voraussetzung ausgegangen sei, dass jene Industriezweige, auf welche sich
die Restitution beziehe, in beiden Theilen der Monarchie
einen gleichmässig erfreulichen Aufschwung nehmen werden, und dass selbst, wenn bezüglich des Bieres das
Uebergewicht auf Seite Oesterreichs bleibe, dies in den
Ländern der ungarischen Krone durch eine in gleichem
Massstabe fortschreitende Entwicklung der Spiritus- und
Zuckerindustrie balancirt werden dürfte; ferner, dass die
im Jahre 1867 bestandenen proportionalen Ausfuhrsver-
hältnisse wenigstens keine erhebliche Alterirung erfahren
würden. Es müsse jedoch die bedauerliche Thatsache con-
statirt werden, dass jene Voraussetzungen, welche bei
Feststellung des Restitutionsmodus als Motiv gedient
hatten, für Oesterreich, wenigstens zum grössten Theile,
für Ungarn aber sich schlechterdings nicht bewahrheitet
haben, von dem Zutreffen dieser Voraussetzungen aber
hinge es wesentlich ab, ob die Restitutionsmethode eine
gerechte sei oder nicht. Mit dem Wegfalle dieser Voraussetzungen gestalte sich das Restitutionsverhältniss für
die Länder der ungarischen Krone zu einer schweren
Ungerechtigkeit. Die der Deputation vorliegenden Tabellen,
welche bezüglich der Jahre 1868 bis 1875 die Spiritus-,
Bier- und Zuckersteuereinnahme und die Steuerrestitutions-
beträge im Detail ausweisen, liessen hierüber ohnehin
keinen Zweifel. Während beim Spiritus das Verhältniss
noch einigermassen gerecht sei, müsse es beim Bier bereits
auffallen, dass die diesfällige Steuereinnahme Ungarns
während der erwähnten acht Jahre, 10.$_2$ Mill. fl. betrug,
in Oesterreich aber unter demselben Titel 156.$_{45}$ Mill. fl.
eingenommen wurden, so dass sich mit Zuversicht

behaupten lasse, dass Ungarn während dieser Zeit an
Bier nicht nur keinen zur Ausfuhr bestimmten Ueberschuss hatte, sondern auch noch der interne Bedarf des
Landes, mit ausserhalb des Landes producirten und dort
auch der Besteuerung unterworfenem Bier gedeckt werden musste. Dass unter solchen Umständen Ungarn mit
31.₄ Procent der bei der Ausfuhr restituirten Steuer
billigerweise nicht belastet werden könne, bedürfe wohl
keines Beweises. Noch auffälliger sei die Ungerechtigkeit
des bisher bestandenen Verhältnisses beim Zucker, wo
während der erwähnten acht Jahre die gesammte Steuereinnahme Ungarns 8½ Mill. fl. betrug, während dasselbe
zu der in runder Summe 41 Mill. fl. betragenden Steuerrestitution 31.₄ Procent, also 12.₈₅ Mill. fl. beitragen musste,
das heisst um 4.₃ Mill. fl. mehr zu restituiren hatte, als
seine gesammte Zuckersteuereinnahme betragen habe.

Eine radicale Sanirung dieses Missverhältnisses wäre
nur auf zwei Wegen zu erreichen: einmal durch Auflösung
der Zollgemeinschaft und Errichtung eines selbstständigen
ungarischen Zollgebietes, oder aber dadurch, indem die
indirecten Steuern, oder wenigstens jene Verzehrungssteuern, welche kraft der bestehenden Gesetze bei der
Ausfuhr einen Gegenstand der Restitution bilden, gleichwie die Zolleinnahmen als gemeinsame Einnahmen beider
Staatsgebiete zur gemeinsamen Deckung der gemeinsamen
Ausgaben zu verwenden wären. Die ungarische Regnicolardeputation halte sich jedoch zu einer Lösung in
diesem Sinne nicht berechtigt und ihr erschiene daher der
Vorschlag der Regierung „relativ befriedigend". Der für
Ungarn durch Annahme des neuen Restitutionsmodus
erwachsende Vortheil wurde auf etwas über 1 Mill. fl.
veranschlagt.

Mittlerweile hatte sich auch die österreichische Deputation schlüssig gemacht und sich über folgende Punkte
geeinigt: Die Erträgnisse des Zollgefälles werden als

gemeinsam erklärt, jedoch unter der Bedingung, dass vor
Allem die Steuerrestitution für die über die gemeinsame
Zolllinie ausgeführten versteuerten Gegenstände bestritten
werde, und unter dem Vorbehalte, dass, falls eine Erhöhung der bestehenden oder die Einführung von neuen
Finanzzöllen stattfinden sollte, bezüglich der Vertheilung
der hieraus erwachsenden Mehreinnahme ein neues Uebereinkommen getroffen werde. Die Regierungsvorlage
machte über die Zollregiepauschalien keine Erwähnung,
und die Deputation forderte daher die Vereinbarung, dass
in dem bisherigen Verhältnisse eine· Aenderung nicht einzutreten habe. Das Präcipuum von 2 Procent in Folge
der Uebergabe der Militärgrenze sollte auch künftighin
aufrechterhalten und bei Bemessung der Beitragsquote
in ähnlicher Weise wie 1867 das Netto-Erträgniss der
damals in die Berechnung einbezogenen Steuern und
Gefälle zu Grunde gelegt werden.

Diese Beschlüsse wurden nicht ohne Widerspruch
von Seite der Regierung gefasst. Namentlich die Steuerrestitution wurde von dem Finanzminister zu rechtfertigen
gesucht. Die Forderung Ungarns sei aus Billigkeitsrück-
sicht zugestanden worden, und die Regierung habe sich
bemüht, einen gerechteren Maassstab ausfindig zu machen.
Ungarn habe als Schlüssel der Vertheilung der Restitution die Menge der über die Grenzen beider
Reichstheile ausgeführten Objecte angenommen; dieses
sei abgelehnt worden, weil die Provenienz nicht con-
statirt werden könne. Der vorgeschlagene Modus rühre
von Oesterreich her. Eine Bedingung sei die Reform
der Zucker- und Branntweinsteuer, „da eine veränderte
Gesetzgebung die zu restituirenden Summen vermindern
würde".

Die Begründung der Beschlüsse der österreichischen
Deputation erfolgte in dem Nuntium vom 14. Juni 1877,
welches aus der Feder von Herbst floss. Schon bei den

32*

Verhandlungen im Jahre 1867 sei von der österreichischen Deputation als unzweifelhaft erklärt worden, dass die Vorwegnahme der Zollerträgnisse zur Bestreitung der gemeinsamen Auslagen gegen das Interesse Oesterreichs sei und die seitherige Erfahrung habe die Richtigkeit bestätigt. Auf Grund der Bruttozollerträgnisse stelle sich das Verhältniss der Einnahmen der beiden Gebiete wie $86._3 : 13._7$ Procent, bei den Netto-Einnahmen des Zollgefälles wie $87._6 : 12._6$ Procent. Allerdings mögen Gegenstände, welche bei den österreichischen Zollämtern verzollt werden, für das Gebiet der ungarischen Krone bestimmt sein, und dieser Fall vielleicht häufiger als der umgekehrte eintreten; allein die obigen Verhältnisszahlen seien so exorbitant und liefern einen schlagenden Beweis dafür, wie sehr die im Reichsrathe vertretenen Länder bei der Gemeinsamkeit der Zolleinkünfte im Nachtheile seien. Wenn im Jahre 1867 in die Verwendung der Erträgnisse des Zollgefälles zur Bestreitung der Kosten für die gemeinsamen Angelegenheiten gewilligt und die Forderung eines Präcipuums nicht gestellt wurde, welches sonst überall eingeführt sei, wo Länder zu einem Zollgebiete vereinigt sind, deren Bedarf an verzollten Waaren kein gleichartiger sei, so geschah ersteres im Interesse des freien Verkehrs und unterblieb letzteres unter einer Bedingung, welche aus dem Principe des freien Verkehrs fliesse und mit demselben in nothwendigem und untrennbarem Zusammenhange stehe. Nur die Bedingung, dass die Steuerrestitutionen aus dem Erträgnisse der Zölle zu bezahlen seien, mache es erträglich, dass die Zolleinkünfte, obschon die Lasten derselben in unverhältnissmässiger Weise von der diesseitigen Reichshälfte getragen werden, dennoch zur Gänze für die gemeinsamen Angelegenheiten zu verwenden sind. Die Gesetze über die Branntwein- und Zuckersteuer seien mangelhaft, eine Reform längst nothwendig; diese möge in Angriff genommen werden.

Zur Ermittlung der Leistungsfähigkeit der beiden Reichshälften, um hienach die Beitragsquote festzustellen, waren über die Steuereingänge in den Jahren 1868 bis 1875 tabellarische Ausweise vorgelegt worden. Aus einer Kritik derselben wurde von der österreichischen Deputation die Folgerung gezogen, dass das Verhältniss der Beitragsleistung sich auf rund 67 : 33 stellen.

Mit diesem Schriftwechsel war der beiderseitige Standpunkt gekennzeichnet, und die weiteren Nuntien dienten zumeist dazu, denselben zu begründen. In dem Nuntium der ungarischen Deputation vom 22. Juni 1877 wurde zunächst zugestanden, dass das Uebereinkommen bezüglich der Militärgrenze auf einem Gesetze beruhe, und so lange letzteres in Kraft stehe, aufrecht erhalten werden solle. Zumeist beschäftigt sich dieses Schriftstück mit der Bekämpfung der auf die Steuerrestitutionen und die Zolleinnahmen bezüglichen Grundsätze. Durch Vergleichung der in den beiden Ländergebieten angenommenen Gesetze ergab sich in erster Linie eine Verschiedenheit in der Fassung derselben. Nach dem ungarischen Gesetze galt die Gemeinsamkeit der Zolleinnahmen und die Verwendung derselben zur Deckung der gemeinsamen Auslagen für die ganze Dauer dieses Bündnisses als eine der Bedingungen desselben, während in dem für Oesterreich giltigen Gesetze vom 24. December 1867 dieses Gemeinsamkeitsprincip nur für zehn Jahre, daher bis Ende December 1877 Giltigkeit erhielt. Das ungarische Schriftstück hob hervor, dass es sich hier um ein „im Wege gegenseitiger Verständigung zu Stande gekommenes Compromiss handelt, bei welchem jeder Theil auf gewisse Vortheile verzichtete, welche er durch die selbstständige Regelung seiner Zollangelegenheiten erreichen könnte, um für diesen Preis andere grössere Vortheile erringen zu können". Ungarn habe das Opfer gebracht, indem es auf das Recht verzichtet habe, für die Zeitdauer der Zoll-

gemeinsamkeit die Verzehrungssteuern ausschliesslich aus
dem Gesichtspunkte seiner eigenen Interessen zu regeln,
ferner darauf, „seine Zollpolitik nach dem Freihandels-
principe einzurichten, kraft dessen es als vorwiegend
agricoles Land, sich bezüglich der im Lande selbst nicht
erzeugten Waaren, unmittelbar an jene Quelle wenden
könnte, woher es dieselben am wohlfeilsten zu beziehen
vermag, und bis zu einer gewissen Grenze der österreichischen Industrie für den ungarischen Markt nahezu ein
Monopol verliehen hat". Durch das gegenwärtige System
der Verzehrungssteuern werden den im Reichsrathe vertretenen Königreichen und Ländern sehr bedeutende Vortheile geboten, indem Oesterreich für die daselbst erzeugten,
aber in Ungarn consumirten Quantitäten von Zucker,
Spiritus und Bier beiläufig 2 bis 2½ Mill. fl. an Verzehrungssteuer beziehe. Es bestehe kein innerer Zusammenhang der Steuerrestitution mit der Gemeinsamkeit der
Zolleinnahmen, wie in dem Nuntium der reichsräthlichen
Deputation behauptet werde, „der Zusammenhang sei ein
äusserlicher, und die Steuerrestitution könne höchstens
eine Consequenz, niemals aber eine Bedingung für die
Gemeinsamkeit der Zolleinnahmen bilden".

Die ungarische Deputation hatte den Vorschlag gemacht, mit den weiteren Verhandlungen zwei Comités zu
betrauen. Ein Ergebniss wurde nicht erzielt. Der Vor-
behalt der österreichischen Deputation bezüglich einer
eventuellen Erhöhung der Finanzzölle wurde von ungarischer Seite als nicht existirend bezeichnet, daher ein
Aufgeben desselben weder als eine Concession, noch Compensation angesehen werden könnte. Den Quotenschlüssel
im Verhältnisse von 70:30 erklärte das ungarische Comité
dann vertreten zu können, wenn entweder die Anträge
der Regierung über die Verzehrungssteuerrestitution angenommen oder ein anderer plausibler Vorschlag gemacht
würde. Bei der weiteren Berathung im Schoosse der öster-

reichischen Deputation einigte man sich dahin, auf das
Quotenverhältniss von 70:3o einzugehen unter der Bedingung der Aufrechterhaltung des bisherigen Modus der
Steuerrestitution: zugleich aber zu erklären, dass durch
ein solches Uebereinkommen das Recht der beiderseitigen
Legislativen hinsichtlich der in Aussicht genommenen
Zollerhöhungen, speciell das Recht, dieselben anzunehmen,
zu verwerfen oder an bestimmte Bedingungen zu knüpfen,
in keiner Weise präjudicirt würde.

Da es den Bemühungen der beiden Subcomités
nicht gelungen war, eine Vereinbarung zu erzielen, wurden am 6. Juli die weiteren Verhandlungen abgebrochen. In ihrem Nuntium vom selben Tage sprach die
ungarische Deputation ihr Bedauern aus, dass die unver-
änderte Aufrechterhaltung des bestehenden ungerechten
Restitutionsmodus gefordert werde, und daher für die
Fortsetzung der Verhandlung derzeit weder eine Basis,
noch ein Gegenstand vorhanden sei. Da der ungarische
Reichstag am 7. Juli geschlossen werde, suspendire die
ungarische Deputation vorläufig ihre Thätigkeit und werde
dieselbe erst nach Ablauf der Ferien wieder aufnehmen,
um dann für den Fall, als bis dahin die reichsräthliche
Deputation irgend einen annehmbaren Vorschlag zur Beseitigung des gegenwärtigen Restitutionssystems machen
sollte, die Verhandlung wieder fortzusetzen. Die österreichische Deputation liess diese Zuschrift nicht ohne Er-
widerung, worin sie betonte, dass sie von dem Status
quo in dieser Frage keineswegs abgehen und darüber
hinaus eine Belastung der diesseitigen Reichshälfte in
keinem Falle übernommen werden könne. Neue Vorschläge seien daher nicht zu erwarten, und falls die ungarische Deputation nach dem Zusammentritte des ungarischen Reichstages nicht neue Propositionen entgegen-
bringe, werde sie den Zeitpunkt für gekommen ansehen,
um dem Reichstage Bericht zu erstatten. Die österreichi-

schen Minister, welche den Verhandlungen der Deputation
beiwohnten, bemühten sich, den Abbruch der Verhandlungen zu verhindern und eine Vertagung herbeizuführen.
Noch war der Zolltarif nicht vorgelegt worden, der ge-
wissermassen als eine Compensation für die Ungarn gewährten Zugeständnisse angesehen werden konnte. Von
dem Entwurfe erhoffte man eine Stimmungsänderung in
den Kreisen der Industriellen. Wie die Dinge im Sommer
lagen, war eine Aussicht, die Majorität für den vereinbarten Restitutionsmodus zu erlangen, nicht vorhanden;
selbst die vom Herrenhause in die Deputation entsendeten
Mitglieder übten scharfe Kritik und bekundeten keine
Geneigtheit, der Regierung zu folgen.

Am 15. October 1877 trat die österreichische Deputation wieder zusammen. Einige Mitglieder heischten
nun Berichterstattung an die Vertretungskörper, nachdem eine Anfrage an die Regierung, ob etwa in der
Zwischenzeit Verhandlungen zwischen den beiden Ministerien stattgefunden hätten, verneint wurde. Die Regierung befürwortete, von einer Berichterstattung an das
Haus vorläufig noch abzusehen, da es wünschenswerth
wäre, wenn die Ministerien Gelegenheit hätten, sich zu
verständigen, bevor die Deputationen berichten. Eine
solche Verständigung sei jedoch nicht möglich, ehe man
wisse, ob der deutsche Handelsvertrag zu Stande komme
oder nicht. Dagegen wurde erwidert: für die Deputation
sei die Frage, ob Handelsvertrag, ob autonomer Tarif,
bei Festsetzung der Quote belanglos; in Verbindung
mit der Quote und als Bedingung des Status quo erscheine nur die Verzehrungssteuerrestitution. Aus dem
längeren Zuwarten könne durchaus kein Vortheil für die
Förderung des Ausgleiches erhofft werden. Eine ent-
giltige Entscheidung wurde nicht getroffen, sondern nur
der Beschluss gefasst, „den an den Reichsrath zu erstattenden Bericht an der Hand der Protocolle entwerfen

zu lassen" und in der nächsten Sitzung der Deputation vorzulegen.

Als diese zusammentrat, hatte sich die Sachlage insoferne geklärt, als die Verhandlungen mit Deutschland definitiv abgebrochen waren (22. October). Die österreichischen Minister beabsichtigten, nach Budapest zu gehen, um mit der ungarischen Regierung über das nunmehrige weitere Vorgehen eine Vereinbarung zu treffen. Besonders der Zolltarif musste endgiltig festgestellt werden; es handelte sich um die Frage, ob an den vereinbarten Zollsätzen, wie sie den Vertretern des deutschen Reiches vorgelegt worden waren, festgehalten werden solle. Als jedoch die österreichischen Minister aus der ungarischen Hauptstadt ohne neue Abmachungen über Quote und Restitution rückkehrten, wurde die Vorlage eines Berichtes an den Reichsrath beschlossen und damit war die Thätigkeit der Deputation zu Ende.

Das Jahr 1877 ging seiner Neige zu, das Zoll- und Handelsbündniss wurde abermals provisorisch verlängert, eine provisorische Bestimmung über die Beitragsquote getroffen. Noch schwebten die Ausgleichsfragen. Der Tarif war unerledigt; in Ungarn hatte man sich mit den Finanzzöllen befreundet, den Industriezöllen Widerstand entgegengesetzt, in Oesterreich fand das Umgekehrte statt. Bezüglich der 80 Millionenschuld beharrten die Ungarn auf ihrem Rechtsstandpunkt, zeigten sich jedoch geneigt, aus Billigkeitsrücksichten zu einer Verständigung die Hand zu bieten. In der Quotenfrage war man hüben und drüben für Aufrechterhaltung des bisherigen Beitragsverhältnisses, in Ungarn knüpfte man jedoch daran die Bedingung, dass die Restitution im Sinne der zwischen den beiden Ministerien getroffenen Abmachung festgestellt werden sollte. Die Ministerien der beiden Reichshälften hatten sich wohl über alle Punkte verständigt, aber im österreichischen Abgeordnetenhause war ein schwerer Widerstand sowohl gegen die Finanzzölle, als auch gegen die Restitution zu überwinden. Eine Ministerkrise trat ein. Das Ministerium Auersperg nahm am 22. Jänner 1878 seine Entlassung, welche der Kaiser mit Rücksicht auf die Nothwendigkeit einer Beendigung des Ausgleiches und in der Hoffnung, derselbe werde durch gegenseitige Billigkeit doch gelingen, ablehnte.

In Ungarn wurde in der zweiten Hälfte des Februar (15. bis 26.) das Zoll- und Handelsbündniss mit Oesterreich, die Industriezölle eingeschlossen, genehmigt; in Oesterreich erfolgte am 7. März die dritte Lesung, doch bezüglich der Ansätze für Kaffee und Petroleum nicht in der gewünschten Höhe.

Der Widerstand des österreichischen Parlaments bezüglich der Finanzzölle nöthigte die Regierungen zu neuen Vereinbarungen, über welche am 9. Mai den Vertretungskörpern Mittheilungen zugingen. In der Restitutionsfrage beharrten beide Regierungen auf der den Quotendeputationen übergebenen Vorlage. Die Ausgleichsverhandlungen müssten im Zusammenhange aufgefasst werden. Die Ablehnung auch nur einzelner Theile würde den ganzen Ausgleich gefährden. Am 20./21. Mai genehmigten beide Parlamente die Verlängerung des Ausgleichsprovisoriums bis Ende Juni. Am 25. Mai 1878 nahm der Ausgleichsausschuss das Gesetz über das Uebereinkommen mit der Bank in Betreff der 80 Millionenschuld an,[1]) ferner den Zollsatz für Rohkaffee mit 24 fl., für gebrannten Kaffee mit 30 fl., wornach nur die Restitutionsfrage noch ausstand. Die Majorität des Ausschusses (21 Mitglieder) erklärte sich gegen die Abmachungen der Regierung, 19 Stimmen sprachen sich dafür aus. Die Minorität befürwortete die Aenderung des Restitutionsmodus, wenn auch nicht im Rechte, doch in Rücksichten der Billigkeit begründet:

[1]) Vergl. oben S. 484.

als im Jahre 1867 die Abmachungen getroffen wurden,
habe man nicht im Entferntesten geahnt, dass sich ein derartiges Verhältniss herausstellen werde. Das Missverhältniss von Einnahmen und Restitutionen an Steuern sei erst
in Folge der colossalen Entwicklung der österreichischen
Zuckerindustrie hervorgetreten, und zwar durch Einführung
der Robert'schen Diffusionsmethode. Die österreichischen
Zuckerfabrikanten erhielten aus der gemeinsamen Casse
beträchtliche Summen zum Nachtheile Ungarns. Derlei
Härten müssten eine Correctur erfahren und beboben
werden. Auch müsste die Gesammtheit der Ausgleichsvorlagen im Auge behalten werden. Durch die Brannt-
wein- und Zuckersteuer seien höhere Erträgnisse zu erwarten; bei letzterer stelle sich nach den Berechnungen
der Regierung ein sich alljährlich steigernder Ertrag von
2 bis 7, bei der Branntweinsteuer von 2.₅ Mill fl. heraus.
Auf diese Summen würde man vorläufig verzichten müssen,
wenn eine Vereinbarung mit Ungarn nicht zu Stande käme.

Auch in dem Berichte der Ausgleichscommission des
Herrenhauses sind in übersichtlicher Weise die Gründe
zusammengefasst, welche den Vorschlägen der Regierung
über die Restitution die Majorität verschafften. Es wird
nicht in Abrede gestellt, dass durch den veränderten
Restitutionsmodus eine Mehrbelastung für die diesseitige
Reichshälfte zu erwarten stehe — eine Ansicht, die
von den Fürsprechern der Regierungsproposition im Abgeordnetenhause bestritten wurde — aber hinzugefügt, dass
sich über die Höhe dieser Mehrbelastung nur unsichere
Rechnungen anstellen lassen. Nicht die Bilanz bei der
Steuerrestitution sei isolirt ins Auge zu fassen, sondern
die Bilanz des ganzen Ausgleiches. Die volkswirthschaftlichen Wirkungen desselben, namentlich diejenigen der
Abmachungen in der Zoll- und Bankfrage, lassen sich
allerdings nicht bei der Mannigfaltigkeit und Veränderlich-
keit der in Rechnung zu stellenden Factoren ziffermässig

präliminiren. Der Restitutionsfrage stehe die Gesammtheit
der Veränderungen gegenüber, welche die Gesetzgebung
über die Branntwein- und Zuckersteuer, sowie über die
Zölle erfahren soll. Diese Veränderungen aber stellen, abgesehen davon, dass sie eine Verminderung der Steuerrestitutionen gerade in Beziehung auf den ausschlag-
gebenden Zuckerexport erwarten lassen, durch die Zölle
im Ganzen einen finanziellen Ertrag von 6, durch die
Zuckersteuer aber von $5\frac{1}{2}$ Mill. fl. in Aussicht, somit ein
Plus von beiläufig 12 Mill. fl. Sei auch dieses Plus nicht
als eine eigentliche Gegenleistung Ungarns für den Entgang des Restitutionsmodus zu bezeichnen, so könne doch
nicht in Abrede gestellt werden, dass derselbe als „eine
durch die Gesammtheit der Abmachungen bedingte Ordnung zu betrachten sei, welche die finanzielle Gesammt-
lage schon an sich als eine verschlechterte nicht erscheinen
lasse". Auch die Regelung des Verhältnisses der Schuld
von 80 Mill. fl. an die Bank dürfe nicht ausser Betracht
bleiben.[1]

Ueberblickt man das Endresultat der Ausgleichsverhandlungen, so hatte Ungarn vortheilhafte finanzielle Ergebnisse erzielt. Für seine Zustimmung zu einer theilweisen
Erhöhung der Industriezölle, der jedoch auch eine Steigerung einiger Zollsätze für specifisch ungarische Artikel
gegenüberstand, erfocht es namentlich in der Restitutionsfrage einen wahren Sieg, wodurch es alljährlich nicht
unbeträchtliche Beträge restituirt erhält. Die damaligen
Berechnungen der Regierung bezüglich der Höhe des
wahrscheinlichen Restitutionsbetrages sind weit überholt
worden. Nach dem Centralgebahrungsausweise pro 1878
wurden an die ungarische Finanzverwaltung verabfolgt
$1_{.465}$ Mill. fl.; veranschlagt wurden für 1879 $2._{7}$, für 1880

---

[1] Beilagen zu den stenographischen Protocollen des Herrenhauses,
Nr. 468.

4.09 Mill. fl. Dazu kommt der erhöhte Antheil Ungarns an den Finanzzöllen, wodurch sich die Beitragsleistung desselben für die gemeinsamen Ausgaben verringert. Die Antheilnahme Ungarns an der 80 Millionenschuld bietet dafür kein Compelle, selbst wenn man sich auf den ungarischen Standpunkt stellt, wornach es nur aus Billigkeitsrücksichten sich der diesseitigen Forderung anbequemte.

Schlusswort.

— —

Ein erfreuliches Bild ist es nicht, welches die Darstellung der österreichischen Finanzen uns entrollt. Die Thatsache ist ja allgemein bekannt, allein sie kann nicht oft genug wiederholt werden, dass seit der Josefinischen Regierung das österreichische Budget fast stetig einen Abgang aufzuweisen hatte, dass demnach die Mittel nicht hinreichten, um den Erfordernissen zu genügen. Die Ursachen liegen in erster Linie in der europäischen Grossmachtstellung des Staates, in den übergreifenden, mit den zur Verfügung stehenden Mitteln in keinem Verhältnisse stehenden Plänen und Ansprüchen. Die orientalische Politik Josefs war nicht minder kostspielig, wie die nachmaligen, auf Erwerbung von Land und Leuten gerichteten Bestrebungen, indem sie einerseits zu einer Anspannung von Kräften zwangen und auch die Festigung und Consolidirung des Staatswesens ungemein erschwerten, ja fast unmöglich machten. Der Grundgedanke dieser Politik sah und sieht in dem territorialen Zuwachs schon eine Vergrösserung der Machtstellung, ohne Rücksicht darauf, ob die neuerworbenen Provinzen sich dem Stammgebiete innig anschmiegen.

Heer und in späteren Zeiten Heer und Marine verschlangen ungeheuere Summen, selbst in Zeiten des tiefsten Friedens, und stürzten den Staat zu wiederholten

Malen in finanzielle Nöthen. Das Revolutionsjahr ent-
hüllte die Gebrechen einer Staatsverwaltung, die in stumpf-
sinnigem Beharren sich behaglich fand. Mit einem Schlage
wurde klar, wie viel im Laufe von Jahrzehnten versäumt
worden war. Ein neues Oesterreich sollte auf dem Schutte
des alten erstehen, und mit gieriger Hast stürzte man sich
auf Reformen. Aber der Fehler früherer Tage wurde nicht
vermieden. Eine Umgestaltung nach Innen vorzunehmen und
gleichzeitig an allen Schwingungen auswärtiger Politik Antheil zu nehmen, vermag kein Staat. Die Folgen zeigten sich
bald. Noch ehe die Kraft sich hatte sammeln können, wurde
dieselbe ungemein angespannt, noch ehe der wirthschaftliche Fortschritt festen Fuss gefasst, pflückte man die
halbreifen Früchte und schädigte den gesunden Stamm.
Das klaffende Deficit früherer Jahre kehrte mit stereotyper
Regelmässigkeit wieder, und unfähige Finanzkünstler über-
wälzten der Zukunft, was die Gegenwart nicht zu leisten
vermochte. Nicht blos die ungemein angewachsene Staatsschuld hatte die Lücke auszufüllen, das Staatseigenthum,
Eisenbahnen und ungeheure Gütercomplexe wurden unter
den Hammer gebracht, und endlich nistete sich die Papier-
geldwirthschaft mit ihren unheilvollen Folgen ein, deren
Beseitigung noch colossale Opfer erfordern wird, wie schon
der zweimalige Versuch dazu mit wirthschaftlichen Nöthen
verbunden war.

Das constitutionelle Oesterreich übernahm die schwere
Aufgabe, die Sünden der Vergangenheit zu sühnen. Es
hiesse eine Geschichte der letzten zwei Jahrzehnte schreiben,
um die Ursachen blosszulegen, die bisher wenigstens die
Erreichung vollständig befriedigender Zustände nicht zu-
liessen. Es war gewiss eine Täuschung, wenn man von
der Volksvertretung erwarten mochte, dass ihr gelingen
könne, mit einem Zauberschlage wett zu machen, was lange
Jahre hindurch gefehlt worden war; es war Unkunde,
wenn man eine Verbilligung der Gemeinwirthschaft als

eine unmittelbare Folge verfassungsmässiger Einrichtungen in Aussicht stellte. Bei unbefangener Würdigung der letzten Jahrzehnte kann man sich der Ueberzeugung nicht verschliessen, dass der constitutionelle Apparat sich ungemein heilsam bewährt hat und gewiss noch grössere Erfolge aufzuweisen hätte, wenn der ruhige Gang seiner Wirksamkeit nicht durch gewaltsame Ereignisse unterbrochen worden und die seit 1867 eingetretene eigenartige Gestaltung des Reiches nicht vielfach hemmend entgegengetreten wäre.

Nachdem die Trennung des Reiches in zwei staatliche Gebiete sich vollzogen hatte, fühlte man in den massgebenden Kreisen der österreichischen Reichshälfte tief die Nothwendigkeit, den finanziellen Aufgaben eine besondere Aufmerksamkeit zuzuwenden, um eine dauernde Ordnung im Staatshaushalte zu begründen. Was ein Jahrhundert lang das sehnsüchtige Ziel der Patrioten war, sollte unter dem parlamentarischen Regime wenigstens in der einen Reichshälfte zur Wahrheit werden.

Der erste Finanzminister Oesterreichs war von diesem Gedanken erfüllt, die von ihm vorgeschlagenen Massnahmen waren auf die Verwirklichung desselben gerichtet. Beschränkung der Ausgaben und Erhöhung der Einnahmen war der Inhalt seiner Finanzpolitik. Allein bei Erhöhung der Steuern hatte er nicht freie Hand. Zum Theil war man an die Zustimmung der anderen Reichshälfte gebunden, wenn eine Reform der indirecten Abgaben in Angriff genommen werden sollte, zum Theil verweigerte das Parlament die Heeresfolge. Die geplante Vermögenssteuer fiel; die im Jahre 1869 eingebrachten Gesetzentwürfe waren zu umfassender Natur und liessen im besten Falle erst nach Jahren eine Steigerung der Einnahmen erwarten. Indess das Glück lächelte uns. Der Erntesegen brachte Geld ins Land, der „volkswirthschaftliche Aufschwung" kam auch den Staatscassen zu Gute. Als Brestl ins Amt trat, fand er die Cassen fast leer, nach verhältnissmässig kurzer Geschäftsführung übergab er seinem Nachfolger reichliche Bestände. Seit langer Zeit hatte sich die österreichische Verwaltung nicht einer solchen Fülle bereitstehender Mittel zu erfreuen gehabt. Die Rechnungsabschlüsse lieferten die überraschendsten Ergebnisse und es schien in der That, als stünde Oesterreich am Beginne einer neuen finanziellen Aera.

Der Rücktritt des Bürgerministeriums unterbrach die ernst gemeinten Bestrebungen behufs Herstellung des Gleichgewichtes im Staatshaushalte: die staatsrechtlichen Fragen traten in den Vordergrund, die „Ausgleichsaction" mit dem slavischen Stamme Böhmens nahm Kraft und Zeit in Anspruch, und als die Verfassungspartei abermals die Zügel der Regierung ergriff, beschäftigten zum Theil Verfassungsfragen die parlamentarischen Körper, und die steigende Zunahme der Einkommensteuer, die gewaltigen Ergebnisse der indirecten Steuern erweckten falsche Vorstellungen und den alten Wahn von der Unerschöpflichkeit der Hilfsquellen Oesterreichs. Die Thronreden der nächsten Jahre konnten die althergebrachten Wendungen über Herstellung des Gleichgewichtes im Staatshaushalte über Bord werfen: selbst im Herbst 1873, als der erste aus directen Wahlen hervorgegangene Reichsrath vor den Stufen des Thrones erschien, wurde in der kaiserlichen Ansprache zwar der seit einigen Monaten andauernden Krise gedacht und dieselbe als ein „Rückschlag" bezeichnet, wie er „im wirthschaftlichen Leben der Völker in Folge der Ueberschätzung der Kapitalskraft und der Ueberspannung des Credites von Zeit zu Zeit mit elementarer Kraft einzutreten pflegt", aber der Zustand der staatlichen Finanzen wurde gleichzeitig als ein befriedigender hingestellt.

Nur Wenige waren einsichtig genug, sich durch äussere Erscheinungen nicht beirren zu lassen. Zu diesen

gehörte abermals Brestl. Seit seinem Rücktritte eines der
arbeitsamsten Mitglieder des Finanzausschusses, fungirte
er Jahre lang als Berichterstatter. Die Berichte über die
Rechnungsabschlüsse rührten von ihm her, und nie liess
er eine Gelegenheit vorübergehen, ohne seine mahnende
Stimme zu erheben. Unermüdlich wies er darauf hin, dass
die Ausgaben in noch höherem Maasse gestiegen sind als
die Einnahmen; es sei dies, fügte er hinzu, eine ernste
Mahnung, an der Politik weiser Sparsamkeit festzuhalten
und sich nicht durch die günstigen Conjuncturen, durch
die stets steigenden Einnahmen zu Ausgaben, die nicht
unerlässlich nothwendig sind, verleiten zu lassen.

Seit 1874 stellte sich das Verwaltungsdeficit abermals
ein; die Nothwendigkeit, unmittelbar für den Abgang
Sorge zu tragen, machte sich geltend. Die hierauf gerichteten Bestrebungen liessen die nöthige Energie vermissen,
und wenn auch durch den zweiten Ausgleich mit Ungarn
dem Staatsschatze neue Zuflüsse zugeführt werden sollten,
so genügten sie nicht, um den Bedarf zu decken, und ent-
sprachen auch den Erwartungen nicht.

Laut ertönt seit Jahren der Ruf nach Ersparungen,
und so berechtigt derselbe sein mag, wenn man die
Schwierigkeit berücksichtigt, für die stetig steigenden
Ausgaben vorzusorgen, muss man sich dennoch zunächst
darüber Klarheit verschaffen, in welchen Zweigen der
Verwaltung eine Herabminderung des Erfordernisses
möglich sei.

Die eigentlichen Verwaltungsauslagen werden sich
nur schwer reduciren lassen; im Gegentheile, es wohnt
ihnen die Tendenz inne, stetig zu steigen. Ein namhafter
Finanztheoretiker hat jüngst darauf hingewiesen, dass
diese Steigerung der Ausgaben von dem Entwicklungs-
gesetz des modernen Volkslebens in den Culturstaaten
abhänge, welches er „als ein Gesetz der wachsenden Aus-

dehnung der Staatsthätigkeit" bezeichnete. [1] Lassen sich vielleicht derartige Formulirungen bemängeln, die unbestreitbare Thatsache lässt sich nicht in Abrede stellen, dass der moderne Staat zur Erfüllung der ihm zugewiesenen Aufgaben grosser Mittel bedarf. So sehr man es wünschen mag, dass grosse Ersparnisse vorgenommen werden könnten, es wird sich schwerlich viel thun lassen. Die Verminderung der Beamten in einzelnen Ressorts fällt nicht beträchtlich in die Wagschale, und selbst eine einschneidende Reform der politischen Verwaltung, wie sie ja in den letzten Jahren zu wiederholten Malen gefordert wurde, dürfte keine grosse Aenderung in dem Erforderniss zur Folge haben. Einen Beleg für diese Behauptung bieten die Voranschläge der letzten Jahre. Die Nothwendigkeit von Reductionen wird längst tief gefühlt, und man muss der Verwaltung des Ministeriums Auersperg-Lasser das Zeugniss geben, dass sie einige lobenswerthe Anstrengungen gemacht hat, so weit als thunlich auf Herabminderungen hinzuarbeiten. Der Erfolg ist ein verhältnissmässig winziger. Nur bei dem ausserordentlichen Erforderniss werden Einschränkungen Platz greifen können, als neue Bauten nicht in Angriff genommen und die begonnenen baldigst zu Ende geführt werden dürften. Allein, selbst wenn die hiefür erforderlichen Beträge wegfallen, einen wesentlichen Einfluss auf das Deficit haben sie nicht.

Die Militärverwaltung hat in den letzten Jahren sich sichtlich bemüht, innerhalb des Rahmens der bewilligten Credite ihr Auslangen zu finden, und in den Berichten des Finanzausschusses der österreichischen Delegation wurde auch zu wiederholten Malen hervorgehoben, dass eine wesentliche, die finanzielle Last der beiden Reichs-

---

[1] Wagner in seinem Aufsatze: Ueber die schwebenden deutschen Finanzfragen, Tübinger Zeitschrift, 1879, S. 76.

theile fühlbar erleichternde und so dringend nothwendige Herabminderung der Militärauslagen nur in dem Momente ermöglicht werden wird, wenn die Stärke des Kriegsheeres eine Herabsetzung, also das bestehende Wehrgesetz eine Abänderung erfährt. [1]) Die Bemühungen, an dem Heeresétat Ersparungen vorzunehmen, sind durch die Votirung des Wehrgesetzes auf weitere zehn Jahre gescheitert, und man muss sich mit dem Gedanken vertraut machen, dass das Heeresbudget wahrscheinlich steigende Summen in Anspruch nehmen wird. An den vom Staate übernommenen Verpflichtungen kann und darf nicht gerüttelt werden. Alles in Anschlag gebracht, hat Oesterreich mit einem Abgange von 25 bis 27 Mill. fl. jährlich zu rechnen.

Was nicht durch Ersparnisse von dem unbedingten Erfordernisse in Abschlag gebracht werden kann, muss und soll durch Steuererhöhungen gedeckt werden. Es gibt kein Drittes. Die in Oesterreich seit Jahrzehnten eingebürgerte Politik, alljährlich auf dem Geldmarkte zu erscheinen und für den unbedingt erforderlichen Staatsbedarf Anlehen zu machen, ist die verwerflichste von allen. Wohin sie führt, lehrt die Geschichte des österreichischen Staates auf manchem Blatte. So gross auch die Steuerlast ist, welche unser Staatswesen im Vergleiche mit anderen Staaten zu tragen hat, es müssen die grössten Opfer gebracht werden, um ans Ziel zu gelangen. Es ist keine neue Forderung: seit Jahrzehnten predigten die österreichischen Schatzkanzler dasselbe und die besten Namen der Volksvertretung sangen dies Lied. Seit Jahrzehnten fasste man zu diesem Behufe die Reform der directen Steuern ins Auge und die mannigfachsten Projecte kamen in die Oeffentlichkeit. Und welche Entwürfe schlummern sanft in dem Schoosse der Registraturen!

---

[1]) Bericht des Ausschusses für 1877, IX. Session, S. 123.

Die Forderung nach einer Steuerreform ist eine fast allgemeine, wenn auch die Beweggründe keine gleichartigen sein mögen. Die Einen erwarten eine Entlastung der Steuerträger, die Anderen erhoffen und ersehnen eine Füllung des Staatssäckels. Seitdem Bruck das grosse Werk der Steuerreform auf die Tagesordnung setzte, sind mehr als zwei Jahrzehnte verstrichen; noch ist keine Aussicht, dass in den nächsten Jahren die brennende Frage ihrer endgiltigen Lösung entgegenginge. Zum grossen Theile liegt die Schuld an der Regierung, welche die Reform in grossartiger Weise, alle Zweige der directen Besteuerung umfassend, durchzuführen sich anschickte. Wir haben kein Beispiel in der Geschichte, dass dies irgendwo geglückt ist, und die bisher gemachten Erfahrungen stellen dem Gelingen in Oesterreich kein günstiges Prognostikon. Liesse sich das Ziel, eine Gleichmässigkeit der Besteuerung in allen Schichten der Steuerträger zu bewerkstelligen, überhaupt erreichen, so könnte man über die Zeitversäumniss hinwegsehen, aber man strebt einem unerreichbaren Ideale nach und gelangt erst spät genug zur Ueberzeugung, dass man falsche Wege gewandelt.

Eine Umgestaltung der Ertragssteuern ist mit. fast unüberwindlichen Schwierigkeiten verbunden. Diese Behauptung steht heute nicht mehr vereinzelt da; sie ist zum Gemeingute Aller geworden, die Gelegenheit hatten und Unbefangenheit genug besassen, sich theoretisch oder praktisch mit Steuerproblemen zu beschäftigen. Es hiesse Eulen nach Athen tragen, wenn man dies zu erhärten sich die Mühe nehmen wollte. Nur in Oesterreich, wo man an Sisyphusarbeiten mit besonderem Behagen die ganze Kraft setzt, scheint die Ueberzeugung noch nicht in alle Kreise gedrungen zu sein. Mühselig hat sich dieselbe in den Kreisen der Verfassungspartei durchgerungen, während die Gegner derselben nach den letzten Enuntiationen ihrer Wortführer sich zur entgegengesetzten Platt-

form bekennen. Die in den anderen Staaten gemachten
Erfahrungen, die bedeutenden Arbeiten in Sachsen, in
Württemberg und nun in Baiern scheinen spurlos an den
Reformatoren der Ertragsbesteuerung vorüber gegangen
zu sein, nicht unwahrscheinlich, dass auch bei Einigen
die Erhaltung des Status quo das Ziel ist, dem zugesteuert·
wird. Die im Jahre 1869 votirte Grundsteuer hat mehr
als ein Jahrzehnt benöthigt, ehe an eine Bemessung derselben auf Grundlage der neuen Einschätzungen auch nur
gedacht werden konnte, und gegenwärtig noch ist es
fraglich, ob mit Beginn des Jahres 1881 die Grundsteuer-
hauptsumme ausgesprochen werden wird, obgleich das
mit harter Mühe zu Stande gekommene Gesetz diesen
Termin in Aussicht nimmt. Und dabei wird das angestrebte Ziel, Gleichmässigkeit in der Besteuerung herbeizuführen, schwerlich erreicht werden. Eine Reform der
Erwerbsteuer ist unserer Ueberzeugung nach schlechterdings unmöglich, jede darauf verwendete Arbeit ist eine
eitle, und ein ebenmässiges Verhältniss innerhalb der
Ertragssteuern zwischen den verschiedenen Kategorien
anzubahnen ist ein vergebliches Bemühen.

Selbst wenn man sich über diese theoretischen, von
der Wissenschaft in den letzten Jahren erhärteten Bedenken hinwegsetzt und nach dem Plane unserer früheren
Schatzkanzler für eine allgemeine Reform der Ertragssteuern die Kraft einsetzt: die staatlichen Finanzen könnten
auf diesem Wege neue Zuflüsse nicht erhalten. Es ist
schlechterdings unmöglich, die Ertragssteuern noch mehr
hinaufzuschrauben und durch sie allein eine Mehreinnahme
zu bewerkstelligen. Sie sind an und für sich und im Vergleiche mit anderen Ländern exorbitant hoch, und wenn
nicht die Natur derselben eine Herabminderung ungerecht-
fertigt erscheinen liesse, müsste eine Herabsetzung, nicht
eine Erhöhung ins Auge gefasst werden, umsomehr, da sie
auch einzig und allein die Grundlage bilden für die Be-

streitung der Bedürfnisse der Länder und Gemeinden. Nur dem künstlichen Eingreifen der Finanzbehörden ist es in Oesterreich gelungen, in den letzten Jahren eine Mehreinnahme zu erzielen, während in den meisten Ländern gerade die Stabilität der Erträgnisse diese Steuern fast unfähig macht, den erhöhten Bedürfnissen des Staates Rechnung zu tragen.

Die Behauptung ist nicht neu, kann aber doch nicht oft genug wiederholt werden: nur durch die Personaleinkommensteuer können die Ungleichmässigkeiten der Ertragssteuern einigermassen gemildert werden, nur ihr ist die Elasticität eigen, ohne fiscalische Künste dem Staate bei einem gleichbleibenden Steuersatze Einnahmen zuzuführen. Wem diese von der Theorie anerkannte Ansicht nicht geläufig genug ist, um schon an und für sich die Richtigkeit zuzugeben, der kann durch einen Blick auf die Steuerergebnisse derjenigen Länder, welche seit längerer Zeit die Einkommensteuer bei sich eingebürgert haben, sich von der Richtigkeit überzeugen.[1]

---

[1] In den älteren Provinzen des preussischen Staates wurden 1854 47.722 Censiten eingeschätzt und die veranlagte Steuer betrug 8.400 und stieg auf 26.633 Mill. Mark bei 133.819 Censiten im Jahre 1878. Während im Jahre 1854 das eingeschätzte Einkommen sich auf 302.3 Mill. Mark belief, betrug es 1878 957.3 Mill. Mark, was einer Steigerung von 217 Procent gleichkommt. Zwei Momente haben auf diese Steigerung eingewirkt, einmal die etwas strammere Einschätzung in den letzten Jahren, sodann aber das natürliche Anwachsen des Volkseinkommens. Und trotzdem wird gewiss mit Recht behauptet und zum Theil dafür der Beweis erbracht, dass das eingeschätzte Steuereinkommen hinter dem wirklichen Einkommen erheblich zurückbleibt. (Vergl. Soetbeer, Umfang und Vertheilung des Volkseinkommens im preussischen Staate 1872 bis 1878, Leipzig 1879). In Hamburg besteht die Einkommensteuer seit 1866, welcher das gesammte Einkommen der Steuerpflichtigen zu Grunde zu legen ist; Einkommen von nicht mehr als 600 Mark sind steuerfrei; eine Aenderung trat nur insoferne ein, als seit 1873 in Bergedorf, seit 1878 auch in Ritzebüttel die Einkommensteuer erhoben wird. Aus den Ziffern geht aber unzweideutig hervor, dass „die starke Vermehrung der Steuerzahler wesentlich den Bemühungen der Steuerverwaltung zuzuschreiben ist, welche auf Grund

Doch in Oesterreich lautet die Parole nicht nur, hie Ertragssteuer, hie Einkommensteuer, sondern die Gegensätze treten namentlich in jüngster Zeit auch dadurch hervor, dass die Einen von einer Reform der directen Steuern, die Anderen durch eine Erhöhung der bestehenden und durch Einführung neuer indirecter Abgaben die staatlichen Einnahmen erhöhen wollen. Die Anzahl Jener, die allein durch directe Steuern das Gleichgewicht im Staatshaushalte herzustellen befürworten, ist eine spärlich gesäete, um so grösser ist der Kreis Jener, die ausschliesslich die indirecten Steuern ins Auge fassen. Das Beispiel Frankreichs und Deutschlands soll auch für Oesterreich mustergebend sein.

Von vorneherein muss unbestritten bleiben, dass die Personaleinkommensteuer das gestörte Gleichgewicht im Staatshaushalte zu beseitigen nicht fähig ist. Je grösser die Vortheile sind, die unserer Ueberzeugung nach dem Staats-

---

verbesserten Materials allmälig den Kreis der Steuerpflichtigen zu erweitern vermag". Die Steuerzahler beliefen sich 1866 auf 38.374, 1872 auf 57.911, daher eine Zunahme von 51 Procent; das versteuerte Einkommen stieg in derselben Zeit von 129.877 auf 176.10 Mill. Mark, daher um 36 Procent, der Steuerertrag von 2.585 auf 3.574 Mill. Mark oder um 38 Procent. Seit 1873 stellten sich die Verhältnisse folgendermassen:

	Steuerzahler	Versteuertes Einkommen Mill. Mark	Steuerertrag
1873	72.414	206.85	4.169
1874	77.419	207.07	4.029
1875	80.281	207.59	3.954
1876	83.087	203.64	3.747
1877	82.077	205.58	3.801

Im Vergleiche mit 1866 ist die Anzahl der Steuerzahler um 114, das versteuerte Einkommen um 58, der Steuerertrag um 50 Procent gestiegen, und wenn in den Jahren 1873 bis 1876 eine Herabminderung des Steuerertrags eingetreten ist, so liegt die Erklärung in den wirthschaftlichen Verhältnissen; seitdem ist wieder eine Steigerung eingetreten, da für 1879 circa 3.92 Mill. Mark eingingen, eine Zunahme, die nicht allein der Heranziehung Ritzebüttels zugeschrieben werden kann. (Statistisches Handbuch für den Hamburgischen Staat, herausgegeben vom statistischen Bureau der Steuerdeputation, Hamburg 1880.)

schatze durch ihre Einführung erwachsen, um so nothwendiger ist es, den Steuersatz recht niedrig zu halten;
je mehr man sich die Erfahrungen in andern Ländern
zunutze macht, um so besser, um so williger wird die
Steuer getragen werden, um so rascher kann man hoffen,
das gesammte Einkommen heranzuziehen. Dem Schlacht-
rufe „Indirecte Steuern!" können wir uns nur unter der Bedingung anschliessen, dass vorher oder mindestens gleichzeitig die Personaleinkommensteuer in dem Steuersystem
Oesterreichs ihren Platz angewiesen erhält. Das Beispiel
Frankreichs ist nicht zwingend für Oesterreich, der Hinweis auf Preussen nicht stichhältig. Die Bevorzugung,
welche die französische Republik den indirecten Steuern
zu Theil werden liess, wird auch in Frankreich von vielen
Männern, die ein massgebendes Wort zu sprechen haben,
nicht getheilt, und die französische Gesetzgebung ist von
Theoretikern und Praktikern recht abfällig beurtheilt
worden. Dem augenblicklichen Bedarfe wurde gewiss abgeholfen, auf die Dauer ist die Ueberlastung der unteren
Volksclassen nicht haltbar. Man wird es begreiflich finden,
wenn ein Staat, um sogleich seine Einnahmen zu erhöhen, jeden erdenklichen Artikel mit einer Steuer belegt,
Seife und Stearin, Lichte und Papier heranzieht; aber derartige Auflagen können nur durch das zwingende Bedürfniss
der Gegenwart gerechtfertigt werden, in einem halbwegs
rationellen Anforderungen entsprechenden Steuersystem
haben sie keinen Platz. Und wenn an eine Erhöhung der
Verbrauchssteuern geschritten wird, „um so mehr muss
gleichzeitig zum Ausgleich die directe Besteuerung der
besitzenden Classen ausgebildet werden".[1]
    Der Hinweis auf Deutschland ist aber nicht stich-
hältig, schon aus dem Grunde nicht, weil es sich dort um

---

[1] Worte Wagners in einem Artikel „über die schwebenden deutschen
Finanzfragen", Zeitschrift für Staatswissenschaft, 35. Band, 1879, S. 94.

die Einführung oder Erhöhung von Steuern handelt, die in
Oesterreich seit lange bestehen.   Die österreichische Biersteuer wirft Erträgnisse ab, die beträchtlich höher sind als
jene im deutschen Reiche; das Tabakmonopol, auf dessen
Einführung der deutsche Reichskanzler mit der ihm eigenen
Energie mit Recht hinarbeitet, besteht in Oesterreich;
einer Erhöhung der Branntweinsteuer steht auch bei uns
nichts im Wege, wenn Ungarns Zustimmung erreicht
werden kann, und die Zuckersteuer, deren Steigerung in
Deutschland von Sachsen schon vor Jahren befürwortet
wurde, hat die jämmerliche Finanzpolitik des Sistirungs-
ministeriums Oesterreichs in eine Bahn hineingetrieben,
die dem Staate noch auf Jahre hinaus berechtigte Einnahmsquellen unterbindet.   In Deutschland ist man weit
davon entfernt, das Land mit einem solchen Füllhorn indirecter Steuern zu beglücken, wie es die Wortführer in
Oesterreich beabsichtigen.   Dabei wird ferner übersehen,
dass das deutsche Reich auf indirecte Steuern angewiesen
ist, da die Einzelnstaaten von den directen Abgaben
Besitz ergriffen haben. Nicht nur fehlt keine der Ertragssteuern, die meisten Staaten haben theils früher, theils in
jüngster Zeit die Einkommensteuer eingeführt, und die von
einigen Seiten befürwortete Reichseinkommensteuer wäre
bei dem Bestande von Landeseinkommensteuern ein todt-
geborenes Kind.   Auch darf zur Würdigung der deutschen
Reformpläne nicht unbeachtet bleiben, dass auf die Communalbesteuerung ebenfalls Rücksicht genommen ist; der
enorm wachsende Bedarf der Gemeinden, Provinzen, Kreise
und Bezirke ist zumeist auf Zuschläge zu den directen
Steuern angewiesen, die von Jahr zu Jahr unerträglicher
werden.   Mit der Steigerung der indirecten Steuern wird
daher eine Ueberweisung der directen Steuern zum Theile
oder ganz an die autonomen Körperschaften in Verbindung
gebracht, damit diese der maasslosen Zuschlagswirthschaft
ganz entrathen.   Endlich zeigt ein Vergleich Preussens mit

Oesterreich, dass dort geringere Beträge indirecter Abgaben auf den Kopf entfallen als in Oesterreich.

Für Oesterreich liegen die Verhältnisse daher erheblich anders als in Preussen und in den meisten deutschen Staaten, und wenn es begreiflich ist, dass hier von den indirecten Steuern fast einzig und allein eine bedeutende Vermehrung der Staatseinkünfte erwartet wird, so muss in Oesterreich gleichzeitig auch die Heranziehung der wohlhabenden Classen durch eine Personaleinkommensteuer der Ausgangspunkt einer jeden planvollen Finanzpolitik bleiben. Es ist ein Verdienst der liberalen Partei in Oesterreich, dass dieser Gedanke ein integrirender Bestandtheil ihres Finanzprogramms geworden ist und sie zur Verwirklichung desselben ihre Kraft einsetzt.

Die nothwendige Erhöhung der Staatseinnahmen ist jedoch nicht die einzige Aufgabe, deren Erledigung dringend ist. Die Communalbesteuerung liegt ganz im Argen und bedarf in dringender Weise der Reform. Die Zuschlagswirthschaft ist auf die Länge nicht haltbar und eine Aenderung ist auch schon aus dem Grunde nothwendig, wenn die Personaleinkommensteuer eingeführt werden soll. Sollte es künftighin gestattet sein, auch von dieser Zuschläge zu erheben, so dürften dem Staate nur die grössten Nachtheile erwachsen. Selbst wenn man blos die gesetzliche Bestimmung, wonach die Länder zur Erhebung eines Zuschlages von 10 Procent von den directen Steuern berechtigt sind, festhält und die Ansicht vertritt, dass diese im Jahre 1861 eingeräumte Befugniss nicht blos für die damals bestehenden, sondern auch für alle künftig einzuführenden Steuern gilt, eine Auffassung, die uns nicht haltbar zu sein scheint, wird man mit unterwerthigen Einschätzungsergebnissen zu rechnen haben, um wie viel mehr erst, wenn sämmtliche autonomen Körperschaften, Bezirke aller Art und Gemeinden die Einkommensteuer benützen werden, um für die Bedeckung ihrer Bedürfnisse Sorge zu tragen. Eine Regelung der Communalbesteuerung ist allerdings keine leichte Sache, aber bisher wurde nicht einmal ein Anlauf genommen, um auch nur die schreiendsten Uebelstände zu beseitigen. Begreiflich und entschuldigbar bleibt es gewiss, wenn die Staatsverwaltung zunächst für die Befriedigung ihres eigenen Bedarfes Sorge zu tragen sucht, aber es ist zweifellos, dass eine gross angelegte Finanzpolitik auch den Haushalt der Länder und Gemeinden berücksichtigen muss, wenn sie nicht ein blosses Stückwerk schaffen will.

Das Füllhorn zu lösender Fragen ist damit nicht erschöpft; ein hochwichtiger Gegenstand steht noch im Hintergrunde: die Herstellung einer metallischen Währung. Wir wissen wohl, dass die österreichischen Finanzminister sich darüber keine grosse Sorge machen und nur vorübergehend sich nebenbei damit beschäftigen. Auch hat ja Westösterreich dabei nicht freie Hand; es ist auf die Mitwirkung Ungarns angewiesen. Aber wir hegen die Ueberzeugung, dass eine volle Gesundung der wirthschaftlichen Verhältnisse Oesterreichs ohne Regelung der Valuta nicht möglich ist.